Wörterbuch der Versicherung
Dictionary of Insurance Terms

Die Deutsche Bibliothek – CIP-Einheitsaufnahme

Nickel, Friedhelm G.:

Wörterbuch der Versicherung: Englisch-Deutsch = Dictionary of Insurance Terms / Friedhelm G. Nickel; Monika Fortmann. – Karlsruhe: VVW, 1993

ISBN 3-88487-394-6
NE: Fortmann, Monika; HST

© Verlag Versicherungswirtschaft e.V., Karlsruhe 1993
Satz: Satz-Schmiede Bachmann, Bietigheim
Druck: Greiserdruck GmbH Co. KG, Rastatt
ISBN 3-88487-394-6

Dr. Friedhelm G. Nickel
Ass. Monika Fortmann

Wörterbuch der Versicherung
Dictionary of Insurance Terms

Englisch
_____
Deutsch

VVW Karlsruhe

Versicherung ist Finanzdienstleistung
durch Zusicherung von Gefahrtragung
und bedingten Geldleistungen.

Insurance is a financial service
based on a guarantee to cover risks
and to provide conditional payment.

Für Daniel und Kai-Bernhard

Vorwort

Das Wörterbuch der Versicherung enthält über 20 000 Begriffe aus dem Sprachgebrauch der Versicherungen. Es berücksichtigt die Besonderheiten der angelsächsischen und angloamerikanischen Versicherungssprache.

Ziel der Verfasser ist es, nach Inkrafttreten der europäischen Dienstleistungsfreiheit die Finanzdienstleistung der Versicherer vergleichbar zu gestalten und so einen Beitrag zur Versicherungsvergleichung als einer modernen Form der Rechtsvergleichung zu leisten.

Das Wörterbuch spricht Versicherer, Versicherungsnehmer und Versicherungsvermittler gleichermaßen an. Es enthält versicherungs- und haftungsrechtliche Begriffe ebenso wie die Begriffe aller wesentlichen Schaden- und Personenversicherungen. Dazu zählen Begriffe aus der Haftpflicht-, Kraftfahrzeug-, Lebens-, Feuer- und Transportversicherung. Nicht wenige Begriffe waren zu berücksichtigen, die nur in Verbindung mit anderen versicherungstechnische Bedeutung erlangen oder im allgemeinen Sprachgebrauch eine abweichende Bedeutung besitzen.

Die Verfasser sagen Dank für die Mitwirkung an der Erstellung des Buches den Damen und Herren Monika Schädle, Gabriele Schießler, Carmen Müller, Leonie Corry, Chester; Sarah Thomas, London; Christa Herzer, Peter Bauer und Manfred Teufl sowie der Eagle Star Insurance, Birmingham; der Independent Insurance Company Limited, London; der Sun Alliance, London, und den „Winterthur"-Versicherungen, München, für die bereitwillige Unterstützung der Verfasser.

Aufrichtigen Dank sagen wir darüber hinaus Herrn Prof. Dr. H. L. Müller-Lutz, München, der die umfassende Begriffssammlung in vielfältiger Weise mit Rat und Tat gefördert hat und dessen Internationales Versicherungswörterbuchsystem wir auf diese Weise im Bereich der englischen Sprache gerne unterstützen und ergänzen.

Als Anhang wurde eine Auswahl versicherungsrechtlicher Gerichtsentscheidungen aufgenommen, die einen Überblick über das englische Präjudizienrecht geben.

München, 1. 10. 1993

Ass. Monika Fortmann

Dr. Friedhelm G. Nickel

Zum Geleit

Rechtsvergleichung hat vielerlei Aufgaben und Anwendungsbereiche. Die Arbeit zwischen den nationalen Rechtsordnungen erfordert aber stets gute und verläßliche Instrumente – die Fachwörterbücher stehen dabei mit in der ersten Linie. Das Spannungsverhältnis zwischen dem deutschen und dem anglo-amerikanischen Rechtskreis, die bei aller Häufigkeit der Berührung doch aus verschiedenem Wurzelboden gewachsen sind, macht das in der alltäglichen Praxis deutlich. Davon bilden auch das Versicherungs- und Haftungsrecht und die Versicherungspraxis keine Ausnahme. Auch und gerade sie sind bei ihrer grenzüberschreitenden Arbeit auf gute und verläßliche Fachwörterbücher angewiesen.

Ich begrüße daher die Initiative von Herrn Dr. Friedhelm Nickel, dem ich seit seinem Studium und seiner Doktorandenzeit verbunden bin, daß er als Praktiker zusammen mit seinem Team eine für den ganzen Versicherungsbereich wichtige Aufgabe angepackt und, wie ich denke, zu einem guten Ende geführt hat.

Ich wünsche der Publikation den gebührenden Erfolg.

Marburg, im Oktober 1993

Prof. Dr. Dr. h. c. Hans G. Leser

A

a.a. (always afloat) immer über Wasser

A.A.A. (Association of Average Adjusters) Verband der Schadenregulierer

a.a.r. (against all risks; all average recoverable) gegen alle Gefahren; jeder Schaden zu ersetzen

ab init. [ab initio, lat.] von Anfang an

ab initio [ab init., lat.] von Anfang an

abandon aufgeben; verlassen, im Stich lassen; verzichten

abandon a right ein Recht aufgeben, auf ein Recht verzichten

abandoned materials aufgegebene Materialien, aufgegebene Sachen

abandonee (Seeversicherung) Versicherer, dem ein (beschädigtes) Schiff überlassen ist

abandonment Aufgabe; Preisgabe; Hingabe; Verzicht

abandonment, doctrine of (Seeversicherung) Abandonprinzip; Lehre von der Aufgabe einer Sache

abandonment of a business Geschäftsaufgabe

abandonment, settlement of Vereinbarung (zu) einer Sachaufgabe, Regulierung nach abandonment

abate herabsetzen, ermäßigen; abschaffen; beseitigen; streichen

abatement Herabsetzung, Ermäßigung; Abschaffung, Beseitigung; Streichung

abatement, claim for Beseitigungsanspruch

abatement of a fee Gebührenermäßigung

abatement of nuisance Beseitigung einer Belästigung, Beseitigung einer Störung

abatement of purchase price Herabsetzung des Kaufpreises; Minderung; Rabatt

abatement, plea in prozessuale Einrede

abatement, tax Steuernachlaß, Steuerermäßigung

abbr. (abbreviation) Abkürzung

abbreviate abkürzen, kürzen

abbreviation (abbr.) Abkürzung

abet unterstützen, Vorschub leisten; anstiften

abeyance Unentschiedenheit

abide bleiben; abwarten, warten auf; wohnen

ability Fähigkeit, Befähigung, Eignung

ability, driving Fahrtüchtigkeit, Fähigkeit zur Teilnahme am Verkehr

ability, mental geistige Fähigkeit

ability to pay Zahlungsfähigkeit, Solvenz; Bonität

ABLC [Association of British Launderers and Cleaners, UK] Verband der britischen Wäschereien und chemischen Reinigungsanstalten

able fähig, tauglich, geschickt

able to pay zahlungsfähig

abnormal ungewöhnlich, regelwidrig, normwidrig

abnormal exit, possibility of „Stornowahrscheinlichkeit"

abnormal handling (Produkt-Haftpflichtversicherung) bestimmungswidriger Gebrauch

abnormal risk erhöhtes Risiko; anomales Risiko

abnormal risk, premium loading for Gefahrenzuschlag, Risikozuschlag, Wagniszuschlag, aufgrund schweren Risikos erhöhte Prämie

abnormal use bestimmungswidriger Gebrauch

abode Wohnsitz; Aufenthaltsort

abolish abschaffen, aufheben, beseitigen

abolition Abschaffung, Aufhebung, Beseitigung

abort (med.) nicht zur Entwicklung kommen lassen

abortion Abtreibung, Schwangerschaftsabbruch; Fehlschlag

abortion, therapeutic Schwangerschaftsabbruch aus medizinischer Indikation

abortive vorzeitig; mißlungen, erfolglos, fehlgeschlagen, verfehlt

about etwa, ungefähr, nahezu; umher, um

above mentioned (a.m.) oben erwähnt

above named (a.n.) oben genannt

above par über pari; über dem Nennwert; mehrheitlich

abroad im Ausland, ins Ausland; draußen, auswärts; weit umher, überallhin

abroad, business Auslandsgeschäft

abrogate abschaffen, aufheben; außer Kraft setzen

abrogation Abschaffung, Aufhebung

absence Abwesenheit; Fehlen, Mangel; Fernbleiben, Nichterscheinen

absence of defectiveness [US] Fehlerfreiheit

absenteeism unerlaubte Abwesenheit; unentschuldigtes Fernbleiben

absolute absolut, unbeschränkt; endgültig; vollkommen, völlig; unbedingt, kategorisch; wirklich, tatsächlich

absolute franchise Franchise, Abzug von der Ersatzleistung des Versicherers; Integralfranchise

absolute liability verschuldensunabhängige Haftung, Gefährdungshaftung

absolute right absolutes Recht, uneingeschränktes Recht

absolute title unbedingtes Recht, Volleigentum

absolute value vollständiger Wert, uneingeschränkter Wert, absoluter Wert; absolute Nützlichkeit

absolutely liable bedingungslos haftbar

absolve absolvieren, entbinden; lossprechen

abstain sich enthalten, sich zurückhalten

abstinence Enthaltsamkeit

abstract Auszug, Abriß; Zusammenfassung

abstract of record Aktenauszug

abstract of title Eigentumsnachweis

abundance Überfluß, Fülle

abuse Mißbrauch, Mißstand

abuse mißbrauchen; mißhandeln

abuse, data Datenmißbrauch

abuse of authority Amtsmißbrauch; Mißbrauch des Ermessens

abuse of legal right Rechtsmißbrauch

abusive mißbräuchlich

abut grenzen an; anliegen

abutter Nachbar, Anrainer, Anlieger

ABWOR [Assistance By Way of Representation, UK] Unterstützung durch anwaltliche Vertretung, Leistung im Rahmen der staatlichen Rechtshilfe für Minderbemittelte

a.c. [anni currentis, lat.] dieses Jahres

ac, Ac. (account) Rechnung; Konto

A.C. (Appeal Cases; Appeal Court) Rechtsmittelfälle; Rechtsmittelgericht, Berufungsgericht

A/C (current account) laufende Rechnung, Kontokorrent, Girokonto, Verrechnungskonto

academic degree akademischer Grad

accelerated endowment assurance gemischte Versicherung, deren Gewinnanteile zur Abkürzung der Versicherungsdauer verwendet werden

acceleration clause Fälligkeitsklausel

accept annehmen, abnehmen; akzeptieren, mit Akzept versehen; hinnehmen

accept at ordinary standards zu normalen Bedingungen annehmen

accept the terms die Bedingungen annehmen

acceptability Annehmbarkeit; Brauchbarkeit

acceptable quality level (AQL) annehmbares Qualitätsniveau

acceptance (acpt.) Annahme; Billigung; Akzeptanz; Akzept; Einwilligung

acceptance, declaration of Annahmeerklärung; Einverständniserklärung

acceptance, first class Annahme zu normalen Bedingungen, Annahme ohne Änderungen; „glatte Annahme"

acceptance, market Marktakzeptanz

acceptance of conditions Annahme von Bedingungen

acceptance of liability Haftungsanerkenntnis, Anerkennung der Haftung

acceptance of lump-sum settlement Abfindungserklärung

acceptance of proposal Antragsannahme; Annahme eines Vorschlags

acceptance of risk, voluntary Handeln auf eigene Gefahr

acceptance slip Annahmeschein, schriftliche Annahmeerklärung

acceptance, year of Abschlußjahr; Zeichnungsjahr; Eintrittsjahr

acceptances in Rückversicherung übernommene Versicherung; Übernahmen

accepted at an increased premium angenommen mit einem Prämienzuschlag

accepted on special terms unter besonderen Bedingungen angenommen

accepted reinsurance in Rückdeckung übernommene Versicherung

accepted value Anrechnungswert; akzeptierter Wert, der zur Auszahlung gelangen kann

accepting office Zessionar, das eine Forderungsabtretung akzeptierende Büro

access Zugang, Zufahrt, Zutritt; Ausbruch (Krankheit, Wut); Anfall; Besuchsrecht

access, denial of Verhinderung des Zutritts, Zutrittsverweigerung

accession Anschluß, Beitritt; Neuanschaffung, Zuwachs, Vermehrung; Wertzuwachs; Vorteil; Einstellung, Wiedereinstellung (Personal); Erreichen (eines Alters)

accessories Zubehör, Beiwerk; Zubehörteile; Hilfsmittel; Nebensachen; Geräte

accessory Zusatz, Anhang; Zubehör, Beiwerk

accessory zusätzlich; unterstützend; nebensächlich, untergeordnet

accessory charges Nebengebühren; Nebenausgaben

accident Unfall, Unglücksfall, unerwartetes Unglück; Zufall

accident, aircraft Flugzeugunfall

accident and material damage insurance Unfall- und Schadenversicherung

accident and sickness insurance [A + S, US] Unfall- und Krankenversicherung

accident annuity Unfallrente

accident, any one jeder Unfall, pro Unfall, per Unfall; pro Unfallereignis

accident arising out of a person's employment Betriebsunfall, Arbeitsunfall

accident at sea Seeunfall, Unfall auf See

accident at work Arbeitsunfall, Betriebsunfall

accident, automobile personal Kraftfahrtunfall

accident benefit Entschädigungsleistung nach einem Unfall, Unfallentschädigung; Unfallrente

accident claim Schadenersatzanspruch nach einem Unfall

accident compensation Schadenersatzleistung für einen Unfall

accident, conveyance Unfall beim Transport

accident, domestic häuslicher Unfall, Unfall im Haushalt

accident, fatal tödlicher Unfall

accident, fatigue auf Ermüdung zurückzuführender Unfall

accident frequency rate Unfallhäufigkeitsziffer, Schadeneintrittsfrequenz, Schadenstatistik

accident hazard Unfallrisiko, Unfallgefahr

accident, hunting Jagdunfall

accident, industrial Arbeitsunfall, Betriebsunfall

accident, inevitable unvermeidbarer Unfall; unabwendbares Ereignis

accident insurance Unfallversicherung

accident insurance business Schadenversicherung; Bezeichnung für alle Versicherungszweige außer der Lebensversicherung

accident insurance, supplementary Unfallzusatzversicherung

accident insurance, third party Unfall-Haftpflichtversicherung

accident insurance, travellers' Reiseunfallversicherung

accident, largest-scale nuclear größter anzunehmender Atom-Unfall (GAU)

accident, motor Kraftfahrzeug-Unfall, Autounfall

accident, multiple Serienschaden, Unfallserie, (Kfz) Massenauffahrunfall

accident, non-occupational außerbetrieblicher Unfall

accident, nuclear nuklearer Unfall, Kernkraftunfall, Atomunfall

accident, nuclear reactor Kernreaktorunfall

accident, occupational Berufsunfall, Betriebsunfall

accident or occurence, any one pro Schadenereignis, jeder Unfall oder jedes Ereignis

accident, passenger Fahrgastunfall

accident, place of Unfallort, Schadenort

accident policy Unfallversicherungs-Police

accident prevention Unfallverhütung, Schadenverhütung

accident, railway Eisenbahnunglück

accident, responsibility for an Schadenverantwortlichkeit, Schuld an einem Unfall

accident risk Unfallrisiko

accident, road Verkehrsunfall, häufig: Autounfall, Kfz-Unfall

accident, road traffic Verkehrsunfall, häufig: Autounfall, Kfz-Unfall

accident, scene of the Unfallort, Unfallstelle, Schadenort

accident, sketch of the road Unfallskizze

accident, street [US] Verkehrsunfall, häufig: Autounfall, Kfz-Unfall

accident, traffic Autounfall, Kfz-Unfall

accident, train Eisenbahnunfall, Zugunfall

accident, unavoidable unvermeidbarer Unfall

accident, victim of an Unfallopfer

accidental unabsichtlich; zufällig; nebensächlich

accidental damage Unfallschaden, plötzlich eintretender Schaden oder Unfall

accidental death Unfalltod, tödlicher Unfall

accidental death benefit Unfalltod-Zusatzversicherung

accidental disability Unfall-Invalidität, durch Unfall begründete Erwerbsunfähigkeit

accidental fire unbeabsichtigter Brand; plötzlich auftretendes Feuer, plötzliches Brandereignis

accidental injury Unfallverletzung

accidental loss Unfallschaden, plötzlich eintretender Schaden

accidental, sudden and plötzlich und unfallartig

accidents, frequency of Unfallhäufigkeit, Schadenhäufigkeit

accidents, prevention of Unfallverhütung, Schadenverhütung

accidents, protection against Unfallschutz, Schadenverhütung

accidents, series of Serie von Unfällen, Schadenserie, Serienschaden

accomodate unterbringen; anpassen; versorgen, versehen; jemandem einen Gefallen erweisen

accomodation Unterbringung, Unterkunft; Gefälligkeit; Anpassung

accomplish leisten, ausführen; vollenden; erfüllen

accomplishment Ausführung; Vollendung; Leistung; Können

accomplishments Leistungen; Fertigkeiten, Kenntnisse, Bildung, Ausbildung

accord [US] Übereinstimmung; Vergleich

accord and satisfaction „vergleichsweise Erfüllung", „Kulanzleistung"

accordance Übereinstimmung, Einverständnis; Bewilligung

according to gemäß, laut, entsprechend

according to agreement vertragsgemäß, vertragsmäßig, vertraglich; laut Abmachung

according to the conditions bedingungsgemäß

account Darstellung, Beschreibung; Rechenschaft, Bericht; Liste, Verzeichnis; Wert, Wichtigkeit, Geltung; Rechnung, Berechnung, Konto, Bankkonto; Forderung, Abrechnung; Kundenetat, Etatkunde

account Rechnung ablegen; erklären; ansehen als, halten für

account, annual Jahresabrechnung, Jahresbeitrag, Jahresrechnung, Jahresabschluß

account, business for own Geschäft für eigene Rechnung, Geschäft auf eigene Rechnung

account, capital and surplus [US] Gewinn- und Verlustrechnung

account, carried forward to new Übertrag auf neue Rechnung, Buchungsübertrag, Rechnungsabgrenzung

account, currency of an Rechnungswährung; die dem Vorgang zugrunde liegende Währung

account, current (A/C) laufende Rechnung, Kontokorrent, Girokonto, Verrechnungskonto

account, duty to Pflicht zur Rechnungslegung

account, final statement of endgültige Abrechnung

account for Rechenschaft ablegen gegenüber

account, for common (fca) für gemeinsame Rechnung

account, investment reserve Zwischenkonto für realisierte Kursgewinne oder Kursverluste

account of profit Gewinnrechnung

account, payment on Anzahlung; Abschlagszahlung; Akontozahlung

account, premium for own Eigenbehaltsprämie, Prämie für eigene Rechnung

account, prepaid insurance Versicherungs-Vorauszahlungskonto

account, profit and loss Gewinn- und Verlustrechnung

account purchases (AP) Wareneingangsrechnung, Wareneingangskonto

account, revenue versicherungsspezifische Gewinn- und Verlustrechnung; Gewinn- und Verlustkonto, Ertragskonto

account, sales Warenausgangsrechnung, Warenausgangskonto

account, statement of Kontoauszug

account, supplementary Nachtragsabrechnung

account, suspense „schwebendes" Konto, offenes Konto, Interimskonto

account, to bring to in Rechnung stellen; zur Rechenschaft ziehen

account, to take into in Betracht ziehen, berücksichtigen

account, trading Warenverkaufskonto

account, yearly Jahresabschluß

accountability Verantwortlichkeit; Rechenschaftspflicht; Haftung des Erfüllungsgehilfen

accountable verantwortlich, rechenschaftspflichtig; erklärlich

accountable receipt Rechnungsbeleg, Buchungsbeleg

accountant Buchhalter; Buchprüfer; Buchführungssachverständiger

accountant and auditor (acct. & aud.) Wirtschafts- und Abschlußprüfer

accountant, chartered [UK] konzessionierter Buchprüfer, Wirtschaftsprüfer

accountants, recognized body of amtlich anerkannter Wirtschaftsprüferverband, amtlich anerkannter Rechnungsprüferverband

accounted premium verrechnete Prämie

accounting Rechnungswesen, Rechnungslegung, Buchführung, Buchhaltung

accounting class Rechnungskategorie; Abrechnungseinteilung; Buchhaltungseinteilung

accounting entry Buchung, Verbuchung, Buchungsvorgang

accounting for Rechenschaft ablegen für

accounting item Abrechnungsposten

accounting methods, insured's usual die normalen Rechnungslegungsmethoden des Versicherten

accounting period Abrechnungsperiode; Geschäftsjahr

accounting principles Buchführungsgrundsätze, Bilanzierungsrichtlinien

accounting recognition [US] Buchung, Verbuchung

accounting year Abrechnungsjahr, Buchungsjahr; Geschäftsjahr

accounts, allowance for doubtful Wertberichtigung auf zweifelhafte Forderungen

accounts, annual Jahresabschluß, jährliche Abrechnungen

accounts, audited annual geprüfter Jahresabschluß

accounts, commission Provisionsrechnungen, Provisionskonten

accounts department [US] Buchhaltung; Abteilung einer Versicherungsgesellschaft, die Buch über die Tagesgeschäfte führt sowie Abschlüsse, Steuererklärungen und Provisionsabrechnungen für Vertreter erstellt

accounts payable (Acs Pay.) Verbindlichkeiten

accounts receivable (Acs Rec.) ausstehende Forderungen

accounts receivable insurance [US] Debitorenversicherung

accounts, rendering of Rechnungslegung

accounts, submission of Rechnungslegung

accounts, suspense Interimsposten, Ausgleichsposten, vorläufige Buchung

accr. int. (accrued interest) aufgelaufene Zinsen; Stückzinsen

accretions to policy Ausweitungen der Police, Policenerweiterungen

accrual date Fälligkeitstag

accrual, rate of (in pension schemes) Steigerungssatz (in Pensionsplänen mit nach Dienstjahren gestaffelten Ansprüchen)

accrue anfallen, zuwachsen, zufallen, zufließen; fällig werden

accrued benefit erreichte Anwartschaft

accrued interest (accr. int.) aufgelaufene Zinsen; Stückzinsen

accrued pension erreichte Rente

acct. & aud. (accountant and auditor) Wirtschafts- und Abschlußprüfer

accumulate sich anhäufen; sich ansammeln; kumulieren

accumulate at compound interest aufzinsen, ansammeln, Verzinsung mit Zinseszins

accumulated bonuses angesammelte Gewinnanteile

accumulated depreciation Wertberichtigung auf das Anlagevermögen

accumulated interest rate Ansammlungszins

accumulation Kumul, Häufung

accumulation assessment zone Zone zur Erfassung von häufig erscheinenden Daten; (Sachversicherung) Zone zur Erfassung von gleichartigen Schadenformen, etwa Erdbeben

accumulation at compound interest Kapitalisierung, Aufzinsung

accumulation factor with benefit of survival Aufzinsungsfaktor mit Berücksichtigung der Sterblichkeit

accumulation, heat Wärmestau

accumulation of risks Kumulierung von Risiken, Risikohäufung

accumulation, rate of Zinssatz

accuracy Genauigkeit, Richtigkeit

accuracy, reasonable angemessene Genauigkeit

accusation Anklage; Anschuldigung, Beschuldigung

accuse anklagen; anschuldigen, beschuldigen

accused Beschuldigter, Angeklagter; angeklagt

ache Schmerzen, anhaltender Schmerz

ache schmerzen, weh tun; sich sehnen

achieve ausführen, vollenden, leisten; erlangen; erreichen

achievement Ausführung, Vollendung; Erlangung; Leistung

achievement quotient (AQ) Leistungsquotient

A.C.I.A. (Associate of the Corporation of Insurance Agents) Assoziiertes Mitglied im Verband der Versicherungsagenten

A.C.I.B. (Associate of the Corporation of Insurance Brokers) Assoziiertes Mitglied im Verband der Versicherungsmakler

acid Säure

acid resistance Säurefestigkeit

acknowledge anerkennen; zugestehen, eingestehen

acknowledgement Anerkennung; Eingeständnis, Zugeständnis; Erkenntlichkeit, Dank; Bestätigung; Empfangsbestätigung; Beglaubigungsklausel

acknowledgement of a debt Schuldanerkenntnis

acknowledgement of indebtedness Schuldschein, Schuldanerkenntnis

acknowledgement of order Auftragsbestätigung

acknowledgement of service Einlassen in den Rechtsstreit

acpt. (acceptance) Annahme; Billigung; Akzeptanz; Akzept

acquiescence Einwilligung; Duldung; Sichfügen

acquire erwerben, erlangen; anschaffen

Acquired Immune Deficiency Syndrome (AIDS) erworbene Abwehrschwäche, Aids

acquisition Akquisition; Erwerbung, Erwerb; Anschaffung

acquisition agent Abschlußvermittler

acquisition commission Abschlußprovision

acquisition costs Akquisitionskosten, Abschlußkosten, Erwerbskosten

acquisition costs, loading for Abschlußkostenzuschlag

acquisition costs not written off nicht getilgte Abschlußkosten

acquisition expenses Abschlußkosten, Akquisitionsausgaben; Beschaffungskosten, Anschaffungsausgaben, Übernahmekosten

acquisition fee Abschlußgebühr

acquisition of new business Werbung für neues Geschäft

ACSC [Association of Casualty and Surety Companies, US] Verband der Unfall- und Kautionsversicherungsgesellschaften

Acs. Pay. (accounts payable) Verbindlichkeiten

Acs. Rec. (accounts receivable) Forderungen

ACT (Air Cargo Transport) Luftfrachttransport

act Gesetz; Klage, Prozeß; Tat, Akt, Handlung; Urkunde; Auftritt

act handeln; tätig sein; wirken; eingreifen; sich benehmen; darstellen

act, commencement of an Inkrafttreten eines Gesetzes

act-committed basis Verstoßprinzip; Prinzip, nach dem der Verstoß des Versicherungsnehmers die Leistungspflicht des Versicherers auslöst

act, deliberate bewußte Handlung, absichtliche Tat, wohlüberlegte Handlung

act, hostile feindselige Handlung

act, illegal gesetzwidrige Handlung

act in force clause Bestimmung, die sich auf die jeweils gültigen Gesetze bezieht, auch Gesetzesänderungsklausel

act, intentional vorsätzliche Handlung

act, lawful rechtmäßige Handlung

act, malicious vorsätzliche, rechtswidrige Handlung; böswillige Handlung

Act, Medicines [UK] Arzneimittelgesetz

act, ministerial Verwaltungsakt, Verwaltungsmaßnahme, Ministerialbeschluß

Act, National Insurance [UK] Sozialversicherungsgesetz

act, negligent fahrlässige Handlung

act of God höhere Gewalt

act of negligence fahrlässige Handlung

Act of Parliament [UK] Parlamentsgesetz

act of stranger Handlung eines unbekannten Dritten; Einrede bei verschuldensunabhängiger Haftung

act, positive bestimmte Handlung, aktives Tun

act, preparatory vorbereitende Handlung; Vorbereitung einer Straftat

Act, Road Traffic Straßenverkehrsgesetz

act, tortious unerlaubte Handlung, deliktische Handlung, Deliktshandlung

act, voluntary freiwillige Tat; willentliche Handlung

act, wanton rücksichtslose Handlung; böswillige Handlung

act, wilful vorsätzliche Handlung

act, wrongful unerlaubte Handlung

act. wt. (actual weight) tatsächliches Gewicht, Realgewicht

action (jur.) Klage, Prozeß, Amtshandlung, Rechtsverfahren, Klagegrund, Klagerecht; (chem. phys.) Vorgang, Prozeß, Einwirkung; (techn.) Mechanik, Mechanismus; (math.) Aktion, Effekt, Wirkung; Handeln, Tun, Unternehmen, Handlung; Tat; Tätigkeit, Arbeit, Verrichtung, Funktion; Wirkung, wirkende Kraft, Einfluß

action, allowed zulässige Klage; zulässige Handlung

action, bringing an Erhebung einer Klage, Klageerhebung

action, by way of im Klageweg

action, cause of Klagegrund

action, causes of Anspruchsgrundlagen

action, chose in Anspruch, Forderungsrecht, Immaterialgüterrecht; schuldrechtlicher Anspruch, der gerichtlich durchgesetzt werden kann

action, civil Zivilklage, Zivilprozeß

action, class [US] Gruppenklage; Verbandsklage; Sammelklage; Klageform, durch die in einem Prozeß über eine Vielzahl gleichartiger Ansprüche entschieden werden kann

action, damaging schädigende Handlung

action, declaratory judgement Feststellungsbegehren, Feststellungsklage

action, dualistic causes of Anspruchskonkurrenz; mehrfache Klagebegründung, etwa durch Vertragsrecht und Deliktsrecht

action ending in death Abschluß des Verfahrens durch Tod

action, environmental Umweltschutzmaßnahme, Klage in Umweltschaden-Angelegenheiten

actio(n) ex contractu [lat.] Klage aus Vertrag

actio(n) ex delicto [lat.] Klage aus unerlaubter Handlung

action for damages Schadenersatzklage

action for declaration Feststellungsklage

action for failure to act Untätigkeitsklage, Unterlassungsklage

action for interval profits Klage wegen zwischenzeitlicher Nutzungen, Klage auf Herausgabe von Gewinn

action for negligence Schadenersatzklage wegen fahrlässiger Schädigung

action for premium Klage auf Zahlung einer Versicherungsprämie; Klage auf Leistung des Versicherungsnehmers

action for price Klage auf Zahlung des Kaufpreises

action for specific performance Klage auf Erfüllung des Vertrages

action, freedom of Handlungsfreiheit

actio(n) in personam [lat.] Klage, durch die die klagende Partei von der beklagten Partei die Ausführung einer bestimmten Handlung oder die Zahlung von Schadenersatz verlangt

actio(n) in rem [lat.] dingliche Klage, durch die die klagende Partei von der beklagten Partei die Übergabe von Waren verlangt, die sich im Besitz der beklagten Partei befinden

action in rescission Anfechtungsklage, Aufhebungsklage

action in tort Klage aus unerlaubter Handlung

action, industrial Arbeitskampfmaßnahme

action, joinder of causes of Klageverbindung; objektive Klagehäufung

action, joint gemeinsames Handeln; gemeinsames Vorgehen, auch im Klagefall

action, law in das Recht, wie es angewendet und praktiziert wird; herrschende Rechtsprechung (h.Rspr)

action, legal Prozeß

action, litigation Rechtsstreit

action of fire Feuereinwirkung

action of heat, damage by Schäden durch Hitzeeinwirkung

action, pending schwebender Rechtsstreit

action, preventive vorbeugende Maßnahme

action, range of Tätigkeitsbereich

action, rehibitory [US] Wandelungsklage, Gewährleistungsklage

action, relatives' Klage eines Verwandten; Handlung eines Verwandten

action, right of Klagebefugnis, Klagerecht

action, secondary Nebenklage

action, subrogation Regreßprozeß

action, to bring an einen Prozeß anstreben; Klageerhebung

action, to commence an Klage erheben, klagen

action, to join an einer Prozeßpartei im Klagefall beitreten

action to recover damages Schadenersatzklage

action, to withdraw an eine Klage zurücknehmen

actionable klagbar, einen Klagegrund bildend; gerichtlich verfolgbar

actions against manufacturers and importers of goods Klagen gegen Hersteller und Importeure von Waren

actions, in civil in Zivilklagen, in Zivilprozessen, in bürgerlichen Rechtsstreitigkeiten

active tätig, aktiv; lebhaft

active employment Aktivität, Erwerbsfähigkeit, Tätigkeit

active employment, return to Wiedererlangung der Erwerbsfähigkeit

active reinsurance aktive Rückversicherung

active substances, list of Verzeichnis der einsatzfähigen Mittel in der Schädlingsbekämpfung

activities, business-getting Anwerbebetrieb; Akquisitionsform

activity Tätigkeit, Betätigung; Lebhaftigkeit; Betriebsamkeit

activity, business Geschäftstätigkeit; Geschäftsbetrieb; Konjunktur

activity duty Handlungspflicht

activity, economic wirtschaftliche Betätigung, Konjunktur

activity, industrial gewerbliche Tätigkeit

activity, insurance Versicherungstätigkeit

activity, sphere of Wirkungskreis; Tätigkeitsbereich

activity, ultra hazardous außergewöhnlich gefährliche Tätigkeit

actor (Strafrecht) Täter; Kläger; Schauspieler

acts and omissions Tun und Unterlassen, Handlungen und Unterlassungen

acts constituting waiver Handlungen, die einer Verzichterklärung gleichkommen

acts, deceptive business [US] unlauteres Geschäftsgebaren

acts of violence, victims of Opfer von Gewalttätigkeiten

actual amount gegenwärtiger Bestand; aktueller Wert, aktueller Betrag

actual authority Vertretungsmacht, Vollmacht; Vollmacht, die der Versicherer einem Vertreter erteilt

actual cash value Versicherungswert; aktueller Zeitwert

actual deaths eingetretene Todesfälle

actual knowledge aktuelle, unmittelbare Kenntnis

actual loss eingetretener Verlust, wirklicher Verlust

actual number laufender Bestand

actual premium Istprämie

actual profit tatsächlicher Gewinn

actual strain riskiertes Kapital

actual total loss (Seeversicherung) wirklicher Totalverlust

actual value effektiver Wert, Realwert, Sachwert, Marktwert

actual weight (act. wt.) tatsächliches Gewicht, Realgewicht

actual yield effektive Verzinsung; tatsächlicher Ertrag, reine Rendite

actuarial versicherungsmathematisch, versicherungstechnisch

actuarial amount Abschlußwert, Endwert

actuarial department [US] versicherungsstatistische Abteilung; Abteilung einer Versicherungsgesellschaft, deren Hauptaufgaben in der Tarifierung und Festlegung der Tarifierungsverfahren liegen

actuarial expectation mathematischer Erwartungswert

actuarial investigation versicherungsmathematische Untersuchung

actuarial mathematics Versicherungsmathematik

actuarial opinion versicherungstechnisches Gutachten

actuarial report versicherungsmathematisches Gutachten

actuarial reserves Deckungsrückstellungen, Prämienreserven

actuarial reserves, increase of Reserveergänzung

actuarial technical provisions technische Reserven

actuarial technical reserves technische Reserven

actuarial theory Versicherungsmathematik

actuarial value versicherungsmathematischer Wert

actuary Versicherungsstatistiker, Versicherungsmathematiker; Gerichtsschreiber; Registrator; Aktuar; Statistiker

actuary, appointment of an Ernennung eines Versicherungsmathematikers

actuary, chief Chefmathematiker

ad idem [lat.] zu dem gleichen, zu dem selben

ad interim [lat.] einstweilig

ad libitum [lat.] nach Belieben

ad locum [lat.] am Ort

ad valorem [lat.] gemäß dem Wert

adapt anpassen; angleichen; anwenden; umstellen, bearbeiten, umarbeiten

adaption Anpassung; Anwendung, Bearbeitung; Umarbeitung

adaption of contracts Anpassung von Verträgen, Vertragsanpassung

add hinzufügen; hinzurechnen; addieren

added value Wertschöpfung, Mehrwert, Wertsteigerung

addendum Nachtrag, Zusatz

addition, dividend [US] Summenzuwachs (durch Dividende), Bonus

addition, term [US] (Lebensversicherung) einjährige Risikoversicherung aus Dividenden; Todesfallbonus

addition to age Alterszuschlag

addition to business in force Zugang zum Bestand

additional zusätzlich; Zusatz-; Mehr-, Extra-; Neben-

additional accident benefit Unfallzusatzversicherung

additional agreement Zusatzabkommen; Nebenabrede

additional amount for unexpired risks Rückstellung für noch bestehende Risiken beim Jahresabschluß einer Versicherungsgesellschaft

additional benefit zusätzliche Vergünstigung, zusätzliche Leistung

additional conditions Zusatzbedingungen

additional cover weitere Deckung, zusätzlicher Versicherungsschutz

additional disability insurance [US] Berufsunfähigkeits-Zusatzversicherung

additional expenditure Zusatzausgaben

additional expense insurance Mehrkostenversicherung

additional insurance Nachversicherung, Extraversicherung, Zusatzversicherung

additional insurance, premium for an Zuschlagsprämie für Deckungserweiterung

additional insured person mitversicherte Person

additional liability Haftungserweiterung; zusätzliche Haftung

additional payment Nebenleistung, zusätzliche Leistung, Nachzahlung

additional premium (A.P.) Beitragszuschlag, Prämienzuschlag, Zuschlagsprämie

additional premium for payment by instalments Zuschlag für unterjährige Prämienzahlung; Zuschlag für Ratenzahlung

additional premium for short period cover Zuschlag für unterjährige Vertragsdauer, Zuschlag für kurzfristige Vertragsdauer

additional reserve Zusatzreserve; zusätzliche Sicherheit; Zuschuß, Zuschlag

additional risk zusätzliches Risiko

additional safety mechanism zusätzliche Sicherheitseinrichtungen

additional security zusätzliche Sicherheit

additional services Nebenleistungen

additions, capital Kapitalzuwachs

additives, food Zusatzstoffe für Lebensmittel

address Adresse, Anschrift; Anrede, Ansprache

address anreden; adressieren; eine Ansprache halten an; sich zuwenden

address, business Geschäftsadresse

address, registered gemeldete und registrierte Anschrift

adequacy Adäquanz; Angemessenheit

adequacy of warning Angemessenheit einer Warnung

adequate angemessen, entsprechend; hinreichend, genügend; ausreichend, adäquat

adequately protected adäquat geschützt, angemessen geschützt

adhesion, contract of Adhäsionsvertrag; „diktierter" Vertrag; ein von einer Partei erstellter Vertrag, in den die zweite Partei regelmäßig nur einwilligen kann und dabei keine Gelegenheit zum Aushandeln der Bedingungen hat

adhesive Bindemittel, Klebstoff

adhesive anhaftend, verbunden

adjacent benachbart, angrenzend, in der Nähe liegend

adject hinzufügen, hinzutun

adjective law Verfahrensrecht, formelles Recht

adjoin stoßen, anstoßen; grenzen an, angrenzen

adjoining premises angrenzende Grundstücke

adjourn vertagen, aufschieben

adjournment Vertagung, Aufschiebung; Verlegung

adjudge gerichtlich entscheiden; zuerkennen, zusprechen

adjudicate gerichtlich entscheiden, Urteil sprechen; zuerkennen

adjudication richterliche Entscheidung, Urteil, Rechtsspruch; Zuerkennung; Zusprechung

adjust regulieren; berichtigen, richtigstellen; anpassen, angleichen

adjust damages den Schadenersatzanspruch festsetzen

adjustable insurance regulierbare, offene Versicherung

adjuster Schadenregulierer; Schadensachbearbeiter, Schadensachverständiger (bei einer Versicherungsgesellschaft hat der adjuster die Aufgabe, Schäden auf ihre Deckung hin zu prüfen sowie ihren Umfang im Rahmen einer gerechten Regelung für den Versicherten und die Gesellschaft festzulegen)

adjuster, average Schadenschätzer, Gutachter, Schadenberechner; Havariekommissar

adjuster, claims Schadenregulierer

adjuster, independent selbständiger Schadenregulierer, Schadensachverständiger; freiberuflich Tätiger, der für die auftraggebenden Versicherungsgesellschaften Schadenfälle bearbeitet

adjuster, loss Schadenregulierer, Sachverständiger

adjuster, public öffentlicher Schadenregulierer, der bei Schadenregulierungsverhandlungen die Interessen des Versicherten vertritt

adjuster, staff Schadensachbearbeiter, Schadensachverständiger in der Schadenabteilung einer Versicherungsgesellschaft

adjusting entry Berichtigungsbuchung, Umbuchung

adjustment Schadenfestsetzung, Feststellung der Ersatzleistung, Regelung des Anspruchs; (econ) Kontenabstimmung, Kontenregulierung, Kontenausgleichung, Anteilberechnung; Einstellung; Anpassung, Angleichung

adjustment, automatic premium automatische Prämienanpassung

adjustment, claims Schadenregulierung

adjustment clause Schadenregulierungsklausel; Summenanpassungsklausel

adjustment, commission Provisionsnachverrechnung

adjustment costs Regulierungskosten

adjustment, exchange rate Währungsausgleich, Ausgleich von Wechselkursschwankungen

adjustment for incidence of life premium income (Lebensversicherung) Bestimmung des Beitragsaufkommens; Prämienübertrag

adjustment for incidence of payment of annuities (Lebensversicherung) Bestimmung von Höhe und Umfang von Rentenzahlungen; Rentenübertrag

adjustment, loss Schadenregulierung

adjustment of claims Schadenregulierung

adjustment of complaints Regulierung von Beschwerden

adjustment of sum insured Summenanpassung, Anpassung der Versicherungssumme

adjustment, premium Nachverrechnungsprämie, Beitragsnachverrechnung, Prämienberichtigung

adjustment, sliding scale commission Berechnung einer Staffelprovision

adjustment, value Wertberichtigung; Abschreibung

adjustment, vocational Einarbeitung

administer verwalten

administration Verwaltung; (US)Regierung

administration bond Sicherheitsleistung des Erbschaftsverwalters

administration, claims Schadenbearbeitung

administration costs [US] Betriebskosten, Verwaltungskosten

administration expenses Verwaltungskosten

administrative board Verwaltungsrat

administrative charge Verwaltungsgebühr

administrative costs system Verwaltungskostensystem

administrative organization Betriebsorganisation

administrator Verwalter, Vermögensverwalter; Testamentvollstrecker, Nachlaßverwalter, Erbschaftsverwalter; Liquidator

administrator, federal insurance [US] Bundesversicherungsverwalter; Beamter der Bundesregierung, der die Verwaltung des Bundesversicherungssystems beaufsichtigt

administratrix Testamentvollstreckerin, Erbschaftsverwalterin

admissible zulässig, zulassungsfähig

admissible evidence zulässiges Beweismittel

admission Zulassung, Aufnahme; Eintritt, Zutritt; Eingeständnis

admission, licence Zulassung

admission of the claim Anerkennung des Anspruchs

admission, request for [US] Aufforderung an die Gegenseite zur Anerkennung oder Klarstellung von Tatsachen im pre-trial-discovery-Verfahren

admit zulassen, aufnehmen; zugeben, zugestehen, anerkennen

admitted age anerkanntes Alter; zugegebenes Alter

admitted assets [US] zugelassene Vermögenswerte; anerkannte Vermögenswerte

admitted claim anerkannter Schadenersatzanspruch

admitted company zum Geschäftsbetrieb zugelassene Gesellschaft, konzessionierte Gesellschaft

admitted fact anerkannte Tatsache

admitted insurer [US] zugelassene Versicherungsgesellschaft; Versicherungsgesellschaft, die von der Versicherungsbehörde des zuständigen Staates geprüft und zugelassen wurde

adopt adoptieren, annehmen

adopted measure gebilligte Maßnahme, beschlossene Maßnahme

adoption Annahme, Adoption (an Kindes Statt), Aufnahme; Aneignung, Übernahme, Billigung

ADP (Automatic Data Processing) Automatische Datenverarbeitung

a.d.s. (autograph document signed) eigenhändig unterschriebenes Dokument

a.d.t. (automatic debit transfer) Überweisung im Einzugsauftrag

adult Erwachsener

adulteration, food Lebensmittelverfälschung

adv. chgs. (advance charges) Vorausgebühren, Kostenvorschuß

adv. frt. (advanced freight) vorausbezahlte Fracht

advance Fortschritt; Vorschuß; Erhöhung; Beförderung

advance Fortschritte machen, fortschreiten; bevorschussen; steigen, anziehen; erhöhen; befördern, vorrücken

advance charges (adv. chgs.) Vorausgebühren, Kostenvorschuß

advance freight Frachtvorschuß, vorausbezahlte Fracht

advance, in vorschüssig, im voraus

advance on policy Vorauszahlung auf eine Police

advance payment Vorauszahlung, Vorschußzahlung

advance payment of fees [US] Gebührenvorschuß

advance premium Prämienvorauszahlung, Vorausprämie

advance, technological technologischer Fortschritt

advanced fortgeschritten; fortschrittlich, hochmodern, zukünftig

advanced freight (adv. frt.) vorausbezahlte Fracht

advanced, technically hochtechnisiert

advantage Nutzen; Vorteil; Gewinn

advantage, pecuniary Vermögensvorteil, materieller Vorteil

advantageous vorteilhaft, günstig

adventure Abenteuer; Risiko, Risikogeschäft; gewagtes Unternehmen

adventure, joint gemeinsames Unternehmen; Gelegenheitsgesellschaft

adversary Feind, Gegner

adversary system System der Prozeßgegnerschaft, Verhandlungsgrundsatz

adverse widrig; ungünstig, nachteilig; entgegenstehend

advertise inserieren; werben, Reklame machen

advertisement (advt.) öffentliche Anzeige; Inserat, Annonce; Reklame, Werbung

advertisement, insurance Annonce einer Versicherung, Versicherungsanzeige, Versicherungswerbung

advertising Reklame, Werbung; Ankündigung

advertising, company Firmenwerbung

advertising injury [US] (Haftpflicht-Vers.) mündliche oder schriftliche Verbreitung von Angaben, durch die eine natürliche oder juristische Person oder die Waren, Produkte oder Leistungen derselben einen Schaden erleiden

advertising, newspaper Zeitungswerbung, Zeitungsreklame

advertising, window Schaufensterreklame

advice Rat, Ratschlag; Nachricht

advice, belated claims Schadennachmeldung

advice, belated premium Nachverrechnungsprämie

advice, claims Schadenmeldung, Schadenanzeige

advice, negligent fahrlässige Beratung

advice of loss Schadenanzeige, Schadenmeldung

advice, premium Prämienrechnung

advice, professional fachmännischer Rat

advice, safety Sicherheitsberatung, Anweisung über sichere Anwendung (von Produkten)

advisability Ratsamkeit, für Rat empfänglich oder zugänglich sein

advise beraten; benachrichtigen, verständigen

adviser, financial Finanzberater

adviser, technical Fachberater, technischer Berater

advisory council Beirat

advocate Rechtsanwalt; Rechtsbeistand; Sprecher, Fürsprecher

advocate befürworten, eintreten für; verteidigen

advt. (advertisement) öffentliche Anzeige; Inserat, Annonce; Reklame, Werbung

aerial device Fluggerät

aerodrome Flughafen, Flugplatz

aerosol dispenser Aerosolspender, Aerosolbehälter

aerospace Luft- und Weltraum

aerospace industry Luft- und Raumfahrtindustrie

a.f.b. (air freight bill) Luftfrachtbrief

affair Angelegenheit; Sache; Geschäft; Verhältnis

affairs, state of Stand der Dinge; Sachstand; Sachlage

affect beeinflussen; betreffen, berühren

affection value Affektionswert, Liebhaberwert

affective ergreifend; emotional

AFFF (aqueous film-forming foam) filmbildender, synthetischer Schwerschaum auf Fluorid-Chemikalien-Basis

affidavit schriftliche unter Eid abgegebene Erklärung, beeidete Erklärung; eidesstattliche Versicherung

affiliate anschließen, angliedern; aufnehmen; verschmelzen

affiliated company nahestehende Gesellschaft; Tochtergesellschaft, Konzerngesellschaft

affiliated subsidiary [US] Tochtergesellschaft

affinity Verwandtschaft; Neigung; Ähnlichkeit

affirm bestätigen, bekräftigen; an Eides Statt versichern

affirm falsely eine falsche eidesstattliche Erklärung abgeben

affirmation Behauptung; Bestätigung; Beteuerung (an Eides Statt)

affirmation of the policy Bestätigung der Police

affirmative defences anspruchsvernichtende Einwendungen; positive Verteidigung; Einreden der beklagten Partei

affix befestigen, anheften, ankleben; beilegen

afford sich leisten, sich erlauben

afforded gewährt, geboten

afforestation Aufforstung

affray Rauferei, Schlägerei; Krawall; Landfriedensbruch

affreightment Befrachtung, Fracht

AFIA (American Foreign Insurance Association) Amerikanischer Bundesverband der ausländischen Versicherungen

afloat (aflt) auf See; an Bord; im Umlauf

afloat, goods auf See befindliche Waren

aflt (afloat) auf See; an Bord; im Umlauf

aforementioned vorher erwähnt, oben genannt, vorgenannt

aforesaid vorerwähnt, oben erwähnt, obengenannt

aforethought, malice mit Vorsatz, böswillig

after all schließlich, am Ende, also doch

after careful consideration nach sorgfältiger Überlegung

after damage, loss minimization Schadenminderung nach Beschädigung

after-foaming nachbeschäumen

after sales service Leistung, die nach dem Verkauf erbracht wird; Kundendienst

after sight nach Sicht

after taxes, net income Einkommen nach Steuern, Nettoeinkommen

after the event, loss Schaden nach dem Ereignis

afternoon (p.m.) Nachmittag

A.G. [Agent General, UK] Vertreter bestimmter Commonwealth-Länder in London

against all risks (a.a.r.) gegen alle Gefahren

a.g.b. (any good brand) jede gute Sorte, jede gute Marke

age Alter, Lebensalter; Reife, Mündigkeit; vorgeschriebenes Alter (für ein Amt); Zeit, Zeitalter, Zeitperiode; Greisenalter; Menschenalter, Generation; Jahrhundert; (geol.) Periode

age, admitted anerkanntes Alter; zugegebenes Alter

age at entry Eintrittsalter, Beitrittsalter

age at expiry Endalter, Terminalter

age at maturity Endalter

age at withdrawal Austrittsalter

age, attained erreichtes Alter

age, average Durchschnittsalter

age, evidence of Altersnachweis

age, final Endalter

age, full Mündigkeit, Volljährigkeit

age group Altersgruppe, Altersstufe

age increase [US] Alterserhöhung

age, lawful Volljährigkeit, Mündigkeit

age, legal volljährig, mündig

age limit Altersgrenze

age limitation Altersbegrenzung

age, limiting Grenzalter, Höchstalter

age, minimum Mindestalter

age next birthday Alter am nächstliegenden Geburtstag

age of entry, table of Tafel nach Eintrittsalter

age, old hohes Alter, Greisenalter

age, proof of Altersnachweis

age range Altersbereich

age setback [US] Altersermäßigung

age shifting [US] (Lebensversicherung) Altersverschiebung, fiktive Änderung des Alters

age, to come of volljährig werden

agency Agentur, Geschäftsstelle; Verwaltungsstelle; Vertretung; Vermittlung; Tätigkeit

agency, claims settling Schadenregulierungsbüro

agency, dual [US] Doppelvertretung, Mehrfachagentur

agency, environmental protection [US] Umweltbundesbehörde

agency, insurance Versicherungsagentur, Versicherungsvertretung

agency, publicity Werbeagentur, Reklamebüro

agency staff Außendienst; Verkaufsorganisation

agency superintendent [US] Bezirksdirektor

Agency System, American [US] amerikanisches Agentursystem; Methode des Versicherungsverkaufs durch Agenten, die auf Provisionsbasis entschädigt werden

agency, terminated beendetes Auftragsverhältnis

agency, testing Prüfstelle

agent (agt.) Agent, Handelnder; Handlungsreisender; Vertreter; Versicherungsvertreter

agent, acquisition Abschlußvermittler

agent, assured's Agent des Versicherungsnehmers, Bevollmächtigter des Versicherten

agent, average Havariekommissar, Havarieagent

agent, blowing Blähmittel, Treibmittel

agent, captive Ausschließlichkeitsvertreter, Einfirmenvertreter

agent, carrying Spediteur

agent, colouring Farbmittel, Färbemittel

agent, commercial Handelsvertreter

agent, commission Kommissionär

agent, country Regionalagent, Regionalbevollmächtigter

agent, estate Grundstücksmakler, Häusermakler, Immobilienmakler; Grundstücksverwalter, Hausverwalter

agent, explosive Explosionsstoff, Sprengmittel

agent, extinguishing Löschmittel

agent, flame retardant Flammschutzmittel

agent, forwarding Spediteur

Agent General [A.G., UK] Vertreter bestimmter Commonwealth-Länder in London

agent, insurance Versicherungsagent, Versicherungsmakler, Versicherungsvertreter

agent, local örtlicher Vertreter, Gebietsvertreter

agent, main Hauptvertreter, Hauptagent, Hauptbeauftragter; Generalvertreter, Generalagent

agent, managing [US] Leitender Angestellter; Handlungsbevollmächtigter

agent, mercantile Handelsvertreter; Makler, Kommissionär

agent, own case Agent in eigenen Angelegenheiten

agent, part-time Teilzeitagent

agent, power of an Vertretungsmacht, Vertretungsbefugnis

agent, unauthorized Vertreter ohne Vertretungsmacht

agent, underwriting Abschlußagent

agent, vicarious Verrichtungsgehilfe, Erfüllungsgehilfe

agent who has secured the business Abschlußvermittler

agent's authority Vertretervollmacht, Vollmacht des Agenten

agents, liability for Haftung für Stellvertreter; Haftung für Handelsvertreter

agents, superintendent of Bezirksdirektor

aggravate erschweren, verschärfen, verschlimmern

aggravated burglary erschwerter Diebstahl

aggravated risk erhöhtes Risiko, anomales Risiko

aggravated robbery schwerer Raub

aggravating circumstances erschwerende Umstände

aggravation Erschwerung, Verschärfung

aggravation of risk Gefahrenerhöhung, Risikoerschwerung

aggregate Menge, Masse, Summe; gesamt, Gesamt-; Maximierung, Jahres-Leistungsbegrenzung im Versicherungsvertrag

aggregate zusammenrechnen

aggregate amount Gesamtbetrag, Gesamtsumme

aggregate, annual Jahresmaximum, Jahreshöchstleistung

aggregate claim Gesamtschadensumme

aggregate cover akkumulierte Deckung

aggregate liability index Risikokarte, Risikosammelkarte

aggregate limit Jahresmaximum einer Haftpflichtversicherung; akkumuliertes Limit

aggregate mortality (Lebensversicherung) Gesamtsterblichkeit

aggregate pay [US] Jahres-Lohn- und Gehaltssumme

AGM (Annual General Meeting) Jahreshauptversammlung

agony of the moment Erregung des Augenblicks, augenblicklicher Schmerz

agree sich einig werden, sich einigen; vereinbaren, verabreden; zustimmen, sich einverstanden erklären

agreeable angenehm; übereinstimmend

agreed quality vereinbarte Qualität

agreed value vereinbarter Wert; taxierter Versicherungswert

agreed value clause Abschätzungsklausel, Klausel des taxierten Versicherungswertes

agreement Vertrag, Übereinkunft; Übereinstimmung, Einvernehmen; Vereinbarung, Abkommen, Übereinkommen

agreement, additional Zusatzabkommen; Nebenabrede

agreement, basic Rahmenvertrag

agreement, car-sharing Vereinbarung in bezug auf einen von mehreren Personen gemeinsam benutzten Pkw

agreement, claims-settling Regulierungshilfe-Abkommen

agreement, collective Kollektivvertrag, insbesondere zwischen Gewerkschaften und Arbeitgebern; Tarifvertrag

agreement, composition gerichtlicher Vergleich

agreement, credit sale Kreditkauf

agreement, exclusive dealing Ausschließlichkeitsvertrag, Exklusivvertrag

agreement, expiration of an Ablauf einer Vereinbarung; Vertragsablauf

agreement, general Rahmenvertrag; Generalabkommen

agreement for exclusiveness Ausschließlichkeitsvertrag, Ausschließlichkeitsvereinbarung

agreement, hire-purchase Ratenzahlungsvertrag, Teilzahlungsvertrag

agreement, hold harmless Haftungsübernahme, Haftungsfreistellung, Freistellungserklärung

agreement, implicit stillschweigend getroffene Vereinbarung

agreement, indemnity Entschädigungsvereinbarung

agreement, knock for knock Regreßverzichtsvereinbarung; Teilungsabkommen, Schadenteilungsabkommen

agreement, lack of Dissens; Einigungsmangel, Fehlen einer Vereinbarung

agreement, liability Haftungsvereinbarung

agreement, long-term (lta) langfristiger Vertrag, langfristiges Abkommen, Langzeitvereinbarung

agreement, nonwaiver Vereinbarung über den Vorbehalt von Rechten; Vereinbarung mit dem Inhalt, auf ein Recht nicht zu verzichten

agreement, oral mündliche Vereinbarung

agreement, partnership Gesellschaftsvertrag, Sozietätsvertrag, Teilhabervertrag

agreement, prior Vorvereinbarung, Vorabsprache; Vorvertrag

agreement, profit and loss transfer Gewinnabführungsvertrag

agreement, quota Quotenregelung

agreement, rating Tarifvereinbarung

agreement, redemption Tilgungsabkommen

agreement, rupture of an Vertragsbruch

agreement, sales Kaufvertrag; Verkaufsvereinbarung

agreement, sharing Teilungsabkommen

agreement, sidetrack Anschlußgleisvereinbarung, Vereinbarung zwischen einer Eisenbahngesellschaft und einem Warenempfänger bezüglich der Benutzung eines Nebengleises

agreement, solus Ausschließlichkeitsvertrag, Ausschließlichkeitsabkommen

agreement, supplementary zusätzliche Vereinbarung

agreement, tacit stillschweigende Vereinbarung

agreement, tariff Tarifvereinbarung

agreement, verbal mündliche Vereinbarung

agreement, war risks Kriegsrisiken-Vereinbarung

agreement, written schriftlicher Vertrag, schriftliche Vereinbarung

agreements, regulation of the Schutzvorschriften für Verträge

agricultural insurance landwirtschaftliche Versicherung

agricultural produce landwirtschaftliche Erzeugung; Agrarprodukte, Agrarproduktion

agt. (agent) Agent, Handelnder; Handlungsreisender; Vertreter; Versicherungsvertreter

a.h.l. [ad hunc locum, lat.] an diesem Ort

A.I.A. (American Insurance Association) Verband der Sachversicherer Nordamerikas

aid Hilfe, Unterstützung; Beistand, Hilfeleistung; Entwicklungshilfe

aid helfen, unterstützen, behilflich sein; fördern

aid, emergency Soforthilfe, Erste Hilfe

aid, financial finanzielle Hilfe, finanzielle Unterstützung

aid, first erste Hilfe

aid, legal [UK] staatliche Rechtshilfe für Bedürftige; Beratungs- und Prozeßkostenhilfe

aid, pecuniary finanzielle Unterstützung, Finanzhilfe

aid, state staatliche Unterstützung, staatliche Beihilfe

aid, to lend Hilfe leisten

A.I.D.A. [Association Internationale de Droit des Assurances, Fr.] Internationaler Verband für Versicherungsrecht

AIDS (Acquired Immune Deficiency Syndrome) erworbene Abwehrschwäche, Aids

aim, policy Versicherungsvertragszweck, Versicherungsvertragsziel

A.I.M.U. (American Institute of Marine Underwriters) Amerikanisches Institut der Seeversicherer

air cargo Luftfracht

Air Cargo Transport (ACT) Luftfrachttransport

air conditioning Klimaanlage

air foam Luftschaum, mechanischer Schaum

air freight bill (a.f.b.) Luftfrachtbrief

air passenger Fluggast

air pollutants luftverunreinigende Stoffe

air pollution Luftverschmutzung

air pollution caused by motor vehicle exhaust Luftverschmutzung durch Abgase von Kraftfahrzeugmotoren

air raid Luftangriff, Luftüberfall

Air Raid Precautions (A.R.P.) Luftschutz

air space Luftraum

air traffic Luftverkehr

air transport insurance Lufttransportversicherung

air travel Flug; Flugreise, Luftreise

aircraft Flugzeug; Luftfahrzeug

aircraft accident Flugzeugunfall

aircraft, charter Charter-Flugzeug

aircraft damage Flugzeugschaden, Luftfahrtschaden

aircraft hangar Flugzeughalle

aircraft hull insurance Flugzeugversicherung, Luftfahrtkaskoversicherung, Luftfahrzeugversicherung

aircraft industry Luftfahrtindustrie

aircraft insurance Luftfahrtversicherung

aircraft liability insurance Luftfahrt-Haftpflichtversicherung

aircraft noise Fluglärm

aircraft passenger Fluggast

aircraft passenger insurance Fluggastversicherung, Flugzeuginsassenversicherung

aircraft's hull Flugzeugrumpf

airfield Flugplatz

airline Luftverkehrslinie; Fluggesellschaft

airliner Passagierflugzeug, Linienflugzeug, Verkehrsflugzeug

airplane Flugzeug

airport Flughafen, Flugplatz

airport liability insurance Flugplatz-Haftpflichtversicherung

airport operators' liability insurance Haftpflichtversicherung für Flughafengesellschaft

airway bill (a.w.b.) Luftfrachtbrief

airworthiness Flugtüchtigkeit

a.k.a. (also known as) auch bekannt als

alarm box, fire manueller Feuermelder, Brandmelder

alarm, burglar Alarmanlage, Einbruchalarm

alarm, fire Feueralarm, Brandalarm

alarming beunruhigend, alarmierend

alcohol blood test Alkoholblutprobe

alcohol, influence of Alkoholeinfluß

alcoholic beverages alkoholische Getränke

aleatory contract Vertrag, der sich auf ein möglicherweise eintretendes Ereignis bezieht; gewagter Vertrag; Wettvertrag

alien Ausländer, Fremder

alien fremd, ausländisch

alien domiciled outside of USA [US] außerhalb der USA ansässig

alien enemy im Inland ansässiger Angehöriger eines Feindstaates; feindlicher Ausländer

alien insurer [US] ausländischer Versicherer, Versicherungsgesellschaft mit Sitz im Ausland

alienable veräußerlich; übertragbar

alienate veräußern, übertragen; entfremden

alienated premises veräußerter Grundbesitz; verschenkter Grundbesitz; aufgegebener Grundbesitz

alienation Veräußerung, Übertragung; Entfremdung

alienation of interest Übertragung von Zinsen

alienee Erwerber; neuer Eigentümer, Zessionar

alienor Veräußerer; Zedent

aliter [lat.] im übrigen, sonst

aliunde [lat.] woandersher, aus einer anderen Rechtsquelle

aliunde, indemnification Entschädigung, Schadenersatz, Abfindung „woandersher", Abfindung aus einer anderen Rechtsquelle

alkaline salt alkalisches Salz

all average recoverable (a.a.r.) jeder Schaden zu ersetzen

all contents coverage kombinierte Versicherung von Vorräten und technischen Einrichtungen

All E.R. (All England Law Reports) Entscheidungssammlung aller englischen Gerichte

All England Law Reports (All E.R.) Entscheidungssammlung aller englischen Gerichte

all-in insurance Gesamtversicherung, Globalversicherung

all-in policy Gesamtversicherungspolice

all lines [US] alle „Linien", Bezeichnung für eine Allbranchenversicherung

All-Other Contents der gesamte weitere Inhalt

all-pole switch (elektr.) allpoliger Schalter

all reasonable steps to safeguard from loss or damage alle vernünftigen Schritte zum Schutz vor Verlust oder Schaden

all risks alle Gefahren; jedes Risiko

all risks, contractors' (CAR) alle Risiken des Bauunternehmers; Bezeichnung für eine umfassende Deckung „aller Risiken" eines Bauunternehmers

all risks cover Allgefahrendeckung

all risks insurance Gesamtversicherung, Versicherung gegen alle Gefahren

all risks policy Allgefahren-Versicherungspolice

allegation Behauptung; Aussage; Anführung

allege angeben, vorgeben, behaupten; versichern; aussagen, erklären, als Beweis vorbringen; zitieren, anführen

alleged angeblich, behauptet

allergic allergisch

allergic reaction allergische Reaktion

allergy Allergie

allied company verbundene Gesellschaft, alliierte Gesellschaft, assoziierte Gesellschaft, Konzerngesellschaft

allied lines verbundene Sachversicherung

allied perils Nebenrisiken

allocate zuteilen, zuweisen; aufteilen

allocated asset gebundener Wert

allocation Zuteilung, Zuweisung, Zuwendung, Anweisung, Verteilung, Kontingent; Anordnung, Aufstellung; Bestätigung oder Billigung eines Rechnungspostens

allocation, block Pauschalzuweisung

allocation of assets Zuweisung von Werten

allocation of profits Gewinnverteilung

allocation of reserves Zuweisung von Reserven

allocation of surplus Verteilung des Überschusses

allocation of surplus to policy holders Überschußzuweisung an Versicherungsnehmer

allocation, quinquennial fünfjährige Verteilung

allocation to policy holder Zuteilung von Gewinnbeteiligungen oder Sonderzahlungen an den Versicherungsnehmer

allocation to reserve fund Zuweisung an Rücklagen

allot zuweisen, verlosen
allotment of bonus Bonuszuteilung, Verteilung der Rückvergütung
allotment, proportional proportionale Aufteilung
allow erlauben, gestatten; bewilligen, zuerkennen
allowable gewährbar; zulässig
allowable claim zulässige Forderung
allowance Erlaubnis, Bewilligung; Zuschuß, Taschengeld; Vergütung; Rabatt, Ermäßigung
allowance, daily Tagegeld, Tagesentschädigung
allowance, family Familienbeihilfe, Familienzulage
allowance for doubtful accounts Wertberichtigung auf zweifelhafte Forderungen
allowance, hospital daily Krankenhaustagegeld
allowance, nursing Pflegegeld
allowance, per diem Tagegeld, Tagessatz
allowed action zulässige Klage; zulässige Handlung
allowed discount zulässiger Diskont, zulässiger Abzug
alloy Legierung
alloy of mercury Quecksilberlegierung, Amalgam
allurement Verlockung; anziehende Gegenstände; Lockmittel; Reiz
allusion Anspielung, Andeutung
alongside längsseits, neben
alongside ship, free „freie Längsseite des Schiffs"
also insured mitversichert, außerdem versichert

also known as (a.k.a.) auch bekannt als
alteration Veränderung, Änderung
alteration of circumstances Änderung der Umstände
alteration of policy Änderung der Versicherungspolice
alteration of rights Änderung von Rechten
alteration, permanent dauerhafte Änderung, fortdauernde Änderung
alterations, temporary zeitlich befristete Änderungen, vorübergehende Abänderungen
alternative liability [US] Alternativhaftung: alle in Betracht kommenden Schädiger werden in einer Klage erfaßt
alternative trading alternative Handelstätigkeit
always afloat (a.a.) immer über Wasser
a.m. [above mentioned; ante meridiem, lat.] oben erwähnt; vormittags
amalgamation Amalgamieren; Vereinigung, Verschmelzung; Zusammenschluß; Unternehmenszusammenschluß, Fusion
amalgamation of firms Firmenzusammenschluß
amateur value Liebhaberwert
ambient temperature Umgebungstemperatur
ambiguity Zweideutigkeit, Mehrdeutigkeit, Unklarheit
ambiguous instruction mehrdeutige Anweisung
ambulance services ambulante Dienste, ärztliche Hilfe

AMDEA [Association of Manufacturers of Domestic Electrical Appliances, UK] Verband der Hersteller elektrischer Haushaltsgeräte

amend verbessern, berichtigen; ergänzen, ändern

amendment Verbesserung, Berichtigung; Änderung, Zusatz; Nachtrag; (US) Zusatzartikel zur Verfassung

amendment slip Änderungszusage bei Versicherungsverträgen

amends Schadenersatz; Wiedergutmachung

amenity Annehmlichkeit, Anmut, angenehme Lage, Liebenswürdigkeit, Artigkeit, Höflichkeit

amenity, loss of Verlust an Lebensqualität

American Agency System [US] amerikanisches Agentursystem; Methode des Versicherungsverkaufs durch Agenten, die auf Provisionsbasis entschädigt werden

American Foreign Insurance Association (AFIA) Amerikanischer Bundesverband der ausländischen Versicherungen

American Institute of Marine Underwriters (A.I.M.U.) Amerikanisches Institut der Seeversicherer

American Insurance Association (AIA) Verband der Sachversicherer Nordamerikas

American Mutual Insurance Alliance (AMIA) Vereinigung amerikanischer Versicherungsvereine auf Gegenseitigkeit

American rule „Amerikanische Regel": jede Prozeßpartei hat ihre eigenen Kosten zu tragen

American System [US] amerikanisches System: Führung der Versicherungsgeschäfte seit dem späten 19. Jahrhundert auf der Basis von getrennten Abteilungen

AMIA (American Mutual Insurance Alliance) Vereinigung amerikanischer Versicherungsvereine auf Gegenseitigkeit

amicable settlement gütliche Erledigung, gütlicher Vergleich, Vergleich

amicus curiae brief [US, lat.] begründete Stellungnahme einer an der streitigen Rechtsfrage interessierten, nicht am eigentlichen Prozeß beteiligten Partei

ammunition Munition

among(st) zwischen, unter, inmitten

among other things unter anderem

amongst others (a.o.) unter anderen

amortization Amortisierung; Abschreibung, Tilgung

amortization, annual jährliche Tilgungsrate

amortization, method of Tilgungsart

amortization period Amortisierungszeitraum, Tilgungszeitraum

amortization schedule Tilgungsplan

amortize amortisieren, tilgen, abzahlen

amortized, commission to be zu tilgende Provision

amount Betrag, Summe, Höhe; Menge

amount steigen, sich erstrecken, sich belaufen auf, betragen, ausmachen; hinauslaufen auf

amount, actual gegenwärtiger Bestand; aktueller Wert, aktueller Betrag

amount, actuarial Abschlußwert, Endwert

amount, aggregate Gesamtbetrag, Gesamtsumme

amount at risk Risikosumme, unter Risiko stehende Summe

amount, claims burden Schadenlast; Schadenquote

amount, clear Nettobetrag

amount, compensation Schadenersatzsumme; Abfindung, Entschädigungssumme

amount due geschuldeter Betrag

amount, entire voller Betrag

amount, gross Bruttobetrag, Gesamtbetrag

amount made good in general average Havariegrosse-Vergütung

amount, minimum Mindestbetrag, Mindestsumme

amount of claim Schadensumme; Entschädigungsbetrag

amount of claims, total Gesamtschadensumme

Amount of Compensatory Damage Anspruchshöhe, Schadenbetrag

amount of cover Versicherungssumme, Deckungssumme; Haftungsbetrag

amount of damage Schadenbetrag, Schadensumme

amount of guarantee deposit Höhe der Sicherheitshinterlegung, Kautionssumme

amount of guarantee fund Höhe des Sicherungsfonds, Höhe des Garantiefonds

amount of insurance Versicherungssumme, Deckungssumme

amount of insurance owned tatsächliche Versicherungssumme

amount of invoice Rechnungsbetrag

amount of loss Schadenbetrag, Schadensumme, Schadenhöhe

amount of premium Prämienbetrag, Höhe der Prämie

amount payable on settlement Abfindungswert, Abfindungssumme

amount recoverable for non-delivery Schadenersatz bei Nichtlieferung

amount subject [US] Höchstschaden pro Komplex

amount to sich belaufen auf

amount, total Gesamtsumme

amounts and types of compensation Art und Höhe der Entschädigung

amounts due from associated companies Forderungen an verbundene Unternehmen

amounts due from customers Forderungen an Kunden

amounts due from other insurance companies Forderungen an andere Versicherungsunternehmen

amounts, receivable Abrechnungsforderungen

amounts, underlying Grundbeträge; Grund-Deckungssummen

amounts, unpaid ausstehende Einlagen

ample means reichliche Geldmittel

AMUUS [Association of Marine Unterwriters of the United States, US] Verband der Seeversicherer der Vereinigten Staaten

a.n. (above named) oben genannt

An. (anonymous) anonym, ungenannt

anal. (analogous; analogy) analog, ähnlich; Analogie, Übereinstimmung

analogous (anal.) analog, ähnlich

analogy (anal.) Analogie, Übereinstimmung

analysis Analyse, Gutachten, Auswertung

analysis, cost-benefit- Kosten-Nutzen-Analyse

analysis, risk Risikoanalyse

analysis, risk-utility- Risiko-Nutzen-Analyse

ancillary ergänzend, zusätzlich, Hilfs-

ancillary contributions zusätzliche Schadenbeteiligungen; Nebenleistungen; zusätzliche Beiträge

ancillary equipment Zusatzausrüstung, Hilfsgeräte

angle Winkel, Ecke; Standpunkt, Gesichtspunkt

anguish Qual, Angst, seelischer Schmerz, Pein

animal, domestic Haustier

animal keeper's liability Tierhalterhaftpflicht

animal owner Tierhalter

animals, liability for Tierhalterhaftung

Ann. Rep. (Annual Report) jährlicher Geschäftsbericht, Jahresbericht

annex Anlage, Nachtrag, Anhang; Anbau, Nebengebäude

annex anhängen, beifügen; annektieren; sich aneignen

anniversary date Jahresfälligkeit

anniversary, policy Jahrestag des Versicherungsbeginns, Fälligkeitsdatum

annotate mit Anmerkungen versehen, kommentieren

annotation Anmerkung

annoyance Störung; Verdruß, Ärger

annual jährlich, Jahres-

annual account Jahresabrechnung, Jahresbeitrag, Jahresrechnung, Jahresabschluß

annual accounts Jahresabschluß, jährliche Abrechnungen

annual aggregate Jahresmaximum, Jahreshöchstleistung

annual aggregate limit Jahresmaximum, Jahreshöchstleistung

annual amortization jährliche Tilgungsrate

annual balance sheet Jahresabschluß, Jahres-Abschlußbilanz

annual financial statement Jahresabschluß

Annual General Meeting (AGM) Jahreshauptversammlung

annual instalment Jahresrate, Annuität, Rente

annual payroll Jahres-Lohn- und Gehaltssumme (einer Firma)

annual premium Jahresprämie

annual profit Jahresüberschuß, Jahresgewinn

annual rate Jahresprämie; Jahressatz

Annual Report (Ann. Rep.) jährlicher Geschäftsbericht, Jahresbericht

annual returns jährliche Rendite; jährlicher Geschäftsbericht

annual sales Jahresumsatz

annual turnover Jahresumsatz

annual turnover, period for Bewertungszeitraum für den Jahresumsatz

annual wages Jahres-Lohn- und Gehaltssumme

annualized percentage rate (APR) Prozentsatz auf Jahresbasis umgerechnet

annuitant Rentner, Rentnerin, Rentenempfänger

annuities Rente; Jahreszahlungen

annuities, adjustment for incidence of payment of Rentenübertrag

annuities not taken up nicht beanspruchte Renten

annuity Jahresrente; Jahreszahlung, Annuität

annuity, accident Unfallrente

annuity assurance Rentenversicherung

annuity bond Rententitel, Rentenbrief

annuity, bonus Zusatzrente, Rentenbonus

annuity by instalments unterjährig zahlbare Rente

annuity, capital Leibrente mit einer Anzahl garantierter Rentenraten

annuity-certain Zeitrente

annuity, complete Rente, die bis zum Todestag des Rentners gezahlt wird

annuity, contingent anwartschaftliche Rente, Rentenanwartschaft; Rente mit unbestimmter Laufzeit

annuity, continuous kontinuierlich zahlbare Rente, kontinuierliche Rentenzahlung

annuity, current laufende Rente

annuity deed Rentenversicherungspolice

annuity, deferred aufgeschobene Rente; abgekürzte Lebensversicherung

annuity, disability Invalidenrente; Erwerbsunfähigkeitsrente

annuity, educational Erziehungsrente

annuity, endowment [US] aufgeschobene Leibrente mit garantierter Mindestlaufzeit und Kapitalzahlung bei Tod vor Rentenbeginn

annuity, equity [US] fondsgebundene Rente

annuity, equity linked fondsgebundene Rente

annuity funds Rentendeckungskapital

annuity, grantee of an Rentenanspruchsberechtigter

annuity, grantor of an Rentenschuldner

annuity, group Gruppenrente; Gruppen-Rentenversicherung

annuity, immediate sofort beginnende Rente

annuity in payment laufende Rente

annuity, increasing steigende Rente, dynamische Rente

annuity, indexed indexierte Rente

annuity, joint verbundene Rente

annuity, joint and survivorship Verbindungsrente mit Übergang; Rente auf verbundene Leben

annuity, joint life and last survivorship verbundene Rente mit Übergang auf den Längerlebenden

annuity, life Leibrente, lebenslängliche Rente

annuity, non-commutable Rente ohne Kapitalabfindung

annuity on human life Leibrente

annuity on several lives Rente auf mehrere Leben

annuity on two lives Rente auf zwei Leben

annuity, orphan's Waisenrente

annuity, outstanding nicht ausgezahlte Rente; nicht abgehobene Rente

annuity, paid bezahlte Rente, geleistete Rente

annuity payable laufende Rente

annuity payable in advance im voraus zu zahlende Rente, vorschüssige Rente

annuity payable in arrears nachschüssige Rente

annuity payments, interval between Rentenzahlungsperiode

annuity, period of Rentenzahlungsdauer, Rentenbezugszeit

annuity, perpetual dauernde Rente, „ewige" Rente

annuity, present value of Rentenbarwert, kapitalisierte Rente

annuity, present value of deferred Barwert einer zukünftigen Rente, Rentenanwartschaft

annuity, proposed beantragte Rente

annuity, protected refund Leibrente mit Weiterzahlung nach dem Tode des Rentners, bis die Einlage erreicht ist

annuity purchase money Renteneinmaleinlage

annuity purchase price Renteneinlage, Rentenkaufpreis

annuity reserve Rentenreserve, Rentendeckungsrückstellung

annuity, reversionary Überlebensrente, Rente auf den Überlebensfall

annuity, single-life Leibrente, Rente auf ein Leben

annuity split Leibrente mit einer Anzahl garantierter Rentenraten

annuity, straight life [US] lebenslängliche Rente, Leibrente

annuity, temporary befristete Rente, Zeitrente

annuity throughout life lebenslängliche Rente, Leibrente

annuity, unpaid nicht abgehobene Rente

annuity value Rentenbarwert

annuity, variable dynamische Rente, veränderliche Rente

annuity, varying schwankende Rente

annuity, widow's Witwenrente

Anon. (Anonymous) anonym, ungenannt

Anonymous (An.; Anon.) anonym, ungenannt

another, default of Verschulden eines Dritten, Fahrlässigkeit eines Dritten

answer, incomplete unvollständige Antwort

answer to the description der Beschreibung entsprechen

answer to the purpose dem Zweck entsprechen

answerable verantwortlich, haftbar

ant. frt. (anticipated freight) erwartete Fracht

ante meridiem [a.m., lat.] vormittags

antecedent negotiations Vorverhandlungen, vorhergehende Verhandlungen

antedate Vordatierung

antedate vordatieren

antedated policy vordatierter Versicherungsschein, vordatierte Police

anti-avoidance provision Bestimmung zur Vermeidung der Umgehung von Vorschriften

anti-pollution costs Kosten des Umweltschutzes

anti-pollution devices Umweltschutzeinrichtungen

anti-pollution regulations Umweltschutzvorschriften

anti-retrials Gründe, die gegen ein Wiederaufnahmeverfahren sprechen

anti-selection Antiselektion, Gegenauslese

anticipate vorausempfinden, im voraus kennen; voraussehen; erwarten

anticipated vorzeitig, vor Fälligkeit

anticipated bonus vorweggenommener Gewinnanteil

anticipated earnings, loss of Verdienstausfall

anticipated freight (ant. frt.) erwartete Fracht

anticipated payment Vorauszahlung, Vorschuß

anticipated profit erwarteter Gewinn

anticipated profit, insurance of Versicherung des erwarteten Gewinns

anticipated profit, loss of Verlust des erwarteten Gewinns, entgehender Gewinn

anticipation Vorausempfindung, Vorgefühl, Voraussicht; Erwartung

anticipation of life vermutliche Lebensdauer

anticipatory breach of contract vor Fälligkeit erklärte Erfüllungsverweigerung, vorweggenommener Vertragsbruch

antidote Gegenmittel, Gegengift

antipathize Abneigung fühlen, mit Abneigung erfüllen

antipathy Antipathie, Abneigung

Anton Piller order Gerichtsentscheidung, die es dem Kläger erlaubt, Akten und Unterlagen des Beklagten zu durchsuchen und einzusehen; benannt nach dem Rechtsstreit Anton Piller KG vs. Manufacturing Processes Ltd.

anxiety Angst, Besorgnis

any good brand (a.g.b.) jede gute Sorte, jede gute Marke

any one accident jeder Unfall, pro Unfall, per Unfall; pro Unfallereignis

any one accident or occurence pro Schadenereignis, jeder Unfall oder jedes Ereignis

any one event je Schadenereignis

Any Other Business (AOB) jedes andere Geschäft

a.o. (amongst others) unter anderen

AOB (Any Other Business) jedes andere Geschäft

A.P. (Additional Premium) Beitragszuschlag, Prämienzuschlag, Zuschlagsprämie

AP (Account Purchases) Wareneingangsrechnung, Wareneingangskonto

apologize sich entschuldigen, um Entschuldigung bitten

apology Entschuldigung, Rechtfertigung; Notbehelf

apoplectic stroke Schlaganfall

apoplexy, fit of Schlaganfall

App. (Appeals) Rechtsmittel

app. (apparently; appendix) offensichtlich; Anhang

App. Cas. (Appeal Cases) Rechtsmittelfälle

App. Ct. (Appellate Court) Rechtsmittelgericht, Gericht zweiter Instanz

apparent defect offensichtlicher Mangel

apparatus Apparat, Gerät, Vorrichtung

apparel, wearing Kleidung, Kleidungsstücke

apparent authority Anscheinsvollmacht

apparently (app.) offensichtlich; anscheinend

apparently trivial injuries dem Anschein nach geringfügige Verletzungen

appeal Rechtsmittel, Berufung, Einspruch

appeal Berufung einlegen, ein Rechtsmittel ergreifen; sich wenden an, sich berufen auf

Appeal Cases (A.C., App. Cas.) Rechtsmittelfälle

Appeal Court (A.C.) Rechtsmittelgericht, Berufungsgericht

appeal, extension of time for Verlängerung der Rechtsmittelfrist

appeal, grounds for Rechtsmittelbegründung

appeal, period for Rechtsmittelfrist

appeal to Berufung einlegen bei

appeal, to lodge an ein Rechtsmittel einlegen

appeal to, to make an Berufung einlegen bei; sich wenden an

appealing against Einspruch erheben, Berufung

Appeals (App.) Rechtsmittel, Berufungen

Appeals, Court of Rechtsmittelgericht

appear erscheinen, sich zeigen; den Anschein haben; auftreten

appear, failure to Nichterscheinen

appearance Erscheinen, Vorkommen, Aussehen; Auftreten

appellant Kläger; Beschwerdeführer

appellate court (App. Ct.) Rechtsmittelgericht, Gericht zweiter Instanz, Berufungsgericht

appellee [US] Beklagter, Beschwerdegegner

appendix (app.) Anhang; Anlage; Zusatz; Blinddarm

Appleton Rule [US] berühmtes Gesetz des New Yorker Gesetzgebers aus dem Jahre 1939, das alle im Bundesstaat New York tätigen Versicherungsgesellschaften verpflichtet, die Gesetze des Bundesstaates New York bei allen Geschäften, auch in anderen Bundesstaaten, zu beachten

appliance Apparat, Vorrichtung, Gerät

appliance, hand-held Handgerät

appliance, heating Heizgerät

appliance, mechanical handling mechanisch betriebenes Gerät

appliances, domestic electrical elektrische Haushaltsgeräte

appliances, electrical and electronic elektrische und elektronische Geräte

appliances, fire extinguishing Feuerlöschvorrichtungen, Feuerlöschgeräte

appliances, household Haushaltsgeräte

appliances, safety Sicherheitsvorrichtungen

applicability Anwendbarkeit, Verwendbarkeit; Eignung

applicable anwendbar; verwendbar

applicable law anzuwendendes Recht

applicable principles anwendbare Grundsätze

applicant Antragsteller; Bewerber, Bittsteller

applicant, policy Antragsteller

application Antrag, Gesuch; Anwendung, Verwendung

application for insurance Versicherungsantrag

application, job Bewerbung um einen Arbeitsplatz

application, letter of Antragsformular; Bewerbungsschreiben

application of heat der Hitze aussetzen, Hitzeeinwirkung

application of profit Gewinnverwendung

application, policy Versicherungsantrag

apply sich bewerben um; beantragen; verwenden, gebrauchen, anwenden

appoint ernennen, einsetzen; berufen; einstellen, anstellen

appointed date Stichtag

appointment Ernennung, Einsetzung, Bestellung; Einstellung, Anstellung; Verabredung

apportionment Verteilung, Einteilung, Zuteilung

apportionment clause Klausel für die proportionale Begrenzung der Versichererhaftung

apportionment of liability Haftungsaufteilung, Haftungs-Teilungsabkommen

apportionment of loss between different policies anteilige Aufteilung des Schadens auf verschiedene Policen

apportionment of risk Verteilung der Risiken

appraisal Bewertung; Schätzung, Taxierung

appraisal clause [US] Schätzklausel; Klausel, die das Verfahren festlegt, das bei Uneinigkeit zwischen Versicherer und Versicherten über die Schadenhöhe angewendet wird

appraisal, insurance Abschätzung zu Versicherungszwecken; Risikoermittlung

appraisal, loss Schadenschätzung

appraisal of damage Schadenschätzung

appraised value Taxwert, Schätzwert

appreciate Wert erhöhen, im Wert steigen, Wertsteigerung erfahren; bewerten, taxieren, abschätzen; sich im Wert verbessern

appreciation Wertschätzung; Wertsteigerung

apprehensive period Periode erhöhter Gefahr

apprentice Lehrling, Auszubildender

apprenticeship Lehre, Lehrverhältnis, Lehrzeit, Ausbildung

approach, contextual Textauslegung; systematische Gesetzesauslegung

approbate billigen, genehmigen

approbation Genehmigung, Billigung

appropriate bewilligen, zuweisen

appropriate passend, geeignet; angemessen

appropriate compensation angemessene Entschädigung

appropriated earned surplus Reingewinn, der nicht für eine Dividendenausschüttung bestimmt ist

appropriated surplus offene Rücklage

appropriation Aneignung, Besitzergreifung, Verwendung, Gewinnverwendung

approval Genehmigung; Zustimmung, Billigung, Beifall

approval, consignment for Ansichtssendung, Probelieferung

approval, goods on Waren zur Auswahl

approval on delivery Lieferung auf Probe

approval pattern Mustergenehmigung

approval, standard [US] Annahme zu normalen Bedingungen

approval, tacit stillschweigende Genehmigung

approve prüfen, genehmigen, billigen, zustimmen

approved body anerkanntes Organ einer Gesellschaft oder eines Verbandes

approved financial institution [UK] genehmigtes Finanzinstitut (in britischen Versicherungsgesetzen bezieht sich dieser Begriff auf eine Liste ausdrücklich genannter Finanzinstitute)

approved securities genehmigte Wertpapiere, genehmigte Effekten

approved sickness fund anerkannte Krankenkasse

approx. (approximate) ungefähr, annähernd

approximate (approx.) ungefähr, annähernd

approximate formula Annäherungsformel, Faustformel

approximate value Näherungswert; geschätzter Wert

approximately circa, etwa, ungefähr, annähernd

approximation Näherung, Annäherung, Schätzung

appurtenances Zubehör; zugehörige Rechte

APR (Annualized Percentage Rate) Prozentsatz auf Jahresbasis

aptitude test Eignungsprüfung

aptitude, vocational berufliche Eignung

AQ (Achievement Quotient) Leistungsquotient

AQL (Acceptable Quality Level) annehmbares Qualitätsniveau

aqueous film-forming foam (AFFF) filmbildender, synthetischer Schwerschaum auf Fluorid-Chemikalien-Basis

arbiter Richter, Schiedsrichter, Schlichter

arbitrary willkürlich, eigenmächtig

arbitrate Schiedsrichter sein, als Schiedsrichter fungieren

arbitration Schiedsverfahren

arbitration award Schiedsspruch; der in einem Schiedsverfahren zugesprochene Betrag

arbitration board Schiedsstelle, Schlichtungsstelle

arbitration clause Schiedsklausel

arbitration, County Court [UK] Schlichtungsverfahren der Kreisgerichte in England

arbitration, court of Schiedsgericht

arbitration proceedings Schiedsgerichtsverfahren, Schiedsspruch, Gerichtsentscheid

arbitration tribunal Schiedsgerichtshof

arbitrator Schiedsrichter

archaic altertümlich

architect's liability Architektenhaftpflicht

area Gebiet, Fläche

area, conflagration Großbrandbereich

area, congested dichtbesiedeltes Gebiet; Ballungsgebiet

area, currency Währungsgebiet

area, disaster Katastrophengebiet

area, fire Brandstelle

area, market Absatzgebiet

area of operations Arbeitsgebiet, Tätigkeitsgebiet, Geschäftsgebiet

area of origin (Feuerversicherung) Brandausbruchstelle

area, restricted Sperrgebiet; (US) Zone mit Geschwindigkeitsbegrenzung

argue argumentieren, Gründe anführen; streiten; sprechen, reden, disputieren; beweisen, erweisen; besprechen, diskutieren; jdn. überreden, bewegen; behaupten, schließen, folgern; bekunden

argument Argument, Grund, Beweisgrund; Beweisführung, Schlußfolgerung, Erhärtung; Erörterung, Debatte, Verhandlung, Besprechung; Thema, Gegenstand, Stoff

argument, to press home an ein Argument unterstreichen, einem Argument Nachdruck verleihen

arguments, closing [US] Abschlußplädoyer der Parteien vor Gericht

argumentum e contrario [lat.] Umkehrschluß

arise entstehen, erstehen, ergeben

arise from entstehen durch, sich ergeben aus

arithmetical mean arithmetisches Mittel

armament industry Rüstungsindustrie

A.R.P. (Air Raid Precautions) Luftschutz

arr. (arranged; arrival) vereinbart; Ankunft, Eintreffen

arrange vereinbaren; festsetzen, vorbereiten; sich einrichten; arrangieren

arrange a premium eine Prämie vereinbaren

arrange an insurance eine Versicherung abschließen

arranged (arr.) vereinbart

arranged total loss vereinbarter Totalverlust; vereinbarte Höchstentschädigung

arrangement Übereinkommen, Vereinbarung

arrangement, as per laut Vereinbarung

arrangement, binding bindende Abmachung

arrangement, deposit back (Rückversicherung) Übereinkunft über die Hinterlegung einer Sicherheitsleistung durch die abtretende Partei

arrangement, leasing Mietabmachung, Mietvereinbarung, Pachtvereinbarung, Leasingvereinbarung

arrangement, medical medizinische Anordnung, medizinische Einrichtung

arrangement, reporting Meldevereinbarung; Vereinbarung zur Berichterstattung gegenüber dem Versicherer

arrangements, fire defence Brandbekämpfungsmaßnahmen

arrangements, "piggy back" Hukkepackvereinbarungen

array Reihe, Menge; Kleidung, Putz, Aufmachung; Geschworenenliste

array ordnen, aufstellen, aufbieten; kleiden, putzen

arrears Rückstände

arrears in premium payments Prämienrückstand

arrears, interest in Verzugszins

arrest, warrant of Haftbefehl

arrival (arr.) Ankunft, Eintreffen

arrival and sailing (Seeversicherung) Ankunft und Abfahrt

arrival contract (Seeversicherung) Vertrag, bei dem die Übergabe der Waren bei Ankunft eines bezeichneten Schiffs in einem bezeichneten Hafen vorgesehen ist

arrival of goods Wareneingang

arrival of goods, control of the Wareneingangskontrolle

arrival, port of Ankunftshafen, Anlaufhafen

arsenic Arsen

arson Brandstiftung, Brandlegung

arson, proof of Beweis der Brandstiftung

arsonist Brandstifter

Art. (article) Artikel; Gegenstand; Abschnitt; Paragraph

art, background Stand der Technik

art, object of Kunstgegenstand

art property and jewellery insurance Wertgegenständeversicherung

art, state of the [US] Stand der Technik

article (Art.) Artikel; Gegenstand; Abschnitt; Paragraph

article, especially valuable besonders wertvoller Artikel, besonders wertvoller Gegenstand

article, fragile zerbrechlicher Artikel, zerbrechlicher Gegenstand

article of daily use Gebrauchsgegenstand

articles for personal use Gegenstände des persönlichen Gebrauchs

articles of association (Satzungs-) Statuten

articles, pharmaceutical Pharmaprodukte, pharmazeutische Produkte

articles, uncollected nicht abgeholte Artikel

articulated lorry [UK] Sattelschlepper

artificial künstlich, von Menschenhand gemacht, künstlich hervorgerufen, erzwungen; erkünstelt, gekünstelt, erheuchelt, unwirklich, unecht, gemacht, vorgetäuscht; unnatürlich

artificial person juristische Person

artificial water course künstlicher Wasserlauf

artistic product künstlerisches Produkt

artwork Kunstwerk

A + S [Accident and Sickness insurance, US] Unfall- und Krankenversicherung

as a matter of fact tatsächlich, eigentlich, in Wirklichkeit, um die Wahrheit zu sagen

as above wie oben

as below wie unten

as original wie ursprünglich vereinbart, wie original

as per arrangement laut Vereinbarung

as required nach Bedarf

as right as rain ganz richtig, völlig in Ordnung

as soon as possible (asap) so bald wie möglich

asbestos Asbest

asbestos claims facility Asbestschaden-Schlichtungsstelle

asbestos fibres Asbestfasern

asbestos manufacturers Asbesthersteller

asbestos products Asbestprodukte

ascertain feststellen, festsetzen; ermitteln, bestimmen; sich vergewissern

ascertained goods benannte Waren, Speziessachen

ascertainment Feststellung, Ermittlung eines Schadens

ascertainment, method of Art der Festlegung, Art der Konkretisierung

asportation widerrechtliches Entfernen von Gütern

assault Angriff, Überfall, gewaltsame Drohung, Gewaltanwendung; tätliche Bedrohung, tätliche Beleidigung

assault angreifen, überfallen, anfallen, bestürmen; tätlich werden

assemble (tech.) zusammensetzen, zusammenstellen, zusammenbauen, aufstellen, montieren; sich versammeln, zusammenkommen, zusammentreten; versammeln

assembler Monteur; Hersteller, der verschiedene Einzelteile zum Endprodukt zusammensetzt

assembly and disassembly costs Ein- und Ausbaukosten

assembly line Fließband

assent Zustimmung, Genehmigung

assent, genuine „echte" Zustimmung; eine der Voraussetzungen bei Vertragsabschlüssen

assert geltendmachen, durchsetzen, behaupten

assert one's right sein Recht geltend machen, auf seinem Recht bestehen

assertion Behauptung, Erklärung, Geltendmachung

assertion of a right Geltendmachung eines Rechts

assess abschätzen, einschätzen, taxieren, bewerten; festsetzen, besteuern

assess the damage den Schaden festsetzen

assessable steuerpflichtig, nachschußpflichtig; schätzbar; abschätzbar

assessed value Schätzwert, Einheitswert

assessment Einschätzung, Bewertung; Berechnung

assessment insurance Versicherung mit Prämien-Umlageverfahren

assessment, loss Schadenschätzung, Schadenbegutachtung

assessment method of assurance Umlageverfahren

assessment of damage Schadenfeststellung, Schadenabschätzung

assessment of fire Brandbeurteilung, Brandbewertung, Brandanalyse

assessment of loss Schadenfeststellung, Schadenbegutachtung, Schadenabschätzung, Schadenexpertise

assessment of risk Einschätzung eines Risikos, Risikoeinschätzung

assessment, once-and-for-all einmalige Vermögensbewertung; einmalige steuerliche Veranlagung

assessment pension plan Pensionsplan nach dem Umlageverfahren

assessment system Umlageverfahren

assessment zone, accumulation Zone zur Erfassung von häufig erscheinenden Daten; (Sachversicherung) Zone zur Erfassung von gleichartigen Schadenformen, etwa Erdbeben

assessor Regulierungsbeamter, Schadenabschätzer, Schadenregulierer; Steuereinschätzer, Taxator; Beisitzer, Assistent, Ratgeber

assessors' fee Kosten für Gutachten, Expertisegutachten

asset Aktivum, Teil der Aktiva (in der Bilanz), Vermögensgegenstand

asset, allocated gebundener Wert

asset, free freier Wert

assets Vermögensgegenstände; Aktiva, Anlagen, Guthaben

assets, admitted [US] zugelassene Vermögenswerte; anerkannte Vermögenswerte

assets, allocation of Zuweisung von Werten

assets, available verfügbare Mittel

assets, current kurzfristig verfügbare Aktiva, flüssige Mittel

assets, fixed Sachanlagen, Anlagevermögen; gebundene Werte

assets, intangible immaterielle Anlagewerte, unkörperliche Vermögenswerte; Rechte

assets, linked gekoppeltes Vermögen

assets, liquid liquide Mittel, flüssige Mittel

assets, long-lived langlebige Wirtschaftsgüter

assets, material Sachwerte

assets, net Reinvermögen

assets, operating Betriebsvermögen

assets, physical Sachvermögenswerte, Sachvermögen

assets, property Vermögenswerte

assets, ready verfügbare Vermögenswerte

assets, segregated [US] Sondervermögen, ausgesondertes Vermögen

assets, short-lived kurzlebige Wirtschaftsgüter

assets, tangible materielle Vermögenswerte; Sachvermögen

assets, transfer of Vermögensübertragung

assets used in business Betriebsvermögen

assets, value of Wert von Vermögensgegenständen, Wert der Aktiva

assets, wasting kurzlebige Vermögenswerte, verbrauchbare Vermögenswerte

assetshare [US] Anteil der einzelnen Versicherungssparten am Gesamtbestand einer Gesellschaft

assiduity Fleiß, Emsigkeit

assign übertragen, abtreten; zuweisen, zuteilen; feststellen

assignee Erwerber, Abtretungsempfänger; Zessionar, Rechtsnachfolger; Bevollmächtigter

assignee of marine policy Erwerber oder Rechtsnachfolger einer Seetransport-Versicherungspolice

assignment Rechtsübertragung, Forderungsübertragung, Abtretung, Zession, Vermögensübertragung, Globalübertragung; nähere Bezeichnung; Anweisung, Zuweisung; Auftrag, Aufgabe, Angabe

assignment, deed of Abtretungserklärung

assignment of interest Abtretung des versicherten Interesses; Beteiligungsabtretung, Beteiligungsübertragung

assignment of policy Abtretung einer Versicherungspolice, Übertragung einer Versicherungspolice

assignment, valid gültige Rechtsübertragung, Abtretung

assignor Zedent

assist beistehen, helfen

assistance Beistand, Hilfe, Hilfskraft

Assistance By Way of Representation [ABWOR, UK] Unterstützung durch anwaltliche Vertretung, Leistung im Rahmen der staatlichen Rechtshilfe für Minderbemittelte

assistant (asst.) Assistent, Gehilfe

Assn., assn. (association) Vereinigung, Personenvereinigung, Verband, Gesellschaft, Verein

associate Teilhaber, Gesellschafter, Partner, Kollege

associate verbinden, sich verbinden, zusammenschließen, vereinigen

Associate of the Corporation of Insurance Agents (A.C.I.A.) Assoziiertes Mitglied im Verband der Versicherungsagenten

Associate of the Corporation of Insurance Brokers (A.C.I.B.) Assoziiertes Mitglied im Verband der Versicherungsmakler

associated borrower endorsement Indossament für einen mit dem bürgenden Kreditinstitut geschäftlich verbundenen Kreditnehmer

associated companies verbundene Unternehmen

associated company assoziierte Gesellschaft; Konzerngesellschaft, verbundene Gesellschaft

association (Assn., assn.) Vereinigung, Personenvereinigung, Verband, Gesellschaft, Verein

association, articles of (Satzungs-)Statuten

association, captive [US] (firmeneigene) Versicherungsgesellschaft

Association of Average Adjusters (A.A.A.) Verband der Schadenregulierer

Association Internationale de Droit des Assurances [A.I.D.A., Fr.] Internationaler Verband für Versicherungsrecht

association, memorandum of Gesellschaftsvertrag, Gründungsvertrag, Gründungssatzung, Gründungsurkunde

association, mutual Genossenschaft; Versicherungsverein auf Gegenseitigkeit

association, mutual insurance Versicherungsverein auf Gegenseitigkeit (VVaG)

Association of British Launderers and Cleaners [ABLC, UK] Verband der britischen Wäschereien und chemischen Reinigungsanstalten

Association of Casualty and Surety Companies [ACSC, US] Verband der Unfall- und Kautionsversicherungsgesellschaften

Association of Manufacturers of Domestic Electrical Appliances [AMDEA, UK] Verband der Hersteller elektrischer Haushaltsgegenstände

Association of Marine Underwriters of the United States [AMUUS, US] Verband der Seeversicherer der Vereinigten Staaten

association, protection and indemnity Reedervereinigung für die Versicherung von Risiken

association, salvage Bergungsverband, Bergungsvereinigung

association, trade Unternehmensverband; Fachverband; Wirtschaftsvereinigung

association, union Gewerkschaftsverband

associations, consumers Verbraucherschutzverbände

assort sortieren

assortment Sortiment

assortment of goods Warensortiment

asst. (assistant) Assistent, Gehilfe

asst'd (assorted) sortiert; gemischt

assume annehmen, voraussetzen, vorgeben

assumed liability übernommene Haftung

assumed portfolio übernommener Bestand

assumed rate of interest Bewertungszinsfuß

assumed reinsurance übernommene Rückversicherung

assumpsit [UK, lat.] „er verpflichte sich"; gewohnheitsrechtliche Bezeichnung für eine Klage wegen Vertragsbruchs

assumption Annahme, Voraussetzung, Übernahme; Anmaßung

assumption, fundamental grundsätzliche Annahme

assumption of portfolio Bestandsübernahme, Portefeuilleübernahme

assumption of risk [US] Risikoübernahme, Handeln auf eigene Gefahr

assumption, risk Risikoübernahme

assurable versicherbar, versicherungsfähig

assurable interest versicherbares Interesse

assurance [UK] alte Bezeichnung für insurance; Lebensversicherung, Versicherung; Sicherheit, Garantie

assurance, annuity Rentenversicherung

assurance benefit Versicherungsleistung

assurance by trader Zusicherung durch den Händler

assurance, capital Kapitalversicherung

assurance, capital redemption Sparversicherung

assurance, children's Kinderversicherung

assurance, children's deferred Kinder-Lebensversicherung mit aufgeschobenem Leistungstermin

assurance, children's educational Ausbildungsversicherung, Erziehungsrentenversicherung

assurance, children's endowment Aussteuerversicherung

assurance company Versicherungsgesellschaft

assurance, contingent bedingte Versicherung, Überlebensversicherung (bei verbundenen Leben)

assurance, convertible term Risikoumtauschversicherung

assurance, creditor's group life [US] Gruppenlebensversicherung zur Tilgung der Restschuld bei Ratenkäufen

assurance, death benefit Sterbegeldversicherung

assurance, decreasing temporary Risikoversicherung mit fallender Summe; Restkreditversicherung, Restschuldversicherung

assurance, decreasing term temporäre Todesfallversicherung mit fallender Summe

assurance, deferred aufgeschobene Versicherung, d. h., der Versicherungsschutz beginnt später als der Vertrag

assurance, double endowment gemischte Versicherung mit doppelter Erlebensfallsumme

assurance, dowry Aussteuerversicherung, Heiratsversicherung

assurance, educational endowment Studiengeldversicherung

assurance, employer – employee group Firmengruppenversicherung

assurance, endowment Versicherung auf den Todes- und Erlebensfall, Erlebensfallversicherung, Kapitalversicherung, gemischte Versicherung

assurance, equity fondsgebundene Versicherung, Fondsversicherung

assurance, family income Familienversicherung

assurance, fixed term Versicherung auf festen Zeitpunkt

assurance, group life Gruppenlebensversicherung

assurance, house purchase Hypothekentilgungs-Versicherung

assurance, industrial [UK] Kleinlebensversicherung, Arbeiterlebensversicherung; Industrieversicherung, Gewerbeversicherung

assurance involving death risk Todesfallversicherung, Ablebensversicherung

assurance, joint life Versicherung auf verbundene Leben

assurance, juvenile Kinderversicherung; Ausbildungsversicherung

assurance, leasehold Pachtgutversicherung

assurance, life Kapitalversicherung, Lebensversicherung, Todesfallversicherung

assurance, marriage Aussteuerversicherung

assurance, mortgage Hypothekenversicherung

assurance, mortgage endowment gemischte Versicherung zur Deckung von Hypotheken

assurance, mortgage protection Hypotheken-Tilgungsversicherung

assurance, mortgage repayment Hypothekenrückzahlung, Hypothekentilgung; Bausparversicherung

assurance, non-life Nichtlebensversicherung

assurance, non-medical (Lebensversicherung) Versicherung ohne ärztliche Untersuchung

assurance, non-profit Versicherung ohne Gewinnbeteiligung

assurance of a capital sum Kapitalversicherung

assurance of death risk Todesfallversicherung, Risikoversicherung

assurance of fixed sums Summenversicherung

assurance, old age Altersversicherung

assurance on the life of another Versicherung auf das Leben eines Dritten; Versicherung auf fremdes Leben

assurance, ordinary life Großlebensversicherung; Lebensversicherung auf den Todesfall

assurance, orphan's Waisenversicherung

assurance, partnership Versicherung auf verbundene Leben; Teilhaberversicherung

assurance payable at death Todesfallversicherung

assurance, pension Pensionsversicherung

assurance, private Privatversicherung

assurance, pure endowment Lebensversicherung auf den Erlebensfall, Erlebensfallversicherung

assurance, renewable term erneuerbare Risikoversicherung

assurance, retirement pension Rentenversicherung, Pensionsversicherung, Altersversicherung

assurance, single life Versicherung auf ein Leben

assurance, survivorship Überlebensversicherung

assurance, temporary zeitlich befristete Versicherung, vorläufige Versicherung

assurance, term abgekürzte Lebensversicherung auf den Todesfall

assurance, term life Risikolebensversicherung

assurance, unit-linked policy fondsgebundene Versicherung, Fondsversicherung

assurance, whole life lebenslängliche Kapitalversicherung, lebenslängliche Todesfallversicherung

assurance, widow's Witwenversicherung

assurance with limited premiums Versicherung mit abgekürzter Prämienzahlung

assurance with options Versicherung mit Wahlkarten, Versicherung mit Optionen

assurance with periodical premiums Versicherung gegen laufende Prämien

assurance with profits Versicherung mit Gewinnbeteiligung

assurance with/without medical examination Versicherung mit/ohne ärztliche Untersuchung

assurance without profits Versicherung ohne Gewinnbeteiligung

assure versichern

assured versichert

assured, capital versichertes Kapital

assured, conduct of the Verhalten des Versicherten

assured, determination by the Beendigung durch den Versicherten

assured, insanity of the Unzurechnungsfähigkeit des Versicherungsnehmers

assured life versichertes Leben

assured, reasonable angemessen versichert

assured, same gleicher Versicherungsnehmer

assured sum versichertes Kapital, Versicherungssumme, versicherte Summe

assured's agent Agent des Versicherungsnehmers, Bevollmächtigter des Versicherten

assurer Versicherer

assurer, direct Direktversicherer, Erstversicherer

at fault sich falsch verhalten, einen Fehler machen, Schuld haben, schuldig sein

at issue, matter Streitgegenstand, Streitsache

at odds with s.o. mit jemandem uneins sein, mit jemandem zerstritten sein

at one's own risk auf eigene Gefahr

at one's pleasure nach Belieben

at owner's risk auf eigene Gefahr

at risk im Risiko, unter Risiko

at the eleventh hour in letzter Stunde, fünf Minuten vor zwölf

at the place am Ort

at the place cited am angegebenen Ort

at the request of the insured auf Anforderung des Versicherten

at work am Arbeitsplatz, im Dienst, bei der Arbeit

at. wt. (atomic weight) Atomgewicht, atomares Gewicht

athletic field Sportplatz

atmosphere Atmosphäre

atmosphere, potentially explosive explosionsgefährdeter Bereich

atmospheric conditions atmosphärische Bedingungen

atmospheric pollution Luftverschmutzung

atomic energy Atomenergie, Kernenergie

atomic energy damages Atomschäden

atomic nucleus Atomkern

atomic pile Atommeiler, Atomreaktor

atomic reactors, insurance of Atomreaktorenversicherung

atomic risk Atomrisiko, Kernenergie-Risiko, Risiko aus der Atomkernzertrümmerung

atomic risks insurance Atomrisiko-Versicherung

atomic weight (at. wt.) Atomgewicht, atomares Gewicht

att. (attorney) Rechtsanwalt; Vertreter einer Person

attach befestigen, verbinden, festmachen; pfänden, beschlagnahmen

attachment Pfändung, Beschlagnahme

attachment date Beginn

attachment of the insured policy Einlösung des Versicherungsscheins

attachment point (Rückversicherung) Beginn der Schadenexcedenten-Haftung

attack, malicious arson vorsätzliche Brandstiftung

attain erreichen, Ziel erreichen, erlangen

attained age erreichtes Alter

attempt Versuch; Bemühung, Unternehmung; Angriff

attempt versuchen

attempt to intimidate Einschüchterungsversuch

attempted robbery versuchter Raub

attempted theft versuchter Diebstahl

attend besuchen; teilnehmen an; behandeln

attendance Besuch; Teilnahme

attention, emergency medical ärztliche Notfallmaßnahme

attentive aufmerksam

attestation Beglaubigung, Verteidigung, Zeugnis, Bescheinigung

attestation clause Beglaubigungsvermerk

attorney (att.) Rechtsanwalt; Vertreter einer Person

attorney and client (Atty. & C.) Anwalt und Mandant

attorney-client privilege [US] Anwaltsgeheimnis; Aussageverweigerungsrecht des Anwalts

attorney-in-fact Stellvertreter; Beauftragter, Bevollmächtigter

attorney, power of notarielle Vollmacht

attorney, warrant of [US] Vollmachtsurkunde

attorney-work-product Mandatsakten des Anwalts

attornment beim Warenverkauf die Bestätigung eines Dritten, daß er die Waren des Verkäufers für den Käufer in seiner Obhut hat

attributable zuzuschreiben, zurechenbar, zurechnend

attribute zuschreiben, zurechnen

Atty. & C. (attorney and client) Anwalt und Mandant

auction versteigern

auction sale Versteigerung, Auktion

audi alteram partem [lat.] „die andere Seite hören"; Grundsatz des rechtlichen Gehörs

audio equipment Tonträger

audit Rechnungsprüfung, Bücherrevision, Schlußrechnung, Bilanz; Rechenschaftslegung

audit Rechnungen prüfen, Rechnungen abnehmen

audit certificate Prüfungsbescheinigung, Revisionsbericht

audit, premium Prämienprüfung; Überprüfung der Akten eines Versicherten im Hinblick auf Berechnung einer angemessenen Prämie

audited annual accounts geprüfter Jahresabschluß

audited financial statement geprüfter Jahresabschluß

auditing department Revisionsabteilung; Abteilung einer Versicherungsgesellschaft, die die Kundenakten prüft, um die endgültige Prämienhöhe festzulegen

auditor Rechnungsprüfer, Bücherrevisor, Kassenprüfer, Buchprüfer; Wirtschaftsprüfer

auditor, insurance Versicherungsrevisor, Versicherungsprüfer

auditors certificate, qualified eingeschränkter Bestätigungsvermerk

auditor's report Buchprüfungsbericht, Prüfungsbericht des Abschlußprüfers

authentic verbürgt; zuverlässig; echt

authenticity Echtheit, Glaubwürdigkeit; Rechtsgültigkeit

authenticity, proof of Beweis der Echtheit

authorities, legal Präzedenzentscheidungen

authorities, permission by the behördliche Genehmigung

authority Amtsgewalt, Behörde; Befugnis, Genehmigung, Vollmacht

authority, actual Vertretungsmacht, Vollmacht; Vollmacht, die der Versicherer einem Vertreter erteilt

authority, agent's Vertretervollmacht, Vollmacht des Agenten

authority, apparent Anscheinsvollmacht

authority, binding [US] bindende Vollmacht, verbindliche Vollmacht

authority, conferment of Bevollmächtigung

authority, controlling Aufsichtsbehörde

authority, enforcing Exekutivgewalt; ausführende Behörde

authority, express ausdrückliche Vollmacht, ausdrückliche Vertretungsmacht, ausdrücklich eingeräumte Befugnis, ausdrückliche Bevollmächtigung

authority, full unbeschränkte Vollmacht

authority, implied stillschweigende Vollmacht, stillschweigende Bevollmächtigung, stillschweigende Vertretungsmacht

authority, lawful zuständige Behörde

authority, local örtliche Behörde, Kommunalverwaltung, Kommunalbehörde

authority, ostensible scheinbar erteilte Vollmacht, Anscheinsvollmacht, angebliche Vollmacht

authority, revenue Finanzbehörde

authority, supervisory Aufsichtsbehörde

authority to act in an emergency [US] Befugnis, im Notfall zu handeln

authority to bind Vollmacht, eine Deckungszusage zu erteilen

authority to sign Zeichnungsberechtigung, Unterschriftsbefugnis

authority, usual übliche Vollmacht, übliche Vertretungsmacht

authorization Bevollmächtigung, Ermächtigung, Vollmacht; Genehmigung, Erlaubnis

authorization of business Ermächtigung zum Geschäftsabschluß

authorization to operate Zulassung zum Geschäftsbetrieb, Konzessionserteilung

authorization to operate, refusal of Konzessionsverweigerung

authorization to operate, withdrawal of Entzug der Bewilligung zum Geschäftsbetrieb, Konzessionsentzug

authorized capital genehmigtes Kapital, Gesellschaftskapital, Aktienkapital

authorized insurer zum Geschäftsbetrieb zugelassene Versicherungsgesellschaft

authorized to sign zeichnungsberechtigt

authorized undertaking konzessionierte Unternehmung; zum Geschäftsbetrieb zugelassene Unternehmung

auto medical payments endorsement [US] Zusatz zur Kfz-Haftpflichtversicherung zur Deckung ärztlicher Kosten ohne Verschuldenserfordernis

auto repair shop [US] Kfz-Reparaturwerkstatt

auto-travel insurance Autoreiseversicherung

autograph document signed (a.d.s.) eigenhändig unterschriebenes Dokument

autoignition Selbstzündung

autoignition temperature Zündpunkt, Zündtemperatur

automatic coverage automatischer Deckungsschutz

Automatic Data Processing (ADP) automatische Datenverarbeitung

automatic debit transfer (a.d.t.) Überweisung im Einzugsauftrag

automatic fire detector selbsttätiger Feuermelder, automatischer Brandmelder

automatic firecheck selbsttätige Flammkontrollvorrichtung

automatic fleet [US] Kraftfahrzeugversicherung, die alle Kraftfahrzeuge des Versicherten, einschließlich der während der Laufzeit der Versicherung erworbenen Kraftfahrzeuge, in einem Vertrag abdeckt; Flottenversicherung

automatic insurance treaty Generalrückversicherungsvertrag, obligatorischer Rückversicherungsvertrag

automatic, non-fleet [US] nichtautomatische Fahrzeugparkversicherung, bei der der Versicherte der Versicherung neu erworbene Fahrzeuge innerhalb einer gewissen Frist melden muß, um Versicherungsdeckung zu erhalten

automatic non-forfeiture premium loan automatisches Policendarlehen zur Deckung rückständiger Prämien

automatic premium adjustment automatische Prämienanpassung

automatic sprinkler selbsttätiger Sprinkler

automatic sprinkler installation automatische Sprinklereinrichtung

automobile collision insurance Kraftfahrzeugversicherung

automobile industry Kraftfahrzeugindustrie

automobile insurance Kraftfahrzeugversicherung

automobile liability [US] Kraftfahrzeug-Haftpflicht

automobile liability coverage Kraftfahrzeug-Haftpflichtversicherung

automobile manufacturer Kfz-Hersteller

automobile personal accident Kraftfahrtunfall

automobile personal liability and property damage insurance [US] Kfz-Haftpflicht- und Kaskoversicherung

automobile tax [US] Kraftfahrzeugsteuer

automobile third party liability Kraftfahrt-Haftpflicht

auxiliary number Hilfszahl

auxiliary worker Hilfsarbeiter

a.v. (average) Havarie; Durchschnitt; arithmetisches Mittel

avail Nutzen, Vorteil, Gewinn

avail nützen, nützlich sein

availability Verfügbarkeit; Vorhandensein

availability, temporal test of Prüfung der Möglichkeit des Kaufs oder Verkaufs innerhalb einer angemessenen Zeit

available assets verfügbare Mittel

available funds vorhandene Mittel

available market zeitlich oder räumlich zur Verfügung stehender Markt; Gesamtheit der verfügbaren Angebote im Markt

avalanche Lawine, Durchzündung

avalanche risk Lawinenrisiko

avarice Geiz, Habsucht

avenue Avenue, Promenade

average (a.v.) Havarie; Durchschnitt; arithmetisches Mittel

average den Durchschnitt schätzen, durchschnittlich betragen

average adjuster Schadenschätzer, Gutachter, Schadenberechner; Havariekommissar

average age Durchschnittsalter

average agent Havariekommissar, Havarieagent

average bond Havarieschein

average charges Havariekosten

average claim Durchschnittsschaden, Schadendurchschnitt

average clause Freizeichnungsklausel, Havarieklausel, Unterversicherungsklausel, Klausel für die proportionale Aufteilung der Versicherungssumme bei der Gesamtsummenversicherung

average collection period durchschnittliche Zahlungseingangsfrist

average, condition of Proportionalregel, Verhältnisregel

average cost of claims durchschnittliche Schadenkosten, Durchschnittskosten eines Schadens

average cost per head Schadendurchschnitt; Durchschnittskosten pro Person

average damage durchschnittlicher Schaden

average distribution clause Klausel für die proportionale Aufteilung der Versicherungssumme bei der Gesamtsummenversicherung

average duration of life mittlere Lebenserwartung, durchschnittliche Lebensdauer, mittlere Lebensdauer

average earnings [US] Durchschnittsgehalt

average, general (Seeversicherung) Große Havarie; gemeinschaftliche Havarie; Prinzip der Seeversicherung, daß die Frachtbesitzer, die während eines Transports keinen Verlust erlitten haben, verpflichtet sind, diejenigen Frachtbesitzer zu entschädigen, die einen Verlust erlitten haben

average income Durchschnittseinkommen

average life expectancy durchschnittliche Lebenserwartung

average loss, particular besonderer Havarieschaden

average, market Durchschnittspreis, Durchschnittskurs

average premium Durchschnittsprämie

average premium system Durchschnittsprämiensystem

average, pro-rata condition of anteilsmäßige Freizeichnung

average rate Durchschnittssatz, Durchschnittsrate

average, rule of Unterversicherung

average salary pension scheme Pensionsplan nach dem Durchschnittsgehalt des Berufslebens

average, ship under havariertes Schiff

average, subject to der Schadenbeteiligung(sklausel) unterworfen

average, universal Generalfreizeichnung

aversion Abneigung, Widerwille

averting, cost of Abwendungskosten

aviation Luftfahrt, Flugwesen

aviation insurance Luftfahrtversicherung

aviation liability insurance Luftfahrt-Haftpflichtversicherung

aviation risk Flugrisiko

avoid vermeiden, abwenden; umgehen; aufheben, anfechten

avoidance Vermeidung, Meidung, Umgehung; Anfechtung, Aufhebung

avoidance by insurer Anfechtung des Versicherers

avoidance of a contract Anfechtung eines Vertrages

avoidance of sale Wandelung, Rücktritt vom Vertrag

avowal Bekenntnis, Geständnis

award Vorteilszuspruch, Urteil; Zuerkennung; Belohnung

award zuerkennen, verleihen

award, arbitration Schiedsspruch; der in einem Schiedsverfahren zugesprochene Betrag

award, basic bei einem Schiedsgerichtsverfahren zugesprochener Grundbetrag

award, compensatory Ausgleichsbetrag für tatsächliche Schäden

award, interest on Zinsen auf einen (gerichtlich) zuerkannten Betrag

aware of danger, to be sich der Gefahr bewußt sein

aware, to become Kenntnis nehmen

awareness Bewußtsein

awareness of loss Erkenntnis des Schadens, Wahrnehmung des Schadens

a.w.b. (airway bill) Luftfrachtbrief

axe to grind, to have an auf seinen Vorteil bedacht sein, eigennützige Zwecke verfolgen

axis Achse

B

B (bonds) Bonds, Anleihen
babies' dummy Säuglingsschnuller
baby, test-tube Retortenbaby
bachelor Bakkalaureus (unterster akademischer Grad); Junggeselle
Bachelor of Business Administration (B.B.A.) Bakkalaureus der Betriebswirtschaftslehre
Bachelor of Business Science (B.B.S.) Bakkalaureus für Betriebswissenschaften
Bachelor of Civil Law (B.C.L.) Bakkalaureus für Zivilrecht
Bachelor of Commerce (B.Com.) Bakkalaureus für Handel
Bachelor of Engineering (B.E.) Bakkalaureus für Ingenieurwesen
Bachelor of Laws (B.L.) Bakkalaureus der Rechte
Bachelor of Medicine (B.M.) Bakkalaureus der Medizin
Bachelor of Science (B.Sc.) Bakkalaureus der Naturwissenschaften
Bachelor of Science in Commerce (B.S.Comm.) Bakkalaureus der Naturwissenschaften für Handel
Bachelor of Science in Industrial Engineering (B.S.Ind.Eng.) Bakkalaureus der Naturwissenschaften für Ingenieurwesen in der Industrie
bacillus Bazillus
back hinter, Rückseite; Rücken
back of the policy Rückseite der Police
back premiums [US] Prämienrückstände
back up unterstützen, den Rücken stärken, beistehen
backdate rückdatieren
backdating Rückdatierung
background Hintergrund; Vergangenheit; Werdegang
background art Stand der Technik
background, historical historischer Hintergrund, Vorgeschichte
backward rückständig, zurückgeblieben; rückwärts gerichtet
backwardness Rückständigkeit
bad-debts insurance Kreditversicherung
bad faith böser Glaube; Unredlichkeit
bad faith, liability for Haftung wegen Unredlichkeit
bad family history erbliche Belastung
bad luck Unglück, Pech
bad title mangelhafter Rechtstitel
bad workmanship mangelhafte Arbeitsführung; Produktionsfehler
bag, plastic Plastiktüte
baggage Gepäck, Reisegepäck
baggage insurance Reisegepäckversicherung
bail Kaution, Sicherheitsleistung, Bürgschaft
bail bürgen, ausschöpfen
bail bond schriftliche Bürgschaftserklärung
bailee Frachtführer, Spediteur; Übernehmer; Gewahrsamsinhaber
bailees for reward Haftpflicht eines Warenbesitzers bei Beschädigung oder Untergang der in seiner Obhut befindlichen Waren;

Bezeichnung eines versicherbaren Interesses
bailment Verwahrung; Hinterlegung
bailor Hinterleger, Übergeber, Deponent
bal. (balance) Saldo, Restbetrag; Bilanz; Ausgeglichenheit
balance (bal.) Saldo, Restbetrag; Bilanz; Ausgeglichenheit
balance saldieren, ausgleichen; abschließen
balance, bank Bankguthaben
balance brought forward Saldovortrag
balance carried forward Übertrag auf neue Rechnung
balance, credit Habensaldo, Einnahmenüberschuß
balance, current account Kontokorrentguthaben
balance, debit Sollsaldo; Ausgabenüberschuß
balance, favourable Einnahmenüberschuß, aktive Bilanz
balance, financial liquider Saldo
balance, liquid liquider Saldo
balance of indeptedness Saldo; Zahlungsbilanz
balance of payments (B.O.P.) Saldo, Zahlungsbilanz
balance of subsidiary Konsolidierungsausgleichsposten
balance sheet (BS, bs) Bilanz, Jahresabschluß
balance sheet, annual Jahresabschluß, Jahres-Abschlußbilanz
balance sheet, date of Bilanzstichtag
balance sheet, mathematical reserve in Bilanzdeckungskapital, Bilanzdeckungsrückstellung
balance sheet, net liability in Bilanzdeckungskapital, Bilanzdeckungsrückstellung
balance sheet of currency areas Währungsbilanz
balance sheet, policy value in Bilanzdeckungskapital, Bilanzrückstellung
balance sheet premium Bilanzprämie
balance sheet profit Bilanzgewinn
balance sheet, value in Bilanzwert
balance sheet year Bilanzjahr
balance, technical technischer Saldo
balanced portfolio Portefeuille mit ausgeglichenen Risiken
balances, transfer of Überträge
balancing of portfolio Risikoausgleich, Wagnisausgleich, Gefahrenausgleich
balancing test Risiko-Nutzen-Analyse, Kosten-Nutzen-Analyse
bale (bl.) Ballen
ballot Wahl, Abstimmung; Wahlzettel, Wahlschein; Wahlgang
ballot abstimmen
ban amtliches Verbot; Sperre
ban verbieten
ban, driving Entzug der Fahrerlaubnis
ban, parking Parkverbot
bang, supersonic Überschallknall
bank (bk.) Bank, Bankhaus
bank balance Bankguthaben
bank burglary insurance Bankeinbruchversicherung
bank charges Bankspesen
bank deposit Bankeinzahlung

bank giro Überweisung zu Lasten des Kreditkontos

bank guarantee Bankgarantie

bank loan Bankkredit

bank loans Verbindlichkeiten der Bank gegenüber

bank post bill (B.P.B., b.p.b.) Bankpostwechsel

banker Bankier

bankrupt (bkrpt.) bankrott, zahlungsunfähig

bankrupt's estate Konkursmasse

bankruptcy Konkurs, Insolvenz

bankruptcy, discharge in in Bankrott

bankruptcy, trustee in Konkursverwalter

bans [US] Verbotsregelungen

bar. (barrel) Barrel (UK) 163,656 l; (US) 119,228 l

bar hemmen, hindern; untersagen, verbieten, ausschließen

bare facts nackte Tatsachen

bare legal estate Recht ohne wirtschaftliches Interesse, z. B. beim Treuhänder eines Nachlasses; Bezeichnung eines versicherbaren Interesses

bargain Gelegenheitskauf; gutes Geschäft; Handel, Kaufvertrag

bargain verhandeln, übereinkommen

bargain, firm fester Abschluß; Fixgeschäft

bargain, to strike a ein Geschäft machen, handelseinig werden

barge Flußschiff, Schleppkahn, Lastkahn, Barkasse, Hausboot, Schaluppe

barge taumeln, torkeln

barr. (barrister) Anwalt, der auch vor Gericht plädieren kann; Titel, der nach einem der zwei möglichen Ausbildungswege im englischen System des Jurastudiums erworben wird

barrage Absperrung; Staudamm; Sperrfeuer; überwältigende Menge

barratry Anstiften von Streit, mutwilliges Prozessieren; Ämterkauf; Veruntreuung eines Schiffsführers oder Besatzungsangehörigen gegenüber dem Reeder oder Charterer zum Schaden von Schiff oder Ladung

barrel (bar.) Barrel (UK) 163,656 l; (US) 119,228 l

barrier, fire Feuerschutz

barriers, trade Handelshemmnisse; Handelsbarrieren

barrister (barr.) Anwalt, der auch vor Gericht plädieren kann; Titel, der nach einem der zwei möglichen Ausbildungswege im englischen System des Jurastudiums erworben wird

barrister's fee regulation [UK] Anwaltsgebührenordnung

barter Tausch, Tauschhandel, Tauschgeschäft

barter tauschen, Tauschhandel betreiben

base Basis, Grundlage

base, exposure [US] Risikogrundlage und Maßeinheit bei der Bewertung des Deckungsumfangs, um das Schadenrisiko im Verhältnis zur berechneten Prämie festzustellen

base motives niedrige Beweggründe

base of the flame Flammenwurzel; Brandherd

base premium [US] Tarifprämie, die mit einem Bewertungsfaktor multipliziert wird, um die Deckungsprämie festzulegen

base rate Grundprämientarif; Überziehungskreditsatz

based on area, insurance Prämienberechnung, Versicherung nach Bodenfläche

bases, experience Erfahrungsgrundlagen

bases, technical technische Grundlagen

basic grundlegend, fundamental

basic agreement Rahmenvertrag

basic award bei einem Schiedsgerichtsverfahren zugesprochener Grundbetrag

basic commodities Grundstoffe, Rohstoffe

basic data Grundwerte

basic firebed Grundglut; Brandherd

basic industry Grundstoffindustrie

basic number Grundzahl

basic premium Grundprämie, Grundbeitrag, summenproportionaler Beitragsteil

basic premium rate Grundprämiensatz, Grundprämie

basic rate Grundtarif, Feuertarif

basic rights Grundrechte

basically im Grund, grundsätzlich, im wesentlichen, grundlegend

basis, act-committed Verstoßprinzip; Prinzip, nach dem der Verstoß des Versicherungsnehmers die Leistungspflicht des Versicherers auslöst

basis, claims made Anspruchserhebungsprinzip

basis, compartmentalized auf der Basis getrennter Abteilungen, Aufgabenteilung zwischen Abteilungen

basis, evaluation Bewertungsgrundlage, Bemessungsgrundlage

basis, extented reporting period zusätzliche Frist nach Ablauf des Versicherungszeitraums zur Geltendmachung von Schadenfällen, die sich noch innerhalb des Versicherungszeitraums ereignet haben

basis, insurance Versicherungsgrundlage

basis, occurence Ereignisprinzip, Schadenereignisprinzip

basis of calculation Kalkulationsgrundlagen, Rechnungsgrundlagen

basis of cover Deckungsbasis, Deckungsgrundlage

basis of premium calculation Prämienberechnungsgrundlage

basis of settlement Vergleichsgrundlage, Regulierungsgrundlage

basis of the contract clause Vertragsgrundlageklausel

basis, output Produktionsbasis

basis, rate Grundtarif, Grundprämie

basis, rating Tarifierungsbasis

basis, revenue Einkommensgrundlage

basis, risk premium Risikobasis

basis, speciality Sonderversicherung; Versicherung von ungewöhnlichen und nichtklassifizierbaren Risiken durch Gesellschaften, die auf solche Deckungsumfänge spezialisiert sind

basis, technical technische Grundlagen

basis, three years average Dreijahresdurchschnittsbasis

basis, triennial Dreijahresbasis

basis, turnover Umsatz-Grundlage

batch clause Serienschadenklausel

batch production Serienproduktion, Serienfertigung

battery gewaltsame Körperverletzung; tätliche Beleidigung; Element; Batterie

"battle of the forms" (Vertragsrecht) Praxis der Auftragserteilung bzw. Auftragsbestätigung auf Vordrucken; widersprechende Angaben auf diesen Vordrucken „konkurrieren" miteinander

BB (both-to-blame) beiderseitiges Verschulden

B.B.A. (Bachelor of Business Administration) Bakkalaureus der Betriebswirtschaftslehre

B.B.S. (Bachelor of Business Science) Bakkalaureus für Betriebswissenschaften

B.C.L. (Bachelor of Civil Law; Business Corporation Law) Bakkalaureus für Zivilrecht; Kapitalgesellschaftsrecht

B.Com. (Bachelor of Commerce) Bakkalaureus für Handel

b.d. (bills discounted) diskontierte Wechsel

bds (bonds) Bonds, Anleihen

B.E. (Bachelor of Engineering) Bakkalaureus für Ingenieurwesen

BE, b.e. (bill of exchange) Wechsel

BE (bill of entry) Zolleingangsschein

be about to do s.th. im Begriff sein etwas zu tun, gerade etwas tun wollen

be absolutely liable bedingungslos haften

be content befriedigen, zufriedenstellen, sich begnügen

be effective in Kraft sein; gelten

be good at law rechtlich begründet sein

be in safety in Sicherheit sein

be in the dock auf der Anklagebank sitzen

be in the red in den roten Zahlen stehen

be on risk im Risiko sein

bear tragen; gebären; aushalten

bear the responsibility die Verantwortung tragen

bearer Halter, Inhaber

bearer bill Inhaberwechsel

bearer bond Inhaberschuldverschreibung

bearer clause Inhaberklausel

bearer policy Inhaberpolice, Überbringerpolice

bearer stock [US] Inhaberaktie

bearing capacity Tragfähigkeit

become absolute rechtskräftig werden

become aware Kenntnis nehmen

become effective in Kraft treten, wirksam werden

become final rechtskräftig werden, Rechtskraft erlangen

become inoperative ungültig werden, außer Kraft treten

become obsolete überholt sein, veralten

become operative wirksam werden, in Kraft treten

before noon vormittags

behaviour Verhalten, Benehmen, Auftreten

behaviour, burning Abbrandverhalten

behaviour, fire Brandverhalten

behaviour of the consumer [US] Konsumentenverhalten

behaviour, threatening drohendes Verhalten

belated claim Spätschaden

belated claims advice Schadennachmeldung

belated premium advice Nachverrechnungsprämie

belief Glaube; Vertrauen; Meinung, Anschauung, Überzeugung

belief, to the best of his nach bestem Wissen und Gewissen

believe glauben, viel halten von, vertrauen

belongings Sachen; Habseligkeiten

belongings, personal Gegenstände des persönlichen Gebrauchs

below par unter pari

belt, safety Sicherheitsgürtel

belt, seat Sicherheitsgurt

beneficial nützlich, nutzbringend, vorteilhaft; wohltuend

beneficial, ecologically umweltfreundlich

beneficial interest materieller Eigentumsanspruch

beneficial owner wirtschaftlicher Eigentümer; Nutzungsberechtigter

beneficiary Versicherungsnehmer, Leistungsberechtigter; Nutznießer; Begünstigter; Bedachter

beneficiary clause Begünstigungsklausel

beneficiary, contingent bedingt Begünstigter

beneficiary contract, third party Vertrag zugunsten Dritter

beneficiary, insurance Versicherungsbegünstigter

beneficiary, third party begünstigter Dritter, Drittbegünstigter

beneficiary, ultimate Letztbegünstigter

benefit Versicherungsleistung; Leistung; Vorteil, Nutzen

benefit nützen, begünstigen

benefit, accident Entschädigungsleistung nach einem Unfall, Unfallentschädigung; Unfallrente

benefit, accidental death Unfalltod-Zusatzversicherung

benefit, accrued erreichte Anwartschaft

benefit, additional zusätzliche Vergünstigung, zusätzliche Leistung

benefit and detriment Vorteil und Nachteil

benefit, assurance Versicherungsleistung

benefit, burial Sterbegeld

benefit, cash Geldleistung

benefit clause Begünstigungsklausel

benefit, daily Tagegeld

benefit, daily hospital Krankenhaustagegeld

benefit, death Todesfalleistung

benefit, disability Erwerbsunfähigkeitsrente

benefit, disability income Invalidenrente, Berufsunfähigkeitsrente

benefit, dismemberment Leistung nach Gliedertaxe

benefit, double accident doppelte Leistung bei Unfalltod

benefit, double indemnity accident doppelte Leistung bei Unfalltod

benefit, endowment Ablaufleistung

benefit, extended death [US] (Lebensversicherung) Ausdehnung der Todesfalldeckung auf das erste Jahr nach Ausscheiden des Versicherten infolge dauernder Vollinvalidität

benefit, family income Familienrente; Familienbeihilfe

benefit for the public im öffentlichen Interesse, zum allgemeinen Wohl

benefit, funeral Sterbegeld, Begräbniszuschuß

benefit, immediate sofortiger Versicherungsschutz, sofortige Versicherungsleistung

benefit in kind Sachleistung, nichtfinanzielle Leistung

benefit in the event of death Todesfalleistung

benefit, income Todesfallrente, Überlebenszeitrente

benefit, insurance Versicherungsleistung

benefit insurance system Rentenversicherungen

benefit, long-term langfristige Leistung

benefit, lump sum einmalige Summenleistung

benefit, material materieller Vorteil

benefit, maximum Höchstleistung

benefit of policy Leistung einer Police

benefit on survivance Erlebensfallleistung

benefit, payment [US] Prämienbefreiung bei Tod oder Invalidität

benefit, period of partial Karenzzeit, Karenzfrist

benefit, personal persönlicher Vorteil

benefit, property linked Leistung, die mit dem jeweiligen Wert eines Eigentums in irgendeiner Art gekoppelt ist

benefit, qualified for anspruchsberechtigt, bezugsberechtigt

benefit, right to Bezugsberechtigung, Leistungsanspruch

benefit, short-term kurzfristige Leistung

benefit, sickness Krankengeld

benefit society Unterstützungsverein, Versicherungsverein auf Gegenseitigkeit

benefit under a contract Vertragsnutznießung; aus einem Vertrag resultierender Anspruch

benefit, unemployment Arbeitslosengeld

benefit unjustly sich ungerechtfertigt bereichern

benefit, withdrawal Rückkaufswert

benefits, disproportionate unangemessene Leistungen, in einem Mißverhältnis stehende Leistungen

benefits, flat Grundleistungen

benefits, forfeiture of Verfall von Versicherungsleistungen, Wegfall von Zuwendungen

benefits, fringe Extrabezüge, Nebenleistungen

benefits, hospitalization [UK] von der Versicherung ersetzte Krankenhauskosten

benefits offered Leistungsangebot

benefits, present value of aktueller Wert von Leistungen

benefits, social insurance Sozialversicherungsleistungen

benefits, special Sonderleistungen

benefits, survivor's Hinterbliebenenversorgung

benefits, table of Leistungstafel

benefits, transition Übergangsentschädigungen

benevolence Wohlwollen

benzene in toys Benzol im Spielzeug

bereavement Trauerfall; Verlust

bereavement, claim for Forderung wegen Todesfall

Berne Union Berner Verband (Vereinigung der Kreditversicherer)

betterment Verbesserung, Besserstellung

between houses or places zwischen Häusern oder Plätzen

beverage Getränk, Erfrischung

beverages, alcoholic alkoholische Getränke

beverages, food and Nahrungsmittel und Getränke

bewilderment Verwirrung, Bestürzung

beyond the control of the insured außerhalb der Kontrolle des Versicherten

b.f. [bona fide, lat.] in gutem Glauben

B.G. (bonded goods) Waren unter Zollverschluß; zollpflichtige Waren

B.H. (bill of health) Gesundheitspaß

b.i. (bodily injury) Personenschaden, Körperschaden

B.I.A. [British Insurance Association, UK] Verband britischer Versicherer

biassed befangen, voreingenommen

bicycle insurance Fahrradversicherung

bicycle, pedal Fahrrad

bicycle theft insurance Fahrraddiebstahlversicherung

bid price gebotener Preis; Geldkurs

bid, referential Referenzangebot, bezogen auf andere Angebote

big business Großbetriebe, Großindustrie, Großunternehmen

big industries Großindustrie

BILA [British Insurance Law Association, UK] Verband für Britisches Versicherungsrecht

bilateral contract bilateraler Vertrag, gegenseitiger Vertrag

bilateral risk zweiseitiges Risiko

bill Gesetzesentwurf; Gesetzesvorlage, Anklageschrift, Klageschrift; Liste, Verzeichnis; Wechsel, Nota, Rechnung; Schriftstück, Schein, Zettel

bill ankündigen; in eine Liste eintragen; auf die Rechnung setzen; durch Anschlag bekanntmachen

bill a renewal notice eine Rechnung ausstellen

bill, airway Luftfrachtbrief

bill, bearer Inhaberwechsel

bill, documentary Dokumentenwechsel

bill, medical Rechnung für ärztliche Behandlung

bill of entry (BE) Zolleingangsschein

bill of exchange (BE, b.e.) Wechsel

bill of health (B.H.) Gesundheitspaß

bill of lading (b.l.) Konnossement, Frachtbrief; Seefrachtbrief

bill of lading attached (B.L.att.) Seefrachtbrief gepfändet

bill of lading, straight consigned Namenskonnossement

bill of protest Protesturkunde; Wechselprotest

bill payable (B.P., b.p., B.Pay.) zu zahlender Wechsel

bill, receivable einzulösender Wechsel

billing tariff Kostenersatz

billion (UK) Billion; (US) Milliarde

bills discounted (b.d.) diskontierte Wechsel

bind binden, verpflichten

bind authority Vollmacht, eine Deckungszusage zu erteilen

binder [US] vorläufige Deckungszusage; provisorische, vom Versicherer erstellte Vereinbarung, gültig für eine begrenzte Frist; vorläufige Versicherungspolice; Bindemittel; Band, Schnur; Umschlag, Aktendeckel, Hefter

binding verpflichtend, verbindlich, bindend

binding arrangement bindende Abmachung

binding authority [US] bindende Vollmacht, verbindliche Vollmacht; ausdrückliche Bevollmächtigung eines Versicherungsvertreters, vorläufige Deckungszusagen zu erstellen

binding, legally rechtsverbindlich

binding, not unverbindlich, freibleibend

binding precedent bindender Präzedenzfall

binding receipt [US] vorläufige Versicherungspolice

binding settlement verbindliche Vereinbarung

biodegradable grundwasserneutral

biology Biologie

birth Geburt; Ursprung, Herkunft, Entstehung

birth certificate Geburtsurkunde

birth, place of Geburtsort

birth, premature Frühgeburt

bisect in zwei Teile schneiden; halbieren

bk. (bank) Bank, Bankhaus

bkrpt. (bankrupt) bankrott, zahlungsunfähig

B.L. (Bachelor of Laws; bill of lading) Bakkalaureus der Rechte; Seefrachtbrief

b.l. (bill of lading) Konnossement, Frachtbrief; Seefrachtbrief

bl. (bale) Ballen

B.L. att. (bill of lading attached) Seefrachtbrief gepfändet

"black-letter law" geschriebene Gesetze – im Gegensatz zum Gewohnheitsrecht

blackmail Erpressung; Erpressungsgeld

blackout, power Stromausfall

blame Tadel, Schuld

blame tadeln, schuldig sein

blame, question of Schuldfrage
blameless schuldlos, untadelig
blank endorsement Blankoindossament
blank policy Blankopolice
blank space freigelassene Stelle
blanket alles umfassend; Gesamt-; generell; Decke
blanket business interruption generelle Betriebsunterbrechung
blanket clause Generalklausel
blanket coverage Pauschaldeckung
blanket, electric elektrische Heizdecke
blanket, fire Brandlöschdecke
blanket insurance umfassende Versicherung; gebündelte Versicherung; kombinierte Versicherung
blanket policy Globalpolice, Pauschalpolice
blanket premium Pauschalprämie, Gesamtprämie
blanket retention Pauschaleigenbehalt
blanket, smothering Löschdecke
blast Druckwelle, Windstoß, Luftdruck, Sprengladung
blast sprengen, zerstören
blast furnace Blasofen, Gebläseofen, Hochofen, Schachtofen
bleed bluten
blemish Fehler, Makel, Schande
blemish verunstalten, brandmarken
BLL [Bacchalaureus Legum, lat.] Bakkalaureus der Rechte
block allocation Pauschalzuweisung
block limit Höchsthaftungssumme für einen Versicherungsbereich

block, wood Holzstoß, Holzstück
blocking period Sperrfrist
blood Blut
blood donor Blutspender
blood poisoning Blutvergiftung
blood pressure Blutdruck
blood product Bluterzeugnis, Blutprodukt
blood test, alcohol Alkoholblutprobe
blood transfusion Blutübertragung
blot Klecks, Fleck, Makel
blowing agent Blähmittel, Treibmittel
blue moon, once in a alle Jubeljahre einmal, höchst selten, ausnahmsweise
blunder Fehler
blunt stumpf, grob, derb
B.M. (Bachelor of Medicine) Bakkalaureus der Medizin
B.O., b.o. (branch office) Zweigbüro, Zweigniederlassung, Filiale
b.o. (brought over) übertragen
board Vorstand (einer Gesellschaft), Ausschuß, Behörde, Amt, Gremium; Bord, Bordwand; Kost, Verpflegung; Tisch, Tafel; Brett, Planke
board besteigen; verpflegen; beköstigen
board, arbitration Schiedsstelle, Schlichtungsstelle
board, conciliation Schlichtungsausschuß
board, member of the Aufsichtsratsmitglied, Vorstandsmitglied
board of directors (B.o.D.) Aufsichtsrat
board of management Vorstand

board, supervisory Aufsichtsrat

board, worker's compensation Berufsgenossenschaft

Boards of Underwriters [B.U., New York, US] Versichererausschuß, Vereinigung zeichnungsberechtigter Versicherer

bobtail [US] Kfz-Zugmaschine ohne Anhänger

B.o.D. (board of directors) Aufsichtsrat

bodily körperlich, Körper-

bodily injury (b.i.) Personenschaden, Körperschaden

bodily injury liability Haftpflicht bei Personenschäden

bodily injury, liability for Haftung für Körperverletzung

body Körper, Körperschaft, Person

body, approved anerkanntes Organ einer Gesellschaft oder eines Verbands

body, corporate Körperschaft, juristische Person

body of the policy Hauptteil der Police

body, public öffentlich-rechtliche Körperschaft

bogus falsch, unecht; Schein-

bogus transactions Scheingeschäfte, Schwindelgeschäfte

boiler Sieder, Heizkessel, Kochtopf, Pfanne; Boiler, Dampfkessel, Heißwasserspeicher

boiler insurance Dampfkessel-Versicherung

boiler, steam Dampfkessel

bona fide purchaser for value gutgläubiger Erwerber

bona fides [lat.] guter Glaube

bond Wertpapier, Obligation, Schuldverschreibung, Rentenwert; Bürgschaft; Verpflichtung, Schuldschein

bond verpfänden

bond, administration Sicherheitsleistung des Erbschaftsverwalters

bond, annuity Rententitel, Rentenbrief

bond, average Havarieschein

bond, bail schriftliche Bürgschaftserklärung

bond, bearer Inhaberschuldverschreibung

bond, contract Leistungsgarantie, Erfüllungsgarantie

bond, fidelity Kautionsversicherungspolice; (US) von einem Bürgschaftsunternehmen erstellter Dreiparteienvertrag, der für die Ehrlichkeit (Vertrauenswürdigkeit) des Auftraggebers einsteht

bond investment Sparvertrag

bond, liability Haftungserklärung

bond market Rentenmarkt

bond, mortgage Pfandbrief, Hypothekenpfandbrief

bond, municipal Kommunalschuldverschreibung, Schuldverschreibung der Gemeinden

bond, performance Leistungsgarantie, Erfüllungsgarantie

bond, safety Kaution, Sicherheitsleistung

bond, solvency Bankgarantie, Bankbürgschaft

bond, state Landes-Schuldverschreibung

bond, surety Leistungsgarantie; (US) von einem Bürgschaftsunternehmen erstellter Dreiparteienvertrag, der für die Leistung des Auftraggebers einsteht

bonded goods (B.G.) Waren unter Zollverschluß; zollpflichtige Waren

bonds (bds, B) Bonds, Anleihen

bonds, city Kommunalobligationen, städtische Anleihen

bonds insurance Kautionsversicherung

bonds insurance, surety Bürgschaftsversicherung

bonds, registered Namensschuldverschreibungen

bonus Dividende, Gewinnanteil; Bonus, Tantieme

bonus allocation, method of Dividendensystem, Gewinnsystem, Gewinnplan

bonus, allotment of Bonuszuteilung, Verteilung der Rückvergütung

bonus annuity Zusatzrente, Rentenbonus

bonus, anticipated vorweggenommener Gewinnanteil

bonus at maturity Gewinnbeteiligung im Erlebensfall

bonus, cash Bardividende

bonus, compound zusammengesetzter Bonus

bonus, declaration of Dividendendeklaration, Erklärung von Gewinnanteilsätzen

bonus distribution fund Gewinnreserve, Rückstellung für Beitragsrückerstattung, Dividendenreserve

bonus, distribution of Bonuszuteilung

bonus dividend [US] Beispielrechnung zur Gewinnbeteiligung

bonus, eligible for gewinnberechtigt

bonus, final Schlußgewinnanteil, Schlußdividende

bonus, guaranteed maturity Erlebensfallbonifikation

bonus, increasing steigende Dividende, steigender Gewinnanteil

bonus, insurance with/without Versicherung mit/ohne Prämienrückgewähr

bonus, interim Interimsbonus, Zwischenleistung

bonus loading Gewinnzuschlag

bonus, no claims Prämienrückvergütung für schadenfreie Jahre; Schadenfreiheitsrabatt

bonus, rate of Gewinnsatz

bonus reserve Bonusrücklage

bonus reserve valuation (Lebensversicherung) Bewertung zukünftiger Gewinnanteile aufgrund einer Wahrscheinlichkeitsrechnung; versicherungstechnische Bilanz

bonus, reversionary Summenzuwachs

bonus scheme Gewinnplan

bonus, simple einfacher Bonus

bonus, special Sonderdividende; Sonderzulage

bonus, supplementary Zusatzdividende, Zusatzgewinnanteil

bonuses, accumulated angesammelte Gewinnanteile

book buchen

book depreciation Wertberichtigung

book-keeper Buchhalter

book-keeping Buchführung

book, lapsed policies Versicherungsablaufregister, Stornoregister

book loss buchmäßiger Verlust

book, premium receipt (Kleinlebensversicherung) Prämieneingangsbuch

book profit buchmäßiger Gewinn

book, rate Tarifbuch

book, reference Nachschlagewerk

book reserve funding Bildung von Pensionsrückstellungen

book value (b.v.) Buchwert, Bilanzwert

booklet Broschüre, Prospekt, kleine Werbeschrift

booklet, printed Druckstück; gedruckte Broschüre

books, business Geschäftsbücher

boom Hochkonjunktur, wirtschaftlicher Aufschwung

boom rapide ansteigen; in die Höhe gehen; sich schnell entwickeln

B.O.P. (balance of payments) Saldobilanz, Zahlungsbilanz

Bor., bor. (borough) Stadt, Stadtbezirk

bordereau Annahmeschein; Bordereau, Verzeichnis

bordereau, insurance Versicherungsverzeichnis, Bordereau

borough (Bor., bor.) Stadt, Stadtbezirk

borrow ausleihen, entleihen, ein Darlehen aufnehmen, borgen

borrowed capital Fremdkapital

borrowing statutes „entliehene Gesetze", Recht eines anderen Staates

botany Botanik

both-to-blame (BB) beiderseitiges Verschulden

both to blame collision clause Klausel, die den beiderseits verschuldeten Zusammenstoß betrifft

bottleneck Engpaß, Enge, Schwierigkeit

bottom Boden, Grundfläche, Sohle; Tiefpunkt; unten

bottomry Schiffshypothek, die von einem Schiffseigentümer zur Deckung eines zur Beendigung einer Fahrt benötigten Geldbetrags aufgenommen wird; Bodmerei

bottomry loan Bodmereidarlehen

bound, legally rechtlich verpflichtet

bourse, insurance Assekuranzbörse, Versicherungsbörse

box Kasten, Kiste, Büchse, Schachtel; Behälter, Gehäuse

box einschließen, einpacken, packen

B.P., b.p., B.Pay. (bill payable) zu zahlender Wechsel

B.P.B., b.p.b. (bank post bill) Bankpostwechsel

bracket Gruppe, Schicht, Klasse; Halter; Klammer

brain Gehirn; Verstand, Geist

brain work geistige Arbeit

branch Betriebsabteilung, Geschäftsstelle, Zweigstelle, Filiale, Niederlassung

branch sich verzweigen, abzweigen

branch establishment Filiale, Zweiggeschäft

branch manager Filialdirektor

branch, manufacturing Fabrikationszweig

branch network Geschäftsstellennetz, Filialnetz

branch of industry Industriezweig

branch of insurance Versicherungssparte, Versicherungsbranche

branch of production Produktionszweig

branch office (B.O., b.o.) Zweigbüro, Zweigniederlassung, Filiale

branches, miscellaneous diverse Branchen

brand Handelsmarke, Warenzeichen, Fabrikmarke

brand mit Zeichen versehen, brandmarken; mit einer Schutzmarke versehen

brand, firm's Firmenzeichen

brand, name Markenartikel

brand, producer's Herstellermarke

branded goods Markenartikel

brand-new fabrikneu

breach Bruch, Verletzung; Verstoß

breach, dike Dammbruch

breach of condition Verletzung einer Bedingung; Verletzung einer Vertragsbedingung

breach of confidence Vertrauensbruch, Verletzung der Geheimhaltungspflicht

breach of contract Vertragsbruch, Vertragsverletzung; Nichterfüllung eines Vertrages

breach of contract, anticipatory vor Fälligkeit erklärte Erfüllungsverweigerung, vorweggenommener Vertragsbruch

breach of contract, damages for Entschädigung für Vertragsbruch

breach of contract, inducement of Verleitung zum Vertragsbruch, Anstiftung zum Vertragsbruch

breach of contractual warranty Zusicherungshaftung, Nichteinhalten einer vertraglichen Zusicherung

breach of duty Pflichtverletzung, Verletzung der Amtspflicht

breach of fidelity Treuebruch; Unterschlagung

breach of fiduciary duty Verletzung der Treuhänderpflicht

breach of onus of proof Beweislast der Vertragsverletzung

breach of promise Bruch eines Versprechens

breach of statutory duty Verletzung einer gesetzlichen Verpflichtung

breach of the law Gesetzesübertretung, Gesetzesverstoß

breach of the peace öffentliche Ruhestörung, Störung der öffentlichen Sicherheit und Ordnung

breach of trust Vertrauensbruch; Treuebruch

breach of warranty Garantieverletzung, Zusicherungsverletzung

breach of warranty of authority, liability for Haftung des vollmachtlosen Vertreters (falsus procurator); Garantiehaftung für das Handeln ohne Vertretungsmacht

breach of warranty, rescission for Anfechtung wegen Gewährleistungsbruch

breach, previous vorhergehender Bruch, vorhergehende Verletzung

breach, prior vorhergehender Bruch, vorhergehende Verletzung

breach, procurement of Herbeiführung des Vertragsbruchs

breadth Breite, Weite; Ausdehnung

breadwinner Versorger, Ernährer

break down niederbrechen, niederreißen; auflösen

break, fire Brandschutzstreifen, Brandschneise

breakage Bruchschaden

breakage clause Bruchklausel

breakage, danger of Bruchgefahr

breakage, insurance against Bruchschadenversicherung

breakage of glass risk Glasbruchrisiko

breakdown Zusammenbruch, Scheitern; Panne

breakdown, computer Computerausfall

breakdown, machinery Maschinenbruch, Maschinenschaden

breakdown of refrigeration equipment Störung der Kühlvorrichtung

break-even Kostendeckung, Geschäftsabschluß ohne Gewinn und Verlust

breaking and entering, theft by Einbruchdiebstahl

breaking, house Einbruchdiebstahl

brick Ziegelstein, Backstein

bridge, fire Brandbrücke, Feuerbrücke

brigade, fire Löschdienst, Feuerschutzdienst, Feuerwehr

brim Rand

bring a recourse action eine Regreßklage einreichen

bring an action einen Prozeß anstreben

bring suit against someone gegen jemanden eine Klage erheben

bring to account in Rechnung stellen; zur Rechenschaft ziehen

bringing an action Erhebung einer Klage, Klageerhebung

British aircraft britische Luftfahrzeuge, innerhalb des Herrschaftsgebiets der britischen Krone zugelassene Luftfahrzeuge

British Insurance Association [B.I.A., UK] Verband britischer Versicherer

British Insurance Law Association [BILA, UK] Verband für britisches Versicherungsrecht

British Standard (B.S.) britische Norm

British Standard Specification (B.S.S.) britische Norm

British Thermal Unit (B.T.U.) Britische Wärmeeinheit

British Yearbook of International Law (B.Y.I.L.) Britisches Jahrbuch für Internationales Recht

brls (barrels) Barrels

broad captive [US] firmeneigene Versicherungsgesellschaft, die auch fremde Risiken übernimmt

broad products liability erweiterte Produkthaftpflicht

broadcast durch den Rundfunk verbreiten, senden, übertragen

broker Makler, Agent, Vermittler

broker, correspondent Korrespondenzmakler

broker, insurance Versicherungsmakler

broker, marine insurance Seeversicherungsmakler

broker, reinsurance Rückversicherungsmakler

broker, stock Börsenmakler

brokerage Maklergebühr, Maklerprovision, Courtage; Maklerwesen

brokerage fee Maklergebühr, Vergütung des Maklers
brokerage firm Maklerfirma
brokerage on reinstatement, nil courtagefreie Wiederauffüllung
brokered business gemakeltes Geschäft
broker's commission Maklergebühr, Maklerprovision
broker's fee Maklergebühr
broker's slip Formular für Weitergabe von Aufträgen an Börsenhändler
broking Maklergeschäft, Vermittlungsgeschäft
broking firm Maklerfirma
Bros. (Brothers) Brüder; Gebrüder
Brothers (Bros.) Brüder; Gebrüder
brought about herbeigeführt, zustande gebracht
brought forward Übertrag
brought forward, profit Gewinnvortrag
brought over (b.o.) übertragen
brown coal Braunkohle
bruise Quetschung; Bluterguß
bruise quetschen
brush up auffrischen, aufpolieren
BS, bs (balance sheet) Bilanz, Jahresabschluß
B.S. (Bachelor of Science; British Standard) Bakkalaureus der Naturwissenschaften; britische Norm
B.Sc. (Bachelor of Science) Bakkalaureus der Naturwissenschaften
B.S.Comm. (Bachelor of Science in Commerce) Bakkalaureus der Naturwissenschaften für Handel

B.S.Ind.Eng. (Bachelor of Science in Industrial Engineering) Bakkalaureus der Naturwissenschaften für Ingenieurwesen in der Industrie
B.S.S. (British Standard Specification) britische Norm
B.T.U. (British Thermal Unit) Britische Wärmeeinheit
B.U. [Boards of Underwriters, New York, US] Versichererausschuß, Vereinigung zeichnungsberechtigter Versicherer
budget Budget, Etat, Haushalt; Staatshaushaltsplan; Vorrat, Menge
budget im Haushaltsplan unterbringen; planen, ein Budget machen
builder Erbauer, Baumeister, Bauunternehmer
builder, ship Schiffsbauer, Werftunternehmer
builder's consortium Baugemeinschaft, Arbeitsgemeinschaft
builder's risks insurance Baurisiken-, Bauwesenversicherung, Bauhaftpflichtversicherung
building Bauen, Errichten; Gebäude, Bauwerk, Gebäuderohbau
building, collapse of a Zusammenbruch eines Gebäudes, Gebäudeeinsturz
building, expenses of Baukosten
building, historical Baudenkmal
building industry Bauindustrie
building, listed unter Denkmalschutz stehendes Gebäude
building lot [US] Bauplatz, Baustelle
building operations Bauarbeiten
building plot Baugrundstück

building project Bauprojekt, Bauvorhaben

building site, inspection of the Baugrunduntersuchung

building society Bausparkasse

building, value of a Gebäudewert

building worker Bauarbeiter

building works Bauarbeiten

buildings insurance Gebäudeversicherung

buildings, lease of Verpachten von Gebäuden, Vermieten von Gebäuden

buildings, residential Wohnbauten

buildings, unoccupied unbewohnte Gebäude

bulk Masse, Menge; Hauptteil; größter Teil

bulk, goods in Schüttgüter, noch nicht zwischen den Käufern aufgeteilte Mengengüter

bulk, production in Massenherstellung, Massenproduktion

bulk, purchase in Großeinkauf

bulk shipment Massengutladung

bulkhead Schott

bulkhead, fire retardant Brandschotte, Brandspant

bumper car Autoscooter

bunk Schlafkoje, Bettstelle, Stockbett

bunk beds Stockbetten

burden Last; Belastung; Auflage

burden of losses Schadenbelastung, Schadenslast

burden of proof Beweislast

burden of proof, reversal of Umkehrung der Beweislast

burden of proof, shifting of the Beweislastumkehr

burden of proving fault Beweislast für haftungsbegründendes Verschulden

burden of taxation Steuerlast

burden, tax Steuerlast, Steuerbelastung

burdensome and oppressive belastend und schikanös; lästig und gewaltsam

bureau Geschäftszimmer, Büro; Schreibtisch

bureau, rating Tarifbüro, Tarifierungsamt

burglar alarm Alarmanlage, Einbruchalarm

burglary Einbruchdiebstahl, Einbruch

burglary, aggravated erschwerter Diebstahl

burglary and housebreaking insurance Einbruchdiebstahlversicherung

burglary and theft, insurance against Einbruch- und Diebstahlversicherung

burglary insurance Einbruchdiebstahlversicherung, Diebstahlversicherung

burial Begräbnis, Beerdigung, Bestattung

burial benefit Sterbegeld

burial expenses Beerdigungskosten

burial-ground Friedhof

burial insurance Sterbeversicherung

burial service Trauerfeier

burn injury Brandschaden, Brandverletzung

burn-out Abbrand

burner Brenner, Heizplatte

burner, long drum (Ölheizung) Brenner mit langem Zug

burner, wick fed Dochtbrenner

burning behaviour Abbrandverhalten

burning cost Bedarfsprämie

burning factor Abbrandfaktor; Bewertungsfaktor

burning intensity Brandstärke, Brandintensität

burning, rate Abbrandgeschwindigkeit, Abbrandhäufigkeit

burning surface Brandfläche

burst bersten, platzen, zerspringen

burst pipe gebrochenes Rohr, Rohrbruch

bursting Bersten, Sprengen, Explosion, Ausbruch

Bus. Law. (business lawyer) Wirtschaftsjurist

bush fire Buschfeuer

business Geschäft, Betrieb; Angelegenheit, Sache

business abroad Auslandsgeschäft

business activity Geschäftstätigkeit; Geschäftsbetrieb; Konjunktur

business address Geschäftsadresse

business, authorization of Ermächtigung zum Geschäftsabschluß

business auto coverage form [US] Art und Umfang der Versicherung gewerblich genutzter Kfz; Formular zur Versicherung gewerblich genutzter Kfz

business books Geschäftsbücher

business, brokered gemakeltes Geschäft

business, capital redemption Kapitalrückzahlungsgeschäft, Geschäft über den Rückkauf von Kapitalanteilen

business, carrying on a das Geschäft fortsetzen

business, class of Geschäftsbranche

business, class of insurance Versicherungsart, Versicherungsbranche, Versicherungszweig

business closure insurance Betriebsschließungsversicherung, Betriebsunterbrechungsversicherung, Betriebsstillstandsversicherung

business, closure of a Geschäftsaufgabe

business, collecting Inkassogeschäft

Business Corporation Law (B.C.L.) Kapitalgesellschaftsrecht

business, course of Geschäftsgang

business customs Geschäftsgewohnheiten, Geschäftsusancen, Geschäftsusus

business depression Geschäftsrückgang

business description Bezeichnung des Gewerbes, Betriebsbeschreibung

business, direct direktes Geschäft

business, discontinuance of a Betriebseinstellung; Geschäftsaufgabe

business, domestic nationales Geschäft, Inlandsgeschäft

business, engineering Maschinen-Geschäft

business expenses Geschäftskosten

business, family Familienbetrieb

business for own account Geschäft für eigene Rechnung; Geschäft auf eigene Rechnung

business, foreign ausländisches Geschäft, Auslandsgeschäft

business, forwarding Speditionsgeschäft

business, general insurance Sachversicherungsgeschäft

business-getter Agent, Akquisiteur, Werber

business-getting activities Anwerbebetrieb; Akquisitionsform

business, group Gruppengeschäft

business, home nationales Geschäft, Inlandsgeschäft

business, hotel and restaurant Gaststättengewerbe

business, hours of Geschäftsstunden, Öffnungszeiten

business, in force laufendes Geschäft

business in force, increase in Bestandszuwachs

business, indirect indirektes Geschäft

business, industrial assurance Kleinlebensversicherungsgeschäft

business, Industrial Life Assurance Kleinlebensversicherungsunternehmen; Kleinlebensversicherungsprämienvolumen; Kleinlebensversicherungsgeschäft

business, insurance Versicherungsgeschäft, Versicherungstransaktionen, Versicherungswesen, Versicherungsbetrieb

business insurance coverage Betriebsversicherungsschutz

business interest Geschäftsbeteiligung, Geschäftsanteil; Geschäftsinteresse

business interruption Betriebsunterbrechung, Betriebsstörung

business interruption independency loss Rückwirkungsschaden

business interruption insurance Betriebsunterbrechungsversicherung, Betriebsstillstandsversicherung

business inventory Geschäftsinventar, Betriebsinventar

business lawyer (Bus.law.) Wirtschaftsjurist

business liabilities Geschäftsschulden, Geschäftsverbindlichkeiten

business, liability insurance for a Betriebshaftpflichtversicherung

business, life assurance Lebensversicherungsbranche

business line Branche, Geschäftszweig

business, long-term langfristige Geschäfte, langfristige Abschlüsse; Langzeitunternehmen

business, losing Verlustgeschäft

business, main class of Hauptgeschäft, Hauptsparte eines Unternehmens

business man Geschäftsmann

business name Firmenname, Handelsname, Warenbezeichnung

business, new neue Abschlüsse; neue Geschäfte, Neugeschäft

business, non-life Sachversicherungsgeschäft

business, not materialized nicht zustande gekommenes Geschäft

business not taken up nicht zustande gekommenes Geschäft

business, off-shore Geschäftsbereich, der Risiken im Meer betrifft

business partnership insurance Teilhaberversicherung

business, permission to transact Geschäftserlaubnis

business persons, independant selbständige Geschäftsleute

business, place of Sitz eines Unternehmens, Geschäftssitz

business practice Geschäftsmethoden, Geschäftspraktiken

business practices, unfair unlautere Geschäftsmethoden

business premises Geschäftsräume; Betriebsgrundstücke

business premises, management of the Verwaltung der Geschäftsgrundstücke

business premises, occupation of the Besitz der Geschäftsgrundstücke

business premises, ownership of the Eigentum am Geschäftsgrundstück

business profits Geschäftserträge, Geschäftsgewinn

business relations Geschäftsbeziehungen, Geschäftsverbindungen

business reputation geschäftliches Ansehen

business risk Geschäftsrisiko, Unternehmensrisiko, Unternehmerrisiko

business secret Geschäftsgeheimnis, Betriebsgeheimnis

business, setting up of a Eröffnung eines Geschäfts, Geschäftsgründung

business, show Unterhaltungsindustrie, Vergnügungsindustrie

business, small Kleinunternehmen; (US) mittelständische Wirtschaft

business, sphere of Geschäftsbereich

business, state of Geschäftslage; Konjunktur

business, storing Lagergeschäft

business tenancy gewerbliches Mietverhältnis, gewerbliches Pachtverhältnis

business, terms and conditions of Geschäftsbedingungen

business, to take over a einen Bestand übernehmen

business, transfer of Geschäftsverlegung

business usage Handelsbrauch

business, use in the course of Verwendung im Geschäftsverlauf

business, volume of Geschäftsumfang

business, wholesale Großhandel, Großhandelsgeschäft

business, withdrawal from Geschäftsaufgabe

business, written abgeschlossenes Geschäft

business zone Geschäftsbezirk

businesslike interpretation geschäftsmäßige Auslegung

butcher Metzger

buy kaufen, einkaufen, beziehen

buy and sell Handel treiben; kaufen und verkaufen

buy insurance sich versichern lassen

buyer Käufer, Einkäufer

buyer, heavy Großabnehmer

buyer in possession Käufer im Besitz der Waren

buyer, quantity Großabnehmer

buyer, remedy of Gegenmittel, Abhilfemaßnahmen, die dem Käufer zur Verfügung stehen

buyer's duty Pflicht des Käufers, Verpflichtung des Käufers

buyer's option Kaufoption

buyer's rights Rechte des Käufers

buying Kauf, Kaufen, Einkauf, Ankauf, Erwerb

buying order Kaufauftrag, Kauforder

buying power Kaufkraft

buying price Kaufpreis, Ankaufspreis

b.v. (book value) Buchwert, Bilanzwert

B.Y.I.L. (British Yearbook of International Law) Britisches Jahrbuch für Internationales Recht

by air per Flugzeug, auf dem Luftwege

by car mit dem Auto

by half um die Hälfte

by land auf dem Landweg

by-law Statuten, Satzung; Geschäftsordnung

by letter brieflich

by operation of the law kraft Gesetzes

by-product Nebenprodukt, Nebenerzeugnis, Abfallprodukt

by proxy durch einen Bevollmächtigten; in Vertretung

by-road Nebenstraße

by telex durch Fernschreiben, fernschriftlich

by the day pro Tag

by the other way round umgekehrt

by virtue of a contract kraft Vertrages

by way of action im Klageweg

bystander außenstehender Dritter

bystander, casual (UK) unbeteiligter Zuschauer; (US) zufällig Betroffener

C

© **(copyright)** Urheberrecht, Verlagsrecht; Copyright

c. [circa, lat.] zirka

CA (Companies Act) Gesetz über Kapitalgesellschaften

C.A. (Court of Appeals) Berufungsgericht

cable Telegramm; Kabel, Tau, Seil, Drahtseil; (mar.) Ankerkette; (el.) Leitungskabel

cable kabeln, telegrafieren, drahten

cable, heat sinsetive hitzeempfindlicher Draht

CAC [Central Arbitration Committee, UK] Zentrale Schiedskommission

CAD (computer-aided design) computergestützte Gestaltung

c.a.d. (cash against documents) Zahlung gegen Dokumente

C. & D., c.d. (collected and delivered) eingezogen und ausgeliefert

C & F, c & f (cost and freight) Kosten und Fracht; „alle Frachtkosten bis zum Ankunftshafen vom Verkäufer bezahlt"

c & i (cost and insurance) Kosten und Versicherung; „alle Seeversicherungskosten bis zum Ankunftshafen vom Verkäufer bezahlt"

CAL (computer-assisted learning) computergestützter Unterricht

calamity Unglück, Unheil, Katastrophe; Misere, Elend

calculate berechnen, errechnen, ausrechnen, kalkulieren

calculate the damage den Schaden berechnen

calculation Berechnung, Errechnung, Ausrechnung; Kostenvoranschlag

calculation, basis of Kalkulationsgrundlagen, Rechnungsgrundlagen

calculation, basis of premium Prämienberechnungsgrundlage

calculation, manner of Berechnungsart

calculation, method of Rechnungsart, Rechnungsmethode, Berechnungsmethode

calculation of cost Kostenberechnung

calculation of premiums Prämienberechnung

calculation of probabilities Wahrscheinlichkeitsrechnung

calculation of profits Rentabilitätsberechnung, Gewinnkalkulation

calculation, premium Prämienberechnung

calculator Taschenrechner, Rechner

calculators, electronic elektronische Rechner

call Ruf; Berufung; Aufruf, Anruf, Gespräch

call rufen, benennen, einberufen; anrufen; berufen, auffordern

call, emergency Notruf

call out for a fire Brandmeldung

call point, manual Handmelder

calling Beruf, Rufen; Berufung

callous schwielig, verhärtet

CALMED [US] Abkürzung für Catastrophic, Accidental, Large number, Monetary, Economically feasible premium, Definite: Katastrophe, unfallartig, Häufigkeit, geldlich, wirtschaftlich angemessene Prämie, definitiv

calorie Kalorie

calumny Verleumdung, falsche Anschuldigung

CAM (computer-aided manufacturing) computergestützte Überwachung und Steuerung der Fertigung

campaign Kampagne; Wahlkampf; Aktion; Werbefeldzug

campaign against pollution Aktion gegen Umweltverschmutzung

canc. (cancelled) annulliert, storniert; gekündigt

cancel durchstreichen, ausstreichen, ausradieren; widerrufen, aufheben, annullieren, stornieren, entwerten, rückgängig machen, für ungültig erklären; auslöschen, tilgen; ausgleichen, kompensieren

cancel a contract einen Vertrag aufheben, vom Vertrag zurücktreten

cancel a premium eine Prämie stornieren

cancel an insurance Versicherung aufheben, Versicherung kündigen

cancellation Aufhebung, Kündigung, Annullierung; Stornierung, Storno; Entwertung

cancellation, cause of Abgangsursache, Annullierungsgrund

cancellation clause Rücktrittsklausel

cancellation, extraordinary notice of außerordentliche Kündigung

cancellation, letter of Kündigungsschreiben

cancellation, midterm vorzeitiges Storno

cancellation, notice of Kündigung

cancellation of a contract Aufhebung eines Vertrages, Rücktritt vom Vertrag

cancellation of an entry Löschung einer Eintragung; Stornobuchung, Stornierung

cancellation of commission Stornierung der Provision

cancellation of policy Kündigung einer Police

cancellation of premium Stornierung der Prämie, Prämienstorno

cancellation, period of Kündigungsfrist

cancellation, postponement of Kündigungsaufschub

cancellation reserve Storno-Rückstellung

cancellation, return premium due to Stornoprämie

cancellation, right of Rücktrittsrecht, Aufhebungsrecht; Kündigungsrecht

cancellation, subject to kündbar

cancelled (canc.) annulliert, storniert; gekündigt

cancer Krebs

cancerous krebsartig

canned foodstuff Lebensmittel in Dosen

canteen Kantine; Büfett, Erfrischungsstand; Besteckkasten

canvasser Werber, Kundenwerber, Stimmenwerber

canvasser, insurance Versicherungsvertreter, Versicherungsakquisiteur

canvassing Anwerbetätigkeit, Werbung

canvassing campaign Werbeaktion

CAP (Common Agricultural Policy; computer-aided planning) gemeinsame Agrarpolitik; computergestützte Arbeitsplanung

cap. (capital) Kapital, Vermögen, Reinvermögen; Unternehmen; Vorteil, Nutzen; Hauptstadt; großer Buchstabe

capability Leistungsfähigkeit, Fähigkeit, Befähigung

capability, entrepreneurial unternehmerische Fähigkeit

capability, fire resisting Feuerwert, Abbrandwiderstand

capability, slow combustion Dauerbrandfähigkeit

capable (of doing) fähig, befähigt, imstande, kompetent

capable, legally volljährig, mündig

capacity Fassungsvermögen, Leistungsfähigkeit, Kapazität; Eigenschaft

capacity, bearing Tragfähigkeit

capacity, consumption Konsumkraft, Kaufkraft

capacity, contractual Geschäftsfähigkeit

capacity, corporate Unternehmenskapazität, Unternehmensbefähigung

capacity, cubic Rauminhalt; Hubraum

capacity, diminished earning verminderte Einkommenskapazität

capacity, earning Erwerbsfähigkeit, Ertragsfähigkeit

capacity, financial finanzielle Leistungsfähigkeit; Finanzkraft

capacity for Befähigung zu

capacity, idle ungenutzte Kapazität

capacity, in one's private privat, als Privatperson

capacity, legal Rechtsfähigkeit, Geschäftsfähigkeit

capacity, load Tragfähigkeit, Ladefähigkeit

capacity, measure of Hohlmaß

capacity, mental Zurechnungsfähigkeit

capacity, productive Produktionsfähigkeit, Ertragsfähigkeit

capacity, testamentary Testierfähigkeit

capacity to make a contract Vertragsfähigkeit, Geschäftsfähigkeit

capacity to pay Zahlungsfähigkeit

capacity to sue [US] Prozeßfähigkeit; Aktivlegitimation

capacity to work Arbeitsfähigkeit

capacity, total Gesamtfassungsvermögen

capital (cap.) Kapital, Vermögen, Reinvermögen; Unternehmen; Vorteil, Nutzen; Hauptstadt; großer Buchstabe

capital additions Kapitalzuwachs

capital and surplus account [US] Gewinn- und Verlustrechnung

capital annuity Leibrente mit einer Anzahl garantierter Rentenraten

capital assurance Kapitalversicherung

capital assured versichertes Kapital

capital, authorized genehmigtes Kapital, Gesellschaftskapital, Aktienkapital

capital, borrowed Fremdkapital

capital, due fälliges Kapital

capital, equity Eigenmittel

capital expenditure Investitionen

capital formation [US] Kapitalbildung

capital funds Eigenkapitalausstattung

capital gain Kapitalgewinn

Capital Gains Tax [UK] Kapitalgewinnsteuer, Kapitalertragsteuer

capital goods Investitionsgüter

capital, guarantee Gründungskapital

capital, initial Gründungskosten

capital issue Effektenemission

capital, loan Fremdkapital; festverzinsliche Wertpapiere

capital loss Kapitalverlust

capital market Kapitalmarkt

capital, nominal Grundkapital

capital, original Gründungskapital

capital redemption assurance Sparversicherung

capital redemption assurance with drawings Sparversicherung mit Prämienausschüttung

capital redemption business Kapitalrückzahlungsgeschäft; Geschäft über den Rückkauf von Kapitalanteilen

capital, registered Gesellschaftskapital, Aktienkapital

capital share Stammkapital; Gesellschaftsanteil

capital spending Kapitalaufwand

capital, starting Gründungskapital

capital stock, unpaid [US] nicht eingezahltes Grundkapital

capital sum, assurance of a Kapitalversicherung

capital sum for annuity payments Deckungsstock für jährliche Zahlungen

capital, transfer of Kapitaltransfer

capital, yield on Kapitalerträge

capitalization Kapitalisierung, Aufzinsung

capitalized value [US] Barwert

capsule, tear gas Tränengaskapsel

captive [US] Selbstversicherungsgesellschaft, firmeneigene Versicherungsgesellschaft; Gefangener

captive agent Ausschließlichkeitsvertreter, Einfirmenvertreter

captive association [US] (firmeneigene) Versicherungsgesellschaft

captive, broad [US] firmeneigene Versicherungsgesellschaft, die auch fremde Risiken übernimmt

captive, industry industrieeigenes Versicherungsunternehmen

captive insurance company [US] firmeneigene Versicherungsgesellschaft

captive, mutual [US] firmeneigene, gegenseitige Versicherungsgesellschaft für mehrere Gesellschaften

captive, pure [US] firmeneigene Versicherungsgesellschaft ausschließlich für konzerneigene Risiken

CAQ (computer-aided quality assurance) computergestützte Qualitätssicherung

CAR (contractor's all risks insurance) Bauleistungsversicherung

car, bumper Autoscooter

car, damage to a Autobeschädigung

car dealer Autohändler, Kraftfahrzeughändler

car, dodgem Autoscooter

car, hired [US] Mietauto, Mietfahrzeug

car licence Pkw-Zulassungsschein

car, low-emission abgasarmes Auto

car owner Fahrzeughalter, Halter eines Kraftfahrzeugs

car registration Zulassung von Kraftfahrzeugen

car, rented Leihwagen, Mietwagen

car service hoist Hebevorrichtung zur Kfz-Wartung; Hebebühne; Haftpflichtrisiko bei der Versicherung von Kfz-Werkstätten, bezieht sich auf Schäden an Kundenfahrzeugen

car-sharing agreement Vereinbarung in bezug auf einen von mehreren Personen gemeinsam benutzten Pkw

car theft Autodiebstahl, Kfz-Diebstahl

car, used Gebrauchtwagen

caravan Wohnwagen

carbon Kohlenstoff

carbon dioxide Kohlendioxid (gasförmig), Kohlensäure (flüssig)

carbon dioxide extinguishing system Kohlensäurelöschanlage

carbon dioxide snow Kohlensäureschnee

carbon monoxide Kohlenmonoxid

carbon tetrachloride Fluorchlorkohlenwasserstoff (FCKW), Tetrachlorkohlenstoff

carcinogenic substance karzinogene Materie, krebserzeugende Materie

card file Kartei

card, green grüne Karte; (US) Aufenthalts- und Arbeitserlaubnis für USA

card index Kartei, Kartothek

card, punched Lochkarte

cardiovascular disease Herz- und Kreislauferkrankung

care Sorge, Kummer; Pflicht, Mühe; Fürsorge, Obhut, Pflege; Aufsicht, Betreuung

care sich sorgen, sich kümmern, Interesse haben

care charge Gebühren für Pflege, Gebühren für Warenverwahrung

care, custody and control Sorgfalt, Obhut und Kontrolle; Tätigkeitsschadenbereich

care, degree of Grad der Sorgfalt; Fahrlässigkeitsmaßstab; Klassifizierungen: slight care: geringe Sorgfalt; prudence: Umsicht; due care: gebührende Sorgfalt; reasonable care: angemessene Sorgfalt; ordinary care: übliche Sorgfalt; great care: große Sorgfalt; extraordinary care: außergewöhnliche Sorgfalt; utmost care: äußerste Sorgfalt

care, duty of Sorgfaltspflicht

care, duty to take Sorgfaltspflicht

care, health Gesundheitsvorsorge

care of (c/o) per Adresse

care, old age Rentenversorgung

care, ordinary verkehrsübliche Sorgfalt, normale Sorgfalt

care, proper angemessene Sorgfalt

care, reasonable angemessene Sorgfalt, erforderliche Sorgfalt

care, standard of Grad an Sorgfalt

care, want of mangelnde Sorgfalt, Achtlosigkeit

career average earnings [US] Durchschnittsgehalt

career average pension plan Pensionsplan nach dem Durchschnittsgehalt des Berufslebens

carefulness Vorsicht, Sorgfalt, Sorgsamkeit

careless nachlässig, sorglos, fahrlässig, unbekümmert

careless and inconsiderate driving unachtsames Fahren; fahrlässiges Führen eines Kraftfahrzeugs

carelessness Sorglosigkeit, Nachlässigkeit, Unachtsamkeit

cargo auf einem Beförderungsmittel geladene Waren; transportierte Waren; Ladung, Fracht, Frachtgut, Ladegut

cargo, air Luftfracht

cargo, damage by other Beschädigung durch andere Fracht

cargo, inflammable feuergefährliche Ladung

cargo insurance Kargoversicherung, Ladungsversicherung, Warenversicherung, Transportversicherung

cargo, light Leichtgut

cargo receipt Frachtempfangsbescheinigung

cargo sale Verkauf einer Frachtladung

cargo vessel Frachtschiff

cargo, wrecked Wrackgut; durch Schiffbruch verlorengegangene Fracht

cargo's proportion of general average (C.G.A., c.g.a.) Verhältnis von Ladung und Havarie-Grosse

carriage Gütertransport, Beförderung, Fracht

carriage charges Transportkosten, Frachtkosten

carriage, contract of [UK] Beförderungsvertrag

carriage, land Beförderung auf dem Landweg, Landtransport

carriage of dangerous goods Transport gefährlicher Güter

Carriage of Goods by Sea Act (C.O.G.S.A., C.G.S.A.) Seefrachtgesetz

carriage of passengers Personenbeförderung

carriage, risk of Transportrisiko

carried forward (cd.fwd., cf) vorgetragen

carried forward, loss Verlustvortrag

carried forward, profit Gewinnvortrag

carried forward to new account Übertrag auf neue Rechnung, Buchungsübertrag, Rechnungsabgrenzung

carried insurance aufrechterhaltene Versicherung

carrier Versicherungsträger; Spedition; Frachtführer; Beförderer

carrier, contract Vertrags-Frachtführer, Vertrags-Transportunternehmer

carrier, insurance Versicherungsträger, Versicherer

carrier, risk Risikoträger

carrier's liability Frachtführer-Haftpflicht, Verkehrshaftung

carrier's negligence Fahrlässigkeit des Frachtführers, Fahrlässigkeit des Spediteurs

carry tragen; befördern; transportieren

carry forward a loss Verlustvortrag

carry insurance [US] versichert sein

carry insurance against legal liability [US] eine Haftpflichtversicherung unterhalten

carry on weiterführen, fortsetzen

carry one's point seine Ansicht durchsetzen, sein Ziel erreichen

carry out a duty eine Pflicht erfüllen

carry out a plan einen Plan ausführen

carry s.th. too far etwas zu weit treiben, etwas übertreiben

carry the day den Sieg davontragen

carry-cot Babytragekorb, Babybettchen

carry-forward Vortrag

carrying Beförderung, Transport

carrying agent Spediteur

carrying on a business das Geschäft fortsetzen

carrying value Buchwert, Bilanzwert

cartel Kartell, Zweckverband

case Fall, Rechtsstreit; Beweismaterial; Koffer, Kiste, Gehäuse

case, civil Zivilsache, Zivilprozeß

case, criminal Strafsache; Strafprozeß

case, federal [US] Verfahren bei einem Bundesgericht

case, insurance Versicherungsfall

case law Fallrecht, Präzedenzrecht, Gesamtheit der aufgezeichneten Urteile als Grundlage der Rechtsprechung

case law, prevailing herrschende Rechtsprechung

case, leading (l.c.) wichtiger Präzedenzfall, Urteil mit präjudizierender Wirkung für andere, gleichgelagerte Fälle

case, liability Haftpflichtprozeß, Haftpflichtfall

case, petty Bagatellsache

case, quotation of a Berufung auf eine Entscheidung

case, thin skull Prinzip, nach dem ein Schädiger das Opfer so nehmen muß, wie es ist; auch wenn also das Opfer eine besonders „dünne Schädeldecke" oder ein schwaches Herz hat, muß der Beklagte für die Folgeschäden aufkommen

casebook juristische Fallsammlung, Lehrbuch zu Gegenstand und Inhalt bedeutender Urteile im Zivil-, Straf- und Verwaltungsrecht

cases, endowment Erlebensfälle

cases, joined verbundene Rechtssachen

cash Barzahlung, Kasse; Bar, Bargeld

cash einkassieren, einlösen

cash against documents (c.a.d.) Zahlung gegen Dokumente

cash before delivery (C.B.D., c.b.d.) Zahlung vor Lieferung

cash benefit Geldleistung

cash bonus Bardividende

cash deposit Bareinlage

cash dividend [US] Bardividende

cash flow Kassenumsatz, Barmittelstrom

cash flow-underwriting Versicherungs- und Prämienkalkulation unter voller Berücksichtigung der Zinserträge
cash in [US] zurückkaufen
cash in bank Bankguthaben
cash in hand Bargeld, Kassenbestand
cash-in-transit insurance Valorenversicherung; Botenberaubungsversicherung
cash-loss Kassa-Schaden, Barschaden
cash management account (CMA) Investitions-Girokonto-Kombination
cash messenger insurance Botenberaubungsversicherung
cash on delivery (C.O.D., c.o.d.) zahlbar bei Lieferung
cash on shipment (c.o.s.) zahlbar beim Versand
cash option Kapitalwahlrecht
cash order (co) Zahlungsanweisung
cash outlay Baraufwand
cash payment Barzahlung, Barleistung
cash, petty Portokasse
cash refund annuity [US] Leibrente mit Rückvergütung des Überschusses der Einlage über die gesamten Rentenzahlungen
cash surrender value Rückkaufswert einer Police
cash value Barwert, Barwert einer Lebensversicherung, Barablösungswert; Kapitalabfindung
cash value, actual Versicherungswert, aktueller Zeitwert
cash with order (c.w.o.) Zahlung bei Auftragserteilung

cashier Kassierer
casks (cks) Fässer
casual zufällig; gelegentlich
casual bystander (UK) unbeteiligter Zuschauer; (US) zufällig Betroffener
casual vacancy zufälliges Freiwerden
casual worker Gelegenheitsarbeiter
casualties Verluste, Todesfälle
casualty Unglücksfall, Unfall, Unfallopfer
casualty, free of reported frei von bereits gemeldeten Schäden
casualty insurance Schadenversicherung, Bezeichnung aller Versicherungssparten außer der Lebensversicherung, Transportversicherung, Sachversicherung
catalogue Katalog, Verzeichnis
catalyst Katalysator
catalytic converter Auto-Katalysator
catastrophe excess of loss treaty Katastrophenschadenexcedent
catastrophe hazard Katastrophenrisiko
catastrophe reserve Katastrophenreserve, Katastrophenrücklage
catastrophe risk Katastrophenrisiko
catastrophic loss Katastrophenschaden
catch fangen, ergreifen; erreichen; jdn. einholen
catch on Anklang finden, einschlagen, ankommen
catchpenny article Schundware
categories, quality Güteklassen, Qualitätsklassen

category Kategorie, Begriffsklasse; Art, Klasse, Ordnung, Schlag

category of risks Gefahrenklasse

catering Großverpflegung; Lieferung von Fertigmahlzeiten

catering trade Hotel- und Gaststättengewerbe

cattle Vieh

cattle breeding Viehzucht

cattle insurance Viehversicherung

cattle-trespass Eindringenlassen von Vieh auf fremdes Weideland

causal connection Kausalzusammenhang

causal link Zusammenhang

causal relationship ursächlicher Zusammenhang

causality Kausalität, Ursächlichkeit

causation Ursächlichkeit, Kausalprinzip, Ursachenzusammenhang

causation, chain of Kausalzusammenhang

causation, comparative (Produkthaftung) anspruchsmindernde Mitverursachung, Vergleich zwischen dem Verhalten des Klägers und dem Verhalten des Beklagten mit dem Ziel, eine Mitverursachung des Klägers festzustellen

causation, intervening überholende Kausalität

causation, presumption of Kausalvermutung

causation, proof of Nachweis der Kausalität

causation, wilful vorsätzliche Herbeiführung

causative nexus Ursächlichkeit

cause Rechtssache, Rechtsstreit, Prozeß; Angelegenheit; Ursache, Grund

cause veranlassen; auslösen, verursachen, bewirken, herbeiführen

cause, concurrent Mitursache

cause damage Schaden verursachen

cause, direct unmittelbare Ursache, direkte Ursache

cause, doctrine of proximate Prinzip der unmittelbaren Ursache

cause for complaint Beschwerdegrund, Klagegrund

cause for rescission Anfechtungsgrund, Aufhebungsgrund

cause, immediate unmittelbare Ursache

cause, intervening dazwischentretende, den Kausalzusammenhang unterbrechende Ursache; unterbrechende Kausalität

cause, new neue Ursache, weitere Ursache, hinzukommende Ursache

cause of action Klagegrund

cause of cancellation Abgangsursache, Annullierungsgrund

cause of complaint Grund zur Klage

cause of conflagration Brandursache

cause of death Todesursache

cause of fire Brandursache

cause of loss Schadenursache

cause of loss, specified benannte Schadenursache; Kfz-Versicherung: die gegen unmittelbare und zufällige Beschädigung eines Kraftfahrzeugs durch Brand oder Explosion, Sturm, Hagel oder Erdbeben, Überschwemmung, Unfug oder

Vandalismus sowie durch das Versinken, den Brand, die Kollision oder Entgleisung eines das Fahrzeug befördernden Verkehrsmittels genommene Versicherung

cause, principal Hauptursache

cause, probable wahrscheinliche Ursache, vermutlicher Grund, hinreichender Grund

cause, proximate unmittelbare Schadenursache, Ursachenzusammenhang, Hauptursache

cause, sole alleinige Ursache, einzige Ursache

caused by verursacht durch

causes, multiple vielfältige Gründe, vielfältige Ursachen

causes of action Anspruchsgrundlagen

causes of loss Schadenursachen

causes, sequence of Aufeinanderfolge von Gründen, Aufeinanderfolge von Ursachen

causes, successive nacheinander entstandene Ursachen, aufeinanderfolgende Prozesse

causing an insured loss deliberately vorsätzliche Herbeiführung des Schadenfalles

caution Rechtsbelehrung; Vorsicht; Verwarnung

caution warnen, verwarnen, belehren

cautioning as to rights Rechtsmittelbelehrung

caveat emptor [lat.] „Möge der Käufer achtgeben", Mängelausschluß, Ausschluß der Gewährleistung

C.B.D., c.b.d. (cash before delivery) Zahlung vor Lieferung

C.C. (County Court) (UK) Grafschaftsgericht (entspricht etwa Amtsgericht, verhandelt nur Zivilsachen); (US) Kreisgericht

CCL (customs clearance) Zollabfertigung; Verzollung

C.C.P. (Code of Civil Procedure; Court of Common Pleas) Zivilprozeßordnung; (UK) oberes Common Law-Gericht; (US) Landgericht

C.Cs (Court of Claims) Verwaltungsgericht

CD (corporate design) formale Gestaltungskonstanten eines Unternehmens

C/D (Certificate of Deposit) Einlagezertifikat

c.d. [cum dividendo, lat.] mit Dividende

cd.fwd. (carried forward) vorgetragen

CE (Council of Europe; customs entry) Europarat; Zollanmeldung, Zollerklärung

C.E. (Chief Engineer; Civil Engineer) Chefingenieur; Bauingenieur

C.Eng. (chartered engineer) konzessionierter Ingenieur

cease aufhören, zu Ende gehen, enden, erlöschen; einstellen

cede abtreten, zedieren; überlassen; abgeben

ceded portfolio abgetretener Bestand

ceded reinsurances abgegebene Rückversicherungen

ceded share Rückversicherungsquote

cedent Zedent (abgegebene Gesellschaft)

ceding company zedierende Gesellschaft, abgebende Gesellschaft

ceding office zedierende Gesellschaft

CEE (International Committee on the Rules for the Approval of Electrical Equipment) Internationale Kommission für die Vorschriften zur Genehmigung elektrischer Einrichtungen

ceiling Höchstbetrag, Höchstgrenze; Plafond; Decke

ceiling [US] Beitragsbemessungsgrenze

ceiling, financial finanzielle Obergrenze

cell, fire Brandabschnitt

cellulose film, regenerated aufbereitete Zellulosefolie; dünne Folie aus raffinierter Zellulose, die aus nicht wiederaufbereitetem Holz oder nicht wiederaufbereiteter Baumwolle hergestellt wurde

central (ctl.) zentral

central alarm fire system Brandmeldezentrale

Central Arbitration Committee [AC, UK] Zentrale Schiedskommission

Central Bureau of Statistics statistisches Zentralamt

Central European Time (CET) Mitteleuropäische Zeit

central office Zentrale

centre, distribution Vertriebsstätte

centre, law [UK] (unentgeltliche) Rechtsberatungsstelle

CEO (chief executive officer) Unternehmensleiter

cert.; certif. (certificate; certified) Bescheinigung; bescheinigt

cert. inv. (certified invoice) bestätigte Rechnung

certainty Gewißheit, Sicherheit, Zuverlässigkeit, Verbindlichkeit

certainty, legal Rechtssicherheit

certificate Bescheinigung, Urkunde, Zertifikat; Zeugnis

certificate bescheinigen, Zeugnis ausstellen

certificate, audit Prüfungsbescheinigung, Revisionsbericht

certificate, birth Geburtsurkunde

certificate, dearance Unbedenklichkeitsbescheinigung

certificate, death Sterbeurkunde, Totenschein

certificate, firearms Waffenschein

certificate, frontier motor insurance Grenzversicherungsbestätigung

certificate, health Gesundheitszeugnis

certificate, medical Arztzeugnis, ärztliches Zeugnis, Arztattest

certificate, mortgage Hypothekenbrief; Schuldbrief

certificate, mortgage guarantee Hypothekensicherungsschein

certificate, movement Warenverkehrsbescheinigung, Präferenz-Ursprungsnachweis

Certificate of Deposit (CD) Einlagezertifikat

certificate of existence Lebensausweis, Lebensnachweis, Lebenszeugnis, Lebensbescheinigung

certificate of inspection Prüfschein, Annahmeprotokoll, Prüfbescheinigung

certificate of insurance (CI) Versicherungsbestätigung, Versicherungsausweis, Versicherungszertifikat

certificate of loss Schadenzertifikat, Havariezertifikat

certificate of origin Ursprungszeugnis, Herkunftsbescheinigung

certificate of public health (CPH) Bescheinigung des öffentlichen Gesundheitswesens

certification Bescheinigung

certification procedure Zulassungsverfahren

certified invoice (cert.inv.) bestätigte Rechnung

certifier of quality Person oder Stelle, die die Qualität eines Produkts bescheinigt oder bestätigt

cessation Beendigung; Einstellung; Aufhören

cessation of interest Interessenwegfall

cessation of payment of premiums Einstellung der Prämienzahlung

cession Abtretung, Zession, Überlassung

cession in priority Vorwegabdeckung

cession of portfolio Abtretung eines Bestandes, Bestandsübernahme

cession, priority Vorwegabgabe

cessions Abgaben

cessions, reinsurance Rückversicherungsabgaben

CET (Central European Time) Mitteleuropäische Zeit

cet.par. [ceteris paribus, lat.] unter sonst gleichen Umständen

C.F., c.f. (cost and freight) Kosten und Fracht; „alle Frachtkosten bis zum Ankunftshafen vom Verkäufer bezahlt"

cf (carried forward) vorgetragen

C.G.A., c.g.a. (cargo's proportion of general average) Verhältnis von Ladung und Havarie-Grosse

C.G.S.A. (Carriage of Goods by Sea Act) Seefrachtgesetz

Ch.Acct. (chief accountant) Hauptbuchhalter

ch.fwd. (charges forward) per Nachnahme

ch.pd. (charges paid) Kosten bezahlt

ch.ppd. (charges prepaid) Kosten vorausbezahlt

chain zusammenarbeitende Gruppe, Filialbetriebe; Einzelhandelskette; Fessel, Kette

chain fesseln, anketten

chain, mail order Versandhandelshaus

chain of causation Kausalzusammenhang

chain of events Kette von Ereignissen

chain of subsales Weiterverkaufskette

chain of trade Absatzkette

chain reaction Kettenreaktion

chain store Filialbetrieb

chain, supermarket Einzelhandelskette

chain transaction Kettengeschäft; Kettenabschluß

chains of contracts Kettenverträge

chair Stuhl, Sessel; Ehrensitz; Lehrstuhl; Vorsitzender

chairman of the board Aufsichtsratsvorsitzender

Chamber of Commerce Handelskammer

Chancery, Court of [UK] früheres englisches Gericht, das vom Lord Kanzler (Oberhaupt der Justiz) geführt wurde und das englische Präzedenzrecht einführte; wurde 1873–75 aufgelöst

Chancery Division [UK] eine der drei Abteilungen innerhalb des engl. High Court (Oberstes Zivilgericht), zuständig für Testaments-, Vermögens-, Gesellschafts-, Steuer- und Konkursfälle

change Änderung, Veränderung; Wechsel, Verwandlung

change ändern, verwandeln; wechseln, tauschen

change hands den Besitzer wechseln, in andere Hände übergeben

change in circumstances veränderte Umstände

change in ownership Eigentumswechsel

change of interest Anspruchswechsel; Interessenwandel; Zinsänderung

change of ownership clause Klausel für das Fortbestehen des Versicherungsschutzes bei Eigentumswechsel

change of venue [US] Verweisung einer Rechtsstreitigkeit an ein anderes Gericht

change of voyage Änderung der Reiseroute

change, price Preisänderung

change, substantial wesentliche Veränderung

changes, notifiable mitzuteilende Änderungen, meldepflichtige Änderungen

channel, distribution Vertriebsweg

Channel Islands Kanalinseln

chapter Artikel, Abschnitt (eines Gesetzes oder einer Vorschrift); Ortsgruppe; Kapitel

character Wesen, Charakter, Merkmal, Beschaffenheit

character, yielding Nachgiebigkeit

characteristic charakteristisch, kennzeichnend, bezeichnend

characteristic, fire Feuerfestigkeitsmerkmal

charge Anklage, Beschuldigung; Betrag, Gebühr; Obhut, Pflege, Schützling, Mündel

charge beschuldigen, anklagen; berechnen, in Rechnung stellen; belasten, beladen; auffüllen, versehen; aufbürden; beauftragen; belehren

charge account (chg.acct.) Kundenkreditkonto

charge, administrative Verwaltungsgebühr

charge, care Gebühren für Pflege; Gebühren für Warenverwahrung

charge, collection Hebegebühr

charge, commission Provision, Courtage

charge dispatching Abfertigungsgebühr

charge, floating ungesicherte Verbindlichkeit, variable Belastung, schwebende Schuld; nichtspezifiziertes Globalpfandrecht

charge for fractional premiums [US] Ratenzuschlag, Unterjährigkeitszuschlag

charge, land Grundschuld; Grundstücksbelastung

charge, loading Zuschlag, Gebühr

charge, management Verwaltungsgebühr

charge, rate of Gebührensatz

charge, surrender Stornoabschlag, Stornoabzug

charge, tax allowable steuerlich absetzbarer Betrag

charge, towing Abschleppkosten

chargeable gain Kapitalgewinn; steuerpflichtiger Gewinn

charges Abgaben, Steuern

charges, accessory Nebengebühren; Nebenausgaben

charges additional to premium Nebengebühren, Nebenkosten zur Prämie

charges, average Havariekosten

charges, bank Bankspesen

charges, carriage Transportkosten, Frachtkosten

charges, collecting Inkassogebühren

charges, contingent eventuelle Kosten und Auslagen

charges, estimated Kostenvoranschlag

charges, exemption from Gebührenfreiheit

charges, fire brigade Feuerlöschbeitrag, Feuerschutzsteuer

charges forward (ch.fwd) per Nachnahme

charges, hospital Krankenhauskosten

charges, increase in Gebührenerhöhung

charges, insurance Versicherungskosten, Versicherungslasten

charges, lading Ladegebühren, Ladekosten

charges, less nach Abzug der Kosten

charges on fund, prohibition of Unzulässigkeit der Belastung des Kapitals einer Arbeiterlebensversicherungsgesellschaft (Bestimmung des Gesetzes über Arbeiterlebensversicherungen 1923)

charges, packing Verpackungskosten

charges paid (ch.pd) Kosten bezahlt

charges, particular Sonderausgaben

charges, policy Policengebühren

charges prepaid (chges.ppd, ch.ppd) Kosten vorausbezahlt

charges, reconditioning Instandsetzungskosten

charges, remission of Gebührenerlaß

charges, salvage Rettungskosten, Bergungskosten

charges, special besondere Kosten

charges, standard Standardkosten, Standardauslagen

charges, standing fixe Kosten und Auslagen; Festkosten, feste Kosten

charges, supervisory Aufsichtskosten

charges, table of Gebührentabelle

charges, transport Transportkosten

charitable trust gemeinnützige Stiftung

charred verkohlt

charring, damage by Schäden durch Verkohlen

chart, pie Kreisdiagramm, Kuchendiagramm

charter Urkunde, Freibrief; Satzung, Patent

charter privilegieren, eine Urkunde ausstellen; chartern, verfrachten; mieten

charter aircraft Charter-Flugzeug

charter party Chartervertrag, Beförderungsvertrag

chartered privilegiert; konzessioniert; gechartert; befrachtet

chartered accountant [UK] konzessionierter Buchprüfer, Wirtschaftsprüfer

chartered engineer (C.Eng.) konzessionierter Ingenieur

chartered institute of loss adjusters Institut der Schadenregulierer

chartered life underwriter (C.L.U.) konzessionierter Lebensversicherungsagent

chartered rights verbriefte Rechte

chartered surveyor (C.S.) konzessionierter Schadenbesichtiger

chassis, folding zusammenlegbares Gestell, zusammenlegbarer Unterbau

chattel bewegliches Eigentum, Hab und Gut; Sklave, Leibeigener

chattels, incorporeal immaterielle Vermögenswerte

chattels, inherently dangerous Gegenstände, die von sich aus gefährlich sind, wie etwa Gewehre oder Gifte (im Gegensatz dazu stehen Gegenstände, die erst durch fehlerhaften Gebrauch gefährlich werden)

chattels, personal persönliche Habe

chattels, real Miet- und Pachtrechte

cheat Betrug, Schwindel

cheat betrügen, beschwindeln, täuschen

check Hemmnis; Kontrolle, Überprüfung, Nachprüfung

check [US] Scheck; Kassenschein

check etwas auf seine Richtigkeit nachprüfen, kontrollieren; hemmen, bremsen, aufhalten

check, technical technische Prüfung

checking Kontrolle, Nachprüfung

chemical chemisches Präparat, Chemikalie

chemical chemisch

chemical elements chemische Grundstoffe

chemical foam chemischer (Lösch-)Schaum

chemical process chemischer Vorgang

chemicals, list of banned Verzeichnis der verbotenen Chemikalien

chemist, pharmaceutical Apotheker

chemistry Chemie

chemist's shop Drogerie, Apotheke

cheque [UK] Scheck

cheque account, postal Postscheckkonto

cheque alteration and forgery insurance Versicherung gegen Scheckfälschungen

cheque, crossed Verrechnungsscheck

cheque, open Barscheck

chg.acct. (charge account) Kundenkreditkonto

chges.ppd. (charges prepaid) Kosten vorausbezahlt

chief accountant (Ch.Acct.) Hauptbuchhalter

chief actuary Chefmathematiker

chief engineer (C.E.) Chefingenieur

chief executive [US] Inhaber der höchsten Position innerhalb einer Gesellschaft; Geschäftsführer; Firmenchef; Staatschef

chief executive officer (CEO) Unternehmensleiter

chief judge (C.J.) oberster Richter

chief office [US] Direktionsbetrieb

chief official Geschäftsführer

child, dependant unterhaltsberechtigtes Kind

child endowment policy Aussteuerversicherung

child, illegitimate nichteheliches Kind

child-resistant fastening kindersicherer Verschluß, kindersichere Befestigungsvorrichtung

child-resistant packaging kindersichere Verpackung

children's deferred assurance Kinder-Lebensversicherung mit aufgeschobenem Leistungstermin

children's educational assurance Ausbildungsversicherung, Erziehungsrentenversicherung

children's endowment assurance Aussteuerversicherung

chimney nozzle, fire service Schornsteindüse für Löscheinsatz

china Porzellan, Porzellangeschirr; China

chlorine Chlor

choice Wahl, Auswahl; Sortiment

choice of law Wahl des anzuwendenden Rechts

choice of law clause Vertragsklausel bezüglich der Wahl des anzuwendenden Rechts

choice quality ausgesuchte Qualität; erste Qualität

chose in action obligatorischer Anspruch, Forderungsrecht, Immaterialgüterrecht; schuldrechtlicher Anspruch

chose in possession materielle Sache, bewegliche Sache

chronic disease of the lung chronische Lungenkrankheit

CI (Corporate Identity) Unternehmensidentität

CI (certificate of insurance) Versicherungsbestätigung, Versicherungsausweis, Versicherungszertifikat

CIF, cif (cost, insurance and freight) Kosten, Versicherung und Fracht; „alle Fracht- und Seeversicherungskosten bis zum Ankunftshafen vom Verkäufer bezahlt"

cifci (cost, insurance, freight, commission and interest) Kosten, Versicherung, Fracht, Provision und Zinsen

cigarette test Zigarettenprüfung; Prüfung etwa bei Polstermöbeln und Betten auf Brennbarkeit mit einer glimmenden Zigarette

CIR (International Convention Concerning the Transport of Goods by Rail) Internationales Abkommen über den Transport von Gütern mit der Eisenbahn

cinema industry Filmindustrie

circuit Zuständigkeitsbereich eines Gerichts, Gerichtsbezirk; Kreislauf, Stromlauf

circuit judge [UK] hauptberuflicher Richter am Crown Court (höheres Gericht für Strafsachen) oder County Court (Grafschaftsgericht)

circuit, short Kurzschluß

circulated, not defective when nicht mangelhaft bei der Inverkehrbringung

circulation Umlauf, Verbreitung; Auflage

circulation, to put into in den Verkehr bringen

circumscribe eine Linie ziehen um, umgrenzen, umgeben; begrenzen, einschränken; umschreiben, definieren

circumspection Umsicht, Vorsicht

circumstance Umstand, Tatsache; Einzelheit, Ereignis

circumstances, aggravating erschwerende Umstände

circumstances, alteration of Änderung der Umstände

circumstances beyond the control of assured Umstände, die nicht durch den Versicherten beherrschbar sind; Umstände, die außerhalb der Kontrolle des Versicherten liegen

circumstances, change in veränderte Umstände

circumstances, extenuating mildernde Umstände

circumstances, financial Vermögensverhältnisse

circumstances, particular besondere Umstände

circumstances, surrounding Begleitumstände

circumstantial evidence Anscheinsbeweis

citation Vorladung; Anführung, Zitat

citation, purpose of Zweck der Anführung; Zweck der Vorladung

citator, statute juristisches Nachschlagewerk

cite zitieren, als Beispiel anführen; vorladen

citizen Bürger, Staatsangehöriger

citizenship Staatsbürgerschaft, Staatsangehörigkeit

citizenship, diversity of [US] Auseinanderfallen des zuständigkeitsbegründenden Wohn-/Geschäftssitzes von Kläger und Beklagtem

city bonds Kommunalobligationen, städtische Anleihen

Civ.Eng. (civil engineer) Bauingenieur

civic bürgerlich, staatsbürgerlich; städtisch, Stadt-

civil bürgerlich; zivilrechtlich, zivil

civil action Zivilklage, Zivilprozeß

civil case Zivilsache, Zivilprozeß

Civil Code Bürgerliches Gesetzbuch

civil commotion insurance Aufruhrversicherung

civil commotions Streik, Aufruhr, Bürgerunruhen, innere Unruhen

civil court Zivilgericht, zuständig für Rechtsstreite, die dem bürgerlichen Recht unterliegen

civil engineer (C.E., Civ.Eng.) Bauingenieur

civil engineering Tiefbau

civil engineering works Bauarbeiten

civil jurisdiction Zivilgerichtsbarkeit

civil law Zivilrecht

civil liability zivilrechtliche Haftung

civil liability of polluters zivilrechtliche Haftung der Verursacher einer Umweltverschmutzung

civil offence unerlaubte Handlung

Civil Practice Act [US] Zivilprozeßordnung

civil procedure Zivilprozeß

civil procedure, German code of deutsche Zivilprozeßordnung (ZPO)

civil proceedings Zivilprozeß

civil servant Beamter

civil war Bürgerkrieg

c.j. (chief judge) oberster Richter

cks (casks) Fässer

C.L. (current law) das geltende Recht

cl. (clause) Klausel, Bestimmung, Vereinbarung

c.l.c. (commercial letter of credit) Akkreditiv

claim Anspruch; Forderung; Schaden, Schadenfall; Behauptung; Klagebegehren

claim fordern, beanspruchen; behaupten

claim, accident Schadenersatzanspruch nach einem Unfall

claim, amount of Schadensumme; Entschädigungssumme

claim arising from natural catastrophe Naturkatastrophenschaden

claim, average Durchschnittsschaden, Schadendurchschnitt

claim, belated Spätschaden

claim consciousness Anspruchsbewußtsein

claim, contingent Eventualforderung; bedingter Anspruch

claim, contribution Regreßanspruch, Rückgriffsanspruch

claim debtor Anspruchsschuldner

claim, derivation of a Herleitung eines Anspruchs

claim, entitled to a anspruchsberechtigt

claim, equalization Ausgleichsforderung

claim expenditures Aufwendungen für Versicherungsfälle, Schadenaufwendungen

claim experience statistics Statistiken des Schadenverlaufs

claim, fictitious vorgetäuschter Anspruch

claim, fidelity guarantee Vertrauensschaden

claim for abatement Beseitigungsanspruch

claim for bereavement Forderung wegen Todesfall

claim for commission Provisionsanspruch

claim for compensation Ersatzanspruch, Entschädigungsanspruch

claim for compensation damages Schadenersatzanspruch

claim for damages Schadenersatzforderung

claim for damages, right to Schadenersatzanspruch

claim for indemnification Ersatzanspruch

claim for indemnity Ersatzanspruch

claim for maintenance Unterhaltsanspruch, Versorgungsanspruch

claim for performance Erfüllungsanspruch

claim for price Preisanspruch, Preisforderung

claim for purchase price Kaufpreisforderung

claim for redress Regreßanspruch

claim form Schadenmeldeformular

claim, fraudulent betrügerischer Anspruch

claim, frivolous [US] mißbräuchlich geltend gemachter Anspruch

claim, give notice of a Schadenanzeige erstatten, einen Schaden melden

claim in law, valid gültiger Rechtsanspruch

claim, insurance Versicherungsanspruch

claim item Forderungsposten

claim, legal Rechtsanspruch

claim, legitimate berechtigter Anspruch, rechtmäßiger Anspruch

claim, liability Haftpflichtanspruch, Haftungsanspruch

claim, limitation of a Verjährung eines Anspruchs

claim, litigious strittige Forderung

claim, maritime seerechtlicher Anspruch

claim, matured fällige Forderung

claim, meritless unberechtigter Anspruch

claim, notice of Schadenanzeige

claim, notification of Schadenanzeige, Schadenmeldung

claim, nuisance Anspruchserhebung in Bagatellfällen

claim of recourse Regreßanspruch

claim, omnibus zusammenfassender Anspruch

claim, outstanding schwebender Schaden

claim, own-damage Kaskoschaden

claim, paid bezahlter Schaden

claim payment Schadenzahlung

claim, pecuniary Geldforderung; vermögensrechtlicher Anspruch

claim, pension Pensionsanspruch

claim, personal injury Schadenersatzforderung wegen Körperverletzung

claim, plaintiff's Klagebegehren

claim, preferential bevorrechtigte Forderung

claim, preferred bevorrechtigte Forderung, Prioritätsforderung

claim, presentation of a Anmeldung einer Forderung; Anspruchserhebung

claim, prior früherer Anspruch; bevorrechtigte Forderung

claim, proof of Anspruchsbegründung

claim, proprietary Eigentumsanspruch

claim, reasonable begründeter Anspruch

claim, recourse Regreßanspruch

claim, recourse action Regreßforderung

claim, recovery Regreßanspruch, Rückgriffsanspruch

claim, refund Rückerstattungsanspruch

claim, rightful berechtigter Anspruch

claim, satisfaction of a Erfüllung eines Anspruchs

claim, seepage Anspruch wegen versickerter Stoffe
claim settlement Schadenregulierung, Schadenabwicklung
claim, small Bagatellsache
claim something Anspruch erheben auf etwas, etwas fordern, beanspruchen, behaupten
claim statement Schadenabrechnung
claim, statement of Klageschrift
claim, submission of Ansprucherhebung
claim, tax Steuerforderung
claim, third party Streitverkündung; Anspruch Dritter
claim, to lay Anspruch erheben, beanspruchen
claim, to lodge a einen Schadenersatzanspruch einreichen
claim, to make good a einen Anspruch begründen
claim, to meet a einen Anspruch erfüllen
claim, to put in a beanspruchen, einen Anspruch erheben
claim, to refuse a einen Anspruch zurückweisen
claim, to repudiate a einen Anspruch ablehnen
claim, to resist a einen Anspruch bestreiten
claim, to settle a einen Schaden regulieren
claim, to submit a einen Anspruch vorbringen
claim, to substantiate a einen Anspruch begründen
claim, to waive a auf einen Anspruch verzichten
claim, total Gesamtforderung

claim, unlimited ziffernmäßig unbegrenzte Forderung
claim, validity of Rechtsgültigkeit einer Forderung
claim, warranty Gewährleistungsanspruch
claim, worker's compensation Anspruch aus einem Arbeitsunfall gegen den Arbeitgeber bzw. den Unfallversicherer
claimant Geschädigter; Anspruchsberechtigter; Antragsteller
claimant, rightful Anspruchsberechtigter
claims adjuster Schadenregulierer
claims adjustment Schadenregulierung
claims administration Schadenbearbeitung
claims advice Schadenmeldung, Schadenanzeige
claims average Schadendurchschnitt
claims, average costs of durchschnittliche Schadenkosten, Durchschnittskosten eines Schadens
claims burden amount Schadenlast; Schadenquote
claims carried forward Schadenvortrag
claims control clause Angabennachprüfungsklausel; Klausel, die den Rückversicherer zur Nachprüfung der Angaben des Versicherungsnehmers berechtigt
claims department Schadenabteilung
claims deposit Schadenreserve-Depot
claims expectation Schadenerwartung

claims expenses Schadenregulierungskosten, Schadenbearbeitungskosten

claims experience Schadenstatistik

claims experience statistics Statistiken zum Schadenverlauf

claims frequency Schadenhäufigkeit

claims handling Schadenregulierung

claims handling expenses Schadenbearbeitungskosten

claims incurred but not reported eingetretene, aber nicht gemeldete Schäden

claims, long-tail Langzeitschäden

claims made Anspruchserhebungsprinzip

claims made basis Anspruchserhebungsprinzip

claims made coverage Anspruchserhebungsdeckung

claims made trigger [US] deckungsauslösender Sachverhalt beim Anspruchserhebungsprinzip

claims not (yet) settled unerledigte Schadenfälle

claims notification period Schaden-Meldefrist

claims, number of Schadenanzahl

claims, outstanding ausstehende Schadenfälle; ausstehende Forderungen

claims, paid Aufwand für Schadenfälle

claims payable at destination am Bestimmungsort zahlbare Entschädigungen

claims, pending schwebende Schäden

claims, previous unerledigte Versicherungsfälle der Vorjahre

claims probability Schadenwahrscheinlichkeit

claims procedure Schadenregulierung, Behandlung von Ansprüchen

claims, ranking of Rangfolge der Forderungen

claims ratio Schadenquote

claims reserve Rückstellung für schwebende Schäden, Schadenreserve, Schadenrückstellung

claims reserve, recapture of Schadenreserveablösung

claims reserve, return of Schadenreserveablösung

claims series clause Serienschadenklausel

claims settlement Schadenbearbeitung

claims settlement clause Vergleichsklausel

claims settlement expenditure Schadenregulierungskosten

claims settlement expenses Schadenregulierungskosten

claims settlement fund Schadenregulierungsfonds

claims settling agency Schadenregulierungsbüro

claims-settling agreement Regulierungshilfe-Abkommen

claims, to lodge Ansprüche geltend machen

claims, unsettled unerledigte Schadenfälle

claims, wages Lohnforderungen, Lohnansprüche

clandestine heimlich, verborgen

clarification Klarstellung, Erklärung; Abwasserklärung

clarification plant   Kläranlage
clarity, market   Markttransparenz
class   Gattung, Kategorie; Güteklasse; Klasse, Gruppe
class, accounting   Rechnungskategorie; Abrechnungseinteilung; Buchhaltungseinteilung
class action [US]   Gruppenklage; Verbandsklage; Sammelklage; Klageform, durch die in einem Prozeß über eine Vielzahl gleichartiger Ansprüche entschieden wird
class, community   Ortsklasse
class, fire   Brandklasse
class of business   Geschäftsbranche
class of business, main   Hauptgeschäft
class of construction   Bauart
class of fire   Brandklasse
class of hazard   Gefahrenklasse
class of insurance   Versicherungsbranche, Versicherungssparte, Versicherungszweig
class of insurance business   Versicherungsart, Versicherungsbranche, Versicherungszweig
class of insurance, main   Hauptbranche der Versicherung
class of property   Eigentumskategorie, Vermögenskategorie
class of risk   Gefahrenklasse
class rate   Brandtarif für Wohngebäude
classes, miscellaneous   diverse Branchen
classes, natural peril   Elementar-Versicherungszweige
classes of business, non-life   Nichtleben-Sparten

classes of construction   Bauartklassen
classes of entrants   verschiedene Kategorien von Besuchern
classes of insurance business   Versicherungsgattungen
classification   Anordnung, Klassifizierung, Klassifikation
classification clause   Klassifikationsklausel
classification, insurance   Einteilung in Gefahrenklassen
classification of risks   Risikoeinstufung, Gefahrenklassifikation
classification society   Klassifikationsinstitut (für Schiffe)
classified policy [US]   Versicherung zu erhöhter Prämie
clause (cl.)   Klausel, Bestimmung, Vereinbarung
clause, acceleration   Fälligkeitsklausel
clause, acts in force   Bestimmung, die sich auf die jeweils gültigen Gesetze bezieht, auch Gesetzesänderungsklausel
clause, adjustment   Schadenregulierungsklausel, Summenanpassungsklausel
clause, agreed value   Abschätzungsklausel, Klausel des taxierten Versicherungswertes
clause, apportionment   Klausel für die proportionale Begrenzung der Versichererhaftung
clause, appraisal [US]   Schätzklausel; Klausel, die das Verfahren festlegt, das bei Uneinigkeit zwischen Versicherer und Versicherten über die Schadenhöhe angewendet wird
clause, arbitration   Schiedsklausel

clause, attestation Beglaubigungsvermerk

clause, average Freizeichnungsklausel, Havarieklausel, Unterversicherungsklausel

clause, average distribution Klausel für die proportionale Aufteilung der Versicherungssumme bei der Gesamtsummenversicherung

clause, "basis of the contract" Vertragsgrundlageklausel

clause, batch Serienschadenklausel

clause, bearer Inhaberklausel

clause, beneficiary Begünstigungsklausel

clause, benefit Begünstigungsklausel

clause, blanket Generalklausel

clause, breakage Bruchklausel

clause, cancellation Rücktrittsklausel

clause, change of ownership Klausel für das Fortbestehen des Versicherungsschutzes bei Eigentumswechsel

clause, choice of law Vertragsklausel bezüglich der Wahl des anzuwendenden Rechts

clause, claims control Angabennachprüfungsklausel; Klausel, die den Rückversicherer zur Nachprüfung der Angaben des Versicherungsnehmers berechtigt

clause, claims settlement Vergleichsklausel

clause, classification Klassifikationsklausel

clause, coinsurance Mitversicherungsklausel; Unterversicherungsklausel, Selbstversicherungsklausel, Eigendeckungsklausel

clause, collateral Nebenbestimmung

clause, contract price Verkaufspreisklausel

clause, contractual Vertragsklausel

clause, contribution Haftungsbegrenzungsklausel; Kostenbeitragsklausel

clause, currency Währungsklausel

clause, defeasance Aufhebungsklausel, Verwirkungsklausel

clause, derogating beeinträchtigende Bestimmung

clause, derogatory Abänderungsklausel

clause, deviation Bestimmung in einem Konnossement, die eine andere als die vorgeschriebene Transportroute zuläßt; Abweichungsklausel

clause, doomsday [US] Serienschadenklausel, die alle Schäden aus der gleichen Ursache dem Zeitpunkt des 1. Schadens gleicher Ursache zurechnet

clause, door-to-door Von-Haus-zu-Haus-Klausel

clause, dual valuation Doppeltaxklausel

clause, errors and omissions Irrtums- und Versäumnisklausel (bei Rückversicherungen)

clause, escalator Indexklausel, Preisgleitklausel, Wertsicherungsklausel

clause, excepted perils Klausel für ausgeschlossene Gefahren

clause, excess Selbstbehaltsklausel, Eigenanteilsklausel

clause, excess and franchise Selbstbehaltsklausel

clause, excessive fine [US] Verfassungsartikel, der besagt, daß gegen niemanden unangemessene Strafen ausgesprochen werden dürfen

clause, exclusion Ausschluß von der Deckung, Ausschlußklausel

clause, exclusory Ausschlußbestimmung

clause, exculpatory Freizeichnungsklausel

clause excusing delivery Vertragsbestimmung, die bei Eintritt bestimmter Ereignisse den Lieferanten von seiner Lieferpflicht befreit

clause, exemption Freizeichnungsklausel, Freistellungsklausel; Haftungsausschlußklausel

clause, exemption from liability Freizeichnungsklausel

clause, expense Kostenklausel

clause, fallen building Klausel für eingestürzte Gebäude

clause, final Schlußklausel, Schlußbestimmung

clause, fire Brandschadenklausel

clause, "force majeure" Vertragsbedingung über höhere Gewalt

clause, forfeiture Verwirkungsklausel; Verfallklausel

clause, franchise Franchiseklausel, Selbstbehaltsklausel

clause, full reinsurance Folgepflicht des Rückversicherers

clause, goods in custody Obhutsklausel

clause, goods-in-trust Obhutsklausel

clause, hardship Härteklausel

clause, hold-harmless Freistellungsklausel

clause, incapacity Gebrechensklausel

Clause, Inchmaree (Seeversicherung) Inchmaree-Klausel; durch diese Klausel wird eine Reihe von Gefahren zusätzlich mit unter die Gefahrtragung des Versicherers gestellt

clause, inclusion Einschlußklausel

clause, incontestability Unanfechtbarkeitsklausel

clause, increase Vorsorgeklausel

clause, indemnification Haftungsfreistellungsklausel

clause, indemnifying Haftungsklausel

clause, indemnity Haftungsfreistellungsklausel; Schadenersatzklausel

clause, index Indexklausel

clause, indisputability Rücktrittsverzichtsbestimmung, Unanfechtbarkeitsklausel

clause, infidelity Untreueklausel

clause, insurance Versicherungsklausel

clause, insurance with index Indexversicherung, Versicherung mit Indexklausel

clause, insuring Versicherungsklausel

clause, interpretation Auslegungsbestimmung, Interpretationsklausel

clause, "invoicing back" Bestimmung in Kaufverträgen, die eine Neuberechnung der Waren durch eine Behörde oder gewerbliche Vereinigung im Falle des Vertragsbruchs vorsieht

clause, irrevocable beneficiary unwiderrufliche Begünstigungsklausel

clause, jurisdiction Gerichtsstandsklausel

clause, latent defect Garantieklausel für versteckte Mängel

clause, liability Haftungsklausel

clause, liability extension Haftungserweiterungsklausel

clause, liability waiver Haftungsausschlußklausel

clause, lightning Blitzschlagklausel

clause, local jurisdiction lokale Rechtsprechungsklausel

clause, loss franchise Schadenselbstbeteiligungsklausel

clause, loss payable Schadenersatzklausel

clause, loss settlement Schadenregulierungsklausel, Vergleichsklausel

clause, main average wichtigste Schadenbeteiligungsklausel, Freizeichnungsklausel

clause, main indemnity Haupthaftungsklausel

clause, memorandum (Seeversicherung) Haftungsbeschränkungsklausel

clause, most favoured reinsurers Meistbegünstigungsklausel

clause, negligence Freizeichnungsklausel

clause, non-invalidation Nichtaußerkraftsetzungsklausel

clause, non-liability Haftungsausschlußklausel

clause, non-rejection Nichtablehnungsbestimmung (in einem Kaufvertrag, wodurch der Käufer auch bei Nichtübereinstimmung mit den vereinbarten Bedingungen die Waren nicht ablehnen, sondern lediglich Schadenersatz verlangen kann)

clause, non-warranty Haftungsausschlußklausel

clause of a contract Vertragsklausel; Nebenbedingung in einem Vertrag

clause, omnibus [US] Klausel in der Kfz-Haftpflichtversicherung, die den Versicherungsschutz auf jeden erstreckt, der rechtmäßig den Wagen mit Erlaubnis des Versicherten fährt

clause, operative Versicherungsklausel

clause, operative insuring rechtswirksame Versicherungsklausel

clause, oversight Versehensklausel

clause, owner's risk Geschäftsbestimmung, nach der gewisse Handlungen lediglich auf Risiko des Eigentümers vorgenommen werden

clause, peak risks [US] Spitzenrisikenklausel

clause, penalty Vertragsbestimmung, die die Verhängung einer Vertragsstrafe bei Verletzung der Vertragsbedingungen vorsieht

clause, preclusion Ausschlußklausel

clause, premium calculation Prämienberechnungsklausel

clause, price index Indexklausel

clause, printed vorgedruckte Klausel

clause, pro-rata distribution Klausel für die proportionale Aufteilung der Versicherungssumme

clause, pro-rata liability Haftungsbegrenzungsklausel

clause, pro-rating Klausel, durch welche die Leistungen aus einer Invaliditätszusatzversicherung eines Versicherten auf einen bestimmten Teil seines Einkommens begrenzt werden

clause, protective Schutzklausel

clause, proximate im angelsächsischen Recht Bezeichnung für den maßgebenden Kausalzusammenhang

clause, receipt Empfangsklausel, Annahmeklausel

clause, recital Präambel (der Feuerversicherungspolice)

clause, reduced-rate coinsurance Klausel für die Ermäßigung von Prämiensätzen bei vertraglich vereinbarter Unterversicherung

clause, reinstatement Wiederauflebensklausel

clause, relationship Angehörigenklausel, Verwandtenklausel

clause, removal Freizügigkeitsklausel

clause, renewal Verlängerungsklausel

clause, rent Mietzinsklausel

clause, retention Selbstbehaltsklausel

clause, Romalpa „Romalpa"-Bestimmung – benannt nach dem Rechtsstreit „Aluminium Industrie Vaassen B.V. vs. Romalpa Aluminium Ltd." Eine häufig in Verkaufsbedingungen vorkommende Bestimmung, die das Verbleiben des Wareneigentums beim Verkäufer zumindest bis zur Zahlung durch den Käufer vorsieht; Eigentumsvorbehalts-Klausel

clause, run-off Nachhaftungsklausel

clause, safeguard Schutzklausel, Sicherungsklausel

clause, self-insured Selbstbehaltsklausel

clause, self-renewing Selbstverlängerungsklausel, Klausel über eine automatische Verlängerung

clause, set off Klausel, welche die Ersatzleistungen an einen Versicherten um den Betrag mindern, der durch andere Quellen gezahlt wird; Aufrechnungsklausel; Verrechnungsklausel

clause, signature Beglaubigungsvermerk

clause, stabilisation Stabilisierungsklausel

clause, stability Indexklausel, Stabilisierungsklausel

clause, stable value Wertsicherungsklausel

clause, subsidiary Subsidiärklausel

clause, testing Untersuchungsbestimmung, Testbestimmung

clause, underinsurance Unterversicherungsklausel

clause, waiver Verzichtsklausel

clause, waiver of average Unterversicherungsklausel, Verzichtsklausel

clause, war risks Kriegsklausel

clause, warehouse to warehouse Lagerhaus-zu Lagerhaus-Klausel (aus dem frühen 19. Jahrhundert stammende Standardklausel in den Seeversicherungsverträgen von Lloyds; sie bietet Deckung für Sendungen ab dem Zeitpunkt des Verlassens des ursprünglichen Lagerhauses bis zur Ankunft am endgültigen Zielort)

clause, warranty Gewährleistungsklausel, Garantieklausel

clauses, conflicting sich widersprechende Bestimmungen (eines Vertrags)

clauses defining disability Invaliditätsklauseln, Invalidität definierende Klauseln

clauses excepting injuries resulting from fighting Klauseln, die aus Handgreiflichkeiten resultierende Körperschäden und somit Versicherungsansprüche ausschließen

clauses, international trade internationale Handelsklauseln

clausula rebus sic stantibus [lat.] Bestimmung, wonach ein Vertrag nur so lange gelten soll, als die bei seinem Zustandekommen maßgebenden Umstände fortbestehen

clay Ton, Lehm, Erde

clay, porcelain Prozellanerde

clean reinigen, säubern

clean bill of lading reines Konnossement

clean-up Reinigung, Säuberungsaktion, Reinemachen; Beseitigung; Sanierung

clean up aufräumen; gründlich reinigen; in Ordnung bringen; sanieren

clean up operation Umweltsanierung

cleaners, dry chemische Reinigung, chemische Reinigungsanstalt

cleaning Reinigung, Reinemachen, Putzen

cleaning, sewage Abwässerreinigung

cleaning, street Straßenreinigung

cleanliness Sauberkeit, Reinlichkeit

clear klären, aufklären; entlasten

clear klar, frei, offen; unbelastet; ohne Abzug; netto

clear amount Nettobetrag

clear profit Nettogewinn, Reingewinn

clearance Räumung, Aufräumung; Tilgung

clearance certificate Unbedenklichkeitsbescheinigung

clearance sale Räumungsausverkauf

clerical errors of description Schreibfehler (in den Angaben des Versicherungsnehmers)

clerical labour, cost of Kosten von Büroarbeiten

clerk Angestellter, Büroangestellter, Handlungsgehilfe

clerk, insurance Versicherungsangestellter, Versicherungsbearbeiter

clerk, sales Verkäufer

client Kunde; Klient; Mandant

client number Kundennummer

client, prospective Interessent, möglicher Kunde, potentieller Kunde

clientele Kundschaft; Kundenkreis, Mandantschaft

climate Klima

climatic risk Tropenrisiko

CLM [commercial lines manual, US] Handbuch des Insurance-Services-Office, das Vorschriften und Tarifverfahren für Sach-, Schaden- und Seeversicherungen für gewerbliches Eigentum oder Unternehmen enthält

close Schluß, Abschluß; Ende

closed contract [US] Versicherung mit unveränderlichen Prämien und Bedingungen

closed fund geschlossener Bestand

closing arguments [US] Abschlußplädoyer der Parteien vor Gericht

closing down Geschäftsaufgabe

closing stock Schlußbestand

closings Prämienverrechnungsaufgaben

closings, premium Prämienrechnung

closure Schließung; Stillegung; Ende; Schluß; Abschluß

closure of a business Geschäftsaufgabe

closure, plant Betriebsschließung

clothes, ready-made Konfektionskleidung

clothing Kleidung, Bekleidung

clothing, children's Kinderbekleidung

clothing industry Bekleidungsindustrie

C.L.U. (chartered life underwriter) konzessionierter Lebensversicherungsagent

clue Anhaltspunkt, Spur

CMA (cash management account) Investitions-Girokonto-Kombination

CMR (Convention on the Contract for the International Carriage of Goods by Road) Übereinkommen über den Beförderungsvertrag im internationalen Straßengüterverkehr

CN (credit note) Gutschriftsanzeige

Co. (Company) Gesellschaft

co (cash order) Zahlungsanweisung

c/o (care of) per Adresse

co-assurance Rückversicherung zu Originalbedingungen; Mitversicherung

Co.Cts. (County Courts) Gerichtshöfe

coach Omnibus, Bus; Wagen; Repetitor, Trainer

coal Kohle; Holzkohle; glühendes Stück Holz, ausgeglühtes Stück Holz

coal and steel industry Montanindustrie

coal, brown Braunkohle

coal, hard Steinkohle

coal-mine Kohlenbergwerk

coal, mineral Steinkohle

coal pit Kohlengrube

coal, wood Braunkohle; Holzkohle

coaster, roller Achterbahn; Berg- und Talbahn

coat of paint Farbanstrich

coating, protective brandschützende Verkleidung

COBOL (common business-orientated language) Programmiersprache

co-broker Konsortialmakler

C.O.D., c.o.d. (cash on delivery; collect on delivery) zahlbar bei Lieferung; Barzahlung bei Lieferung

code Gesetzbuch, Vorschriftensammlung, Code, Geheimschrift

code, colour Farbkennzeichnung

code, evidence kodifizierte Regelung bezüglich Fragen der Beweiserhebung und der Beweislast

code, German civil Bürgerliches Gesetzbuch (BGB)

code, German commercial Handelsgesetzbuch (HGB)

code of civil procedure (C.C.P.) Zivilprozeßordnung (ZPO)

code of commercial law Handelsgesetzbuch

code of conduct Verhaltenskodex

code of criminal procedure Strafprozeßordnung (StPO)

code of lawyer's fees Anwaltsgebührenordnung

code, penal Strafgesetzbuch

co-defendant Mitbeklagter

codicil Testamentsnachtrag; Nachtrag (zu einer Urkunde)

codification Kodifikation, Kodifizierung

codified law kodifiziertes Recht, gesetztes Recht

codify kodifizieren

coefficient of thermal conductance Wärmedurchlaßzahl

coefficient of thermal conductivity Wärmeleitzahl

coefficient of thermal transmittance Wärmedurchgangszahl

coercion Zwang, Nötigung

cogent zwingend, überzeugend, triftig

C.O.G.S.A. (Carriage of Goods by Sea Act) Seefrachtgesetz

cohabitant Lebensgefährte; Mitbewohner

coin Münze, Geldstück, Bargeld

coin operated dry cleaners Reinigungsanstalten mit Münzautomaten

coin operated machinery insurance Automatenversicherung

coinsurance Mitversicherung

coinsurance clause Mitversicherungsklausel; Unterversicherungsklausel, Selbstversicherungsklausel, Eigendeckungsklausel

co-insured Mitversicherter

co-insurer Mitversicherer

coke Koks; Kokain; Coca-Cola

cold explosion kalte Explosion

collaboration Zusammenarbeit; Mitarbeit

collapse of a building Zusammenbruch eines Gebäudes, Gebäudeeinsturz

collateral Neben-; zusätzlich, subsidiär; akzessorisch

collateral clause Nebenbestimmung

collateral contract Zusatzvereinbarung, Zusatzvertrag

collateral duties Nebenpflichten

collateral estoppel [US] Präjudizwirkung eines Urteils

collateral insurance zusätzliche Versicherung, Nebenversicherung

collateral performance Nebenleistung

collateral promise Nebenversprechen, Zusatzversprechen, indirektes Versprechen

collateral stipulation Nebenabrede, Nebenvereinbarung, Zusatzbestimmung

collateral terms Zusatzbedingungen, Nebenbedingungen, Begleitbedingungen

collateral warranty zusätzliche Garantie, zusätzliche Bürgschaft, zusätzliche Sicherheit

collaterally zusätzlich, subsidiär

collect sammeln, einsammeln, ansammeln, beitreiben (Schulden), einziehen (Schecks, Wechsel)

collect on delivery (C.O.D., c.o.d.) Barzahlung bei Lieferung

collected and delivered (C. & D., c.d.) eingezogen und ausgeliefert

collecting Einzahlung; Inkasso; Sammeln

collecting business Inkassogeschäft

collecting charges Inkassogebühren

collecting commission Inkassoprovision, Folgeprovision

collecting power Inkassovollmacht

collecting society [UK] besondere Form eines Versicherungsvereins auf Gegenseitigkeit

collection Einziehung; Inkasso; Beitreibung

collection charge Hebegebühr

collection costs Inkassokosten

collection costs, loading for Inkassokostenzuschlag

collection, expenses of Inkassokosten

collection letter Mahnbrief, Mahnschreiben

collection of premium Beitragseinzug, Prämieneinnahme, Prämieninkasso

collection, order for Inkassoauftrag

collective accident insurance Gruppenunfallversicherung, Kollektivunfallversicherung

collective agreement Kollektivvertrag, insbesondere zwischen Gewerkschaften und Arbeitgeber; Tarifvertrag

collective insurance Kollektivversicherung, Gruppenversicherung

collective liability Gesamtverpflichtung, Gesamtschuld

collective pension Pensionsordnung

collective policy Kollektivpolice

collectively gesammelt, vereint, gemeinsam, zusammengefaßt, kollektiv

collector, insurance Inkassant, Versicherungsprämienkassierer

colliery Kohlenbergwerk, Steinkohlenbergwerk, Kohlenzeche

collision Zusammenstoß; Kollision

collision at sea Zusammenstoß auf See; Schiffszusammenstoß

collision clause (Seeversicherung) Kollisionsklausel

collision, driveaway [US] Fahrtenkollisionsversicherung; Zusatz zur Werkstattversicherung, um Schäden aus Fahrzeugzusammenstößen, die sich bei Fahrten oder Transporten der Fahrzeuge des Händlers zu einem Zielort mehr als 50 Straßenmeilen entfernt von der Verkaufs- oder Vertriebsstelle ereignen, einzuschließen

collision, head on Frontalzusammenstoß

collision insurance Kollisionsversicherung, Kaskoversicherung

collision, rear-end Auto-Auffahrunfall

collision, second [US] Schadenvertiefung, Schadenerhöhung

colour code Farbkennzeichnung

colouring agent Farbmittel, Färbemittel

com. (commercial; commission) Handels-, Wirtschafts-, kaufmännisch, geschäftlich, gewerblich; Kommissionsgebühr, Provision; Ausschuß, Beauftragung

combination, assurance Versicherungskombination

combination detector Dualfeuermelder, Dualbrandmelder

combination, insurance Versicherungskombination

combination weight, gross Bruttogesamtgewicht

combine [UK] Kartell; Verband; Konzern, Verbindung

combine sich zusammenschließen; verbinden, kombinieren

combined gemeinsam, gemeinschaftlich

combined-agent extinguishing system Duallöschanlage

combined annual fee pauschale Jahresgebühr

combined dry-pipe and preaction sprinkler system Sprinkleranlage mit kombinierter Trockensteigleitung und Verzögerungsmechanismus

combined endowment and whole life insurance gemischte Lebensversicherung (auf den Erlebens- und Todesfall)

combined insurance gebündelte Versicherung, kombinierte Versicherung, verbundene Versicherung

combined limit Pauschaldeckungssumme, pauschale Versicherungssumme

combined limit for bodily injury and property damage Pauschalsumme für Personen- und Sachschäden

combined policy kombinierte Police, Sammelversicherungsschein

combined premium Mischprämie; Prämie, die Kosten und Schadenbedarf berücksichtigt

combined rate-of-rise and fixed temperature detector kombinierter Differential-Feuermelder

combined ratio Addition von Schaden- und Kostenquote

combined shop insurance kombinierte Geschäftsversicherung

combustibility Brennbarkeit, Entzündlichkeit

combustible brennbar

combustible, highly leicht brennbar

combustible material brennbares Material

combustibles feuergefährliche Güter

combustion Verbrennung, Entzündung; (chem.) Verbrennungsprozeß; Erregung, Aufruhr, Tumult

combustion, explosive explosionsartige Verbrennung

combustion, heat of Verbrennungswärme

combustion of coal, spontaneous Selbstentzündung von Kohle

combustion, rate of Verbrennungsgeschwindigkeit

combustion, spontaneous Selbstentzündung

come about sich ereignen, zustande kommen

come into force in Kraft treten

come of age volljährig werden

come off stattfinden; gelingen, erfolgreich sein

come to an agreement eine Verständigung erzielen; zu einer Einigung kommen

come up to s.o.'s expectations jemandes Erwartung entsprechen

come to terms sich einigen; sich vergleichen; zu einem Vergleich kommen

coming into force Inkrafttreten, Wirksamkeit, Beginn

coming into force of the insurance Inkrafttreten der Versicherung, Versicherungsbeginn

commence anfangen, beginnen

commence an action Klage erheben; klagen

commencement Anfang, Beginn

commencement date, specified festgelegter Beginn

commencement of a policy Versicherungsbeginn

commencement of an act Inkrafttreten eines Gesetzes

commencement of proceedings Beginn der Verfahren, Prozeßbeginn

comment Erläuterung, Bemerkung, Kommentar

comment, fair sachliche Kritik

commentary Kommentar, Stellungnahme

commerce Wirtschaftsverkehr; Handelsverkehr; Handel

commerce and industry Handel und Wirtschaft

commerce, course of Handelsverkehr

commercial Handels-, Wirtschafts-, kaufmännisch, geschäftlich, gewerblich

commercial accident insurance Betriebsunfallversicherung

commercial agent Handelsvertreter

commercial car insurance gewerbliche Kraftfahrzeugversicherung; Kfz-Versicherung für Lkw's, Busse, Taxen; Kfz-Versicherung für Pkw's, die Geschäftsinhabern oder Gesellschaftern gehören

commercial concern kommerzielles Unternehmen, kommerzielles Interesse

commercial correspondence Handelskorrespondenz

commercial efficacy wirtschaftliche Effizienz

commercial grades Handelssorten

commercial guarantee insurance Vertrauensschadenversicherung

commercial intercourse Geschäftsverkehr, Handelsverkehr

commercial law Handelsrecht

commercial letter Geschäftsbrief

commercial letter of credit (C.L.C.) Akkreditiv

commercial liability geschäftliche Haftung, betriebliche Haftung

commercial liability insurance Betriebshaftpflichtversicherung

commercial lines insurance Gewerbeversicherung, Geschäftsversicherung

commercial lines manual [CLM, US] Handbuch des Insurance-Services-Office, das Vorschriften und Tarifverfahren für Sach-, Schaden- und Seeversicherungen für gewerbliches Eigentum oder gewerbliche Unternehmen enthält

commercial object wirtschaftliches Ziel, wirtschaftliche Funktion, kommerzielle Funktion

commercial package policy [US] gebündelte Geschäftsversicherung

commercial practice Handelsbrauch; Geschäftsbrauch

commercial practice, usual üblicher Handelsbrauch; Verkehrssitte

commercial premises Geschäftsräume, gewerbliche Räume

commercial property gewerblich genutzter Grundbesitz; Geschäftsgrundstück

commercial purposes wirtschaftliche Zwecke, gewerbliche Zwecke

commercial relations Handelsbeziehungen, wirtschaftliche Beziehungen

commercial risk wirtschaftliches Risiko; Unternehmerwagnis

commercial school Handelsschule

commercial transaction Geschäftshandlung

commercial traveller Geschäftsreisender

commercial treaty Handelsvertrag

commercial trusteeship kommerzielle Vermögensverwaltung

commercial usage Handelsbrauch, Geschäftsbrauch

commercial user gewerblicher Verbraucher

commercial value Handelswert; Marktwert

commercial vehicle coverage form [UK] Art und Umfang der Versicherung gewerblich genutzter Kfz; Formular zur Versicherung gewerblich genutzter Kfz

commercial vehicles insurance Betriebsfahrzeugversicherung

commercialism Geschäftstüchtigkeit; Geschäftsgeist

commission Kommissionsgebühr, Provision; Ausschuß, Beauftragung

commission beauftragen, bevollmächtigen

commission accounts Provisionsrechnungen, Provisionskonten

commission adjustment Provisionsnachverrechnung

commission agent Kommissionär

commission, broker's Maklergebühr, Maklerprovision

commission, cancellation of Stornierung der Provision

commission charge Provision, Courtage

commission, claim for Provisionsanspruch

commission, collecting Inkassoprovision, Folgeprovision

commission, commuted diskontierte Provision

commission, contingent Gewinnanteil, Provision auf den realisierten Gewinn; Folgevergütung

commission, discounted diskontierte Provision

commission, fixed Festprovision

commission, flat Festprovision

commission insurance Versicherung gegen ausfallende Provision

commission, introductory Abschlußprovision

Commission, Law [UK] Rechtskommission, ständiger Rechtsausschuß, der das englische Recht überprüft und Änderungen empfiehlt

Commission, Monopolies and Mergers Monopol- und Fusionskommission

commission, new business Abschlußprovision

commission, on in Kommission, im Auftrag

commission, overriding Abschlußprovision des Generalvertreters; Gebietsprovision; Superprovision

commission, profit Gewinnanteil, Provision auf den realisierten Gewinn

commission, profit sharing Folgeprovision, deren Höhe vom Ergebnis der vermittelten Versicherungsverträge abhängt

commission, rate of Provisionssatz

commission, rebating of Provisionsabgabe, Provisionsüberlassung

commission, refund of Provisionsrückgabe

commission, reinsurance Rückversicherungsprovision

commission, renewal Inkassoprovision

commission, return stornierte Provision

commission, return of Rückprovision

commission, sales Abschlußvergütung

commission, scaled Staffelprovision

commission to be amortized zu tilgende Provision

commissioner Bevollmächtigter, Beauftragter; Kommissar; Leiter eines Amts; Mitglied einer Kommission

Commissioner, Insurance Aufsichtsamt für das Versicherungswesen

commit begehen, verüben; einweisen; übergeben, anvertrauen; verpflichten

commit a tort eine unerlaubte Handlung begehen

commit suicide Selbstmord begehen

commitment Verpflichtung; Verbindlichkeit

commitment, contractual vertragliche Verpflichtung

commitment for pensions Pensionsverpflichtung

committee Ausschuß, Komitee, Kommission

committee, management Managementkomitee

Committee on the Future of The Legal Profession [Marre Committee, UK] 1986 einberufener Ausschuß zur Prüfung des juristischen Ausbildungssystems, der anwaltlichen Berufe sowie der Rechtsleistungen

committee, sewerage Ausschuß für Abwässerbeseitigung

commodities Waren, Güter, Rohstoffe, Grundstoffe; Grunderzeugnisse

commodities, basic Grundstoffe, Rohstoffe

commodities for export Exportwaren

commodities, primary Rohstoffe, Grundstoffe

commodity Ware, Gut, Handelsartikel, Gebrauchsartikel; Annehmlichkeit

commodity value Warenwert; Sachwert

common gemeinsam, allgemein

common account, excess of loss treaty for Schadenexzedent für gemeinsame Rechnung

Common Agricultural Policy (CAP) gemeinsame Agrarpolitik

common business-orientated language (COBOL) Programmiersprache

common carrier's insurance Güterverlustversicherung, Transportversicherung

common carrier's legal liability insurance Spediteurhaftpflichtversicherung

common conditions allgemeine Bedingungen

common duty of care allgemeine Sorgfaltspflicht

common exclusions allgemeine Ausschlüsse

common extensions allgemeine Erweiterungen

common hazard gewöhnliches Risiko

common knowledge Allgemeinwissen

common law Gewohnheitsrecht, angloamerikanisches Recht

common law requirements [UK] rechtliche Voraussetzungen, gesetzliche Vorschriften

common market gemeinsamer Markt

common occurence häufiges Ereignis

common place Gemeinplatz; Binsenwahrheit

common pleas (C.P.) ordentliches erstinstanzliches Zivilgericht

common policy conditions gemeinsame Versicherungsbedingungen, die für mehrere Deckungsbereiche gelten

common practice allgemein übliches Verfahren; Verkehrssitte

common sale terms allgemeine Verkaufsbedingungen

common seal Körperschaftssiegel, Gesellschaftssiegel

common sense Verstand, Denkfähigkeit

common stock Stammaktie

commonly excepted perils in der Regel freigezeichnete Schäden, ausgeschlossene Schäden

commotions, civil Streik, Aufruhr, Bürgerunruhen, innere Unruhen

communicate übermitteln; mitteilen, übertragen; sich besprechen; sich in Verbindung setzen

communication Mitteilung, Nachricht; Übertragung, Übermittlung; Verständigung

communication, data Datenübermittlung

communication, means of Verkehrsmittel

communications Nachrichtenwesen, Meldewesen; Mitteilungen

community Gemeinschaft; Gemeinwesen; Gemeinde

community class Ortsklasse

community, conjugal eheliche Lebensgemeinschaft

Community, European Europäische Gemeinschaft

Community, European Economic (EEC) Europäische Wirtschaftsgemeinschaft (EWG)

community law Gemeinschaftsrecht

community, the die Allgemeinheit, die Öffentlichkeit

commutation Austausch; Umwandlung; Ablösung

commutation of reserves Ablösung von Rückstellungen

commutation payment Abfindung; Abfindungszahlung; einmalige Zahlung

commute ablösen, abfinden

commuted commission diskontierte Provision

commuted value kapitalisierte Rente

compact, rating [US] Tarifkartell

compaign, direct-mail Direktwerbung durch Postwurfsendungen

Companies Act (CA) Gesetz über Kapitalgesellschaften

companies, amounts due from associated Forderungen an verbundene Unternehmen

companies, associated verbundene Unternehmen

companies, guarding and protection Bewachungsunternehmen

companies, tariff Tarifgesellschaften

companion Gesellschafter, Begleiter

company, admitted zum Geschäftsbetrieb zugelassene Gesellschaft, konzessionierte Gesellschaft

company advertising Firmenwerbung

company, affiliated nahestehende Gesellschaft, Tochtergesellschaft, Konzerngesellschaft

company, allied verbundene Gesellschaft, alliierte Gesellschaft, assoziierte Gesellschaft, Konzerngesellschaft

company, associated assoziierte Gesellschaft; Konzerngesellschaft; verbundene Gesellschaft

company, assurance Versicherungsgesellschaft

company, captive insurance [US] Versicherungstochtergesellschaft eines Industrieunternehmens, firmeneigene Versicherungsgesellschaft

company, ceding Zedent, zedierende Gesellschaft, abgebende Gesellschaft

company, composite Kompositversicherer

company, controlled beherrschte Gesellschaft

company, external ausländische Gesellschaft

company, formation of a Gesellschaftsgründung

company, group Gruppengesellschaft, Konzerngesellschaft

company, holding Holdinggesellschaft, Dachgesellschaft, Muttergesellschaft

company, incorporated [US] Aktiengesellschaft

company, insurance Versicherungsgesellschaft, Versicherungsunternehmen, Versicherung

company, joint stock Aktiengesellschaft

company, joint stock life insurance Lebensversicherungs-AG

company law [UK] Gesellschaftsrecht, Unternehmensrecht

company, leading führende Gesellschaft

company, limited Gesellschaft mit beschränkter Haftung (GmbH)

company, limited liability Gesellschaft mit beschränkter Haftung (GmbH)

company, local örtliche Gesellschaft

company, mutual Gegenseitigkeitsgesellschaft, Versicherungsverein auf Gegenseitigkeit (VVaG)

company, mutual casualty insurance [US] Versicherungsverein auf Gegenseitigkeit für Schadenversicherung

company, mutual insurance Versicherungsverein auf Gegenseitigkeit (VVaG)

company, mutual life insurance Lebensversicherungsverein auf Gegenseitigkeit

company, mutual property and casualty [US] VVaG für Sach- und Schadenversicherung

company, object of a Gesellschaftszweck, Ziel der Gesellschaft

company, paper Briefkastenfirma, Scheingesellschaft

company, parent Muttergesellschaft

company pension scheme betriebliche Altersversorgung

company, private insurance Privatversicherungsunternehmung

company, property Immobiliengesellschaft

company, proprietary insurance Versicherungsgesellschaft auf Aktien

company, public limited Aktiengesellschaft

company, reinsurance Rückversicherungsgesellschaft

company, related verbundenes Unternehmen, Beteiligungsgesellschaft

company, representative Unternehmensvertreter, Firmenvertreter, Firmenrepräsentant

company resolutions Gesellschaftsbeschlüsse

company, shipping Reederei

company, signed on behalf of the unterschrieben für die Gesellschaft

company, stock Aktiengesellschaft

company, subordinate untergeordnete Gesellschaft

company, subsidiary Tochtergesellschaft, Filiale

company, trading Handelsgesellschaft

company under financial or administrative control Organgesellschaft, Konzerngesellschaft

company, winding-up of a [UK] Liquidation einer Gesellschaft

company, writing [US] Versicherungsgesellschaft

company's sickness insurance scheme Betriebskrankenkasse

comparative causation (Produkthaftung) anspruchsmindernde Mitursachung; Vergleich zwischen dem Verhalten des Klägers und dem Verhalten des Beklagten mit dem Ziel, eine Mitverursachung des Klägers festzustellen

comparative fault [US] anspruchsminderndes Mitverschulden (ersetzt das Prinzip der „contributory negligence")

comparative figures Vergleichszahlen

comparative law Rechtsvergleichung

comparative negligence anspruchsminderndes Mitverschulden, einfaches Mitverschulden

comparative negligence, plaintiff's Mitverschulden des Geschädigten

comparatively ziemlich, vergleichsweise, verhältnismäßig

compare vergleichen

comparisation, juridical Rechtsvergleichung

comparison Vergleich, Steigerung

compartmentalized basis auf der Basis getrennter Abteilungen, Aufgabenteilung zwischen Abteilungen

compatible vereinbar, im Einklang stehen

compelling zwingend

compensable ausgleichbar, ersetzbar

compensate entschädigen, Schadenersatz leisten; vergüten; abfinden

compensation Schadenersatz, Ersatzleistung; Vergütung, Ausgleich; Entschädigung

compensation, accident Schadenersatzleistung für einen Unfall

compensation agreed upon in the contract vertraglich vereinbarte Entschädigung, vertraglicher Ausgleich

compensation amount Schadenersatzsumme; Abfindung, Entschädigungssumme

compensation, appropriate angemessene Entschädigung

compensation, claim for Ersatzanspruch, Entschädigungsanspruch

compensation, daily Krankengeld

compensation, excessive überhöhter Schadenersatzanspruch

compensation for damage Schadenersatz

compensation for damage in kind Naturalrestitution

compensation for loss Entschädigung für Verlust; Wiedergutmachung des Schadens

compensation for pain and suffering Schmerzensgeldzahlung

compensation for use Nutzungsentschädigung

compensation insurance [US] (Arbeiter-)Unfallversicherung

compensation, liability for Schadenersatzpflicht

compensation, lump sum Pauschalentschädigung

compensation, no-fault Schadenersatz unabhängig vom Verschulden

compensation office Ausgleichskasse

compensation payment Entschädigungsleistung

compensation share Genußschein

compensation, worker's Berufsunfall- und Krankenversicherung

compensation, workmen's Unfallentschädigung

compensatory award Ausgleichsbetrag für Schäden

compensatory damage Ersatz des tatsächlichen Schadens

competence Eignung, Befähigung, Tauglichkeit; Kompetenz; Zuständigkeit

competence, limited legal beschränkte Geschäftsfähigkeit

competency of court Gerichtsstand

competent kompetent, zuständig, befugt; fähig, befähigt; qualifiziert; sachkundig

competent party (Recht) geschäftsfähige Partei; befugte Partei, zuständige Partei

competent staff sachkundiges Personal, fähiges Personal

competent to contract geschäftsfähig; zum Vertragsabschluß befugt

competition Wettbewerb, Wettkampf; Preisausschreiben; Konkurrenz; Ausschreibung

competition keen scharfer Wettbewerb

competitive reference [UK] Überweisung einer Angelegenheit an die Kartellaufsichtsbehörde

competitiveness Konkurrenzfähigkeit

competitor Konkurrent, Mitbewerber

complain sich beschweren

complainant Kläger; Beschwerdeführer

complaint Schadenanzeige; Klageschrift; Beschwerde; Reklamation, Beanstandung

complaint, cause of Grund zur Klage

complaint, cause for Beschwerdegrund, Klagegrund

complaint, deposition of Hinterlegung der Klageschrift

complaint, multi-party Mehr-Parteien-Klage

complete ergänzen, fertigstellen, vervollständigen

complete vollständig, ganz, komplett

complete annuity Rente, die bis zum Todestag des Rentners gezahlt wird

complete expectation of life vollständige Lebenserwartung, mittlere Lebensdauer

complete life annuity vollständige Leibrente (mit anteiliger Zahlung bis zum Todestag)

completed operations Montagefolgeschäden

completed operations liability (US-Haftpfl.-Vers.) Leistungshaftung, d. h. Haftung für Schäden aus Mängeln der vom Versicherten erbrachten Arbeitsleistungen

completed policy eingelöste Police

completed work, to take possession of the das Werk abnehmen (beim Werkvertrag)

completion Vollendung, Vervollständigung, Abschluß, Beendigung; Erfüllung

completion of order Auftragsfertigstellung, Auftragserfüllung

completion of the contract Erfüllung des Vertrages

completion of the internal market Vollendung des Binnenmarktes

compliance Einhaltung, Befolgung, Erfüllung, Einwilligung, Gewährung; Willfährigkeit, Unterwerfung, Unterwürfigkeit

compliance, strict genaue Einhaltung

compliance, sufficiency of ausreichende Erfüllung; angemessene Erfüllung

compliance with description Übereinstimmung mit der Beschreibung

compliance with norms and standards Einhaltung von Normen

complicity Mitschuld; Mittäterschaft

comply with entsprechen, einhalten, befolgen

component Bestandteil; Bauteil

component, movable bewegliches Teilprodukt

component parts Einzelteile

component producer Hersteller von Bauteilen; Hersteller von Einzelteilen

compose zusammensetzen; verfassen; beruhigen; schreiben; komponieren

composed of zusammengesetzt aus

composite zusammengesetzt, gemischt

composite company Kompositversicherer

composite insurance Kompositversicherung

composite policy Pauschalversicherungspolice, Bündelpolice

composition Zusammensetzung; Vergleich; Abfassung, Entwurf, Gestaltung

composition agreement gerichtlicher Vergleich

composition proceedings Vergleichsverfahren

compound chemische Verbindung; Zusammensetzung; Mischung

compound bonus zusammengesetzter Bonus

compound interest Zinseszins

compound probability mehrfach begründete Wahrscheinlichkeit

comprehensive umfassend, Gesamt-

comprehensive automobile and property damage insurance [US] Teilkaskoversicherung

comprehensive cover umfassende Deckung; Vollkaskoversicherung; Kombination aus verschiedenen Versicherungsdeckungen; (US) Versicherung gegen unmittelbare und unfallbedingte Kraftfahrzeugschäden aus anderen Risiken als Kollision

comprehensive general liability policy Betriebs- und Produkthaftpflichtversicherung

comprehensive insurance umfassende Versicherung gegen mehrere Gefahren, kombinierte Versicherung

comprehensive motor car insurance Gesamtkraftfahrzeugversicherung

comprehensive plus collision insurance [US] Auto-Haftpflicht- und Vollkaskoversicherung

comprehensive policy gebündelte Versicherung, Sammelversicherungsschein, kombinierte Police

comprehensive short-term guarantee umfassende kurzfristige Garantie (z. B. bei der Versicherung der Exportrisiken einer Lieferfirma)

compromise Vergleich; Kompromiß, Übereinkunft; Konzession, Nachgeben

compromise bloßstellen, kompromittieren; sich vergleichen

compromise settlement Abfindungsvergleich

compromise total loss vergleichsweise festgesetzter Totalverlust

compulsion Zwang

compulsory zwingend, Zwangs-; obligatorisch

compulsory contribution Pflichtbeitrag

compulsory insurance Pflichtversicherung, Zwangsversicherung

compulsory insurance against pollution by oil Pflichtversicherung gegen Verschmutzung durch Öl

compulsory insurance against third party risks Unfallhaftpflichtversicherung

compulsory liability insurance obligatorische Haftpflichtversicherung

compulsory motor insurance Kfz-Pflichtversicherung

compulsory self-insurance obligatorische Selbstbeteiligung

compulsory third party insurance Zwangshaftpflichtversicherung

compulsory wearing of seat belts Gurtanlegepflcht

computation Errechnung, Berechnung; Kalkulation, Überschlag, Schätzung

computation of premium Prämienberechnung

computer-aided design (CAD) computergestützte Gestaltung

computer-aided manufacturing (CAM) computergestützte Überwachung und Steuerung der Fertigung

computer-aided planning (CAP) computergestützte Arbeitsplanung

computer-aided quality assurance (CAQ) computergestützte Qualitätssicherung

computer-assisted learning (CAL) computergestützter Unterricht

computer breakdown Computerausfall

computer fraud insurance Computer-Mißbrauch-Versicherung

computer-integrated manufacturing computergestützte Fertigung

computer misuse insurance Computer-Mißbrauch-Versicherung

concealment Verschweigen, Verheimlichung, Geheimhaltung, Verbergung; Verborgenheit, Versteck

concealment, material Verschweigen eines wesentlichen Umstandes

concealment of facts vorsätzliches Verschweigen wesentlicher Tatsachen

conceivable begreiflich, faßlich, denkbar, vorstellbar

concept of defectiveness [US] Fehlerbegriff

concern Geschäft, Unternehmen

concern betreffen, sich beziehen auf; interessieren, beschäftigen, beteiligen

concern, commercial kommerzielles Unternehmen; kommerzielles Interesse

concern, nationalized verstaatlichter Betrieb, volkseigener Betrieb

concern, paying rentables Geschäft

concerning betreffend, wegen, hinsichtlich

concession Entgegenkommen, Zugeständnis; Einräumung, Konzession; Gewähren, Bewilligung

concession, expired erloschene Konzession

conciliation Versöhnung, Schlichtung, Ausgleich, Aussöhnung

conciliation board Schlichtungsausschuß

conciliation panel Schlichtungsausschuß

conclude schließen, abschließen; beenden, erledigen; folgern; sich entscheiden

conclude an insurance contract einen Versicherungsvertrag abschließen

conclusion Schluß, Abschluß, Ende; Beschluß, Entscheidung; Folge, Ergebnis

conclusion, inescapable zwingender Schluß

conclusiveness Endgültigkeit, Überzeugtheit

concur zusammentreffen, zusammenfallen; mitwirken, beitragen

concurrence Zusammentreffen; Zusammenwirken

concurrence between delivery of the goods and payment of the price Zug-um-Zug-Erfüllung der Lieferung der Sache und der Zahlung des Kaufpreises

concurrent übereinstimmend; nebeneinander bestehend; gleichzeitig; zusammenwirkend

concurrent cause Mitursache

concurrent condition Zug um Zug zu erfüllende Bedingung

concurrent fire insurance gleichzeitige Feuerversicherung bei mehreren Gesellschaften

concurrent policies mehrere, das gleiche Risiko deckende Policen; Doppelversicherung

concurrent tortfeasor selbständiger Mittäter

concurrently with zusammen mit; Zug um Zug

concussion Erschütterung, (med.) Gehirnerschütterung

condemn verurteilen, verwerfen, für verfallen erklären

condition Bedingung, Voraussetzung; Klausel, Vertragspunkt; Zustand, Lage

condition, breach of Verletzung einer Bedingung; Verletzung einer Vertragsbedingung

condition, concurrent Zug um Zug zu erfüllende Bedingung

condition, defective fehlerhafter Zustand, mangelhafter Zustand

condition, express ausdrückliche Bedingung

condition, first average Versicherung auf „erstes Risiko", Unterversicherungsbedingung

condition, fulfilment of a Erfüllung einer Bedingung

condition, in good in gutem Zustand

condition, main Hauptbedingung, Grundbedingung

condition, mental Geisteszustand

condition, morbid Krankheitszustand

condition, most favoured reinsurers (Rückversicherung) Meistbegünstigungsklausel

condition, non-promissory Vertragsbedingung, die nicht bindend ist, aber zur Auflösung des Vertrags ohne Schadenersatzansprüche führen kann

condition of average Proportionalregel, Verhältnisregel

condition of vehicle Fahrzeugzustand

condition, onerous lästige Bedingung

condition, physical Gesundheitszustand

condition, precedent Voraussetzung, aufschiebende Bedingung

condition, prohibited verbotene Bedingung

condition, resolutive auflösende Bedingung

condition, restrictive Leistungsbeschränkung, Leistungseinschränkung; einschränkende Bedingung

condition, safe sicherer Zustand

condition, sound unbeschädigter Zustand

condition, subsequent auflösende Bedingung

condition, to meet a eine Bedingung erfüllen

conditional sale Kauf unter Eigentumsvorbehalt

conditions, additional Zusatzbedingungen

conditions, atmospheric atmosphärische Bedingungen

conditions, common allgemeine Bedingungen

conditions, common policy gemeinsame Versicherungsbedingungen, die für mehrere Deckungsbereiche gelten

conditions, determination of Festlegung von Bedingungen

conditions, difference in (DIC) Bedingungsdifferenz

conditions, economic Wirtschaftslage

conditions, eligibility erwünschte Bedingungen, Teilnahmebedingungen

conditions, fire policy Feuerversicherungsbedingungen

conditions, forfeiture Verfallklauseln

conditions, general policy allgemeine Versicherungsbedingungen

conditions, implied stillschweigende Bedingungen, stillschweigend miteingeschlossene Versicherungsbedingungen

conditions, imposition of Auferlegung von Bedingungen

conditions, installation Einbau- und Montagebedingungen

conditions, insurance Versicherungsbedingungen

conditions, job Arbeitsbedingungen

conditions, labour Arbeitsbedingungen

conditions, liability insurance Haftpflicht-Versicherungsbedingungen

conditions, normal foreseeable normale vorhersehbare Bedingungen

conditions, observance of Einhaltung von Bedingungen

conditions of sales and delivery Verkaufs- und Lieferbedingungen

conditions, policy Versicherungsbedingungen

conditions precedent to liability Obliegenheiten nach dem Versicherungsfall

conditions precedent to the policy vorvertragliche Obliegenheiten des Versicherungsnehmers

conditions, soil Bodenbeschaffenheit

conditions, standard insurance Allgemeine Versicherungsbedingungen; Einheitsbedingungen der Feuerversicherung

conditions, standard policy Musterbedingungen

conditions subsequent to the policy vertragliche Obliegenheiten vor dem Versicherungsfall

conditions, to yield to auf Bedingungen eingehen

conditions, trading Geschäftsbedingungen

conditions, uniform policy Musterbedingungen

conditions, usual übliche Bedingungen

conduct Verhalten, Betragen, Führung; Leitung

conduct führen, leiten

conduct, code of Verhaltenskodex

conduct, consciously negligent wissentlich schuldhaftes Verhalten

conduct, despicable verächtliches Betragen

conduct of a law suit Prozeßführung

conductance, thermal Wärmedurchlässigkeit

conduction, thermal Wärmeleitung

conductivity, thermal Wärmeleitfähigkeit

conductor, earth-continuity Erd-Sammelleiter, Erdungsleiter, Erdschutzleiter

conductor, lightning Blitzableiter

conductor, suction foam Vormischer, Zumischer

confer übertragen; konferieren, sich beraten

confer authority on s.o. jemanden ermächtigen; jemanden bevollmächtigen

conference Konferenz, Tagung; Beratung, Besprechung, Verhandlung

conferment of authority Bevollmächtigung

confess bekennen, gestehen

confession Anerkenntnis, Anerkennung; Bekennen, Bekenntnis, Geständnis

confession, judgement by Anerkenntnisurteil

confide sich anvertrauen, vertrauen, anvertrauen

confidence Vertrauen, Zuversicht

confidence, breach of Vertrauensbruch, Verletzung der Geheimhaltungspflicht

confidential vertraulich, geheim, privat

confidential, strictly streng vertraulich

confidentiality Vertraulichkeit, Zuversichtlichkeit

confine Grenze, Grenzgebiet; Rand; Schwelle

confine begrenzen, beschränken, einschränken

confirm befestigen, bestärken, bekräftigen; bestätigen, ratifizieren

confirmation Bestätigung, Bekräftigung

confirmation of the contract Bestätigung des Vertrages

confiscation Konfiszierung, Einziehung, Beschlagnahme, Wegnahme

conflagration Flächenbrand; Großbrand

conflagration area Großbrandbereich

conflagration, cause of Brandursache

conflict Konflikt, Streit; Kollision

conflict im Widerspruch stehen, kollidieren; sich widersprechen

conflict of interests Interessenkollision, Interessenkonflikt

conflict of laws [US] Kollisionsrecht, d. h. Regelung der Rechtsanwendung von internationalem und nationalem Recht; Gesetzeskonflikt

conflicting clauses sich widersprechende Bestimmungen (eines Vertrages)

conflicting theory widersprüchliche Theorie, kollidierende Theorie

conform to sich anpassen an, sich richten nach, entsprechen

conformity Übereinstimmung; Vereinbarkeit

conformity, lack of Vertragswidrigkeit

confront gegenüberstellen, konfrontieren

confrontation Gegenüberstellung, Konfrontation

confrontation, litigational prozessuale Auseinandersetzung

confusion Verwirrung, Bestürzung, Verwicklung, Durcheinander

confusion of goods Vermischung, Vermengung

confutation Widerlegung

congenital defect Geburtsfehler

congenital disability angeborene Behinderung

congenital insanity angeborene Geisteskrankheit

congest überfüllen; sich ansammeln

congested area dichtbesiedeltes Gebiet; Ballungsgebiet

congestion Ansammlung; Überfüllung; Verkehrsstauung

conglomerate, insurance and financial services Versicherungs- und Finanzierungskonzern

congruent kongruent, deckungsgleich

congruent cover kongruente Deckung

conical kegelförmig

conjoint gemeinsam; gesamtschuldnerisch

conjugal ehelich, Ehe-

conjugal community eheliche Lebensgemeinschaft

conjunct gemeinsam, vereint, verbunden

conjuncture Zusammentreffen von Umständen

connate angeboren

connect verbinden; in Verbindung bringen

connected verbunden, zusammenhängend; verwandt

connected by marriage verschwägert

connection Verbindung; Zusammenhang; Beziehung

connection, causal Kausalzusammenhang

connections Beziehungen, Verbindungen; Kundenkreis

connections, mercantile Handelsbeziehungen

connections, trade Handelsbeziehungen

connivance geheimes Einverständnis, Zustimmung, Begünstigung

connotation Nebenbedeutung, Begriffsinhalt

connubial ehelich, Ehe-

cons., consd. (consolidated) konsolidiert

consanguinity Verwandtschaft

conscience Gewissen

conscientiousness Gewissenhaftigkeit

conscious bewußt, wissentlich

conscious, environmentally umweltbewußt

consciously wissentlich, gewollt

consciously negligent conduct wissentlich schuldhaftes Verhalten

consciousness Bewußtsein; Wissen, Kenntnis

consciousness, claim Anspruchsbewußtsein

consensus Übereinstimmung

consensus ad idem [lat.] Willenseinigung

consent Einwilligung; Zustimmung, Genehmigung; Einverständnis

consent zustimmen, einwilligen, sich einverstanden erklären

consent, declaration of Einverständniserklärung

consent, determination by Beendigung im Einvernehmen

consent, express ausdrückliche Einwilligung

consent, implied stillschweigende Genehmigung

consent, mutual beiderseitiges Einvernehmen, einverständlich

consequence Folge, Konsequenz; Bedeutung, Wichtigkeit

consequences, foreseeable vorhersehbare Konsequenzen, absehbare Folgen

consequences, lasting Dauerschäden

consequent damage Folgeschaden

consequential damage mittelbarer Schaden, Folgeschaden

consequential loss mittelbarer Schaden, Folgeschaden

consequential loss, fire Brand-Folgeschaden; Feuer-Betriebsunterbrechung

consequential loss insurance Folgeschadenversicherung, Vermögensschadenversicherung; Betriebsunterbrechungsversicherung; Gewinnausfallversicherung

consequential loss, machinery Maschinenunterbrechung, Betriebsunterbrechung

consequential loss of profits Folgeschaden aus Betriebsunterbrechung

consequential loss policy Folgeschadenversicherung, Vermögensschadenversicherung

consequential losses Vermögensschäden

conservation Erhaltung, Pflege
conservation, ecological Erhaltung des ökologischen Gleichgewichts
conservation, nature Naturschutz
conservation of business Bestandserhaltung
conservation of evidence Beweissicherung
conservation of portfolio Bestandspflege
consider erwägen, in Betracht ziehen; beachten; überlegen, berücksichtigen
consideration Erwägung, Überlegung, Berücksichtigung, Rücksichtnahme; Gegenleistung, Entgelt
consideration, after careful nach sorgfältiger Überlegung
consideration, failure of Wegfall der Gegenleistung
consideration, policy Versicherungsvertrags-Entgelt
consignee Empfänger, Adressat; Verkaufskommissionär
consignee, lien of Pfandrecht des Empfängers
consignment Sendung, Übersendung, Zusendung
consignment for approval Ansichtssendung
consignment note [UK] Frachtbrief
consignment of replacement Ersatzlieferung
consist of bestehen aus
consistency Beschaffenheit; Konsequenz, Folgerichtigkeit; Übereinstimmung
consistent folgerichtig, konsequent
consolidate konsolidieren; befestigen; vereinigen

consolidated (cons., consd.) konsolidiert
consolidated financial statement konsolidierter Abschluß
consolidated group Konzern
consolidated profit and loss statement Gewinn- und Verlustrechnung
consortium, builder's Baugemeinschaft; Arbeitsgemeinschaft
consortium, loss of Verlust des Lebenspartners, z. B. des Ehegatten, durch Tötung
conspicuous auffallend, auffällig
conspicuous part of policy ein in die Augen fallender Teil der Police
conspiracy Verschwörung, Komplott; Absprache, Verabredung zu Straftaten; abgestimmtes Verhalten
constable [UK] Polizist, Schutzmann (niedrigster Dienstgrad)
constant beständig, konstant
constant extra premium gleichbleibender Risikozuschlag
constant risk gleichbleibendes Risiko
constituent fact Tatbestandsmerkmal
constituents Bestandteile
constitute errichten, begründen; einsetzen, ernennen; ausmachen
constitute deposits Depots hinterlegen
constituted reserves Reservestellungen
constitution Verfassung; Grundgesetz, Satzung
constitutive konstituierend; konstitutiv, rechtsbegründend

construct konstruieren, entwerfen; ausbauen, ausarbeiten, erdenken, formen; bauen, errichten

construction Bau, Errichtung; Bauwerk; Konstruktion; Auslegung, Deutung

construction, class of Bauart

construction, classes of Bauartklassen

construction contractor Bauunternehmer

construction cost index Baukostenindex

construction fault Konstruktionsfehler, Baufehler

construction, fire resisting feuersichere Bauart

construction of strictness strenge Auslegung, wörtliche Auslegung

construction, principles of Konstruktionsprinzipien

construction risks insurance Baugewerbeversicherung; Schiffsbauversicherung

construction site Baustelle

construction, type of Bauart

constructional Bau-, Konstruktions-

constructional defect Baufehler; Konstruktionsfehler

constructional engineering Maschinenbau

constructive gefolgert, präsumtiv, auszulegen als; fingiert; konstruktiv; Bau-

constructive knowledge unterstellte Kenntnis

constructive possession mittelbarer Besitz

constructive total loss (Seeversicherung) angenommener Totalverlust, wirtschaftlicher Totalschaden; konstruktiver Totalverlust

construe konstruieren; deuten, auslegen

consuetudinary law [US] Gewohnheitsrecht

consult zu Rate ziehen, beratschlagen

consultancy sale Beratungsverkauf

consultant Berater, Gutachter, Spezialist; beratender Arzt

consulting, risk Risikoberatung

consume verbrauchen, konsumieren

consumer Verbraucher, Konsument

consumer, behaviour of the Konsumentenverhalten

Consumer Credit Act of 1974 Gesetz über Verbraucherdarlehen von 1974

consumer expectation test Prüfung der Verbrauchererwartungen; Verwendung von Verbrauchererwartungen als Maßstab, z. B. bei gefährlichen Produktmängeln, die ein Verbraucher angemessenerweise nicht hätte erwarten müssen

consumer expectations Kundenerwartungen

comsumer, final Endverbraucher

consumer goods Konsumgüter, Verbrauchsgüter

consumer goods industry Verbrauchsgüterindustrie

consumer hedging Absicherung des Verbrauchers

consumer, insurance Versicherungsnehmer

consumer, large Großverbraucher

consumer, last Letztverbraucher, Endverbraucher

consumer, ordinary durchschnittlicher Konsument, durchschnittlicher Verbraucher

consumer price index (CPI) Preisindex für die Lebenshaltung

consumer product Konsumgut

consumer protection Verbraucherschutz

Consumer Protection Act 1987 Gesetz über Verbraucherschutz 1987

Consumer Protection Advisory Committee (CPAC) Verbraucherschutz-Beratungsausschuß; durch das Gesetz über Lauteren Wettbewerb aus dem Jahre 1973 geschaffenes Gremium zur Beratung von Behörden

consumer remedy Gegenmittel, Abhilfemaßnahmen, die dem Verbraucher zur Verfügung stehen

consumer safety Verbrauchersicherheit

consumer trade practice Gepflogenheit in Zusammenhang mit Warenlieferungen an oder Dienstleistungen für Verbraucher

consumer, ultimate Endverbraucher

consumers associations Verbraucherschutzverband

consumer's cooperative society Konsumverein

consumption Verbrauch, Verzehr, Konsum

consumption capacity Konsumkraft, Kaufkraft

consumption, fuel Kraftstoffverbrauch

consumption of alcohol by a driver Alkoholgenuß eines Fahrers

consumption, petrol Benzinverbrauch

contact with other cargo Schäden durch Beiladung, Berührung mit anderer Fracht

contagion Ansteckung

contain enthalten; fassen; binden, festhalten

container Behälter, Gefäß, Verpakkung, Container

contaminant Verunreinigungsstoff, Verunreinigungssubstanz, Schmutzstoff; Verunreinigung

contaminate verunreinigen, verschmutzen; verseuchen

contamination Verunreinigung; Verseuchung; Vergiftung; Kontamination

contamination, environmental Umweltverschmutzung

contamination, food Lebensmittelverseuchung

contamination, radioactive radioaktive Verseuchung

contamination, water Gewässerschaden, Gewässerverschmutzung

contemplation Absicht, Vorhaben

contemplation of the parties das, was sich die Parteien vorgestellt haben

contemporaneity Gleichzeitigkeit

contemporaneous gleichzeitig; zeitgenössisch; gleichaltrig

contemporaneous performance Erfüllung Zug um Zug

contemporary Zeitgenosse; Altersgenosse

contemporary significance gegenwärtige Bedeutung

contempt of court Mißachtung des Gerichts

contemptuous verachtend, verächtlich, verachtungsvoll, geringschätzig

content Inhalt, Umfang; Zufriedenheit, Befriedigung

content, fibre Faseranteil (bei Textilien)

contents Inhalt; Hausrat; Mobilien

contents, description of Inhaltsbezeichnung, Inhaltsangabe

contents insurance Inhaltsversicherung; Hausratversicherung

contents, table of Inhaltsverzeichnis

contest Streit, Kontroverse; Wettstreit, Wettbewerb

contest bestreiten, konkurrieren, sich bewerben um, wetteifern

contestation Streit, Disput

context Zusammenhang, Kontext, zusammenhängender Inhalt; Umgebung, Milieu

context, general allgemeiner Kontext, allgemeiner Zusammenhang

context, words in Begriffe im Zusammenhang

contextual approach Textauslegung; systematische Gesetzesauslegung

contingencies Schadenmöglichkeiten; unvorhergesehene Ereignisse, unvorhergesehene Angaben

contingencies, loading for Sicherheitszuschlag

contingencies, reserve fore Sicherheitsrücklage

contingency Eventualität, Zufälligkeit, Zufall, Möglichkeit, unvorhergesehener Fall

contingency fee [US] Erfolgshonorar, Anwaltshonorar, Sicherheitsreserve

contingency fund Reserve für besondere Fälle, Sicherheitsrücklage, Verlustrücklage, Sicherheitsreserve

contingency liability Eventualverbindlichkeit

contingency, life von der Lebensdauer abhängiges Risiko

contingency loss Vermögensschaden

contingency reserve Sicherheitsreserve, Sicherheitsrücklage

contingency risks insurance Versicherung gegen außergewöhnliche Risiken

contingent Anteil, Beitrag, Quote, Kontingent

contingent möglich, ungewiß, eventuell; bedingt

contingent annuity anwartschaftliche Rente, Rentenanwartschaft; Rente mit unbestimmter Laufzeit

contingent assurance bedingte Versicherung, Überlebensversicherung (bei verbundenen Leben)

contingent beneficiary bedingt Begünstigter

contingent charges eventuelle Kosten und Auslagen

contingent claim Eventualforderung; bedingter Anspruch

contingent commission Gewinnanteil, Provision auf den realisierten Gewinn; Folgevergütung

contingent interest Eventualrisiko, bedingtes Risiko

contingent interests Anwartschaftsrechte, bedingte Rechte

contingent liability Eventualverpflichtung, bedingte Verpflichtung

contingent proprietary interests bedingte Eigentumsrechte, bedingte Vermögensrechte

contingent reversion Anwartschaft

contingent right Anwartschaftsrecht

continual fortgesetzt, fortwährend, unaufhörlich

continually occupied premises ständig bewohntes Anwesen

continuance Dauer, Fortdauer

continuation school Fortbildungsschule

continue fortsetzen, fortdauern; weiterbestehen

continued contract Dauerschuldvertrag

continued insurance fortgesetzte Versicherung; laufender Vertrag

continued wage Lohnfortzahlung

continuity Kontinuität, Stetigkeit; Fortbestand; Zusammenhang

continuous fortdauernd, ununterbrochen; kontinuierlich

continuous annuity kontinuierlich zahlbare Rente, kontinuierliche Rentenzahlung

continuous burning test Dauerbrennprüfung

continuous event andauerndes Schadenereignis

continuous tort fortlaufendes Schadenereignis

contra entry Ausgleichsposten, Wertberichtigungsposten

contra item Ausgleichsposten, Wertberichtigungsposten

contra proferentem rule [lat.] Gesetzesregelung, daß ein Vertrag im Zweifelsfalle gegen die Verfasser (contra proferentes) auszulegen ist, da letztere ja die Möglichkeit hatten, sich klar und deutlich auszudrücken (Auslegung gegen den Urkundsverfasser)

contract Vertrag

contract einen Vertrag schließen; kontrahieren, sich vertraglich verpflichten

contract, aleatory aleatorischer Vertrag; Vertrag, der sich auf ein möglicherweise eintretendes Ereignis bezieht; gewagter Vertrag, Wettvertrag

contract, arrival (Seeversicherung) Vertrag, bei dem die Übergabe der Waren bei Ankunft eines bezeichneten Schiffs in einem bezeichneten Hafen vorgesehen ist

contract, avoidance of a Anfechtung eines Vertrages

contract, benefit under a Vertragsnutznießung, aus einem Vertrag resultierender Anspruch

contract, bilateral bilateraler Vertrag, gegenseitiger Vertrag

contract bond Leistungsgarantie, Erfüllungsgarantie

contract, breach of Vertragsbruch, Vertragsverletzung; Nichterfüllung eines Vertrages

contract, by virtue of a kraft Vertrages

contract, c & f Vertrag, bei dem Kosten und Fracht für die Waren auf dem Transportweg im Preis enthalten sind

contract, cancellation of a Aufhebung eines Vertrages, Rücktritt vom Vertrag

contract, capacity to Vertragsfähigkeit, Geschäftsfähigkeit

contract carrier Vertrags-Frachtführer, Vertrags-Transportunternehmer

contract, c.i.f. Vertrag, bei dem Kosten, Versicherung und Fracht für die Waren auf dem Transportweg im Preis enthalten sind

contract, closed [US] Versicherung mit unveränderlichen Prämien und Bedingungen

contract, collateral Zusatzvereinbarung, Zusatzvertrag

contract, competent to geschäftsfähig; zum Vertragsabschluß befugt

contract, completion of the Erfüllung des Vertrages

contract conditions, standard form allgemeine Geschäftsbedingungen

contract, confirmation of the Bestätigung des Vertrages

contract, continued Dauerschuldvertrag

contract, converted umgewandelter Vertrag

contract, currency of a Vertragslaufzeit

contract debt Vertragsschuld, vertraglich geschuldete Leistung

contract, defective fehlerhafter Vertrag

contract, delivery Liefervertrag

contract, dependent bedingter Vertrag

contract, draft Vertragsentwurf, Vertragskonzept

contract, duration of the Vertragsdauer

contract, entering into a Vertragsabschluß

contract, essentials of a wesentliche Vertragsbestandteile

contract, ex ship Vertrag, bei dem die Übergabe der Waren bei der Ankunft eines bezeichneten Schiffs in einem bezeichneten Hafen erfolgt

contract, ex store Vertrag, der die Lieferung der Ware ab Lager des Verkäufers vorsieht

contract, ex works Vertrag, der die Lieferung der Ware ab Werk des Verkäufers vorsieht

contract, execution of a Abschluß eines Vertrags; Vertragserfüllung

contract, executory zu erfüllender Vertrag, noch nicht erfüllter Vertrag, Ausführungsvertrag, obligatorischer Vertrag

contract, extension of the term of the Vertragsverlängerung

contract, faithful performance of Vertragstreue

contract, f.a.s. (free alongside ship-contract) Vertrag, der eine Lieferung von Waren „frei Längsseite Schiff" vorsieht (d. h. ohne Beladen)

contract, feigned fingierter Vertrag, Scheinvertrag

contract, fictitious Scheinvertrag

contract, fire insurance Feuerversicherungsvertrag

contract, f.o.b. Vertrag, der eine Lieferung von Waren „frei an Bord" vorsieht

contract, f.o.r. Vertrag, der eine Lieferung von Waren „frei Eisenbahn" vorsieht

contract for the hire of services Dienstvertrag

contract for the procurement of services Dienstverschaffungsvertrag

contract for work and labour Werkvertrag

contract for work and materials Werklieferungsvertrag

contract, forward Vertrag mit aufgeschobener Wirkung, Terminvertrag

contract, frustration of a Unmöglichkeit, einen Vertrag zu erfüllen; Vertragsvereitelung

contract, fundamental breach of schwere Vertragsverletzung

contract, future Termingeschäft, Terminvertrag

contract, goods supplied under the gemäß Vertrag gelieferte Waren

contract guarantee Garantie für die Vertragserfüllung

contract, hybrid Mischvertrag

contract, illegal rechtswidriger Vertrag

contract, immediate participation guarantee [US] Vertrag mit sofortiger Beteiligung des Vertragspartners am tatsächlichen Verlauf einschließlich der Gewinne und Verluste aus Vermögensanlagen

contract, immoral sittenwidriger Vertrag

contract, implementation of a Erfüllung eines Vertrags

contract, implied ein durch konkludentes Verhalten der Parteien und durch die entsprechenden Umstände begründeter Vertrag ohne ausdrückliche Formulierung; mündlicher Vertrag

contract, incidental Nebenvertrag

contract, inclusion in the Einschluß in den Vertrag

contract, informal formloser Vertrag

contract, infringement of a Vertragsverletzung

contract, instalment Teillieferungsvertrag, Ratenvertrag

contract, insurance Versicherungsvertrag

contract, interference with a Verleitung zum Vertragsbruch

contract, international supply internationaler Liefervertrag

contract law Vertragsrecht

contract, liability in Haftung aus Vertrag

contract, liberty of Vertragsfreiheit

contract, long-term langfristiger Vertrag

contract, master Hauptvertrag

contract, negotiation of a Aushandlung eines Vertrages

contract, obligation to Kontrahierungszwang

contract, obligation under a vertragliche Verpflichtung

contract of adhesion Adhäsionsvertrag; „diktierter" Vertrag (ein von einer Partei erstellter Vertrag, in den die zweite Partei regelmäßig nur einwilligen kann und dabei keine Gelegenheit zum Aushandeln der Bedingungen hat)

contract of carriage [UK] Beförderungsvertrag

contract of hire Mietvertrag

contract of indemnity Entschädigungsvertrag, Schadenersatzvertrag

contract of sale Kaufvertrag

contract of sale, formation of Zustandekommen eines Kaufvertrags

contracts of sale, successive aufeinanderfolgende Kaufverträge

contract of service Dienstvertrag, Wartungsvertrag

contract of suretyship Bürgschaftsvertrag, Garantievertrag

contract, offer of a Vertragsangebot

contract, oral mündlicher Vertrag

contract, part of the Bestandteil des Vertrages

contract, performance of a Vertragserfüllung

contract period vertragliche Laufzeit

contract, period of Vertragsdauer

contract, personal [US] Voraussetzung bei einem Versicherungsvertrag, der eine persönliche Vereinbarung zwischen dem Versicherer und dem Versicherten darstellt: jede Partei muß sich auf die andere hinsichtlich der Bekanntgabe entscheidender Informationen verlassen können; persönlicher Vertrag

contract, postal postalischer Vertrag

contract, preferential Begünstigungsvertrag, Vergünstigungsvertrag

contract, preliminary Vorvertrag

contract price clause Verkaufspreisklausel

contract, primary Hauptvertrag

contract, principal Hauptvertrag

contract, provisions of Vertragsbestimmungen

contract, reinsurance Rückversicherungsvertrag

contract, renewal of Vertragsverlängerung, Vertragserneuerung

contract, repudiation of a Ablehnung der Vertragserfüllung, Erfüllungsverweigerung

contract, rescission of rückwirkende Vertragsauflösung, Vertragsanfechtung

contract, rights arising out of Rechte aus einem Vertrag

contract, service Wartungsvertrag

contract, settled by the vertraglich geregelt

contract, sham Scheinvertrag, fingierter Vertrag

contract, spot Sofortvereinbarung, Kassageschäft

contract, standard form of Einheitsvertrag, Einheitsvordruck für einen Vertrag

contract, standard term Vertrag mit Standardbedingungen, Vertrag mit Geschäftsbedingungen

contract, subject matter of the Vertragsgegenstand, Gegenstand des Vertrages

contract, synallagmatic synallagmatischer Vertrag, gegenseitiger Vertrag

contract, tacit renewal of the stillschweigende Vertragserneuerung

contract, tenancy Mietvertrag, Pachtvertrag

contract terms Vertragsbedingungen

contract, time and materials Werklieferungsvertrag

contract, to cancel a einen Vertrag aufheben, vom Vertrag zurücktreten

contract, to fulfil a einen Vertrag erfüllen

contract, to perform a einen Vertrag erfüllen

contract/tort dichotomy Zweiteilung Vertragsrecht/Deliktsrecht

contract, unconscionable sittenwidriger Vertrag

contract, unilateral einseitiger Vertrag

contract, valid rechtsgültiger Vertrag

contract, validity of the Gültigkeit des Vertrages

contract value Vertragswert

contract, violation of a Vertragsverletzung

contract, voidable anfechtbarer Vertrag, aufhebarer Vertrag

contract, wagering Spiel- und Wettvertrag

contract, withdrawal from a Rücktritt von einem Vertrag

contract year Vertragsjahr

contracting-out option Befreiungsmöglichkeit (von der Sozialversicherung)

contracting party Vertragspartner, Kontrahent

contractor, construction Bauunternehmer

contractor, independant selbständiger Unternehmer

contractor, main Hauptlieferant, Hauptvertragspartner

contractor, prime Generalunternehmer, Hauptlieferant

contractors' all risks (CAR) alle Risiken des Bauunternehmers; Bezeichnung für eine umfassende Deckung „aller Risiken" eines Bauunternehmers

contractors' all risks insurance (CAR) Bauleistungsversicherung

contractors' all risks policy Pauschalversicherungspolice für Bauunternehmer

contractors' guarantee insurance Baugarantieversicherung

contractors' insurance Montageversicherung

contractors' liability Bauunternehmerhaftung

contractors, liability for independent Haftung für unabhängige Unternehmer

contractors' public liability and property damage insurance Unternehmerhaftpflichtversicherung, Sachschadenversicherung

contractors' risk policy Versicherungspolice für Bauunternehmer

contracts, chains of Kettenverträge

contracts, exchange of Austausch von Verträgen

contracts of sale, successive aufeinanderfolgende Kaufverträge (betr. die gleichen Waren)

contracts, rescission of Vertragsaufhebung

contractual vertraglich

contractual capacity Geschäftsfähigkeit

contractual cause of action Anspruch aus Vertrag

contractual clause Vertragsklausel

contractual commitment vertragliche Verpflichtung

contractual currency Vertragswährung

contractual disclaimer vertragliche Freizeichnungsklausel

contractual fidelity Vertragstreue

contractual interest vertragliches Interesse, vertragliche Beteiligung

contractual liability vertragliche Haftpflicht, Vertragshaftung

contractual limitation of liability vertragliche Haftungsbegrenzung

contractual obligation vertragliche Verpflichtung, Vertragspflicht

contractual obligation, failure to fulfil Nichterfüllung einer vertraglichen Verpflichtung

contractual obligation, trust of Treuhandverhältnis betreffend Vertragspflichten

contractual warranty vertragliche Gewährleistung

contractual warranty, breach of Zusicherungshaftung, Nichteinhalten einer vertraglichen Zusicherung

contradiction Widerspruch

contrary to the contract gegen den Vertrag; vertragswidrig

contrary to the truth wahrheitswidrig

contravene zuwiderhandeln, verstoßen gegen; bestreiten, widersprechen

contravene a law gegen ein Gesetz verstoßen

contravention Verstoß, Zuwiderhandlung; Übertretung

contravention, persistent anhaltender Verstoß, nachhaltige Vertragsverletzung

contribute beitragen, Beitrag leisten; einbringen

contribute, obligation to Beitragspflicht

contribution Beitrag, Abgabe, Umlage; Mitwirkung, Beihilfe; anteilsmäßige Versichererhaftung bei mehrfacher Versicherung, Schadenbeteiligung

contribution claim Regreßanspruch, Rückgriffsanspruch

contribution clause Haftungsbegrenzungsklausel; Kostenbeitragsklausel

contribution, compulsory Pflichtbeitrag

contribution, employee's Arbeitnehmerbeitrag

contribution, employer's Arbeitgeberbeitrag

contribution, general average (Seeversicherung) Havariegrosse-Beitrag

contribution, insured's Beitrag des Versicherten, Versichertenbeitrag, Versicherungsbeitrag

contribution, inter-company Organschaftsumlage

contribution limit Beitragsbemessungsgrenze

contribution method of allotting bonus Kontributionssystem, Kontributionsplan, natürliches Gewinnsystem

contribution plan Gewinnverteilungsplan

contribution, pro rata anteilmäßiger Beitrag, Anteil

contribution to funeral expenses Sterbegeld

contributions, ancillary zusätzliche Schadenbeteiligungen; Nebenleistungen; zusätzliche Beiträge

contributions, national insurance [UK] Sozialversicherungsbeiträge

contributions to fire brigade Feuerlöschbeitrag, Feuerschutzsteuer

contributor Mitwirkender, Mitarbeiter, Beitragender

contributor, insurance Versicherungspflichtiger

contributory fault Mitverschulden

contributory group insurance Gruppenversicherung mit Beitragsleistung der Beteiligten

contributory insurance Versicherung mit Selbstbehalt

contributory negligence einfaches Mitverschulden des Geschädigten (schließt nach angelsächsischem Recht Ansprüche des Geschädigten in der Regel aus)

contributory sickness fund Krankenkasse

contributory value Beitragswert

control Macht, Gewalt, Kontrolle, Herrschaft, Aufsicht, Leitung, Überwachung

control kontrollieren, nachprüfen; beaufsichtigen, überwachen; beherrschen

control, distribution Vertriebsüberwachung

control, exchange Devisenkontrolle

control, financial finanzielle Kontrolle, finanzielle Prüfung

control, fire under Brand unter Kontrolle (BUK)

control, incoming and outgoing Ein- und Ausgangskontrolle

control, insurance Versicherungsaufsicht

control law Aufsichtsgesetz

control, loss Verlustkontrolle

control of the arrival of goods Wareneingangskontrolle

control of the insured, beyond the außerhalb der Kontrolle des Versicherten

control, pollution Kontrolle der Umweltverschmutzung, Umweltschutz

control, quality Qualitätskontrolle, Gütekontrolle

control, sanitary Gesundheitskontrolle

control, technical technische Kontrolle, technische Prüfung

controlled company beherrschte Gesellschaft

controller Kontrolleur; Aufsichtsbeamter; Leiter des Rechnungswesens; Rechnungsprüfer

controlling authority Aufsichtsbehörde

contuse quetschen

convention Versammlung, Tagung; Übereinkommen, Abkommen

Convention on the Contract for the International Carriage of Goods by Road (CMR) Übereinkommen über den Beförderungsvertrag im internationalen Straßengüterverkehr

Convention, Warsaw Warschauer Abkommen betreffend Güterbeförderung in der Luft

converable risk versicherbares Risiko

conversion Umwandlung, Konvertierung; Umstellung; Umtausch

conversion, fraudulent betrügerische Entziehung; Unterschlagung; Veruntreuung

conversion into a paid-up policy Beitragsfreistellung einer Versicherung, Umwandlung in eine prämienfreie Versicherung

conversion, loan Konversion einer Anleihe

conversion of currency Währungskonversion, Währungsumrechnung

conversion, rate of Umrechnungskurs

convert konvertieren, umwandeln; umstellen; umrechnen

converted contract umgewandelter Vertrag

converter, catalytic Auto-Katalysator

convertibility Umwandelbarkeit; Konvertierbarkeit

convertible term assurance Risikoumtauschversicherung

convey befördern, bringen, transportieren; überbringen

conveyance accident Unfall beim Transport

conveyance by road Beförderung auf der Straße

conveyance, deed of Übertragungsurkunde

conveyance insurance Transportversicherung

conveyance, means of Transportmittel

conveyance, parcel in Grundstück, Parzelle bei der Grundstücksübertragung

conveyancer, licensed [UK] Person, die zur Durchführung von Grundstücksübertragungstransaktionen berechtigt ist; neuer anwaltlicher Beruf, der 1985 durch das Administration of Justice Act (Gesetz über die Rechtsverwaltung) geschaffen wurde

conveyancing Aufsetzen eines Eigentumsübertragungsdokumentes; Eigentumsübertragungsverfahren

conveyor Beförderer; Überbringer, Überlieferer; Fördergerät, Förderband

convict für schuldig befinden, verurteilen

conviction Überzeugung, Anschauung; Schuldspruch, Verurteilung

conviction, criminal Verurteilung wegen einer strafbaren Handlung

conviction, driving Verurteilung wegen Verkehrsvergehen

conviction, spent getilgte Verurteilung, als nicht mehr existent geltende Verurteilung

convulsion Zuckung, Krampf

cooker, electric elektrischer Herd

cooling effect Kühlwirkung

cooling-off abkühlen, sich beruhigen

cooperate zusammenarbeiten, mitarbeiten, mitwirken, beitragen

cooperation Zusammenarbeit, Kooperation, Mitwirkung; Zusammenschluß, Vereinigung

cooperative insurer genossenschaftlicher Versicherer; Versicherungsverein auf Gegenseitigkeit

cooperative society Genossenschaft

co-owner Miteigentümer, Mitinhaber

co-ownership Miteigentum

copper Kupfer

copyright © Urheberrecht, Verlagsrecht; Copyright

cor. [coram, lat.] vor

coroner's inquest gerichtliche Untersuchung ungeklärter Todesfälle

corp. (corporation) Körperschaft, juristische Person; (UK) Stadtbehörde; Vereinigung, Gilde; Aktiengesellschaft, rechtsfähige Handelsgesellschaft, Kapitalgesellschaft

corporate body Körperschaft, juristische Person

corporate capacity Unternehmenskapazität, Unternehmensbefähigung

corporate design (CD) formale Gestaltungskonstanten eines Unternehmens

Corporate Identity (CI) Unternehmensidentität

corporate law [US] Gesellschaftsrecht

corporate suretyship Bürgschaft, bei der eine Gesellschaft als Bürge fungiert

corporation (corp.) Körperschaft, juristische Person; (UK) Stadtbehörde; Vereinigung, Gilde; Aktiengesellschaft, rechtsfähige Handelsgesellschaft, Kapitalgesellschaft

corporation, insurance [US] Versicherungsgesellschaft

corporation loan Kommunalanleihe

corporation loans Darlehen an Körperschaften

corporation, mutual insurance Versicherungsgesellschaft auf Gegenseitigkeit (VVaG)

corporation, public öffentlich-rechtliche Körperschaft

corporation tax (C.T.) Körperschaftssteuer

corporation under public law öffentlich-rechtliche Körperschaft

corporative insurance Gemeinschaftsversicherung

corps, salvage Rettungsmannschaften der Feuerversicherer

corpse Leiche, Leichnam

correct verbessern, berichtigen; tadeln

correction Korrektur, Berichtigung, Verbesserung

correspond korrespondieren, in Briefwechsel stehen

correspond with entsprechen; übereinstimmen mit, in Einklang stehen mit

correspondence Korrespondenz; Schriftverkehr; Briefwechsel

correspondence, commercial Handelskorrespondenz

correspondent Berichterstatter, Korrespondent

correspondent broker Korrespondenzmakler

corresponding entsprechend; korrespondierend

corrode korrodieren, zerfressen; angreifen, ätzen

corrosion damages Korrosionsschäden

corrosive substance Korrosionsmittel; Ätzstoff, Beizstoff

C.O.S. (cash on shipment) zahlbar beim Versand

cosmetic products Kosmetika, Kosmetikwaren

cost and freight (C.F., c.f., C & F, c & f) Kosten und Fracht; „alle Frachtkosten bis zum Ankunftshafen vom Verkäufer bezahlt"

cost and insurance (c & i) Kosten und Versicherung; „alle Seeversicherungskosten bis zum Ankunftshafen vom Verkäufer bezahlt"

cost-benefit analysis Kosten-Nutzen-Analyse

cost, burning Bedarfsprämie

cost, calculation of Kostenberechnung

cost, historical ursprüngliche Anschaffungskosten

cost-increasing factor Teuerungsfaktor

cost, insurance and freight (CIF, cif) Kosten, Versicherung und Fracht; „alle Fracht- und Seeversicherungskosten bis zum Ankunftshafen vom Verkäufer bezahlt"

cost, insurance, freight, commission and interest (cifci) Kosten, Versicherung, Fracht, Provision und Zinsen

cost of averting Abwendungskosten

cost of clerical labour Kosten von Büroarbeiten

cost of living Lebenshaltungskosten

cost of living, increase in Steigerung der Lebenshaltungskosten, Anstieg der Lebenshaltungskosten

cost of living, increased erhöhte Lebenshaltungskosten

cost of living index Preisindex für die Lebenshaltung

cost of maintenance Unterhaltskosten; Instandhaltungskosten

cost of production Produktionskosten, Herstellungskosten

cost of treatment Behandlungskosten

cost of working, increase in Anstieg der Arbeitskosten, Anstieg der Betriebskosten

cost of working, increased erhöhte Betriebskosten

cost, overall overhead [US] laufende Kosten; Fixkosten; Gemeinkosten

cost price Selbstkostenpreis; Einkaufspreis

cost, prime Herstellungskosten, Gestehungskosten

cost recovery Kostendeckung, Ausgabendeckung

cost, tabular [US] Risikoprämie

cost, true term [US] Risiko-Bedarfsprämie

costing, ex-post Nachkalkulierung

costly kostspielig, teuer

costs Kosten, Unkosten

costs, acquisition Akquisitionskosten, Abschlußkosten; Erwerbskosten

costs, administration Betriebskosten, Verwaltungskosten

costs, anti pollution Kosten des Umweltschutzes

costs, assembly and disassembly Ein- und Ausbaukosten

costs, collection Inkassokosten

costs, damage determination Schadenermittlungskosten

costs, debris removal Aufräumungskosten

costs, declaratory judgement Rechtskosten aus Deckungsklage

costs, defence Verteidigungskosten

costs, demolition Abbruchkosten

costs, dismantling Abbruchkosten, Demontagekosten; Ausbaukosten

costs, escapable vermeidbare Kosten

costs, estimate of Kostenvoranschlag

costs, expert Expertenkosten, Sachverständigenkosten

costs, extension Ausbaukosten

costs, fire extinguishing Feuerlöschkosten, Löschkosten

costs, handling Bearbeitungsgebühren

costs, installation and dismantling Ein- und Ausbaukosten

costs, insurance Versicherungskosten

costs, liability for Haftung für Prozeßkosten

costs, litigation Prozeßkosten

costs, loss prevention Schadenverhütungskosten

costs, manufacturing Herstellungskosten, Fertigungskosten

costs, material Materialkosten

costs, medical Behandlungskosten

costs, nursing Pflegekosten

costs of averting or minimizing damage Rettungskosten

costs of defending Verteidigungskosten

costs of fire brigade service Feuerlöschkosten

costs of manufacture Herstellungskosten

costs of minimizing damage Schadenminderungskosten

costs of prevention Kosten der Verhütung, Kosten für Vorbeugemaßnahmen

costs of removal of danger Kosten der Gefahrabwendung

costs of therapeutic treatment Heilbehandlungskosten

costs, operating Betriebskosten

costs, policy Vertragskosten

costs, pollution clean up Aufräumungskosten nach Umweltschaden; Entseuchungskosten

costs, reassembling Einbaukosten

costs, repair Reparaturkosten, Instandsetzungskosten

costs, replacement Kosten für den Ersatz, Wiederbeschaffungskosten, Wiederherstellungskosten

costs, rising steigende Kosten

costs, salvage Rettungskosten, Kosten für Rettungsmaßnahmen, Bergungskosten

costs, schedule of Kostentabelle

costs, selling Vertriebskosten, Verkaufskosten

costs, settlement Regulierungskosten

costs, trial Prozeßkosten

costs, unavoidable Fixkosten, feste Kosten

costs, user Nutzungskosten

cough Husten

council, advisory Beirat

Council of Europe (CE) Europarat

Council of the Stock Exchange Börsenvorstand

council, press Presserat

council, works Betriebsrat

counsel Rat, Ratschlag; Beratung; Plan, Absicht; Rechtsbeistand, Anwalt

counsel beraten, einen Rat erteilen, raten, empfehlen

counsellor Ratgeber, Berater; (US) Rechtsbeistand, Anwalt

counsellor, insurance Versicherungsberater

counterclaim Gegenanspruch, Gegenforderung; Widerklage

counter-evidence Gegenbeweis

counter-offer Gegenangebot

counter selection Gegenauslese, Antiselektion

countersign gegenzeichnen

counter-signature Gegenzeichnung

countries, overseas Überseeländer, Ausland

country Land, Staat; Landschaft, Gebiet; Nation

country agent Regionalagent, Regionalbevollmächtigter

country at war kriegführender Staat

country, neighbouring Nachbarland

country of origin Herkunftsland

country, outside (EG) Drittland

county (UK) Grafschaft; (US) Kreis, Bezirk

County Court (C.C.) (UK) Grafschaftsgericht (entspricht etwa Amtsgericht; verhandelt nur Zivilsachen); (US) Kreisgericht

County Court arbitration [UK] Schlichtungsverfahren der Kreisgerichte in England

coupon insurance Kuponversicherung

coupon, interest Zinsschein, Zinskoupon

coupon policy Blockpolice, Kuponpolice

coupons, tax on Kuponsteuer

course Lauf, Verlauf; Gang; Richtung; Kurs

course of business Geschäftsgang, Geschäftsverlauf

course of commerce Handelsverkehr

course of dealing anhaltende Geschäftsbeziehung, ununterbrochene Geschäftsbeziehung, regelmäßige Verhaltensweise

course of law Rechtsweg, Rechtsgang

course of the fire Brandverlauf

course of transit, ordinary gewöhnliche Transitroute

court Hof; Gerichtshof, Gerichtssaal, Gericht, Gerichtssitzung; (pol.) gesetzgebende Versammlung, Ratssitzung

court den Hof machen, huldigen; werben um; umwerben

court, appellate (App.Ct.) Rechtsmittelgericht, Gericht zweiter Instanz, Berufungsgericht

court, civil Zivilgericht, zuständig für Rechtsstreitigkeiten, die dem bürgerlichen Recht unterliegen

court, competency of Gerichtsstand

court, contempt of Mißachtung des Gerichts

Court, Country (C.C.) (UK) Grafschaftsgericht (entspricht etwa Amtsgericht; verhandelt nur Zivilsachen); (US) Kreisgericht

Court, Crown [UK] Gericht für Strafsachen höherer Ordnung, gegründet 1972; ausschließlich zuständig für schwere Strafsachen

court decision Gerichtsentscheidung, Urteil

court, determination of a gerichtliche Entscheidung

Court, Divisional [UK] Abteilungsgericht; Gericht innerhalb des englischen High Court (Oberstes Zivilgericht)

Court, Exchequer [UK] früheres englisches Zentralfinanzgericht mit ausschließlicher Zuständigkeit für die Steuererhebung – wurde dann zum Bestandteil des High Court (Oberstes Zivilgericht)

Court, High [UK] Oberstes Zivilgericht (in England und Wales)

Court, Magistrates' [UK] erstinstanzliches englisches Gericht, geführt von ehrenamtlichen Laienrichtern

Court of Appeals (C.A.; Ct.App.) Rechtsmittelgericht

court of arbitration Schiedsverfahren; Schiedsgericht

Court of Chancery [UK] früheres englisches Gericht, das vom Lordkanzler (Oberhaupt der Justiz) geführt wurde und das englische Präzedenzrecht einführte; wurde 1873–75 aufgelöst

Court of Common Pleas (C.C.P.) (UK) oberes Common Law-Gericht; (US) Landgericht

court of first instance Gericht erster Instanz

court of justice Gerichtshof

Court of Justice, European Europäischer Gerichtshof

Court of Justice of the European Communities (E.C.J.) Gerichtshof der Europäischen Gemeinschaften

court order against trader gerichtliche Verfügung gegen einen Händler oder Unternehmer

court, order of the Anweisung des Gerichts, Gerichtsbeschluß

Court, Small Claims [UK] Gericht für kleine Fälle mit begrenzten Entschädigungsansprüchen, versuchsweise neu eingeführt in England in den letzten Jahren; in manchen Fällen sind nur Personen und keine Unternehmen als Kläger zugelassen

Court, Supreme oberster Gerichtshof

Courts, Federal [US] Bundesgerichte

court's jurisdiction Zuständigkeit des Gerichts

covenant Vertragsabrede; Zusicherung; Verpflichtung

covenant vereinbaren; vertraglich zusichern; sich verpflichten

covenant to pay on death Vertragspflicht zur Zahlung bei Todesfall

cover Versicherungsschutz, Deckung

cover decken; sichern, schützen

cover, additional weitere Deckung, zusätzlicher Versicherungsschutz

cover, aggregate akkumulierte Deckung

cover, all risks Allgefahrendeckung

cover, amount of Versicherungssumme, Deckungssumme; Haftungsbetrag

cover, basis of Deckungsbasis, Deckungsgrundlage

cover, comprehensive umfassende Deckung; Vollkaskoversicherung, Kombination aus verschiedenen Versicherungsdeckungen; (US) Versicherung gegen unmittelbare und unfallbedingte Kraftfahrzeugschäden aus anderen Risiken als Kollision

cover, congruent kongruente Dekkung

cover, difference in conditions Bedingungsdifferenzdeckung

cover, difference in limits Summendifferenzdeckung

cover, duration of Vertragslaufdauer; Garantiezeit

cover, excess of loss Schadenexzedentendeckung

cover, extended erweiterte Deckung

cover, extension of Deckungserweiterung

cover, extent of Deckungsumfang

cover, global Pauschaldeckung

cover, immediate sofortiger Versicherungsschutz

cover, insurance Versicherungsschutz, Deckungsumfang

cover, interim vorläufige Deckung

cover, liability Haftpflichtdeckung

cover, limit of Deckungsgrenze

cover, limitations of Deckungseinschränkungen

cover, master Hauptvertrag

cover, multiple risk Vielgefahren-Deckung

cover, named peril Deckung für genannte Gefahren

cover note Deckungsbestätigung, Deckungszusage

cover note, interim vorläufige Deckungszusage

cover, open Generalpolice, laufende Police, offene Police

cover, period of Deckungszeitraum

cover, permanent laufende Deckung, ständige Deckung, dauerhafte Deckung

cover, provisional vorläufige Deckung

cover, reinstatement of Wiederinkraftsetzung der Deckung

cover, repudiation of Deckungsablehnung, Ablehnung des Versicherungsschutzes

cover, scope of Deckungsumfang, Deckungsbereich

cover, second risk Zweitrisikodeckung

cover, standard Standarddeckung

cover, subsequent Nachhaftungsdeckung

cover sum, liability Haftpflichtdeckungssumme

cover, suspension of Unterbrechung der Deckung

cover, temporary vorübergehende Deckung, zeitlich befristete Deckung

cover, towing and labour costs (Kfz-Vers.) Versicherung der Abschlepp- und Arbeitskosten, die vor Ort bei einem Unfall oder einer Panne anfallen

cover, umbrella Hauptvertrag in einem internationalen Programmvertrag, Globaldeckung

cover, unlawful ungesetzliche Versicherungsdeckung

cover, warehouse to warehouse Deckung von Lager zu Lager

cover, world-wide weltweite Deckung

coverage Versicherungsdeckung, Deckung; Geltungsbereich

coverage, all contents kombinierte Versicherung von Vorräten und technischen Einrichtungen

coverage, automatic automatischer Deckungsschutz

coverage, automobile liability Kraftfahrzeughaftpflichtversicherung

coverage, blanket Pauschaldeckung

coverage, business insurance Betriebsversicherungsschutz

coverage, claims made Anspruchserhebungsdeckung

coverage, drive other car [US] Versicherung der Benutzer werkstatteigener Kraftfahrzeuge, wenn sie Kraftfahrzeuge Dritter zu nichtgewerblichen Zwecken benutzen

coverage, excess Exzedentendeckung; Vertrag, der einem anderen nachfolgt

coverage, extended erweiterte Deckung, zusätzlicher Versicherungsschutz

coverage, false pretence (US-Kfz-Haftpfl.-Vers.) Deckung bei Vorspiegelung falscher Tatsachen; Zusatz zu einer Kfz-Werkstattversicherung, um Deckung für Kraftfahrzeuge einzuschließen, die der Versicherte infolge einer List, eines Plans oder der Vortäuschung falscher Tatsachen freiwillig hergegeben hat oder von einem Verkäufer bezieht, der kein rechtmäßiges Eigentum besitzt

coverage, flood Versicherungsschutz gegen Überschwemmungsschäden

coverage form [US] gedruckte Bedingung; Teil einer Police

coverage form, garage [US] Kfz-Werkstattversicherung; Standardversicherung für Kfz-Händler, Tankstellen, Kfz-Reparaturbetriebe und Kfz-Parkeinrichtungen

coverage form, truckers [US] Abwandlung der gewerblichen Kfz-Versicherung für Versicherte, die gewerbliche Waren oder Gegenstände für Dritte befördern

coverage, full voller Versicherungsschutz, volle Deckung

coverage, garagekeepers legal liability [US] Kfz-Werkstattinhaberversicherung

coverage, medical payments [US] Deckung für Heilungskosten

coverage, minimum period of Mindestversicherungszeit

coverage, off-premises Außenversicherung

coverage, primary Erstversicherung, Direktversicherung, Primärversicherung

coverage, reinsurance Rückversicherungsschutz

coverage, reporting Stichtagsversicherung; Inventarversicherung mit der Auflage von Veränderungsmeldungen

coverage, run-off   Nachhaftung

coverage, scope of   Deckungsumfang

coverage, specific   Versicherung von Einzelpositionen, Einzelpositionsversicherung

coverage, tail [US]   Deckung von Ansprüchen wegen Personen- oder Sachschäden, die längere Zeit nach dem Schadenereignis erhoben werden

coverage, transportation expense [US]   zusätzliche Sachschadenversicherung, die im Falle von Autodiebstahl für ein Ersatztransportmittel aufkommt

coverage, whole   vollständige Deckung

covered by insurance   durch Versicherung gedeckt

covered by insurance, loss   durch Versicherung gedeckter Schaden

covered earnings   versicherbares Gehalt

covered, expenses   kostengedeckt, kostenfrei

covered, held   vorläufige Deckung, gedeckt halten; versichert sein

covered loss   gedeckter Schaden, versicherter Verlust

covered risks   versicherte Gefahren, gedeckte Risiken

covered, standard amount   Regeldeckungssumme

covered, territory   Versicherungsgebiet (Gebiet, in dem sich ein Vorfall ereignen muß, damit die Versicherung den Schaden deckt), Geltungsbereich

covered, to hold   vorläufig versichern

coverholder (person authorized to grant temporary cover)   Berechtigter, der eine zeitweilige Deckungszusage machen kann; Berechtigter, der einen zeitweiligen Versicherungsschutz gewährleisten kann

covering material   Deckmaterial, Abdeckungsstoff, Schutzstoff, Überbezug

covering, roof   Dachung

C.P. (common pleas)   ordentliches, erstinstanzliches Zivilgericht

CPAC (Consumer Protection Advisory Committee)   Verbraucherschutz-Beratungsausschuß; durch das Gesetz über Lauteren Wettbewerb aus dem Jahre 1973 geschaffenes Gremium zur Beratung von Behörden

CPH (certificate of public health)   Bescheinigung des öffentlichen Gesundheitswesens

CPI (consumer price index)   Preisindex für die Lebenshaltung

cr. (credit)   Anrechnung; Anrechnungsbetrag; Akkreditiv; Kredit; Guthaben; Gutschrift; Glaubwürdigkeit

crack   Spaltung, Riß; Krach, Knall

craft, non-powered   Flugzeug ohne Motor

craft product   kunstgewerbliches Produkt

craft risk   Leichterrisiko

craftsman   Handwerker

cramp   Krampf, Muskelkrampf

crash   Zusammenstoß; Absturz

crash, fire caused by a   Aufschlagbrand

crash helmet Schutzhelm

CRC (current replacement costs) gegenwärtige Wiederbeschaffungskosten

create schaffen; gründen, begründen

create liability Haftung begründen

creator Schöpfer, Erschaffer, Erzeuger; Urheber, Verursacher

credentials Beglaubigungsschreiben; Empfehlungschreiben, Referenzen; Ausweispapiere

credibility Glaubwürdigkeit

credit (cr.) Anrechnung; Anrechnungsbetrag; Akkreditiv; Kredit; Guthaben; Gutschrift; Glaubwürdigkeit

credit kreditieren, gutschreiben

credit balance Habensaldo, Einnahmenüberschuß

credit-broker Finanzmakler, Kreditvermittler

credit, documentary Dokumentenakkreditiv

credit insurance Kreditversicherung, Warenkreditversicherung

credit note (CN) Gutschriftsanzeige

credit, red clause Vorschußakkreditiv

credit sale Kreditkauf

credit sale agreement Kreditkauf

credit, stand-by Überziehungskredit; Kontokorrent

creditor Gläubiger

creditor, delay of the Gläubigerverzug

creditor, joint and several Gesamtgläubiger

creditor's group life assurance Gruppenlebensversicherung zur Tilgung der Restschuld bei Ratenkäufen

cremation Feuerbestattung, Einäscherung

cremation expenses insurance Feuerbestattungsversicherung

crew Besatzung; Mannschaft

crime strafbare Handlung, Straftat; Verbrechen, Vergehen

criminal case Strafsache; Strafprozeß

criminal conviction Verurteilung wegen einer strafbaren Handlung

criminal jurisdiction Strafgerichtsbarkeit

criminal law Strafrecht

criminal liability strafrechtliche Haftung

criminal offences strafbare Handlungen; Delikte; Vergehen

criminal proceedings Strafprozeß, Strafverfahren

criminal record Strafregister

criminal responsibility strafrechtliche Verantwortlichkeit; Zurechnungsfähigkeit

criminal sanctions gesetzliche Strafen

crisis Krise

crisis, economic Wirtschaftskrise

criteria, purity Reinheitsmaßstäbe

criterion Kriterium, Maßstab, Prüfstein; Merkmal

criterion, measurement Bemessungskriterium

criticism Kritik

crockery-breakage insurance Steingutbruch-Versicherung

crop Ernte, Ernteertrag; Feldfrucht; Bebauung; Kultivierung

crop abschneiden; ernten; abweiden; bebauen

crop damage Ernteschaden
crop failure Mißernte
crop, growing Ernte, stehende Ernte
crop-hail insurance Erntehagelversicherung, Hagelversicherung
crop insurance Ernteversicherung; Ernteausfallversicherung
crops, insurance of Ernteversicherung
crops, products harmful to Produkte, die für Feldfrüchte schädlich sind
cross-action Widerklage
cross-examination [US] Kreuzverhör
cross liability gegenseitige Haftpflicht, gegenseitige Haftung
cross offer gegenseitiges Angebot
cross-petition Gegenantrag; Widerklage
cross-section Querschnitt
crossclaim Klage gegen einen anderen als den unmittelbaren Prozeßgegner in demselben Verfahren
crossed cheque Verrechnungsscheck
crossing, zebra Zebrastreifen
Crown Court [UK] Gericht für Strafsachen höherer Ordnung, gegründet 1972; ausschließlich zuständig für schwere Strafsachen
crucial moment kritischer Augenblick, entscheidender Moment
crude roh, unbearbeitet
crude materials Rohstoffe
crude oil Rohöl
crude rates of mortality (Lebensversicherung) grobe Sterbenswahrscheinlichkeit

crystallization Kristallisation, Kristallisierung, Kristallbildung; Formgebung, Klärung
c.s. (chartered surveyor) konzessionierter Schadenbesichtiger
CT (cubic tonnage) Kubik-Tonnage
C.T. (corporation tax) Körperschaftssteuer
Ct.App. (Court of Appeals) Berufungsgericht
Ct.Cl. (Court of Claims) Verwaltungsgericht
ctl. (central) zentral
cu.ft. (cubic foot) Kubikfuß
cub. (cubic) Kubik-, Raum-
cubic (cub.) Kubik-, Raum-
cubic capacity Rauminhalt; Hubraum (Auto)
cubic foot (cu.ft.) Kubikfuß
cubic inch Kubikzoll
cubic measurement Raummaß
cubic tonnage (CT) Kubik-Tonnage
culpable strafbar; schuldig, schuldhaft
culpable negligence schuldhafte Fahrlässigkeit
cum div. [cum dividendo, lat.] mit Dividende
cum dividendo [c.d., cum div., lat.] mit Dividende
cum int. [cum interest, lat.] mit Zinsen
cum interest [cum int., lat.] mit Zinsen
cumulation Kumulierung
cumulative kumulativ; zusätzlich
cure Kur, Heilverfahren, Heilbehandlung; Heilung, Genesung; Haltbarmachung

cure heilen, kurieren; haltbar machen

Curia Regis [lat., UK] (wörtlich: Gericht des Königs) früheres englisches Oberstes Gericht, in dem der König uneingeschränkte Macht ausübte; nach Einführung der Magna Carta 1215 nicht mehr für Zivilrechtsstreite zuständig

currency Währung; Zahlungsmittel, Wert, Valuta; Laufzeit, Gültigkeitsdauer

currency area Währungsgebiet

currency clause Währungsklausel

currency, contractual Vertragswährung

currency, conversion of Währungskonversion, Währungsumrechnung

currency, foreign Fremdwährung, fremde Währung, ausländische Währung

currency, major Hauptwährung

currency, national Landeswährung

currency of a contract Vertragslaufzeit

currency of an account Rechnungswährung; die dem Vorgang zugrundeliegende Währung

currency of payment Zahlungswährung

currency, original Originalwährung

currency, shortening of the period of Verkürzung der Laufzeit

current laufend; kursierend; üblich; gängig

current account (A/C) laufende Rechnung, Kontokorrent, Girokonto, Verrechnungskonto

current account balance Kontokorrentguthaben

current annuity laufende Rente

current assets kurzfristig verfügbare Aktiva, flüssige Mittel

current insurance laufende Versicherung

current law geltendes Gesetz

current premium payment laufende Prämienzahlung

current price gegenwärtiger Preis, Marktpreis, Tagespreis

current replacement costs (CRC) gegenwärtige Wiederbeschaffungskosten

current risks laufende Risiken

current value Zeitwert

current, weak Schwachstrom

current year laufendes Jahr

current year losses im laufenden Jahr eingetretene Schäden

current year, losses of the Schäden im laufenden Jahr

curriculum vitae [C.V., lat.] Lebenslauf

curtail verkürzen; beschränken; verringern

curtailed expectation of life abgekürzte Lebenserwartung

curtain, fire Brandschürze

curtate expectation of life abgekürzte Lebenserwartung

curve, damage frequency Schadenhäufigkeitskurve

curve, mortality Sterblichkeitskurve

custody Obhut, Schutz; Gewahrsam; Verwahrung, Aufbewahrung

custody, damage to goods in Obhutsschaden

custody, parental elterliche Sorge

custody, place of Verwahrungsort

custom Brauch, Handelsbrauch; Gewohnheit, Gepflogenheit; Kundschaft, Kundenkreis

custom and usage Sitte

custom, mercantile Handelsbrauch

custom of merchants Handelsgewohnheitsrecht, anerkanntes kaufmännisches Gewohnheitsrecht

custom of the trade Handelsbrauch

customary gebräuchlich, gewöhnlich, üblich

customary law Gewohnheitsrecht

customary risks handelsübliche Risiken

customary service übliche Dienstleistung, handelsübliche Leistung

customary terms übliche Bedingungen

customer Kunde, Abnehmer; Käufer

customer, communication with Verständigung mit dem Kunden

customer, regular ständiger Abnehmer

customers, amounts due from Forderungen an Kunden

customs Zoll, Zölle

customs, business Geschäftsgewohnheiten, Geschäftsusancen, Geschäftsusus

customs clearance (CCL) Zollabfertigung; Verzollung

customs entry (CE) Zollanmeldung, Zollerklärung

customs, reinsurance Rückversicherungsusance

cut a long story short um es kurz zu machen, kurz und gut

cut down kürzen

cut-off date Stichtag

cut-off period Begrenzungszeitraum, Verfallzeitraum, Verjährungsfrist

cut-rate premium Kampfprämie, Dumping-Prämie

cut, tax Steuersenkung, Steuerermäßigung

cutback Kürzung; plötzliche Einschränkung; Rückgang

cutback in production Produktionseinschränkung, Produktionsdrosselung

cutting pain schneidender Schmerz, erheblicher Schmerz

c.v. [curriculum vitae, lat.] Lebenslauf

c.w.o. (cash with order) Zahlung bei Auftragserteilung

cycle Zyklus, Kreislauf; Folge, Serie, Reihe

cycle, interest Zinszyklus

cylinder Zylinder

cylinder, gas Gasflasche

D

d. (date) Datum; Termin, Zeitpunkt

DA (documents attached) Dokumente beigefügt

D & O (directors and officers liability) Haftung von Geschäftsführern und Vorständen aufgrund fehlerhafter Geschäftsführung

daily allowance Tagegeld, Tagesentschädigung

daily benefit Tagegeld

daily benefits insurance Tagegeldversicherung

daily compensation Krankengeld

daily expense Tagegeld

daily hospital benefit Krankenhaustagegeld

daily output Tagesförderung, Tagesleistung

dairy Milchwirtschaft; Molkerei; Milchhandlung

dam Damm, Deich; Stausee; Staudamm

dam stauen; eindämmen

damage Schaden, Beschädigung

damage schädigen, beschädigen

damage, accidental Unfallschaden, plötzlich eintretender Schaden oder Unfall

damage, aircraft Flugzeugschaden, Luftfahrtschaden

damage, amount of Schadenbetrag, Schadensumme

damage, appraisal of Schadenschätzung

damage, assessment of Schadenfeststellung, Schadenabschätzung

damage, average durchschnittlicher Schaden

damage by action of heat Schäden durch Hitzeeinwirkung

damage by charring Schäden durch Verkohlen

damage by dry rot, insurance against Hausschwammversicherung

damage by effort to avert or to extinguish fire Rettungsschäden (im Brandfall)

damage by falling buildings and walls Schäden durch einstürzende Gebäude und Gemäuer

damage by falling stones Steinschlagschäden

damage by fermentation Gärschaden, Fermentierungsschaden, Schaden durch Selbstentzündung

damage by friendly fire exposure Nutzfeuerschaden

damage by hail, insurance against Hagelversicherung

damage by ionizing radiation Schäden durch ionisierende Strahlung

damage by other cargo Beschädigung durch andere Fracht

damage by pharmaceutical products Arzneimittelschäden

damage by scorching Sengschäden

damage by smoke and soot Rauch- und Rußschäden

damage by the fire service Schäden durch Feuerwehreinsatz

damage by the sea Seeschaden, Havarie

damage by vaccination Impfschaden

damage caused by delay Verzugsschaden

damage caused by extinguishing the fire Löschschaden, Löschwasserschaden

damage caused by fire Brandschaden

damage caused by natural forces, insurance against Elementarschadenversicherung

damage caused by radiation Strahlenschaden

damage caused by water Wasserschaden

damage caused by wetness Nässeschaden

damage, compensation for Schadenersatz

damage, compensatory Ersatz des tatsächlichen Schadens

damage, consequent Folgeschaden

damage, consequential mittelbarer Schaden, Folgeschaden

damage, costs of averting or minimizing Rettungskosten

damage, costs of minimizing Schadenminderungskosten

damage, crop Ernteschaden

damage, degree of Grad der Beschädigung, Schadensstufe

damage, delayed Spätschaden

damage, demolition Abbruchschaden

damage determination costs Schadenermittlungskosten

damage, direct unmittelbarer Schaden

damage done (D.D.) zugefügter Schaden

damage, electrical Elektrizitätsschaden

damage, environmental Umweltschaden

damage, establishment of Schadenfeststellung

damage, estimate of Schadenberechnung

damage, extent of Schadenhöhe, Schadenumfang

damage, financial Vermögensschaden

damage, fire Brandschaden

damage, flood Hochwasserschaden

damage frequency curve Schadenhäufigkeitskurve

damage, fresh water Süßwasserschaden

damage, gradual Allmählichkeitsschaden

damage, heavy Großschaden, Massenschaden

damage, immaterial ideeller Schaden, immaterieller Schaden

damage, incurred entstandener Schaden; erlittener Verlust

damage in kind, compensation for Naturalrestitution

damage, inquest to asses the Untersuchung zur Schadenfeststellung

damage, latent versteckter Schaden

damage, major Großschaden

damage, malicious vorsätzliche Beschädigung, böswilliger Schaden

damage, marine pollution Meeresverschmutzungsschaden, Schaden durch Meeresverschmutzung

damage, material Sachschaden

damage, minimal Bagatellschaden

damage, minimum geringfügiger Schaden, Bagatellschaden

damage 144

damage, mitigation of Schadenminderung, Geringhaltung des Schadens
damage, nominal nomineller Schaden
damage, non-economic nichtfinanzieller Schaden, immaterieller Schaden
damage, non-material immaterieller Schaden
damage, nuclear Nuklearschaden, Kernenergieschaden
damage of the smell and taste senses Schaden am Geruchs- und Geschmackssinn
damage, own Eigenschaden
damage, part Teilschaden
damage, processing Bearbeitungsschaden
damage, property (pd) Sachschaden
damage, rainwater Regenwasserschaden
damage, recoverable erstattungsfähiger Schaden, ersetzbarer Schaden
damage, reduction in Schadenminderung
damage, remote entfernter Schaden, nicht zurechenbarer Schaden
damage, remoteness of Inadäquanz des Schadens, Nichtzurechenbarkeit eines Schadens
damage report Schadenmeldung, Havariebericht
damage resulting from a late delivery Schaden wegen verspäteter Lieferung; Verzugsschaden
damage, risk of Gefahr der Beschädigung
damage, salvage Rettungsschaden

damage, sentimental beeinträchtigtes Liebhaberinteresse, „Affektionsinteresse"
damage, sentimental value beeinträchtigtes Liebhaberinteresse, „Affektionsinteresse"
damage, smoke Rauchschaden
damage, statement of Schadenaufstellung
damage, substantial erheblicher Schaden
damage, survey of Schadenbesichtigung, Schadenuntersuchung
damage, sweat Schiffsdunstschaden; Kondenswasserschaden
damage to a car Autobeschädigung
damage, to be liable for für einen Schaden haftbar sein
damage, to calculate the den Schaden berechnen
damage, to cause einen Schaden verursachen
damage to goods in custody Obhutsschaden
damage to health Gesundheitsschädigung
damage to product Schaden am Produkt selbst
damage to property Sachschaden, Sachbeschädigung
damage to property by hail Sachschaden durch Hagel
damage to property, insurance against Sachschadenversicherung
damage to rented property Mietsachschaden
damage, total Gesamtschaden
damage, water Schaden durch Löschwasser; Wasserschaden, Leitungswasserschaden

damage, water pipe Leitungswasserschaden

damage, wear and tear Abnutzungsschaden

damage whilst in transit Transportschaden; Beschädigung auf dem Transport

damage whilst loading and unloading Be- und Entladeschaden

damage with serious consequences folgenschwerer Schaden

damaged portion beschädigtes Teil

damages, action for Schadenersatzklage

damages allowed for the loss of a limb Schadenersatz für den Verlust eines Körpergliedes

damages, atomic energy Atomschäden

damages, claim for Schadenersatzforderung

damages, claim for compensation Schadenersatzanspruch

damages, corrosion Korrosionsschäden

damages, distinction of Schadenunterscheidung

damages, entitled to zum Schadenersatz berechtigt

damages, exemplary [US] Entschädigung mit Strafcharakter

damages for breach of contract Entschädigung für Vertragsbruch

damages for pain and suffering Schmerzensgeld

damages from spread of fire übergreifende Feuerschäden

damages in tort Schadenersatz wegen unerlaubter Handlung

damages in tort, to obtain Schadenersatz wegen unerlaubter Handlung erlangen

damages, liability for Schadenersatzpflicht

damages, limitation of Begrenzung der Schadenersatzpflicht

damages, money Schadenersatz in Geld

damages, proven nachgewiesener Schadenersatzanspruch

damages, punitive [US] Entschädigung mit Strafcharakter

damages, quantum of Schadenhöhe, Entschädigungssumme

damages, radiation Strahlungsschäden

damages, recovery of Erhalt von Schadenersatz

damages, serial Serienschäden

damages, statutory gesetzlich festgesetzter Schadenersatz

damages, stipulated festgelegter Schadenersatz; Vertragsstrafe

damages, to pay Schadenersatz leisten

damages, to prove Schaden nachweisen

damages, to recover Schadenersatz erhalten, entschädigt werden

damages, triple [US] Strafschadenersatz, der vom Gericht in dreifacher Höhe festgesetzt wird

damaging action schädigende Handlung

damaging party Schädiger

damnification Beeinträchtigung

danger Gefahr, Bedrohung, Gefährdung, Risiko

danger, costs of removal of Kosten der Gefahrabwendung

danger, extreme höchste Gefahr

danger, foreseeable voraussehbare Gefahr, voraussehbares Risiko

danger, immediate unmittelbare Gefahr

danger, imminent drohende Gefahr, unmittelbar bevorstehende Gefahr

danger, in case of imminent bei Gefahr im Verzug

danger, known bekannte Gefahr, bekanntes Risiko

danger, obvious offensichtliche Gefahr, offensichtliches Risiko

danger of breakage Bruchgefahr

danger of fire Feuergefahr

danger, patent offensichtliche Gefahr

danger, threat of drohende Gefahr

danger, to be aware of sich der Gefahr bewußt sein

danger to life Lebensgefahr

danger, unnecessary unnötige Gefährdung

danger zone Gefahrenbereich, Gefahrenzone

dangerous gefährlich, gefahrvoll; riskant, bedenklich

dangerous goods Gefahrgüter

dangerous, imminently unmittelbar gefährlich

dangerous material gefährlicher Stoff, gefährliches Material

dangerous premises gefährliche Grundstücke, gefahrtragende Grundstücke

dangerous, reasonably ziemlich gefährlich

dangerous substance gefährliche Materie

dangerous substances, escape of Entweichen von gefährlichen Stoffen

dangerous substances regulations Vorschriften über gefährliche Materien

dangerous use gefährlicher Gebrauch

data abuse Datenmißbrauch

data, basic Grundwerte

data communication Datenübermittlung

data, erasure of Löschung von Daten

data, labelling Beschriftungsdaten, Kennzeichnungsdaten, Aufzeichnungsdaten, Markierungsdaten, Etikettierungsdaten

data liability Datenhaftung, Datenverantwortlichkeit

data media Datenträger

data, modification of Datenveränderung

data, personal personenbezogene Daten

data, portfolio Bestandsdaten

data privacy, protection of Datenschutz

data processing Datenverarbeitung

data protection Datenschutz

data, safeguarding of Datenschutz

data security Datensicherung

data, stored gespeicherte Daten

data, technical technische Daten

data, time Zeitangabe

date (d.) Datum; Termin, Zeitpunkt

date, accrual Fälligkeitstag

date, anniversary Jahresfälligkeit

date, appointed Stichtag

date, attachment Beginndatum

date, cut-off Stichtag

date, delivery Liefertermin, Lieferdatum

date, due Fälligkeitsdatum, Fälligkeitstermin, Fälligkeitstag

date, effective Datum des Inkrafttretens

date, expiration Verfalldatum, Verfalltag

date, expiry Ablaufdatum, Verfalldatum

date, final letzter Termin, Endtermin

date, hearing Verhandlungstermin

date, inception Beginndatum

date, interest Zinstermin

date, maturity Fälligkeitsdatum

date of balance sheet Bilanzstichtag

date of deed, operative Datum des Inkrafttretens einer Urkunde

date of discontinuance Stornodatum

date of issue Ausgabetag, Ausfertigungsdatum

date of loss (d.o.l.) Schadentag

date of payment Zahlungstermin

date of taking up Aufnahmedatum

date premium due Fälligkeit der Prämie

date, renewal Erneuerungsdatum, Verlängerungsdatum; Jahresfälligkeit

date, premium due renewal Fälligkeit der Folgeprämie

date, retroactive Rückwirkungsdatum

date, return Bilanzstichtag

date, trial Gerichtstermin

days of grace Nachfrist

D.C. [Divisional Court, UK] Abteilungsgericht; Gericht innerhalb des englischen High Court (Oberstes Zivilgericht)

D.C.L. (Doctor of Civil Law) Doktor des Zivilrechts

D.D. (damage done) zugefügter Schaden

d.d. (direct debiting) Einzugsverfahren

dds (delivered in sound condition) in gutem Zustand ausgeliefert

de facto possession unmittelbarer Besitz

de lege ferenda [lat.] vom Standpunkt einer zukünftigen Gesetzgebung aus

de lege lata [lat.] vom Standpunkt des geltenden Rechts aus

deadline Stichtag; letzter Termin, äußerste Frist

deadline, payment Zahlungsfrist

deadweight Leergewicht, Eigengewicht

deadweight capacity (d.w.c.) Tragfähigkeit; Bruttoladefähigkeit

deadweight cargo capacity (d.w.c.c.) Schwergut-Tragfähigkeit

deadweight tonnage (d.w.t.) Tragfähigkeit

dealer Händler, Kaufmann

dealer, car Autohändler, Kraftfahrzeughändler

dealer, hardware Eisenwarenhändler

dealer's buyer Wiederverkäufer

dealing Geschäftsverkehr, Handel, Geschäft; Verhalten, Handlungsweise; Verfahren; Umgang, Verkehr

dealing, course of anhaltende Geschäftsbeziehung, ununterbrochene Geschäftsbeziehung

dear teuer, kostspielig

death, accidental Unfalltod, tödlicher Unfall

death, assurance payable at Todesfallversicherung

death benefit Todesfalleistung

death benefit, accidental Unfalltod-Zusatzversicherung

death benefit assurance Sterbegeldversicherung

death, cause of Todesursache

death certificate Sterbeurkunde, Totenschein

death clause, sudden Vereinbarung eines außerordentlichen Kündigungsrechts

death, foetal Totgeburt

death, impending naher Tod, nahe bevorstehender Tod

death of breadwinner, loss due to Verlust infolge Ablebens des Haushaltsvorstands

death, probability of Sterbewahrscheinlichkeit

death rate Sterblichkeitsziffer

death risk Sterberisiko, Todesfallrisiko

death risk, assurance of Todesfallversicherung, Risikoversicherung

death strain Risikosumme im Zeitpunkt des Todes

death, sum payable at Sterbegeld, Todesfallkapital

death, wrongful rechtswidrige Tötung, widerrechtliche Tötung

deaths, actual eingetretene Todesfälle

deaths, expected erwartete Todesfälle, geschätzte Todesfälle

deaths, observed beobachtete Todesfälle

deb. (debenture) Obligation, Schuldverschreibung; Pfandbrief; Schuldschein

debar from ausschließen von, hindern an

debenture (deb.) Obligation, Schuldverschreibung; Pfandbrief; Schuldschein

debenture option Schuldverschreibungsoption, Obligationsoption

debit Belastung; Debet, Soll, Schuld

debit belasten; debitieren

debit balance Sollsaldo; Ausgabenüberschuß

debit note (dn) Belastungsanzeige, Lastschriftanzeige

debris Bruchstücke, Trümmer, Schutt, Ruinen

debris removal costs Aufräumungskosten

debris, removal of Beseitigung von Schutt

debt Verbindlichkeit, Schuld; Forderung

debt, contract Vertragsschuld, vertraglich geschuldete Leistung

debt due fällige Forderung

debt, extinction of a Erlöschen einer Schuld

debt, foreign currency Fremdwährungsschuld

debt, joint and several Gesamtschuld

debt, liquidation of a Tilgung einer Schuld

debt on sum assured (Lebensversicherung) Kürzung der Versicherungssumme während der Karenzfrist

debt, prescribed verjährte Forderung

debt, privileged bevorrechtigte Forderung

debt, proof of Nachweis einer Forderung

debt, recoverable eintreibbare Forderung

debt, recovery of a Eintreibung einer Forderung

debt, satisfaction of Erfüllung einer Forderung, Zahlung einer Schuld

debt, several Einzelschuld, Einzelverpflichtung

debt, transfer of a Abtretung einer Forderung

debt, writ of Zahlungsbefehl

debtor Schuldner, Kreditnehmer, Debitor, Verpflichteter; Soll

debtor, claim Anspruchsschuldner

debtor, joint Mitschuldner, gemeinsamer Schuldner

debtor, joint and several Gesamtschuldner

debtor, policy on life of Schuldnerlebensversicherung

debtor's default Schuldnerverzug

debts Schulden, Forderungen

debts, involved in verschuldet

debts, irrecoverable uneinbringliche Schulden, nicht eintreibbare Schulden

debts, liability for Schuldenhaftung

debts of a firm Geschäftsschulden

debts, outstanding Außenstände, ausstehende Forderungen

dec., decd. (deceased) verstorben

decartelization Entflechtung

decay Verfall; Niedergang; Verwesung

decay verfallen, in Verfall geraten, verderben

decease Tod, Ableben

deceased (dec., decd.) verstorben

deceit Täuschung, Betrug; Irreführung

deceit, malicious arglistige Täuschung

deceive täuschen, betrügen; irreführen

decennial liability zehnjährige Haftung

deception Täuschung; Irreführung; Betrug

deceptive business acts [US] unlauteres Geschäftsgebaren

decide entscheiden, sich entschließen, beschließen

deciding factors entscheidende Faktoren

decision Entscheidung, Entschluß; Beschluß

decision, court Gerichtsentscheidung, Urteil

decision, final endgültige Entscheidung, rechtskräftige Entscheidung

declaration Erklärung, Anmeldung, Angabe

declaration, conditions for stock Bedingungen für die Bestandserklärung

declaration, dying Erklärung auf dem Sterbebett

declaration, false unrichtige Angabe

declaration, non-medical [US] Gesundheitserklärung des Antragstellers im Antrag auf eine Lebensversicherung ohne medizinische Untersuchung

declaration of acceptance Annahmeerklärung; Einverständniserklärung

declaration of bonus Dividendendeklaration, Erklärung von Gewinnanteilsätzen

declaration of consent Einverständniserklärung

declaration of health Gesundheitserklärung

declaration of intent Willenserklärung

declaration of loss Schadenanzeige, Schadenmeldung

declaration policy Abschreibepolice, Pauschalpolice mit Abschreibung

declaration, unambiguous unzweideutige Erklärung, unzweideutige Stellungnahme

declarations (US) Policendeckblatt; Erklärungen

declarations page Deklarationsschein; Policendeckblatt

declaratory deklaratorisch; erklärend, feststellend

declaratory judgement Feststellungsurteil; Feststellungsklage

declaratory judgement action Feststellungsbegehren

declaratory judgement costs Rechtskosten aus Deckungsklage

declared value erklärter Wert; Wertangabe

declination Ablehnung; Neigung, Senkung

declinature Ablehnung, Zurückweisung

declinature list Verzeichnis der abzulehnenden Risiken

declinature rate Ablehnungsquote

decline Abnahme, Rückgang, Niedergang, Verfall

decline abnehmen, zurückgehen; ablehnen; verfallen

decline a proposal einen Antrag ablehnen

decline in economic activity Konjunkturrückgang

decline in premium level Prämienniveauabsenkung

decline in production Produktionsrückgang

decline in sales Umsatzrückgang

decline in value Wertminderung

deconcentration Entflechtung; Dekonzentration

decontaminate entgiften, entseuchen

decontamination Dekontamination; Entgiftung, Entseuchung

decrease Verminderung, Abnahme

decrease abnehmen, sich verringern; zurückgehen, abflauen; reduzieren

decrease in risk Gefahrverminderung

decrease in turnover Umsatzrückgang

decrease in value Wertminderung, Minderwert

decreasing abnehmend

decreasing premium abnehmende Prämie, fallende Prämie

decreasing temporary assurance Risikoversicherung mit fallender Summe, Restkreditversicherung, Restschuldversicherung

decreasing term assurance temporäre Todesfallversicherung mit fallender Summe

decree Entscheid, Urteil, Beschluß; Erlaß, Verfügung, Verordnung, Vorschrift

decree beschließen, verfügen, anordnen, bestimmen

decree of nullity Nichtigkeitserklärung, Ungültigkeitserklärung

decrements, table of Dekrementtafel, Ausscheidetafel

deduct abziehen, in Abzug bringen; einbehalten

deductible Selbstbehalt, Eigenbehalt, Selbstbeteiligung

deductible absetzbar, abziehbar, abzugsfähig

deductible, excess Abzugsfranchise

deductible, property damage Selbstbehalt bei Sachschäden

deduction Abzug, Rabatt, Nachlaß

deduction, tax Steuerabzug

deductions Abgaben, Steuerabzüge; abzugsfähige Aufwendungen

deductions, "new for old" Abzüge „Neu für Alt"

deed Urkunde, Schriftstück, Dokument

deed urkundlich übertragen

deed, mortgage Grundpfandtitel, Hypothekartitel

deed of assignment Abtretungserklärung

deed of conveyance Übertragungsurkunde

deed of indemnity Haftpflichtpolice

deed of settlement Abfindungsvertrag

deed of transfer Abtretungsurkunde, Zessionsurkunde

deed, privity in vertragliche Rechtsbeziehung

def. (defendant) Beklagter; beklagte Partei; Angeklagter

defamation Ehrverletzung; Beleidigung; Verleumdung; üble Nachrede

defamatory verleumderisch, ehrenrührig; schmähend, diffamierend

default Nichterfüllung; Unterlassung; Säumnis; Nichterscheinen; Verzug

default seinen Verbindlichkeiten nicht nachkommen; in Verzug sein; vernachlässigen

default, debtor's Schuldnerverzug

default in payment Nichtzahlung; Zahlungsverzug

default, judgement by Versäumnisurteil

default of another Verschulden eines Dritten, Fahrlässigkeit eines Dritten

default summons Mahnverfahren

defaulted payment, interest on Verzugszins

defeasance Aufhebung, Annullierung; Verwirkung

defeasance clause Aufhebungsklausel, Verwirkungsklausel

defeasible anfechtbar, annullierbar

defeasible interest annullierbares Risiko

defect Fehler; Mangel

defect, apparent offensichtlicher Mangel

defect as to quality Qualitätsmangel, Sachmangel

defect, congenital Geburtsfehler

defect, constructional Baufehler; Konstruktionsfehler

defect, design Konstruktionsfehler, Planungsfehler

defect, formal Formmangel, Formfehler

defect, hereditary Erbfehler

defect, incurable unheilbarer Mangel

defect in monitoring product behaviour Produktbeobachtungsfehler

defect in title Rechtsmangel

defect in workmanship Arbeitsfehler, Bearbeitungsfehler

defect, instruction Instruktionsfehler

defect, knowledge of a Kenntnis eines Mangels

defect, latent versteckter Mangel

defect, manufacturing Fabrikationsfehler

defect, material Materialfehler

defect, negligent failure to discover fahrlässige Nichtfeststellung eines Mangels

defect of form Formfehler, Formmangel

defect, patent äußerlich erkennbarer Fehler, offener Mangel

defect, principal Hauptmangel

defect, qualitative Qualitätsmangel

defect recognition Erkennbarkeit des Fehlers

defect, remedying a Behebung eines Mangels

defect, structural Baufehler; Konstruktionsfehler

defect, suspected mutmaßlicher Mangel, mutmaßlicher Fehler

defect, suspicion of Verdacht eines Fehlers

defect, to notify a einen Mangel rügen, einen Mangel anzeigen

defect, undiscoverable nicht feststellbarer Mangel

defective condition fehlerhafter Zustand, mangelhafter Zustand

defective contract fehlerhafter Vertrag

defective delivery mangelhafte Lieferung

defective design Planungsfehler, Konstruktionsfehler

defective equipment defekte Geräte, mangelhafte Geräte

defective packing defekte Verpackung, Verpackungsmängel

defective products fehlerhafte Produkte

defective products, liability for Haftung für mangelhafte Produkte

defective quality mangelhafte Qualität

defective title fehlerhafter Rechtstitel; mit Mängeln behaftetes Recht

defective vision geschädigtes Sehvermögen

defectiveness Mangelhaftigkeit, Fehlerhaftigkeit

defectiveness, absence of Fehlerfreiheit

defectiveness, concept of [US] Fehlerbegriff

defects, hidden versteckte Mängel

defects in the product Produktfehler

defects, liability for Mängelhaftung

defects, liable for für Mängel haftbar

defects, manufacturing and quality control Herstellungs- bzw. Produktionsfehler; Herstellungsfehler und Fehler in der Qualitätskontrolle

defects, non-obvious versteckte Fehler

defects, notice of Mängelanzeige, Mängelrüge

defects, provable nachweisbare Fehler

defects, rectification of Nachbesserung

defects, warranty for Mängelgewährleistung

defecture fehlerhaft

defence [UK] Verteidigung, Schutz; Abwehr; Rechtfertigung; Einrede, Klageeinwand

defence costs Verteidigungskosten

defence, development risks Einrede des Entwicklungsrisikos

defence lawyer Verteidiger, Strafverteidiger

defence of due diligence Einrede der verkehrsüblichen Sorgfalt

defence of liability Haftungsabwehr

defence, private Notwehr

defence, state of the art Einrede des Standes der Technik; bei Produkthaftpflichtfällen der Einwand, daß der Stand der Technik zum Zeitpunkt des Inverkehrbringens des Produkts nicht so war, daß ein Mangel hätte erkannt werden können

defence, tender of Aufforderung des Beklagten an einen Dritten, in den Prozeß einzutreten

defences Klageeinwände; Schutzmaßnahmen

defences, affirmative anspruchsvernichtende Einwendungen, positive Verteidigung, Einreden der beklagten Partei

defences against substantial change Klageeinwände aufgrund einer wesentlichen Veränderung

defences, assumption of risk Klageeinwände aufgrund Inkaufnahme des Risikos

defences, disregarding of warning Klageeinwände aufgrund Mißachtung von Warnungen

defences for misuse, unintended use and unforeseeable use Klageeinwände aufgrund Mißachtung, nicht beabsichtigtem und unvorhersehbarem Gebrauch

defend verteidigen; schützen, bewahren

defend, duty to [US] Verteidigungspflicht; Pflicht zur Interessenwahrung (Abschnitt eines Versicherungsvertrags, in dem die Pflicht des Versicherers zur Wahrung der Interessen des Versicherten festgelegt wird)

defend oneself sich verteidigen

defendant (def.) Beklagter; beklagte Partei; Angeklagter

defendant, onus on Beweislast des Beklagten

defending, costs of Haftungsabwehrkosten

defense [US] Verteidigung, Schutzmaßnahme

defense attorney [US] Anwalt des Beklagten

defensive Verteidigung; Defensive

defer aufschieben, hinausschieben; zurückstellen; sich unterordnen; sich fügen

deferment Aufschub, Zurückstellung

deferment of coming into force aufgeschobene Wirkung

deferment of payment Zahlungsaufschub

deferment, period of Aufschubdauer, Aufschubzeit

deferred annuity aufgeschobene Rente; abgekürzte Lebensversicherung

deferred assurance aufgeschobene Versicherung, d. h. der Versicherungsschutz beginnt später als der Vertrag

deferred insurance im voraus gezahlte Versicherungsbeiträge

deferred pension aufgeschobene Rente

deferred premiums später fällige Beiträge; nachträglich zahlbare Prämien

deficiencies, obvious offensichtliche Mängel

deficiency Unzulänglichkeit, Mangelhaftigkeit, Schwäche; Mangel, Fehlen; Defekt; Fehlbetrag, Defizit

deficiency in receipts Mindereinnahme

deficiency in the proceeds Mindererträg

deficiency in title Rechtsmangel

deficit Defizit, Fehlbetrag; Mangel

deficit carried forward, unlimited Verlustvortrag bis zur Tilgung

defined benefit pension plan [US] Pensionsplan mit Vorgabe der Leistungen; leistungsorientierter Pensionsplan

defined contribution pension plan Pensionsplan mit jährlich steigenden Leistungen entsprechend den vorgegebenen Beiträgen; beitragsorientierter Pensionsplan

definite bestimmt, klar; deutlich, endgültig

definite event sicher eintretendes Ereignis, gewisser Ereignisvorfall

definition Definition, Bestimmung, Begriffsbestimmung

definition of the property Definition des Eigentums

definition, statutory Legaldefinition

deflagration Verpuffung; rasches Abbrennen

deformed deformiert; mißgestaltet

degree, academic akademischer Grad

degree of care Grad der Sorgfalt; Fahrlässigkeitsmaßstab; Klassifizierungen: slight care: geringe Sorgfalt, prudence: Umsicht, due care: gebührende Sorgfalt, reasonable care: angemessene Sorgfalt, ordinary care: übliche Sorgfalt, great care: große Sorgfalt, extraordinary care: außergewöhnliche Sorgfalt, utmost care: äußerste Sorgfalt

degree of damage Grad der Beschädigung, Schadensstufe

degree of disablement Invaliditätsgrad

degree of risk Gefährdungsgrad; Risikostufe

del credere [lat.] Delkredere (direkte persönliche Haftung eines Vermittlers gegenüber dem Verkäufer für aus der Nichtzahlung des Käufers entstehende Schäden)

delay Aufschub, Aufschiebung, Verzögerung; Verzug; Verspätung

delay aufschieben, hinausschieben, verzögern

delay, damage caused by Verzugsschaden

delay in delivery Lieferverzögerung

delay in payment Zahlungsverzug, Zahlungsaufschub

delay in performance Verzögerung der (Vertrags-)Erfüllung

delay, inexcusable unentschuldbare Verzögerung

delay, interest for Verzugszins

delay, loss through Verzugsschaden

delay of litigation Prozeßverzögerung

delay of the creditor Gläubigerverzug

delayed damage Spätschaden

delegated delegiert, abgeordnet; übertragen

delegated legislation delegierte Gesetzgebung

delegation of duties Übertragung von Pflichten

deleterious gesundheitsschädlich, schädlich; verderblich

deletion of terms Streichung von (Vertrags-)Bedingungen

deliberate überlegt, bewußt; vorsätzlich, absichtlich

deliberate act bewußte Handlung, absichtliche Tat, wohlüberlegte Handlung

deliberate destruction vorsätzliche Zerstörung

deliberately bewußt, absichtlich, vorsätzlich

delicate heikel; delikat

delict Delikt; unerlaubte Handlung

delimitation Abgrenzung, Begrenzung

delinquency Pflichtverletzung; Vergehen; Kriminalität

deliver aushändigen; abliefern; überbringen

deliver, failure to Nichtlieferung, Lieferungsverzug

delivered in sound condition (dds) in gutem Zustand ausgeliefert

delivery Lieferung; Auslieferung; Zustellung

delivery and redelivery Lieferung und Rücklieferung

delivery, approval on Lieferung auf Probe

delivery by instalments Teillieferung; Sukzessivlieferung

delivery, cash on (C.O.D., c.o.d.) zahlbar bei Lieferung

delivery, clause excusing Vertragsbestimmung, die bei Eintritt bestimmter Ereignisse den Lieferanten von seiner Lieferpflicht befreit

delivery contract Liefervertrag

delivery, damage resulting from a late Schaden wegen verspäteter Lieferung; Verzugsschaden

delivery date Liefertermin, Lieferdatum

delivery, defective mangelhafte Lieferung

delivery, delay in Lieferverzögerung

delivery, just-in-time pünktliche Lieferung

delivery, late verspätete Lieferung

delivery note Lieferschein

delivery of goods Warenlieferung

delivery of policy Zustellung der Police

delivery order Lieferschein, Lieferauftrag

delivery, part Teillieferung

delivery, place of Erfüllungsort, Lieferort

delivery, price of Lieferpreis, Bezugspreis

delivery, right to withhold Recht, eine Lieferung zurückzubehalten

delivery, short unvollständige Lieferung

delivery, substitute Ersatzlieferung

delivery, term of Lieferfrist

delivery, terms of Lieferbedingungen

delivery warrant Liefergarantieschein

delivery, withholding of Zurückhaltung einer Lieferung

deluge system Sprühflutanlage, Sprühwasseranlage

demand Bedarf, Nachfrage; Forderung, Verlangen; Rechtsanspruch

demand verlangen, fordern; beanspruchen

demand for payment Abrechnungsforderung, Zahlungsforderung

demand, increased Mehrbedarf, erhöhter Bedarf

demand, insurance Versicherungsbedarf

demand, joint gemeinsame Forderung

demand, supply and Angebot und Nachfrage

demographic statistics Bevölkerungsstatistik

demolish demolieren, abreißen; sprengen; vernichten, zerstören

demolished zerstört, abgebrochen

demolition Abbruch; Zerstörung

demolition costs Abbruchkosten

demolition damage Abbruchschaden

demolition site Abbruchplatz

demolition works Abbrucharbeiten

demonstration project Vorführungsplan, Demonstrationsprojekt

demurrage Liegegeld; Überliegezeit

demurrer [US] Rechtseinwand

denial Ablehnung, Abweisung, Absage, Verweigerung, abschlägige Antwort; Verneinung, Ableugnung, Leugnung

denial of access Verhinderung des Zutritts, Zutrittsverweigerung

density Dichte

dentist Zahnarzt

dentistry Zahnheilkunde

denunciation Denunziation, Anzeige, Denunzierung; öffentliche Verurteilung

deny leugnen, ableugnen, bestreiten

department (dept.) Abteilung

department, accounts [US] Buchhaltung; Abteilung einer Versicherungsgesellschaft, die Buch über die Tagesgeschäfte führt sowie Abschlüsse, Steuererklärungen und Provisionsabrechnungen für Vertreter erstellt

department, actuarial [US] versicherungsstatistische Abteilung; Abteilung einer Versicherungsgesellschaft, deren Hauptaufgaben in der Tarifierung und Festlegung der Tarifierungsverfahren liegen

department, auditing Revisionsabteilung; Abteilung einer Versicherungsgesellschaft, die die Kundenakten prüft, um die endgültige Prämienhöhe festzulegen

department, claims Schadenabteilung

department, engineering Abteilung einer Versicherungsgesellschaft, die Risiken auf ihre Sicherheitseigenschaften überprüft; Ingenieurabteilung, technische Abteilung

department, fire Feuerwehr, Feuerwachstation; Feuerschadenabteilung

Department of Insurance Versicherungsaufsichtsamt, Amt für das Versicherungswesen

Department of Trade Handelsministerium

Department of Transportation Bundesverkehrsministerium

department, personnel Abteilung, die für Personalführung, innerbetriebliche Aus- u. Weiterbildung und andere personalbezogene Angelegenheiten zuständig ist; Personalabteilung

department, policy services [US] Policenabteilung einer Versicherungsgesellschaft, zuständig für Policenausstellung u. -ablage, Policenkorrekturen und Versand von Verlängerungs- u. Stornierungsmitteilungen

department, public relations [US] Abteilung einer Versicherungsgesellschaft, die für die Gesellschaft mit innerbetrieblichen Organen, Annoncen, Vorträgen, Informationsfilmen usw. wirbt; Abteilung für Öffentlichkeitsarbeit

department, records Registratur

department, sales Vertriebsabteilung

department store Warenhaus, Kaufhaus

departure Abfahrt, Abreise, Abflug

departure, port of Abgangshafen

dependant Abhängiger, Unterhaltsberechtigter

dependant, surviving Hinterbliebener

dependants' provision Hinterbliebenenversorgung

dependency Abhängigkeit; Schutzgebiet, Protektorat

dependent abhängig; unterhaltsbedürftig

dependent child unterhaltsberechtigtes Kind

dependent contract bedingter Vertrag

dependent probability abhängige Wahrscheinlichkeit

deplorable beklagenswert, kläglich, jämmerlich

deplore beklagen; jammern

deposit Verwahrung; Hinterlegung; Aufbewahrung; Anzahlung; Einzahlung

deposit hinterlegen, aufbewahren, deponieren; einzahlen

deposit administration contract Vertrag mit globaler Ansammlung von Einlagen zu (festem) Zins, um die bei Altersrentenbeginn benötigten Einmalprämien zu finanzieren

deposit, amount of guarantee Höhe der Sicherheitshinterlegung, Kautionssumme

deposit at interest Festgeldguthaben

deposit back arrangement (Rückversicherung) Übereinkunft über die Hinterlegung einer Sicherheitsleistung durch die abtretende Partei

deposit, bank Bankeinzahlung

deposit, cash Bareinlage

deposit, claims Schadenreservedepot

deposit, fixed Festgeld, feste Kaution

deposit, general average (G.A./ dep.) Havarieeinschluß; Sicherheitsrücklage für große Havarie

deposit, global Globalkaution

deposit, guarantee Kaution, hinterlegte Sicherheit

deposit, hazardous waste Sondermülldeponie

deposit, initial guarantee Anfangskaution

deposit insurance Depotversicherung

deposit, interest on Depotzinsen, freie Zinsen auf Depots

deposit law Kautionsgesetz

deposit, loss reserve Schadenreservedepot

deposit of funds Geldeinzahlung, Gelddepot

deposit of securities Effektenhinterlegung, Effektendepot

deposit option (Lebensversicherung) Optionsrecht, eine fällige Versicherungsleistung bei der Gesellschaft verzinslich stehen zu lassen

deposit, place of Hinterlegungsort

deposit premium Vorauszahlungsprämie, Prämiendepot

deposit, premium reserve Prämienreserve-Depot

deposit receipt (D/R) Einzahlungsbeleg

deposit retained annuity reserves Renten-Deckungsrückstellung

deposit, security Sicherheitsleistung

deposition Hinterlegung, Verwahrung; eidliche Aussage; Beweisaufnahmeprotokoll

deposition of complaint Hinterlegung der Klageschrift

deposition upon notice [US] Aufforderung an die Gegenpartei zur vereidigten Aussage

deposition upon written request [US] schriftliche Anfrage im Vorverfahren

depositions [US] mündliche Vernehmung unter Eid; Zeugenaussagen

deposits, policy holders' [US] Verbindlichkeiten gegenüber Versicherungsnehmern

deposits, time Termingelder, Festgelder

deposits, waste Mülldeponien

depot Depot, Lagerhaus

depot, forwarding Speditionslager

depreciate geringschätzen, unterschätzen; heruntersetzen, herabsetzen

depreciation Wertminderung, Abwertung; Herabsetzung; Unterschätzung

depreciation, accumulated Wertberichtigung auf das Anlagevermögen

depreciation, book Wertberichtigung

depreciation fund Wertberichtigung

depreciation of risk Risikobeschreibung

depreciation of securities, reserve for Kursverlustreserve

depression, business Geschäftsrückgang

deprive berauben, entziehen; ausschließen; absetzen

dept. (department) Abteilung

depth Tiefe

derangement, mental Geistesstörung, Geistesschwäche

derelict verlassen, herrenlos, aufgegeben

derelict property herrenlose Sache

derivation Ableitung, Herleitung

derivation of a claim Herleitung eines Anspruchs

derivative abgeleitet, sekundär

derivative liability Ausfallhaftung, Subsidiärhaftung

derivative liability of the supplier subsidiäre Lieferantenhaftung

derivative strict liability subsidiäre Gefährdungshaftung

derogation Beeinträchtigung; Abbruch, Minderung; Herabsetzung; Teilaufhebung

derogating clause beeinträchtigende Bestimmung (einer Vereinbarung oder Richtlinie)

derogatory nachteilig; abträglich

derogatory clause Abänderungsklausel

description Beschreibung, Bezeichnung

description, business Bezeichnung des Gewerbes, Betriebsbeschreibung

description, compliance with Übereinstimmung mit der Bezeichnung

description, false trade falsche Warenbezeichnung

description, general allgemeine Beschreibung

description, job Arbeitsplatzbeschreibung, Tätigkeitsbeschreibung

description of contents Inhaltsbezeichnung, Inhaltsangabe

description of goods Warenbezeichnung

description of interest Erläuterung des Interesses

description of operational risk Betriebsrisikobeschreibung

description of risk Risikobeschreibung

description, sale by Verkauf nach (Waren-)Beschreibung; Gattungskauf

description, specific spezifische Beschreibung

description, trade Handelswarenbeschreibung

descriptions, variation in unterschiedliche Beschreibungen

design Bauart, Konstruktion, Ausführung; Muster; Gestaltung, Entwicklung; Entwurf, Zeichnung, Plan; Absicht

design zeichnen, entwerfen; planen, beabsichtigen, bestimmen

design defect Konstruktionsfehler, Planungsfehler

design defect liability Haftung für Konstruktionsfehler

design, defective Planungsfehler, Konstruktionsfehler

design, faulty fehlerhaftes Design, fehlerhaftes Muster, fehlerhafte Konstruktion, fehlerhafte Gestaltung

design, feasibility of safe (Produkthaftung) Durchführbarkeit einer sicheren Ausführung

design risks Entwicklungsrisiken

designate bezeichnen, kennzeichnen; bestimmen; ernennen

designation Bezeichnung, Kennzeichnung; Benennung; Bestimmung

designer Entwerfer, Gestalter, Konstrukteur

desirability Erwünschtheit

desire Begehren, Verlangen

desk, sales Verkaufsschalter, Verkaufstheke

despicable conduct verächtliches Betragen

destination Ziel, Bestimmungsort

destination, claims payable at am Bestimmungsort zahlbare Entschädigungen

destination, final place of endgültiger Ablieferungsort

destination, place of Bestimmungsort

destiny Schicksal, Los

destroy zerstören, zertrümmern; verwüsten, vernichten

destruction Zerstörung, Zertrümmerung, Demolierung; Verwüstung; Vernichtung

destruction, deliberate vorsätzliche Zerstörung

destruction or loss of the goods, risk of Gefahr für Untergang oder Beschädigung der Sachen

details Einzelheiten

details, full alle Einzelheiten

details, sufficient ausreichende Einzelheiten

detect eindecken, aufdecken; finden; ermitteln

detection Entdeckung; Ermittlung; Aufdeckung

detector, automatic fire selbsttätiger Feuermelder, automatischer Brandmelder

detector, bimetallic Bimetallmelder

detector, combination Dualfeuermelder, Dualbrandmelder

detector, combined rate-of-rise and fixed temperature kombinierter Maximal-Differential-Feuermelder

detector, fire Feuermelder, Brandmelder

detector, fixed temperature Maximalmelder

detector, flame Flammenmelder, Feuerauge

detector, flame flicker Flammenfrequenzmelder, Flammenimpulsmelder

detector, heat Wärmemelder, Thermomelder

detector, infrared Infrarotmelder

detector, ionization Ionisationsmelder, Brandgasmelder

detector, line-type linienförmiger Melder, Linienmelder

detector, non-restorable nicht rückstellbarer Melder

detector, photoelectric beam-type photoelektrischer Flammenmelder, lichtelektrischer Flammenmelder

detector, photoelectric flame photoelektrischer Flammenmelder, lichtelektrischer Flammenmelder

detector, photoelectric smoke optischer photoelektrischer Rauchmelder

detector, pneumatic rate-of-rise Luftdruckdifferentialmelder

detector, rate compensation kombinierter Maximal-Differentialmelder

detector, rate-of-rise Differentialmelder

detector, resistance bridge grid Rauchmelder mit Widerstandsmeßbrücke

detector, restorable rückstellbarer Melder

detector, sampling smoke Rauchprobenkanalmelder

detector, self-restoring selbsttätig rückstellender Melder

detector, smoke Rauchmelder

detector, spot-type punktförmiger Melder, Punktmelder

detector (sprinkler), fusible-alloy Schmelzlotmelder (-sprinkler)

detector (sprinkler), fusible-link Schmelzlotmelder (-sprinkler)

detector, thermoelectric effect Differentialmelder mit (Mehrfach-) Thermoelementen

detector, ultraviolet Ultraviolett-Brandmelder

detention Abhaltung, Zurückhaltung; Einbehaltung, Vorenthaltung; Festnahme; Haft, Inhaftierung

detention, unlawful ungesetzliche Inhaftierung, gesetzwidrige Inhaftnahme

detergent Reinigungsmittel, Waschmittel

deteriorate verschlimmern; im Wert sinken; sich verschlechtern

deterioration Verschlechterung; Wertminderung; Verderb; Verschleiß

deterioration in the quality Qualitätsverminderung

determination Bestimmung; Entscheidung; Entschlossenheit

determination by consent Beendigung im Einvernehmen

determination by payment Beendigung durch Zahlung

determination by the assured Beendigung durch den Versicherten

determination of a court gerichtliche Entscheidung

determination of conditions Festlegung von Bedingungen

determination of the measure of a penalty Strafzumessung

determination under statute satzungsgemäße Beendigung, gesetzmäßige Beendigung

determine bestimmen, festsetzen; festlegen; entscheiden

detinue Vorenthaltung, das Vorenthaltene

detonate detonieren lassen; detonieren, explodieren

detonation Detonation; Explosion

detoxicate entgiften

detriment Nachteil; Beeinträchtigung

detriment, benefit and Vorteil und Nachteil

devaluation Entwertung, Abwertung

develop entwickeln; ausbauen, fördern

developer Entwickler; Entwicklerflüssigkeit

developing fire Entstehungsbrand

development Entwicklung; Entfaltung, Entstehen; Ausbau; Erschließung; Darlegung

development, matter of Sache der Entwicklung

development risk Entwicklungsrisiko, Entwicklungsgefahr

development risks defence Einrede des Entwicklungsrisikos

deviate abweichen, abgehen

deviation (Seeversicherung) Deviation; Abweichung

deviation clause Bestimmung in einem Konnossement, die eine andere als die vorgeschriebene Transportroute zuläßt; Abweichungsklausel

device Gerät; Vorrichtung; Plan, Vorhaben

device, aerial Fluggerät

device, early warning Frühwarnanlage

device, electrical elektrische Einrichtung

device, extinguishing Löscheinrichtung

device, levelling Nivelliergerät, Standregler

device, parking Feststelleinrichtung

device, protective Schutzvorrichtung

device, security Sicherheitseinrichtung

device, theft preventive Sicherheitsvorrichtung

device, transportation Verkehrsmittel

devices, antipollution Umweltschutzeinrichtungen

devolution Übergang, Übertragung, Delegation; Erbfolge, Rechtsnachfolge

devolution of title Eigentumsübergang, Rechtsübergang

diabetes Zuckerkrankheit

diagnosis Diagnose

diagonal diagonal, schräg

diameter Durchmesser

DIC (difference in conditions) Bedingungsdifferenzdeckung

dichotomy Dichotomie, Zweiteilung, Zwiespalt

dichotomy, contract/tort Zweiteilung Vertragsrecht/Deliktsrecht

die sterben

die by his own hands durch eigene Hand sterben, Selbstmord begehen

died gestorben

difference in conditions (DIC) Bedingungsdifferenzdeckung

difference in conditions cover Bedingungsdifferenzdeckung

difference in conditions insurance Bedingungsdifferenzversicherung

difference in limits (DIL) Summendifferenzdeckung

difference in limits cover (DIL) Summendifferenzdeckung

difference in limits insurance Summendifferenzversicherung

difference in value insurance Wertdifferenzversicherung

difference insurance Neuwertergänzungsversicherung, Werterhaltungsversicherung

differential tariff Staffelprämie

difficult to dispose of schwer verkäuflich

difficult to set alight schwer entflammbar

difficulties in selling Absatzschwierigkeiten

difficulty Schwierigkeit, Verlegenheit

difficulty of interpretation Auslegungsschwierigkeit

digit Ziffer; Zeichen

dike Deich

dike breach Dammbruch

DIL (difference in limits) Summendifferenzdeckung

dilapidated baufällig, verfallen, abbruchreif; schäbig, verwahrlost

dilapidation Baufälligkeit; Verfall

dilatory aufschiebend, hinhaltend

diligence Fleiß, Sorgfalt

diligence, defence of due Einrede der verkehrsüblichen Sorgfalt

diligence, due verkehrsübliche Sorgfalt; die im Verkehr erforderliche Sorgfalt

dilutee ungelernter Arbeiter

dilution Verdünnung, Verwässerung

dilution effect Verdünnungseffekt

diminish vermindern, verringern

diminished earning capacity verminderte Einkommenskapazität

diminished responsibility verminderte Zurechnungsfähigkeit

diminishing risk Risikominderung

diminution Verminderung, Verringerung; Abnahme, Nachlassen

diminution in market value Minderung des Marktwertes, Abnahme des Marktwertes

DIN standards DIN-Normen

dip down [US] Summenausschöpfungsdeckung in Exzedentenverträgen

dip into a book ein Buch flüchtig durchblättern, einen Blick in ein Buch werfen

direct leiten, anordnen, anweisen, verfügen

direct action direkte Klage, unmittelbare Klage

direct assurer Direktversicherer, Erstversicherer

direct business direktes Geschäft

direct cause unmittelbare Ursache, direkte Ursache

direct damage unmittelbarer Schaden

direct debiting (d.d.) Einzugsverfahren

direct employment unmittelbares Arbeitsverhältnis

direct insurance Erstversicherung, Direktversicherung

direct insurer Direktversicherer, Erstversicherer

direct ionizing radiation direkt ionisierende Strahlung

direct-mail campaign Direktwerbung durch Postwurfsendungen

direct-mail retailing company Versandhandelsunternehmen

direct writer [US] Versicherungsgesellschaft, die ihre Produkte direkt von der Hauptniederlassung mit Hilfe von Postwerbung, Zeitungs- und Zeitschriftenwerbung, Verkaufsschaltern an publikumsreichen Stellen sowie Angestellten, die die Versicherten besuchen, betreibt

direction   Anweisung, Anordnung; Führung, Leitung

direction-indicator   Fahrtrichtungsanzeiger

directions for use   Gebrauchsanweisung

directive   richtungsweisend; leitend, anweisend

Directive, EC Product Liability   Produkthaftpflichtrichtlinie der EG

Directive, EEC Council   EG-Richtlinie

Directives (EEC)   Richtlinien (EG)

directness   Geradheit, gerade Richtung; Unmittelbarkeit; Eindeutigkeit; Offenheit

Director-General of Fair Trading   Generaldirektor des Amts zur Überwachung von Handelspraktiken

director, managing   Direktor einer Firma

directors and officers liability (D & O)   Haftung von Geschäftsführern und Vorständen aufgrund fehlerhafter Geschäftsführung

directors, board of   Aufsichtsrat

directors' report   Geschäftsbericht

directory   Adreßbuch; Einwohnerverzeichnis; Fernsprechbuch

dirty   schmutzig, beschmutzt

dirty, to make   beschmutzen

disability   Unvermögen, Unfähigkeit; Invalidität

disability, accidental   Unfall-Invalidität, durch Unfall begründete Erwerbsunfähigkeit

disability annuity   Invalidenrente; Erwerbsunfähigkeitsrente

disability annuity pension   Invalidenrente

disability benefit   Erwerbsunfähigkeitsrente

disability, clauses defining   Invaliditätsklauseln, Invalidität definierende Klauseln

disability, congenital   angeborene Behinderung

disability income benefit [US]   Invalidenrente, Berufsunfähigkeitsrente

disability insurance   Invaliditätsversicherung

disability insurance, permanent   Berufsunfähigkeitsversicherung

disability, legal   Geschäftsunfähigkeit

disability, partial   Teilinvalidität, teilweise Berufsunfähigkeit

disability pension   Behindertenrente, Invalidenrente

disability percentage table   Invaliditätsskala, Gliedertaxe

disability rate   Invaliditätsgrad

disability, rate of   Behinderungsgrad, Behinderungsquote, Behinderungsrate

disability table   Invaliditätstafel

disability, total and permanent   dauernde Vollinvalidität

disabled person   Behinderter, Arbeitsunfähiger, Invalide

disabled, physically   Körperbehinderter; Versehrter

disablement   Erwerbsunfähigkeit, Arbeitsunfähigkeit, Invalidität, Behinderung

disablement, degree of Invaliditätsgrad

disablement, excess Überinvalidität

disablement, partial teilweise Arbeitsunfähigkeit, Teilinvalidität

disablement, permanent dauernde Erwerbsunfähigkeit, permanente Invalidität

disablement, permanent total dauernde Vollinvalidität

disablement, probability of Invaliditätswahrscheinlichkeit

disablement table Invaliditätsordnung

disablement, temporary temporäre Invalidität, vorübergehende Arbeitsunfähigkeit

disablement, total vollständige Invalidität, vollständige Arbeitsunfähigkeit, vollständige Unfähigkeit, dem gewohnten Beruf nachzugehen

disabling injury zu Arbeitsunfähigkeit führende Verletzung

disadvantage Nachteil, Benachteiligung; Schaden

disagreeable unangenehm

disagreement Nichtübereinstimmung, Verschiedenheit, Unterschied; Widerspruch; Meinungsverschiedenheit; Streitigkeit

disallow nicht erlauben, nicht anerkennen, nicht gelten lassen

disallowance Nichtanerkennung; Zurückweisung

disappointment Enttäuschung

disapproval Mißbilligung, Ablehnung

disapprove mißbilligen; nicht anerkennen, zurückweisen

disaster Unglück, Katastrophe

disaster area Katastrophengebiet

disaster at sea Seeunfall

disaster, natural Naturkatastrophe

disaster, the victims of a die Opfer einer Katastrophe

disavowal Nichtanerkennung; Dementi

disbursement Auszahlung; Auslage

disbursements, general average Auslagen für große Havarie

disc. (discount) Prämienrabatt, Beitragsermäßigung; Rabatt, Nachlaß, Skonto; Diskont, Wechselzins

discharge Entladung, Löschung (Fracht); Ausströmen, Ausfluß; Entlassung; Entlastung

discharge entladen, abladen, ausladen, löschen (Fracht); entlasten, entbinden; ausströmen lassen

discharge, effluent Einleitung (in ein Gewässer)

discharge in bankruptcy in Bankrott

disciplinary proceedings Disziplinarverfahren

disclaim verzichten auf; ablehnen; dementieren

disclaim liability die Haftung ablehnen

disclaimer Verzichtserklärung; Rechtsverzicht; Aufgabe eines Anspruchs

disclaimer, contractual vertragliche Freizeichnungsklausel

disclaimer of liability Ablehnung der Haftung

disclose aufdecken, bekanntgeben, offenbaren, offenlegen

disclose, obligation to Anzeigepflicht, Auskunftspflicht

disclosure Aufdeckung; Publizität; Bekanntgabe

disclosure, duty of Mitteilungspflicht, Offenlegungspflicht

disclosure, pre-trial vorprozessuales Beweisverfahren

disclosure, wrongful unrechtmäßige Bekanntgabe

discontent Unzufriedenheit

discontinuance Einstellung, Unterbrechung; Aufhören, Aufgeben

discontinuance, date of Stornodatum

discontinuance of a business Betriebseinstellung; Geschäftsaufgabe

discontinue einstellen, absetzen; aufhören; aussetzen, unterbrechen; aufgeben

discontinued, permanently dauernd unterbrochen

discount (disc.) Prämienrabatt, Beitragsermäßigung; Rabatt, Nachlaß, Skonto; Diskont, Wechselzins

discount abzinsen; diskontieren; abziehen

discount, allowed zulässiger Diskont

discount factor Abzinsungsfaktor, Diskontierungsfaktor

discount factor combined with mortality Abzinsungsfaktor mit Berücksichtigung der Sterblichkeit

discount for large sums Summenrabatt

discount, no claims Diskont bei Nicht-Inanspruchnahme

discount, premium Prämienrabatt

discount, received gewährter Diskont

discount, trade Rabatt

discounted commission diskontierte Provision

discounting Diskontierung; Abzinsung, Wechseldiskontierung

discoverability Feststellbarkeit

discoverability, scientific wissenschaftliche Feststellbarkeit (z. B. eines Produktmangels)

discovery Entdeckung, Auffindung; Enthüllung, Offenbarung

discovery and inspection [US] Ausforschung des Prozeßgegners durch Untersuchung von Geschäftsunterlagen und Produktionsabläufen

discovery, mega [US] besonders exzessive Form des gerichtlichen Vorverfahrens

discovery of documents [US] Offenlegung von Unterlagen, in der Regel seitens der Parteien vor dem eigentlichen Verhandlungstermin in einem Zivilverfahren

discovery period Nachhaftungsperiode

discovery, pre-trial [US] in den USA vorgesehenes vorprozessuales Ausforschungsverfahren; dabei dürfen sich die Parteien nach Klageerhebung durch private Recherchen Zugang zu allen Tatsachen und Beweismitteln für die Hauptverhandlung verschaffen

discrepancy Abweichung, Widerspruch, Unstimmigkeit, Verschiedenheit

discretion Verfügungsfreiheit; Ermessen, Gutdünken, Belieben

discretional payment Kulanzregulierung

discrimination Ungleichbehandlung

discrimination, factual tatsächliche Benachteiligung

discrimination, unfair ungerechtfertigte Diskriminierung; Verstoß gegen das Begünstigungsverbot, d. h. der Versicherer hat gleiche Risiken zu gleichen Bedingungen zu zeichnen und insbesondere ungerechtfertigte Rabatte zu vermeiden

disease Krankheit, Leiden

disease, cardiovascular Herz- und Kreislauferkrankung

disease, epidemic Seuche, Epidemie

disease, foot and mouth Maul- und Klauenseuche

disease, infectious ansteckende Krankheit

disease, mental Geisteskrankheit

disease, nervous Nervenkrankheit

disease, notifiable meldepflichtige Krankheit

disease, occupational Berufskrankheit

disease, tropical Tropenkrankheit

diseases, latent Krankheiten mit langer Latenzzeit

dishonesty Unehrlichkeit

dishonesty of a servant Unehrlichkeit eines Bediensteten

dishonour entehren; nicht akzeptieren; nicht einlösen (Scheck oder Wechsel)

disinfect desinfizieren

dismantle demontieren; abbrechen, niederreißen

dismantlement Demontage; Abbruch

dismantling costs Abbruchkosten, Demontagekosten

dismemberment benefit Leistung nach Gliedertaxe

dismiss entlassen; gehen lassen; aufgeben; wegschicken, verabschieden; Klage abweisen

dismissal Ablegung, Aufgabe; Beiseitelegen; Entlassung; Abweisung, Klageabweisung

dismissal, summary fristlose Entlassung

dismissal, unfair grundlose Entlassung, ungerechtfertigte Entlassung

dismissal, wrongful unrechtmäßige Kündigung; unbegründete Entlassung

disparagement of goods Kritik der Qualität von Waren; unwahre oder irreführende Äußerungen über die Waren eines Konkurrenten, die dazu geeignet sind, den Verbraucher vom Kauf abzuhalten

disparity Ungleichheit, Verschiedenheit

dispatch Absendung, Abschickung, Versand, Abfertigung; Erledigung

dispatch absenden, abschicken, abfertigen; erledigen

dispatch, goods for Versandgut

dispatching charge Abfertigungsgebühr

dispenser, aerosol Aerosolspender, Aerosolbehälter

dispersal Verbreitung; Auflösung; Ausstreuung, Zerstäubung; Zerstreuung, Verstreuung; Verbreitung, Ausbreitung

disperse verbreiten; sich auflösen; zerstreuen; ausbreiten

dispersion Verbreitung; Auflösung; Ausstreuung, Zerstäubung; Zerstreuung, Verstreuung; Verbreitung, Ausbreitung

display Entfaltung; Vorführung, Schaustellung

display auslegen, ausstellen; zeigen; entfalten, ausbreiten

display of goods Warenausstellung

disponendi, ius [lat.] Verfügungsrecht

disposable verfügbar, disposibel

disposal Anordnung, Aufstellung; Verfügung; Erledigung; Beseitigung; Verkauf, Veräußerung

disposal, effluent Abwasserbeseitigung

disposal, right of Verfügungsrecht

disposal, sewage Abwässerbeseitigung

disposal, waste Abfallbeseitigung, Entsorgung

disposal works, sewage Kläranlage

dispose verfügen; erledigen, anordnen, einrichten; veräußern

disposition Verfügung; Anordnung; Bestimmung, Verwendung

disposition, testamentary letztwillige Verfügung; Verfügung von Todes wegen

dispossession Besitzentziehung; Vertreibung; Räumung

disproof Widerlegung, Gegenbeweis

disproportionate benefits unangemessene Leistungen, in einem Mißverhältnis stehende Leistungen

dispute Disput, Streit, Auseinandersetzung

dispute streiten, bestreiten; erörtern, diskutieren

dispute a claim einen Anspruch bestreiten

dispute, labour Arbeitskampf

dispute, trade Arbeitskampf, arbeitsrechtliche Auseinandersetzung, Arbeitsstreitigkeit

dispute, value of matter in Streitwert

disregard Nichtbeachtung, Mißachtung

disregard nicht beachten, außer acht lassen; mißachten

disregard, flagrant offenkundige Mißachtung

disregard, wilful vorsätzliches Abweichen

disregarding of warnings Mißachtung von Warnungen

disrepair Baufälligkeit; Reparaturbedürftigkeit

disruption Bruch, Riß, Spaltung

dissatisfaction Unzufriedenheit, Verdrießlichkeit

dissent, patent offener Dissens

dissolution of provisions Auflösung von Rückstellungen

dissolution of reserves Auflösung von Rückstellungen

dissolvable auflösend; löslich

dissolve aufheben, auflösen; ungültig erklären, annullieren

Dist.Atty (District Attorney) Bezirksstaatsanwalt

Dist.Ct. (District Court) Bezirksgericht

Dist.J. (District Judge) Richter des Bezirksgerichts

distance Entfernung; Strecke

distaste Abneigung, Widerwille; Ekel, Abscheu

distinction Unterschied; Unterscheidung; unterscheidendes Merkmal

distinction of damages Schadenunterscheidung

distinctive sich unterscheidend; charakteristisch, kennzeichnend

distinctive mark Unterscheidungsmerkmal; besonderes Kennzeichen

distinctly deutlich, klar, unzweideutig

distinguish abgrenzen; unterscheiden; auszeichnen

distraint Pfändung; Zwangsvollstreckung; Beschlagnahme

distress Not; Notlage; Bedrängnis; Inbesitznahme, Beschlagnahme

distress at sea Seenot

distress, emotional seelische Belastung

distributed profit ausgeschütteter Gewinn

distribution Verteilung, Zuteilung, Ausschüttung; Vertrieb, Absatz

distribution centre Vertriebsstätte

distribution channel Vertriebsweg

distribution control Vertriebsüberwachung

distribution of bonus Bonuszuteilung

distribution of claims, table of Schadentafel

distribution of profit Gewinnverwendung, Gewinnverteilung

distribution of risk, territorial territoriale Risikoverteilung

distribution of risks Risikoverteilung

distribution of surplus Verteilung des Überschusses

distribution, quinquennial fünfjährige Verteilung

distribution, risk Risikoverteilung

distribution system Vertriebssystem

distributor Verteiler; Händler; Regionalvertreter

distributor, intermediate Zwischenhändler

District Attorney (Dist.Atty) Bezirksstaatsanwalt

District Court (Dist.Ct.) Bezirksgericht

district, fire Feuerbezirk, Brandbezirk

district, infected verseuchtes Gebiet

District Judge (Dist.J.) Richter des Bezirksgerichts

disturbance Störung; Unruhe, Aufruhr

disturbance of possession Besitzstörung

disuse Nichtgebrauch, Nichtverwendung

ditto [lat.] das gleiche

div. (dividend) Dividende, Gewinnanteil

divergence Abweichung, Divergenz

diversification of risk Gefahrenstreuung, Risikostreuung

diversity Verschiedenheit

diversity of citizenship [US] Auseinanderfallen des zuständigkeitsbegründenden Wohn-/Geschäftssitzes von Kläger und Beklagtem

divide teilen, aufteilen; verteilen; trennen

dividend (div.) Dividende, Gewinnanteil

dividend addition [US] Summenzuwachs (durch Dividende), Bonus

dividend, bonus [US] Beispielrechnung zur Gewinnbeteiligung

dividend, cash [US] Bardividende

dividend, insurance [US] Gewinnanteil (einer Versicherung)

dividend, mortuary [US] Todesfalldividende

dividend, policy holder's Beitragsrückerstattung

dividend, reversionary [US] Summenzuwachs

dividends angesammelte Gewinnanteile

dividing walls Trennwände

divisibility of premium Teilbarkeit der Prämie

divisibility of risk Risikoteilbarkeit

division of premium Teilung der Prämie

Divisional Court [D.C., UK] Abteilungsgericht; Gericht innerhalb des englischen High Court (Oberstes Zivilgericht)

divorce Ehescheidung; Scheidung, Trennung

divorce sich scheiden lassen; trennen, scheiden, lösen

dizziness Schwindel, Benommenheit

D.L. (Doctor of Law) Doktor der Rechte

d/n (debit note) Belastungsanzeige, Lastschriftanzeige

do-it-yourself equipment Heimwerkerbedarf

do mischief Unheil anrichten

doc. (document) amtliches Schriftstück; Dokument, Beweisstück, Belegstück, Urkunde

dock, to be in the auf der Anklagebank sitzen

dock warrant Docklagerschein

docket Tagesordnung; Lieferschein, Bestellschein; Etikett, Liste; Inhaltsangabe

Doctor (Dr) Doktor, Arzt

doctor, family Hausarzt

Doctor of Civil and Canon Law Doktor des Zivil- und Kirchenrechts

Doctor of Civil Law (D.C.L.) Doktor des Zivilrechts

Doctor of Juridical Science Doktor der Rechtswissenschaften

Doctor of Law (D.L., JurD; LL.D.) Doktor der Rechte

Doctor of Medicine (M.D.) Doktor der Medizin

Doctor of Political Science Doktor der Politikwissenschaften

Doctor of Science (S.D.) Doktor der Naturwissenschaften

doctor, panel Kassenarzt

doctor – patient Arzt – Patient

doctor, visit to the Konsultation beim Arzt, Arztbesuch

doctor's fee Arzthonorar, Arztgebühren

doctor's indemnity insurance Ärztehaftpflichtversicherung

doctrine Lehre, Lehrmeinung; Grundsatz; Prinzip

doctrine of abandonment (Seeversicherung) Abandonprinzip; Lehre von der Aufgabe einer Sache

doctrine of precedence Präzedenzfallprinzip

doctrine of proximate cause Prinzip der unmittelbaren Ursache

doctrine of ratification Ratifizierungsprinzip

doctrine of renvoi Prinzip der Überweisung eines Rechtsstreits an eine andere Gerichtsbarkeit

doctrine, proper law Prinzip des zuständigen oder vertraglich festgelegten Rechts

document (doc.) amtliches Schriftstück; Dokument, Beweisstück, Belegstück, Urkunde

document beurkunden, dokumentieren; mit Urkunden versehen

document, forged gefälschte Urkunde, gefälschtes Dokument

document, genuineness of a Echtheit einer Urkunde, Echtheit eines Dokuments

document, insurance Versicherungsurkunde

document, vehicle registration Kraftfahrzeugbrief

documentary urkundlich, dokumentarisch

documentary bill Dokumentenwechsel

documentary credit Dokumentenakkreditiv

documentary draft (D/D) Dokumententratte

documentation Dokumentierung; Dokumentation

documentation, duty of providing Dokumentationspflicht

documentation, preservation of Aufbewahrung von Unterlagen

documents attached (D/A) Dokumente beigefügt

documents, discovery of Offenlegung von Unterlagen, in der Regel seitens der Parteien vor dem eigentlichen Verhandlungstermin in einem Zivilverfahren

documents of title Besitzurkunden, Eigentümerurkunden

documents, rejection of Ablehnung von Dokumenten, Zurückweisung von Dokumenten

documents, request to produce Aufforderung an die Gegenpartei zur Vorlage von in ihrem Besitz befindlichen Unterlagen, die zur Beweisführung benötigt werden

documents, tender of Vorlage von Dokumenten

dodgem car Autoscooter

dodger, insurance pflichtwidrig nicht versicherter Fahrer

dog licence [UK] behördliche Genehmigung, einen Hund zu halten

dog owner's liability Hundehalter-Haftpflicht

doing business Geschäftstätigkeit; Ausübung des Geschäftsbetriebs

d.o.l. (date of loss) Schadentag

dol. (dollar) Dollar

dole Arbeitslosenunterstützung; Almosen, Spende

dollar (dol.) Dollar

dollar, first [US] erster Dollar; der Schadenbetrag, für den ein Versicherter selbst aufkommen muß (im Regelfall durch eine Selbstbehaltsklausel)

dolose dolos, mit böser Absicht

dom. (domestic) einheimisch, inländisch; Landes-; Familien-

domain Grundbesitz, Gebiet, Bereich

domain, public öffentliches Eigentum, Gemeingut

domestic (dom.) einheimisch, inländisch; Landes-; Familien-

domestic accident häuslicher Unfall, Unfall im Haushalt

domestic animal Haustier

domestic business nationales Geschäft, Inlandsgeschäft

domestic electrical appliances elektrische Haushaltsgeräte

domestic fixed interest securities festverzinsliche inländische Wertpapiere

domestic industry einheimische Industrie

domestic insurer inländischer Versicherer; (US) Versicherungsgesellschaft, die innerhalb des Staates gegründet wurde, der ihr eine Genehmigung zur Ausübung ihrer Geschäfte erteilt hat

domestic legislation inländische Gesetzgebung

domestic liability inländische Verbindlichkeiten, inländische Passivposten, Schuldposten im Inland; inländische Haftung

domestic purposes Haushaltszwecke; private Zwecke

domestic risks Inlandsrisiken

domestic servants' insurance Dienstbotenversicherung

domestic shipment [US] Klassifizierung von Waren, die mit einer Binnentransportversicherungspolice versichert werden können (dieser Begriff bezeichnet Waren, die sich auf dem Transportweg per Landbeförderungsmittel befinden); inländischer Versand, inländische Verschiffung

domestic transaction häusliche Transaktion; Inlandsgeschäft

domicile ständiger Wohnsitz; Wohnung; Firmensitz; Domizil, Aufenthaltsort

domicile ansässig sein, wohnhaft sein

domicile, legal Rechtsdomizil, Rechtssitz

dominant position in the market überragende Marktstellung

dominant tenement herrschendes Grundstück

donate schenken, spenden, stiften

donatio mortis causa [lat.] Schenkung wegen bevorstehenden Todes

donation Schenkung; Geschenk; Stiftung, Gabe

donor, blood Blutspender

doomsday clause [US] Serienschadenklausel, die alle Schäden aus der gleichen Ursache dem Zeitpunkt des 1. Schadens gleicher Ursache zurechnet

door, fire Brandschutztür

door, fire proof Feuerschutztür

door-to-door clause von-Haus-zu-Haus-Klausel

door-to-door selling Verkauf an der Haustür

doorstep selling Direktverkauf über Haushaltsreisende, Haustürverkauf

dormant risk ruhendes Risiko

dosage Dosierung, Dosis

dose Dosis, kleine Menge, Portion

dose, permissible radiation zulässige Strahlendosis (AtomR)

dose, radiation Strahlendosis

dossier, notification Akten zu Benachrichtigungszwecken, Akten zu Informationszwecken

dotage Altersschwäche, Senilität

dotted punktiert

double accident benefit doppelte Leistung bei Unfalltod

double endowment assurance gemischte Versicherung mit doppelter Erlebensfallsumme

double hydrant Großhydrant

double indemnity Versicherung bei Unfalltod, Verdoppelung der Versicherungssumme bei Unfalltod

double indemnity accident benefit doppelte Leistung bei Unfalltod

double insurance Doppelversicherung

double liability Doppelhaftung

doubt Zweifel, Bedenken

doubtful zweifelhaft, dubios; bedenklich

down, closing Geschäftsaufgabe

down, drop Ausfalldeckung: Regelungen in einem Versicherungsvertrag, nach denen ein Exzedentenvertrag oder eine Summendifferenzdeckung dann eintritt, wenn die Leistungen des Grundvertrages erschöpft sind

down payment Anzahlung

down-to-earth wirklichkeitsnah, realistisch, mit beiden Beinen auf der Erde (stehend)

dowry assurance Aussteuerversicherung, Heiratsversicherung

dozen (dz.) Dutzend

D/R (deposit receipt) Einzahlungsbeleg

Dr (Doctor) Doktor, Arzt

draft Entwurf, Konzept, Skizze; Tratte, Wechsel

draft entwerfen, skizzieren, abfassen, aufsetzen, auswählen

draft contract Vertragsentwurf, Vertragskonzept

draft, insurance [US] Versicherungswechsel

draft, preliminary Vorentwurf, erster Entwurf

draft proposal Vorentwurf

drafting, policy Policenausfertigung

drain entwässern; drainieren

drainage Abfluß, Drainage; Kanalisation

draught resistance Sicherung gegen Luftzug

draw a pension eine Rente beziehen

draw lots Auslosung

drawee Bezogener (bei Wechselgeschäften)

drawer Zieher, Zeichner, Aussteller (eines Wechsels)

drawing Zeichnung; Zeichnen; Ausstellung (eines Wechsels)

dread Furchtsamkeit; Schrecken, Angst

dread fürchten, Angst haben, sich fürchten

dress material Material, Stoff

dressing-gown Schlafmantel, Morgenmantel

dressing, window Schaufensterdekoration

drill Bohrgerät, Bohrer

drill, electric hand Bohrmaschine

drilling equipment Bohrausrüstung

drilling rig Bohrinsel

drinking water supply Trinkwasserversorgung

drive other car coverage [US] Versicherung der Benutzer werkstatteigener Kraftfahrzeuge, wenn sie Kraftfahrzeuge Dritter zu nichtgewerblichen Zwecken benutzen

drive, person not authorised to zum Führen eines Kfz unbefugte Person

driveaway collision [US] Fahrtenkollisionsversicherung; Zusatz zur Werkstattversicherung, um Schäden aus Fahrzeugzusammenstößen, die sich bei Fahrten oder Transporten der Fahrzeuge des Händlers zu einem Zielort mehr als 50 Straßenmeilen entfernt von der Verkaufs- oder Vertriebsstelle ereignen, einzuschließen

driver, drunken betrunkener Fahrer

driver, hit-and-run unfallflüchtiger Fahrer

driver, intoxicated unter Alkoholeinfluß stehender Fahrer

driver, lorry Lkw-Fahrer

driver, permitted Kfz-Führer mit Fahrerlaubnis

driver plan, selective [US] Schadenfreiheitsrabattsystem; System, nach dem unfallfreie Fahrer niedrigere Prämien zahlen

driver, uninsured unversicherter Kfz-Führer

driver, untraced unidentifizierbarer Fahrer, unaufspürbarer Fahrer

driver, wrong-way Geisterfahrer

driving ability Fahrtüchtigkeit, Fahrfähigkeit zur Teilnahme am Verkehr

driving ban Entzug der Fahrerlaubnis

driving, careless and inconsiderate unachtsames Fahren; fahrlässiges Führen eines Kraftfahrzeugs

driving conviction Verurteilung wegen Verkehrsvergehen

driving, hit-and-run Fahrerflucht

driving licence Führerschein, Fahrerlaubnis

driving licence, possessor of a Inhaber eines Führerscheins, Führerscheinbesitzer

driving, reckless rücksichtsloses Fahren

driving test Fahrprüfung

driving while disqualified Fahren trotz eingezogenen Führerscheins

driving while intoxicated Fahren in betrunkenem Zustand

drop Fallen, Sinken; Rückgang

drop fallen, sinken; zurückgehen

drop down Ausfalldeckung: Regelungen in einem Versicherungsvertrag, nach denen eine Excedentenvertrag oder eine Summendifferenzdeckung dann eintritt, wenn die Leistungen des Grundvertrags erschöpft sind

drown ertrinken; überschwemmen, überfluten, überströmen; übertönen; betäuben

drowning Ertrinken, Ersticken, Übertönen; Betäuben

drug Drogen verabreichen, unter Drogen setzen, betäuben

drug, medical Arzneimittel

drugs Drogen, Arzneimittel, Medikament; Rauschgift, Narkotikum

drugs, influence of Einfluß von Drogen, Einfluß von Rauschmitteln

drugs, narcotic Rauschgifte, Suchtstoffe

drunken driver betrunkener Fahrer

drunkenness Trunkenheit, Rausch

dry cleaners chemische Reinigung, chemische Reinigungsanstalt

dry cleaners, coin operated Reinigungsanstalten mit Münzautomaten

dry marine insurance [US] Binnentransportversicherung – im Gegensatz zur Seeversicherung (manchmal auch „wet" marine insurance)

dry measure Trockenmaß

dry pipe sprinkler system Sprinkleranlage mit Trockensteigleitung, Sprinkler-Trockenanlage

dry powder extinguisher Trockenpulverlöscher

drydocking expenses Trockendockkosten

dual agency [US] Doppelvertretung, Mehrfachagentur

dual basis method of wages insurance Methode der periodischen Abstufung in der Lohnausfallversicherung

dual valuation clause Doppeltaxklausel

dualistic causes of action Anspruchskonkurrenz; mehrfache Klagebegründung, etwa durch Vertragsrecht und Deliktsrecht

duct, smoke Rauchkanal

due fällig, erwartet, geschuldet; erforderlich

due, amount geschuldeter Betrag

due capital fälliges Kapital

due care gehörige Sorgfalt, angemessene Sorgfalt

due date Fälligkeitsdatum, Fälligkeitstermin, Fälligkeitstag

due date, failure to pay on Zahlungsverzug

due, date premium Fälligkeit der Prämie

due, date renewal premium Fälligkeit der Folgeprämie

due debt fällige Forderung

due diligence verkehrsübliche Sorgfalt; die im Verkehr erforderliche Sorgfalt

due interest fälliger Zins

due, payments fällige Zahlungen

due, premium fällige Prämie, Sollprämie, ausstehende Prämie

due premiums Prämienforderungen

due process of law ordnungsgemäßes Verfahren

due to hostilities aufgrund von Feindseligkeiten

dues Gebühren, Abgaben

duly ordnungsgemäß, gehörig; pünktlich, rechtzeitig

dummy, babies' Säuglingsschnuller

dump Abfallplatz, Schuttabladeplatz

dump abladen, auskippen, lagern; verschleudern

dump, garbage [US] Müllhalde, Schuttabladeplatz

dumping Dumping; Abladen, Entladen

dumping ground Schuttabladeplatz

dumping, ocean Versenkung von Industrieabfällen im Ozean; Verklappung

dumping of waste at sea Verklappung von Abfällen

dumping of waste from ships Einbringen von Abfallstoffen durch Schiffe

dung Dünger

duplicate Zweitschrift, Zweitausfertigung, Doppel

duplicate Abschrift anfertigen; vervielfältigen

durability Dauerhaftigkeit, Haltbarkeit

durable dauerhaft, haltbar

duration Zeitraum, Dauer; Laufzeit

duration of cover Vertragslaufdauer; Garantiezeit

duration of guarantee Garantiezeit

duration of life Lebensdauer

duration of life, probable wahrscheinliche Lebensdauer, wahrscheinliche Lebenserwartung

duration of the contract Vertragsdauer

duration of validity Gültigkeitsdauer

duress Zwang, Nötigung

duress, economic wirtschaftliche Nötigung

dutiable steuerpflichtig, versteuerbar

duties, collateral Nebenpflichten

duties, delegation of Übertragung von Pflichten

duties, extent of Umfang von Pflichten

duty Pflicht, Schuldigkeit, Verpflichtung; Aufgabe, Amt, Dienst; Zoll, Abgabe, Gebühr

duty, activity Handlungspflicht

duty, breach of Pflichtverletzung, Verletzung der Amtspflicht

duty, buyer's Pflicht des Käufers, Verpflichtung des Käufers

duty, fiduciary Treuhänderpflicht

duty-free zollfrei

duty, general allgemeine Pflicht

duty, imposed auferlegte Pflicht

duty, legal gesetzliche Pflicht

duty, night Nachtdienst

duty not to prejudice the insurer's position Pflicht, die Stellung des Versicherers nicht zu beeinträchtigen

duty of care Sorgfaltspflicht

duty of care, common allgemeine Sorgfaltspflicht

duty of care, independent unabhängige Sorgfaltspflicht

duty of care, landlord's Sorgfaltspflicht des Grundeigentümers, Sorgfaltspflicht des Vermieters

duty of disclosure Mitteilungspflicht, Offenlegungspflicht

duty of good faith Pflicht zur Redlichkeit

duty of humanity Gebot der Menschlichkeit, Verpflichtung zur Menschlichkeit

duty of providing documentation Dokumentationspflicht

duty of providing maintenance Unterhaltspflicht

duty, post-sale Nachverkaufspflicht

duty, stamp Stempelsteuer, Urkundensteuer, Stempelabgabe

duty, statutory gesetzliche Pflicht, gesetzliche Verpflichtung

duty to account Pflicht zur Rechnungslegung

duty to act honestly Pflicht, rechtschaffen zu handeln

duty to act with reasonable speed Pflicht, innerhalb eines angemessenen Zeitraums zu handeln

duty to avert or minimize loss Schadenminderungspflicht; Rettungspflicht

duty, to carry out a eine Pflicht erfüllen

duty to defend [US] Verteidigungspflicht; Pflicht zur Interessenwahrung (Abschnitt eines Versicherungsvertrags, in dem die Pflicht des Versicherers zur Wahrung der Interessen des Versicherten festgelegt wird)

duty to enquire Erkundigungspflicht

duty to follow the actions Folgepflicht

duty to give assistance to the insurers Pflicht, die Versicherer zu unterstützen

duty to give notice Anzeigepflicht, Mitteilungspflicht

duty to indemnity, insurer's Leistungspflicht des Versicherers

duty to inform Anzeigepflicht

duty to mitigate Pflicht, einen Schaden möglichst gering zu halten

duty, to neglect one's seine Pflicht vernachlässigen

duty to take care Sorgfaltspflicht

duty to use proper skill Pflicht, ein angemessenes Können einzusetzen

duty to warn Warnpflicht

duty, treaty Vertragspflicht

duty, vehicle licence Kraftfahrzeugsteuer

d.w.c. (deadweight capacity) Tragfähigkeit; Bruttoladefähigkeit

d.w.c.c. (deadweight cargo capacity) Schwergut-Tragfähigkeit

dwelling Wohnung; Wohnen, Aufenthalt; Wohnsitz

dwelling house Wohnhaus

dwelling house, private Privathaus, Eigenheim; Privatwohnung

d.w.t. (deadweight tonnage) Tragfähigkeit

dye, hair Haarfärbemittel

dyeing Färben; Färbereigewerbe

dying declaration Erklärung auf dem Sterbebett

dying-off of forests Waldsterben

dz. (dozen) Dutzend

E

each accident retention Eigenbehaltsbetrag pro Schaden

EAN (European Article Number) Europäische Artikelnummer zur Identifikation des Herstellers eines Nahrungsmittels

EAR (erection all risks) Allgefahren(-Deckung) in der Montageversicherung

early retirement, put into vorzeitiger Ruhestand

early warning device Frühwarnanlage

earmark Kennzeichen

earn verdienen, als Lohn erhalten

earned income Arbeitseinkommen

earned premium verbrauchte Prämie; verdiente Prämie

earned surplus Jahresüberschuß; Überschuß eines Abrechnungszeitraumes

earner, wage Lohnempfänger

earnestness Ernst, Ernstlichkeit; Eifer

earning capacity Erwerbsfähigkeit, Ertragsfähigkeit

earning capacity, reduced verminderte Erwerbsfähigkeit

earning capacity, reduction in Erwerbsminderung

earning power Ertragskraft

earning value Ertragswert

earnings Verdienst, Einkommen, Einnahmen, Ertrag, Gewinn

earnings, average [US] Durchschnittsgehalt

earnings before interest and tax (EBIT) Gewinn vor Zinsen und Steuern

earnings, covered versicherbares Gehalt

earnings, final Endgehalt

earnings, gross Bruttoeinkommen; Bruttoverdienst; Bruttogewinn

earnings, loss of Verdienstausfall

earnings, loss of future Verlust zukünftigen Gewinns; Verlust künftigen Einkommens

earnings, lost Lohnausfall

earnings, national average (of insured persons in social insurance) durchschnittlicher Jahresarbeitsverdienst (der Sozialversicherten)

earnings of management Unternehmergewinn

earnings, retained thesaurierter Gewinn; Gewinnrücklage

earnings, surplus [US] Überschuß (eines Abrechnungszeitraumes)

earth-continuity conductor Erd-Sammelleiter, Erdungsleiter, Erdschutzleiter

earthenware Steingut, Töpferwaren, irdenes Geschirr; großes Steingut, Ton

earthquake Erdbeben

earthquake accumulation assessment zone Erdbebenkumulerfassungszone

earthquake insurance Erdbebenversicherung

earthquake shock Erdstoß

ease Erleichterung, Ruhe, Behagen

ease erleichtern, lindern; beruhigen; nachlassen

ease of ignition Zündfähigkeit

easily flammable leicht entflammbar, leicht entzündlich

easy to read policy [US] leicht zu lesende Police; Bezeichnung der Sprache in den vereinfachten Versicherungspolicen des US-Insurance-Services-Office, die sich durch die Verwendung der Possessivpronomen wie „Sie" und „wir" auszeichnet

EBIT (earnings before interest and tax) Gewinn vor Zinsen und Steuern

EC (European Communities) Europäische Gemeinschaft

ecclesiastical property Kirchenvermögen

ECCS (emergency-core-cooling system) Reaktorkernnotkühlung

EC Directive, implementation of Vollzug einer EG-Richtlinie, Ausführung einer EG-Richtlinie

ECGD [Export Credits Guarantee Department, UK] britisches Regierungsamt für Exportkreditbürgschaften

E.C.J. (Court of Justice of the European Communities) Gerichtshof der Europäischen Gemeinschaften

E.C.M. (European Common Market, Euromarket) Europäischer Gemeinsamer Markt

ecocidal umweltzerstörend

ecocide Umweltzerstörung

ecological conservation Erhaltung des ökologischen Gleichgewichts

ecological hazard Gefahr für die Umwelt

ecologically beneficial umweltfreundlich

ecologically harmful umweltfeindlich, umweltschädlich

ecologist Umweltschützer

Econ. (Economics) Volkswirtschaftslehre, Wirtschaftswissenschaften

economic ökonomisch; wirtschaftlich; Wirtschafts-

economic activity wirtschaftliche Betätigung, Konjunktur

economic activity, decline in Konjunkturrückgang

economic activity, increase in Konjunkturanstieg

economic conditions Wirtschaftslage

economic crisis Wirtschaftskrise

economic duress wirtschaftliche Nötigung

economic expectation wirtschaftliche Erwartung

economic gain wirtschaftlicher Gewinn

economic growth Wirtschaftswachstum

economic impact wirtschaftliche Auswirkung

economic interest wirtschaftliches Interesse

economic life wirtschaftliche Nutzungsdauer

economic loss finanzieller Verlust, finanzieller Schaden, Vermögensschaden

economic period Wirtschaftsperiode, Konjunkturperiode

economic reasonableness Wirtschaftlichkeit

economic risk wirtschaftliches Risiko, finanzielles Risiko

economic value (EV) wirtschaftlicher Wert

Economics (Econ.) Volkswirtschaftslehre, Wirtschaftswissenschaften

economizer Abgasvorwärmer, Sauerstoffsparregler, Luftvorwärmer; sparsamer Mensch

economy Wirtschaft, Wirtschaftlichkeit

EC peril (extended coverage peril) Zusatzgefahr innerhalb einer EC-Deckung

EC Product Liability Directive Produkthaftpflichtrichtlinie der EG

ECU (European Currency Unit) Europäische Währungseinheit; der ECU setzt sich zusammen aus festgelegten Bruchteilen der Währungen der Mitgliedstaaten der Europäischen Gemeinschaft

ECU-central rate ECU-Leitkurs

ed. (edition) Auflage; Ausgabe

edge Schneide; Rand, Ecke, Kante; Schärfe

edition (ed.) Auflage; Ausgabe

EDPM (electronic data processing machine) elektronische Datenverarbeitungsmaschine

education Erziehung, Bildung, Ausbildung

education, standard of Ausbildungsstand

education, vocational berufliche Ausbildung

educational annuity Erziehungsrente

educational endowment Erziehungsrente; Ausbildungsbeihilfe, Studiengeld

educational endowment assurance Studiengeldversicherung

EEC (European Economic Community) Europäische Wirtschaftsgemeinschaft (EWG)

EEC Convention on Product Liability (The Council of Europe Convention of Products Liability in Regard to Personal Injury and Death) Europarat-Abkommen über Produkthaftung im Hinblick auf Personenschäden und Todesfälle

EEC Council Directive EG-Richtlinie

EEC Member States EG-Mitgliedstaaten

effect Wirkung, Folge, Konsequenz; Einwirkung; Effekt, Eindruck; Inhalt, Sinn

effect bewirken, erwirken, verursachen; ausführen, erledigen, vollziehen

effect an insurance eine Versicherung abschließen

effect, cooling Kühlwirkung

effect, dilution Verdünnungseffekt

effect, legal Rechtswirksamkeit

effect, operative Wirksamkeit

effect, retroactive Rückwirkung

effect, smothering Stickeffekt, Stickwirkung; Raucheffekt

effect, suspensive Suspensiveffekt, aufschiebende Wirkung

effect, to take wirken; in Kraft treten, wirksam werden

effective gültig; wirkungsvoll, wirksam; tatsächlich, wirklich

effective date Datum des Inkrafttretens

effective, immediately mit sofortiger Wirkung

effective, legally rechtswirksam

effective, to be in Kraft sein; gelten

effective, to become in Kraft treten, wirksam werden

effectiveness Wirksamkeit

effectiveness, system Systemwirksamkeit

effects Vermögenswerte, Sachbesitz; persönliche Habe

effects, household Hausrat

effects, personal persönliche Habe, persönliche Gebrauchsgegenstände

effectual wirksam; gültig, rechtswirksam

efficacy, commercial wirtschaftliche Effizienz

efficacy of warning Wirkung einer Warnung

efficiency Leistungsfähigkeit, Tüchtigkeit

efficiency, extinguishing Löschwirkung

effluent discharge Einleitung (in ein Gewässer)

effluent disposal Abwasserbeseitigung

effluxion of time Zeitablauf

effort Bemühung, Anstrengung

EFTA (European Free Trade Association) Europäische Freihandelszone

e.g. [exempli gratia, lat.] zum Beispiel

EIA (environmental impact assessment) Umweltverträglichkeitsprüfung

ejectment Entfernung, Entlassung; Ausweisung; Ausstoßung

ejector, smoke Rauchsaugstrahlpumpe

ejusdem generis rule [lat.] allgemeine Gesetzesregelung, daß Allgemeinausdrücke, die mit spezifischen Ausdrücken in Verbindung stehen, auch als solche beschränkt auszulegen sind

elapse vergehen, verstreichen

election to opt out Befreiungsmöglichkeit (von der Sozialversicherung)

electric blanket elektrische Heizdecke

electric cooker elektrischer Herd

electric equipment producing industry elektrotechnische Industrie

electric fire elektrisches Heizgerät, elektrischer Ofen

electric hand drill Bohrmaschine

electrical and electronic appliances elektrische und elektronische Geräte

electrical appliances, domestic elektrische Haushaltsgeräte

electrical current and water interruption Strom- und Wasserausfall

electrical damage Elektrizitätsschaden

electrical device elektrische Einrichtung

electrical engineering Elektrotechnik

electrical engineering contract Vertrag über die elektrotechnische Ausrüstung

electrical installation elektrische Installation

electrical plug Elektrostecker

electricity Elektrizität
Electricity Board [UK] Elektrizitätsbehörde
electricity industry Elektroindustrie
electricity, leakage of Stromverlust
electronic calculators elektronische Rechner
electronic data processing machine (EDPM) elektronische Datenverarbeitungsmaschine
electronics, entertainment Unterhaltungselektronik
electronics insurance Schwachstromversicherung
element Bestandteil, Element; Grundstoff, Urstoff
element, heating Heizkörper, Heizelement
element, mental geistiges Element
elementary loss Elementarschaden
elements, chemical chemische Grundstoffe
elevator insurance [US] Fahrstuhlversicherung
eleventh hour, at the in letzter Minute, fünf Minuten vor zwölf
eligibility Eignung, Befähigung, Qualifikation; Wählbarkeit
eligibility conditions erwünschte Bedingungen, Teilnahmebedingungen
eligibility requirements annehmbare Forderungen, erwünschte Bedingungen, Teilnahmebedingungen; annehmbare Qualifikationen
eligible geeignet, annehmbar, akzeptabel; qualifiziert; wählbar
eligible for bonus gewinnberechtigt
eliminate aussondern, ausscheiden; beseitigen

eliminate a risk ein Risiko vermeiden
E.L.Rev. (European Law Review) Europäische juristische Zeitschrift
elsewhere, insured anderweitig versichert
emaciated abgemagert, ausgezehrt
embargo on exports Ausfuhrverbot, Exportembargo
embargo on goods Warenembargo
ember Glut; glühende Kohle
embezzlement Unterschlagung, Veruntreuung
emergency plötzlich auftretender Notfall; Notlage, dringende Not
emergency aid Soforthilfe, Erste Hilfe
emergency call Notruf
emergency-core-cooling system (ECCS) Reaktorkernnotkühlung
emergency exit Notausgang
emergency, in case of im Notfall
emergency medical attention ärztliche Notfallmaßnahme
emergency planning, pre-fire Brandrisikobeurteilung
emission Emission; Ausströmung, Ausfluß
emission, noise Lärmemission
emission of rays Aussendung von Strahlen, Strahlenemission
emission, smoke Rauchentwicklung
emission, exhaust Schadstoffemissionen
emissions of pollutants Schadstoffemissionen
emit ausstoßen, auswerfen, ausströmen; aussenden, ausstrahlen

EML (estimated maximum loss) geschätzter Höchstschaden, geschätzter Maximalschaden

emotion Erregung; Gemütsbewegung, Rührung

emotional distress seelische Belastung

emphasis Gewicht; Betonung, Nachdruck, Bestimmtheit

emphasize betonen, hervorheben, Nachdruck verleihen

employ anstellen; beschäftigen; verwenden, gebrauchen

employee Arbeitnehmer, Angestellter

employee benefit plan [US] betriebliche Altersversorgung, betrieblicher Altersversorgungsplan

employee pension Betriebsrente, Firmenrente

employee, salaried Angestellter, Gehaltsempfänger

employee's contribution Arbeitnehmerbeitrag

employees' insurance Angestelltenversicherung

employees, liability for Haftung für Arbeitnehmer

employees, number of Anzahl der Beschäftigten, Größe der Belegschaft

employer Arbeitgeber, Dienstherr

employer-employee group assurance Firmengruppenversicherung

employer-employee group insurance [US] Firmengruppenversicherung

employer, liability of Haftung des Arbeitgebers

employers' contribution Arbeitgeberbeitrag

employers' liability Haftung des Arbeitgebers bei Arbeitsunfällen des Arbeitnehmers, Berufshaftpflicht

employers' liability insurance Haftpflichtversicherung des Arbeitgebers für Arbeitsunfälle des Arbeitnehmers

employers' liability insurance association Berufsgenossenschaft

employers' liability policy Unternehmerhaftpflichtversicherungspolice

employers' non-ownership liability (US-Kfz-Haftpfl.-Vers.) Haftung eines Arbeitgebers, wenn seine Beschäftigten oder andere Beauftragte in seinem Auftrag Kraftfahrzeuge benutzen, die ihm nicht gehören

employment Anstellung, Einsatz; Beschäftigung, Arbeit, Arbeitsverhältnis; Gebrauch, Verwendung

employment, active Aktivität, Erwerbsfähigkeit, Tätigkeit

employment, direct unmittelbares Arbeitsverhältnis

employment, extra-hazardous besonders gefährliche Beschäftigung

employment, law relating to Arbeitsrecht

employment, person in active Person in aktiver Anstellung

empower befähigen; bevollmächtigen, ermächtigen, Vollmacht erteilen

empties Leergut; leere Fässer

empty leer; unbewohnt, leerstehend

EMS (European Monetary System) Europäisches Währungssystem (EWS)

enactment gesetzliche Verfügung, Gesetz; Erlaß eines Gesetzes

enamel-ware, vitreous Glasemailwaren

encl. (enclosure) Anlage, Beilage

enclose beifügen, beilegen; enthalten; einschließen, umgeben

enclosed beiliegend, in der Anlage

enclosed sea Binnenmeer

enclosure (encl.) Anlage, Beilage

encompass umfassen, umgeben, einschließen; enthalten

encouragement Ermutigung; Unterstützung, Förderung

encumbrance Last; Belastung, Hindernis; dingliche Belastung (z. B. durch Pfandrecht oder Hypothek)

encumbrances, freedom from Lastenfreiheit

end-items Fertigwaren

end of month (E.O.M.) Monatsende

end product Endprodukt

end user Endverbraucher

endanger gefährden, in Gefahr bringen

endangering of traffic Verkehrsgefährdung

endeavour eifrige Bemühung; Bestreben, Anstrengung

endeavour sich bemühen, streben, trachten

endorsement Nachtrag, Zusatz (Klausel), Übertragung, Giro, Indossament, Zession; Genehmigung, Bestätigung, Billigung; Aufschrift, Vermerk (auf der Rückseite von Dokumenten)

endorsement, associated borrower Indossament für einen mit dem bürgenden Kreditinstitut geschäftlich verbundenen Kreditnehmer

endorsement, blank Blankoindossament

endorsement, extended coverage Nachtrag zur Erweiterung des Versicherungsschutzes

endorsement on the policy Policenvermerk; Nachtrag zu einer Police

endorsement, operative rechtswirksamer Nachtrag, rechtswirksame Klausel

endorsement, uninsured driver Versicherungsbedingung zur Erfassung des nicht versicherten Fahrers

endorsement, uninsured motorists Zusatz zur gewerblichen Kfz-Versicherung, der Personenschäden deckt, falls ein unversicherter Kfz-Fahrer haftpflichtig ist

endorsement, vendor's Mitversicherung der Händlerhaftpflicht; broad form: Deckung aller Händler ohne Namensangabe, limited form: Deckung einzelner Händler mit Namensangabe

endorser Bestätiger, Indossant (eines Wechsels)

endowment annuity [US] aufgeschobene Leibrente mit garantierter Mindestlaufzeit und Kapitalzahlung bei Tod vor Rentenbeginn

endowment assurance Versicherung auf den Todes- und Erlebensfall, Erlebensfallversicherung, Kapitalversicherung, gemischte Versicherung

endowment assurance, accelerated gemischte Versicherung, deren Gewinnanteile zur Abkürzung der Versicherungsdauer verwendet werden

endowment assurance, sum insured under an versicherte Summe einer Lebensversicherung

endowment benefit Ablaufleistung

endowment cases Erlebensfälle

endowment, educational Erziehungsrente; Ausbildungsbeihilfe, Studiengeld

endowment insurance aufgeschobene Leibrente mit garantierter Mindestlaufzeit und Kapitalzahlung bei Tod vor Rentenbeginn; Versicherung auf den Erlebensfall

endowment policy gemischte Lebensversicherung, Erlebensversicherung; Aussteuerversicherung

endowment policy with family income benefit gemischte Versicherung mit Familienrente für den Todesfall

endowment term Versicherungsdauer der gemischten oder Erlebensfallversicherung

endowment value [US] Erlebensfalleistung

ends, political politische Ziele

endurance Dauer; Dauerhaftigkeit; Erleiden, Ertragen, Ausdauer, Geduld

enemy, alien im Inland ansässiger Angehöriger eines Feindstaates; feindlicher Ausländer

energy, atomic Atomenergie, Kernenergie

energy, nuclear Nuklearenergie, Atomenergie, Kernenergie

enforce erzwingen, durchsetzen; vollstrecken; geltend machen

enforce by legal means gerichtlich geltend machen

enforceability Vollstreckbarkeit; Einklagbarkeit

enforceable vollstreckbar; einklagbar; erzwingbar

enforceable contract vollstreckbarer Vertrag, erzwingbarer Vertrag

enforceable judgement vollstreckbarer Titel

enforceable policy einklagbare Police, geltend zu machende Police

enforced surrender Zwangsrückkauf

enforcement Erzwingung; Geltendmachung; Durchführung

enforcement of law Ausführung eines Gesetzes, gesetzliche Geltendmachung

enforcement, order staying Vollstreckungsaufschub

enforcing authority Exekutivgewalt; ausführende Behörde

enforcing rights gerichtlich durchgesetzte Rechte

engage einstellen, engagieren, anstellen

engaged in the insurance business im Versicherungsgewerbe tätig sein

engagement Verpflichtung; Verbindlichkeit, Versprechen; Engagement; Abmachung

engineer Ingenieur, Techniker

engineering Ingenieurwesen

engineering business Maschinengeschäft

engineering, civil Tiefbau

engineering, constructional Maschinenbau

engineering contract, electrical Vertrag über die elektrotechnische Ausrüstung

engineering department Abteilung einer Versicherungsgesellschaft, die Risiken auf ihre Sicherheitseigenschaften überprüft; Ingenieurabteilung, technische Abteilung

engineering, electrical Elektrotechnik

engineering, environment Umwelttechnik

engineering, fire Brandschutztechnik

engineering, gas Gastechnik

engineering, genetic Gentechnologie

engineering industry Maschinenbauindustrie

engineering insurance technische Versicherung; Maschinenbetriebsversicherung; Maschinenbruchversicherung

engineering, mechanical Maschinenbau

engineering, nuclear Kerntechnik

engineering process Verfahrenstechnik, technischer Fortschritt

engineering, production Produktionstechnik

engineering, structural Bautechnik

English legal system englisches Rechtssystem

English reports [Eng.Rep., UK] Neudruck der gerichtlichen Entscheidungen von 1220 – 1865

Eng.Rep. [English reports, UK] Neudruck der gerichtlichen Entscheidungen von 1220 – 1865

enhance erhöhen, steigern

enhancement Steigerung, Erhöhung; Vergrößerung; Übertreibung

enhancement in value Wertsteigerung

enquire sich erkundigen, nachfragen, erfragen

enquire, duty to Erkundigungspflicht

enquiry Erkundigung, Nachfrage; Untersuchung, Prüfung; Suchen; Anfrage

enquiry, to hold an ein Verhör durchführen; eine Befragung durchführen

enrichment Bereicherung; Anreicherung

enrichment, proof of Bereicherungsnachweis

enrichment, unjust ungerechtfertigte Bereicherung

ensuing unmittelbar folgend, nachfolgend

ensure gewährleisten, garantieren; sicherstellen

enter betreten, eintreten, hineingehen; einreisen; eintragen, einschreiben; registrieren; deklarieren

entering Eintreten, Eintritt; Einreise

entering into a contract Vertragsabschluß

enterprise Unternehmen, Betrieb

enterprise, forest Forstbetrieb

enterprise, form of Unternehmensform

enterprise insurance undertaking, private private Versicherungsunternehmung

enterprise liability Unternehmenshaftung, Betriebshaftung

enterprise, processing Verarbeitungsbetrieb, Veredelungsbetrieb

enterprise profit Unternehmensgewinn

entertainment Aufnahme, Bewirtung; Vergnügung; Unterhaltung

entertainment electronics Unterhaltungselektronik

entertainment industry Vergnügungsindustrie

entire ganz, gesamt, voll; uneingeschränkt

entire amount voller Betrag

entire services komplette Dienstleistungen; ganze Arbeitskraft (in Arbeitsverträgen); alle Werke (z. B. eines Autors)

entirety Gesamtheit, Ungeteiltheit

entities, political Gemeinde

entitle betiteln, nennen; berechtigen

entitled berechtigt, anspruchsberechtigt, betitelt, den Anspruch haben auf etwas

entitled to a claim anspruchsberechtigt

entitled to damages zum Schadenersatz berechtigt

entitled to dispose of verfügungsberechtigt

entitled to expect berechtigt zu erwarten

entitled to maintenance unterhaltsberechtigt

entitled to provision versorgungsberechtigt

entitlement Berechtigung

entity Rechtssubjekt; Einheit

entity, legal Rechtspersönlichkeit; rechtliche Einheit

entrance Eintritt, Eintreten; Eingang; Einlaß

entrants, classes of verschiedene Kategorien von Besuchern

entrepreneur Unternehmer

entrepreneurial unternehmerisch

entrepreneurial capability unternehmerische Fähigkeit

entrepreneurial risk unternehmerisches Risiko

entrust anvertrauen, betrauen; anweisen, zuweisen

entry Eintritt, Beitritt, Zugang; Eintreten, Betreten; Buchung, Buchungsposten

entry, accounting Buchung, Verbuchung, Buchungsvorgang

entry, adjusting Berichtigungsbuchung, Umbuchung

entry, age at Eintrittsalter, Beitrittsalter

entry, cancellation of an Löschung einer Eintragung; Stornobuchung, Stornierung

entry, contra Ausgleichsposten, Wertberichtigungsposten

entry, forcible sich gewaltsamen Zugang (in ein Gebäude) verschaffen, Hausfriedensbruch

entry into force Inkrafttreten, Wirksamkeit

entry, loss-portfolio Schadenreserve-Eintritt

entry, loss reserve Schadenreserve-Eintritt

entry, premium portfolio Prämien-Bestandszuwachs

entry, reversing Stornobuchung

entry upon premises, forcible erzwungenes Betreten eines Grundstücks

entry upon premises, violent gewaltsames Betreten eines Grundstücks

entry, violent Hausfriedensbruch, gewaltsames Betreten, Eindringen

enumerate aufzählen

environment Umwelt; Milieu; Umgebung

environment, chemicals in the Umweltchemikalien

environment engineering Umwelttechnik

environment, preservation of the Umweltschutz

environment, protection of the Umweltschutz

environmental action Umweltschutzmaßnahme; Klage in Umweltschaden-Angelegenheiten

environmental contamination Umweltverschmutzung

environmental damage Umweltschaden

environmental hazard Umweltgefahr

environmental impact assessment (EIA) Umweltverträglichkeitsprüfung

environmental impairment Umweltschädigung

environmental influences Umwelteinflüsse

environmental liability Haftung für Umweltschäden

environmental pollution Umweltschädigung, Umweltverschmutzung

environmental protection Umweltschutz

Environmental Protection Agency [E.P.A., US] Umweltschutzbehörde

environmental quality Umweltbeschaffenheit

Environmental Quality Standards (EQS) Umweltqualitätsnormen

environmental risk Umweltrisiko

environmentally conscious umweltbewußt

e.o.h.p. (except otherwise herein provided) außer wenn hier etwas anderes vorgesehen ist

E.O.M. (end of month) Monatsende

E.P.A. [Environmental Protection Agency, US] Umweltschutzbehörde

EPI (estimated premium income) geschätzte Prämienbeiträge

epidemic Seuche, Epidemie

EQS (Environment Quality Standards) Umweltqualitätsnormen

equal gleich; gleichwertig; angemessen

equal in kind and quality von gleicher Art und Güte

Equal Opportunities Commission [UK] Kommission für die Gleichberechtigung am Arbeitsplatz; geschaffen 1975 durch das Sex Discrimination Act (Gesetz über die Gleichberechtigung von Männern und Frauen)

equal pay gleicher Lohn (für gleiche Arbeit von Männern und Frauen)

equality Gleichheit; Gleichberechtigung

equalization Ausgleich; Gleichmachung

equalization claim Ausgleichsforderung

equalization fund Schwankungsfonds, Schwankungsrückstellung

equalization of risks Gefahrenausgleich

equalization provision Schwankungsrückstellungen

equate gleichsetzen, gleichstellen

equipment Ausrüstung; Ausstattung, Einrichtung

equipment, ancillary Zusatzausrüstung, Hilfsgeräte

equipment, audio Tonträger

equipment, defective defekte Geräte, mangelhafte Geräte

equipment, do it yourself Heimwerkerbedarf

equipment, drilling Bohrausrüstung

equipment, fairground Schaustellergeräte

equipment, fire alarm routing Hauptfeuermeldeeinrichtung

equipment, fire-fighting Brandbekämpfungseinrichtungen

equipment, household Hausrat

equipment, lifting Hebeeinrichtung

equipment, mobile fahrbare Gerätschaften; Landfahrzeuge

equipment, operating Betriebseinrichtung

equipment, uninstalled nicht installierte Ausrüstung

equipment, works Betriebseinrichtung

equitable billigerweise; gerecht

equitable interest durch equity geschütztes Recht

equitable remedy Abhilfe nach Billigkeitsrecht

equitable settlement gerechte Regelung

equitable terms angemessene Bedingungen

equity Billigkeitsrecht; Billigkeit, Gerechtigkeit; Eigenkapital; Wert einer Sache nach Abzug aller Belastungen

equity annuity [US] fondsgebundene Rente

equity assurance fondsgebundene Versicherung, Fondsversicherung

equity capital Eigenmittel

equity law Equity Recht; nicht kodifiziertes Billigkeitsrecht in England und der Mehrzahl der Einzelstaaten der USA im Gegensatz zum „Statute Law" und „Common Law" ein Rechtssystem, das an Präjudizien nicht gebunden ist

equity linked annuity fondsgebundene Rente

equity share Stammaktie

equivalence principle Äquivalenzprinzip

equivalent gleichwertig, gleichbedeutend

equivalent rate of interest äquivalenter Zinssatz, konformer Zinssatz

equivalents, toxic Toxische Äquivalente (TE) = Rechnungseinheit, bei der verschiedene Dioxine und Furane auf die Giftigkeit des gefährlichsten Dioxins, des Seveso-Giftes, umgerechnet werden; d. h. 1 Gramm TE wirkt wie 1 Gramm Seveso-Dioxin

erasure Ausradierung; Tilgung; Löschung

erasure of data Löschung von Daten

erect errichten; aufstellen; aufrichten

erection Montage, Errichtung, Aufstellung; Gebäude

erection all risks (EAR) Allgefahren(-Deckung) in der Montageversicherung

erection insurance Montageversicherung

erector Errichter, Erbauer

errata Druckfehlerverzeichnis

erratum Druckfehler

error Fehler, Irrtum

error in fact Tatsachenirrtum

error in judgement falsche Beurteilung; Schreibfehler in einem Urteil

error, nautical nautischer Irrtum, nautischer Fehler

error, printer's Druckfehler

error, voidability due to Anfechtbarkeit wegen Irrtums

errors and omissions clause Irrtums- und Versäumnisklausel (bei Rückversicherungen)

errors and omissions excepted (E. & O.E.) Irrtümer und Auslassungen vorbehalten

errors of description, clerical Schreibfehler (in den Angaben des Versicherungsnehmers)

errors, trivial geringfügige Fehler, Bagatellirrtümer

eruption, volcanic Vulkanausbruch

escalator Indexlohn; Rolltreppe

escalator clause Indexklausel, Preisgleitklausel, Wertsicherungsklausel

escapable costs vermeidbare Kosten

escape Flucht; Entweichen; Ausströmen

escape flüchten, entweichen, entkommen

espace, fire Feuerleiter, Rettungsleiter; Nottreppe

escape, isolated vereinzeltes Entweichen

escape of dangerous substances Entweichen von gefährlichen Stoffen

escape of pollutants Entweichen von Verunreinigungsstoffen

escape of water Auslaufen von Wasser

escape route Fluchtweg, Sicherheitsgang

escape route, reasonable zumutbarer Fluchtweg

escrow schriftliche Verpflichtungserklärung; Übertragungsurkunde, Treuhandvertrag

esp. (especially) besonders

especially (esp.) besonders

especially valuable article besonders wertvoller Artikel, besonders wertvoller Gegenstand

essence Substanz; elementarer Bestandteil, Element; das Wesentliche

essential wesentlich, unbedingt erforderlich

essential goods lebenswichtige Güter

essentials of a contract wesentliche Vertragsbestandteile

establish gründen, errichten, einrichten, eröffnen

established law geltendes Recht, bestehendes Recht

established principles of law bestehende Rechtsgrundsätze

established product im Markt gut eingeführtes Produkt

established surplus erworbener Überschuß, erworbener Zugewinn

establishment, branch Filiale, Zweiggeschäft

establishment fund Gründungsstock

establishment, large Großbetrieb, Großunternehmen

establishment, main Hauptniederlassung

establishment of damage Schadenfeststellung

establishment of loss Schadenfeststellung

establishment, riding Reiteinrichtung, Reitstall

estate Vermögen; Erbmasse, Nachlaß; Konkursmasse; Grundstück, Besitzung; Stand, Rang

estate agent Grundstücksmakler, Häusermakler, Immobilienmakler; Grundstücksverwalter, Häuserverwalter

estate, bankrupt's Konkursmasse

estate, bare legal Recht ohne wirtschaftliches Interesse, z. B. beim Treuhänder eines Nachlasses; Bezeichnung eines versicherbaren Interesses

estate duty, insurance against Erbschaftssteuerversicherung

estate, heir of Nachlaßerbe

estate, legal gesetzliches Besitzrecht, gesetzliches Eigentum

estate, privity of Rechtsbeziehung durch gemeinsame Rechte am Grundbesitz

estate, real (US) Immobilien, Land, Grundstücke, Grundbesitz, Grundeigentum

estimate Schätzung, Kostenvoranschlag; Bewertung; Schätzwert

estimate schätzen, abschätzen, veranschlagen

estimate, net cost (Lebensversicherung) Baraufwendungsschätzung

estimate of costs Kostenvoranschlag

estimate of damage Schadenberechnung

estimate of the risk Risikobeurteilung

estimated charges Kostenvoranschlag

estimated loss geschätzter Schaden

estimated maximum loss (EML) geschätzter Höchstschaden, geschätzter Maximalschaden

estimated premium geschätzte Prämie; Vorausprämie

estimated premium income (EPI) geschätzte Prämienbeiträge

estimated value geschätzter Wert, Schätzungswert

estimation Schätzung

estimation, incorrect Verschätzung

estop abhalten, hindern

estoppel Hinderung; rechtshemmender Einwand; Rechtsverwirkung

estoppel, collateral [US] Präjudizwirkung eines Urteils

estoppel, promissory Versprechen eines verbindlichen Zugeständnisses

estoppel, proprietary eigentumsbezogener, rechtshemmender Einwand; verbindliches Zugeständnis bei Eigentumsrechten

etc. [et cetera, lat.] und so weiter

et seq., et sq [et sequens, lat.] und folgende

et seqq., sqq. [et sequentes, lat.] und die Folgenden

Euromarket (European Common Market) Europäischer Gemeinsamer Markt

Euronet (European data network) Europäisches Datennetzwerk

European article number (EAN) Europäische Artikelnummer zur Identifikation des Herstellers eines Nahrungsmittels

European Common Market (E.C.M., Euromarket) Europäischer Gemeinsamer Markt

European Community (EC) Europäische Gemeinschaft

European Competition Law Europäisches Wettbewerbsgesetz

European Court of Justice Europäischer Gerichtshof

European Currency Unit (ECU) Europäische Währungseinheit; der ECU setzt sich zusammen aus festgelegten Bruchteilen der Währungen der Mitgliedstaaten der Europäischen Gemeinschaft

European data network (Euronet) Europäisches Datennetzwerk

European Economic Community (EEC) Europäische Wirtschaftsgemeinschaft (EWG)

European Free Trade Association (EFTA) Europäische Freihandelszone

European Law Review (E.L.Rev.) Europäische juristische Zeitschrift

European Monetary System (EMS) Europäisches Währungssystem (EWS)

EV (economic value) wirtschaftlicher Wert

evaluate bewerten, abschätzen; auswerten; beurteilen

evaluation Bewertung, Wertung, Abschätzung

evaluation basis Bewertungsgrundlage, Bemessungsgrundlage

evaluation, job Arbeitsbeurteilung

evaluation, loss Schadenforschung

evaluation of evidence Beweiswürdigung

evasive ausweichend

event Ereignis, Fall; Ausgang, Ergebnis, Vorfall, Begebenheit

event, any one je Schadenereignis

event, continuous andauerndes Schadenereignis

event, definite sicher eintretendes Ereignis, gewisser Ereignisvorfall

event, excess of loss treaty any one Schadenexzedent je Schadenereignis

event, fortituous zufälliges Ereignis, Zufallsereignis

event, future zukünftiges Ereignis

event, insured Versicherungsfall

event, loss Schadenereignis

event of survival Erlebensfall

event, subsequent Folgeereignis

event, uncertain mögliches Ereignis, unbestimmtes Ereignis

event, upon a special bei Eintritt eines besonderen Ereignisses

events, chain of Kette von Ereignissen

events happening naturally durch natürliche Ursachen ausgelöste Ereignisse, natürliche Geschehnisse

events, political politische Ereignisse

evidence Beweis, Befund; Zeuge, Zeugnis, Zeugenaussage

evidence, admissible zulässiges Beweismittel

evidence, circumstantial Anscheinsbeweis

evidence code kodifizierte Regelung bezüglich Fragen der Beweiserhebung und der Beweislast

evidence, conservation of Beweissicherung

evidence, evaluation of Beweiswürdigung

evidence, exonerating Entlastungsbeweis

evidence, expert Beweisführung durch Sachverständigengutachten

evidence, federal rule of bundesrechtliche Vorschrift betreffend Fragen der Beweiserhebung und der Beweislast

evidence, hearing of Zeugenvernehmung; Beweisaufnahme

evidence, in the absence of mangels Beweises

evidence, inadmissibility of Unzulässigkeit von Beweismitteln

evidence, insufficiency of Unzulänglichkeit des Beweismaterials

evidence, ocular Augenschein, Augenscheinseinnahme

evidence of age Altersnachweis

evidence of health Gesundheitsprüfung

evidence of insurability Nachweis der Versicherbarkeit

evidence, oral mündliche Beweismittel; Beweis durch Zeugenaussagen

evidence, parol mündlicher Beweis; Beweis schriftloser Verträge durch Zeugen- oder Parteiaussage

evidence, piece of Beweisstück, Beleg

evidence, preservation of Beweissicherung

evidence, prima facie Anscheinsbeweis, Beweis des ersten Anscheins

evidence, rebutting Gegenbeweis

evidence, refusal to give Aussageverweigerung, Zeugnisverweigerung

evidence, result of Beweisergebnis

evidence, rules of Beweisregeln

evidence, sources of Beweismittel

evidence, state of the art Beweismittel über den gegenwärtigen Stand der Technik

evidence, statistical statistischer Nachweis; statistische Erfahrung

evidence, substantial hinreichender Beweis

evidence, sufficient hinreichender Beweis

evidence, suppression of Unterdrückung von Beweismaterial, Beweisunterschlagung

evidence, taking Beweisaufnahme, Beweiserhebung

evident klar, augenscheinlich, offensichtlich, offenbar

evidentiary beweismäßig

evidentiary force Beweiskraft

evidentiary preclusion sanction Beweismittelpräklusion

eye injury Augenverletzung

ex abundante cautela [lat.] aus übertriebener Vorsicht

ex div. [ex dividendo, lat.] ohne Dividende

ex gr. [exempli gratia, lat.] zum Beispiel

ex-gratia payment freiwillige Leistung, Kulanzregulierung

ex-post costing Nachkalkulierung

ex ship contract Vertrag, bei dem die Übergabe der Waren bei der Ankunft eines bezeichneten Schiffs in einem bezeichneten Hafen erfolgt

ex store contract Vertrag, der die Lieferung der Ware ab Lager des Verkäufers vorsieht

ex turpi causa [lat.] aus niederen Beweggründen

ex turpi causa non oritur actio [lat.] aus niederen Beweggründen entsteht keine (rechtswirksame) Handlung

ex works ab Werk

ex works contract Vertrag, der die Lieferung der Ware ab Werk des Verkäufers vorsieht

"ex works" goods Waren ab Werk

exaggerate übertreiben, übertrieben darstellen; zu stark betonen; verstärken; hervorheben; unangemessen vergrößern

exaggerate the amount of the damage den Schadenbetrag zu hoch ansetzen

exaggeration of loss Übertreibung des Schadens; übertriebene Darstellung des Schadens

examination Prüfung, Examen; Untersuchung

examination as to insurability Untersuchung der Versicherbarkeit

examination, assurance with/without medical Versicherung mit/ohne ärztliche Untersuchung

examination, health Gesundheitsprüfung

examination, intermediate Zwischenprüfung

examination, medical ärztliche Untersuchung

examination, mental medizinische Untersuchung des Geisteszustandes

examination of proposal Antragsprüfung

examination of the insurance proposal Antragsprüfung

examination, physical körperliche Untersuchung

examine verhören; untersuchen, prüfen

examined (exd.) geprüft

examiner, insurance Versicherungsprüfer

examiner, medical Vertrauensarzt, Amtsarzt

example Beispiel

exceed übertreffen; übersteigen, überschreiten; zu weit gehen

exceed the speed limit die Höchstgeschwindigkeit überschreiten

exceeding the priority Überschreiten der Priorität

except ausnehmen, ausschließen

except ausgenommen, außer

except otherwise herein provided (e.o.h.p.) außer wenn hier etwas anderes vorgesehen ist

excepted, errors and omissions (E. & O.E.) Irrtümer und Auslassungen vorbehalten

excepted perils clause Klausel für ausgeschlossene Gefahren

exception Risikoausschluß; Ausnahme; Vorbehalt

excess Selbstbehalt, Exzedent; Abzugsfranchise; Mehrbetrag; Übermaß, Überschuß

excess and franchise clause Selbstbehaltsklausel

excess career (average) pension plan Pensionsplan nach der Summe der eine bestimmte Grenze übersteigenden Gehaltsteile

excess clause Selbstbehaltsklausel, Eigenanteilsklausel

excess commercial liability Exzedenten-Haftpflicht(-Versicherung) für Gewerbebetriebe

excess coverage Exzedentendeckung; Vertrag, der einem anderen nachfolgt

excess deductible Abzugsfranchise

excess deductible, flight and taxiing Flug- und Rollfranchise

excess disablement Überinvalidität

excess, fixed sum Abzugsfranchise, Verwegfranchise

excess insurance Exzedentversicherung, Überversicherung

excess mortality Übersterblichkeit, Sterblichkeitsüberhang

excess of loss (xl) Schadenexzedent

excess of loss cover Schadenexzedentendeckung

excess of loss limit Schadenexzedentendeckungssumme

excess of loss premium Schadenexzedentenprämie

excess of loss ratio treaty Vertrag zur Exzedentenrückversicherung der Schadenquote

excess of loss reinsurance Schadenexzedentenrückversicherung

excess of loss reinsurance treaty Schadenexzedenten-Rückversicherungsvertrag

excess of loss treaty any one event Schadenexzedent je Schadenereignis

excess of loss treaty for common account Schadenexzedent für gemeinsame Rechnung

excess of loss treaty per risk Schadenexzedent pro Risiko

excess of loss treaty with inner aggregate deductible Zweitschaden-Exzedenten-Vertrag

excess, percentage prozentuale Selbstbeteiligung

excess point Selbstbehaltsgrenze

excess reinsurance Exzedentenrückversicherung

excessive übermäßig, übertrieben; unangemessen hoch

excessive compensation überhöhter Schadenersatzanspruch

excessive fine clause [US] Verfassungsartikel, der besagt, daß gegen niemanden unangemessene Strafen ausgesprochen werden dürfen

excessive pressure Überdruck

exchange Tausch, Austausch, Umtausch; Geldwechsel; Devisen

exchange austauschen, umtauschen, umwechseln

exchange, bill of Wechsel

exchange control Devisenkontrolle

exchange, inter-insurance Versicherungsverband auf Gegenseitigkeit

exchange, loss on Verlust durch Geldumtausch

exchange of contracts Austausch von Verträgen

exchange rate adjustment Währungsausgleich, Ausgleich von Wechselkursschwankungen

exchange, rate of Devisenkurs, Wechselkurs

exchange risk Währungsrisiko

exchange, stock Börse

exchanger, heat Wärmeaustauscher

Exchequer Court [UK] früheres englisches Zentralfinanzgericht mit ausschließlicher Zuständigkeit für die Steuererhebung; wurde dann zum Bestandteil des High Court (Oberstes Zivilgericht)

excise indirekte Steuer; Verbrauchssteuer

excise sales tax [US] Umsatzsteuer

excitement Aufregung, Erregung, Anreizung

excl. (excluding; exclusive) ausschließlich

exclude ausschließen; zurückweisen

exclude liability die Haftung ausschließen

excluded risk ausgeschlossenes Risiko

excluding (excl.) ausschließlich

exclusion Ausschließung, Ausschluß; Absperrung, Abtrennung, Abhalten

exclusion clause Ausschluß von der Deckung, Ausschlußklausel

exclusion, faulty workmanship Ausschluß mangelhafter Werkleistung

exclusion list Ausschlußliste

exclusion of liability Haftungsausschluß

exclusion, territorial Gebietsausschluß

exclusion, trick and device (Kfz-Versicherung) Ausschluß für Abhandenkommen von Kraftfahrzeugen durch betrügerisch bewirkte Herausgabe

exclusionary language ausschließliche Sprache

exclusions, common allgemeine Ausschlüsse

exclusions, major wichtigste Ausschlüsse

exclusive (excl.) ausschließlich

exclusive dealing agreement Ausschließlichkeitsvertrag, Exklusivvertrag

exclusive insurance agent Versicherungsvertreter, der ausschließlich eine Gesellschaft vertritt und für keine andere Gesellschaft gleichzeitig tätig sein darf; Exklusivversicherungsvertreter

exclusiveness, agreement for Ausschließlichkeitsvertrag, Ausschließlichkeitsvereinbarung

exclusory clause Ausschlußbestimmung

exculpation Entschuldigung, Rechtfertigung

exculpatory clause Freizeichnungsklausel

excuse Entschuldigung; Ausrede

exd. (examined) geprüft

exec. (executive; executed; executor) Geschäftsleitung, Geschäftsführung; ausgeführt; Vollstrecker

execute ausführen, durchführen; ausfertigen

executed (exec.) ausgeführt

execution of a contract Abschluß eines Vertrages; Vertragserfüllung

execution of a policy Ausstellung eines Versicherungsscheins, Policenausfertigung

execution, place of Erfüllungsort

execution, warrant of Vollstreckungsbefehl

execution, writ of Vollstreckungsbefehl

executive (exec.) Exekutive; Geschäftsführung

executive, chief [US] Inhaber der höchsten Position innerhalb einer Gesellschaft; Geschäftsführer; Firmenchef; Staatschef

executive information Informationsstand der Geschäftsführung

executive, legal Anwalts- und Notargehilfe; Anwalt

executor Testamentsvollstrecker; Erbschaftsverwalter

executory contract zu erfüllender Vertrag, noch nicht erfüllter Vertrag, Ausführungsvertrag; obligatorischer Vertrag

exemplary musterhaft, nachahmenswert, vorbildlich

exemplary damages [US] Entschädigung mit Strafcharakter

exempt befreien, ausnehmen, freistellen

exempt befreit, ausgenommen

exempt from insurance versicherungsfrei

exempt from liability von der Haftung befreit

exempt income level steuerfreies Einkommen

exemption Befreiung, Freistellung; (Steuer-)Freibetrag; Sonderprivileg; Pfändungsfreibetrag

exemption clause Freizeichnungsklausel, Freistellungsklausel; Haftungsausschlußklausel

exemption from charges Gebührenfreiheit

exemption from liability Haftungsausschluß

exemption from liability clause Freizeichnungsklausel

exemption from payment of premium Beitragsfreistellung, Prämienbefreiung

exercise a right ein Recht geltend machen, ein Recht ausüben

exercising Geltendmachung, Ausübung

exert zeigen, äußern, anwenden

exertion starke Bemühung, Anstrengung, Eifer

exhaust emissions Schadstoffemissionen

exhaustion Ausströmen, Auspuffen; Erschöpfung; Ausschöpfung, Ausleerung, Entleerung

exhaustion of right to benefit Aussteuerung; Erschöpfung der Bezugsberechtigung

exhaustive erschöpfend, ausschöpfend; vollständig

exhibit Beweisstück; Urkunde; Ausstellungsstück

exhibition Schaustellung, Ausstellung

exhibition goods Ausstellungsgüter

exhibition premises Ausstellungsräume

exhibition risks insurance Ausstellungsversicherung

exist bestehen, vorliegen; existieren

existence Existenz; Vorhandensein

existence, certificate of Lebensausweis, Lebensnachweis, Lebenszeugnis, Lebensbescheinigung

existing right bestehendes Recht

exit Abgang; Ausgang; Ausreise

exit, abnormal Storno-Abgang, Sonder-Ausgang

exit, early vorzeitiger Abgang

exit, emergency Notausgang

exit, fire Notausgang

exit, probability of Abgangswahrscheinlichkeit, Ausscheidewahrscheinlichkeit

exits, table of Stornoliste

exonerate entlasten; entbinden, befreien

exonerate sb. from liability jdn. von der Haftung befreien

exonerating evidence Entlastungsbeweis

exoneration Entlastung; Entbindung

exoneration, proof of Entlastungsbeweis

expansion ratio Verschäumungszahl; Ausdehnungsverhältnis

expect, entitled to berechtigt zu erwarten

expectancy Anwartschaft

expectancy, average life durchschnittliche Lebenserwartung

expectancy, life Lebenserwartung; Benutzungsdauer (eines Gerätes)

expectation Anwartschaft, Erwartung

expectation, actuarial mathematischer Erwartungswert

expectation, claims Schadenerwartung

expectation, economic wirtschaftliche Erwartung

expectation, mathematical mathematische Erwartung

expectation of life mittlere Lebenserwartung, mittlere Lebensdauer, mutmaßliche Lebensdauer

expectation of life, curtailed abgekürzte Lebenserwartung

expectation of life, increased Verlängerung der Lebensdauer, erhöhte Lebenserwartung

expectation, quality Qualitätserwartung

expectations, consumer Kundenerwartungen

expectations to come up to s.o.'s jemandes Erwartung entsprechen

expected deaths erwartete Todesfälle, geschätzte Todesfälle

expected mortality Sterblichkeitsrate, rechnungsmäßige Sterblichkeit, voraussichtliche Sterblichkeit

expected strain erwartete Belastung

expediency Zweckdienlichkeit, Zweckmäßigkeit; Berechnung

expedient Notbehelf, Hilfsmittel

expenditure Verausgabung, Ausgaben; Verbrauch; Aufwand

expenditure, additional Zusatzausgaben

expenditure, capital Investitionen

expenditure, claims settlement Schadenregulierungskosten

expenditure, operating Betriebsaufwendungen

expenditure, pre-contract Vorvertragskosten

expenditure, wasted vergebliche Kosten

expenditures, claim Aufwendungen für Versicherungsfälle, Schadenaufwendungen

expense Aufwand; Kosten

expense clause Kostenklausel

expense, daily Tagegeld

expense, heating Heizungskosten

expense, insurance Versicherungskosten

expense ratio Kostensatz, Unkostensatz

expenses Ausgaben, Kosten, Aufwand, Auslagen, Unkosten

expenses, acquisition Abschlußkosten, Akquisitionsausgaben; Beschaffungskosten, Anschaffungsausgaben, Übernahmekosten

expenses, administration Verwaltungskosten

expenses, burial Beerdigungskosten

expenses, business Geschäftskosten

expenses, claims Schadenregulierungskosten, Schadenbearbeitungskosten

expenses, claims handling Schadenbearbeitungskosten

expenses, claims settlement Schadenregulierungskosten

expenses covered Kosten gedeckt, kostenfrei

expenses, drydocking Trockendockkosten

expenses, extra zusätzliche Kosten, zusätzliche Ausgaben

expenses, fixed Fixkosten

expenses, funeral Bestattungskosten

expenses, general Verwaltungskosten, Gemeinkosten

expenses, general or overhead allgemeine Kosten

expenses, hospital Krankenhauskosten

expenses in reselling Weiterverkaufskosten

expenses, initial Anfangskosten; Abschlußkosten

expenses, investment Investitionskosten; Anlagenaufwand

expenses, legal Prozeßkosten, Gerichtskosten

expenses, loading for Kostenzuschlag

expenses, loss investigation Schadenermittlungskosten

expenses, loss settlement Schadenregulierungskosten

expenses, management Verwaltungskosten

expenses, medical Kosten der Heilbehandlung, Heilbehandlungskosten

expenses of building Baukosten

expenses of collection Inkassokosten

expenses of investigation Kosten der Untersuchung, Nachforschungskosten

expenses of management, loading for Verwaltungskostenzuschlag

expenses, office Bürokosten

expenses, operating Betriebsaufwendungen, Betriebskosten

expenses, overall management allgemeine Verwaltungskosten, Gemeinkosten

expenses, premium collection Inkassokosten

expenses, processing Verarbeitungskosten, Veredelungskosten

expenses, receipts and Einnahmen und Ausgaben

expenses, reimbursement of Kostenrückerstattung, Auslagenvergütung

expenses relating to retirement pension Altersversorgungsaufwendungen

expenses, running Betriebskosten, laufende Ausgaben

expenses, salvage Bergungskosten, Rettungskosten

expenses, substituted Extrakosten

expenses, third party Unkosten Dritter

expenses, travelling Reisekosten, Reisespesen

expenses, underwriting Verwaltungskosten; Aufwendungen für den Versicherungsbetrieb; Kosten für die Betriebsabteilung

expenses, wasted vergebliche Kosten

expensive teuer, kostspielig

experience Erlebnis, Erfahrung

experience erfahren, kennenlernen; erleben

experience bases Erfahrungsgrundlagen

experience, claims Schadenstatistik

experience, loss Schadenverlauf, Schadenerfahrung

experience, practical praktische Erfahrung

experience rate Erfahrungsrichtsatz; auf Grund von Erfahrung errechneter Entschädigungssatz

experience rating Prämienbemessung nach individuellem Verlauf; Erfahrungstarifierung

experience refund Beitragsrückerstattung

experiment, pilot Pilotversuch

expert Sachverständiger, Experte

expert costs Expertenkosten, Sachverständigenkosten

expert evidence Beweisführung durch Sachverständigengutachten

expert, handwriting Schriftsachverständiger

expert knowledge Sachkenntnis

expert, objection to an Ablehnung eines Sachverständigen

expert opinion Sachverständigengutachten

expert testimony Sachverständigenaussage

expert witness sachverständiger Zeuge, Sachverständiger (in einem Gerichtsverfahren)

expertise, technical technisches Gutachten

experts' fees Sachverständigenhonorar, Gutachtergebühren

expiration date Verfalldatum, Verfalltag

expiration of a period Zeitablauf; Fristablauf

expiration of an agreement Ablauf einer Vereinbarung; Vertragsablauf

expiration of an insurance Erlöschen einer Versicherung

expiration of policy Ablauf der Versicherungspolice

expiration of the period of notice Ablauf der Kündigungsfrist

expire ablaufen, enden, erlöschen; verfallen

expired concession erloschene Konzession

expired insurance policy abgelaufene Versicherungspolice

expired licence erloschene Genehmigung

expiry Fristablauf, Zeitablauf; Verfall, Ablauf

expiry, age at Endalter, Terminalter

expiry date Ablaufdatum, Verfalldatum

expiry, on ab Fristablauf

explain erklären, erläutern

explanation Erklärung, Erläuterung; Aufklärung; Begründung

explanatory leaflet Informationsbroschüre

explanatory memorandum Erläuterungsnotiz, Erläuterungen, Begründungen; Vorstufe bei der Vorbereitung einer EG-Richtlinie

explanatory remark erläuternde Bemerkung

explicit ausdrücklich, deutlich, bestimmt

exploitation of limited liability Ausnutzung der beschränkten Haftung

exploration Erforschung; Untersuchung

explore erforschen, untersuchen

explosion Explosion

explosion, cold kalte Explosion

explosion, "hot" „heiße" Explosion

explosion insurance Explosionsversicherung

explosion-proof explosionssicher, explosionsgeschützt

explosion-resistant explosionssicher

explosion, smoke Rauchexplosion

explosive Sprengstoff

explosive agent Explosionsstoff, Sprengstoff

explosive atmosphere, potentially explosionsgefährdeter Bereich

explosive combustion explosionsartige Verbrennung

explosive limits Zündgrenzen

explosive range Zündbereich

explosive substance Explosivstoff

explosives, high hochexplosive Sprengstoffe

export, commodities for Exportwaren

export credit insurance Ausfuhrkreditversicherung, Exportkreditversicherung, Exportschutzversicherung

export credits guarantee Exportkreditbürgschaft, Garantie für Exportkredite

Export Credits Guarantee Department [ECGD, UK] britisches

Regierungsamt für Exportkreditbürgschaften

export credits guarantee policy Exportkreditversicherungspolice

export licence Ausfuhrgenehmigung, Exportlizenz

export possibilities Exportmöglichkeiten

exports, embargo on Ausfuhrverbot, Exportembargo

expose aussetzen; enthüllen; aufdecken; ausstellen, auslegen

expose the danger der Gefahr aussetzen

exposed location ungeschützter Ort

exposed to radiation strahlenbelastet, der Strahlenbelastung ausgesetzt

exposed to risk unter Risiko (stehend)

exposed to risk life unter Risiko stehendes Leben

exposure versichertes Risiko; Gefahrenpotential; Aussetzung; Enthüllung, Aufdeckung

exposure base [US] Risikogrundlage und Maßeinheit bei der Bewertung des Deckungsumfangs, um das Schadenrisiko im Verhältnis zur berechneten Prämie festzustellen

exposure hazard (Feuerversicherung) Nachbarschaftsrisiko; Bestrahlungsrisiko

exposure per location Gefahrenpotential pro Komplex

exposure per zone Gefahrenpotential pro Zone

exposure to rays Bestrahlungsgefahr

express ausdrücken; beschreiben, zum Ausdruck bringen

express authority ausdrückliche Vollmacht, ausdrückliche Vertretungsmacht, ausdrücklich eingeräumte Befugnis, ausdrückliche Bevollmächtigung

express choice of law ausdrückliche Bestimmung des anzuwendenden Rechts

express condition ausdrückliche Bedingung

express consent ausdrückliche Einwilligung

express malice Schädigungsabsicht

express power ausdrückliche Bevollmächtigung

express provision ausdrückliche Bestimmung

express warranty ausdrückliche Zusicherung einer Eigenschaft

expressed, plainly einfach ausgedrückt, klar verständlich ausgedrückt

expressed stipulation in policy ausdrückliche Bestimmung in der Police

expressed terms override implied terms ausdrückliche Bedingungen haben Vorrang vor implizierten Bedingungen

expression Ausdruck; Redewendung

expression, technical technischer Fachausdruck

expressly or impliedly ausdrücklich oder stillschweigend

expressly promised quality eine ausdrücklich zugesicherte Eigenschaft

expropriate enteignen, exproprieren

expropriation Enteignung

extend ausdehnen, ausbreiten, erweitern; verlängern, fortführen, fortsetzen

extend liability die Haftung erweitern

extended coverage erweiterte Deckung, zusätzlicher Versicherungsschutz

extended coverage endorsement Nachtrag zur Erweiterung des Versicherungsschutzes

extended coverage insurance Versicherung mit erweitertem Deckungsumfang

extended coverage peril (EC-peril) Zusatzgefahr innerhalb einer EC-Deckung

extended death benefit [US] (Lebensversicherung) Ausdehnung der Todesfalldeckung auf das erste Jahr nach Ausscheiden des Versicherten infolge dauernder Vollinvalidität

extended products liability erweiterte Produkthaftpflicht

extended protest (Seeversicherung) ausführlicher Seeprotest, ausführliche Verklarung

extended reporting period Frist nach Ablauf des Versicherungszeitraums zur Geltendmachung von Schadenfällen, die sich noch innerhalb des Versicherungszeitraums ereignet haben; verlängerter Berichtszeitraum; verlängerter Meldezeitraum

extended reporting period basis zusätzliche Frist nach Ablauf des Versicherungszeitraums zur Geltendmachung von Schadenfällen, die sich noch innerhalb des Versicherungszeitraums ereignet haben

extended term insurance fortgesetzte Lebensversicherung; automatische Versicherungsverlängerung

extension Verlängerung, Prolongation; Erweiterung, Ausdehnung; Ausbau, Anbau

extension costs Ausbaukosten

extension, factory Betriebserweiterung

extension fire alarm box Nebenmelder

extension for payment Verlängerung der Zahlungsfrist; Stundung

extension of a period Verlängerung der Frist

extension of cover Deckungserweiterung

extension of liability Haftungsumfang

extension of the term of the contract Vertragsverlängerung

extension of time Fristverlängerung

extension of time for appeal Verlängerung der Rechtsmittelfrist

extension of validity Verlängerung der Gültigkeitsdauer

extension, period of Verlängerungszeitraum

extensions, common allgemeine Erweiterungen

extensiveness Ausdehnung, Umfang, Ausmaß

extent of cover Deckungsumfang

extent of damage Schadenhöhe, Schadenumfang

extent of duties Umfang von Pflichten

extent of liability Umfang der Haftung

extenuating circumstances mildernde Umstände

external äußerlich, außen; äußere; außerhalb; auswärtig, Auslands-

external and visible means äußerliche und sichtbare Mittel

external company ausländische Gesellschaft

external hazard Nachbarschaftsgefahr

external ignition Fremdzündung

extinct ausgelöscht; erloschen; gestorben, untergegangen

extinction Erlöschen, Löschung

extinction lag Löschverzögerung

extinction of a debt Erlöschen einer Schuld

extinction of liability Erlöschen der Haftpflicht

extinctive prescription Verjährung

extinguish tilgen; löschen

extinguisher Löscher

extinguisher, dry powder Trokkenpulverlöscher

extinguisher, fire Feuerlöscher, Feuerlöschapparat

extinguisher, halogen Halonfeuerlöscher

extinguisher, multi-purpose Mehrzweckfeuerlöscher

extinguisher, portable fire Handfeuerlöscher

extinguisher, pressurized water fire Wasserdruckfeuerlöscher

extinguishing agent Löschmittel

extinguishing agent, gaseous Löschgas

extinguishing agent, solid Trokkenlöschmittel, festes Löschmittel

extinguishing device Löscheinrichtung

extinguishing efficiency Löschwirkung

extinguishing system, carbon dioxide Kohlensäurelöschanlage

extinguishing system, combined-agent Duallöschanlage

extinguishing vapor Löschdampf

extinguishment Tilgung; Auslöschung; Erlöschen; Löschung

extra expenses zusätzliche Kosten, zusätzliche Ausgaben

extra expenses insurance Mehrkostenversicherung

extra-hazardous employment besonders gefährliche Beschäftigung

extra-hazardous risks Sonderrisiken

extra premium Prämienzuschlag, Beitragszuschlag, Zuschlagsprämie

extra premium for foreign residence Auslandszuschlag

extra premium for occupation Berufszuschlag

extract, treaty Vertragsauszug

extraction Gewinnung; Auszug; Herausziehen; Abstammung, Herkunft

extraction, solvent Extraktionslösungsmittel

extractive industry rohstofferzeugende Industrie; Grundstoffindustrie

extraneous perils Sondergefahren

extraneous risks Sonderrisiken

extraordinary außergewöhnlich, außerordentlich

extraordinary general meeting außerordentliche Generalversammlung

extraordinary notice of cancellation außerordentliche Kündigung

extraordinary profits außerordentliche Erträge

extreme danger höchste Gefahr

extremely flammable höchst brennbar, höchst entzündlich, höchst feuergefährlich

extrinsic facts Tatsachen, die nicht aus einer Urkunde ableitbar sind

eye injury Augenverletzung

eye-witness Augenzeuge

F

f. (foot, feet; franc) Fuß; Franc
f.a.a. (free from all average) frei von jeder Havarie
fabric Gefüge, Struktur; Gewebe, Stoff
fabric, pile Samtstoff, Velourstoff
fabricate erfinden, dichten, fälschen; herstellen, fabrizieren; erbauen, errichten
f.a.c. (fast as can) so schnell wie möglich
face lotion Gesichtswasser, Gesichtspflegemittel
face of policy Deckblatt, Titelseite einer Police; Versicherungswert
face the danger einer Gefahr ins Auge sehen
face value Nennwert
facet kleine Fläche; Facette; Aspekt
facial feature Gesichtszug
facilities (facs.) Möglichkeiten
facilities, fire-fighting Brandbekämpfungseinrichtungen
facilities for payment Zahlungsmöglichkeiten
facilities, production Produktionsanlagen
facilities, storage Lagerungsmöglichkeiten
facility, overdraft Überziehungskredit
facs. (facilities; facsimile) Möglichkeiten; Faksimile, Reproduktion
facsimile (facs.) Faksimile, Reproduktion
fact, constituent Tatbestandsmerkmal
fact finding Tatbestandsaufnahme, Tatsachenfeststellung
fact, irrefutable unbestreitbare Tatsache
fact, matter of Tatsache; Tatbestand
fact, misrepresenting a Vorspiegelung einer falschen Tatsache
fact of intentional misstatement arglistige Täuschung
fact, presumption of Tatsachenvermutung
factor, burning Abbrandfaktor, Bewertungsfaktor
factor, cost-increasing Teuerungsfaktor
factor, discount Abzinsungsfaktor, Diskontierungsfaktor
factor, fire-fighting Brandbekämpfungsfaktor
factor, floor Geschoßfaktor
factor, interest Aufzinsungsfaktor
factor, rating Bewertungszahl, die den Grundversicherungssatz im Verhältnis zu den Eigenschaften eines besonderen Risikos modifiziert; Bewertungsfaktor
factor, reduction Reduktionsfaktor
factor, relevant einschlägiger Faktor
factor, surface Flächenfaktor
factoring services Verkaufskommissionsleistungen, Factoringleistungen
factors, deciding entscheidende Faktoren
factors, inflationary Inflationsfaktoren
factors, related verwandte Faktoren, (damit) verbundene Faktoren

factors, vitiating Ungültigkeitsfaktoren
factory Betrieb, Fabrik, Werk
factory extension Betriebserweiterung
factory insurance Betriebsversicherung
factory-made goods Fabrikwaren, fabrikmäßig hergestellte Waren
factory management Betriebsleitung, Fabrikleitung
factory plant Fabrikanlage
factory premises Fabrikgebäude
factory worker Fabrikarbeiter
facts, bare nackte Tatsachen
facts, concealment of vorsätzliches Verschweigen wesentlicher Tatsachen
facts, extrinsic Tatsachen, die nicht aus einer Urkunde ableitbar sind
facts, founded on auf Tatsachen beruhend; stichhaltig
facts, immaterial unwesentliche Tatsachen
facts in issue strittige Tatsachen; zu beweisende Tatsachen
facts, material wichtige Tatsachen, erhebliche Tatsachen; wesentliche Tatsachen
facts not needing to be disclosed Tatsachen, die nicht offenbart werden brauchen
facts, notified als offenkundig anerkannte Tatsachen
facts, statement of Sachverhalt, Darstellung des Tatbestandes
factual tatsächlich; auf Tatsachen beruhend
factual and legal position Sach- und Rechtslage

factual discrimination tatsächliche Benachteiligung
factual position Sachlage
facultative reinsurance fakultative Rückversicherung
facultative reinsurance treaty fakultativer Rückversicherungsvertrag
faculty Fähigkeit, Vermögen
fail fehlschlagen, mißlingen, scheitern; verfehlen, versäumen, unterlassen; versagen; durchfallen
failing payment mangels Zahlung
failing proof mangels Beweises
failure Fehlschlag, Mißlingen, Mißerfolg; Unterlassung, Versäumnis; Ausbleiben, Versagen; Bankrott, Insolvenz
failure, crop Mißernte
failure, frequent Ausfallhäufigkeit
failure of consideration Wegfall der Gegenleistung
failure of performance mangelnde Vertragserfüllung, Nichterfüllung
failure of power supply, insurance against Stromausfallversicherung
failure of refrigeration equipment Ausfall der Kühlvorrichtung
failure, partial Teilausfall (techn.)
failure, power and water Strom- und Wasserausfall
failure, secondary Folgeausfall
failure to appear Nichterscheinen
failure to comply with Nichteinhaltung
failure to deliver Nichtlieferung, Lieferungsverzug
failure to fulfil contractual obligation Nichterfüllung einer vertraglichen Verpflichtung

failure to fulfil one's supervisory duties Aufsichtspflichtverletzung

failure to keep up the instalments Nichteinhaltung der Ratenzahlungen

failure to insure, penalty for gesetzliche Strafe bei der Unterlassung der vorgeschriebenen Versicherungsdeckung (z. B. mangelnde Versicherung eines Arbeitnehmers seitens des Arbeitgebers)

failure to maintain Nichtaufrechterhaltung

failure to make a payment Nichtzahlung

failure to observe (Produkt-)Beobachtungsfehler

failure to observe time limit Fristversäumnis

failure to pay Nichtzahlung

failure to pay on due date Zahlungsverzug

failure to perform Nichterfüllung

failure to remove Nichtbeseitigung

failure to use ordinary care Fehlen der verkehrsüblichen Sorgfalt

failure to warn unterlassene Warnung; Versäumnis der Warnung (in der Produkthaftung z. B. vor Gefahren, die von einem Produkt ausgehen)

failure to warn, producer's Verletzung der Warnpflicht des Produzenten

failures, wearout Verschleißausfälle

faint Ohnmacht

fair Ausstellung, Messe; Jahrmarkt

fair average quality (f.a.q.) gute Durchschnittsqualität; gute Mittelqualität; Handelsgut mittlerer Art und Güte

fair comment sachliche Kritik

fair market value (FMV) Marktwert, Verkehrswert

fair trading gerechter Handel; lauterer Handel

Fair Trading Act 1973 Gesetz über Lauteren Wettbewerb 1973

Fair Trading, Director-General of Generaldirektor des Amts zur Überwachung von Handelspraktiken

fairground equipment Schaustellergeräte

fairness Aufrichtigkeit, Gerechtigkeit, Unparteilichkeit, Anständigkeit; Kulanz

faith, bad böser Glaube; Unredlichkeit

faith, good Treu und Glauben; Redlichkeit

faith, in bad bösgläubig, unredlich

faith, in good in gutem Glauben, in guter Absicht

faithful performance of contract Vertragstreue

fake Fälschung, Nachahmung

fall Rückgang; Fall, Sturz

fall due fällig werden

fall ill erkranken

fall-off in production Rückgang der Produktion

fall out sich entzweien, in Streit geraten

fallen building clause Klausel für eingestürzte Gebäude

falling buildings and walls, damage by Schäden durch einstürzende Gebäude und Gemäuer

falling due fällig

false unwahr, unrichtig, falsch; unecht, künstlich, nachgemacht

false declaration unrichtige Angabe

false imprisonment Freiheitsberaubung; unrechtmäßige Inhaftierung

false oath Meineid

false pretence coverage (US-Kfz-Haftpfl.-Vers.) Deckung bei Vorspiegelung falscher Tatsachen; Zusatz zu einer Kfz-Werkstattversicherung, um Deckung für Kraftfahrzeuge einzuschließen, die der Versicherte infolge einer List, eines Plans oder der Vortäuschung falscher Tatsachen freiwillig hergegeben hat oder von einem Verkäufer bezieht, der kein rechtmäßiges Eigentum besitzt

false representation falsche Darstellung; falsche Angaben; Vorspiegelung falscher Tatsachen

false statement unrichtige Angabe

false trade description falsche Warenbezeichnung

falsehood Unwahrheit, Lüge; Falschheit

falsehood, injurious Rufschädigung, Kreditschädigung

falsification Fälschung, Verfälschung

falsification of a signature Unterschriftsfälschung

falsify verfälschen, falsch darstellen; fälschen; nachahmen, nachmachen

fame Ruf, guter Ruf

family allowance Familienbeihilfe, Familienzulage

family business Familienbetrieb

family doctor Hausarzt

family income assurance Familienversicherung

family income benefit Familienrente; Familienbeihilfe

family income benefit, endowment policy with gemischte Versicherung mit Familienrente für den Todesfall

family income policy Familieneinkommen sichernde Risikolebensversicherung

family income rider [US] Familienrenten-Zusatz

family law Familienrecht

family name Familienname

family relationships Verwandtschaftsbeziehungen, familiäre Beziehungen

fanaticism Fanatismus

fancy goods Luxuswaren; Modeartikel

f.a.q. (fair average quality) gute Durchschnittsqualität; gute Mittelqualität; Handelsgut mittlerer Art und Güte

farm bebauen, bewirtschaften

farm products landwirtschaftliche Erzeugnisse

farm, sewage Kläranlage, Rieselfeld

Farm Underwriters Association (FUA) Versicherungsgesellschaft(en) für landwirtschaftliche Betriebe

farming Landwirtschaft, Agrarwirtschaft, Ackerbau

farming and breeding Ackerbau und Viehzucht

f.a.s. (free alongside ship) „frei Längsseite Schiff"

f.a.s. contract (free alongside shipcontract) Vertrag, der eine Lieferung von Waren „frei Längsseite Schiff" vorsieht (d. h. ohne Beladen)

fast as can (f.a.c.) so schnell wie möglich

fast breeder reactor schneller Brutreaktor, schneller Brüter

fast food restaurant Schnellgaststätte, Schnellrestaurant

fastening, child-resistant kindersicherer Verschluß, kindersichere Befestigungsvorrichtung

fatal schicksalhaft, verhängnisvoll; tödlich

fatal accident tödlicher Unfall

Fatal Accidents Act 1846 [UK] Gesetz über tödliche Unfälle von 1846, mit Novellierungen 1976; regelt unter anderem Schadenersatzansprüche der Angehörigen nach einem tödlichen Unfall

fatal injuries, to sustain sich tödliche Verletzungen zuziehen

fatal personal accident Unfall mit Todesfolge

fatality Unfalltod; Unglücksfall

fatally injured tödlich verletzt

fate Schicksal, Verhängnis

father-in-law Schwiegervater

fatigue Ermüdung; Erschöpfung

fatigue accident auf Ermüdung zurückzuführender Unfall

fault Fehler, Schuld, Verschulden; Versehen; Vergehen

fault, comparative [US] anspruchsminderndes Mitverschulden (ersetzt das Prinzip der „contributory negligence")

fault, construction Konstruktionsfehler, Baufehler

fault, contributory Mitverschulden

fault, gross grobes Verschulden

fault, joint gemeinsame Schuld, gemeinsames Verschulden

fault, liability based on vom Verschulden abhängige Haftung, Verschuldenshaftung

fault, liability regardless of Gefährdungshaftung; Haftung unabhängig vom Verschulden

fault, liability without Gefährdungshaftung; Haftung unabhängig vom Verschulden

fault, negligence without Fahrlässigkeit ohne subjektiven Schuldvorwurf; objektive Fahrlässigkeit

fault, no Schuldlosigkeit

fault, serious grobes Verschulden

fault, slight geringfügiges Verschulden, leichtes Verschulden

fault, sole Alleinverschulden

fault, third party Fremdverschulden

fault, without anybody's ohne jedes Verschulden

faultiness Fehlerhaftigkeit, Mangelhaftigkeit

faultless fehlerlos, einwandfrei, tadellos

faults, instruction Gebrauchsanweisungsfehler, Instruktionsfehler

faults, with all mit allen Mängeln

faulty design fehlerhaftes Design, fehlerhaftes Muster, fehlerhafte Konstruktion, fehlerhafte Gestaltung

faulty execution of work, maintenance or repair falsche Ausführung von Arbeiten, Wartung oder Reparatur

faulty goods fehlerhafte Waren

faulty workmanship exclusion Ausschluß mangelhafter Werkleistung

favourable balance Einnahmenüberschuß, aktive Bilanz

f.b. (freight bill) Frachtbrief

F.C. & S. (free of capture and seizure) (Seeversicherung) Ausschluß von „Prise und Beschlagnahme"; frei von Aufbringung und Beschlagnahme

fca (for common account) für gemeinsame Rechnung

F.C.I.A. [Fellow of the Corporation of Insurance Agents; Foreign Credit Insurance Association, US] Mitglied der Gesellschaft der Versicherungsvertreter; Auslandskreditversicherungs-Gesellschaft

F.C.I.B. (Fellow of the Corporation of Insurance Brokers) Mitglied der Gesellschaft der Versicherungsmakler

FCII [Fellow of the Chartered Insurance Institute, UK] Mitglied eines konzessionierten Versicherungsinstituts

FDA [Federal Drug Administration, US] Bundesministerium für Drogen

fear Furcht, Angst; Befürchtung

fearfulness Furchtsamkeit, Ängstlichkeit

feasibility Durchführbarkeit, Ausführbarkeit, Möglichkeit

feasibility of safe design (Produkthaftung) Durchführbarkeit einer sicheren Ausführung

feasibility, technical technische Machbarkeit

feasible, technically technisch möglich

feature Kennzeichen, Merkmal; Eigenheit; spezielle Eigenschaft

feature, facial Gesichtszug

feature, special Besonderheit

federal case [US] Verfahren bei einem Bundesgericht

Federal Court of Justice Bundesgerichtshof

Federal Courts [US] Bundesgerichte

Federal Drug Administration [FDA, US] Bundesministerium für Drogen

federal excise tax [US] Prämienexportsteuer

federal insurance administrator [US] Bundesversicherungsverwalter, Beamter der Bundesregierung, der die Verwaltung des Bundesversicherungssystems beaufsichtigt

Federal Insurance Contributions Act [F.I.C.A., US] Gesetz über die Sozialversicherungsabgaben

Federal Insurance Institution for Employees Bundesversicherungsanstalt für Angestellte

federal rule of evidence bundesrechtliche Vorschrift betreffend Fragen der Beweiserhebung und der Beweislast

Federal Rules of Civil Procedure [US] Zivilprozeßordnung für Prozesse vor Bundesgerichten

fee Vergütung; Gebühr, Honorar, Bezahlung; Eigentum, Besitz

fee bezahlen; honorieren; eine Gebühr bezahlen

fee, assessor's Kosten für Gutachten, Expertisekosten

fee, brokerage Maklergebühr, Vergütung des Maklers

fee, combined annual pauschale Jahresgebühr

fee, contingency [US] Erfolgshonorar, Anwaltshonorar; Sicherheitsreserve

fee, doctor's Arzthonorar, Arztgebühren

fee, flat Pauschalgebühr, Pauschalhonorar

fee, handling Bearbeitungsgebühr

fee, hourly Stundensatz

fee, insurance Versicherungsgebühr

fee, liable to a gebührenpflichtig

fee, parking Parkgebühr

fee, policy Policengebühr, Policenkosten

fee, preparation of policy Policenausfertigungsgebühr

fee, retaining Anwaltsvorschuß, Gebührenvorschuß

fee, simple Eigentumsrecht (an Grundbesitz)

feeble-minded geistesschwach

feeble-minded person Geistesschwacher, geistesschwache Person

feedback „Feedback", Informationsrückfluß; Rückkopplung

feeder Zubringer

feel on edge ungeduldig sein; nervös sein; gereizt sein

fees, advance payment of [US] Gebührenvorschuß

fees, experts' Sachverständigenhonorar, Gutachtergebühren

fees insurance, surgical Operationskostenversicherung

fees, lawyer's Rechtsanwaltskosten

fees, medical Arztkosten, Arztgebühren

fees, storage Lagergebühren, Lagergeld

fees, survey Gutachtergebühren, Kosten für Gutachten, Expertisekosten

fees, surveyors' Sachverständigenhonorar, Gutachterhonorar

feign heucheln, simulieren

feign illness Krankheit vortäuschen

feigned contract fingierter Vertrag, Scheinvertrag

Fellow of the Chartered Insurance Institute [FCII, UK] Mitglied eines konzessionierten Versicherungsinstituts

Fellow of the Corporation of Insurance Agents (F.C.I.A.) Mitglied der Gesellschaft der Versicherungsvertreter

Fellow of the Corporation of Insurance Brokers (F.C.I.B.) Mitglied der Gesellschaft der Versicherungsmakler

felo-de-se Selbstmörder; Selbstmord

fence Hürde, Hindernis; Einfriedung, Einzäunung, Zaun

fermentation, damage by Gärschaden, Fermentierungsschaden, Schaden durch Selbstentzündung

fermentation, spontaneous spontane Fermentation; Übergarung

fertiliser Dünger, Düngemittel, Kunstdünger

fever Fieber

ff. (following pages) folgende Seiten

FGA (Foreign General Agent) Generalbevollmächtigter im Ausland

F.G.A., f.g.a. (free from general average) frei von großer Havarie

f.i. (for instance) zum Beispiel

fibre content Faseranteil (bei Textilien)

fibres, asbestos Asbestfasern

f.i.c., fic (freight, insurance, carriage) Fracht, Versicherung, Transport

FICA [Federal Insurance Contributions Act, US] Gesetz über die Sozialversicherungsabgaben

fiction, legal Rechtsfiktion

fictitious unecht, erfunden; unwirklich; fiktiv, fingiert

fictitious claim vorgetäuschter Anspruch

fictitious contract Scheinvertrag

fidelity bond Kautionsversicherungspolice; (US) von einem Bürgschaftsunternehmen erstellter Dreiparteienvertrag, der für die Ehrlichkeit (Vertrauenswürdigkeit) des Auftraggebers einsteht

fidelity, breach of Treuebruch; Unterschlagung

fidelity, contractual Vertragstreue

fidelity guarantee Kaution

fidelity guarantee claim Vertrauensschaden

fidelity guarantee insurance Veruntreuungsversicherung, Kautionsversicherung

fidelity guarantee policy Garantieversicherungspolice; Kautionsversicherung

fidelity insurance Veruntreuungsversicherung, Unterschlagungsversicherung, Vertrauensschaden-Versicherung, Kautionsversicherung, Garantieversicherung

fidelity policy Vertrauensschadenversicherungspolice, Kautionspolice, Garantieversicherungspolice

fiduciary duty Treuhänderpflicht

fiduciary duty, breach of Verletzung der Treuhänderpflicht

field, athletic Sportplatz

field of operations Geschäftsgebiet, Tätigkeitsgebiet, Arbeitsgebiet

field office Filiale; Außenstelle

field service Außendienst, Kundendienst

field staff Außendienstmitarbeiter

fifo (first-in-first-out) Methode der Bewertung des Vorratsvermögens „zuerst gekauft – zuerst verbraucht"

fight Kampf; Schlägerei

fighting, fire Brandbekämpfung, abwehrender Brandschutz

figures, comparative Vergleichszahlen

figures, sales Verkaufsziffern, Umsatzzahlen

figures, turnover Umsatzzahlen

filament lamp Glühlampe

file Aktenordner, Ordner; Sammelmappe

file a suit Klage erheben

file an action eine Klage erheben, eine Klage einreichen

file an appeal Rechtsmittel einlegen

file and use [US] „einreichen und verwenden", Ratifizierungsmethode der Bundesstaaten; ein Versicherer reicht seine Versicherungsvordrucke, Zusätze und Prämiensätze zur Prüfung bei der Versicherungsbehörde ein und verwendet sie bereits, bevor die amtliche Genehmigung des Bundesstaates vorliegt

file, card Kartei

filling Füllung, Füllmasse, Einlage; Zahnplombe, Plombierung

filling station Tankstelle

film producer's indemnity insurance Filmausfallversicherung; Haftpflichtversicherung für Filmproduzenten

filter, smoke Entstaubungsanlage

final age Endalter

final and conclusive rechtskräftig, rechtsgültig; endgültig

final bonus Schlußgewinnanteil, Schlußdividende

final clause Schlußklausel, Schlußbestimmung

final consumer Endverbraucher

final date letzter Termin, Endtermin

final decision endgültige Entscheidung, rechtskräftige Entscheidung

final earnings Endgehalt

final instalment letzte Rate, Schlußrate

final pay Endgehalt; auf das letzte Gehalt abgestellte Rentenzahlung

final payment Abschlußzahlung

final place of destination endgültiger Ablieferungsort

final premium adjustment definitive Prämienabrechnung

final respite letzte Frist, letzter Zahlungsaufschub

final result Schlußergebnis

final salary Endgehalt

final salary pension plan Endgehalts-Pensionsplan

final statement of account endgültige Abrechnung

final, to become rechtskräftig werden, Rechtskraft erlangen

finality Endgültigkeit

finance purchaser Käufer, der Waren zum Zwecke des Mietverkaufs oder Ratenverkaufs erwirbt

financial adviser Finanzberater

financial aid finanzielle Hilfe, finanzielle Unterstützung

financial balance liquider Saldo

financial capacity finanzielle Leistungsfähigkeit; Finanzkraft

financial ceiling finanzielle Obergrenze

financial circumstances Vermögensverhältnisse

financial control finanzielle Kontrolle, finanzielle Prüfung

financial damage Vermögensschaden

financial guarantee Finanzbürgschaft

financial institution, approved genehmigtes Finanzinstitut (in britischen Versicherungsgesetzen bezieht sich dieser Begriff auf eine Liste ausdrücklich genannter Finanzinstitute)

financial institutions insurance [US] Einlagenversicherung (Versicherung privater Guthaben bei Kreditinstituten)

financial limit finanzielle Grenze

financial loss Vermögensschaden

financial obligations finanzielle Verpflichtungen

financial position finanzielle Lage, Finanzlage

financial programme Finanzierungsplan

financial provision finanzielle Vorsorge; finanzielle Klausel (Vertrag)

financial responsibility requirement [US] Vorschrift über Haftungsgrenzen von Kraftfahrzeugführern für Personen- und Sachschäden

Financial Services Act 1986 [FSA, UK] Gesetz über Dienstleistungen im Finanz- und Investitionsbereich

financial statement (FS) Jahresabschluß

financial transaction Finanzgeschäft

financial year Geschäftsjahr, Haushaltsjahr, Finanzjahr, Rechnungsjahr, Bilanzjahr

financing, reciprocal gegenseitige Finanzierung

find for the defendant die Klage abweisen

find for the plaintiff der Klage stattgeben

finding, fact Tatbestandsaufnahme, Tatsachenfeststellung

fine Geldstrafe, Geldbuße, Strafsumme; Bußgeld

fine strafen, mit einer Geldstrafe belegen

fingertips, to have s.th. at one's etwas aus dem „Effeff" beherrschen, völlig vertraut sein mit etwas, etwas parat haben

finish Ende, Schluß; Vollendung

finish beenden, aufhören mit; vollenden, fertigmachen

finish, interior Innenverarbeitung

finished products Fertigerzeugnisse, Fertigwaren

finishing industry Veredelungsindustrie

finishing process Veredelungsverfahren, Endproduktverfahren

fire Brand, Feuer

fire, accidental unbeabsichtigter Brand; plötzlich auftretendes Feuer, plötzliches Brandereignis

fire, action of Feuereinwirkung

fire alarm Feueralarm, Brandalarm

fire alarm box manueller Feuermelder, Brandmelder

fire alarm box, extension Nebenfeuermelder

fire alarm box, main Hauptfeuermelder

fire alarm receiving station Feuermeldeanlage, Brandmeldeanlage

fire alarm routing equipment Hauptfeuermeldeeinrichtung

fire alarm system Brandmeldeanlage, Feuermeldeanlage

fire and elemental perils Feuer- und Elementargefahren

fire and natural perils Feuer- und Naturgefahren

fire area Brandstelle

fire arms, licence to carry Waffenschein

fire, assessment of Brandbeurteilung, Brandbewertung, Brandanalyse

fire barrier Feuerschutz

fire behaviour Brandverhalten

fire blanket Brandlöschdecke

fire break Brandschutzstreifen, Brandschneise

fire break wall Brandmauer

fire bridge Brandbrücke, Feuerbrücke

fire brigade Löschdienst, Feuerschutzdienst, Feuerwehr

fire brigade charges Feuerlöschbeitrag, Feuerschutzsteuer

fire brigade, contributions to Feuerlöschbeitrag, Feuerschutzsteuer

fire brigade service, costs of Feuerlöschkosten

fire burns, length of time a Branddauer

fire, bush Buschfeuer

fire, call out for a Brandmeldung

fire call out point Feuermeldestelle

fire caused by a crash Aufschlagbrand

fire, cause of Brandursache

fire cell Brandabschnitt

fire characteristic Feuerfestigkeitsmerkmal

fire class Brandklasse

fire clause Brandschadenklausel

fire consequential loss Brand-Folgeschaden; Feuer-Betriebsunterbrechung

fire, course of the Brandverlauf

fire curtain Brandschürze

fire damage Brandschaden

fire damage caused by lightning Blitzschaden durch „heißen Schlag"

fire, danger of Feuergefahr

fire defence arrangements Brandbekämpfungsmaßnahmen

fire department Feuerwehr, Feuerwachstation; Feuerschadenabteilung

fire detector Feuermelder, Brandmelder

fire, developing Entstehungsbrand

fire district Feuerbezirk, Brandbezirk

fire door Brandschutztür

fire, electric elektrisches Heizgerät, elektrischer Ofen

fire engineering Brandschutztechnik

fire escape Feuerleiter, Rettungsleiter; Nottreppe

fire escape stairs Feuertreppe

fire exit Notausgang

fire exposure, damage by friendly Nutzfeuerschaden

fire extinguisher Feuerlöscher, Feuerlöschapparat

fire extinguishing applicances Feuerlöschvorrichtungen, Feuerlöschgeräte

fire extinguishing costs Feuerlöschkosten, Löschkosten

fire extinguishing system Feuerlöschnetz, Feuerlöschsystem

fire fighting Brandbekämpfung, abwehrender Brandschutz

fire-fighting equipment Brandbekämpfungseinrichtungen

fire-fighting facilities Brandbekämpfungseinrichtungen

fire-fighting fort, floating Löschbrücke

fire-fighting services Löschhilfe

fire-fighting system, high expansion foam Leichtschaumanlage

fire-fighting system, low expansion foam Schwerschaum-Löschanlage

fire-fighting system, medium expansion foam Mittelschaum-Löschanlage

fire, flammable liquid Flüssigkeitsbrand

fire, forest Waldbrand

fire, friendly Nutzfeuer

fire, fully developed Vollbrand

fire gases Brandgase

fire, glowing Glutbrand

fire hazard Feuergefahr

fire hazard, physical objektives Brandrisiko

fire hazard, presenting a feuergefährlich

fire, hostile Schadenfeuer

fire, impact of Feuereinwirkung

fire indemnity Brandschadenersatzleistung

fire, indoor Innenbrand

fire, initial Ursprungsfeuer, Entstehungsbrand

fire inspection Brandschau

fire insurance Feuerversicherung, Brandschadenversicherung

fire insurance contract Feuerversicherungsvertrag

fire insurance fund Brandkasse, Feuerkasse

fire insurance, mutual Feuerversicherungsgesellschaft auf Gegenseitigkeit

fire insurance policy Feuerversicherungspolice

fire insurance rate Feuertarif, Brandtarif

fire insurance, third party Feuerhaftungs-Versicherung

fire, intensity of the Brandintensität

fire investigation Brandermittlung, Brandursachenermittlung

fire legal liability Haftung für Brandschäden

fire liability insurance Feuerhaftungs-Versicherung

fire, lightning damage not resulting in Blitzschaden durch „kalten Schlag"

fire limits Brandschutzzone

fire load Brandlast

fire loss, indemnity for a Brandentschädigung

fire, loss of profits resulting from Feuer-Betriebsunterbrechung (FBU)

fire, loss resulting from Brandschaden

fire, major Großbrand

fire marshall Branddirektor

fire, metal Metallbrand

Fire Offices Committee [UK] Verband der Tarifgesellschaften; Feuerversicherungsausschuß

fire partition Brandzwischenwand

fire, peril of Feuergefahr, Brandgefahr

fire phenomena Brandkenngrößen

fire pocket Brandherd, Glutnest

fire point Brennpunkt

fire policy (F.P.; f.p.) Feuerversicherungspolice

fire policy conditions Feuerversicherungsbedingungen

fire policy, standard Einheitspolice der Feuerversicherung

fire, post flashover Vollbrand

fire precaution Brandverhütung

fire prevention vorbeugender Brandschutz, Brandverhütung

fire, previous früheres Feuer

fire-proof feuersicher

fire protection Brandschutz, Feuerschutz

Fire Protection Association (F.P.A.) Brandschutzverband Großbritanniens

fire protection installations Brandschutzvorrichtungen, Sicherungseinrichtungen
fire protection technology Brandschutztechnik
fire raiser Brandstifter
fire raising Brandstiftung
fire recourse insurance Feuerregreßversicherung
fire regulations Brandverordnungen, Vorschriften zur Brandverhütung
fire resistance Brandsicherheit, Feuerwiderstand, Feuersicherheit
fire resistance rating Brandwiderstandsdauer, Feuerwiderstandsdauer
fire resistance under load Feuerbeständigkeit unter Einwirkung von Druck
fire-resistant feuerbeständig
fire-resistant, highly hochfeuerbeständig
fire resisting capability Feuerwert, Abbrandwiderstand
fire resisting construction feuersichere Bauart
fire-resistive feuerbeständig, feuerfest
fire-retardant feuerhemmend
fire retardant bulkhead Brandschotte, Brandspant
fire risk Feuerrisiko, Brandgefahr, Brandrisiko
fire safety Brandsicherheit, Feuersicherheit
fire, scene of Brandstelle
fire, secondary Folgebrand
fire-sensitive feuerempfindlich; brandgefährdet
fire, serious Großbrand

fire service Löschdienst, Feuerschutzdienst
fire service chimney nozzle Schornsteindüse für Löscheinsatz
fire service, damage by the Schäden durch Feuerwehreinsatz
fire, severity of the Brandstärke, Brandintensität
fire, small Kleinbrand
fire, smoldering Schwelbrand
fire, source of Brandherd
fire, spread Brandausbreitung
fire, spreading Lauffeuer
fire station Brandwache
fire storm Feuersturm
fire, subterranean unterirdisches Feuer
fire, suppression of a Brandeindämmung
fire surveying service Brandschau
fire system Brandsystem
fire system, central alarm Brandmeldezentrale
fire, to set on entzünden, in Brand setzen
fire transmission Brandübertragung
fire triangle Feuerdreieck
fire under control Brand unter Kontrolle
fire underwriter Feuerversicherer
fire, unfriendly Schadenfeuer
fire watch Feuerwache, Brandwache
firearms Feuerwaffen
firearms certificate Waffenschein
firebed, basic Grundglut; Brandherd
firebug Brandstifter

firecheck, automatic selbsttätige Flammkontrollvorrichtung

fireground Feuerstelle

fireguard Brandwache; Gitter für offenen Kamin

fireman Feuerwehrmann

fireplace Feuerstätte, Feuerstelle

fireproof feuersicher, feuerfest, feuerbeständig

fireproof door Feuerschutztür

fireworks Feuerwerk

firm Firma, Handelsfirma, Betrieb, Unternehmen

firm fest, stark, hart; befestigt; beständig

firm bargain fester Abschluß; Fixgeschäft

firm, brokerage Maklerfirma

firm, broking Maklerfirma

firm, debts of a Geschäftsschulden

firm, foundation of a Gründung einer Firma

firm, industrial Industrieunternehmen

firm, locality of a Sitz einer Firma, Firmensitz

firm order to place Plazierungsauftrag

firm, takeover of a Übernahme einer Firma, Akquisition

firmness Festigkeit, Beständigkeit, Entschlossenheit

firmness of prices Preisstabilität

firms, amalgamation of Firmenzusammenschluß

firm's brand Firmenzeichen

first aid erste Hilfe

first aid station Unfallstation

first average condition Versicherung auf erstes Risiko, Unterversicherungsbedingung

first class acceptance Annahme zu normalen Bedingungen, Annahme ohne Änderungen; „glatte Annahme"

first class name erste Adresse

first demand guarantee Erfüllungsbürgschaft, die bei Erstaufforderung durch den Begünstigten zu zahlen ist

first dollar [US] erster Dollar; der Schadenbetrag, für den ein Versicherter selbst aufkommen muß, im Regelfall durch eine Selbstbehaltsklausel

first-in-first-out (fifo) Methode der Bewertung des Vorratsvermögens, „zuerst gekauft – zuerst verbraucht"

first instalment Anzahlung, erste Rate

first instance erste Instanz

first insurer Erstversicherer

first loss insurance Versicherung auf erste Gefahr, Versicherung auf erstes Risiko, Erstrisikoversicherung

first loss policy Erstrisikoversicherungspolice

first mortgage erststellige Hypothek

first name Vorname, Rufname

first named insured [US] erstgenannter Versicherter; in Versicherungsverträgen ist der erstgenannte Versicherte für die Prämienzahlungen verantwortlich und erhält die Mitteilungen von der Versicherungsgesellschaft

first party insurance Eigenschadenversicherung

first premium erste Prämie, Einlösungsprämie, Erstprämie

first purchaser Ersterwerber

first-rate erstklassig, ersten Ranges

first supplier Erstlieferant

FIS (freight, insurance and shipping charges) Fracht, Versicherung und Verladekosten

fiscal year (f.y.) Geschäftsjahr; Bilanzjahr

fish processing industry fischverarbeitende Industrie

fisheries Fischereierzeugnisse

fishmonger Fischhändler

fission, nuclear Kernspaltung

fissionable material spaltbare Materie

fit passen, anpassen; versehen mit, ausstatten, geeignet sein

fit passend, geeignet; schicklich; fähig, tauglich, arbeitsfähig, einsatzfähig

fit for habitation bewohnbar

fit for the purpose gebrauchsfähig für den (vertraglich) vorgesehenen Verwendungszweck

fit for use Gebrauchsfähigkeit

fit for work arbeitsfähig

fit of apoplexy Schlaganfall

fit to plead Fähigkeit, vor Gericht zu erscheinen; prozeßfähig

fitness Eignung, Tauglichkeit

fitness of goods for a particular purpose Eignung von Waren für einen besonderen Zweck

fitness of products Produktgebrauchstauglichkeit

fitness, quality or Qualität oder Tauglichkeit, Eignung

fitter Monteur, Installateur

fitting montieren, installieren, Installation; Kupplungsstück, Rohrverbindung; Beschläge, Zubehör, Armaturen, Ausrüstungsgegenstände, Einbauten; Einrichten, Anpassen; Anprobe; angemessen, schicklich; passend, geeignet

fitting, lighting Leuchte, Beleuchtungskörper

fixed assets Sachanlagen, Anlagevermögen; gebundene Werte

fixed commission Festprovision

fixed date insurance Stichtagsversicherung

fixed deposit Festgeld, feste Kaution

fixed expenses Fixkosten

fixed fire-fighting system ortsfeste Löschanlage

fixed interest security festverzinsliches Wertpapier

fixed investments langfristige Kapitalanlagen, Daueranlagen

fixed location fester Standort, festgelegter Standort

fixed objects feststehende Gegenstände, unbewegliche Gegenstände

fixed period policy Versicherungspolice mit fester Laufzeit

fixed premium Festprämie, Pauschalprämie

fixed retail price Festverkaufspreis

fixed sum fester Betrag, vereinbarte Geldsumme

fixed sum excess Abzugsfranchise, Vorwegfranchise

fixed sums, assurance of Summenversicherung

fixed sums, insurance of Summenversicherung

fixed term assurance Versicherung auf festen Zeitpunkt

fixed term insurance Termfixversicherung, Versicherung auf festen Termin

fixing of limits Maximierung

fixing, price Bestimmung des Preises

fixture Grundstücksbestandteil, Anlage; Termin

fixtures, landlord's Grundstücksbestandteile des Grundeigentümers

fixtures, trade gewerbliche Einbauten

flagrant disregard offenkundige Mißachtung

flame Flamme, Feuer, Hitze; Leuchten, Glanz; Leidenschaft, Eifer

flame entflammen, entzünden; lodern

flame, base of the Flammenwurzel; Brandherd

flame detector Flammenmelder, Feuerauge

flame flicker detector Flammenfrequenzmelder, Flammenimpulsmelder

flameproofing schwer entflammbar

flame, propagation of Flammenfortpflanzung

flame resistant schwer entflammbar; flammensicher

flame retardant schwer entflammbar

flame retardant agent Flammschutzmittel

flame safeguard Flammenwächter

flame sensor Flammenfühler

flame, spreading Flammenausbreitung

flammable brennbar, leichtentzündlich, feuergefährlich, entflammbar

flammable, easily leicht entflammbar, leicht entzündlich

flammable, extremely höchst brennbar, höchst entzündlich, höchst feuergefährlich

flammable, highly hoch brennbar, hoch entzündlich, hoch feuergefährlich, leicht entflammbar

flammable limits Zündgrenzen

flammable liquid fire Flüssigkeitsbrand

flammable range Zündbereich

flammable roof-covering weiche Dachung

flap, start-up Anheizklappe

flash Blitz; Augenblick, Blitzesschnelle

flash blitzen, aufblitzen; lodern

flash point Flammpunkt, Entflammungspunkt

flash suppressor Funkenüberschlag-Löscheinrichtung

flat benefits (Sozialversicherung) Grundleistungen

flat commission Festprovision

flat extra premium [US] (Lebensversicherung) vom Eintrittsalter unabhängiger Risikozuschlag

flat fee Pauschalgebühr, Pauschalhonorar

flat pension gleichbleibende Rente

flat premium Festprämie

flat rate Pauschalsatz

flat rate premium Pauschalprämie

flat rating Pauschaltarifierung

flaw Fehler, Mangel

flaw, hidden versteckter Fehler

flaw in a title Rechtsmangel

fleet Verband von Versicherungsgesellschaften, die für eine Versicherungsbranche zuständig sind; Flotte; Gruppe

fleet, automatic [US] Kraftfahrzeugversicherung, die alle Kraftfahrzeuge des Versicherten, einschließlich der während der Laufzeit der Versicherung erworbenen Kraftfahrzeuge, in einem Vertrag abdeckt; Flottenversicherung

fleet insurance Kraftfahrzeug-Sammelversicherung; Flottenversicherung

fleet of companies Unternehmensgruppe

fleet policy Kraftfahrzeugsammelpolice, Pauschalpolice in der Kfz-Versicherung

flexible law nachgiebiges Recht, dispositives Recht

flexible retirement age flexible Altersgrenze

flexible working time (FWT) gleitende Arbeitszeit

flight and taxiing excess deductible Flug- und Rollfranchise

floater Abschreibepolice, Generalpolice; laufende, offene Police

floating annual policy laufende Jahresversicherungspolice

floating charge ungesicherte Verbindlichkeit, variable Belastung, schwebende Schuld; nichtspezifiziertes Globalpfandrecht

floating fire-fighting fort Löschbrücke

floating policy (F.P., f.p.) laufende Police

floating rate note (FRN) mittel- bis langfristige Schuldverschreibung mit variabler Verzinsung, die in der Regel alle 3 oder 6 Monate auf der Basis eines Referenzzinssatzes neu bestimmt wird

flood Flut, Flutstrom, Hochwasser, Überschwemmung

flood überfluten, überschwemmen

flood coverage Versicherungsschutz gegen Überschwemmungsschäden

flood damage Hochwasserschaden

flood insurance Überschwemmungsversicherung

flooding Hochwasser

flow, cash Kassenfluß, Barmittelstrom

fluctuation, horizontal quantitative Schwankung des Einzelversicherungsbestandes

fluctuation loading Schwankungszuschlag

fluctuation parameter Schwankungsparameter

fluctuation, random Zufallsschwankung

fluctuation reserve Schwankungsrückstellung, Schwankungsreserve

fluctuation, vertical quantitative Schwankung des Gesamtversicherungsbestandes

fluctuations Schwankungen

fluency Geläufigkeit

fluorescent tubes, insurance of Leuchtröhrenversicherung

fluorine Fluor

fly in the face of s.th. sich einer Sache (offen) widersetzen; einer Sache trotzen; sich über etwas hinwegsetzen

flying Flug, Fliegen; Fliegerei

flying risk Flugrisiko

flying sparks Funkenflug

flying test Flugprüfung

FMV (fair market value) Marktwert, Verkehrswert

foam (Lösch-)Schaum

foam, air Luftschaum, mechanischer Schaum

foam, chemical chemischer (Lösch-)Schaum

foam, high expansion Leichtschaum

foam installation Schaumlöscheinrichtung

foam, low expansion Schwerschaum

foam, mechanical Luftschaum, mechanischer Schaum

foam, wetting agent Naßschaumlöschmittel

f.o.b. contract Vertrag, der eine Lieferung von Waren „frei an Bord" vorsieht

f.o.c. (free of charge) gebührenfrei

focus Brennpunkt, Mittelpunkt, Schwerpunkt; Herd einer Krankheit

f.o.d. (free of damage) frei von Beschädigung

foetal death Totgeburt

foeticide Abtreibung

foetus Fötus, Leibesfrucht

folding chassis zusammenlegbares Gestell, zusammenlegbarer Unterbau

following pages (ff.) folgende Seiten

following underlying (primary) form Konditionen einer Lokalpolice gelten auch für den weiteren Vertrag (Umbrella)

food Essen, Speise, Kost, Nahrung; Nahrungsmittel, Lebensmittel; Nahrung, Stoff, Beköstigung

food additives Zusatzstoffe für Lebensmittel

food adulteration Lebensmittelverfälschung

food and beverages Nahrungsmittel und Getränke

food contamination Lebensmittelverseuchung

food, drink and tobacco industry Nahrungs- und Genußmittelindustrie

food imitation Nahrungsmittelnachbildung

food processing industry Nahrungsmittelindustrie

food product Nahrungsmittelprodukt

foodstuff Nahrungsmittel

foodstuff, canned Lebensmittel in Dosen

foodstuffs, perishable verderbliche Lebensmittel

foodstuffs, prepared Waren der Lebensmittelindustrie; Fertignahrung

foot (f., ft.) Fuß; Fuß (0,3048 m)

foot and mouth disease Maul- und Klauenseuche

foot, cubic Kubikfuß

foot, square Quadratfuß

footnote Fußnote

footwear Schuhwerk, Schuhe

f.o.r. contract Vertrag, der eine Lieferung von Waren „frei Eisenbahn" vorsieht

for an unlimited period unbefristet, auf unbegrenzte Zeit
for common account (fca) für gemeinsame Rechnung
for example (e.g.) zum Beispiel
for food use zur Verwendung mit Nahrungsmitteln; obligatorische Aufschrift für gewisse Materialien gemäß den Nahrungsmittelgesetzen
for health reasons aus gesundheitlichen Gründen
for instance (f.i.) zum Beispiel
for own risk auf eigenes Risiko
for purposes of information zum Zwecke der Informationsgewinnung
for the sake of safety um der Sicherheit willen
for the time being gegenwärtig
for want of aus Mangel an
for your information (f.y.i.) zu Ihrer Information
foray Beutezug, Raubzug, räuberischer Einfall
forbearance Abstehen von der Erzwingung eines Rechtes; Geduld, Nachsicht; Unterlassung
force Gewaltanwendung, Gewalttätigkeit; Gültigkeit, Gesetzeskraft; Heer, Truppe, Streitmacht; Zwang; Macht, Gewalt; Stärke, Kraft
force beschleunigen; aufbrechen; aufdrängen; erzwingen; nötigen, zwingen
force, coming into Inkrafttreten, Wirksamkeit, Beginn
force, evidentiary Beweiskraft
force, in in Kraft, rechtsgültig
force, labour Arbeiterschaft, Belegschaft
force, legal Rechtskraft, Gesetzeskraft, Rechtsgültigkeit

"force majeure" [Fr] höhere Gewalt
"force majeure" clause Vertragsbedingung über höhere Gewalt
force of interest Zinsintensität
force of law Gesetzeskraft, rechtskräftig
force of mortality Sterbeintensität
force of rehabilitation Wiederherstellungsintensität
force, probative Beweiskraft
force, reasonable angemessener Zwang
force, to come into in Kraft treten
forcible entry sich gewaltsamen Zugang (in ein Gebäude) verschaffen, Hausfriedensbruch
forcible entry upon premises erzwungenes Betreten eines Grundstücks
forecast vorausschätzen
foreclosure Zwangsvollstreckung (aus einer Hypothek), Verfallserklärung
foreign business ausländisches Geschäft, Auslandsgeschäft
Foreign Credit Insurance Association [F.C.I.A., US] Auslandskreditversicherungs-Gesellschaft
Foreign Credit Insurance Corporation (FCIC) Auslandskreditversicherungs-Gesellschaft
foreign currency Fremdwährung, fremde Währung, ausländische Währung, Valuta
foreign currency debt Fremdwährungsschuld
foreign currency, reserve for Rückstellungen für Fremdwährungen
foreign exchange (F.X., f.x.) Devisen

Foreign General Agent (FGA) Generalbevollmächtigter im Ausland

foreign insurer [US] ausländischer Versicherer; Versicherungsgesellschaft, die innerhalb der Vereinigten Staaten gegründet wurde, aber ihre Tätigkeit nicht im gleichen Staate ausübt, der die Genehmigung zur Ausübung ihrer Geschäfte erteilt hat

foreign law ausländisches Recht, Recht eines anderen Bundesstaates

foreign policy Auslandspolitik; Auslandsversicherungspolice

foreign products ausländische Erzeugnisse, Auslandserzeugnisse

foreign residence, extra premium for Auslandszuschlag

foreign trade Außenhandel

forensic gerichtlich, Gerichts-

forensic medicine Gerichtsmedizin

forensic term juristischer Fachausdruck

foreseeability Voraussehbarkeit

foreseeability of harm Voraussehbarkeit eines Schadens

foreseeability, reasonable vernünftige Voraussehbarkeit

foreseeable consequences vorhersehbare Konsequenzen, absehbare Folgen

foreseeable danger voraussehbare Gefahr, voraussehbares Risiko

foreseeable product misuse (f.p.m.) vorhersehbarer Produktmißbrauch

foreseeable use vorhersehbarer Gebrauch

foresight Voraussicht

forest Wald, Forst

forest enterprise Forstbetrieb

forest fire Waldbrand

forest insurance Waldversicherung

forestry Forstwirtschaft

forests, dying-off of Waldsterben

foreword Vorwort

forfeit a right ein Recht verwirken

forfeitability Verfallbarkeit

forfeitable verfallbar

forfeited policy verwirkte, verfallene Versicherungspolice

forfeiture Verlust, Verfall, Einziehung, Verwirkung, Anspruchsverwirkung

forfeiture clause Verwirkungsklausel; Verfallklausel

forfeiture conditions Verfallklauseln

forfeiture of benefits Verfall von Versicherungsleistungen, Wegfall von Zuwendungen

forfeiture of goods Wareneinziehung, Warenbeschlagnahme

forfeiture of rights Verwirkung, Aberkennung, Verfall, Verlust von Rechten

forge schmieden, treiben, hämmern; machen, formen, herstellen; (Geschichte) erfinden; (Scheck) nachmachen, fälschen, eine Fälschung begehen

forged document gefälschte Urkunde, gefälschtes Dokument

forgery Urkundenfälschung, Siegelfälschung; Fälschung, verfälschte Urkunde; Verfälschung echten oder Herstellen falschen Beweismaterials

form Formular, Vordruck; Form, Gestalt, Formalität; Verfassung, Zustand; Klasse

form gestalten, formen, (sich) bilden, entwerfen, erdenken

form, claim Schadenmeldeformular, Schadenanzeige

form, coverage [US] gedruckte Bedingung; Teil einer Police

form, defect of Formfehler, Formmangel

form, in tabular tabellarisch, in Tabellenform

form, lack of Formmangel, Formlosigkeit

form, legal gesetzliche Form, gesetzlich vorgeschriebene Form; Rechtsform

form of enterprise Unternehmensform

form, policy Policenformular

form (policy), named location ortsgebundene Versicherung

form, printed Druckstück

form, proposal Antragsformular

form required by law gesetzlich vorgeschriebene Form

form, standard Einheitsformular, Standardformular

formal defect Formmangel, Formfehler

formal notice Inverzugsetzung

formal requirement Formvorschrift, Formerfordernis

formality Formalität, Formsache

formation Zustandekommen (eines Vertrags); Gründung (einer Gesellschaft), Errichtung; Formung, Bildung

formation, capital [US] Kapitalbildung

formation of a company Gesellschaftsgründung

formation of contract of sale Zustandekommen eines Kaufvertrages

formation of wealth insurance Vermögensbildungsversicherung

formula, surrender value Rückkaufsformel

forseeable use vorhersehbarer Gebrauch

forthcoming herauskommend, hervorkommend, erscheinend; bevorstehend, nächster; bereit, verfügbar; zuvorkommend, entgegenkommend, hilfreich

forthwith sofort, gleich, unverzüglich, umgehend; so bald wie möglich

fortuitous zufällig

fortuitous event zufälliges Ereignis, Zufallsereignis

fortuitous happening Zufallsereignis

fortune Vermögen; Glück, Schicksal, Zufall

forum non conveniens [lat., US] Zuständigkeitsregelung bei der Wahl des Gerichtsstands, regelmäßig zugunsten des Beklagten

forum shopping Wahl des für den Geschädigten günstigsten Gerichtsstands

forum shopping [US] Versuch des Klägers, bei mehreren in Betracht kommenden internationalen Gerichtsständen den rechtlich günstigsten zu wählen

forward, brought Übertrag

forward, claims carried Schadenvortrag

forward contract Vertrag mit aufgeschobener Wirkung; Terminvertrag

forward rate agreement (FRA) nicht standardisierte oder börsenmäßig gehandelte Termingeschäfte

forward transfer Überweisung zu einem vereinbarten zukünftigen Termin und bei Auslandsgeschäften zu einem vereinbarten Wechselkurs

forwarding Versand, Spedition

forwarding agent Spediteur

forwarding business Speditionsgeschäft

forwarding depot Speditionslager

foster child Pflegekind

foster parents Pflegeeltern

FOT, fot (free of tax) steuerfrei

found guilty schuldig gesprochen sein

foundation Gründung, Errichtung, Stiftung

foundation of a firm Gründung einer Firma

founded on facts auf Tatsachen beruhend; stichhaltig

foundering of a ship Untergang eines Schiffes

foundry Gießerei

F.P.; f.p. (fire policy; floating policy) Feuerversicherungspolice; laufende Police

F.P.A., f.p.a. (free from particular average) frei von besonderer Havarie

f.pd. (fully paid) vollständig bezahlt

fpil (full premium if lost) Gesamtprämie bei Verlust

f.p.m. (foreseeable product misuse) vorhersehbarer Produktmißbrauch

FRA (forward rate agreement; future rate agreement) nicht standardisierte oder börsenmäßig gehandelte Termingeschäfte; Zinsterminkontrakt

fraction Bruch, Bruchstück, Bruchteil

fractional premium [US] Prämienrate

fractional premium payment [US] unterjährige Prämienzahlung

fracture Fraktur, Bruch; Knochenbruch

fracture brechen; zerbrechen

fragile article zerbrechlicher Artikel, zerbrechlicher Gegenstand

fragment Bruchstück; Fragment

framework Fachwerk; Rahmenarbeit

framework, statutory gesetzlicher Rahmen

franc (f.) Franc

franchise Mindestgrenze, Selbstbehalt; Konzession; Stimmrecht, Wahlrecht, Bürgerrecht

franchise, absolute Franchise, Abzug von der Ersatzleistung des Versicherers; Integralfranchise

franchise clause Franchiseklausel, Selbstbehaltsklausel; Bagatellklausel

franchise, interference with Störung einer Konzession

franchise, proportional Integralfranchise im Verhältnis zur Versicherungssumme

franchisee Franchise-Nehmer

franchising Franchising

franchisor Franchise-Geber

frangible-pellet sprinkler Schmelzkugelsprinkler

fraternal insurance [US] mit einem Unterstützungsverein auf

Gegenseitigkeit abgeschlossene Versicherung

fraud Schwindel, Betrug; Schwindler

fraud, insurance Versicherungsbetrug

fraud, tax Steuerhinterziehung

fraudulent betrügerisch

fraudulent business practices betrügerische Geschäftspraktiken

fraudulent claim betrügerischer Anspruch

fraudulent conversion betrügerische Entziehung; Unterschlagung; Veruntreuung

fraudulent misrepresentation Vorspiegelung falscher Tatsachen, vorsätzlich falsche Behauptung einer Tatsache

fraudulent misrepresentation, rescission for Anfechtung wegen arglistiger Täuschung

fraudulent representation irreführende Angaben, Vorspiegelung falscher Tatsachen, arglistige Täuschung

free alongside ship (f.a.s.) „frei Längsseite Schiff"

free alongside ship-contract (f.a.s. contract) Vertrag, der eine Lieferung von Waren „frei Längsseite Schiff" vorsieht (d. h. ohne Beladen)

free asset freier Wert

free from all average (f.a.a.) frei von jeder Havarie

free from general average (F.G.A., f.g.a.) frei von großer Havarie

free from particular average (F.P.A., f.p.a.) frei von besonderer Havarie

free from reserve premiums übertragsfreie Prämien

free insurance kostenloser Versicherungsschutz

free of capture and seizure (F.C. & S.) (Seeversicherung) Ausschluß von „Prise und Beschlagnahme"; frei von Aufbringung und Beschlagnahme

free of charge (f.o.c.) gebührenfrei

free of damage (f.o.d.) frei von Beschädigung

free of known losses frei von bekannten Schäden

free of particular average frei von Beschädigung – außer im Strandungsfall

free of premium prämienfrei

free of premium, insurance prämienfreie Versicherung

free of premium, policy prämienfreie Police

free of reported casualty frei von bereits gemeldeten Schäden

free of riots and civil commotions frei von Aufruhr und Bürgerkrieg

free of tax (FOT, fot) steuerfrei

free policy prämienfreie Versicherung

free reserve freie Reserve, freie Rücklage

free surplus [US] freie Rücklagen nach Dotierung der Gewinnreserven; Reserven für besondere Fälle und Reingewinn

free trade Freihandel

freedom from encumbrances Lastenfreiheit

freedom of action Handlungsfreiheit

freedom of reinsurance Rückversicherungsfreiheit

freedom of trade Gewerbefreiheit

freedom, rating Tariffreiheit

freehold Grundeigentumsrecht, Eigentumsrecht an Grundbesitz

freehold tenure Eigenbesitz (von Grundstücken)

freestanding policies eigenständige Policen ohne Bezug zum Grundvertrag

freight Fracht, Beförderung; Frachtgut, Ladung; Frachtgebühr, Beförderungskosten

freight, advance Frachtvorschuß

freight bill (f.b.) Frachtbrief

freight forward (frt.fwd.) Fracht gegen Nachnahme

freight insurance Frachtversicherung, Gütertransportversicherung

freight, insurance and shipping charges (FIS) Fracht, Versicherung und Verladekosten

freight, insurance, carriage (f.i.c., fic) Fracht, Versicherung, Transport

freight, loss of Frachtverlust

freight paid (frt.pd.) Fracht bezahlt

freight prepaid (frt.ppd.) Fracht im voraus bezahlt

frequency Häufigkeit, Frequenz

frequency, claims Schadenhäufigkeit

frequency, loss Schadenhäufigkeit

frequency of accidents Unfallhäufigkeit, Schadenhäufigkeit

frequency of premium payment Prämienzahlungsweise

frequency, yearly Ereignishäufigkeit pro Jahr

frequent failure Ausfallshäufigkeit

frequently oft, öfters, häufig

fresh policy neuer Versicherungsschein, neue Versicherungspolice, neue Police

fresh term neue Bedingung, neue Bestimmung

fresh water damage (f.w.d.) Süßwasserschaden

friendly fire Nutzfeuer

friendly society Wohltätigkeitsverein, Unterstützungsverein auf Gegenseitigkeit, Unterstützungskasse, Versicherungsverein auf Gegenseitigkeit; Hilfskasse

fringe benefits Extrabezüge, Nebenleistungen

frivolous leichtsinnig, oberflächlich, nichtig

frivolous claim [US] mißbräuchlich geltend gemachter Anspruch

FRN (floating rate note) mittel- bis langfristige Schuldverschreibung mit variabler Verzinsung, die in der Regel alle 3 oder 6 Monate auf der Basis eines Referenzzinssatzes neu bestimmt wird

from the beginning von Anfang an

frontage Vorderfront, Straßenfront

frontier motor insurance certificate Grenzversicherungsbestätigung

fronting policy Vorzeichnung durch einen Versicherer mit weitgehender Risikobefreiung mittels Rückversicherer

frost Frost, Reif; Gefrieren; Kühle, Kälte; Frostigkeit

frost damage insurance Frostschadenversicherung

frozen goods tiefgekühlte Waren; Gefriergut

frt.fwd. (freight forward) Fracht gegen Nachnahme

frt.pd. (freight paid) Fracht bezahlt

frt.ppd. (freight prepaid) Fracht im voraus bezahlt

fructus industriales [lat.] Früchte der Arbeit, (urspüngl.:) gesäte und geerntete landwirtschaftliche Produkte, jetzt auch Industrieprodukte

fructus naturales [lat.] Naturprodukte, die natürlich wachsen, wie Gras, Holz

fruit Früchte, Obst

fruit processing industry obstverarbeitende Industrie

frustrate vereiteln, enttäuschen

frustration Frustration, Vereitelung, objektive Unmöglichkeit

frustration of a contract Unmöglichkeit, einen Vertrag zu erfüllen; Vertragsvereitelung

frustration of voyage Verhinderung einer Reise

FS (financial statement) Jahresabschluß

FSA [Financial Services Act 1986, UK] Gesetz über Dienstleistungen im Finanz- und Investitionsbereich

ft. (foot, feet) Fuß

ft^2 (square foot) Quadratfuß

FUA (Farm Underwriters Association) Versicherungsgesellschaft(en) für landwirtschaftliche Betriebe

fuel Brennstoff, Kraftstoff, Heizmaterial

fuel mit Brennstoff versehen; tanken

fuel consumption Kraftstoffverbrauch

fuel, gaseous gasförmiger Brennstoff

fuel, motor Kraftstoff für Kraftfahrzeuge

fuel, nuclear nuklearer Brennstoff, Kernbrennstoff

fuel oil Heizöl

fuel requirements Brennstoffbedarf

fulfil erfüllen, halten, vollbringen, vollziehen; befolgen, ausführen; zufriedenstellend ausführen; befriedigen; beenden, abschließen

fulfil a contract einen Vertrag erfüllen

fulfilment Erfüllung, Vollziehung, Befriedigung, Ableistung

fulfilment of a condition Erfüllung einer Bedingung

fulfilment, personal persönliche Ausführung

fulfilment, place of Erfüllungsort

full age Mündigkeit, Volljährigkeit

full age, person of Volljähriger

full authority unbeschränkte Vollmacht

full coverage voller Versicherungsschutz, volle Deckung

full details alle Einzelheiten

full particulars alle Einzelheiten

full power Vollmacht, Generalvollmacht

full premium if lost (fpil) Gesamtprämie bei Verlust

full reinsurance clause Folgepflicht des Rückversicherers

full-time ganztägig, Ganztags-; Vollzeit

full value voller Wert

full value insurance Vollwertversicherung

full value, insurance for less than Teilwertversicherung, Bruchteilversicherung

fully developed fire Vollbrand

fully paid (f.pd., fy.pd.) vollständig bezahlt

fume Dampf, Schwaden, Dunst, Rauch; Geruch; Nebel; Aufwallung, Ausbruch, Hitze, Zorn, Erregung

fume rauchen, dunsten, dampfen; wütend sein

fumes Abgase; Dämpfe

function Funktion, Tätigkeit, Wirksamkeit, Verrichtung; Pflicht, Aufgabe; Beruf

function arbeiten, funktionieren

function, mortality biometrische Funktion

functional procedure Funktionsablauf

fund, amount of guarantee Sollbetrag des Sicherungsfonds

fund, approved sickness anerkannte Krankenkasse

fund, bonus distribution Gewinnreserve, Rückstellung für Beitragsrückerstattung, Dividendenreserve

fund, closed geschlossener Bestand

fund, contingency Reserve für besondere Fälle, Sicherheitsrücklage, Verlustrücklage, Sicherheitsreserve

fund, contributory sickness Krankenkasse

fund, depreciation Wertberichtigung

fund, equalization Schwankungsfonds, Schwankungsrückstellung

fund, establishment Gründungsstock

fund, fire insurance Brandkasse, Feuerkasse

fund, funeral expenses Begräbniskostenkasse

fund, guarantee Deckungskapital, Garantiefonds, Sicherungsfonds

fund, health insurance Ersatzkasse

fund, independent insurance autonome, selbständige Versicherungskasse

fund, insurance Versicherungskasse, Versicherungsstock, Deckungsstock

fund, investment reserve Kursverlustreserve

fund, life annuity Reserve für Leibrenten

fund, loss equalization Schwankungsrückstellungen

fund, mathematical reserve Deckungsstock

fund, minimum guarantee Minimum-Garantiefonds

fund, mutual insurance Versicherungskasse auf Gegenseitigkeit

fund, national insurance [UK] Sozialversicherung

fund, pension Pensionskasse

fund, provident Vorsorgereserve, Vorsorgerücklage

fund, segregated Sondervermögen, ausgesondertes Vermögen

fund, sickness Krankenkasse

fund, staff provident Personalfürsorgefonds, Vorsorgerückstellung

fund, surplus Überschußreserve; Liquiditätsüberschuß

fundamental assumption grundsätzliche Annahme

fundamental breach of contract schwere Vertragsverletzung

fundamental rights Grundrechte

fundamental term grundlegende Bedingung

fundamentals Grundlagen

funding, book reserve Bildung von Pensionsrückstellungen

funding, method of Deckungsverfahren, Finanzierungsverfahren

funding, terminal (Lebensversicherung) Bereitstellung des Rentendeckungskapitals jeweils bei Rentenbeginn; Rentendeckungsverfahren

funds Mittel, Kapital

funds, allocation to reserve Zuweisungen an Rücklagen

funds, annuity Rentendeckungskapital

funds, available vorhandene Mittel

funds, capital Eigenkapitalausstattung

funds, deposit of Geldeinzahlung, Gelddepot

funds, interest on technischer Zinsertrag

funds, liquid flüssige Mittel

funds, reserve (US) Rücklage einer Versicherungsgesellschaft zur Deckung der Kosten der Schadenregulierung; Rücklage(fonds); Liquiditätsüberschuß

funds, shareholders' Eigenkapital

funds, trust Treuhandgelder

funds, yield on invested Kapitalertrag

funeral Begräbnis, Beerdigung, Beisetzung

funeral benefit Sterbegeld, Begräbniszuschuß

funeral expenses Bestattungskosten

funeral expenses, contribution to Sterbegeld

funeral expenses fund Begräbniskostenkasse

funeral expenses insurance Begräbniskostenversicherung, Sterbegeldversicherung

funeral grant Sterbegeld, Sterbezuschuß

fungible goods Waren, deren Bestandteile oder Einheiten austauschbar sind, wie Mehl, Getreide; vertretbare Sachen; Gattungssachen

funicular railway Drahtseilbahn

furnace, blast Gebläseofen, Hochofen, Schachtofen

furnishing Ausrüstung, Ausstattung

furniture Möbel, Einrichtung, Hausrat; Ausrüstung; Zubehör

furniture and equipment Geschäftsausstattung, Möbel

furniture and fixtures bewegliche und feste Einrichtungsgegenstände; Betriebsausstattung

furniture, household Haushaltsmöbel

furniture, office Büromöbel

furtherance Förderung, Unterstützung; Begünstigung

furthermore ferner, außerdem

fusible-alloy detector(sprinkler) Schmelzlotmelder(-sprinkler)

fusible alloy link Schmelzlegierung, Schmelzlot

fusible-link detector(sprinkler) Schmelzlotmelder(-sprinkler)

fusion, latent heat of gebundene Schmelzwärme
fusion, nuclear Kernvereinigung
futile vergeblich, nutzlos
future bonuses, reserve for Gewinnreserve, Überschußrücklage, Rückstellung für die künftige Gewinnverteilung
future contract Termingeschäft; Terminvertrag
future event zukünftiges Ereignis
future goods Waren, die noch herzustellen oder zu erwerben sind
future periods aperiodisch
future possession zukünftiger Besitz, zukünftige Sachherrschaft
future premium zukünftige Prämie
future profit zukünftiger Gewinn
future, provision for the Vorsorge, Fürsorge
future rate agreement (FRA) Zinsterminkontrakt
future right zukünftiges Recht, Anwartschaft
f.w.d. (fresh water damage) Süßwasserschaden
FWT (flexible working time) gleitende Arbeitszeit
F.X., f.x. (foreign exchange) Devisen
f.y. (fiscal year) Geschäftsjahr; Bilanzjahr
f.y.i. (for your information) zu Ihrer Information
fy.pd. (fully paid) vollständig bezahlt

G

G.A. (general agent; general average) Generalbevollmächtigter, Generalagent; (Seeversicherung) große Havarie, gemeinschaftliche Havarie

G.A.A. (general average agreement) Dispache der großen Havarie

G.A./con (general average contribution) Havarie-Grosse-Beitrag

G.A./dep. (general average deposit) Havarieeinschluß; Sicherheitsrücklage für große Havarie

gain Zunahme; Vorteil, Gewinn

gain gewinnen; erreichen, bekommen

gain, capital Kapitalgewinn

gain, chargeable Kapitalgewinn; steuerpflichtiger Gewinn

gain, economic wirtschaftlicher Gewinn

gain-sharing Gewinnbeteiligung

gainful einträglich, gewinnbringend

gall. (gallon) Gallone: (UK) 4,5459 l, (US) 3,7853 l

gallon (gall.) Gallone: (UK) 4,5459 l, (US) 3,7853 l

gambit Einleitung, erster Schritt

gambling policy (Seeversicherung) Hasardpolice (strafbar gemäß dem Marine Insurance Gambling Policies Act 1909)

game Wild, Jagdwild; Spiel

game law Jagdgesetz, Jagdrecht

game licence [UK] Jagdschein

gap Lücke, Unterbrechung, Wartezeit; Loch, Riß, Öffnung, Kluft, Spalte

gap in the ozone layer Ozonloch

G.A.Q. (general average quality) allgemeine Durchschnittsqualität

garage coverage form [US] Kfz-Werkstattversicherung; Standardversicherung für Kfz-Händler, Tankstellen, Kfz-Reparaturbetriebe und Kfz-Parkeinrichtungen

garage operations Die Kfz-Werkstattversicherung umfaßt die Haltung, Wartung und Benutzung der versicherten Fahrzeuge sowie die Standorte, die Straßen oder andere Zufahrten zu den Standorten und alle für den Werkstattbetrieb notwendigen oder mit demselben verbundenen Aktivitäten; Kfz-Werkstattbetrieb

garagekeepers insurance [US] Kfz-Werkstattinhaberversicherung; eine Versicherung der primären oder gesetzlichen Haftpflicht des Werkstattinhabers bei Sachschäden an in seiner Obhut befindlichen Kundenfahrzeugen

garagekeepers legal liability coverage [US] Kfz-Werkstattinhaberversicherung

garaging unterstellen

garaging, warranty of night Gewährleistung des Einstellens in eine Garage über Nacht

garbage Abfall, Mist, Müll

garbage dump [US] Müllhalde, Schuttabladeplatz

garnishee Drittschuldner

garnishee order Pfändungs- und Überweisungsbeschluß, Beschlagnahmebeschluß bzw. Sachpfändung beim Drittbesitzer

gas catalytic heater katalytisches Gasheizgerät

gas, combustible gasförmiger Brennstoff

gas cylinder Gasflasche

gas engineering Gastechnik

gas, poison Giftgas

gas poisoning Gasvergiftung

gas, tear Tränengas

gas, toxic giftiges Gas, Giftgas

gas-works Gaswerk

gaseous gasförmig

gaseous extinguishing agent Löschgas

gaseous fuel gasförmiger Brennstoff

gases, fire Brandgase

gases, inert inerte Gase

gate Ventil, Klappe; Gatter; Durchfahrt; Gebirgspaß; (Gießerei) Einguß; Sperre, (Eisenbahn)Schranke, Flugsteig; Tor, Pforte

gather information Erkundigungen einziehen

gazump Vorkaufsrecht; (betr. Käufer) das akzeptierte Angebot eines Käufers für ein Haus überbieten; (betr. Verkäufer) vom Verkauf eines Hauses zugunsten eines höheren Angebots zurücktreten

g.b.o. (goods in bad order) Waren in schlechtem Zustand

GCR (general cargo rates) Frachtraten für Stückgut

g.d. (good delivery) gute Lieferung; vertragsgemäße Lieferung

gender Geschlecht

gender or race Geschlecht oder Rasse

general agent (G.A.) Generalbevollmächtigter, Generalagent

general agreement Rahmenvertrag; Generalabkommen

general average (G.A.) (Seeversicherung) große Havarie, gemeinschaftliche Havarie

general average adjustment große Havarie-Dispache

general average agreement (G.A.A.) Dispache der großen Havarie

general average contribution (G.A./con) (Seeversicherung) Havarie-Grosse-Beitrag

general average deposit (G.A./dep.) Havarieeinschluß; Sicherheitsrücklage für große Havarie

general average disbursements Auslagen für große Havarie

general average guarantee große Havarie-Garantie

general average quality (G.A.Q.) allgemeine Durchschnittsqualität

general average, refund in Vergütung großer Havarie

general average sacrifice großer Havarie-Verlust

general business risk allgemeines Betriebsrisiko

general cargo rates (GCR) Frachtraten für Stückgut

general clause Generalklausel

general commercial liability Allgemeine Haftpflicht(-versicherung) für Gewerbebetriebe

general commercial liability conditions Bedingungen für die allgemeine gewerbliche Haftpflichtversicherung

general context allgemeiner Kontext, allgemeiner Zusammenhang

general description allgemeine Beschreibung

general duty allgemeine Pflicht

general expenses Verwaltungskosten, Gemeinkosten

general fair average (g.f.a.) allgemein gute Durchschnittsqualität

general insurance business Sachversicherungsgeschäft

general liability Betriebshaftpflicht(-versicherung)

general manager Generaldirektor

general meeting Hauptversammlung, Generalversammlung

general meeting, extraordinary außerordentliche Generalversammlung

general merchandise allgemeine Handelsware

general or overhead expenses allgemeine Kosten

general partnership offene Handelsgesellschaft

general policy conditions allgemeine Versicherungsbedingungen

general practice das übliche Verfahren

general practioner, G.P. praktischer Arzt

general premium income Erträge aus Prämien, abzüglich Rückversicherungsprämien

general provisions allgemeine Bestimmungen (einer Police)

general terms and conditions allgemeine Geschäftsbedingungen

general third party liability allgemeine Haftpflicht

generality Allgemeingültigkeit

generally binding allgemein verbindlich

generation mortality table Generationen-Sterbetafel

generosity Freigebigkeit, Großzügigkeit; Großmut

genetic engineering Gentechnologie

genuine echt, wahr, wirklich, aufrichtig, ehrlich

genuine assent „echte" Zustimmung; eine der Voraussetzungen bei Vertragsabschlüssen

genuineness Echtheit

genuineness of a document Echtheit einer Urkunde, Echtheit eines Dokuments

genus Gattung, Geschlecht

geographical scope geographischer Geltungsbereich

geographical split geographische Aufteilung

geography Erdkunde

geology Geologie

German Atomic Insurance Pool Deutsche Kernreaktor-Versicherungsgemeinschaft

German civil code Bürgerliches Gesetzbuch, BGB

German code of civil procedure deutsche Zivilprozeßordnung, ZPO

German commercial code Handelsgesetzbuch, HGB

German composition proceedings act deutsche Vergleichsordnung

German Federal Republic (GFR) Bundesrepublik Deutschland

German Insurance Association Gesamtverband der Deutschen Versicherungswirtschaft

German insurance contract act Versicherungsvertragsgesetz (VVG)

German insurance supervision act Versicherungsaufsichtsgesetz (VAG)

gestation Schwangerschaft

gesture, reciprocal Gegenleistung

get out of the red aus den roten Zahlen herauskommen

get s.th. going in Gang bringen, in Gang kommen

g.f.a. (general fair average) allgemein gute Durchschnittsqualität

GFR (German Federal Republic) Bundesrepublik Deutschland

ghost train Geisterbahn

giddiness Schwindel(gefühl); Unbeständigkeit; Leichtsinn

gift Schenkung; Verleihungsrecht; Gabe, Geschenk; Talent, Fähigkeit

gift beschenken

gilt-edged erstklassig; mündelsicher

gilt-edged security mündelsicherer Wert

giro, bank Überweisung zu Lasten des Kreditkontos

give a judgement ein Urteil fällen

give an order bestellen; einen Auftrag erteilen

give credit for anrechnen

give information, obligation to Anzeigepflicht, Auskunftspflicht

give notice kündigen

give notice of claim Schadenanzeige erstatten, einen Schaden melden

give or take ... darüber oder darunter ..., mehr oder weniger, geben oder nehmen

giving up one's business Geschäftsaufgabe

glass (Optik) Lupe, Augenglas; (Wagen) Fenster; Glasware; Glas

glass-bulb sprinkler Glasfaßsprinkler

glass insurance Fensterglasversicherung

glass, plate Scheibenglas, Spiegelglas

glass, protected geschütztes Glas

glass risk, breakage of Glasbruchrisiko

glass, unprotected ungeschütztes Glas

glazed ceramic ware glasierte Keramik(waren)

global cover Pauschaldeckung

global deposit Pauschalkaution

global insurance Pauschalversicherung; weltweit gültige Versicherung

global policy Globalpolice, Mantelpolice, Pauschalpolice; Umsatzpolice

global settlement Gesamtvergleich

gloss. (glossary) Glossar

glossary (gloss.) Glossar

glossary of terms Begriffsglossar, Fachwörterbuch

glowing Glut

glowing fire Glutbrand

glue Leim, Klebstoff, Klebemittel

glue leimen, kleben; anheften, andrücken

GMB, g.m.b. (good merchantable brand) gut marktgängige Sorte

g.m.q. (good merchantable quality) handelsübliche Qualität

G.M.T. (Greenwich mean time) Greenwicher Zeit

go Dutch with s.o. getrennte Kasse machen, sich die Kosten teilen

goal fernes, schwieriges Ziel

g.o.b. (good ordinary brand) gute Durchschnittssorte

gold clause Goldklausel (enthalten in einigen kanadischen Wertpapieren)

Golden Rule [UK] „Goldene Regel"; bei der Gesetzesauslegung eine Regelung, die eine Abweichung von der einfachen, wortgetreuen und natürlichen Bedeutung erlaubt, falls diese zu Absurditäten führt und eine andere Auslegung möglich ist

good delivery (g.d.) gute Lieferung

good faith Treu und Glauben; Redlichkeit

good faith, duty of Pflicht zur Redlichkeit

good faith, utmost unbedingte Beachtung von Treu und Glauben; höchste Gutgläubigkeit oder Redlichkeit

good in law rechtlich begründet

good laboratory practice sichere Laborpraktiken oder -verfahren

good merchantable brand (GMB, g.m.b.) gut marktgängige Sorte

good merchantable quality (g.m.q.) handelsübliche Qualität

good ordinary brand (g.o.b.) gute Durchschnittssorte

good root of title rechtmäßiger Eigentumsnachweis bei Grundbesitz

good till cancel(l)ed (G.T.C., g.t.c.) bis auf Widerruf gültig

goods Güter, Waren

goods "afloat" auf See befindliche Waren

goods and chattels bewegliche Sachen; Hab und Gut, Mobiliargut

goods and services, illegal production of Schwarzarbeit

goods and services, prescription of standards for Mindestanforderung von Waren und Dienstleistungen

goods "as required" Waren „nach Bedarf", Waren wie bestellt

goods, ascertained benannte Waren, Speziessachen

goods, assortment of Warensortiment

goods, branded Markenartikel

goods, capital Investitionsgüter

goods, carriage of dangerous Transport gefährlicher Güter

goods, confusion of Vermischung, Vermengung von Waren

goods, consumer Konsumgüter, Verbrauchsgüter

goods, dangerous Gefahrgüter

goods, delivery of Warenlieferung

goods, description of Warenbezeichnung

goods, disparagement of (comm.) Kritik der Qualität von Waren; unwahre oder irreführende Äußerungen über die Waren eines Konkurrenten, die dazu geeignet sind, den Verbraucher vom Kauf abzuhalten

goods, display of Warenausstellung

goods, embargo on Warenembargo

goods, essential lebenswichtige Güter

goods, "ex works" Waren ab Werk

goods, exhibition Ausstellungsgüter

goods, factory-made Fabrikwaren, fabrikmäßig hergestellte Waren

goods, fancy Luxuswaren; Modeartikel

goods, faulty fehlerhafte Waren

goods for dispatch Versandgut

goods, forfeiture of Wareneinziehung, Warenbeschlagnahme

goods, frozen tiefgekühlte Ware; Gefriergut

goods, fungible Waren, deren Bestandteile oder Einheiten identisch sind, wie Mehl, Getreide; vertretbare Sachen, Gattungssachen

goods, future Waren, die noch herzustellen oder zu erwerben sind

goods, hazardous gefährliche Güter

goods held in trust for which they are responsible verwahrte Güter, für die sie (hier: die Versicherungsnehmer) verantwortlich sind

goods, high-quality hochwertige Ware; Güter des gehobenen Bedarfs

goods, hire of Warenmiete, Warenvermietung

goods, ill-conditioned Waren in schlechtem Zustand

goods in bad order (g.b.o.) Waren in schlechtem Zustand

goods in bulk Schüttgüter; noch nicht zwischen den Käufern aufgeteilte Mengengüter

goods in custody clause Obhutsklausel

goods in process Halbfabrikate, Halberzeugnisse

goods in stock Lagerbestand, Warenbestand

goods in transit Durchfuhrgüter; Waren im Transit

goods in transit insurance Gütertransportversicherung, Warentransportversicherung

goods-in-transit policy Gütertransportversicherungspolice

goods-in-trust clause Obhutsklausel

goods, incoming Wareneingang

goods, industrial Industrieprodukte

goods, inferior quality minderwertige Waren

goods, insurance of Güterversicherung, Warenversicherung, Sachversicherung

goods, interference with Eingriff in Waren

goods, job Ausschußwaren, Ramschwaren

goods, loss of Untergang der Ware; Sachverlust

goods, lost verlorene Waren

goods, low quality Waren von minderer Qualität

goods, mass Massenartikel

goods, mixed gemischte Waren

goods, named benannte Waren

goods, non-conforming nicht vertragsgemäße Waren

goods, non-existent nicht vorhandene Waren

goods of inferior workmanship schlecht hergestellte Waren; mangelhafte Produkte

goods on approval Waren zur Auswahl

goods, parcel Stückgüter

goods, perishable verderbliche Güter

goods, perished verdorbene oder auf andere Weise nicht mehr zu gebrauchende Waren (nicht unbedingt komplett zerstört)

goods, price of Warenpreis

goods, producer Produktionsgüter

goods, range of Warensortiment

goods, recall of Produktrückruf

goods, refrigerated tiefgekühlte Waren

goods, rejection of Warenablehnung, Warenzurückweisung

goods, retaining of Warenzurückbehaltung

goods, sacrificed (Seeversicherung) aufgeopferte Güter

goods, sale of Warenverkauf, Warenkauf

goods, sea Seegüter

goods, seizure of Warenbeschlagnahme, Warenkonfiszierung

goods, semi-finished Halberzeugnisse, Halbfabrikate, Halbwaren

goods, semi-manufactured Halbfabrikate, Halberzeugnisse

goods, sending of Warenversand

goods, shortage of Warenknappheit

goods, specific bestimmte Waren, konkrete Waren

goods, spoilt verdorbene Waren

goods, stolen gestohlene Waren, Diebesgut

goods, substandard Ausschußware; Waren, die der Norm nicht entsprechen

goods, substitute Ersatzwaren

goods supplied under the contract gemäß Vertrag gelieferte Waren

goods test Warentest

goods, to take delivery of the die Ware(n) abnehmen

goods, transport of Warentransport, Warenbeförderung

goods, unascertained Gattungssachen

goods, unsafe gefährliche Waren, gefahrbringende Waren; unsichere Güter

goods, unsolicited unverlangte Ware, unbestellte Ware

goods, unsuitable nicht zum Gebrauch geeignete Güter

goods, utility Gebrauchsgüter

goods, wrongful interference with unzulässiger Eingriff in Waren

goodwill Firmenwert, Firmenansehen; Kundenkreis; Wohlwollen, Freundlichkeit

govern regieren, herrschen; leiten, lenken, führen, verwalten; bestimmen, im Zaume halten; regeln, regulieren, steuern, befehligen; die Herrschaft innehaben

governeur Leiter, Vorstand, Direktor, Präsident; Kommandant; Gouverneur

government liability Amtshaftung, Staatshaftung

government loan Staatsanleihe

government stock Staatsanleihe

government supervision Staatsaufsicht

governmental insurer staatlicher Versicherer; Versicherer, der anbietet, wenn die betroffenen Risiken für Privatversicherer zu hoch erscheinen; Überschwemmungs-, Aufruhr- und Verbrechensversicherungen sind typische Beispiele

governmental interest analysis Lehre vom öffentlichen Interesse

governmental intervention behördlicher Eingriff

G.P. (general practitioner) praktischer Arzt

gr. (gross) brutto, gesamt; ungeheuerlich, schwer; dick; grob, derb; üppig, stark

gr.wt. (gross weight) Bruttogewicht

grace, days of Nachfrist

gradation Abstufung, Rabattierung

grade A Waren erster Qualität; erste Klasse

grade labelling Güteklassenbezeichnung

grade, salary Gehaltsstufe

graded retention gestaffelter Selbstbehalt

grades, commercial Handelssorten

grading of premiums Beitragsstaffelung

grading schedule for municipal protection System zur Einteilung in Ortsklassen

grading, town Einteilung in Ortsklassen

gradual allmählich, stufenweise fortschreitend

gradual and continuous loss Allmählichkeitsschaden

gradual damage Allmählichkeitsschaden

gradual improvement in health allmähliche gesundheitliche Besserung

gradual pollution allmähliche Umweltverschmutzung, Allmählichkeitsschaden

gradual pollution, loss resulting from Allmählichkeitsschaden durch Umwelteinflüsse

graduation Ausgleichung, Glättung; Staffelung

grain Getreide

grammatical meaning grammatische Bedeutung

grant Unterstützung, Zuschuß; Stipendium, Beihilfe; urkundliche Übertragung; Bewilligung, Gewährung

grant verleihen, übertragen; zugestehen; bewilligen, gewähren

grant, funeral Sterbegeld, Sterbezuschuß

grant, interest Zinszuschuß

granted bewilligt, erteilt, gewährt

grantee of an annuity Rentenanspruchsberechtigter

grantor of an annuity Rentenschuldner

graphic instrument graphisches Gerät

gratuity Unentgeltlichkeit; Belohnung; Geschenk, Abfindungssumme, Zuwendung, Zulage, Zuschuß; Trinkgeld

gravity Ernst, Feierlichkeit, Würde; Schwere, Schwerkraft; Wichtigkeit, Bedeutung

Greek shipping agreement griechisches Schiffahrtsabkommen

green card grüne Karte; (US) Aufenthalts- und Arbeitserlaubnis für USA

green card system System der grünen Karte

"Green Form" scheme [UK] Beratungshilfe, Prozeßkostenhilfe im Rahmen des staatlichen englischen Rechtshilfeprogramms für Bedürftige; die Einreichung des „Grünen Formulars" ist Voraussetzung des Anspruchs auf Leistungen

Green Paper [UK] Enquetekommissionsbericht; Bericht der britischen Regierung über ein geplantes, zur Verabschiedung durch das Parlament vorgesehenes Gesetz

Greenwich mean time (G.M.T.) Greenwicher Zeit

grey heat Grauglut

grievously malicious vorsätzliches Fehlverhalten

grocer Kolonialwarenhändler, Krämer

groceries Lebensmittel

gross (gr.) brutto, gesamt; ungeheuerlich, schwer; dick; grob, derb; üppig, stark

gross amount Bruttobetrag, Gesamtbetrag

gross calorific value Brennwert

gross combination weight Bruttogesamtgewicht

gross earnings Bruttoeinkommen; Bruttoverdienst; Bruttogewinn

gross fault grobes Verschulden

gross income Bruttoertrag, Bruttoeinnahme, Bruttoeinkommen, Bruttogehalt

gross limit Übernahmegrenze

gross line Übernahmegrenze, Höchstgrenze der Annahme

gross loss Bruttoschaden

gross loss ratio Bruttoschadenquote

gross negligence grobe Fahrlässigkeit

gross negligence, liability for Haftung für grobes Verschulden

gross pay [US] Bruttobezüge, Bruttoeinkommen, Bruttogehalt

gross premium Bruttoprämie, Tarifprämie

gross premium method of valuation Reserveberechnung mit Bruttoprämie, die um geschätzte künftige Kosten (ohne Abschlußkosten) vermindert sind

gross premium, net portion of Nettobestandteil der Prämie

gross proceeds Rohertrag, Bruttoertrag

gross profit Bruttogewinn

gross profit, rate of Bruttogewinnrate

gross reserve Bruttoreserve

gross system Bruttosystem

gross turnover Bruttoumsatz

gross vehicle weight (GVW) Höchstladegewicht eines Fahrzeugs; wird bei der Feststellung der Größenklasse von gewerblichen Lastwagen für die Prämienfestsetzung eingesetzt; Bruttofahrzeuggewicht

gross weight (gr.wt.) Bruttogewicht

gross yield Bruttoertrag

grossly negligent grob fahrlässig

ground Boden, Grund, Gebiet

ground connection system Erdungsanlage

ground hydrant Unterflurhydrant

ground, legal rechtlicher Grund

ground, pleasure Vergnügungspark

ground rent Grundrente

ground rent insurance Versicherung zur Einhaltung von Reallastverpflichtungen

ground, sports Sportplatz

ground water Grundwasser

grounded in fact, well mit Tatsachen belegt

grounding insurance Liegenschaftsversicherung

grounds for appeal Rechtsmittelbegründung

group annuity Gruppenrente; Gruppen-Rentenversicherung

group business Gruppengeschäft

group company Gruppengesellschaft, Konzerngesellschaft

group contract, members assured under versicherte Personen einer Gruppenversicherung

group disability insurance Sammel-Unfallversicherung

group health insurance Gruppenkrankenversicherung

group insurance Kollektivversicherung, Gruppenversicherung, Gemeinschaftsversicherung

group insurance for members of a professional association Verbandsversicherung

group life assurance Gruppen-Lebensversicherung

group pension insurance Gruppen-Rentenversicherung

group personal accident insurance Gruppen-Unfallversicherung

group policy Sammelpolice

group, tariff Tarifgruppe

group turnover Konzernumsatz

group valuation Gruppenrechnung

grow wachsen, gedeihen, vorkommen; größer werden; zunehmen; sich entwickeln, entstehen; zu etwas werden; festwachsen, verwachsen; pflanzen, anbauen, züchten

growing crop Ernte, stehende Ernte

growing crop insurance Ernteversicherung, Ernteausfallversicherung

growing timber, insurance of Waldversicherung; Waldschadenversicherung

growth Wachstum, Entwicklung

growth, economic Wirtschaftswachstum

growth rate Wachstumsrate

G.T.C., g.t.c. (good till cancel(l)ed) bis auf Widerruf gültig

guar. (guaranteed) garantiert

guarantee Kaution, Sicherheit; Garantie, Bürgschaft

guarantee bürgen, sich verbürgen, gewährleisten

guarantee, bank Bankgarantie

guarantee capital Gründungskapital

guarantee, comprehensive short-term umfassende kurzfristige Garantie (z. B. bei der Versicherung der Exportrisiken einer Lieferfirma)

guarantee, contract Garantie für die Vertragserfüllung

guarantee deposit Kaution, hinterlegte Sicherheit

guarantee deposit, release of the Freigabe der Kaution

guarantee deposit, variable variable Kaution

guarantee, duration of Garantiezeit

guarantee, export credits Exportkreditbürgschaft, Garantie für Exportkredit

guarantee, fidelity Kaution

guarantee, financial Finanzbürgschaft

guarantee, first demand Erfüllungsbürgschaft, die bei Erstaufforderung durch den Begünstigten zu zahlen ist

guarantee for haften für, bürgen für, einstehen für

guarantee fund Deckungskapital, Garantiefonds, Sicherungsfonds

guarantee fund register Deckungsstockregister

guarantee fund surplus Überdeckung des Sicherungsfonds

guarantee, general average große Havarie-Garantie

guarantee, implementation of a Erfüllung einer Garantiepflicht

guarantee insurance Garantieversicherung; Kautionsversicherung; Bürgschaftsversicherung

guarantee, joint Mitbürgschaft

guarantee law Sicherstellungsgesetz

guarantee, performance Leistungs- und Erfüllungsgarantie

guarantee, period of Garantiefrist

guarantee policy Kautionspolice, Garantiepolice

guarantee qualities Eigenschaften zusichern

guarantee, security Kaution

guarantee, security deposited as als Sicherheit hinterlegter Wert

guarantee, term of a Garantiefrist, Dauer einer Garantie

guarantee, terms and conditions of a Gewährleistungsbedingungen

guarantee, without ohne Garantie, ohne Gewähr

guaranteed (guar.) garantiert

guaranteed insurability rider [US] (Lebensversicherung) Nachtrag, der das Recht einräumt, zu bestimmten Terminen die Versicherungssumme ohne Risikoprüfung zu erhöhen

guaranteed maturity bonus Erlebensfallbonifikation

guaranteed termination [US] Garantiewerte; Rückkaufswerte; Betrag der beitragsfreien Versicherungssummen

guaranteeing Garantieleistung, Bürgschaftsleistung

guarantor Garantiegeber, Bürge

guaranty Bürgschaft, Garantie; Gewährleistung

guaranty insurance Kautionsversicherung

guaranty of title insurance [US] Versicherung von Rechtsansprüchen an Grundbesitz; Rechtsmängelgewährleistungsversicherung

guard Wache, Wächter, Aufsicht; Garde, Leibwache; Schutzvorrichtung

guard bewachen, beschützen, behüten, sich hüten vor

guard, hot part of the heißer Teil einer (Kamin-)Schutzvorrichtung

guardian Vormund; Pfleger

guardianship Vormundschaft, Pflegschaft

guarding and protection companies Bewachungsunternehmen

guess, rough ungefähre Schätzung

guest worker Gastarbeiter

guidance Leitung, Führung; Unterweisung, Belehrung, Anleitung; Orientierung; Beratung, Lenkung

guidelines Richtlinien

guidelines, underwriting Zeichnungsrichtlinien

guilt Schuld

guilt, proof of Schuldbeweis

guilty schuldig, verantwortlich

gun Schußwaffe; Gewehr; Pistole

gun licence Waffenschein

gun-owner Waffenbesitzer

GVW (gross vehicle weight) Höchstladegewicht eines Fahrzeugs; wird bei der Feststellung der Größenklasse von gewerblichen Lastwagen für die Prämienfestsetzung eingesetzt; Bruttofahrzeuggewicht

H

h. (hour(s)) Stunde(n)
ha. (hectare) Hektar
habeas corpus [lat.] wörtlich: Mögen Sie den Körper haben; Vorführungsbefehl, Anordnung eines Haftprüfungstermins, Rechtsmittel gegen unrechte Inhaftierung
habit persönliche Gewohnheit; Verfassung; Kleidung
habitation, fit for bewohnbar
habits, living Lebensgewohnheiten
habits, sober and temperate gelassene und maßvolle Lebensweise oder Gewohnheiten
habitual gewohnheitsmäßig, gewohnt, gewöhnlich, Gewohnheits-
habitual residence gewöhnlicher Aufenthaltsort
Hadley vs. Baxendale [UK] Rechtsstreit, aus dem eine Regelung über angemessene Schäden bei Vertragsbruch hervorgeht, nämlich daß solche Schäden entweder natürlich entstehen müssen oder von beiden Vertragsparteien beim Abschluß des Vertrags im Falle eines Vertragsbruchs angemessenerweise voraussehbar gewesen sein müssen
Hague-Visby Rules Haag-Visby-Vorschriften, ehemals Haag-Vorschriften, die die Seebeförderung in England regeln
hail, damage to property by Sachschaden durch Hagel
hail insurance Hagelversicherung
hair dye Haarfärbemittel
hair preparation Haarpräparat, Haarpflegemittel
half (hf.) Hälfte; halb
half-yearly payment Halbjahreszahlung
halogen extinguisher Halonfeuerlöscher
halogenated hydrocarbon halogenierter Kohlenwasserstoff
halon numbers Halonzahlen
hand-held appliance Handgerät
handicap, severe Schwerbehinderung
handicapped, mentally geistig behindert
handicapped, physically körperlich behindert, körperbehindert
handicraft Kunsthandwerk, Handfertigkeit
handicraft products handgefertigte Erzeugnisse
handle Griff, Henkel, Drücker; Handhabe, Vorwand, Gelegenheit
handle Handel treiben; berühren, befühlen, anfassen; handhaben; behandeln
handling Abwicklung, Bearbeitung, Bedienung, Behandlung, Erledigung, Handhabung, Hantierung, Steuerbarkeit
handling, abnormal bestimmungswidriger Gebrauch
handling, claims Schadenregulierung
handling costs Bearbeitungsgebühren
handling fee Bearbeitungsgebühr
handling, method of Bearbeitungsweise, Art der Behandlung
handling, remote Fernbedienung
hand-made mit der Hand gearbeitet, handgearbeitet

hands, to change den Besitzer wechseln, in andere Hände übergehen

handwriting expert Schriftsachverständiger

handwritten mit der Hand geschrieben; handschriftlich

hangar, aircraft Flugzeughalle

happen sich ereignen; geschehen

happening, fortuitous Zufallsereignis

happening insured against versichertes Ereignis

happening of the accident Unfallereignis

harbour Hafen

hard coal Steinkohle

hardship clause Härteklausel

hardships Mühsal; Strapazen; Härte

hardware dealer Eisenwarenhändler

harm Unrecht, Übel; Schaden, Verletzung, Leid

harm schädigen, verletzen

harm, foreseeability of Voraussehbarkeit eines Schadens

harm, intentional vorsätzlich verursachter Schaden

harm, physical körperliche Verletzung, Körperverletzung, Körperschaden

harmful schädlich; nachteilig

harmful, ecologically umweltfeindlich, umweltschädlich

harmful substance Schadstoff

harmless unschädlich, harmlos

harmonisation, lack of Mangel an Harmonisierung

harmonised standards harmonisierte Normen

harvest Ernte; Ertrag, Gewinn

haul Transport, Transportweg

haul, long [US] Klassifizierung in der gewerblichen Kraftfahrzeugversicherung für Lastwagen, die in der Regel in einer Entfernung von mehr als 200 Meilen von der Heimatanschrift des Versicherten gefahren werden; große Entfernung; Fernverkehr, Langstreckenverkehr

have a narrow escape mit knapper Not davonkommen

have an axe to grind auf seinen Vorteil bedacht sein, eigennützige Zwecke verfolgen

have sewerage service am Kanalisationsnetz angeschlossen sein

have something at one's fingertips etwas aus dem „Effeff" beherrschen, völlig vertraut sein mit etwas, etwas parat haben

have something up one's sleeve etwas bereit oder auf Lager, „in der Hinterhand" haben; etwas im Schilde führen

having regard to im Hinblick auf, mit Rücksicht auf

hazard Risiko, Gefahr, Gefahrumstand; Zufall

hazard riskieren, aufs Spiel setzen; wagen

hazard, accident Unfallrisiko, Unfallgefahr

hazard, catastrophe Katastrophenrisiko

hazard, class of Gefahrenklasse

hazard, common gewöhnliches Risiko

hazard, ecological Gefahr für die Umwelt
hazard, environmental Umweltgefahr
hazard, exposure (Feuerversicherung) Nachbarschaftsrisiko; Bestrahlungsrisiko
hazard, external Nachbarschaftsgefahr
hazard, fire Feuergefahr
hazard, health Gefahr für die Gesundheit
hazard, inherent innewohnende Gefahr
hazard, legal Rechtsrisiko, d. h. ein durch staatliche und Regierungsbehörden entstehendes Risiko
hazard, moral Risiko unehrlichen Verhaltens; subjektives Risiko
hazard not covered ausgeschlossenes Risiko
hazard, occupational Berufsrisiko, mit dem Beruf verbundene Gefahr
hazard of horinzontal fire spread Flächenbrand-Gefahr
hazard, operational Betriebsgefahr
hazard, particular Sonderrisiko
hazard, physical Risiko für Leib und Leben; ein Versicherungsrisiko in Verbindung mit Bauten, Gegenständen usw.; zwei Beispiele eines solchen Risikos sind das Fehlen des leichten Zugangs zu einem Feuerhydranten sowie der Besitz eines Gebäudes neben einem leerstehenden Gebäude ohne genügenden Feuerschutz; körperliches Risiko; objektives Risiko
hazard, physical and moral objektives und subjektives Risiko
hazard, radiation Gefahr durch Wärmeausstrahlung; Strahlenrisiko

hazard, safety Sicherheitsrisiko, Gefahrenquelle
hazard, target Zielrisiko
hazard to road safety Gefahr für die Verkehrssicherheit
hazard warning sign Gefahrenhinweisschild
hazardous gewagt, gefährlich
hazardous goods gefährliche Güter
hazardous negligence Leichtfertigkeit
hazardous occupation gefährdeter Beruf
hazardous property gefährliches Grundstück, gefährliche Sache
hazardous pursuit gefährliche Tätigkeit
hazardous trade gefährlicher Handel; mit Risiken verbundener Handel
hazardous waste gefährliche Abfälle
hazardous waste deposit Sondermülldeponie
hazardous waste site Sondermülldeponie
hazards, natural Elementarrisiken
hazards of the sea Seegefahr
hazards, political politische Gefahren
h.c. (held covered) vorläufige Deckung; gedeckt halten; versichert sein
H.C.(J.) [High Court (of Justice), UK] Oberstes Zivilgericht in England und Wales
head, average cost per Schadendurchschnitt; Durchschnittskosten pro Person
Head Office (H.O.) Verwaltungssitz, Hauptsitz

head-on collision Frontalzusammenstoß

heading (Bergbau) Stollen, Richtstrecke, Querschlag; Steuerkurs, Flugrichtung; Richtung, Weg; Thema, Punkt; Überschrift, Titelzeile, Rubrik

headway Fortschritt

health Gesundheit(szustand)

health and safety at work Gesundheit und Sicherheit am Arbeitsplatz

Health and Safety at Work Act 1974 Gesetz über Gesundheit und Sicherheit am Arbeitsplatz von 1974 (schreibt dem Arbeitgeber allgemeine und berufsspezifische Vorsichtsmaßnahmen vor)

health care Gesundheitsvorsorge

health certificate Gesundheitszeugnis

health, damage to Gesundheitsschädigung

health, declaration of Gesundheitserklärung

health, evidence of Gesundheitsprüfung

health examination Gesundheitsprüfung

health hazard Gefahr für die Gesundheit

health, impairment of Gesundheitsschädigung, Beeinträchtigung der Gesundheit

health, improved gebesserte Gesundheit

health, in bad krank, in schlechtem Gesundheitszustand

health, injurious to gesundheitsschädlich

health insurance Krankenversicherung

health insurance fund Ersatzkasse

health insurance scheme Krankenkasse

health, letter of Gesundheitserklärung

health maintenance organization [HMO, US] private Krankenversicherungsorganisation

health protection Gesundheitsschutz

health, risk to Gesundheitsrisiko, Gefahr für die Gesundheit

health screening Vorsorgeuntersuchung

health, state of Gesundheitszustand

healthy gesund

hearing Gerichtsverhandlung; Verhör

hearing date Verhandlungstermin

hearing of an appeal Berufungsverhandlung

hearing of evidence Zeugenvernehmung; Beweisaufnahme

hearing, preliminary Voruntersuchung

hearsay Hörensagen, Gerücht

heat accumulation Wärmestau

heat, application of der Hitze aussetzen, Hitzeeinwirkung

heat detector Wärmemelder, Thermomelder

heat exchanger Wärmeaustauscher

heat, grey Grauglut

heat, impact of Hitzeeinwirkung

heat, latent gebundene Wärme

heat of combustion Verbrennungswärme

heat radiation Wärmestrahlung

heat, red Rotglut

heat resistance Hitzebeständigkeit

heat sensitive cable hitzeempfindlicher Draht

heat transfer Wärmeübergang, Wärmeübertragung

heat transmission Wärmedurchgang

heat, white Weißglut

heater, gas catalytic katalytisches Gasheizgerät

heater, oil Ölheizgerät

heater, open offenes Heizgerät

heater, pressure Druckerhitzer

heating appliance Heizgerät

heating element Heizkörper, Heizelement

heating expense Heizungskosten

heating installation Heizungsanlage

heating, spontaneous Selbsterhitzung

heavy buyer Großabnehmer

heavy damage Großschaden, Massenschaden

heavy goods vehicle (H.G.V.) schwerer Lastkraftwagen

heavy industry Schwerindustrie

heavy oil Schweröl

heavy water schweres Wasser

hectare (ha.) Hektar

hectolitre (hl.) Hektoliter

hedging, consumer Absicherung des Verbrauchers

Hedley Byrne Principle [UK] Rechtsstreit Hedley Byrne & Co. gegen Heller & Partners; 1963 wurde entschieden, daß ein Delikt unter gewissen Umständen auch bei fahrlässiger Irreführung oder falscher Darstellung vorliegen kann

height (ht.) Höhe, Anhöhe; Höhepunkt

heir Erbe

heir, liability of an Haftung eines Erben

heir of estate Nachlaßerbe

held by im Besitz von

held covered (h.c.) vorläufige Deckung; gedeckt halten; versichert sein

held liable for haftpflichtig

helicopter Hubschrauber

helmet, crash Schutzhelm

help Hilfe, Unterstützung; Hilfsmittel

henceforth von nun an, fortan

hereafter Zukunft; künftig

hereditary erblich, vererblich; erbbedingt

hereditary defect Erbfehler

heredity Erblichkeit, Vererbung

hereto hierzu

heretofore bis jetzt, ehemals

hereunder nachstehend, im folgenden, unten; kraft dieses

hereupon hierauf, darauf

hf. (half) Hälfte; halb

H.G.V. (heavy goods vehicle) schwerer Lastkraftwagen

hiatus method of reinstatement [US] Wiederinkraftsetzung durch Verschiebung von Versicherungsbeginn und -ablauf um die Zeit der Außerkraftsetzung; Terminverlegung

hidden defects versteckte Mängel

hidden defects, warranty for Gewährleistung wegen verborgener Sachmängel

hidden distribution of profits verdeckte Gewinnausschüttung

hidden flaw versteckter Fehler

hidden reserve stille Reserve

High Court (of Justice) [H.C.(J.), UK] Oberstes Zivilgericht in England und Wales

high expansion foam Leichtschaum

high expansion foam fire fighting system Leichtschaumanlage

high explosives hochexplosive Sprengstoffe

high-grade hochwertig, erstklassig

high heat release occupancy Gebäude mit hoher Wärmefreisetzungskapazität

high-quality goods hochwertige Ware; Güter des gehobenen Bedarfs

high rate of premium hohe Versicherungsprämie

high sea, pollution of the Verschmutzung der See, Meeresverschmutzung

high sums insured, reduction for Summenrabatt

high technology Spitzentechnologie, Hochtechnologie

highly combustible leicht brennbar

highly fire-resistant hochfeuerbeständig

highly (in)flammable hoch brennbar, hoch entzündlich, hoch feuergefährlich; leicht entflammbar

highway [US] Straße, Landstraße, Fernstraße

highway accident [US] Verkehrsunfall, Autounfall

hijacking insurance Entführungsversicherung

hillside Abhang; Hang

hilt Heft, Griff

hinder hinderlich sein, im Weg sein; hindern, abhalten, zurückhalten; aufhalten

hindsight späteres, besseres Wissen

hindsight, wisdom of zu späte Einsicht

hire Miete; Entgelt; Lohn

hire mieten; anstellen

hire, contract of Mietvertrag

hire of goods Warenmiete, Warenvermietung

hire of services, contract for the Dienstvertrag

hire out vermieten

hire, profits on Gewinne aus Vermietung

hire purchase Mietkauf, Ratenkauf, Teilzahlungskauf

hire-purchase agreement Ratenzahlungsvertrag, Teilzahlungsvertrag

hire-purchase terms Teilzahlungsbedingungen

hired gemietet; angestellt

hired car [US] Mietauto, Mietfahrzeug

hired labour Leiharbeitskräfte

hired transport (H.T.) Miettransport

hirer Mieter

historical background historischer Hintergrund, Vorgeschichte

historical building Baudenkmal

historical cost ursprüngliche Anschaffungskosten

history Geschichte, Geschichtswissenschaft; Entwicklung, Vorgeschichte; Werdegang; Vergangenheit; Beschreibung, Darstellung

history, bad family erbliche Belastung

history, insurance Versicherungsgeschichte

history, loss Schadengeschichte

history of insurance Versicherungsgeschichte

hit-and-run driver unfallflüchtiger Fahrer

hit-and-run driving Fahrerflucht

H.L. [House of Lords, UK] Oberhaus; besteht aus Erbadel, in den Adelsstand erhobenen führenden Persönlichkeiten, Richtern und Bischöfen

hl. (hectolitre) Hektoliter

HMO [health maintenance organization, US] private Krankenversicherungsorganisation

H.O. (Head Office) Verwaltungssitz, Hauptsitz

hoarding Reklamefläche; Bauzaun

hoist, car service Hebevorrichtung zur Kfz-Wartung; Hebebühne; Haftpflichtrisiko bei der Versicherung von Kfz-Werkstätten, bezieht sich auf Schäden an Kundenfahrzeugen

hold an enquiry ein Verhör durchführen; eine Befragung durchführen

hold covered (vorläufig) versichern

hold-harmless agreement Haftungsübernahme, Haftungsfreistellung, Freistellungserklärung

hold-harmless clause Freistellungsklausel

hold, insulated Kühlraum

hold on trust treuhänderisch besitzen

hold one's ground seinen Standpunkt behaupten

hold out hinhalten, darbieten, in Aussicht stellen, angeben

hold-up Aufhalten, Stockung, Verkehrsstauung; gewaltsames Aufhalten, Straßenüberfall; Straßenraub

holder Inhaber; Halter

holder, lawful rechtmäßiger Inhaber, rechtmäßiger Besitzer

holder, permit Inhaber einer Erlaubnis, Erlaubnisscheininhaber

holder, policy Policeninhaber, Versicherungsnehmer

holding Besitz, Bestand; Beteiligung

holding company Holdinggesellschaft, Dachgesellschaft, Muttergesellschaft

holding, intercompany Beteiligungen zwischen Konzernunternehmen

holding, land Grundbesitz, Landbesitz

holding, majority Mehrheitsbeteiligung

holding, real property Grundbesitz

holding, small kleine Beteiligung, kleiner Anteilsbesitz, kleiner Kapitalbesitz; kleiner landwirtschaftlicher Pachtbesitz; kleine Mietsache, kleines Anwesen

holdings, property Vermögenswerte

hollow Höhlung, Aushöhlung, Hohlraum; Loch, Grube; Vertiefung

home business nationales Geschäft, Inlandsgeschäft

home-foreign insurance Korrespondenzversicherung mit ausländischem Versicherer
home industry einheimische Industrie, Heimindustrie
homeless heimatlos; obdachlos
home market Inlandsmarkt, Binnenmarkt
home office Verwaltungssitz
home waters Heimatgewässer
home worker Heimarbeiter
homeowner Hauseigentümer, Hausbesitzer
homeowner's comprehensive insurance Verbundene Gebäudeversicherung (VGV)
homeowner's comprehensive policy kombinierte Hauseigentümerversicherung, kombinierte Versicherung für Hauseigentümer
homicide Tötung (eines Menschen)
homicide by misadventure Tötung als Folge eines Unglücksfalls, Unglücksfall mit tödlichem Ausgang
homogeneity Homogenität, Gleichartigkeit
homogeneous homogen, gleichartig
homogeneous products gleichartige Erzeugnisse
honest ehrlich, rechtschaffen; aufrichtig; echt
honest mistake gutgläubiger Irrtum
honestly, duty to act Pflicht, rechtschaffen zu handeln
honesty, right to Treu und Glauben
honour policy Police, die als Beweis für das versicherte Interesse gilt
hook Haken; scharfe Biegung; Sichel
hook festhaken; fangen, angeln
hopeless hoffnungslos, verzweifelt, mutlos
horizontal waagerecht, horizontal
horizontal fluctuation quantitative Schwankung des Einzelversicherungsbestandes
hose reel, fixed wall-mounted Wandschlauchhaspel
hospital Krankenhaus
hospital charges Krankenhauskosten
hospital daily allowance Krankenhaustagegeld
hospital expenses Krankenhauskosten
hospital expenses insurance Krankenhauskostenversicherung
hospital insurance [US] Krankenhausversicherung
hospital treatment Krankenhausbehandlung
hospitalization Krankenhausaufenthalt, Krankenhausbehandlung
hospitalization benefits [UK] von der Versicherung ersetzte Krankenhauskosten
hospitalization insurance [US] private Krankenhauskostenversicherung
hostile act feindselige Handlung
hostile fire Schadenfeuer
hostilities, due to aufgrund von Feindseligkeiten
hostility Feindseligkeit, Gegnerschaft; feindselige Handlung
"hot" explosion „heiße" Explosion
hot part of the guard heißer Teil einer (Kamin-)Schutzvorrichtung
hotel and restaurant business Gaststättengewerbe

hotel keeper's liability Gastwirtshaftung

hourly fee Stundensatz

hour(s) (h.) Stunde(n)

hour, rush Hauptverkehrszeit, Hauptgeschäftszeit

hours clause Stundenklausel

hours of business Geschäftsstunden, Öffnungszeiten

hours, office Bürozeit

house breaking Einbruchdiebstahl

house, confirming Vertreter im Exportland, der zwischen Käufer und Verkäufer vermittelt

house, dwelling Wohnhaus

House of Lords [H.L., UK] Oberhaus; besteht aus Erbadel, in den Adelsstand erhobenen führenden Persönlichkeiten, Richtern und Bischöfen

house, public Gasthaus, Gastwirtschaft

house, publishing Verlag, Verlagsfirma

house purchase assurance Hypothekentilgungs-Versicherung

household appliances Haushaltsgeräte

household effects Hausrat

household equipment Hausrat

household furniture Haushaltsmöbel

household insurance verbundene Wohngebäude- und Hausratversicherung

householder's comprehensive insurance Verbundene Hausratversicherung (VHV)

householder's comprehensive policy kombinierte Hausratversicherung

houses or places, between zwischen Häusern oder Plätzen

hovercraft Luftkissenfahrzeug

H.T. (hired transport) Miettransport

ht. (height) Höhe, Anhöhe; Höhepunkt

hull Struktur eines Transportmittels, das Transportmittel selbst; der Begriff bezieht sich in der Regel auf einen Schiffs- oder Flugzeugrumpf; Hülse, Schale; Rumpf

hull, aircraft's Flugzeugrumpf

hull and appurtenances, insurance on Kaskoversicherung

hull insurance Kaskoversicherung, Fahrzeugversicherung, Seekaskoversicherung

hull loss Kaskoschaden

hull, marine Seekasko, Transportkasko

hull policy Kaskopolice

hull, ship's Schiffsrumpf

human life, annuity on Leibrente

human rights Menschenrechte

humanity, duty of Gebot der Menschlichkeit, Verpflichtung zur Menschlichkeit

hundredweight Zentner (UK) 50,8 kg; (US) 50,0 kg

hunt Jagd

hunting accident Jagdunfall

hunting accidents, insurance against Jagdunfallversicherung

hunting liability Jagdhaftpflicht

hunting liability insurance Jagdhaftpflichtversicherung

hunting licence Jagdschein

hurricane Orkan

hurt verletzen; verwunden; schaden, schädigen

husband Ehemann, Ehegatte
husband and wife Eheleute
hybrid contract Mischvertrag
hydrant Hydrant
hydrant, double Großhydrant
hydrant, ground Unterflurhydrant
hydrant, pillar Überflurhydrant

hydrocarbon, halogenated halogenierter Kohlenwasserstoff
hydrocarbons Kohlenwasserstoffe
hydroelectric power plant Wasserkraftwerk
hydrogen Wasserstoff
hypothecation Verpfändung

I

I.A. (industrial assurance) Kleinlebensversicherung; Arbeiterlebensversicherung; Industrieversicherung, Gewerbeversicherung

i.a. [inter alia, lat.] unter anderem

IAA (Insurance Accountants Association) Verband der Versicherungs-Wirtschaftsprüfer

IACSU (International Association of Casualty and Surety Underwriters) Internationaler Verband der Schaden- und Kautionsversicherer

IAPIP (International Association for the Protection of Industrial Property) Internationale Vereinigung zum Schutz des gewerblichen Eigentums

i.a.w. (in accordance with) in Übereinstimmung mit

ib, ibid [ibidem, lat.] am selben Ort

I.B.N.R. (Incurred But Not Reported) eingetreten, aber noch nicht gemeldet; Abkürzung zur Erfassung von Spätschäden

ic, i.c. (in charge (of)) die Verantwortung haben für; beauftragt sein mit

I.C. & C. (invoice, cost & charges) Rechnung, Kosten und Gebühren

ICC Rules on Combined Transport Regelungen der Internationalen Handelskammer über Kombinationsgüterverkehr

ICJ (International Court of Justice) Internationaler Gerichtshof

ICS (Institute of Chartered Shipbrokers) Berufsorganisation der Schiffsmakler

icterus Gelbsucht

idea of something Begriff; Vorstellung von etwas; Gedanke; Plan

idea, product Produktidee

identical risks Risikogemeinschaft, Gefahrengemeinschaft

identification papers Ausweispapier; Personalausweis

identity, corporate Unternehmensidentität

idle müßig; faul; untätig; nicht in Betrieb; stillstehend

idle capacity ungenutzte Kapazität

idle period Liegezeit; Stillegungszeit

idle, standing außer Betrieb

i.e. [id est, lat.] das heißt

IEC (International Electrotechnical Commission) Internationale Elektrotechnische Kommission

IF (insufficient funds) ungenügende Deckung

I.F.R. (illness frequency rate) Krankheitshäufigkeitsrate

ignitability test Entzündbarkeitsprüfung

ignitable, spontaneously selbstentzündlich

ignition Zündung; Anzünden, Entzünden; Erhitzung

ignition, ease of Zündfähigkeit

ignition, external Fremdzündung

ignition, intentional vorsätzliche Brandstiftung

ignition, lightning with heißer Blitzschlag, zündender Blitzschlag

ignition, lightning without kalter Blitzschlag

ignition, place of (fire) bestimmungsmäßiger Brandherd

ignition quality Zündwilligkeit

ignition, source of Zündquelle

ignition, spontaneous Selbstentzündung, Selbstzündung

ignition temperature Zündpunkt, Zündtemperatur

ignorance Unwissenheit, Unkenntnis, Ignoranz

ignorance of the law Unkenntnis des Gesetzes

IIA (Insurance Institute of America) Versicherungsinstitut von Amerika

ILA (International Law Association) Vereinigung für Internationales Recht

ILC (International Law Commission) Internationale Völkerrechtskommission

ill-conditioned goods Waren in schlechtem Zustand

ill-fame schlechter Ruf

ill-founded unbegründet

ill, mentally geisteskrank

ill, to be taken erkranken

illegal act gesetzwidrige Handlung

illegal contract rechtswidriger Vertrag

illegal insurances sittenwidrige Versicherungen, ungesetzliche Versicherungen

illegal policy widerrechtliche Police; Police mit gesetzlich verbotenem Inhalt

illegal production of goods and services Schwarzarbeit

illegality Ungesetzlichkeit, Gesetzeswidrigkeit

illegitimacy Unrechtmäßigkeit, Gesetzeswidrigkeit; Unehelichkeit

illegitimate child nichteheliches Kind

illicit unerlaubt, verboten

illicit trading Schwarzhandel

illiterate party analphabetische (Vertrags-)Partei; (Vertrags-)Partei, die des Lesens und Schreibens nicht kundig ist

illness Krankheit, Leiden; Bosheit, Schädlichkeit

illness frequency rate (I.F.R.) Krankheitshäufigkeitsrate

illness, pre-existing frühere Krankheit

illness, previous altes Leiden, vorherige Krankheit

illness, severe schwere Krankheit

illustration (form) Beispielrechnung (zur Gewinnbeteiligung)

imaginary gedacht; eingebildet; Phantasie-

imaginary profit imaginärer Gewinn

imitation Nachbildung; Nachahmung; Imitation, Kopie, Falsifikat

imitation, food Nahrungsmittelnachbildung

imitation leather Kunstleder

immaterial unwesentlich, unkörperlich

immaterial damage ideeller Schaden, immaterieller Schaden

immaterial facts unwesentliche Tatsachen

immaterial losses immaterielle Schäden

immaterial variance geringfügige Abweichung

immediate annuity nachschüssige Rente, sofort beginnende Rente

immediate benefit sofortiger Versicherungsschutz, sofortige Versicherungsleistung

immediate cause unmittelbare Ursache

immediate cover sofortiger Versicherungsschutz

immediate danger unmittelbare Gefahr

immediate notice sofortige Benachrichtigung, unverzügliche Schadenmeldung

immediate participation guarantee contract [US] Vertrag mit sofortiger Beteiligung des Vertragspartners am tatsächlichen Verlauf einschließlich der Gewinne und Verluste aus Vermögensanlagen

immediately effective mit sofortiger Wirkung

imminent danger drohende Gefahr, unmittelbar bevorstehende Gefahr

imminently dangerous unmittelbar gefährlich

immoral contract sittenwidriger Vertrag

immovable unbeweglich; ortsfest; unveränderlich

immovables Immobilien, unbewegliches Eigentum

immunities Befreiungen; Haftungsprivilegien

impact Stoß, Anprall; Aufschlag; Einwirkung

impact, economic wirtschaftliche Auswirkung

impact of a treaty Auswirkungen eines Vertrages

impact of fire Feuereinwirkung

impact of heat Hitzeeinwirkung

impaired life (Lebensversicherung) erhöhtes Risiko

impaired property beeinträchtigtes Eigentum, beeinträchtigte Sache

impairment Beeinträchtigung, Schädigung

impairment, environmental Umweltschädigung

impairment insurance Hypothekenversicherung

impairment of health Gesundheitsschädigung, Beeinträchtigung der Gesundheit

impairment of use Brauchbarkeitsbeeinträchtigung

impartial treatment Gleichbehandlung

impartiality Unparteilichkeit; Objektivität

impeachment öffentliche Anklage; Beschuldigung, Verklagung, Anklage; Anfechtung

impediment Hinderung, Hindernis; Hinderungsgrund

impending death naher Tod, nahe bevorstehender Tod

impending losses, reserve for Rückstellung für drohende Verluste

imperative zwingend; absolut erforderlich

imperfect unvollkommen; mangelhaft, fehlerhaft

impertinence Frechheit, Dreistheit

implement Gerät, Zubehör; Werkzeug

implementation Erfüllung, Realisierung (eines Plans), Ausführung, Durchführung

implementation of a contract Erfüllung eines Vertrages

implementation of a guarantee Erfüllung einer Garantiepflicht

implementation of EC Directive Vollzug einer EG-Richtlinie, Ausführung einer EG-Richtlinie

implication Bedeutung, Folgerung, Verflechtung

implicit agreement stillschweigend getroffene Vereinbarung

implicit item (Rechnungswesen) kalkulatorischer Posten

implied authority stillschweigende Vollmacht, stillschweigende Bevollmächtigung, stillschweigende Vertretungsmacht

implied choice of law stillschweigende, nicht ausdrücklich festgehaltene Bestimmung der anzuwendenden Gesetze

implied conditions stillschweigende Bedingungen, stillschweigend miteingeschlossene Versicherungsbedingungen

implied consent stillschweigende Genehmigung

implied contract ein durch konkludentes Verhalten der Parteien und durch die entsprechenden Umstände begründeter Vertrag ohne ausdrückliche Formulierung; mündlicher Vertrag

implied warranty vom Gesetz auferlegte Zusicherungshaftung, stillschweigende Zusicherung einer Eigenschaft

imply einschließen, enthalten

import protection insurance Import-Schutzversicherung

importance Wichtigkeit, Bedeutung

importance, of outstanding von hervorragender Bedeutung

importance, of the utmost von äußerst großer Bedeutung

important wichtig, bedeutend

importation Einfuhr, Import

importer Importeur, Importfirma

importer, liability of Haftpflicht des Importeurs

impose aufdrängen, auferlegen, aufbürden; (über Gebühr) in Anspruch nehmen, mißbrauchen; imponieren; täuschen

imposed duty auferlegte Pflicht

imposition of a penalty Verlängerung einer Strafe

imposition of conditions Auferlegung von Bedingungen

impositions of taxes Besteuerung

impossibility Unmöglichkeit

impossibility of fulfilment ab inito Unmöglichkeit der Erfüllung von Anfang an

impossibility of performance Unmöglichkeit der (Vertrags-)Erfüllung

impossibility of performance, subsequent nachträgliche Unmöglichkeit der Erfüllung

impossibility, original anfängliche Unmöglichkeit

impression Eindruck, Einwirkung; Abdruck, Aufdruck; Stempel, Gepräge

imprisonment, false Freiheitsberaubung; unrechtmäßige Inhaftierung

imprisonment, negligent fahrlässige Inhaftierung

improper unrichtig; unpassend; nicht vorschriftsmäßig

improper use nicht vorschriftsmäßiger Gebrauch

improper use, to make mißbrauchen

improve bessern, verbessern, aufbessern

improved health verbesserte Gesundheit

improvement Besserung, Verbesserung; Verfeinerung; Veredelung; Ausnutzung, nutzbringende Verwendung

improvement in health, gradual allmähliche gesundheitliche Besserung

improvement in mortality (Lebensversicherung) Sterblichkeitsminderung

improvement, product Produktverbesserung

improvement, subsequent Nachbesserung

improvement, technical technische Verbesserung

improvements to the property Verbesserung von Immobilien; Sachverbesserung

impugn bestreiten, anfechten

impugnable bestreitbar, anfechtbar

impunity Straffreiheit, Straflosigkeit

impunity, with straflos, unbestraft

imputation Zurechnung, Zuschreibung; Beschuldigung

imputed knowledge unterstellte Kenntnisse, präsumtives Wissen

imputed negligence zurechenbare Fahrlässigkeit

in. (inch) Zoll

in ^{2} (square inch) Quadratzoll

in a nutshell ganz kurz (zusammengefaßt), mit einem Wort, mit wenigen Worten, in knapper Form

in accordance with (i.a.w.) in Übereinstimmung mit

in advance vorschüssig, im voraus

in advance, payable im voraus zahlbar

in advance, payment Vorauszahlung, vorschüssige Zahlung

in and out policy Gesamtversicherung(spolice)

in arrears rückständig

in arrears, payable nachträglich zahlbar

in arrears, payment nachschüssige Zahlung

in arrears, premium ausstehende Prämie, rückständige Prämie

in b. [in bonis, lat.] in Sachen ...

in bad faith bösgläubig, unredlich

in bad health krank, in schlechtem Gesundheitszustand

in bad repair in schlechtem baulichen Zustand

in capacity stated in schedule in der im Plan genannten Funktion

in case of emergency im Notfall

in case of imminent danger bei Gefahr im Verzug

in charge (of) (ic, i.c.) die Verantwortung haben für; beauftragt sein mit

in civil actions in Zivilklagen, in Zivilprozessen, in bürgerlichen Rechtsstreitigkeiten

in contravention of the rules entgegen den Vorschriften

in dispute, matter Streitgegenstand

in due form and time form- und fristgerecht

in fact tatsächlich

in fact and in law in tatsächlicher und in rechtlicher Hinsicht

in fits and starts unregelmäßig, ruckweise, dann und wann

in force in Kraft, rechtsgültig

in force business laufendes Geschäft

in force, law geltendes Recht

in force, risks laufende Risiken

in force, to remain in Kraft bleiben, wirksam bleiben

in good condition in gutem Zustand

in good faith in gutem Glauben, in guter Absicht

in good repair in gutem baulichen Zustand

in kind, obligation Gattungsschuld

in kind, payment Sachleistung, Naturalleistung

in kind, replacement Naturalersatz

in need of repair reparaturbedürftig

in one's private capacity privat, als Privatperson

in pari delicto [lat.] beiderseits mitschuldig

in personam jurisdiction sachliche Zuständigkeit des Gerichts, wenn der Beklagte der richterlichen Gewalt dieses Gebietes unterliegt

in personam, right obligatorisches Recht, schuldrechtlicher Anspruch

in process, goods Halbfabrikate, Halberzeugnisse

in rem, right dingliches Recht

in stock, goods Lagerbestand, Warenbestand

in tabular form tabellarisch, in Tabellenform

in the absence of evidence mangels Beweises

in the case of in Sachen

in the meantime in der Zwischenzeit

in the red in den roten Zahlen stehen

in trade, stock Bestand, Vorräte, Warenbestände

in trans. [in transitu, lat.] auf dem Transport

in transit auf dem Transport; unterwegs

in transit, loss Transportschaden

in trust zu treuen Händen, treuhänderisch; Vertrauen (auf)

in witness thereof zum Zeugnis dessen

in your favour zu Ihren Gunsten

inability Unfähigkeit, Unvermögen

inability to pay Zahlungsunfähigkeit

inability to practice one's profession Berufsunfähigkeit

inability to return Unfähigkeit der Rückgabe

inaccessibility Unerreichbarkeit, Unzugänglichkeit

inaccuracy Ungenauigkeit; Fehler, Irrtum

inactivity Untätigkeit, Trägheit; Lustlosigkeit

inadequate ungenügend, unzulänglich, inadäquat

inadequate warning unangemessene Warnung, unzulängliche Warnung

inadmissibility Unzulässigkeit

inadmissibility of evidence Unzulässigkeit von Beweismitteln

inadvertence Unachtsamkeit, Unaufmerksamkeit; Unabsichtlichkeit; Versehen, Irrtum

inalienability Unübertragbarkeit, Unveräußerlichkeit

inalienable unabdingbar

inalienable rights nicht übertragbare Rechte, unabdingbare Rechte

inapplicable unabwendbar, ungeeignet, unzutreffend, nicht zuständig

inattention Unaufmerksamkeit

inattentiveness Unaufmerksamkeit

Inc. (Incorporation) AG, Aktiengesellschaft

inc. (incorporated) amtlich eingetragen; als Kapitalgesellschaft eingetragen

incapable ungeeignet; unfähig

incapable of working arbeitsunfähig

incapacity Berufsunfähigkeit, Arbeitsunfähigkeit, Erwerbsunfähigkeit; Unvermögen, Unfähigkeit

incapacity clause Gebrechensklausel

incapacity for business, total vollständige Erwerbsunfähigkeit, Vollinvalidität

incapacity, mental geistige Unfähigkeit

incapacity to earn one's living Erwerbsunfähigkeit

incendiarism Brandstiftung; Pyromanie

incendiary Brandstifter

inception Inkrafttreten (eines Vertrags); Beginn, Anfang

inception date Beginndatum (einer Police)

inception of insurance cover Versicherungsbeginn

inception of the policy, postponement of the Aufschub des Versicherungsbeginns

inception of treaty Vertragsbeginn

inception, policy Versicherungsbeginn

inch (in.) Zoll

inch, cubic Kubikzoll

inch, square Quadratzoll

Inchmaree clause (Seeversicherung) Inchmaree-Klausel; durch diese Klausel wird eine Reihe von Gefahren zusätzlich mit unter die Gefahrtragung des Versicherers gestellt

incidence Verteilung; Wirkungsgebiet, Einflußgebiet; Auftreten, Vorkommen

incidence, loss Schadenanfall

incidence of loss Schadenhäufigkeit

incident Vorfall, Zwischenfall, Zufall

incident, original auslösendes Ereignis, ursächliches Ereignis

incidental zufällig; Neben-; gelegentlich; sekundär

incidental contract Nebenvertrag

incidentals Nebenkosten, Nebenausgaben

incidents Einzelschäden; Zahl der Geschädigten

incineration Einäscherung, Verbrennung

incineration of wastes at sea Verbrennung von Abfällen auf See

incitement Anregung, Antrieb; Verleitung, Aufhetzung, Anstiftung

incl. (inclusive, including) einschließlich, umfassend

include einschließen

included in (such) average in der Schadenbeteiligung enthalten

including (incl.) einschließlich, umfassend

including particular average (i.p.a.) einschließlich besonderer Havarie

inclusion Einschluß, Einbeziehung

inclusion clause Einschlußklausel

inclusion in the contract Einschluß in den Vertrag

inclusive (incl.) einschließlich, umfassend

incombustible mineral ingredient unverbrennbarer mineralischer Bestandteil

income Einkommen, Ertrag, Einnahmen

income after taxes, net Gewinn nach Steuern, Nettogewinn

income, average Durchschnittseinkommen

income basis, value on Ertragswert

income benefit Todesfallrente, Überlebenszeitrente

income, deferred transitorische Passiva

income, earned Arbeitseinkommen

income, estimated premium (EPI) geschätzte Prämienbeiträge

income, general premium allgemeine Erträge aus Prämien, abzüglich etwaiger Rückversicherungsprämien und mit Ausschluß langfristiger Transaktionen

income, gross Bruttoertrag, Bruttoeinnahme, Bruttoeinkommen, Bruttogehalt

income, investment Kapitalertrag

income level, exempt steuerbefreite Einkommenshöhe

income loss Einkommensverlust

income, net Reinertrag

income, net premium Nettoprämien-Umsatz; Nettoprämieneinnahmen

income, non-recurring außerordentliche Erträge

income of company, limitation of Begrenzung des Gesellschaftseinkommens

income period [US] Rentenzahlungsperiode/-abschnitt

income, premium Beitragseinzug, Prämieneinnahme, Prämieninkasso

income, retirement aufgeschobene Leibrente mit garantierter Mindestlaufzeit und Kapitalzahlung bei Tod vor Rentenbeginn

income security festverzinsliches Wertpapier

income tax (I.T.) Einkommensteuer, Einkommensbesteuerung

income, underwriting versicherungstechnischer Ertrag

incoming eingehend; hereinkommend

incoming and outgoing control Ein- und Ausgangskontrolle

incoming goods Wareneingang

incoming payments Zahlungseingänge

incoming premium eingenommene Prämie

incompatibility Unvereinbarkeit

incompetence Nichtzuständigkeit, Inkompetenz; Unzulänglichkeit; Unfähigkeit

incompetent unfähig; unzuständig

incomplete answer unvollständige Antwort

inconclusiveness Mangel an Schlüssigkeit; Mangel an Beweiskraft

inconsistency Nichtübereinstimmung, innerer Widerspruch, Unvereinbarkeit; Inkonsequenz, Folgewidrigkeit; Unbeständigkeit, Wankelmut, Unstetigkeit

inconsistent widersprüchlich; unvereinbar; inkonsequent

inconsistent statements einander widersprechende Aussagen

incontestability clause Unanfechtbarkeitsklausel

incorporate eintragen, inkorporieren; aufnehmen; vereinigen, verbinden, zusammenschließen

Incorporated (Inc.) amtlich eingetragen; als Kapitalgesellschaft eingetragen

incorporated company [US] Aktiengesellschaft

Incorporation (Inc.) AG, Aktiengesellschaft

incorporation Einbeziehung oder Aufnahme (in einen Vertrag); Gründung (einer Gesellschaft); amtliche Eintragung; Vereinigung

incorporation by reference Einbeziehung durch Bezugnahme (Vertrag)

incorporeal immateriell; nicht körperlich

incorporeal chattels immaterielle Vermögenswerte

incorrect estimation Verschätzung

incorrect instructions falsche Gebrauchsanweisung

Incoterms (International Commercial Terms) Internationale Regeln für die Auslegung von Handelsklauseln

increasable assurance option (Lebensversicherung) Nachtrag, der das Recht einräumt, zu bestimmten Terminen die Versicherungssumme ohne Risikoprüfung zu erhöhen

increase Vergrößerung, Verstärkung, Erhöhung, Zunehmen, Zunahme, Wachsen, Steigerung

increase steigern; zunehmen; vergrößern, verstärken, erhöhen

increase clause Vorsorgeklausel

increase in business in force Bestandszuwachs

increase in charges Gebührenerhöhung

increase in cost of living Inflationsrate

increase in cost of working Anstieg der Arbeitskosten, Anstieg der Betriebskosten

increase in economic activity Konjunkturbesserung

increase in legal liability Haftungsverschärfung

increase in production Produktionssteigerung

increase in risk Risikoerhöhung

increase in risk, conditions prohibiting Bedingungen, die eine Risikoerhöhung untersagen

increase in the premium Prämienerhöhung

increase in the sum insured Erhöhung der Versicherungssumme

increase in value Mehrwert, Wertsteigerung, Wertzuwachs

increase of actuarial reserves Reserveergänzung

increased cost of living Erhöhung der Lebenshaltungskosten

increased cost of living benefit Teuerungszulage

increased cost of working erhöhte Betriebskosten

increased demand Mehrbedarf, erhöhter Bedarf

increased European integration zunehmende europäische Integration

increased expectation of life Verlängerung der Lebensdauer, erhöhte Lebenserwartung

increased quality control verstärkte Produktkontrolle

increased risk erhöhtes Risiko, erhöhte Gefahr, anomales Risiko

increased severity of liability Haftungsverschärfung

increased value (i.v.) Mehrwert

increased value of insurance erhöhter Versicherungswert

increasing age, reserve for Alterungsrückstellung, Alterungsreserve

increasing annuity steigende Rente, dynamische Rente

increasing bonus steigende Dividende, steigender Gewinnanteil

increasing premium steigende Prämie

incredible unglaublich; unglaubwürdig

increment Zuwachs, Mehrertrag, Steigerungsbetrag

increment of net worth Vermögenszuwachs

incubation period Inkubationszeit

incur Schulden machen; Verluste erleiden; auf sich laden, geraten (in); sich (einer Gefahr etc.) aussetzen

incur a liability haften, eine Verpflichtung eingehen

incurable defect unheilbarer Mangel

Incurred But Not Reported (I.B.N.R.) eingetreten, aber noch nicht gemeldet; Abkürzung zur Erfassung von Spätschäden

incurred but not reported losses Spätschäden, eingetreten, aber (noch) nicht gemeldet

incurred damage entstandener Schaden; erlittener Verlust

incurred losses Schadenaufwand

ind. (independent; industrial) unabhängig, selbständig; industriell, gewerblich

indebtedness Verschuldetsein, Verschuldung; Schulden, Verbindlichkeiten; Verpflichtung

indebtedness, acknowledgment of Schuldschein, Schuldanerkenntnis

indebtedness, balance of Saldo; Zahlungsbilanz

indemnification Sicherstellung, Entschädigung, Ersatzleistung, Schadenersatz

indemnification agreement Schadenersatzsumme, Entschädigungssumme

indemnification aliunde Entschädigung, Schadenersatz, Abfindung „woandersher", Abfindung aus einer anderen Rechtsquelle

indemnification, claim for Ersatzanspruch

indemnification clause Haftungsfreistellungsklausel

indemnification in accordance with the conditions bedingungsgemäße Entschädigung

indemnification, liability Haftpflichtentschädigung

indemnification, obligatory Schadenersatzpflicht

indemnification, partial Teilentschädigung

indemnification, period of Leistungsdauer

indemnification, transitional Übergangsentschädigung

indemnify schadlos halten, entschädigen

indemnify, obligation to Schadenersatzpflicht

indemnifying clause Haftungsklausel

indemnitee [US] Entschädigungsberechtigter

indemnitor [US] Entschädiger

indemnity Sicherstellung, Entschädigung, Schadloshaltung, Entschädigungsbetrag

indemnity against liability Haftungsfreistellung

indemnity agreement Entschädigungsvereinbarung

indemnity, claim for Ersatzanspruch

indemnity clause Haftungsfreistellungsklausel, Schadenersatzklausel

indemnity, contract of Entschädigungsvertrag, Schadenersatzvertrag

indemnity, deed of Haftpflichtpolice

indemnity, double Versicherung bei Unfalltod, Verdoppelung der Versicherungssumme bei Unfalltod

indemnity, fire Brandschadenersatzleistung

indemnity for a fire loss Brandentschädigung

indemnity insurance Haftpflichtversicherung; Schadenversicherung

indemnity insurance, professional Berufshaftpflichtversicherung

indemnity insurance, third party Haftpflichtversicherung

indemnity, letter of Entschädigungszusage

indemnity limit Haftungssumme

indemnity, limit of (loi) Haftungsbegrenzung, Höchstentschädigung

indemnity, part Teilentschädigung

indemnity, payment of Entschädigungsleistung

indemnity period Leistungsdauer, Unterstützungsdauer; Haftzeit, Dauer der Haftung

indemnity period, maximum maximale Haftungsdauer, maximale Leistungsdauer

indemnity policy Haftpflichtversicherungspolice

indemnity, policy of Haftpflichtversicherungspolice

indemnity, principle of Grundsatz des Versicherungswesens, nach dem jeder das Recht hat, nach einem Schaden wieder in den Zustand versetzt zu werden, in dem er sich unmittelbar vor dem Schaden befand; ein Versicherter soll also keinen Gewinn aus einem Versicherungsschaden ziehen

indemnity, remaining Restentschädigung

indemnity, settlement of Entschädigung, Schadenzahlung, Schadenersatzleistung

indemnity, third party Haftpflicht

independence Unabhängigkeit, Selbständigkeit

independent (ind.) unabhängig, selbständig

independent adjuster selbständiger Schadenregulierer, Schadensachverständiger; freiberuflich Tätiger, der für die auftraggebenden Versicherungsgesellschaften Schadenfälle bearbeitet

independent business persons selbständige Geschäftsleute

independent contractor selbständiger Unternehmer

independent contractors, liability for Haftung für unabhängige Unternehmer

independent duty of care unabhängige Sorgfaltspflicht

independent insurance agent selbständiger Versicherungsvertreter

independent insurance fund selbständige Versicherungskasse

independent liability principle Prinzip der selbständigen Haftung

independent probability unabhängige Wahrscheinlichkeit

independent validity unabhängige Rechtswirksamkeit, unabhängige Rechtsgültigkeit

index Index, Inhaltsverzeichnis, Tabelle, Register; Kartei; Anzeiger, Zeichen; Hinweis

index, card Kartei, Kartothek

index clause Indexklausel

index clause, insurance with Indexversicherung, Versicherung mit Indexklausel

index, construction cost Baukostenindex

index, cost of living Preisindex für die Lebenshaltung

index-linked insurance Indexversicherung

Index of Retail Prices (IRP) Preisindex für die Lebenshaltung

index, price Preisindex

index, risk Tarif; Risikoliste; Risikoaufstellung

index, subject Sachregister

indexed annuity indexierte Rente

indexed new value insurance gleitende Neuwertversicherung

indexed pension dynamische Rente

indicate anzeigen, angeben, markieren; andeuten

indication Anzeige, Angabe; Indikation, Symptom; Zeichen, Hinweis, Andeutung

indifference Gleichgültigkeit

indignation Entrüstung; Unwille

indirect business indirektes Geschäft

indirect insurance indirekte Versicherung

indirect loss mittelbarer Schaden

indirect loss or damage mittelbarer Schaden, Folgeschaden

indirect possession mittelbarer Besitz

indirect protection indirekter Schutz

indispensable unentbehrlich, unerläßlich; unabkömmlich

indisposition Unpäßlichkeit, Unwohlsein; Abneigung

indisputability clause Rücktrittsverzichtsbestimmung, Unanfechtbarkeitsklausel

indisputable unanfechtbar, unbestreitbar; unstreitig

indisputable policy unstreitige Versicherungspolice

individual einzeln; charakteristisch, besonders, individuell; natürliche Person

individual insurance Individualversicherung, Einzelversicherung

individual liability persönliche Haftung

individual loss Einzelschaden

individual policy Einzelpolice, Einzelunfallpolice

individual rating Anpassung der Prämie an das konkrete Risiko

individual risks Einzelrisiken

indivisibility of premiums Unteilbarkeit der Prämie

indivisible performance unteilbare Leistung

indolence Lässigkeit; Trägheit

indoor fire Innenbrand

indoor pollution Schadstoffe in Gebäuden

indoor staff Innendienst

indubitable unbezweifelbar, zweifellos

inducement Überredung, Veranlassung

inducement of breach of contract Verleitung zum Vertragsbruch, Anstiftung zum Vertragsbruch

inducement to change insurer Überredung zum Versichererwechsel; „Ausspannung"

inducing an agent to change companies „Ausspannung" eines Agenten einer anderen Gesellschaft

indulgence Nachsicht; Nachgiebigkeit; Zügellosigkeit

industrial (ind.) industriell, gewerblich

industrial accident Arbeitsunfall, Betriebsunfall

industrial action Arbeitskampfmaßnahmen

industrial activity gewerbliche Tätigkeit

industrial assurance (I.A.) Kleinlebensversicherung, Arbeiterlebensversicherung, Industrieversicherung, Gewerbeversicherung

Industrial Assurance and Friendly Societies Act of 1948 Gesetz über Arbeiterlebensversicherungen und Versicherungsvereine auf Gegenseitigkeit; Neuregelung der Befugnisse der traditionsreichen Arbeiterlebensversicherungen und Versicherungsvereine auf Gegenseitigkeit nach Einführung des staatlichen Gesundheitssystems

industrial assurance business Kleinlebensversicherungsgeschäft

industrial fire risks insurance Industriefeuerversicherung

industrial firm Industrieunternehmen

industrial goods Industrieprodukte

industrial injury Betriebsunfall, Arbeitsunfall

industrial insurance Kleinlebensversicherung; Industrieversicherung

industrial know-how industrielle Produktionserfahrung; praktische Betriebserfahrung

industrial life assurance [UK]
Kleinlebensversicherung, Arbeiterlebensversicherung; Industrie- oder Gewerbeversicherung

Industrial Life Assurance business Kleinlebensversicherungsunternehmen; Kleinlebensversicherungsprämienvolumen; Kleinlebensversicherungsgeschäft

Industrial Life Assurance Commission [UK] Kleinlebensversicherungskommission

Industrial Life Assurance Commissioner [UK] Kleinlebensversicherungs-Aufsichtsbehörde; Aufsichtsbehörde der Arbeiterlebensversicherungen

industrial plant Fabrikanlage, Industrieanlage

industrial process industrielle Verarbeitung

industrial product Investitionsgut, Industrieerzeugnis

industrial property gewerbliches Eigentum (Patente, Warenzeichen, Copyrights)

industrial region Industrieregion

industrial risks Industrierisiken

industrial risks, insurance of Industriepolice, Versicherung industrieller Risiken

industrial society Industriegesellschaft, Industrieunternehmen

Industrial Tribunal Arbeitsgericht

industrial waste industrieller Abfall

industrial worker Industriearbeiter

industriales, fructus [lat.] Früchte der Arbeit, (ursprüngl.:) gesäte und geerntete landwirtschaftliche Produkte, jetzt auch Industrieprodukte

industries Industriezweige, Wirtschaftszweige

industries, big Großindustrie

industries, textile Textilindustrie

industry Gewerbe, Industriezweig; Industrie; Fleiß

industry, aerospace Luft- und Raumfahrtindustrie

industry, aircraft Luftfahrtindustrie

industry and commerce Industrie und Handel

industry, armament Rüstungsindustrie

industry, automobile Kraftfahrzeugindustrie

industry, basic Grundstoffindustrie

industry, branch of Industriezweig

industry, building Bauindustrie

industry captive industrieeigenes Versicherungsunternehmen

industry, cinema Filmindustrie

industry, clothing Bekleidungsindustrie

industry, coal & steel Montanindustrie, Kohle- und Stahlindustrie

industry, commerce and Handel und Wirtschaft

industry, consumer goods Verbrauchsgüterindustrie

industry, domestic einheimische Industrie

industry, electric equipment producing elektrotechnische Industrie

industry, electricity Elektroindustrie

industry, engineering Maschinenbauindustrie

industry, entertainment Unterhaltungsbranche, Vergnügungsindustrie

industry, extractive rohstofferzeugende Industrie, Grundstoffindustrie

industry, finishing Veredelungsindustrie, Endproduktfertigung

industry, fish processing fischverarbeitende Industrie

industry, food, drink and tabacco Nahrungs- und Genußmittelindustrie

industry, food processing Nahrungsmittelindustrie

industry, fruit processing obstverarbeitende Industrie

industry, heavy Schwerindustrie

industry, home einheimische Industrie

industry, insurance Versicherungsgewerbe, Versicherungswirtschaft

industry, iron Eisenindustrie

industry, leather goods Lederwarenindustrie

industry, machine tools Werkzeugmaschinenindustrie

industry, man-made fibres Chemiefaserindustrie

industry, manufacturing Fertigungsindustrie, verarbeitende Industrie

industry, metal Metallindustrie

industry, mining Montanindustrie, Bergbau

industry, motor Motorenindustrie, Kraftfahrzeugindustrie

industry, motorcycle Motorradindustrie

industry, nationalized verstaatlichte Industrie

industry, oil Erdölindustrie

industry, paper Papierindustrie

industry, pharmaceutical Pharma-Industrie, pharmazeutische Industrie

industry, plastics Kunststoffindustrie

industry, plastics processing kunststoffverarbeitende Industrie

industry, primary Grundstoffindustrie

industry, private Privatindustrie, Privatwirtschaft

industry, processing verarbeitende Industrie; Verarbeitungsindustrie, Veredelungsindustrie

industry, quarrying Industrie der Steine und Erden

industry standard Industrienorm

industry, steel Stahlindustrie

industry, textile Textilindustrie

industry, transport Transportgewerbe

industry, wood Holzindustrie

industrywide liability Haftung des ganzen Industriezweigs

inebriate Trinker; Betrunkener

inefficiency Ineffizienz; Unfähigkeit, mangelnde Leistungsfähigkeit

inequality Ungleichheit

inert gases inerte Gase

inescapable unvermeidbar

inescapable conclusion zwingender Schluß

inevitable unausweichlich; nicht zu umgehen; unvermeidbar

inevitable accident unvermeidbarer Unfall, unabwendbares Ereignis

inevitably zu erwartend; unausweichlich

inexcusable delay unentschuldbare Verzögerung

infancy Minderjährigkeit; Kindheit

infant Säugling; Kleinkind; Minderjähriger, Unmündiger

infant mortality Kindersterblichkeit

infanticide Kindestötung, Kindesmord; Kindesmörder

infantile paralysis, insurance against Kinderlähmungsversicherung

infect anstecken

infected district verseuchtes Gebiet

infection Ansteckung; Infektion

infectious ansteckend; mit dem Makel der Ungesetzlichkeit behaftet; der Beschlagnahme ausgesetzt

infectious disease ansteckende Krankheit

infer folgern, schließen

inference Folgerung, Schluß

inferior quality minderwertig

inferior quality goods minderwertige Waren

inferred abgeleitet, gefolgert

infidelity Veruntreuung

infidelity clause Untreueklausel

infirmities of old age Altersgebrechen

infirmity Schwäche, Gebrechlichkeit, Kränklichkeit, Krankheit; Schwachheit, (menschliche) Schwäche, Charakterschwäche

inflame entzünden; entflammen

inflammable brennbar, leicht entzündlich, entflammbar; feuergefährlich; reizbar, leicht erregbar

inflammable cargo feuergefährliche Ladung

inflammation Entzündung

inflation clause, severe (SIC) Indexklausel

inflation, rate of Inflationsrate

inflationary factors Inflationsfaktoren

influence Einfluß, Wirkung

influence einwirken, beeinflussen

influence of alcohol Alkoholeinfluß

influence of drugs Einfluß von Drogen, Einfluß von Rauschmitteln

influence, undue unzulässige Beeinflussung

influences, environmental Umwelteinflüsse

inform benachrichtigen, in Kenntnis setzen, informieren

inform, duty to Anzeigepflicht

informal formfrei, formlos; informell

informal contract formloser Vertrag

informality Formlosigkeit; Formmangel

information Auskunft; Nachricht; Information; Kenntnis

information and belief „Information und Glaube", vorläufige Klagebegründung

information, executive Informationsstand der Geschäftsführung

information, for purposes of zum Zwecke der Informationsgewinnung

information, submission of Vorlegen von Informationen, Übermittlung von Information

information technology (IT) Informations-Technologie

information, waiver of Verzicht auf Information

infra [lat.] unten, im nachfolgenden

infraction Verstoß, Verletzung

infraction of the law Gesetzesverstoß

infrared detector Infrarotmelder

infrastructure Infrastruktur

infringe Gesetz übertreten, Gesetz verletzen

infringement Verstoß, Verletzung; Rechtsverletzung; Zuwiderhandlung

infringement of a contract Vertragsverletzung

infringement of a law Verletzung eines Gesetzes

in-full, premium payable Pauschalprämie

ingenuity Erfindergeist; Scharfsinn

ingredient, incombustible mineral unverbrennbarer mineralischer Bestandteil

inherent innewohnend, zugehörend, angeboren; eingewurzelt; eigen

inherent hazard innewohnende Gefahr

inherent nature natürliche Beschaffenheit

inherent vice natürlicher, angeborener Fehler; innerer Fehler; Beschaffenheitsschaden; inhärenter Fehler, innerer Mangel

inherently dangerous chattels Gegenstände, die von sich aus gefährlich sind, wie etwa Gewehre oder Gifte; im Gegensatz dazu stehen Gegenstände, die erst durch fehlerhaften Gebrauch gefährlich werden

inheritance Erbschaft, Erbe

inhibition Verbot, Untersagung

inimical feindselig, feindlich; nachteilig, schädlich

initial capital Gründungskosten

initial expenses Anfangskosten; Abschlußkosten

initial guarantee deposit Anfangskaution

initial fire Ursprungsfeuer, Entstehungsbrand

initial, premium Erstprämie, ursprüngliche Prämie, Anfangsprämie

initial value Anschaffungswert

initiate beginnen; einführen; eröffnen; in Gang setzen

initiate negotiations Verhandlungen einleiten

initiation Beginn; Aufnahme, Einführung

initiatory steps einleitende Schritte

injunction Befehl, gerichtliche Verfügung, einstweilige Verfügung (eines Gerichts)

injunction, preliminary einstweilige Verfügung

injunctive relief [US] Abhilfe durch einstweilige Verfügung

injure verletzen; beleidigen; Unrecht tun; schaden

injure non remota causa sed proxima spectatur [lat.] nicht die entfernte, sondern die am nächsten liegende Sache ist zu sehen

injured, fatally tödlich verletzt

injured party Geschädigter, geschädigte Partei

injured person Geschädigter, Verletzter, Beschädigter

injuries, apparently trivial dem Anschein nach geringfügige Verletzungen

injuries caused through accident unfallbedingte Verletzungen

injuries, self-inflicted selbstzugefügte Verletzungen

injurious schädlich, nachteilig; ungerecht; verletzend

injurious falsehood Rufschädigung, Kreditschädigung

injurious to health gesundheitsschädlich

injury Unrecht; Beleidigung, Verletzung; Schaden

injury, accidental Unfallverletzung, Körperverletzung durch Unfall

injury, advertising [US] (Haftpflicht-Vers.) mündliche oder schriftliche Verbreitung von Angaben, durch die eine natürliche oder juristische Person oder die Waren, Produkte oder Leistungen derselben einen Schaden erleiden

injury, bodily (bi) Personenschaden, Körperschaden

injury, burn Brandschaden, Brandverletzung

injury caused by an accident Unfallverletzung; Verletzung aufgrund eines Unfalls

injury, eye Augenverletzung

injury, industrial Betriebsunfall, Arbeitsunfall

injury, irradiation Strahlenschädigung

injury, pecuniary finanzieller Schaden

injury, personal Personenschaden, Körperverletzung, Gesundheitsbeschädigung; Verletzung des Persönlichkeitsrechts

injury, physical Körperverletzung

injury, pre-natal vorgeburtlicher Schaden

injury, radiation Strahlenschädigung, Strahlenschaden

injury, reckless grob fahrlässige Beschädigung; grob fahrlässige Verletzung

injury, risk of Risiko einer Körperverletzung

injury, serious bodily schwere Körperverletzung

injury, seriousness of an Schwere der Beschädigung, Schwere der Verletzung

injury test Schadentest

injury to a person Personenschaden

injury to property Sachbeschädigung, Sachschaden

injury to user Verletzung des Benutzers

injustice Ungerechtigkeit, Unrecht

ink, printing Druckfarbe, Druckerschwärze

inland Inland, Inlands-; inländisch; binnenländisch; landeinwärts

inland marine Binnentransport

inland marine insurance Binnentransportversicherung, Sachversicherung bei Beförderung auf Binnengewässern zu Land und in der Luft

inland market Binnenmarkt

inland transit risks Binnentransportrisiken

inland transport Binnentransport; Binnenverkehr

inland transport insurance Landtransportversicherung, Binnentransportversicherung

inland waters Binnengewässer

inland waterway Binnenwasserstraße

inland waterway insurance Flußtransportversicherung; Binnentransportversicherung

inland waterways (transit) insurance Binnentransportversicherung

inn Gasthof, Gaststätte

innkeeper Gastwirt

innkeeper's liability Gastwirtshaftung, Wirtshaftpflicht

innocence Unschuld; Harmlosigkeit; Einfalt

innocent unschuldig; harmlos

innocent misrepresentation unwissentlich falsche Angaben, unbeabsichtigte Falschdarstellung

innocent omissions unwissentliche Unterlassungen, unbeabsichtigte Versäumnisse

innocent publication Einrede der unwissentlichen Veröffentlichung (z. B. bei Werbung, die gegen die Vorschriften eines Gesetzes wegen Wettbewerbsbeschränkungen verstößt)

innocent purchaser gutgläubiger Erwerber

innocent third party gutgläubiger Dritter

innocently ohne Verschulden

innominate nicht benannt, nicht klassifiziert, namenlos

innominate terms Vertragsbedingungen, deren Auswirkungen im Falle der Nichterfüllung nicht genau definiert sind und von der Schwere der Folgen abhängen können

innovation Neuerung, Neueinführung, Innovation

innuendo unterlegte Bedeutung; Anzüglichkeit; Unterstellung; versteckte Andeutung, Anspielung

inoculate impfen, einimpfen

inofficious pflichtwidrig

inoperative ungültig; unwirksam

inoperative, to become ungültig werden, außer Kraft treten

inorganic anorganisch

inpatient treatment stationäre Behandlung

inquest, coroner's gerichtliche Untersuchung ungeklärter Todesfälle

inquest to assess the damage Untersuchung zur Schadenfeststellung

inquire erfragen, sich erkundigen

inquire into untersuchen

inquiries, thorough gründliche Untersuchungen

inquiries, to make Erkundigungen einziehen

inquiry Erkundigung, Nachfrage; Untersuchung, Prüfung; Suchen; Anfrage

inquiry, writ of Gerichtsbefehl, die Höhe des Schadenersatzes festzustellen

Ins. (insurance) Versicherung

insane geisteskrank, geistesgestört

insane person geisteskranke Person

insanity Geisteskrankheit, Geistesgestörtheit, Wahnsinn

insanity, congenital angeborene Geisteskrankheit

insanity of the assured Unzurechnungsfähigkeit des Versicherungsnehmers

inscribed stock auf den Namen lautendes Wertpapier; Namensaktie

inscription Aufschrift, Beschriftung; Einschreibung, Eintragung, Registrierung; Widmung

inseparable untrennbar

inside, staff Innendienst

insincerity Unaufrichtigkeit, Falschheit

ins.int. (insurable interest) versicherbares Interesse

Ins.L.J. (Insurance Law Journal) Zeitschrift für Versicherungsrecht

insolvency Überschuldung, Zahlungsunfähigkeit, Insolvenz

insolvent zahlungsunfähig, insolvent; bankrott; Insolvenz-, Bankrott-, Konkurs-

inspect besichtigen

inspecting of the files Akteneinsicht

inspecting the goods Kontrolle der Waren, Warenkontrolle

inspection Besichtigung, Inspektion; Durchsicht; Aufsicht; Untersuchung, Prüfung

inspection, certificate of Prüfschein, Annahmeprotokoll, Prüfbescheinigung

inspection, fire Brandschau

inspection, intermediate Zwischenprüfung (Waren)

inspection, local Augenscheinseinnahme, Ortsbesichtigung

inspection of the building site Baugrunduntersuchung

inspection, right of Einsichtsrecht, Informationsrecht

inspector Bezirksvertreter; Inspektor; Zollbeamter; Aufsichtsbeamter; Aufseher, Prüfer

inspector, insurance Versicherungsinspektor

inspector of works Bauaufseher

instability Unbeständigkeit; mangelnde Stabilität

install installieren, aufstellen, einrichten, anbringen; einsetzen, einweisen

installation Installierung, Aufstellung, Montage, Einbau, Einrichtung; Einsetzung, Einführung

installation and dismantling costs Ein- und Ausbaukosten

installation, automatic sprinkler automatische Sprinklereinrichtung

installation conditions Einbau- oder Montagebedingungen

installation, electrical elektrische Installation

installation, foam Schaumlöscheinrichtung

installation, heating Heizungsanlage

installation, nuclear Nuklearanlage, Atomanlage

installation, offshore Offshore-Anlage, Meeresanlage

installation, sprinkler Sprinkleranlage

installation, underground unterirdische Installation

installations technische Anlagen

installations, fire protection Sicherungseinrichtungen

installations, safety Sicherungseinrichtungen

installer Monteur, einbauende Firma, Installateur

instalment Rate, Abschlagszahlung, Teilzahlung; Teillieferung; Fortsetzung; Einführung, Dienstantritt;

instalment

Installierung, Montage, Einrichtung, Aufstellung

instalment, annual Jahresrate, Annuität, Rente

instalment, annuity Leibrente mit Weiterzahlung nach dem Tode des Rentners, bis die Einlage erreicht ist

instalment contract Teillieferungsvertrag, Ratenvertrag

instalment credit transaction Teilzahlungskreditgeschäft

instalment, final letzte Rate, Schlußrate

instalment, first Anzahlung, erste Rate

instalment, insurance Versicherungsrate

instalment, monthly Monatsrate

instalment of an annuity Rentenrate

instalment, payment by Ratenzahlung

instalment premium Prämienrate bei Schadenexzedenten; unterjährig zahlbare Prämie, Ratenzahlung

instalment, quarterly vierteljährliche Rate

instalment sale Teilzahlungsverkauf, Ratenverkauf, Abzahlungsgeschäft

instalment settlement Zahlung der versicherten Summe als Zeitrente

instalments, annuity by unterjährig zahlbare Rente

instalments, delivery by Teillieferung; Sukzessivlieferung

instalments, failure to keep up the Nichteinhaltung der Ratenzahlungen

instalments, loan redeemable by Tilgungsdarlehen

instalments, premium by Aufteilung in Prämienraten

instalments, quarterly vierteljährliche Rate

instant print system Sofortdrucksystem

instantly sofort, schlagartig

Institute Cargo Clauses (ICC) offizielle Klauseln beim Abschluß von Versicherungsverträgen über Ladungen

institute legal proceedings against someone gegen jemanden eine Klage erheben

Institute of Actuaries (IOA) Institut der Versicherungsmathematiker

Institute of Arbitrators Institut der Schiedsrichter

Institute of Chartered Shipbrokers (ICS) Berufsorganisation der Schiffsmakler

institute of loss adjusters, chartered Institut der Schadenregulierer

institution Institut, Anstalt, Einrichtung; Institution, Sitte, Brauch; Ordnung, Satzung; Errichtung, Gründung; Organ

institution, insurance Versicherungseinrichtung

institution, standards Normenstelle

instruction Unterweisung, Unterricht; Auftrag, Vorschrift, Anordnung

instruction, ambiguous mehrdeutige Anweisung

instruction defect Instruktionsfehler

instruction faults Gebrauchsanweisungsfehler, Instruktionsfehler

instruction leaflets Anleitungen

instructions for use Gebrauchsanweisung

instructions, incorrect falsche Gebrauchsanweisung

instructions, operating Betriebsanleitungen, Bedienungsanleitungen

instrument, graphic graphisches Gerät

instruments, statutory gesetzliches Instrumentarium

insufficiency Unzulänglichkeit

insufficiency of evidence Unzulänglichkeit des Beweismaterials

insufficient unzulänglich, ungenügend, nicht ausreichend

insufficient funds (IF) ungenügende Deckung

insufficient packaging mangelhafte Verpackung

insulated hold Kühlraum

insulation Absonderung, Isolierung

insurability Versicherungsfähigkeit, Versicherbarkeit

insurability, evidence of Nachweis der Versicherbarkeit

insurability, examination as to Untersuchung der Versicherbarkeit

insurable versicherbar, versicherungsfähig

insurable interest (ins.int.) versicherbares Interesse

insurable risk versicherbares Risiko

insurable value Versicherungswert, versicherbarer Wert

insurable value, measure of Höhe des versicherbaren Wertes

insurance (Ins.) Versicherung

insurance, accident Unfallversicherung

insurance, accident and material damage Unfall- und Schadenversicherung

Insurance Accountants Association (IAA) Verband der Versicherungs-Wirtschaftsprüfer

insurance activities Versicherungstätigkeit

insurance, additional Nachversicherung, Extraversicherung, Zusatzversicherung

insurance, adjustable regulierbare, offene Versicherung

insurance advertisement Annonce einer Versicherung, Versicherungsanzeige; Versicherungswerbung

insurance against breakage Bruchschadenversicherung

insurance against burglary and theft Einbruch- und Diebstahlversicherung

insurance against creation of liability Passivenversicherung

insurance against damage by dry rot Hausschwammversicherung

insurance against damage by hail Hagelversicherung

insurance against damage caused by natural forces Elementarschadenversicherung

insurance against damage to property Sachschadenversicherung

insurance against estate duty Erbschaftssteuerversicherung

insurance against failure of power supply Stromausfallversicherung

insurance against hunting accidents Jagdunfallversicherung

insurance against infantile paralysis Kinderlähmungsversicherung

insurance against loss by redemption Kursverlustversicherung

insurance against loss of securities Wertpapierversicherung

insurance against loss of sight Erblindungsversicherung

insurance against loss of use Ausfallschaden-Versicherung

insurance against loss on exchange Kursverlustversicherung

insurance against loss or damage Schadenversicherung

insurance against natural hazards such as storm, flood, earthquake Elementarschadenversicherung

insurance against poliomyelitis Kinderlähmungsversicherung

insurance against pollution by oil, compulsory Pflichtversicherung gegen Verschmutzung durch Öl

insurance against risk of transport Transportversicherung

insurance against tuberculosis Tuberkuloseversicherung

insurance agency Versicherungsagentur, Versicherungsvertretung

insurance agent Versicherungsagent, Versicherungsmakler, Versicherungsvertreter

insurance agent, exclusive Versicherungsvertreter, der ausschließlich eine Gesellschaft vertritt und für keine andere Gesellschaft gleichzeitig tätig sein darf; Exklusivversicherungsvertreter

insurance agent, independent selbständiger Versicherungsvertreter

insurance, agricultural landwirtschaftliche Versicherung

insurance, air transport Lufttransportversicherung

insurance, aircraft hull Flugzeugversicherung, Luftfahrt-Kaskoversicherung, Luftfahrzeugversicherung

insurance, aircraft liability Luftfahrt-Haftpflichtversicherung

insurance, aircraft passenger Fluggastversicherung, Flugzeuginsassenversicherung, Luftfahrtversicherung

insurance, airport liability Flugplatzversicherung

insurance, airport operators' liability Haftpflichtversicherung für Flughafengesellschaft

insurance, all-in Gesamtversicherung, Globalversicherung

insurance, all risks Gesamtversicherung, Versicherung gegen alle Gefahren

insurance, amount of Versicherungssumme, Deckungssumme

insurance and financial services conglomerate Versicherungs- und Finanzierungskonzern

insurance, application for Versicherungsantrag

insurance appraisal Abschätzung zu Versicherungszwecken; Risikoermittlung

insurance, art property and jewellery Wertgegenständeversicherung

insurance, assessment Versicherung mit Prämienumlageverfahren

insurance association, employer's liability Berufsgenossenschaft

insurance association, mutual Versicherungsverein auf Gegenseitigkeit (VVaG)

insurance at fixed premium Versicherung mit fester Prämie

insurance, atomic risks Atomrisiko-Versicherung

insurance auditor Versicherungsrevisor, Versicherungsprüfer

Insurance Authority Aufsichtsamt für das Versicherungswesen

insurance, auto physical damage Kraftfahrzeugversicherung, Kaskoversicherung

insurance, auto-travel Autoreiseversicherung

insurance, automobile Kraftfahrzeugversicherung

insurance, automobile collision Kraftfahrzeugversicherung

insurance, automobile personal liability and property damage [US] Kfz-Haftpflicht- und Kaskoversicherung

insurance, aviation Luftfahrtversicherung

insurance, aviation liability Luftfahrt-Haftpflichtversicherung

insurance, bad debts Kreditversicherung

insurance, baggage Reisegepäckversicherung

insurance, bank burglary Bankeinbruchversicherung

insurance based on area Prämienberechnung, Versicherung nach Bodenfläche

insurance basis Versicherungsgrundlage

insurance beneficiary Versicherungsbegünstigter

insurance benefit Versicherungsleistung

insurance benefit, widower's [US] Hinterbliebenenrente für Witwer

insurance benefit, wife's [US] Zusatzrente für die Ehefrau des Hauptbezugsberechtigten

insurance, bicycle Fahrradversicherung

insurance, bicycle theft Fahrraddiebstahl-Versicherung

insurance, blanket umfassende Versicherung; gebündelte Versicherung; kombinierte Versicherung

insurance, boiler Dampfkessel-Versicherung

insurance, bonds Kautionsversicherung

insurance bordereau Versicherungsverzeichnis, Bordereau

insurance bourse Assekuranzbörse, Versicherungsbörse

insurance, branch of Versicherungssparte, Versicherungsbranche

insurance broker Versicherungsmakler

Insurance Brokers Registration Act 1977 Gesetz über die Registrierung von Versicherungsmaklern; setzt eine Richtlinie des Europarats um und hat das Ziel, einen Rahmen zur Überwachung von Personen zu schaffen, die sich als Versicherungsmakler niederlassen

Insurance Brokers Registration Council Registrierungsausschuß der Versicherungsmakler

Insurance Brokers Registration Council (Accounts and Business Requirements) Rules Approval Order 1979 Registrierungskommission für Versicherungsmakler (Rechnungslegung und Unternehmensbedarf) Anordnung über die Genehmigung der Regeln 1979

Insurance Brokers Registration Council (Code of Conduct) Approval Order 1978 Registrierungskommission für Versicherungsmakler (Verhaltenskodex) Genehmigungsordnung 1978

Insurance Brokers Registration Council (Constitution of the Disciplinary Committee) Rules Approval Order 1978 Registrierungskommission für Versicherungsmakler (Satzung des Disziplinarkomitees) Anordnung über die Genehmigung der Regeln 1978

Insurance Brokers Registration Council (Constitution of the Investigating Committee) Rules Approval Order 1978 Registrierungskommission für Versicherungsmakler (Satzung des Untersuchungskomitees) Anordnung über die Genehmigung der Regeln 1978

Insurance Brokers Registration Council (Disciplinary Committee) Legal Assessor Rules 1978 Registrierungskommission für Versicherungsmakler (Disziplinarkomitee) Regeln für den bevollmächtigten Schadenregulierer 1978

Insurance Brokers Registration Council Election Scheme Approval Order 1980 Anordnung über die Genehmigung des Wahlprogramms für die Registrierungskommission für Versicherungsmakler 1980

Insurance Brokers Registration Council (Indemnity Insurance and Grants Scheme) Rules Approval Order 1979 Registrierungskommission für Versicherungsmakler (Haftpflichtversicherung und Bewilligungsplan) Anordnung über die Genehmigung der Regeln 1979

Insurance Brokers Registration Council (Procedure of the Disciplinary Committee) Rules Approval Order 1978 Registrierungskommission für Versicherungsmakler (Vorgehen des Disziplinkomitees) Anordnung über die Genehmigung der Regeln 1978

Insurance Brokers Registration Council (Registration and Enrolment) Rules Approval Order 1978 Registrierungskommission für Versicherungsmakler (Registrierung und Beitritt) Anordnung über die Genehmigung der Regeln 1978

insurance, builders' risks Bauwesenversicherung; Bauhaftpflichtversicherung

insurance, buildings Gebäudeversicherung

insurance, burglary Einbruchdiebstahlversicherung, Diebstahlversicherung

insurance, burglary and housebreaking Einbruchdiebstahlversicherung

insurance, burial Sterbeversicherung, Sterbegeldversicherung

insurance business Versicherungsgeschäft, Versicherungstransaktionen, Versicherungswesen, Versicherungsbetrieb

insurance business, accident Schadenversicherung; Bezeichnung für alle Versicherungszweige außer der Lebensversicherung

insurance, business aviation Luftfahrt-Versicherungsgeschäft

insurance business, class of Versicherungsart, Versicherungsbranche, Versicherungszweig

insurance, business closure Betriebsschließungsversicherung, Betriebsunterbrechungsversicherung

insurance, business interruption Betriebsschließungsversicherung, Betriebsunterbrechungsversicherung, Betriebsstillstandsversicherung

insurance, business partnership Teilhaberversicherung

insurance buying public Versicherungspublikum, Versicherungskundschaft

insurance by single payment Versicherung gegen einmalige Prämienzahlung

insurance canvasser Versicherungsvertreter, Versicherungsakquisiteur

insurance, cargo Kargoversicherung, Ladungsversicherung, Warenversicherung, Transportversicherung

insurance, carried aufrechterhaltene Versicherung

insurance carrier Versicherungsträger, Versicherer

insurance case Versicherungsfall

insurance, cash-in-transit Valorenversicherung; Botenberaubungsversicherung

insurance, cash messenger Botenberaubungsversicherung

insurance, casualty Schadensversicherung, Bezeichnung aller Versicherungssparten außer der Lebensversicherung, Transportversicherung, Sachversicherung

insurance, cattle Viehversicherung

insurance, certificate of Versicherungsausweis, Versicherungsbestätigung, Versicherungszertifikat

insurance charges Versicherungskosten, Versicherungslasten

insurance, cheque alteration and forgery Versicherung gegen Scheckfälschungen

insurance, civil commotion Aufruhrversicherung

insurance claim Versicherungsanspruch

insurance, class of Versicherungsart

insurance classes, miscellaneous sonstige Versicherungszweige, Restsparten

insurance classification Einteilung in Gefahrenklassen

insurance clause Versicherungsklausel

insurance clerk Versicherungsangestellter, Versicherungsbearbeiter

insurance, coin operated machinery Automatenversicherung

insurance, collateral zusätzliche Versicherung, Nebenversicherung

insurance, collective Kollektivversicherung, Gruppenversicherung

insurance, collective accident Gruppenunfallversicherung, Kollektivunfallversicherung

insurance collector Inkassant, Versicherungsprämien-Kassierer

insurance, collision Kollisionsversicherung, Kaskoversicherung

insurance, combined gebündelte Versicherung, kombinierte Versicherung, verbundene Versicherung

insurance, combined endowment and whole life gemischte Lebensversicherung (auf den Erlebens- und Todesfall)

insurance, combined shop kombinierte Geschäftsversicherung

insurance, coming into force of the Inkrafttreten der Versicherung, Versicherungsbeginn

insurance, commercial accident Betriebsunfallversicherung

insurance, commercial car gewerbliche Kraftfahrzeugversicherung; Kfz-Versicherung für Lkw's, Busse, Taxen; Kfz-Versicherung für Pkw's, die Geschäftsinhabern oder Gesellschaftern gehören

insurance, commercial guarantee Vertrauensschadenversicherung

insurance, commercial liability Betriebshaftpflichtversicherung

insurance, commercial lines Gewerbeversicherung, Geschäftsversicherung

insurance, commercial vehicles Betriebsfahrzeugversicherung

insurance, commission Versicherung gegen ausfallende Provision

Insurance Commissioner Aufsichtsamt für das Versicherungswesen

Insurance Commissioner, State [US] Versicherungsbeauftragter eines Bundesstaates; seine Behörde hilft bei der Durchsetzung der Versicherungsgesetze des Staates, genehmigt Prämiensätze und prüft Beschwerden von Versicherungskunden; auch Director of Insurance oder Superintendent of Insurance genannt

insurance, common carrier's Güterverlustversicherung, Transportversicherung

Insurance Companies (Accounts and Statements) Regulations 1983 Verordnungen für Versicherungsgesellschaften (über Rechnungslegung und Erklärungen) 1983

Insurance Companies Act 1982 Gesetz über Versicherungsgesellschaften 1982

Insurance Companies Amendment Act 1973 Gesetz zur Änderung der Versicherungsgesellschaften 1973

insurance companies, amounts due from other Forderungen an andere Versicherungsunternehmen

Insurance Companies Regulations 1981 Verordnungen für Versicherungsgesellschaften 1981

insurance company Versicherungsgesellschaft, Versicherungsunternehmen

insurance company limited Versicherungsaktiengesellschaft

insurance company, mutual Versicherungsverein auf Gegenseitigkeit (VVaG)

insurance company, reciprocal Versicherungsverband auf Gegenseitigkeit

insurance company share Versicherungsaktie

insurance company, stock [US] Versicherungsgesellschaft auf Aktien

insurance, compensation [US] (Arbeiter-)Unfallversicherung

insurance, composite Kompositversicherung

insurance, comprehensive umfassende Versicherung gegen mehrere Gefahren, kombinierte Versicherung

insurance, comprehensive automobile and property damage [US] Teilkaskoversicherung

insurance, comprehensive motor car Vollkaskoversicherung

insurance, comprehensive plus collision [US] Auto-Haftpflicht- und Vollkaskoversicherung

insurance, compulsory Pflichtversicherung, Zwangsversicherung

insurance, compulsory liability obligatorische Haftpflichtversicherung

insurance, compulsory motor Kfz-Pflichtversicherung

insurance, compulsory third party Zwangshaftpflichtversicherung

insurance, computer fraud Computer-Mißbrauchsversicherung

insurance, computer misuse Computer-Mißbrauchsversicherung

insurance, concurrent fire gleichzeitige Feuerversicherung bei mehreren Gesellschaften

insurance conditions Versicherungsbedingungen

insurance conditions, liability Haftpflicht-Versicherungsbedingungen

insurance conditions, standard Allgemeine Versicherungsbedingungen; Einheitsbedingungen der Feuerversicherung

insurance, consequential loss Folgeschadenversicherung; Vermögensschadenversicherung; Betriebsunterbrechungsversicherung, Gewinnausfallversicherung

insurance, construction risks Baugewerbeversicherung; Schiffsbauversicherung

insurance consumer Versicherungsnehmer

insurance, contents Inhaltsversicherung; Hausratversicherung

insurance, contingency risks Versicherung gegen außergewöhnliche Risiken

insurance, continued fortgesetzte Versicherung; laufender Vertrag

insurance contract Versicherungsvertrag

insurance contract law Versicherungsvertragsgesetz

insurance contract, term of the Laufzeit des Versicherungsvertrages

insurance, contractors' Montageversicherung

insurance, contractors' all risks umfassende Bauleistungsversicherung

insurance, contractors' guarantee Baugarantieversicherung

insurance, contractors' public liability and property damage Unternehmerhaftpflichtversicherung, Sachschadenversicherung

insurance contributor Versicherungspflichtiger

insurance, contributory Versicherung mit Selbstbehalt

insurance, contributory group Gruppenversicherung mit Beitragsleistung der Beteiligten

insurance control Versicherungsaufsicht

insurance control law Versicherungsaufsichtsgesetz

insurance, conveyance Transportversicherung

insurance corporation Versicherungsgesellschaft

insurance corporation, mutual Versicherungsgesellschaft auf Gegenseitigkeit (VVaG)

insurance, corporative Gemeinschaftsversicherung

insurance costs Versicherungskosten

Insurance Council Versicherungsbeirat

insurance counsellor Versicherungsberater

insurance, coupon Kuponversicherung

insurance cover Versicherungsschutz, Deckungsumfang

insurance cover, inception of Versicherungsbeginn

insurance, credit Kreditversicherung, Warenkreditversicherung

insurance, cremation expenses Feuerbestattungsversicherung

insurance, crockery-breakage Steingutbruchversicherung

insurance, crop Ernteversicherung; Ernteausfallversicherung

insurance, crop-hail Erntehagelversicherung, Hagelversicherung

insurance, current laufende Versicherung

insurance, daily benefits Tagegeldversicherung

insurance, deferred im voraus gezahlte Versicherungsbeiträge

insurance demand Versicherungsbedarf

Insurance, Department of Versicherungsaufsichtsamt, Amt für das Versicherungswesen

insurance, deposit Depotversicherung

insurance, difference-in-conditions Bedingungsdifferenzversicherung

insurance, difference in limits Summen-Differenz-Versicherung

insurance, difference in value Wertdifferenzversicherung

insurance, direct Erstversicherung, Direktversicherung

insurance, disability Invaliditätsversicherung

insurance dividend [US] Gewinnanteil

insurance, doctors' indemnity Ärztehaftpflichtversicherung

insurance document Versicherungsurkunde

insurance dodger pflichtwidrig nicht versicherter Fahrer

insurance, domestic servants' Dienstbotenversicherung

insurance, double Doppelversicherung

insurance draft [US] Versicherungswechsel

insurance, dry marine [US] Binnentransportversicherung; im Gegensatz zur Seeversicherung (manchmal auch „wet" marine insurance)

insurance, dual basis method of wages Methode der periodischen Abstufung in der Lohnausfallversicherung

insurance, earthquake Erdbebenversicherung

insurance, electronics Schwachstromversicherung

insurance, elevator [US] Fahrstuhlversicherung

insurance, employee's Angestelltenversicherung

insurance, employer – employee group [US] Firmengruppenversicherung

insurance, employers' liability Haftpflichtversicherung des Arbeitgebers für Arbeitsunfälle des Arbeitnehmers

insurance, endowment aufgeschobene Leibrente mit garantierter Mindestlaufzeit und Kapitalzahlung bei Tod vor Rentenbeginn, Versicherung auf den Erlebensfall

insurance, engineering technische Versicherung; Maschinenbetriebsversicherung; Maschinenbruchversicherung

insurance, erection Montageversicherung

insurance examiner Versicherungsprüfer

insurance, excess Exzedentenversicherung, Überversicherung

insurance, exempt from versicherungsfrei

insurance, exhibition risks Ausstellungsversicherung

insurance expense Versicherungskosten

insurance, expiration of an Erlöschen einer Versicherung

insurance, explosion Explosionsversicherung

insurance, export credit Ausfuhrkreditversicherung, Exportkreditversicherung, Exportschutzversicherung

insurance, extended coverage Versicherung mit erweiterter Deckung

insurance, extended term fortgesetzte Lebensversicherung; automatische Versicherungsverlängerung

insurance, extra expenses Mehrkostenversicherung

insurance, factory Betriebsversicherung

insurance fee Versicherungsgebühr

insurance, fidelity Veruntreuungsversicherung, Unterschlagungsversicherung, Vertrauensschaden-Versicherung, Kautionsversicherung, Garantieversicherung

insurance, fidelity guarantee Veruntreuungsversicherung, Kautionsversicherung

insurance, film producer's indemnity Filmausfallversicherung; Haftpflichtversicherung für Filmproduzenten

insurance, financial institutions [US] Einlagenversicherung (Versicherung privater Guthaben bei Kreditinstituten)

insurance, fire Feuerversicherung, Brandschadenversicherung

insurance, fire liability Feuerhaftungsversicherung

insurance, fire recourse Feuerregreßversicherung

insurance, first loss Versicherung auf erste Gefahr, Versicherung auf erstes Risiko, Erstrisikoversicherung

insurance, first party Eigenschadenversicherung

insurance, fixed date Stichtagsversicherung

insurance, fixed term Termfixversicherung

insurance, fleet Kraftfahrzeug-Sammelversicherung, Flottenversicherung

insurance, flood Überschwemmungsversicherung

insurance for account of third parties Versicherung für fremde Rechnung, Fremdversicherung

insurance for benefit of surviving dependants Hinterbliebenenversicherung

insurance for goods, liability Güterhaftpflichtversicherung

insurance for less than a year unterjährige Versicherung

insurance for less than full value Teilwertversicherung

insurance for private medical treatment [UK] Krankenhausversicherung

insurance for the benefit of third parties Versicherung zu Gunsten Dritter

insurance, forest Waldversicherung

insurance, formation of wealth Vermögensbildungsversicherung

insurance, fraternal mit einem Unterstützungsverein auf Gegenseitigkeit abgeschlossene Versicherung

insurance fraud Versicherungsbetrug

insurance, free kostenloser Versicherungsschutz

insurance free of premium prämienfreie Versicherung

insurance, freight Frachtversicherung, Gütertransportversicherung

insurance, frost damage Frostschadenversicherung

insurance, full value Vollwertversicherung

insurance fund Versicherungskasse, Versicherungsstock, Deckungsstock

insurance, funeral expenses Begräbniskostenversicherung, Sterbegeldversicherung

insurance, garagekeepers [US] Kfz-Werkstattinhaberversicherung; eine Versicherung der primären oder gesetzlichen Haftpflicht des Werkstattinhabers bei Sachschäden an in seiner Obhut befindlichen Kundenfahrzeugen

insurance, glass Fensterglasversicherung

insurance, global Pauschalversicherung; weltweit gültige Versicherung

insurance, goods-in-transit Güterversicherung, Warentransportversicherung

insurance green card, international motor Grüne Internationale Versicherungskarte

insurance, ground rent Versicherung zur Einhaltung von Reallastverpflichtungen

insurance, grounding Liegenschaftsversicherung

insurance, group Kollektivversicherung, Gruppenversicherung, Gemeinschaftsversicherung

insurance, group disability Sammelunfallversicherung

insurance, group health Gruppenkrankenversicherung

insurance, group pension Gruppen-Rentenversicherung

insurance, group personal accident Gruppenunfallversicherung

insurance, growing crop Ernteversicherung

insurance, guarantee Garantieversicherung; Bürgschaftsversicherung; Kautionsversicherung

insurance, guaranty Kautionsversicherung

insurance, guaranty of title [US] Versicherung von Rechtsansprüchen an Grundbesitz, Rechtsmängelgewährleistungsversicherung

insurance, hail Hagelversicherung

insurance, health Krankenversicherung

insurance, hijacking Entführungsversicherung

insurance, history of Versicherungsgeschichte

insurance, home-foreign Korrespondenzversicherung mit ausländischem Versicherer

insurance, homehold verbundene Wohngebäude- und Hausratversicherung

insurance, homeowner's comprehensive verbundene Gebäudeversicherung (VGV)

insurance, hospital Krankenhausversicherung

insurance, hospital expenses Krankenhauskostenversicherung

insurance, hospitalization private Krankenhauskostenversicherung

insurance, householder's comprehensive verbundene Hausratversicherung (VHV)

insurance, hull Kaskoversicherung, Fahrzeugversicherung, Seekaskoversicherung

insurance, hunting liability Jagdhaftpflichtversicherung

insurance, impairment Hypothekenversicherung

insurance, import protection Import-Schutzversicherung

insurance in favour of a third party Versicherung zu Gunsten Dritter

insurance in force, to maintain an Versicherungsschutz aufrechterhalten

insurance, indemnity Schadenversicherung; Haftpflichtversicherung

insurance, index-linked Indexversicherung

insurance, indexed new value gleitende Neuwertversicherung

insurance, indirect indirekte Versicherung

insurance, individual Individualversicherung, Einzelversicherung

insurance, industrial Kleinlebensversicherung; Industrieversicherung

insurance, industrial fire risks Industriefeuerversicherung

insurance industry Versicherungsgewerbe, Versicherungswirtschaft

insurance industry agreement, internal internes Abkommen zwischen den Versicherungsgesellschaften

insurance, inland marine Binnentransportversicherung; Sachversicherung bei Beförderung auf Binnengewässern, zu Land und in der Luft

insurance, inland transport Landtransportversicherung, Binnentransportversicherung

insurance, inland waterway Flußtransportversicherung, Binnentransportversicherung

insurance, inland waterways (transit) Binnentransportversicherung

insurance inspector Versicherungsinspektor

insurance instalment Versicherungsrate

Insurance Institute of America (IIA) Versicherungsinstitut von Amerika

insurance institution Versicherungseinrichtung

insurance institution under public law öffentlich-rechtliche Sachversicherungsanstalt

insurance, international motor internationale Autoversicherung

insurance investment salesman Vertreter der Versicherungsbranche

insurance, jewellery Juwelenversicherung, Schmucksachenversicherung

insurance, joint Gegenseitigkeitsversicherung; Mitversicherung

insurance, key man Versicherung für leitende Personen eines Unternehmens

insurance, kidnapping Entführungsversicherung

insurance, kind of Versicherungsart

insurance, larceny and theft Versicherung gegen einfachen Diebstahl; Diebstahlversicherung

insurance law Versicherungsrecht

Insurance Law Journal (Ins.L.J.) Zeitschrift für Versicherungsrecht

insurance, law of Versicherungsrecht

insurance law, pursuant to versicherungsrechtlich

insurance lawyer Versicherungsanwalt

insurance, leasehold Pachtgutversicherung

insurance, legal expenses Rechtsschutzversicherung, Prozeßkostenversicherung

insurance, legal malpractice Berufshaftpflichtversicherung für Rechtsanwälte

insurance legislation gesetzliche Vorschriften über das Versicherungswesen

insurance, liability Haftpflichtversicherung

insurance, liability excess Haftpflicht-Exzedentenversicherung

insurance, licence Lizenzversicherung

insurance, lift Fahrstuhlversicherung, Liftsicherung

insurance, lightning Versicherung gegen Blitzschlag

insurance line Versicherungsfach, Versicherungszweig

insurance, line of Versicherungssparte, Versicherungszweig

insurance, livestock Tierversicherung, Viehversicherung

insurance, livestock and bloodstock Tierversicherung, Viehversicherung

insurance, livestock mortality Tierversicherung

insurance, loan Kreditversicherung

insurance location Versicherungsort
insurance, long-term langfristige Versicherung
insurance, loss of profits Betriebsunterbrechungsversicherung, Gewinnausfallversicherung, Geschäftsausfallversicherung
insurance, loss of rent Mietzinsverlustversicherung
insurance, loss of revenue Einkommensverlust-Versicherung
insurance, low current Schwachstromversicherung
insurance, low premium Versicherung mit ermäßigten Prämiensätzen
insurance, low rate Kleinlebensversicherung
insurance, low tension Schwachstromanlagenversicherung
insurance, luggage Reisegepäckversicherung
insurance, machinery Maschinenversicherung
insurance, machinery breakdown Maschinenbruchversicherung, Maschinenversicherung
insurance, mail order Korrespondenzversicherung
insurance, malpractice Berufshaftpflichtversicherung; Versicherung gegen Kunstfehler
insurance, manufacturers' public liability and property damage liability Unternehmerhaftpflicht- und Schadenversicherung
insurance, marine Transportversicherung, Seetransportversicherung, Seeversicherung
insurance, marine hull Seekaskoversicherung, Schiffkaskoversicherung
insurance, marine liability Seehaftpflichtversicherung
insurance market Versicherungsmarkt
insurance, maternity Mutterschaftsversicherung
insurance matters Versicherungswesen
insurance, medical Krankenversicherung
insurance, medical expenses Arztkostenversicherung, Krankheitskostenversicherung
insurance, medical malpractice Ärztehaftpflichtversicherung
insurance, medicare [US] Krankenversicherung
insurance merger Zusammenschluß von Versicherungsgesellschaften
insurance messenger Versicherungsbote
insurance, miner's Knappschaftsversicherung
insurance, mobile Kraftfahrzeugversicherung
insurance, mobile home Versicherung eines (als Dauerwohnsitz benutzten) Wohnwagens
insurance money Versicherungssumme
insurance monopoly Versicherungsmonopol
insurance, mortgage impairment Hypothekenversicherung
insurance, motor Automobilversicherung, Kraftfahrzeugversicherung, Kraftfahrtversicherung
insurance, motor hull Kraftfahrzeug-Kaskoversicherung, Autokaskoversicherung

insurance, motor trader's Autohändlerversicherung

insurance, motor vehicle Kraftfahrzeugversicherung, Automobilversicherung

insurance, motor vehicle liability Kfz-Haftpflichtversicherung

insurance, motor vehicle loss of use Versicherung des Nutzungsausfalls für ein Kfz

insurance, motor vehicle own damage Autokaskoversicherung, Kfz-Versicherung

insurance, motor vehicle passenger Automobilinsassenversicherung, Insassenversicherung, Insassenunfallversicherung

insurance, motor vehicle third party Automobilhaftpflichtversicherung, Kraftfahrzeug-Haftpflichtversicherung

insurance, motorcycle Motorradversicherung

insurance, multiple mehrfache Versicherung, Mehrfachversicherung

insurance, multiple line [US] Mehrspartenversicherung

insurance, multiple risk kombinierte Versicherung

insurance, musical instruments Musikinstrumentenversicherung

insurance, mutual gegenseitige Versicherung, Versicherung auf Gegenseitigkeit

insurance, national (UK) gesetzliche Sozialversicherung; staatliche Versicherung

Insurance, National Health [UK] allgemeine staatliche Krankenversicherung

insurance, new for old Neuwertversicherung

insurance, newspaper coupon Abonnentenversicherung, Zeitschriftenversicherung

insurance, newspaper readers' Abonnentenversicherung, Zeitschriftenversicherung

insurance, no-fault [US] Kfz-Versicherung gegen Personenschäden, Versicherungsart, die in manchen Bundesstaaten gesetzlich vorgeschrieben ist; Unfallopfer werden entschädigt, ohne daß die gesetzliche Haftung oder die Schuld einem anderen Fahrer zugewiesen werden muß

insurance, non-life Sachversicherung, Schadenversicherung

insurance, non-mandatory freiwillige Versicherung

insurance, non-marine Nicht-Seeversicherung, Nicht-Seetransportversicherung; Sachversicherung, Landversicherung

insurance, nuclear risks Atomrisikoversicherung, Atomkernenergierisikoversicherung

insurance obligation limit Versicherungspflichtgrenze

insurance, obligatory Pflichtversicherung, obligatorische Versicherung

insurance, obligatory third party Zwangshaftpflichtversicherung

insurance, ocean marine Seeversicherung, Versicherung von Eigentum auf hoher See (im Gegensatz zu Binnengewässern), auch „wet marine insurance" genannt

insurance of a person Personenversicherung

insurance of anticipated profit Versicherung des erwarteten Gewinnes

insurance of atomic reactors Atomkernreaktorenversicherung

insurance of cost of reinstating records Wiederherstellungskostenversicherung

insurance of cost of removal of debris Aufräumungskostenversicherung

insurance of crops Ernteversicherung

insurance of daily benefits during hospitalization Krankenhaustagegeldversicherung

insurance of fixed sums Summenversicherung

insurance of fluorescent tubes Leuchtröhrenversicherung

insurance of goods Güterversicherung, Warenversicherung

insurance of growing timber Waldversicherung; Waldschadenversicherung

insurance of industrial risks Industriepolice, Versicherung industrieller Risiken

insurance of laid-up vehicles Versicherung von stillgelegten Fahrzeugen

insurance of low tension installation Versicherung von Schwachstromanlagen

insurance of merchandise Warenversicherung

insurance of nuclear reactors Kernreaktorenversicherung

insurance of persons Personenversicherung

insurance of shell of building Rohbauversicherung

insurance of specie Valorenversicherung

insurance of species in transit Valorenversicherung

insurance of stocks Lagerversicherung

insurance of tenant's liability Mieterhaftpflichtversicherung

insurance of the rights or financial interest Vermögensschadenversicherung, Vermögensversicherung

insurance of travelling expenses incurred for a cancelled trip Reise-Ausfallkostenversicherung

insurance of valuables Wertsachenversicherung, Valorenversicherung

insurance of workers Arbeiterversicherung

insurance office Versicherungsbüro

insurance officer Versicherungsangestellter

insurance, offshore Meerestechnikversicherung

insurance ombudsman Versicherungs-Beschwerdekommissar

Insurance Ombudsman Bureau [UK] Büro des Versicherungs-Beschwerdekommissars

insurance, omnium Einheitsversicherung

insurance on a salaries basis Versicherung nach Lohnsummen

insurance on a wages basis Versicherung nach Lohnsummen

insurance on hull and appurtenances Kaskoversicherung

insurance operations Versicherungstätigkeit

insurance option wahlfreie Kapital- oder Rentenzahlung

insurance, optional fakultative Versicherung

insurance, ordinary fire einfache Feuerversicherung

insurance, ordinary long-term normale oder übliche Langzeitversicherung; Versicherung auf den Erlebensfall

insurance, overseas Überseeversicherung, Auslandsversicherung

insurance, overseas travel sickness Auslandsreisekrankenversicherung

insurance, own Selbstversicherung

insurance, own-damage Kraftfahrzeugversicherung, Fahrzeugkaskoversicherung

insurance, owner's liability Eigentümerhaftpflichtversicherung

insurance, paid up beitragsfreie Police

insurance papers Versicherungsunterlagen

insurance parlance Versicherungssprache

insurance, partial Bruchteilsversicherung, Teilwertversicherung

insurance, participating Versicherung mit Gewinnbeteiligung

insurance, partnership Teilhaberversicherung

insurance, passenger Insassenversicherung

insurance, passenger accident Insassen-Unfallversicherung

insurance, passenger personal accident Fluggastunfallversicherung

insurance, patent Patentversicherung

insurance payment Versicherungsleistung

insurance, pecuniary Vermögensversicherung

insurance, pecuniary loss liability Vermögensschaden-Haftpflichtversicherung

insurance, pedal bicycle Fahrradversicherung

insurance, pension Rentenversicherung

insurance, period of Versicherungsdauer, Versicherungszeitraum, Versicherungsperiode, Dauer der Versicherung

insurance, permanent health langfristige Krankenversicherung, zeitlich unbegrenzte Versicherung im Krankheitsfall

insurance, permanent life lebenslängliche Todesfallversicherung; (US) langfristige Lebensversicherung

insurance, perpetual Dauerversicherung

insurance, personal persönliche Versicherung, Personenversicherung, allgemeine Klassifizierung aller Deckungsumfänge, die einer Person gegen Sach- oder Personenschäden Schutz bieten; daher die Ausdrücke „personal property insurance" = persönliche Sachversicherung und „personal liability insurance" = persönliche oder Privathaftpflichtversicherung; wird auch „personal lines insurance" =

Personenbereichsversicherung genannt und gilt im allgemeinen als Gegenteil von „commercial lines insurance" = Gewerbebereichsversicherung

insurance, personal accident allgemeine (oder private) Unfallversicherung, Einzelunfallversicherung

insurance, personal hold up Versicherung gegen Rauüberfall

insurance, personal liability Privathaftpflichtversicherung

insurance, personal lines Bereich der Privatversicherungen

insurance, pharmaceutical expenses Arzneikostenversicherung

insurance, place of Versicherungsort

insurance plan Versicherungssystem

insurance, plate glass Glasversicherung, Spiegelversicherung, Fensterglasversicherung

insurance, pleasure craft hull Wassersportkaskoversicherung

insurance, pluvious Regenversicherung, Reisewetterversicherung

insurance policy Versicherungspolice, Versicherungsschein, Police

insurance policy, expired abgelaufene Versicherungspolice

insurance policy holder Versicherungsnehmer

insurance pool Versicherungspool

insurance, port risks Versicherung der Hafenrisiken

insurance portfolio Versicherungsbestand

insurance, post parcel Paketversicherung

insurance practice Versicherungspraxis

insurance, preliminary term [US] vorläufige Deckung

insurance premium Versicherungsprämie, Versicherungsbeitrag

insurance, premium for a supplementary Zusatzprämie

insurance, premium for an additional Zuschlagsprämie

insurance, pre-paid vorausbezahlte Versicherung

insurance, previous Vorversicherung

insurance, price difference Preisdifferenzversicherung

insurance, primary Erstversicherung

insurance principal Kapitalbetrag einer Versicherung

insurance, principal's contingency Unternehmerrisikoversicherung

insurance, private Privatversicherung

insurance, private enterprise Privatversicherung

insurance, probationers Probandenversicherung

insurance proceeds Entschädigungszahlungen einer Versicherungsgesellschaft

insurance, products liability Produkthaftpflichtversicherung

insurance, products recall Rückrufkostenversicherung

insurance profession Versicherungsgewerbe

insurance, professional indemnity Berufshaftpflichtversicherung

insurance, professional liability Berufshaftpflichtversicherung

insurance, professional malpractice Berufshaftpflichtversicherung

insurance profit Gewinn einer Versicherungsgesellschaft

insurance, property Vermögensschadenversicherung, Sachversicherung

insurance, property damage liability Vermögensschaden-Haftpflichtversicherung; Haftpflichtversicherung gegen Sachschäden

insurance, property liability Sachhaftpflichtversicherung

insurance proposal Versicherungsantrag

insurance proposal, examination of the Antragsprüfung

insurance protection Versicherungsschutz

insurance, protection and indemnity [UK] seerechtliche Reederhaftpflichtversicherung

insurance protection, product liability Haftpflichtversicherungsschutz gegen Produkthaftpflicht-Schäden

insurance, provident Vorsorgeversicherung

insurance, public liability allgemeine Haftpflichtversicherung

insurance, rail transportation Bahntransportversicherung

insurance rate Versicherungsprämiensatz, Versicherungstarif

insurance rate, fire Feuertarif, Brandtarif

insurance rating Versicherungs-Tarifierung

insurance, recall cost Rückrufkostenversicherung

insurance recovery Versicherungsentschädigung, Versicherungszahlung

insurance, redundancy Entschädigungsversicherung bei Entlassung von Arbeitnehmern

insurance register Versicherungsverzeichnis

insurance, registered-mail Versicherung für eingeschriebene Postsendungen

insurance regulation Versicherungsaufsicht

insurance, regulation of Regelung des Versicherungswesens

insurance regulations Versicherungsvorschriften

insurance regulations, state Bestimmungen des Versicherungsaufsichtsamtes

insurance, reinstatement gleitende Neuwertversicherung

insurance, reinstatement value Neuwertversicherung

insurance, rent Mietzinsverlust-Versicherung, Mietausfallversicherung

insurance, rental value Mietausfallversicherung

insurance, replacement cost Neuwertversicherung

insurance, replacement value Neuwertversicherung

insurance requirements, statutory gesetzliche Versicherungserfordernisse

insurance reserve Prämienreserve, Selbstversicherungsrücklage, Rückstellung für Eigenversicherung

insurance, residence Gebäudeversicherung

insurance, restrictive covenant Versicherung gegen Baubeschränkungen

insurance results Geschäftsergebnisse von Versicherungsgesellschaften

insurance, retroactive Rückwärtsversicherung

insurance, retrospective rückwirkende Versicherung

insurance, riot and civil commotion Aufruhrversicherung

insurance, riot, civil commotion and strikes Aufruhr- und Streikversicherung

insurance risk Versicherungsrisiko

insurance, river hull Flußkaskoversicherung

insurance, robbery Raubüberfallversicherung, Beraubungsversicherung

insurance, safe-deposit box Depotversicherung

insurance salesman Versicherungsvertreter

insurance, satellite Satellitenversicherung

insurance scheme, company's sickness Betriebskrankenkasse

insurance, scope of Deckungsbereich der Versicherung, Versicherungsumfang

insurance section [Department of Trade, UK] Ministerialabteilung für das Versicherungswesen

insurance, securities Wertpapierverwahrungsversicherung

Insurance Services Office [ISO, US] Büro für Versicherungsservice, Organisation zur Beratung in Bedingungs- und Prämienfragen

insurance shares Versicherungsaktien

insurance, shipbuilding risks Schiffsbauversicherung

insurance, shipping Transportversicherung

insurance, short-period unterjährig abgeschlossene Versicherung

insurance, short-term kurzfristige Versicherung

insurance, sickness Krankenversicherung

insurance, sickness and accident Unfall- und Krankenversicherung

insurance, single-premium (Lebensversicherung) gegen Zahlung einer einmaligen Prämie

insurance, ski-breakage Skibruchversicherung

insurance slip Versicherungsformular, Beteiligungsnote

insurance, smoke Rauchversicherung

insurance, social Sozialversicherung

insurance solicitor Versicherungsanwalt

insurance, solvency Solvenzversicherung

insurance, spacecraft Raumfahrtversicherung

insurance, special perils Versicherung von Sonderrisiken

insurance, specie Valorenversicherung

insurance, state staatliche Versicherung, Staatsversicherung

insurance stock Versicherungsaktie

insurance, stock in transit Einheitsversicherung

insurance, storm and tempest Sturmversicherung

insurance, storm, tempest and hurricane Gewitter- und Sturmschadenversicherung

insurance, straight life Todesfallversicherung

insurance, strikes Streikrisikoversicherung

insurance, subject matter of the Versicherungsgegenstand

insurance, subject to compulsory versicherungspflichtig

insurance, subscribers' Abonnentenversicherung

insurance, subsequent Nachversicherung

insurance, subsidiary unselbständige Versicherung, Subsidiärversicherung

insurance, substitution by liability Haftungsersetzung durch Versicherungsschutz

insurance, summary summarische Versicherung

insurance supervision Versicherungsaufsicht

insurance, supplementary Zusatzversicherung, Nachversicherung

insurance, surety Kautionsversicherung

insurance, suretyship Personengarantieversicherung; Vertrauensschadenversicherung

insurance, surgical fees Operationskostenversicherung

insurance surveyor Versicherungssachverständiger

insurance, survivors' Hinterbliebenenversicherung, Überlebensversicherung

insurance, suspension of the Ruhen der Versicherung

insurance swindle Versicherungsbetrug

insurance tariff Versicherungstarif, Prämientarif

insurance tax Versicherungssteuer, Versicherungsgebühr

insurance tax, unemployment Arbeitslosenversicherungsbeitrag (des Arbeitgebers)

insurance technician Versicherungsmathematiker

insurance technique Versicherungstechnik

insurance, television Fernsehversicherung

insurance, temporary zeitlich begrenzte Versicherung, temporäre Versicherung

insurance, term of Versicherungsdauer, Versicherungsperiode; Versicherungsbedingung

insurance terms and conditions Versicherungsbedingungen

insurance tester Versicherungsprüfer, Versicherungssachverständiger

insurance, theft Diebstahlsversicherung

insurance, third party Haftpflichtversicherung

insurance, third party accident Unfall-Haftpflichtversicherung

insurance, third party fire Feuerhaftungsversicherung

insurance, third party indemnity Haftpflichtversicherung

insurance, third party liability Allgemeine Haftpflichtversicherung

insurance, third party motor Kraftfahrzeug-Haftpflichtversicherung

insurance, time Versicherung auf Zeit

insurance, title Versicherung der Eigentumsrechte; Versicherung gegen Rechtsmängel bei Grundstückserwerb

insurance, to cancel an Versicherung aufheben, Versicherung kündigen

insurance, to carry versichert sein

insurance, to effect an Versicherung abschließen

insurance, to propose an eine Versicherung beantragen

insurance, to sell als Versicherer tätig sein

insurance, to take out an sich versichern lassen, Versicherungspolice erwerben, Versicherung abschließen

insurance, to write als Versicherer tätig sein, Versicherung übernehmen

insurance, tornado [US] Sturmversicherung

insurance, tourist weather Reisewetterversicherung

insurance, tourists' accident Reiseunfallversicherung

insurance, tourists' baggage Reisegepäckversicherung

insurance, trailer interchange Anhängeraustauschversicherung; Haftpflichtversicherung für Transportunternehmen wegen Sachschäden an einem Anhänger, der einem dritten Transportunternehmen gehört und von diesem ausgeliehen wurde

Insurance Training Institute Institut für Berufsausbildung im Versicherungswesen

insurance transaction Versicherungsgeschäft

insurance, transit Transportversicherung; Güterversicherung; Gütertransportversicherung

insurance, transport Transportversicherung

insurance, travel Reiseversicherung

insurance, travellers' accident Reiseunfallversicherung; Touristenversicherung

insurance trust [US] Treuhandvereinbarung zur Direktauszahlung im Versicherungsfall

insurance, type of Versicherungsart

insurance umbrella Versicherungsschutz

insurance, umbrella liability Haftpflichtversicherung, die Bedingungs- und Summendifferenzen eines vorangehenden Vertrags ausgleicht

insurance under public law öffentlich-rechtliche Versicherung

insurance undertaking Versicherungsunternehmung

insurance undertaking, private enterprise private Versicherungsunternehmung

insurance underwriter unterschriftsberechtigter Mitarbeiter eines Versicherers

insurance, unemployment Arbeitslosenversicherung

insurance, uninsured motorist protection Kfz-Versicherung gegen Schäden durch nicht versicherte Fahrer

insurance, unoccupied buildings Versicherung gegen Schäden an unbewohnten Gebäuden

insurance, use and occupancy Betriebsunterbrechungsversicherung

insurance, validity of Geltungsbereich der Versicherung

insurance valuation (Lebensversicherung) Festsetzung des Rückkaufswertes

insurance value festgesetzter Versicherungswert

insurance, vehicle own damage Fahrzeugkaskoversicherung

insurance, voluntary freiwillige Versicherung; Versicherung, für die kein gesetzlicher Zwang besteht

insurance, voluntary continued freiwillige Weiterversicherung

insurance, voluntary "nonprofit" freiwillige nichterwerbswirtschaftliche Versicherung

insurance, voyage Reiseversicherung

insurance, war risk Kriegsrisikoversicherung, Versicherung gegen Kriegsgefahr

insurance, warranty Haftungsversicherung, Gewährleistungsversicherung

insurance, water damage Leitungswasserversicherung, Wasserleitungsschadenversicherung

insurance, water pollution Gewässerschaden-Versicherung

insurance, weather Schlechtwetterversicherung

insurance, "wet" marine [US] Meeres- oder Seeversicherung, d. h. Versicherung von Eigentum auf hoher See

insurance, wholesale Gruppenversicherung

insurance, widow's Witwenversicherung

insurance, windstorm Sturmschadenversicherung

insurance with index clause Indexversicherung, Versicherung mit Indexklausel

insurance with limited premium Versicherung mit abgekürzter Prämienzahlung

insurance with options Versicherung mit Optionen, Versicherung mit Wahlarten

insurance with return of premium Versicherung mit Prämienrückgewähr

insurance with waiting period Versicherung mit Karenzfrist

insurance with/without bonus Versicherung mit/ohne Prämienrückgewähr

insurance without return of premium Versicherung ohne Prämienrückgewähr

insurance, workmen's compensation [US] Berufsunfallversicherung, Arbeiterunfallversicherung

insurance, workmen's compensation and pension Arbeiterrentenversicherung

insurance, works traffic Werkverkehrsversicherung

insurance, worldwide weltweit gültige Versicherung

insurance, yacht Bootsversicherung

insurance year Versicherungsjahr

insurances, engineering technische Versicherungszweige, Maschinenbetriebsversicherung, Maschinenbruchversicherung

insurances, illegal sittenwidrige Versicherungen, ungesetzliche Versicherungen

insure versichern

insure, liability to Versicherungszwang

insure, obligation to Versicherungspflicht, Versicherungszwang

insured Versicherter; versichert

insured against, perils versicherte Gefahren

insured, at the request of the auf Anforderung des Versicherten

insured elsewhere anderweitig versichert

insured event Versicherungsfall

insured, first named erstgenannter Versicherter; in Versicherungsverträgen ist der erstgenannte Versicherte für die Prämienzahlungen verantwortlich und erhält die Mitteilungen von der Versicherungsgesellschaft

insured, initial sum anfängliche Versicherungssumme

insured, knowledge of Wissen des Versicherten

insured, locality of property Versicherungsort

insured loss Versicherungsschaden, Versicherungsfall

insured, named Versicherungsnehmer

insured object Versicherungsgegenstand, Gegenstand der Versicherung, versicherte Sache

insured, overall sum Pauschalversicherungssumme

insured parcel Wertpaket

insured, period Versicherungsdauer

insured person Versicherter

insured real property Versicherungsgrundstück

insured risk versichertes Risiko

insured standing charges versicherte feste Unkosten

insured subject matter versicherte Sache, versicherter Gegenstand

insured, sum Deckungssumme, Versicherungssumme

insured value versicherter Wert, Versicherungswert

insured value, total (TIV) gesamter Versicherungswert

insured's contribution Beitrag des Versicherten, Versichertenbeitrag, Versicherungsbeitrag

insured's premises Grundstücke des Versicherten

insureds, separation of „Versichertentrennung"; Klausel in gewerblichen Haftpflichtversicherungsverträgen, durch die der Versicherer sich verpflichtet, die Interessen jedes Versicherten getrennt zu wahren und jeden Anspruch gegen jeden Versicherten getrennt zu regeln

insured's usual accounting methods die normalen Rechnungslegungsmethoden des Versicherten

insurer Versicherer

insurer, admitted [US] zugelassene Versicherungsgesellschaft; Versicherungsgesellschaft, die von der Versicherungsbehörde des zuständigen Staates geprüft und zugelassen wurde

insurer, alien [US] ausländischer Versicherer (Versicherungsgesellschaft mit Sitz im Ausland, aber in den USA tätig)

insurer, authorized zum Geschäftsbetrieb zugelassene Versicherungsgesellschaft

insurer, avoidance by Anfechtung des Versicherers

insurer, cooperative genossenschaftlicher Versicherer; Versicherungsverein auf Gegenseitigkeit

insurer, direct Direktversicherer, Erstversicherer

insurer, domestic inländischer Versicherer; (US) Versicherungsgesellschaft, die innerhalb des Staates gegründet wurde, der ihr eine Genehmigung zur Ausübung ihrer Geschäfte erteilt hat

insurer, first Erstversicherer

insurer, foreign [US] ausländischer Versicherer; Versicherungsgesellschaft, die innerhalb der Vereinigten Staaten gegründet wurde, aber ihre Tätigkeit nicht im gleichen Staate ausübt, der ihr die Genehmigung zur Ausübung ihrer Geschäfte erteilt hat

insurer, governmental staatlicher Versicherer; Versicherer, der anbietet, wenn die betroffenen Risiken für Privatversicherer zu hoch erscheinen (Überschwemmungs-, Aufruhr- und Verbrechensversicherungen sind typische Beispiele)

insurer, liability Haftpflichtversicherer

insurer, monopoly Monopolversicherer

insurer, nonadmitted [US] nichtzugelassener Versicherer; Versicherungsgesellschaft, die in einem Bundesstaat keine Versicherungen abschließen darf

insurer, non-life Sachversicherer

insurer, obligation of Pflicht des Versicherers

insurer, own Selbstversicherer

insurer, private Privatversicherer

insurer, profit-making Versicherungsgesellschaft auf Gewinnbasis

insurer, protection of Schutz des Versicherungsgebers

insurer, prudent umsichtiger Versicherer, kluger Versicherer

insurer, reciprocal-type Versicherungsverband auf Gegenseitigkeit

insurer, retroceding Retrozedent, Zweitrückversicherer

insurer, selection against the Gegenauslese, Antiselektion

insurer, social Sozialversicherer

insurer, third party Haftpflichtversicherer

insurer, voluntary [US] freiwilliger Versicherer, Privatversicherer

insurer's duty to indemnify Leistungspflicht des Versicherers

insurer's duty to reinstate Wiederherstellungspflicht des Versicherers

insurer's position, duty not to prejudice Pflicht, die Stellung des Versicherers nicht zu beeinträchtigen

insurer's right to reinstate Wiederherstellungsrecht des Versicherers

insurer's rights following a loss Rechte des Versicherers nach einem Schaden

insurer's rights to inspection Prüfungs- und Besichtigungsrecht des Versicherers

insurer's usual terms übliche Bedingungen des Versicherers, übliche Vertragsbestimmungen des Versicherers

insuring against third party claims versichern gegen Ansprüche Dritter

insuring clause Versicherungsklausel

insuring party Versicherungsnehmer; Vertragspartner

insurrection Aufruhr, Aufstand, Empörung, Revolte, Rebellion

int. (interest) Zins; Beteiligung, Anteil; Vorteil, Nutzen, Interesse

intact unversehrt; unberührt; unangetastet

intangible assets immaterielle Anlagewerte, unkörperliche Vermögenswerte; Rechte

intangible property immaterielles Vermögen

integral part wesentlicher Bestandteil

intended use bestimmungsgemäßer Gebrauch

intendment Auslegung

intendment of the law Rechtsauslegung

intensity, burning Brandstärke, Brandintensität

intensity of the fire Brandintensität

intent Absicht, Vorhaben, Vorsatz; Ziel, Zweck, Plan; Bedeutung

intent, declaration of Willenserklärung

intent, letter of Absichtserklärung

intention Absicht, Vorhaben, Vorsatz, Plan; Zweck, Ziel

intention to be bound Absicht, eine Verpflichtung einzugehen

intention to commit Vorsatz oder Absicht (etw.) zu begehen oder zu verwirklichen

intentional act vorsätzliche Handlung

intentional harm vorsätzlich verursachter Schaden

intentional ignition vorsätzliche Brandstiftung

intentional misstatement, fact of arglistige Täuschung

intentional tort vorsätzlich unerlaubte Handlung

intentionally vorsätzlich, absichtlich

inter praesentes [lat.] von Angesicht zu Angesicht, persönlich; unter Anwesenden

intercompanies Umsätze innerhalb eines Konzerns

inter-company contribution Organschaftsumlage

intercompany holding Beteiligungen zwischen Konzernunternehmen

intercourse, commercial Geschäftsverkehr, Handelsverkehr

interdependency consequential loss Rückwirkungsschaden

interdependency loss Wechselwirkungsschaden

interest (int.) Zins; Beteiligung, Anteil; Vorteil, Nutzen, Interesse

interest interessieren; anziehen; angehen

interest, accrued ausstehende Zinsen; Stückzinsen

interest, alienation of Übertragung von Zinsen

interest, assignment of Abtretung des versicherten Interesses; Beteiligungsabtretung, Beteiligungsübertragung

interest, assumed rate of Bewertungszinsfuß

interest, assurable versicherbares Interesse

interest, beneficial materieller Eigentumsanspruch

interest, business Geschäftsbeteiligung, Geschäftsanteil; Geschäftsinteresse

interest, cessation of Interessenwegfall

interest, change of Interessenwandel, Anspruchswechsel, Zinsänderung

interest, compound Zinseszins

interest, contingent Eventualrisiko, bedingtes Risiko

interest, contractual vertragliches Interesse, vertragliche Beteiligung

interest coupon Zinsschein, Zinscoupon

interest cycle Zinszyklus

interest date Zinstermin

interest, defeasible annullierbares Risiko

interest, deposit at Festgeldguthaben

interest, description of Erläuterung des Interesses

interest, due fälliger Zins

interest due but not received fällige, aber nicht bezahlte Zinsen

interest, economic wirtschaftliches Interesse

interest, equitable durch equity geschütztes Recht

interest factor Aufzinsungsfaktor

interest for delay Verzugszins

interest, force of Zinsintensität

interest grant Zinszuschuß

interest in arrears Verzugszins

interest in property dingliches Recht, Sachenrecht

interest, insurable versicherbares Interesse, versicherbarer Bedarf

interest, joint Gesamthandseigentum; gemeinsames Interesse

interest, legitimate berechtigtes Interesse

interest, life lebenslanges Recht; lebenslange Beteiligung

interest, majority Mehrheitsbeteiligung

interest, minority Minderheitsinteresse

interest of postponed incumbrancer Anspruch des nachrangigen Hypotheken-, Pfandgläubigers

interest on annuity reserve Zinsen auf Renten- oder Deckungsrückstellungen

interest on award Zinsen auf einen gerichtlich zuerkannten Betrag

interest on conversion, rate of Konversionssatz

interest on defaulted payment Verzugszins

interest on deposit Depotzinsen; freie Zinsen auf Depots

interest on funds technischer Zinsertrag

interest on investments, rate of Anlagezinsfuß

interest on reserve for premium refund to policyholder Zinsen auf Beitragsrückerstattung

interest, part teilweise Beteiligung; Teileigentum

interest, partial Teilrecht, Teilinteresse, Teileigentum

interest, pecuniary finanzielles Interesse, finanzielle Beteiligung

interest, policy proof of Police, die als Beweis für das versicherte Interesse gilt

interest, pre-judgment vor Verkündung des Urteils anfallende Zinsen

interest, profit from Zinsgewinn

interest, proportional Stückzinsen

interest, purchasers' Interesse des Käufers, Anteil des Käufers, Beteiligung des Käufers

interest, quantum of Anspruchsbetrag; Höhe des (versicherten) Interesses oder der Beteiligung

interest rate, accumulated Ansammlungszins

interest, rate of Zinsfuß, Zinssatz, Zinsrate

interest, reversionary Anwartschaftsrecht

interest, same gleiche Ansprüche, unveränderte Ansprüche

interest, short beschränktes Interesse

interest, simple einfacher Zins

interest, statutory gesetzliches Interesse; gesetzlicher Zins

interest, tax on Steuern auf Zinsen

interest, technical rate of Rechnungszinsfuß, rechnungsmäßiger Zinsfuß

interest, undivided ungeteilte Beteiligung; ungeteiltes Eigentum

interests, conflict of Interessenkollision, Interessenkonflikt

interests, contingent Anwartschaftsrechte, bedingte Rechte

interests, contingent proprietary bedingte Eigentumsrechte, bedingte Vermögensrechte

interests, joint gemeinsame Ansprüche, Gesamthandseigentum

interference Einmischung; Rückschluß; Beeinträchtigung; Eingreifen

interference, negligent fahrlässige Störung

interference, unlawful Besitzstörung, verbotene Eigenmacht

interference with a contract Verleitung zum Vertragsbruch

interference with franchise Störung einer Konzession

interference with goods Eingriff in Waren

interference with occupation Eingriff in das Gewerbe

interference with right to vote Störung des Rechts zu wählen

interference with the person Einmischung in die Rechte einer Person

interference, wrongful unrechtmäßige Beeinträchtigung

interim bonus Interimsbonus, Zwischenleistung

interim cover vorläufige Deckung

interim cover note vorläufige Deckungszusage

interim receipt vorläufige Empfangsbestätigung

interinsurance [US] Versicherung auf Gegenseitigkeit

inter-insurance exchange Versicherungsverband auf Gegenseitigkeit

interior decorative repairs Schönheitsreparaturen

interior finish Innenverarbeitung

interline Hinweis darauf, daß ein Vertrag sich auf mehr als eine Versicherungssparte bezieht; zwischen die Zeilen schreiben, einfügen; mit einem Futter versehen

interlocutory in Gesprächsform, Gesprächs-; vorläufig; Zwischen-; einstweilig

interlocutory relief vorläufiger Rechtsschutz

intermediaries, warning by Warnung durch Vermittler, Mahnung durch Vermittler

intermediary Vermittler, Zwischenhändler; dazwischen befindlich, vermittelnd; zweitbeauftragt

intermediate Zwischen-; Mittel-; Zwischenstück, Zwischenglied, Zwischenprodukt

intermediate distributor Zwischenhändler

intermediate examination Zwischenprüfung

intermediate inspection Zwischenprüfung

intermediate party Zwischenpartei

intermediate trade Zwischenhandel

intermission Pause; Unterbrechung

internal Common Market gemeinsamer Binnenmarkt

internal insurance industry agreement internes Abkommen zwischen den Versicherungsgesellschaften

internal market inländischer Markt; Binnenmarkt

internal medicine Innere Medizin

internal medicine, specialist for Internist

internal pressure Innendruck

internal waters Binnengewässer, Eigengewässer

internat. (international) international

international (internat.) international

international actuarial notation internationale versicherungsmathematische Bezeichnungsweise

International Association for the Protection of Industrial Property (IAPIP) Internationale Vereinigung zum Schutz des gewerblichen Eigentums

International Association of Casualty and Surety Underwriters (IACSU) Internationaler Verband der Schaden- und Kautionsversicherer

International Commercial Terms (Incoterms) Internationale Regeln für die Auslegung von Handelsklauseln

International Committee on the Rules for the Approval of Electrical Equipment (CEE) Internationale Kommission für die Vorschriften zur Genehmigung elektrischer Einrichtungen

International Convention Concerning the Transport of Goods by Rail Internationales Abkommen über den Transport von Gütern mit der Eisenbahn

International Court of Justice (ICJ) Internationaler Gerichtshof

international law internationales Recht

International Law Association (ILA) Vereinigung für Internationales Recht

International Law Commission (ILC) Internationale Völkerrechtskommission

international motor insurance internationale Autoversicherung

international motor insurance green card Grüne Internationale Versicherungskarte

International Statistical Institute (ISI) Internationales Institut für Statistik

international supply contract internationaler Liefervertrag

international trade clauses internationale Handelsklauseln

International Union of Aviation Insurers (IUAI) Internationale Vereinigung der Luftfahrtversicherer

International Union of Life Insurance Agents (IULIA) Internationaler Verband der Lebensversicherungsvertreter

International Union of Marine Insurance (IUMI) Internationaler Transport-Versicherungs-Verband

interpleader Streitverkündung zur Verweisung auf den Prätendentenstreit; Einwand der mangelnden Passivlegitimation mit dem Antrag, Interessenten am Streitgegenstand zu veranlassen, den Rechtsstreit untereinander auszutragen; Drittwiderspruchsklage

interpolation Interpolation, Einschaltung, Einschiebung

interpret interpretieren, auslegen, erklären

interpret broadly weit auslegen

interpret closely eng auslegen

interpretation Übersetzung; Darstellung; Auslegung, Interpretation

interpretation, businesslike geschäftsmäßige Auslegung

interpretation clause Auslegungsbestimmung, Interpretationsklausel

interpretation, difficulty of Auslegungsschwierigkeit

interpretation, statutory Gesetzesauslegung

interpretations, previous vorhergehende Auslegungen, frühere Auslegungen

interpreter Dolmetscher; Interpret; Erklärer

inter-relationship Wechselbeziehung

interrogate befragen; verhören

interrogatories [US] schriftliche Fragen, die von der Gegenseite schriftlich und an Eides Statt innerhalb einer vorgeschriebenen Frist (gewöhnlich 30 – 40 Tage) beantwortet werden müssen; formelle Partei- oder Zeugenbefragung unter Eid

interruption Unterbrechung, Stokkung

interruption, blanket business generelle Betriebsunterbrechung

interruption, business Betriebsunterbrechung, Betriebsstörung

interruption, electrical current and water Strom- und Wasserausfall

interruption of pregnancy Schwangerschaftsunterbrechung

interruption of proceedings Unterbrechung des Verfahrens

interruption of the period of limitation Unterbrechung der Verjährung

interruption risk Betriebsunterbrechungs-Risiko

intersection Kreuzung, Straßenkreuzung; Schnittpunkt

inter-state zwischenstaatlich

Interstate Commerce Commission [ICC, US] zwischenstaatliche Wirtschaftskommission; Bundesbehörde, die das Transport- und Verkehrswesen reguliert

interval Zwischenzeit, Intervall; Spanne; Pause; Strecke; Spannweite; Unterbrechung; Zwischenraum, Abstand

interval between annuity payments Rentenzahlungsperiode

intervener Streithelfer, Nebenintervenient

intervening intervenierend, vermittelnd; operierend, eingreifend; dazwischenliegend, dazwischentretend; dazwischenkommend, plötzlich eintretend

intervening causation überholende Kausalität

intervening cause dazwischentretende, den Kausalzusammenhang unterbrechende Ursache; unterbrechende Kausalität

intervening party beitretende Partei; Nebenintervenient

intervention, governmental behördlicher Eingriff

intervention of third parties Einwirkung Dritter

intervention, power of Befugnis zur zeitweiligen Praxisübernahme durch die Anwaltskammer; Interventionsgewalt

intestacy Fehlen eines Testaments, Sterben ohne Hinterlassung eines Testaments

intimate andeuten, zu verstehen geben; nahelegen; ankündigen, mitteilen

intimate vertraut, innig, intim; eng, nah, vertraulich

intimation of policy Übergabe einer Police, Aushändigung einer Police

intimidation Einschüchterung, Drohung, Nötigung

intoxicated driver unter Alkoholeinfluß stehender Fahrer

intoxicating liquors alkoholische Getränke

intoxication Rausch, Trunkenheit, Berauschung; Vergiftung, Intoxikation

intra vires [lat.] innerhalb der rechtlichen Befugnisse

intricate verwickelt, kompliziert

introduction Einführung; Anbahnung, Einleitung; Vorstellung

introductory commission Abschlußprovision

intrusion Eindrängen; rechtswidrige Besitznahme

intuition, keen feine Erkenntnisgabe, ausgeprägte Intuitionsgabe

intumescent paint schaumschichtbildender Anstrich

inundation Überschwemmung, Hochwasser, Überflutung; Flut

invalidated unwirksam, ungültig, rechtsunwirksam

invalidation Nichtigerklärung, Ungültigkeitserklärung; Ungültigmachen

invalidity Invalidität; Ungültigkeit, Nichtigkeit

invariable beständig, unveränderlich

invariable practice of a court ständige Rechtsprechung

invasion Invasion, Einbruch; Eingriff, Angriff

invasion of personal privacy Verletzung des Persönlichkeitsrechts

invent erfinden; ersinnen

"inventaire" premium Inventarprämie

"inventaire" premiums, mathematical reserve on Inventardeckungskapital, Inventardeckungsrückstellungen

invention, pure reine Erfindung

inventiveness Erfindungsgabe

inventories Vorräte, Lagerbestände

inventory Inventar; Bestand(sverzeichnis); Inventur

inventory, business Geschäftsinventar, Betriebsinventar

inventory of substances Stoffverzeichnis, Stoffliste

invest investieren, anlegen; ausgeben

investigate untersuchen, erforschen; ermitteln, überprüfen; nachforschen, Ermittlungen anstellen; aufklären; erheben

Investigating Committee Untersuchungskomitee, Untersuchungsausschuß

investigation, actuarial versicherungsmathematische Untersuchung

investigation, expenses of Kosten der Untersuchung, Nachforschungskosten

investigation, fire Brandermittlung, Brandursachenermittlung

investigation, loss research Schadenursachenforschung

investigation, preliminary Voruntersuchung

investment Investierung, Anlage

investment bond Sparvertrag

investment department [US] Investitionsabteilung; Versicherungsabteilung, die Unternehmenskapital in Wertpapiere investiert

investment expenses Kosten der Vermögensverwaltung, Investitionskosten; Anlagenaufwand

investment in real property Anlage in Liegenschaften

investment income Kapitalertrag

investment, long-term langfristige Kapitalanlage, Daueranlage

investment, mortgage Hypothekaranlage

investment portion of the premium Sparprämie

investment reserve account Zwischenkonto für realisierte Kursgewinne oder Kursverluste

investment reserve fund Kursverlustreserve

investment, returns on Erträge aus Investitionen

investment salesman, insurance Vertreter der Versicherungsbranche

investment, short-term kurzfristige Anlage

investment, trustee [UK] mündelsichere Kapitalanlagen

investment value Anlagewert

investments Investitionen, Vermögensanlagen, Geldanlagen, Kapitalanlagen

investments, fixed langfristige Kapitalanlagen, Daueranlagen

investments, profit on Gewinn aus Kapitalanlagen

invitation to tender Ausschreibung, Submission

invitation to treat Aufforderung zur Abgabe eines Angebots

invitee geschäftlicher Besucher

invoice Faktura, (Waren-)Rechnung; Sendung, Lieferung

invoice fakturieren, in Rechnung stellen

invoice, amount of Rechnungsbetrag

invoice, cost & charges (I.C. & C) Rechnung, Kosten und Gebühren

"invoicing back" clause Bestimmung in Kaufverträgen, die eine Neuberechnung der Waren durch eine Behörde oder gewerbliche Vereinigung im Falle des Vertragsbruchs vorsieht

involuntary unfreiwillig, unabsichtlich, ungern, Zwangs-, erzwungen

involuntary manslaughter fahrlässige Tötung

involuntary receipt zwangsweiser Empfang

involved einbegriffen; verwickelt; kompliziert

involved in a lawsuit in einen Rechtsstreit verwickelt

involved in debts verschuldet

inward reinsurance in Rückdeckung übernommen, übernommene Rückversicherung

inwards, reinsurance aktive Rückversicherung

IOA (Institute of Actuaries) Institut der Versicherungsmathematiker

ionization detector Ionisationsmelder, Brandgasmelder

ionizing radiation ionisierende Strahlung

ionizing radiation, damage by Schäden durch ionisierende Strahlung

ionizing radiation risk Risiko aus radioaktiver Strahlung

i.o.p. (irrespective of percentage) ohne Franchise; ohne Abzug von Selbstbeteiligung

IOU (I owe you) Schuldschein

i.p.a. (including particular average) einschließlich besonderer Havarie

i.q. [idem quod, lat.] ebenso wie

iron and steel products Stahlerzeugnisse

iron industry Eisenindustrie

iron works Eisenhütte, Eisenwerk

IRP (Index of Retail Prices) Preisindex für die Lebenshaltung

irradiation Bestrahlung

irradiation injury Strahlenschädigung

irradiation, risk of Bestrahlungsrisiko

irrecoverable uneinbringlich, unwiederbringlich; unheilbar

irrecoverable debts uneinbringliche Schulden, nicht eintreibbare Schulden

irredeemable nicht rücklaufbar; nicht tilgbar; unkündbar; unwiederbringlich

irrefutable unwiderlegbar, unbestreitbar

irrefutable fact unbestreitbare Tatsache

irregular unregelmäßig; regelwidrig, nicht ordnungsgemäß

irregular payments unregelmäßige Zahlungen

irregularity in form Formfehler

irrelevance Unerheblichkeit, Belanglosigkeit; Unanwendbarkeit

irreparable unersetzlich; nicht wieder gutzumachen

irreparable loss unersetzlicher Verlust

irrespective of knowledge ohne Rücksicht auf Kenntnis, unabhängig von der Kenntnis

irrespective of percentage (i.o.p.) ohne Franchise; ohne Abzug von Selbstbeteiligung

irresponsibility Verantwortungslosigkeit; Unverantwortlichkeit

irrevocable unwiderruflich, unabänderlich, endgültig

irrevocable beneficiary clause unwiderrufliche Begünstigungsklausel

irrigation Bewässerung

irrigation plant Bewässerungsanlage

irritable reizbar, leicht erregbar, gereizt

irritability Empfindlichkeit, Reizbarkeit, Erregbarkeit

irritant substance Reizstoff

ISI (International Statistical Institute) Internationales Institut für Statistik

ISO [Insurance Services Office, US] Büro für Versicherungsservice, Organisation zur Beratung in Bedingungs- und Prämienfragen

isolated escape vereinzeltes Entweichen

issuance Ausgabe; Ausstellung; Erteilung

issuance of policy Ausfertigung einer Police

issue Ausgabe; Ergebnis, Resultat; Streitfrage, Streitpunkt

issue ausgeben; herkommen, entspringen; ausstellen, ausfertigen

issue a policy eine Police ausfertigen

issue, capital Effektenemission

issue, date of Ausgabetag, Ausfertigungsdatum

issue, facts in strittige Tatsachen; zu beweisende Tatsachen

issue, key Kernproblem

issue, legal Rechtsfrage

issue of a policy Ausfertigung einer Police

issue of law strittige Rechtsfrage

issue of policy, period prior to Zeitraum vor Ausstellung der Police

issue of shares Ausgabe von Aktien

issue, place of Ausfertigungsort

issue, point at Streitpunkt, strittiger Punkt; Beweispunkt

issue, policy Policenausfertigung

issue, question at Streitfrage, Kernfrage

issue, year of Beginnjahr

issuing Emission; Ausgabe

IT (information technology) Informations-Technologie

I.T. (income tax) Einkommensteuer, Einkommensbesteuerung

i.t. [in transitu, lat.] auf dem Transport

item Posten (einer Rechnung); Einzelheit; Einzelposten; Ziffer (in einem Vertrag)

item, accounting Abrechnungsposten

item, claim Forderungsposten

item, contra Ausgleichsposten, Wertberichtigungsposten

item, implicit (Rechnungswesen) kalkulatorischer Posten

item, movable bewegliche Sache

item, news Nachricht, Zeitungsnotiz, Nachrichtenmeldung

item, non-dangerous ungefährlicher Gegenstand

item, undernoted unter ... genannter Punkt

itemization Aufgliederung, Aufzählung

itemize spezifizieren, einzeln aufführen, aufgliedern

IUAI (International Union of Aviation Insurers) Internationaler Verband der Luftfahrtversicherer

IULIA (International Union of Life Insurance Agents) Internationaler Verband der Lebensversicherungsvertreter

IUMI (International Union of Marine Insurance) Internationaler Transport-Versicherungs-Verband

i.v. (increased value) Mehrwert

J

J. (judge) Richter; Schiedsrichter

jam versperren, blockieren, verstopfen; stören

jam, traffic Verkehrsstauung, Verkehrsstockung

Jason clause [US] (Seeversicherung) Versicherungsklausel gegen verborgene Mängel

jaywalking verkehrswidriges Überqueren der Straße

J.E. (joint enterprise) Zusammenschluß von Personen für einen gemeinschaftlichen Zweck

jeopardy Risiko; Gefahr, Gefährdung

jerry-built unsolide gebaut

jettison Überbordwerfen, Seewurf, Notwurf

jettison and washing overboard Überbordwerfen und Überbordspülen

jewellery Juwelen, Edelsteine; Schmuck

jewellery insurance Juwelenversicherung, Schmucksachenversicherung

J.F.R.O. (Joint Fire Research Organization) Gemeinsames Brandforschungszentrum

job Arbeit, Beschäftigung; Beruf; Arbeitsplatz; Stelle, Posten; Geschäft, Auftrag

job application Bewerbung um einen Arbeitsplatz

job conditions Arbeitsbedingungen

job description Arbeitsplatzbeschreibung, Tätigkeitsbeschreibung

job evaluation Arbeitsbeurteilung

job goods Ausschußwaren, Ramschwaren

job processing Lohnveredelung

job security Sicherheit des Arbeitsplatzes

job, spare time Freizeitarbeit; Nebenbeschäftigung

jobs, maintenance of Erhaltung der Arbeitsplätze

join verbinden, vereinigen; beitreten

join a lawsuit einem Prozeß beitreten

join an action einer Prozeßpartei im Klagefall beitreten

joinder Verbindung, Vereinigung; Beitritt

joinder of causes of action Klageverbindung; objektive Klagehäufung

joinder of parties Streitgenossenschaft; subjektive Klagehäufung

joined cases verbundene Rechtssachen

joint action gemeinsames Handeln, gemeinsames Vorgehen

joint adventure gemeinsames Unternehmen; Gelegenheitsgesellschaft

joint and several creditor Gesamtgläubiger

joint and several debt Gesamtschuld

joint and several debtor Gesamtschuldner

joint and several liability gesamtschuldnerische Haftung, gemeinsame Haftung, solidarische Haftung

joint and survivorship annuity Verbindungsrente mit Übergang

joint annuity verbundene Rente

joint building venture Baugemeinschaft

joint debtor Mitschuldner, gemeinsamer Schuldner

joint demand gemeinsame Forderung

joint enterprise (J.E.) Zusammenschluß von Personen für einen gemeinschaftlichen Zweck

joint fault gemeinsame Schuld, gemeinsames Verschulden

Joint Fire Research Organization (J.F.R.O.) Gemeinsames Brandforschungszentrum

joint guarantee Mitbürgschaft

joint insurance Gegenseitigkeitsversicherung; Mitversicherung

joint interest Gesamthandseigentum; gemeinsames Interesse

joint liability gesamtschuldnerische Haftung; Mithaftung

joint life and last survivorship annuity verbundene Rente mit Übergang auf den Längerlebenden

joint life assurance Versicherung auf verbundene Leben

joint lives (Lebensversicherung) verbundene Leben

joint obligation Gesamtverpflichtung, gemeinsame Verpflichtung

joint obliger Mitschuldner

joint ownership Miteigentum

joint plaintiff Mitkläger

joint point gemeinsames Handeln; gemeinsames Vorgehen, auch im Klagefall

joint policy gemeinsame Police, verbundene Police

joint possession Mitbesitz

joint publication gemeinsame Veröffentlichung

joint responsibility gemeinsame Verantwortung; Solidarhaftung

joint stock company Aktiengesellschaft

joint stock life insurance company Lebensversicherungs-AG

joint tort gemeinsam begangene unerlaubte Handlung

joint tortfeasor Mittäter, gemeinsamer Täter

joint use Mitbenutzung, gemeinsame Benutzung

joint venture gemeinsames Unternehmen, Gemeinschaftsunternehmen

jointly and severally liable gesamtschuldnerisch haftbar

journal Zeitschrift, Zeitung

joy riding Schwarzfahrt; unbefugter Gebrauch von Fahrzeugen

J.P. (justice of the peace) Friedensrichter

Jr. (Junior) Junior, der Jüngere

judge (J.) Richter; Schiedsrichter

judge urteilen, entscheiden; beurteilen

judge, circuit [UK] hauptberuflicher Richter am Crown Court (höheres Gericht für Strafsachen) oder County Court (Grafschaftsgericht)

judge, lay Laienrichter

judge-made law Richterrecht

judge-made rules Prozeßordnung

judge, Puisne [UK] beisitzender Richter am High Court (Oberstes Zivilgericht) oder Crown Court (höheres Gericht für Strafsachen)

judgement gerichtliche Entscheidung, Urteil; Beurteilung, Ansicht

judgement by confession Anerkenntnisurteil

judgement by default Versäumnisurteil

judgement, declaratory Feststellungsurteil

judgement, enforceable vollstreckbarer Titel

judgement, error in falsche Beurteilung; Schreibfehler in einem Urteil

judgement on the merits Sachurteil; Urteil aufgrund des materiellrechtlichen Tatbestandes

judgement, passed ergangenes Urteil

judgement, pronounced verkündetes Urteil

judgement, pronouncement of Urteilsverkündung

judgement, satisfaction of Erfüllung eines Urteils

judgement summons gerichtliche Vorladung

judgement, to give a ein Urteil fällen

judgement, to pass ein Urteil fällen

judgement, to pronounce a ein Urteil verkünden

judgement, unappealable rechtskräftiges Urteil

judicature Rechtsprechung; Rechtspflege

judicial gerichtlich, richterlich

judicial decision, relevant einschlägige Gerichtsentscheidung

judicial neutrality richterliche Unvoreingenommenheit

judicial precedent Präzedenzfall; gerichtliche Vorentscheidung

judicial process gerichtliches Verfahren

judicial review gerichtliche Überprüfung, (US) Normenkontrolle

judicial sale gerichtliche Versteigerung, Zwangsversteigerung

judicial system Gerichtswesen

jumb to conclusions voreilige Schlüsse ziehen, vorschnell urteilen

jumbo risk Großrisiko

junction Verbindung, Berührungspunkt

Junior (Jr.) Junior, der Jüngere

junk Altwaren; Schrott

junk value Schrottwert

Jur.D. [Doctor Juris, lat.] Doktor der Rechte

juridical juristisch, gerichtlich, Rechts-

juridical comparisation Rechtsvergleichung

jurisdiction Gerichtsbarkeit; Rechtsprechung; Zuständigkeit; Entscheidungsbefugnis; Gerichtsstand

jurisdiction, civil Zivilgerichtsbarkeit

jurisdiction clause Gerichtsstandsklausel

jurisdiction, court's Zuständigkeit des Gerichts

jurisdiction, criminal Strafgerichtsbarkeit

jurisdiction, in personam sachliche Zuständigkeit des Gerichts, wenn der Beklagte der richterlichen Gewalt dieses Gebietes unterliegt

jurisdiction, local örtliche Zuständigkeit

jurisdiction, objection to the Einrede der Unzuständigkeit

jurisdiction over the parties Entscheidungsbefugnis über die Parteien

jurisdiction over the subject matter sachliche Zuständigkeit

jurisdiction, present herrschende Rechtsprechung

jurisdiction, subject matter sachliche Zuständigkeit

jurisp. (jurisprudence) Rechtswissenschaft, Rechtslehre

jurisprudence (jurisp.) Rechtswissenschaft, Rechtslehre

jurisprudence, medical Gerichtsmedizin, gerichtliche Medizin

juror Geschworener; Schöffe

jury die Geschworenen als Spruchkörper, Schwurgericht

jury of laymen Laien-Jury

jury system Laienrichtersystem

jury, trial by Schwurgerichtsverfahren; Verhandlung vor einem Schwurgericht

jus disponendi [lat.] Verfügungsrecht

Jus.P. (justice of the peace) Friedensrichter

jus tertii [lat.] Aktivlegitimation; Recht einer dritten Person

just-in-time-delivery pünktliche Lieferung

just sum angemessener Betrag, gerechter Betrag

justice, federal court of Bundesgerichtshof

justice, natural allgemeine Grundsätze des Rechts; Naturrecht

justice of the peace (J.P., Jus.P.) Friedensrichter

justice, perversion of Rechtsbeugung

justice, sense of Rechtsempfinden, Gerechtigkeitsgefühl

justice, substantial materielle Gerechtigkeit

justification Rechtfertigung, Berechtigung; Rechtfertigungsgrund; Verteidigungsvorbringen

justness Gerechtigkeit, Billigkeit

juvenile Jugendlicher; jugendlich

juvenile assurance Kinderversicherung; Ausbildungsversicherung

K

k. (knot) Knoten
keen competition scharfer Wettbewerb
keen intuition feine Erkenntnisgabe, ausgeprägte Intuitionsgabe
keep Lebensunterhalt, Unterhalt; Unterhaltskosten
keep halten; bewahren; einhalten, befolgen; festhalten
keeper Verwahrer, Verwalter; Inhaber, Besitzer; Wärter
keeping, stock Lagerhaltung
key Schlüssel; Kennziffer, Kennwort
key issue Kernproblem
key man insurance Versicherung für leitende Personen eines Unternehmens
key rate Grundprämie, Grundprämiensatz, Grundprämientarif
key word Schlüsselwort, Schlagwort
kidnapping insurance Entführungsversicherung
kilometres per hour (k.p.h.) Kilometer pro Stunde, Stundenkilometer
kin Verwandtschaft; Angehörige
kin, next of nächster Verwandter, nächster Familienangehöriger
kind Art, Sorte, Gattung; Klasse; Sache, Gegenstand
kind and quality, of average von mittlerer Art und Güte
kind, benefit in Sachleistung, nichtfinanzielle Leistung
kind of insurance Versicherungsart
kindred risks ähnliche Risiken, gleichartige Risiken
kinship Verwandtschaft
kitchen utensils Küchengeräte
kite mark [UK] Qualitätszeichen, Gütezeichen, Prüfzeichen
knock for knock agreement Regreßverzichtsvereinbarung; Teilungsabkommen; Schadenteilungsabkommen
knot (k.) Knoten
know wissen, kennen, sich bewußt sein; erfahren, erleben; vertraut sein mit
know-how Geschicklichkeit, Sachkenntnis, Vertrautheit
know-how, industrial industrielle Produktionserfahrung; praktische Betriebserfahrung
know-how, manufacturing spezielle Produktionskenntnisse
know-how, technological technologisches Wissen; technisches Verständnis
know, right to Aufklärungsrecht, Auskunftsrecht
know the ins and outs of s.th. etwas in allen Feinheiten kennen, etwas in- und auswendig kennen
knowingly wissentlich, bewußt
knowingly and wilfully wissentlich und absichtlich
knowledge Kenntnis; Wissen, Kennen
knowledge, actual aktuelle, unmittelbare Kenntnis
knowledge, common Allgemeinwissen
knowledge, constructive unterstellte Kenntnis
knowledge, expert Sachkenntnis
knowledge, imputed unterstellte Kenntnisse, präsumptives Wissen

knowledge, irrespective of ohne Rücksicht auf Kenntnis, unabhängig von der Kenntnis

knowledge, lack of Unkenntnis

knowledge of a defect Kenntnis eines Mangels

knowledge of insured Wissen des Versicherten

knowledge of the danger, producer's (Produkthaftung) Kenntnis der Gefahr oder des Risikos seitens des Herstellers

knowledge of the parties Kenntnisse der Parteien

knowledge of the proposer Wissen des Antragstellers

knowledge, presumed vermutete Kenntnis, mutmaßliche Kenntnis

knowledge, scientific wissenschaftliche Kenntnisse

knowledge, specialist Fachwissen

knowledge, specialized Fachkenntnisse

knowledge, staff Kenntnis des Personals

knowledge, state of Wissensstand

knowledge, technical Fachkenntnisse

known danger bekannte Gefahr, bekanntes Risiko

k.p.h. (kilometres per hour) Kilometer pro Stunde, Stundenkilometer

L

l. (left; litre) links; Liter

L & U (loading and unloading) Be- und Entladen

label Etikette, Zettel, Aufschrift; Bezeichnung

labelling Beschriftung, Kennzeichnung, Auszeichnung, Markierung, Etikettierung

labelling data Beschriftungsdaten, Kennzeichnungsdaten, Auszeichnungsdaten, Markierungsdaten, Etikettierungsdaten

labelling, grade Güteklassenbezeichnung

laboratory Laboratorium

laboratory preparation Laborpräparat

labour Arbeit; Tätigkeit; Mühe; Arbeiter, Arbeiterschaft, Arbeitskräfte

labour arbeiten, sich abmühen, sich bemühen, sich anstrengen

labour clause, sue and (S/L.C.) (Seeversicherung) Klausel betreffend Schadenabwendung und Schadenminderung

labour conditions Arbeitsbedingungen

labour costs, sue and (Seeversicherung) Schadenminderungskosten

labour dispute Arbeitskampf

labour force Arbeiterschaft, Belegschaft

labour forces, unskilled ungelernte Arbeitskräfte

labour, hired Leiharbeitskräfte

labour, manual körperliche Arbeit

laches Unterlassen; Verwirken; Anspruchsverwirkung

lack Fehlen, Mangel

lack of agreement Dissens; Einigungsmangel, Fehlen einer Vereinbarung

lack of conformity Vertragswidrigkeit

lack of driving ability due to consumption of alcohol Fahruntüchtigkeit infolge Genusses von Alkohol

lack of form Formmangel, Formlosigkeit

lack of harmonisation Mangel an Harmonisierung

lack of knowledge Unkenntnis

lack of skill mangelnde Qualifikation

lading Verladen, Beladen; Ladung, Fracht

lading, bill of (b.l., BL) Konnossement, Frachtbrief

lading charges Ladegebühren, Ladekosten

lag Verzögerung, Zurückbleiben

lag, extinction Löschverzögerung

laid-up vehicles, insurance of Versicherung von stillgelegten Fahrzeugen

lamp, filament Glühlampe

lamp, oil Öllampe

land Grundstück, Grundbesitz; Gebiet; Land

land, by auf dem Landwege

land carriage Beförderung auf dem Landwege, Landtransport

land charge Grundschuld; Grundstücksbelastung

land holding Grundbesitz, Landbesitz

land, occupier of a Besitzer von Grund und Boden

land, plot of Grundstück, Parzelle

land, sale of Grundstücksverkauf

land transaction Grundstückstransaktion, Grundstücksgeschäft

land value Bodenwert, Grundwert

land vehicles Landfahrzeuge

landed, safely unbeschädigt angelangt

landing and delivery (ldg & dely) Landung und Ablieferung

landlord Hauswirt, Vermieter; Verpächter; Hausbesitzer

landlord and tenant law Miet- und Pachtrecht

landlord's duty of care Sorgfaltspflicht des Grundeigentümers, Sorgfaltspflicht des Vermieters

landlord's fixtures Grundstücksbestandteile des Grundeigentümers

landlord's liability Grundbesitzerhaftpflicht; Vermieterhaftpflicht

landlord's right of distress Vermieterpfandrecht

landscape Landschaft

landslide Erdsenkung, Erdrutsch

landslip Erdrutsch

language, exclusionary ausschließliche Sprache

language, legal Rechtssprache, Gerichtssprache

lapsation loss Stornoverlust

lapsation profit Stornogewinn

lapse Erlöschen, Verfallen, Verfall; Ablauf; Versehen

lapse verfallen, erlöschen

lapse notice Kündigung bei Ablauf der Police; Benachrichtigung von der Beendigung (des Versicherungsvertrages)

lapse of policy Erlöschen der Police, Policenverfall

lapse of time Zeitablauf; Fristablauf

lapse rate Stornoquote, Stornosatz

lapse report Stornobericht

lapse statement Stornobericht

lapsed policies book Versicherungsablaufregister, Stornoregister

lapsed policy verfallene Versicherungspolice

larceny Diebstahl

larceny and theft insurance Versicherung gegen einfachen Diebstahl; Diebstahlversicherung

large combustion plant Großfeuerungsanlage

large consumer Großverbraucher

large establishment Großbetrieb, Großunternehmen

large losses Großschäden

large numbers, law of Gesetz der großen Zahl; Versicherungsprinzip, nach dem das Vorliegen einer großen Anzahl gleicher Risiken erforderlich ist, bevor Schäden mit angemessener Genauigkeit vorhergesehen werden können

large-scale in großem Umfang; Groß-, im großen

large-scale manufacture Massenfertigung, Massenproduktion; Serienherstellung

large sums insured, reduction for Summenrabatt

largest-scale nuclear accident größter anzunehmender Atom-Unfall (GAU)

last consumer Letztverbraucher, Endverbraucher

lasting consequences Dauerschäden

lasting value bleibender Wert

late delivery verspätete Lieferung

latency period Latenzperiode

latent damage versteckter Schaden

Latent Damage Act 1986 Gesetz über versteckte Mängel 1986 – schreibt definitive Verjährungsfristen bei Schäden infolge von Fahrlässigkeit vor, soweit keine Personenschäden entstanden sind

latent defect versteckter Mangel

latent defect clause Garantieklausel für versteckte Mängel

latent diseases Krankheiten mit langer Latenzzeit

latent heat gebundene Wärme

latent heat of fusion gebundene Schmelzwärme

latent heat of vaporization gebundene Verdampfungswärme

latitat, writ of ehemaliger Prozeßeröffnungsbeschluß, wenn ein Gericht annahm, daß der Angeklagte sich versteckt hielt

latitude and longitude geografische Breite und Länge

L.A.U.A. [Lloyd's Aviation Underwriters' Association, UK] Lloyd's Verband der Luftfahrtversicherer

launch, motor Motorbarkasse

launderette Waschsalon; Schnellwäscherei

law, applicable anzuwendendes Recht

law, breach of the Gesetzesübertretung, Gesetzesverstoß

law, by operation of the kraft Gesetzes

law, case Fallrecht, Präzedenzrecht, Gesamtheit der aufgezeichneten Urteile als Grundlage der Rechtsprechung

law centre [UK] (unentgeltliche) Rechtsberatungsstelle

law, choice of Wahl des anzuwendenden Rechts

law, civil Zivilrecht

law, code of commercial Handelsgesetzbuch

law, codified kodifiziertes Recht, gesetztes Recht

law, commercial Handelsrecht

Law Commission [UK] Rechtskommission, ständiger Rechtsausschuß, der das englische Recht überprüft und Änderungen empfiehlt

law, common Gewohnheitsrecht, angloamerikanisches Recht

law, community Gemeinschaftsrecht

law, company [UK] Gesellschaftsrecht; Unternehmensrecht

law, comparative Rechtsvergleichung

law, contract Vertragsrecht

law, control Aufsichtsgesetz

law, corporate [US] Gesellschaftsrecht

law, corporation under public öffentlich-rechtliche Körperschaft

law, course of Rechtsweg, Rechtsgang

law, criminal Strafrecht

law, current geltendes Gesetz

law, customary Gewohnheitsrecht

law, deposit Kautionsgesetz

law, due process of ordnungsgemäßes Verfahren

law, enforcement of Ausführung eines Gesetzes, gesetzliche Geltendmachung

law, equity Equity Recht; nicht kodifiziertes Billigkeitsrecht in England und der Mehrzahl der Einzelstaaten der USA; im Gegensatz zum „Statute Law" und „Common Law" ein Rechtssystem, das an Präjudizien nicht gebunden ist

law, established geltendes Recht, bestehendes Recht

Law, European Competition Europäisches Wettbewerbsgesetz

law, express choice of ausdrückliche Bestimmung des anzuwendenden Rechts

law, family Familienrecht

law, flexible nachgiebiges Recht

law, force of Gesetzeskraft, rechtskräftig

law, foreign ausländisches Recht; (US) Recht eines anderen Bundesstaates

law, game Jagdgesetz, Jagdrecht

law, guarantee Sicherstellungsgesetz

law, ignorance of the Unkenntnis des Gesetzes

law, implied choice of stillschweigende, nicht ausdrücklich festgehaltene Bestimmung der anzuwendenden Gesetze

law in action das Recht, wie es angewendet und praktiziert wird; herrschende Rechtsprechung (h.Rspr.)

law in force geltendes Recht

law, infraction of the Gesetzverstoß

law, infringement of a Verletzung eines Gesetzes

law, insurance Versicherungsrecht

law, insurance contract Versicherungsvertragsgesetz

law, insurance control Versicherungsaufsichtsgesetz

law, intendment of the Rechtsauslegung

law, international internationales Recht

law, issue of strittige Rechtsfrage

law, judge-made Richterrecht

law, landlord and tenant Miet- und Pachtrecht

law, liability Haftungsrecht

law, liability at gesetzliche Haftpflicht

law, martial Kriegsrecht

law, maxim of Rechtsgrundsatz, Rechtsmaxime

law, merchant Handelsrecht

law, mining Bergrecht

law, national nationales Recht, Landesrecht

law, navigation Schiffahrtsrecht

law, new version of a Neufassung eines Gesetzes

law, obligatory zwingendes Recht

law of contract Vertragsrecht

law of contract, proper (IPR) Vertragsstatut; das angemessenerweise auf einen Vertrag anzuwendende Recht

law of insurance Versicherungsrecht

law of large numbers Gesetz der großen Zahl; Versicherungsprinzip, nach dem das Vorliegen einer großen Anzahl gleicher Risiken erforderlich ist, bevor Schäden mit angemessener Genauigkeit vorhergesehen werden können

law of negligence Recht der unerlaubten Handlung
law of obligations Schuldrecht
law of procedure Prozeßrecht
law of property Sachenrecht
Law of Property Act, 1925 [L.P.A., UK] Gesetz über das Immobiliarrecht aus dem Jahr 1925
law of torts Deliktsrecht, Recht der unerlaubten Handlung
law, partnership Gesellschaftsrecht
law, penal Strafrecht; Strafgesetz
law, pending at rechtshängig
law, permitted by gesetzlich zulässig
law, pharmaceutical Arzneimittelgesetz
law, point of Rechtsfrage
law, positive positives Recht
law, present geltendes Recht
law, principles of bestehende Rechtsgrundsätze
law, private Privatrecht, Zivilrecht
law, private international internationales Privatrecht
law, procedural Verfahrensrecht, formelles Recht
law, proper zuständige Gesetze
law, public öffentliches Recht
law, question of Rechtsfrage
law, rating [US] Tarifierungsrecht
law reform Gesetzesreform
Law Reform Committee Gesetzesreformausschuß
law relating to employment Arbeitsrecht
law, relevance in Rechtserheblichkeit

law, reliability of the Rechtssicherheit
Law Reports (L.R.) Urteilssammlung
law, required by gesetzlich vorgeschrieben
law, scope of sachlicher Geltungsbereich eines Gesetzes; Anwendungsgebiet eines Gesetzes
law, sources of Rechtsquellen
law, statute Gesetzesrecht, kodifiziertes Recht
law, substantive materielles Recht
law, suit at [US] Zivilprozeß
law, sunshine [US] speziell in Florida zu beobachtender Trend: Anordnungen von Schutzmaßnahmen zu Ungunsten des Beklagten werden verweigert
law, to contravene a gegen ein Gesetz verstoßen
law, to violate a gegen ein Gesetz verstoßen, ein Gesetz brechen
law, unwritten ungeschriebenes Recht; Gewohnheitsrecht
law, valid in rechtskräftig, rechtsgültig
law, validity of Gültigkeit eines Gesetzes
law, violation of a Gesetzesverletzung
law, warranted by vom geltenden Recht her zulässig
law, wording of the Gesetzeswortlaut
law, written kodifiziertes Recht
lawful act rechtmäßige Handlung
lawful age Volljährigkeit
lawful authority zuständige Behörde

lawful holder rechtmäßiger Inhaber, rechtmäßiger Besitzer

lawful visitor Besucher mit Erlaubnis; rechtmäßiger Besucher

lawfulness Gesetzmäßigkeit, Rechtmäßigkeit

lawless gesetzlos, ungesetzlich

laws, conflict of [US] Kollisionsrecht, d. h. Regelung der Rechtsanwendung von internationalem und nationalem Recht; Gesetzeskonflikt

lawsuit Rechtsstreit, Prozeß, Zivilprozeß

lawsuit, involved in a in einen Rechtsstreit verwickelt

lawsuit, join a einem Prozeß beitreten

lawsuit, protraction of a Prozeßverschleppung

lawyer Jurist; Rechtsanwalt

lawyer, defence Verteidiger, Strafverteidiger

lawyer, insurance Versicherungsanwalt

lawyer, plaintiff's Anwalt des Klägers

lawyer's fees Rechtsanwaltskosten

lawyer's fees, code of Anwaltsgebührenordnung

lawyer's opinion anwaltliches Gutachten, Rechtsgutachten

lawyer's practice Anwaltspraxis

lay-by Ausweichstelle (für Fahrzeuge)

lay claim Anspruch erheben, beanspruchen

lay judge Laienrichter

lay magistrate Laienrichter

lay man Laie; Nichtfachmann

layer summenmäßige Ergänzung einer Grunddeckung; Lage, Schicht

layer, ozone Ozonschicht, Ozonschirm

layout, product Produktbeschreibung, Produktkonzept

lb. (pound) Pfund (453,6 g)

L.B.H. (Length, Breadth, Height) Länge, Breite, Höhe

L/C, l/c (letter of credit) Akkreditiv, Kreditbrief

l.c. (leading case) wichtiger Präzedenzfall, Urteil mit präjudizierender Wirkung für andere, gleichgelagerte Fälle

L.C.J. (Lord Chief Justice) Lordoberrichter; Vorsitzender Richter der größten Abteilung (Queen's Bench Division) des englischen High Court (Oberstes Zivilgericht) und auch Mitglied des Court of Appeal (höchstes Rechtsmittelgericht)

ldg & dely (landing and delivery) Landung und Ablieferung

lead Leitung, Führung; Vorbild, Beispiel; Vorsprung; Lot; Blei

lead führen, leiten, lenken, anführen, vorangehen; loten, verbleien

lead-free petrol bleifreies Benzin

lead poisoning Bleivergiftung

leaded petrol verbleites Benzin, bleihaltiges Benzin

leadership Führung; führende Rolle

leading case (l.c.) wichtiger Präzedenzfall, Urteil mit präjudizierender Wirkung für andere, gleichgelagerte Fälle

leading cases, summary of Sammlung grundlegender Entscheidungen

leading company führende Gesellschaft

leading reinsurer führender Rückversicherer

leading underwriter führender Versicherer, Erstversicherer

leaflet Prospekt, Broschüre

leaflet, explanatory Informationsbroschüre

leaflet, printed Druckstück

leaflets, instruction Anleitungen

leak Leck, undichte Stelle

leakage Auslaufen, Leckage

leakage of electricity Stromverlust

leakage, sprinkler Wasseraustritt aus Feuerlöschanlagen; Sprinklerleckage

leapfrog Überspringen einer Instanz im Rechtsmittelverfahren

Learned Hand test vom amerik. Richter Learned Hand entwickelte Methode der Prüfung der Fahrlässigkeit in Haftungsfällen; sie basiert auf der Grundlage der Kosten-Nutzen-Analyse und wird in algebräischer Form ausgedrückt: die Haftung hängt davon ab, ob B kleiner ist als L mal P, d. h. ob B < PL (P = Wahrscheinlichkeit, L = Verletzung, B = die Last der notwendigen Vorkehrungen)

lease Vermietung, Pacht, Miete

lease verpachten, vermieten

lease of buildings Verpachten von Gebäuden, Vermieten von Gebäuden

leasehold Pachtbesitz, Pachtgrundstück; Mietbesitz, Mietgrundstück

leasehold assurance Pachtgutversicherung

leasehold insurance Pachtgutversicherung

leasehold property gepachteter Grundbesitz, Pachtgrundstück

leasehold rights grundstücksgleiche Rechte

leasing arrangement Mietabmachung, Mietvereinbarung, Pachtvereinbarung, Leasingvereinbarung

leather goods industry Lederwarenindustrie

leather, imitation Kunstleder

leave Erlaubnis, Bewilligung, Genehmigung; Zulassung; Urlaub; Abschied

leave no stone unturned nichts unversucht lassen, alle Hebel in Bewegung setzen

left (l.) links

legal action Prozeß

legal action, to take a eine Klage erheben

legal age volljährig, mündig

legal aid [UK] staatliche Rechtshilfe für Bedürftige; Beratungs- und Prozeßkostenhilfe

Legal Aid Act 1988 [UK] Gesetz über Rechtshilfe 1988, mit dem Ziel, einen neuen Rahmen für die staatlich unterstützte Rechts-, Beratungs- und Prozeßkostenhilfe zu schaffen

legal authorities Präzedenzentscheidungen

legal capacity Rechtsfähigkeit, Geschäftsfähigkeit

legal certainty Rechtssicherheit

legal claim Rechtsanspruch

legal disability Geschäftsunfähigkeit

legal domicile Rechtsdomizil, Rechtssitz

legal duty gesetzliche Pflicht

legal effect Rechtswirksamkeit

legal entity Rechtspersönlichkeit; rechtliche Einheit

legal estate gesetzliches Besitzrecht, gesetzliches Eigentum

legal executive Anwalts- und Notargehilfe; Anwalt

legal expenses Prozeßkosten, Gerichtskosten

legal expenses insurance Rechtsschutzversicherung, Prozeßkostenversicherung

legal fiction Rechtsfiktion

legal force Rechtskraft, Gesetzeskraft, Rechtsgültigkeit

legal form gesetzliche Form, gesetzlich vorgeschriebene Form; Rechtsform

legal ground rechtlicher Grund

legal hazard Rechtsrisiko, d. h. ein durch staatliche oder Regierungsbehörden entstehendes Risiko

legal issue Rechtsfrage

legal language Rechtssprache, Gerichtssprache

legal liability gesetzliche Haftpflicht

legal liability, increase in Haftungsverschärfung

legal liability insurance, common carrier's Spediteurhaftpflichtversicherung

legal liability, to carry insurance against [US] eine Haftpflichtversicherung unterhalten

legal malpractice insurance Berufshaftpflichtversicherung für Rechtsanwälte

legal minimum sum insured gesetzliche Mindestdeckungssumme

legal nature Rechtsnatur

legal obligation rechtliche Verpflichtung

legal obligation to accept insurance Annahmepflicht

legal obligation to insure Versicherungspflicht

legal opinion Rechtsauffassung, Rechtsmeinung

legal position Rechtslage, Rechtsstellung

legal powers rechtliche Macht

legal principle Rechtsgrundsatz

legal procedure Gerichtsverfahren

legal proceedings Gerichtsverfahren, Gerichtsverhandlung, Prozeß

legal proceedings, to take gerichtlich vorgehen, einen Prozeß anstrengen

legal profession Anwälte, Anwaltschaft, anwaltliche Berufe

legal purpose gesetzlicher Zweck

legal question Rechtsfrage

legal redress Rechtsschutz

legal regulations gesetzliche Bestimmungen

legal relations Rechtsbeziehungen, Rechtsverhältnisse

legal remedy Rechtsschutz, Rechtsbehelf

legal representative gesetzlicher Vertreter

legal reserve gesetzliche Rücklage, gesetzliche Reserve

legal return of premium Beitragsrückerstattung

legal science Rechtswissenschaft(en)

legal seat Hauptsitz

legal service Rechtshilfe, besonders im Rahmen des englischen Legal Aid (staatliche Rechtshilfe)

legal status rechtliche Stellung, Rechtsposition

legal system Rechtssystem; Rechtsordnung

legal title formelles Eigentumsrecht

legal title, bare reiner Rechtsanspruch

legal transaction Rechtsvorgang, Rechtsgeschäft

legal uncertainty Rechtsunsicherheit

legal validity Rechtsgültigkeit

legal view point Rechtsstandpunkt

legal word Rechtsbegriff, rechtlicher Fachausdruck

legality Gesetzmäßigkeit, Rechtmäßigkeit, Legalität

legally binding rechtsverbindlich

legally bound rechtlich verpflichtet

legally capable volljährig, mündig

legally effective rechtswirksam

legally obligated gesetzlich verpflichtet

legally valid rechtsgültig

legislation, delegated delegierte Gesetzgebung

legislation, domestic inländische Gesetzgebung

legislation, loophole in the Lücke in der Gesetzgebung

legislation, process of Gesetzgebungsverfahren

legislation, scope of Reichweite der Gesetzgebung, Umfang der Gesetze

legislative power Legislative; gesetzgebende Gewalt

legislator Gesetzgeber

legislature, jam a bill through eine Gesetzesvorlage im Parlament durchdrücken

legitimacy, proof of Nachweis der Ehelichkeit; Nachweis der Rechtmäßigkeit

legitimate gesetzmäßig, gesetzlich; legitim, rechtmäßig, berechtigt

legitimate claim berechtigter Anspruch, rechtmäßiger Anspruch

legitimate interest berechtigtes Interesse

leisure Freizeit

lend leihen, verleihen, ausleihen

lend against security beleihen

lend aid Hilfe leisten

lender, money Geldverleiher, Geldgeber; Pfandleiher

length (lgth) Länge, Dauer; Umfang

Length, Breadth, Height (L.B.H.) Länge, Breite, Höhe

length of life Lebensdauer

length of time a machine is down Maschinenausfallzeit, Maschinenstillstandzeit

length of time fire burning Branddauer

length of time, unreasonable unangemessene Zeitdauer

less charges nach Abzug der Kosten

less than fair value (LTFV) unter dem angemessenen Wert

lessee Pächter, Mieter; Leasingnehmer

lessor Verpächter, Vermieter; Leasinggeber

letter, collection Mahnbrief, Mahnschreiben

letter, commercial Geschäftsbrief

letter of application Antragsformular; Bewerbungsschreiben

letter of cancellation Kündigungsschreiben

letter of credit (L/C, l/c) Akkreditiv, Kreditbrief

letter of health Gesundheitserklärung

letter of indemnity Entschädigungszusage

letter of intent Absichtserklärung

letter of subrogation Abtretungserklärung

letter requesting Mahnbrief

letters of comfort Patronatserklärung

letters of request Rechtshilfeersuchen

level Niveau, Höhe; Stand, Stufe

level, exempt income steuerfreies Einkommen

level, maximum residual maximale Rückstandsmenge

level, migration Wanderungsintensität (von Schadstoffen im Boden)

level of product safety Produktsicherheit

level of retention Selbstbehaltshöhe

level premium gleichbleibende Prämie, konstante Prämie

level, radiation Strahlenhöhe, Strahlendosis

levelling device Nivelliergerät, Standregler

levelling of premiums Bildung von Durchschnittsprämien

lex loci delicti [lat.] (IPR) Recht des Ortes der unerlaubten Handlung

lex loci rei sitae [lat.] Recht des Ortes, an dem sich die streitbefangene Sache befindet, Recht der Belegenheit der Sache

lex loci solutionis [lat.] (IPR) Recht des Erfüllungsortes

lex fori [lat.] (IPR) Recht des zuständigen Gerichtsortes

lg.tn. [long ton, UK] britische Tonne (2240 pounds oder 1016 kg)

lgth (length) Länge, Dauer; Umfang

liabilities Verbindlichkeiten, Verpflichtungen; Schulden; Passiva

liabilities, business Geschäftsschulden, Geschäftsverbindlichkeiten

liability Haftung, Haftpflicht; Verantwortlichkeit, Verpflichtung, Schuld

liability, absolute verschuldensunabhängige Haftung, Gefährdungshaftung

liability, acceptance of Haftungsanerkenntnis, Anerkennung der Haftung

liability, additional Haftungserweiterung; zusätzliche Haftung

liability agreement Haftungsvereinbarung

liability, alternative [US] Alternativhaftung: alle in Betracht kommenden Schädiger werden in einer Klage erfaßt

liability, animal keeper's Tierhalterhaftpflicht

liability, apportionment of Haftungsaufteilung, Haftungs-Teilungsabkommen

liability, architect's Architektenhaftpflicht

liability arising from negligence Verschuldenshaftung

liability, assumed übernommene Haftung

liability at law gesetzliche Haftpflicht

liability, automobile [US] Kraftfahrzeug-Haftpflicht

liability, automobile third party Kraftfahrt-Haftpflicht

liability based on fault vom Verschulden abhängige Haftung, Verschuldenshaftung

liability, bodily injury Haftpflicht bei Personenschäden

liability bond Haftungserklärung

liability, broad products erweiterte Produkthaftpflicht

liability, carrier's Frachtführer-Haftpflicht, Verkehrshaftung

liability case Haftpflichtprozeß, Haftpflichtfall

liability, civil zivilrechtliche Haftung

liability claim Haftpflichtanspruch, Haftungsanspruch

liability clause Haftungsklausel

liability clause, exemption from Freizeichnungsklausel

liability, collective Gesamtverpflichtung, Gesamtschuld

liability, collision Kollisionshaftpflicht

liability, commercial geschäftliche Haftung, betriebliche Haftung

liability, completed operations (US-Haftpfl.-Vers.) Leistungshaftung, d. h. Haftung für Schäden aus Mängeln in vom Versicherten erbrachten Arbeitsleistungen

liability conditions, general commercial Bedingungen für die allgemeine gewerbliche Haftpflichtversicherung

liability, conditions precedent to Obliegenheiten nach dem Versicherungsfall

liability, contingency Eventualverbindlichkeit

liability, contingent Eventualverpflichtung, bedingte Verpflichtung

liability, contractors' Bauunternehmerhaftung

liability, contractual vertragliche Haftpflicht, Vertragshaftung

liability, contractual limitation of vertragliche Haftungsbegrenzung

liability cover Haftpflichtdeckung

liability, criminal strafrechtliche Haftung

liability, cross gegenseitige Haftpflicht, gegenseitige Haftung

liability, data Datenhaftung, Datenverantwortlichkeit

liability, decennial zehnjährige Haftung

liability, defence of Haftungsabwehr

liability, derivative Ausfallhaftung, Subsidiärhaftung

liability, derivative strict subsidiäre Gefährdungshaftung

liability, design defect Haftung für Konstruktionsfehler

liability, directors and officers (D & O) Haftung von Geschäftsführern und Vorständen aufgrund fehlerhafter Geschäftsführung

liability, disclaimer of Ablehnung der Haftung

liability, dog owner's Hundehalter-Haftpflicht

liability, domestic inländische Verbindlichkeiten, inländische Passivposten, Schuldposten im Inland; inländische Haftung

liability, double Doppelhaftung

liability, employer's Haftung des Arbeitgebers bei Arbeitsunfällen des Arbeitnehmers, Berufshaftpflicht

liability, employers non-ownership (US-Kfz-Haftpfl.-Vers.) Haftung eines Arbeitgebers, wenn seine Beschäftigten oder andere Beauftragte in seinem Auftrag Kraftfahrzeuge benutzen, die ihm nicht gehören

liability, enterprise Unternehmenshaftung, Betriebshaftung

liability, environmental Haftung für Umweltschäden

liability, excess commercial Exzedenten-Haftpflicht(-versicherung) für Gewerbebetriebe

liability excess insurance Haftpflicht-Exzedentenversicherung

liability, exclusion of Haftungsausschluß

liability, exempt from von der Haftung befreit

liability, exemption from Haftungsausschluß

liability extension clause Haftungserweiterungsklausel

liability, extension of Haftungsumfang; Haftungserweiterung

liability, extent of Umfang der Haftung

liability, extinction of Erlöschen der Haftpflicht

liability, fire legal Haftung für Brandschäden

liability for agents Haftung für Stellvertreter; Haftung für Handelsvertreter

liability for animals Tierhalterhaftung

liability for architects, professional Architektenhaftpflicht

liability for bad faith Haftung wegen Unredlichkeit

liability for bodily injury Haftung für Körperverletzung

liability for breach of warranty of authority Haftung des vollmachtlosen Vertreters (falsus procurator); Garantiehaftung für das Handeln ohne Vertretungsmacht

liability for compensation Schadenersatzpflicht

liability for costs Haftung für Prozeßkosten

liability for damages Schadenersatzpflicht

liability for debts Schuldenhaftung

liability for defective products Haftung für mangelhafte Produkte

liability for defects Mängelhaftung

liability for employees Haftung für Arbeitnehmer

liability for gross negligence Haftung für grobes Verschulden

liability for independent contractors Haftung für unabhängige Unternehmer

liability for ones property Vermögenshaftung

liability, general Betriebshaftpflicht(-versicherung)

liability, general commercial Allgemeine Haftpflicht(-versicherung) für Gewerbebetriebe

liability, general third party Allgemeine Haftpflicht

liability, government Amtshaftung, Staatshaftung

liability, hotel keeper's Gastwirtshaftung

liability, hunting Jagdhaftpflicht

liability in balance sheet, net Bilanzdeckungskapital, Bilanzdeckungsrückstellung

liability in contract Haftung aus Vertrag

liability in tort Haftung aus unerlaubter Handlung, Haftung aus Delikt

liability in torts, strict strenge verschuldensunabhängige Haftung, Gefährdungshaftung

liability indemnification Haftpflichtentschädigung

liability, indemnity against Haftungsfreistellung

liability index, aggregate Risikokarte, Risikosammelkarte

liability, individual persönliche Haftung

liability, industrywide Haftung des ganzen Industriezweiges

liability, innkeeper's Gastwirtshaftung, Wirtshaftpflicht

liability insurance Haftpflichtversicherung

liability insurance conditions Haftpflicht-Versicherungsbedingungen

liability insurance, fire Feuerhaftungsversicherung

liability insurance for a business Betriebshaftpflichtversicherung

liability insurance for an enterprise Betriebshaftpflichtversicherung

liability insurance for goods Güterhaftpflichtversicherung

liability insurance for managers Vermögensschaden-Haftpflichtversicherung für Unternehmensleiter

liability, insurance of tenant's Mieterhaftpflichtversicherung

liability insurance, personal Privathaftpflichtversicherung

liability insurance, public Betriebshaftpflichtversicherung

liability insurance, third party Haftpflichtversicherung

liability insurer Haftpflichtversicherer

liability, joint gesamtschuldnerische Haftung; Mithaftung

liability, joint and several gesamtschuldnerische Haftung, gemeinsame Haftung, solidarische Haftung

liability, landlord's Grundbesitzerhaftpflicht; Vermieterhaftpflicht

liability law Haftungsrecht

liability, legal gesetzliche Haftpflicht

liability, limit of Haftungsgrenze

liability, limitation of Haftungsbegrenzung, Haftungsbeschränkung

liability, limited beschränkte Haftung

liability, line of third party Haftpflichtbranche

liability, liquor legal gesetzliche Haftung im Zusammenhang mit

liability

Alkohol, definiert als „Personen- oder Sachschäden, für die ein Versicherter im Verlauf der Herstellung, des Vertriebs, des Verkaufs, des Ausschanks oder der Bereitstellung alkoholischer Getränke haftbar werden kann"

liability, long-term langfristige Haftung; langfristige Verbindlichkeit

liability loss Haftpflichtschaden

liability, manufacturer's Produzentenhaftung

liability, manufacturer's and contractor's Produzenten- und Bauunternehmerhaftung

liability, manufacturing Fabrikationshaftung

liability, market share Haftung mehrerer Hersteller entsprechend ihrem Marktanteil; Marktanteilshaftung

liability, medical malpractice Ärztehaftpflicht

liability, medical practitioner's Arzthaftung

liability, motor Kraftfahrt-Haftpflicht

liability, motor third party Autohaftpflicht, Kraftfahrthaftpflicht

liability, negligence Haftung für Fahrlässigkeit

liability, net Deckungskapital, Deckungsrückstellung, Prämienreserve

liability, no fault Haftung ohne Verschulden, verschuldensunabhängige Haftung

liability, non contractual außervertragliche Haftung

liability, non-owner auto Haftung aus dem Gebrauch eines Mietfahrzeugs

liability, non-ownership Haftpflicht für gemietete, geleaste Sachen

liability, occupier's Grundstückshaftung

liability of an heir Haftung des Erben

liability of employer Haftung des Arbeitgebers

liability of importer Haftpflicht des Importeurs

liability of multiple parties Haftung mehrerer Parteien

liability of representative Repräsentantenhaftung

liability of the producer Produzentenhaftung

liability of warehouseman Haftung des Lagerhalters

liability of whatsoever nature Haftung einer beliebigen Art

liability, official Amtshaftung

liability, operations Betriebshaftpflicht

liability, outstanding schwebende Verpflichtung, offene Verpflichtung

liability over [US] Regreßpflicht

liability, penal strafrechtliche Haftung

liability, period of Haftungsdauer

liability, personal persönliche Haftung

liability, personal and advertising injury Deckung für Verletzung von Persönlichkeitsrechten und für Schadenersatz aus rechtsverletzender Werbung

liability, personal injury Haftung für Persönlichkeitsverletzung, ausgenommen unmittelbarer körperlicher Verletzung, infolge von unrechtmäßiger Inhaftierung, böswilliger Rechtsverfolgung, unrechtmäßigen Betretens eines Grundstücks, unrechtmäßiger Zwangsräumung, Verleumdung oder schriftlicher Beleidigung

liability, pharmaceutical products Haftung für pharmazeutische Produkte

liability, planning Planungshaftpflicht

liability, pollution Umwelthaftpflicht

liability, premises Grundstückshaftpflicht; gesetzliche Haftung für Schäden aus Unfällen oder Ereignissen infolge des Zustands oder des mangelhaften Unterhalts eines Gebäudes oder Grundstücks

liability, premises and operations Haftung für Schäden, die aus mangelhafter Unterhaltung von Grundstücken oder aus allgemeiner Verletzung der Verkehrssicherungspflicht entstehen

liability, premises operations Betriebsstättenhaftpflicht

liability premium Haftpflichtprämie

liability, prerequisite to Haftungsvoraussetzung

liability, primary unmittelbare Haftpflicht

liability, private Privathaftpflicht

liability, pro rata anteilsmäßige Versichererhaftung bei mehrfacher Versicherung; teilschuldnerische Haftung, anteilige Haftung

liability, producer's Produzentenhaftung

liability, product Produkthaftpflicht

liability, professional Berufshaftpflicht, Betriebshaftpflicht

liability, property damage Haftpflicht bei Sachschäden

liability, property owners Grundbesitzerhaftung, Haftung des Hauseigentümers

liability, prospective zukünftige Haftung

liability, prospectus Prospekthaftung

liability, public Haftung aus dem Betriebsstättenrisiko; Haftung gegenüber der Öffentlichkeit

liability, railway Eisenbahn-Haftpflicht

liability reduction Haftungsreduzierung

liability regardless of fault Gefährdungshaftung; Haftung unabhängig vom Verschulden

liability regulations Haftungsvorschriften

liability, retroactive rückwirkende Haftung

liability risk Haftpflichtgefahr, Haftpflichtrisiko

liability, running-down Kollisionshaftpflicht

liability, scienter Haftung bei Kenntnis von (Tat-)Umständen

liability, scope of Haftungsumfang

liability, secondary subsidiäre Haftung, Zweithaftung, Eventualhaftung

liability sector Haftpflichtbereich

liability, several Einzelhaftung, Individualhaftung

liability, shareholders' Haftung der Aktionäre

liability, ship repairer's Schiffsreparatur-Haftung

liability, shipowner's Schiffseigentümerhaftung, Reederhaftung

liability, sources of Haftungsquellen, Haftungsgrundlagen

liability standards Haftungsnormen

liability, state Staatshaftung

liability, statutory gesetzliche Haftpflicht

liability, strict verschuldensunabhängige Haftung, Gefährdungshaftung

liability, successor Haftung von Nachfolgegesellschaften für Produktfehler der übernommenen Firma; Rechtsnachfolgerhaftung bei Gesamtrechtsnachfolge

liability, successor corporation Haftung der Nachfolgegesellschaft

liability suit Haftpflichtklage

liability, sum insured Haftpflichtdeckungssumme

liability, sum of Haftungssumme, Deckungssumme

liability, suspension of Ruhen der Leistungspflicht

liability, tax Steuerpflicht, Steuerschuld

liability, tenant's Mieterhaftpflicht

liability, third party (t.p.l.) Haftung gegenüber einem Dritten

liability, to create Haftung begründen

liability, to disclaim die Haftung ablehnen

liability, to exclude die Haftung ausschließen

liability, to exonerate s.b. from jdn. von der Haftung befreien

liability, to extend die Haftung erweitern

liability, to incur a haften, eine Verpflichtung eingehen

liability to insure Versicherungszwang

liability, to limit die Haftung beschränken

liability to recourse Regreßhaftung, Regreßpflicht

liability to third parties Haftung gegenüber Dritten

liability, tortious Verschuldenshaftung, verschuldensabhängige Haftung; Haftung aus unerlaubter Handlung

liability, total Gesamthaftung

liability, transport and traffic Verkehrshaftpflicht

liability, unlimited unbeschränkte Haftung, unbegrenzte Haftung

liability, vicarious stellvertretende Haftpflicht, Ersatzhaftung

liability waiver clause Haftungsausschlußklausel

liability, warranty Garantiehaftung

liability, waste Abfallhaftung

liability without fault Gefährdungshaftung; Haftung unabhängig vom Verschulden

liable for damage für einen Schaden haftbar

liable for defects für Mängel haftbar

liable, jointly and severally gesamtschuldnerisch haftbar

liable party haftbare Partei, haftende Partei

liable person Verpflichteter, haftende Person

liable to a fee gebührenpflichtig

liable, to be absolutely bedingungslos haften

liable to refund rückerstattungspflichtig

liable to taxation steuerpflichtig

LIAMA [Life Insurance Agency Management, US] Dachorganisation von Lebensversicherungsunternehmen

libel Klageschrift; Verleumdung, Verunglimpfung, Beleidigung

libel klagen; beleidigen, verleumden

libel and slander Verleumdung und üble Nachrede

liberty of contract Vertragsfreiheit

licence Genehmigung, Erlaubnis; Lizenz, Konzession

licence, car Pkw-Zulassungsschein

licence, dog [UK] behördliche Genehmigung, einen Hund zu halten

licence, driving Führerschein, Fahrerlaubnis

licence, expired erloschene Genehmigung

licence, export Ausfuhrgenehmigung, Exportlizenz

licence, game [UK] Jagdschein

licence, gun Waffenschein

licence, hunting [US] Jagdschein

licence insurance Lizenzversicherung

licence, liquor Schankkonzession

licence to carry fire arms Waffenschein

licence to operate Zulassung zum Geschäftsbetrieb; Konzession

licence to practise medicine ärztliche Approbation

licence to use property Erlaubnis zur Nutzung von Eigentum

license konzessionieren, genehmigen, zulassen, freigeben; erlauben

license, operator's [US] Fahrerlaubnis, Führerschein

licensed conveyancer [UK] Person, die zur Durchführung von Grundstückstransaktionen berechtigt ist; anwaltlicher Beruf, der 1985 durch das Administration of Justice Act (Gesetz über die Rechtsverwaltung) geschaffen wurde

licensed undertaking konzessionierter Betrieb; zum Geschäftsbetrieb zugelassenes Unternehmen

licensee Lizenznehmer, Konzessionsinhaber

licenser Lizenzgeber

licensing Konzessionserteilung, Lizenzgewährung, Zulassung

licensing of motor vehicles Zulassung von Kraftfahrzeugen

lien Pfandrecht

lien, mortgage Hypothekenpfandrecht

lien of consignee Pfandrecht des Empfängers

lien, possessory Zurückbehaltungsrecht, Besitzpfandrecht

lien, retaining Zurückbehaltungsrecht

lien, termination of Erlöschen eines Pfandrechts, Ablauf eines Pfandrechts

life Leben, Lebensdauer; Gültigkeitsdauer, Laufzeit

life annuity Leibrente, lebenslängliche Rente

life annuity fund Reserve für Leibrenten

life annuity guaranteed in years Leibrente mit garantierter Mindestzahlungsdauer

life annuity option Rentenwahlrecht

life, annuity throughout lebenslängliche Rente, Leibrente

life assurance Kapitalversicherung, Lebensversicherung, Todesfallversicherung

life assurance business Lebensversicherungsbranche

life assurance in force Lebensversicherungsbestand

life assurance policy Lebensversicherungspolice

life assurance, temporary Risikolebensversicherung

life assurance, unit linked [UK] fondsgebundene Lebensversicherung

life assurance, whole lebenslängliche Kapitalversicherung, lebenslängliche Todesfallversicherung

life assurance with limited premiums, whole lebenslängliche Todesfallversicherung mit abgekürzter Prämienzahlung

life, assured versichertes Leben

life, average duration of mittlere Lebenserwartung, durchschnittliche Lebensdauer, mittlere Lebensdauer

life, complete expectation of vollständige Lebenserwartung, mittlere Lebensdauer

life contingency von der Lebensdauer abhängiges Risiko

life, curtate expectation of abgekürzte Lebenserwartung

life, danger to Lebensgefahr

life, duration of Lebensdauer

life, economic wirtschaftliche Nutzungsdauer

life expectancy Lebenserwartung, Benutzungsdauer (eines Gerätes)

life, expectation of mittlere Lebenserwartung, mittlere Lebensdauer, mutmaßliche Lebensdauer

life, exposed to risk unter Risiko stehendes Leben

life, impaired (Lebensversicherung) erhöhtes Risiko

Life Insurance Agency Management [LIAMA, US] Dachorganisation von Lebensversicherungsunternehmen

life insurance policy (L.I.P.) Lebensversicherungspolice

life insurance, variable [US] fondsgebundene Lebensversicherung

life interest lebenslanges Recht; lebenslange Beteiligung

life, length of Lebensdauer

life, loss of expectation of Verlust der Lebenserwartung

life, mean Durchschnittsleben

life of another assured Versicherung auf das Leben eines Dritten

life, physical Nutzungsdauer; Lebensdauer

life policy Lebensversicherungspolice

life policy, present value of a Kapitalwert einer Lebensversicherungspolice

life, remaining useful Restnutzungsdauer

life, service Nutzungsdauer

life, sum assured on surviving another's Überlebenskapital bei

Versicherung auf verbundene Leben

life table Sterblichkeitstabelle

life, tenant for (Grundstücks-)Nießbraucher auf (eigene oder fremde) Lebenszeit; Nutznießer auf Lebenszeit

life, term of Lebensdauer, Lebenszeit

life underwriter Sachbearbeiter in der Lebensversicherung

life useful Lebensdauer (von Sachen); Nutzungsdauer

life utility Brauchbarkeitsdauer

life, working Berufsleben, Arbeitsleben; Nutzungsdauer (einer Maschine)

lifetime, probable wahrscheinliche Lebensdauer

lift insurance Fahrstuhlversicherung, Liftversicherung

lifting equipment Hebeeinrichtung

light cargo Leichtgut

light mortality Untersterblichkeit

light, naked offenes Licht

light, red rotes Licht, Warnsignal

light vessel (lt.v.) unbeladenes Schiff

lighting fitting Leuchte, Beleuchtungskörper

lighting, street Straßenbeleuchtung

lightning Blitzschlag

lightning clause Blitzschlagklausel

lightning conductor Blitzableiter

lightning damage not resulting in fire Blitzschaden durch „kalten Schlag"

lightning, fire damage caused by Blitzschaden durch „heißen Schlag"

lightning insurance Versicherung gegen Blitzschlag

lightning protection system Blitzschutzanlage

lightning rod Blitzableiter

lightning with ignition heißer Blitzschlag, zündender Blitzschlag

lightning without ignition kalter Blitzschlag

lights, traffic Verkehrsampel

lignite Braunkohle

like grade and quality gleiche Beschaffenheit und Güte

likelihood Wahrscheinlichkeit; deutliches Anzeichen; Verheißung, vielversprechender Zustand

likely wahrscheinlich, aussichtsreich; geeignet

limestone Kalkstein

limit Deckungssumme, Haftungssumme; Grenze

limit begrenzen, beschränken

limit, age Altersgrenze

limit, aggregate Jahresmaximum einer Haftpflichtversicherung; akkumuliertes Limit

limit, block Höchsthaftungssumme für einen Versicherungsbereich

limit, combined Pauschaldeckungssumme, pauschale Versicherungssumme

limit, contribution Beitragsbemessungsgrenze

limit, excess of loss Schadenexzedentendeckungssumme

limit, financial finanzielle Grenze

limit, gross Übernahmegrenze

limit, indemnity Haftungssumme

limit, insurance obligation Versicherungspflichtgrenze

limit liability die Haftung beschränken
limit, location Höchsthaftungssumme für einen Ort
limit, maximum Höchstgrenze
limit, maximum underwriting Höchstzeichnungssumme
limit, net Eigenbehalt, Selbstbehalt
limit of cover Deckungsgrenze
limit of indemnity (loi) Haftungsbegrenzung, Höchstentschädigung
limit of liability Haftungsgrenze
limit per location Höchsthaftung pro Komplex
limit, per occurence Deckungsbegrenzung pro Schaden
limit, per person Deckungsbegrenzung pro Person
limit per premises Limit je Grundstück
limit, permitted zugelassene Höchstgrenze, zugelassener Höchstbetrag
limit, retention Selbstbehaltsgrenze
limit, speed Geschwindigkeitsbegrenzung; zulässige Höchstgeschwindigkeit
limit, territorial Haftungsbeschränkung pro Land, Gebietseinschränkung
limitation Begrenzung, Einschränkung, Beschränkung; Verjährung
limitation of a claim Verjährung eines Anspruchs
limitation of damages Begrenzung der Schadenersatzpflicht
limitation of income of company Begrenzung des Gesellschaftseinkommens

limitation of liability Haftungsbegrenzung, Haftungsbeschränkung
limitation of time Verjährungsfrist
limitation period Einschränkungszeit, Verjährungsfrist
limitation, statute of gesetzliche Verjährungsfrist; Gesetz zur Regelung von Verjährungsfristen
limitation, term of Verjährungsfrist
limitation of cover Deckungseinschränkungen
limited (ltd.) beschränkt, begrenzt, limitiert
limited company Gesellschaft mit beschränkter Haftung (GmbH)
limited company, public Aktiengesellschaft
limited, insurance company Versicherungsaktiengesellschaft
limited legal competence beschränkte Geschäftsfähigkeit
limited liability beschränkte Haftung
limited liability company Gesellschaft mit beschränkter Haftung (GmbH)
limited liability, exploitation of Ausnutzung der beschränkten Haftung
limited partnership Kommanditgesellschaft
limited premium abgekürzte Prämienzahlung
limited premium, insurance with Versicherung mit abgekürzter Prämienzahlung
limiting age Grenzalter, Höchstalter
limits, difference in (DIL) Summendifferenzdeckung
limits, explosive Zündgrenzen
limits, fire Brandschutzone

limits, fixing of Maximierung

limits, flammable Zündgrenzen

limits, table of Maximaltabelle

limits, underwriting Zeichnungskapazitäten, Zeichnungsgrenzen

limits, voltage Spannungsbegrenzungen (elektr.)

line Höchstgrenze, Höchstbetrag; Linie; Leitung, Verbindung; Fach, Gebiet; Branche, Zweig

line, assembly Fließband

line, business Branche, Geschäftszweig

line, gross Übernahmegrenze, Höchstgrenze der Annahme

line, insurance Versicherungsfach, Versicherungszweig

line, net Höchstgrenze des Selbstbehalts

line of industry Industriezweig

line of insurance Versicherungssparte, Versicherungszweig

line of production Produktionszweig

line of third party liability Haftpflichtbranche

line, signed definitiver Anteil

line-type detector linienförmiger Melder, Linienmelder

line, written akzeptierter Anteil

linear measure Längenmaß

linen Leinen, Leinwand; Wäsche

liner Linienschiff, Passagierschiff

lines, all [US] alle „Linien", Bezeichnung für eine Allbranchenversicherung

lines, allied verbundene Sachversicherung

linguistics Sprachwissenschaft

link Verbindung; Bindeglied, Kettenglied; Masche, Schlinge

link verbinden, anschließen

linked assets gekoppeltes Vermögen

linked long-term-policy gekoppelte langfristige Versicherungspolice

L.I.P. (life insurance policy) Lebensversicherungspolice

liquid flüssig, liquide, sofort realisierbar; klar, durchsichtig

liquid assets liquide Mittel, flüssige Mittel

liquid balance liquider Saldo

liquid funds flüssige Mittel

liquid measure Flüssigkeitsmaß

liquidation Liquidation; Abwicklung; Tilgung; Bezahlung; Festsetzung; Abrechnung

liquidation of a debt Tilgung einer Schuld

liquidator Liquidator, Abwickler, Konkursverwalter

liquidity Liquidität, Flüssigkeit

liquidity ratio Liquiditätsgrad

liquor Alkohol, alkoholisches Getränk

liquor legal liability gesetzliche Haftung im Zusammenhang mit Alkohol, definiert als „Personen- oder Sachschäden, für die ein Versicherter im Verlauf der Herstellung, des Vertriebs, des Verkaufs, des Ausschanks oder der Bereitstellung alkoholischer Getränke haftbar werden kann"

liquor licence Schankkonzession

liquors, intoxicating alkoholische Getränke

list, declinature Verzeichnis der abzulehnenden Risiken
list, exclusion Ausschlußliste
list of active substances Verzeichnis der einsatzfähigen Mittel in der Schädlingsbekämpfung
list of banned chemicals Verzeichnis der verbotenen Chemikalien
list of products Warenliste, Warenverzeichnis
list of securities Wertschriftenverzeichnis
list, price Preisverzeichnis, Preisliste
list, security Beteiligungsliste
list, stock exchange Börsenkursblatt
listed aufgelistet, notiert, registriert, erfaßt
listed building unter Denkmalschutz stehendes Gebäude
Lit. (litigation) Rechtsstreit, Prozeß
Literal Rule [UK] „wörtliche Regel"; Gesetzesauslegung, die eine einfache, wortgetreue und natürliche Auslegung des Gesetzestextes vorsieht
litigant Prozeßführender, prozeßführende Partei
litigation (Lit.) Rechtsstreit, Prozeß
litigation action Rechtsstreit
litigation costs Prozeßkosten
litigation, delay of Prozeßverzögerung
litigation, mass Massenklage
litigation, value in Streitwert
litigational confrontation prozessuale Auseinandersetzung
litigious strittig, streitig
litigious claim strittige Forderung
litispendence Rechtshängigkeit
litre (l.) Liter
live beyond one's income über seine Verhältnisse leben
live part aktives Teil, stromführendes Teil, berührungsgefährliches Teil
livelihood Lebensunterhalt, Existenz
livery Besitzübergabe, Besitzübertragung
lives, annuity on several Rente auf mehrere Leben
lives, annuity on two Rente auf zwei Leben
lives, joint (Lebensversicherung) verbundene Leben
livestock Vieh, Viehbestand
livestock and bloodstock insurance Tierversicherung, Viehversicherung
livestock insurance Tierversicherung, Viehversicherung
livestock mortality insurance Tierversicherung
livestock policy Viehversicherungspolice
livestock production Tierzucht
living, cost of Lebenshaltungskosten
living habits Lebensgewohnheiten
living, incapacity to earn one's Erwerbsunfähigkeit
living, standard of Lebenshaltung, Lebensstandard
LL.D. [legum doctor, lat.] Doktor der Rechte
LL.M. (Master of Laws) Magister der Rechte (höherer akademischer Grad der juristischen Fakultät)

Lloyd's [UK] Vereinigung von Einzelversicherern, genannt nach einem Londoner Kaffeehaus, das im 17. Jahrhundert als Anlaufstelle für Versicherungsgeschäfte bekannt war; 1871 formell als Korporation anerkannt, ist es jedoch kein Versicherungsunternehmen; jedes Mitglied handelt auf eigene Rechnung, ist aber der Verwaltung durch das einer Aufsichtsbehörde ähnliche Lloyd's Committee unterworfen, das strenge Finanz- und andere Vorschriften hinsichtlich der Mitgliedschaft aufstellt

Lloyd's Appeal Tribunal [UK] Rechtsmitteltribunal von Lloyd's

Lloyd's audit certificate [UK] Prüfungsbericht von Lloyd's

Lloyd's Aviation Underwriters' Association [L.A.U.A., UK] Lloyd's Verband der Luftfahrtversicherer

Lloyd's committee-men [UK] Mitglieder des Committee von Lloyd's

Lloyd's existing byelaws [UK] Satzung oder Vorschriften für die Verwaltung von Lloyd's

Lloyd's indemnity [UK] Schadenersatz durch Mitglieder von Lloyd's

Lloyd's policy [UK] Versicherungspolice von Lloyd's

load Last; Ladung; Tragfähigkeit, Belastung

load beladen; aufladen, verladen; belasten

load capacity Tragfähigkeit, Ladefähigkeit

load, fire Brandlast

load, part Teilladung

load, ship Schiffsladung

load traffic, part Stückgutverkehr

loaded beladen

loading (Prämien-)Zuschlag; Beladung, Verladung

loading and unloading (L & U) Be- und Entladen

loading and unloading, damage whilst Be- und Entladeschaden

loading, bonus Gewinnzuschlag

loading charge Zuschlagsgebühr

loading, fluctuation Schwankungszuschlag

loading for acquisition costs Abschlußkostenzuschlag

loading for collection costs Inkassokostenzuschlag

loading for contingencies Sicherheitszuschlag

loading for expenses Kostenzuschlag

loading for expenses of management Verwaltungskostenzuschlag

loading for participation in profits Gewinnzuschlag

loading, on deck Deckverladung

loading on the premium Prämienzuschlag

loading, over-age Alterszuschlag

loading, premium Risikozuschlag, Prämienzuschlag

loading risk Verladerisiko

loading, safety Sicherheitszuschlag

loading, security [US] Sicherheitszuschlag

loading, tariff tarifentsprechender Zuschlag

loam Lehm; Erde

loan Anleihe, Darlehen, Kredit; Leihe

loan leihen, ausleihen, entleihen

loan, bank Bankkredit

loan, bottomry Bodmereidarlehen

loan capital Fremdkapital; festverzinsliche Wertpapiere

loan conversion Konversion einer Anleihe

loan, corporation Kommunalanleihe

loan, government Staatsanleihe

loan insurance Kreditversicherung

loan, long-term langfristige Ausleihung

loan, mortgage Hypothekarkredit, Grundpfanddarlehen

loan, municipal Kommunalanleihe

loan on personal security ungesichertes Darlehen, dinglich ungesichertes Darlehen

loan on securities Lombarddarlehen

loan, policy Policendarlehen; Beleihung einer (Lebens-)Versicherung

loan redeemable by instalments Tilgungsdarlehen

loan, secured Faustpfanddarlehen

loan value Beleihungswert

loans, bank Verbindlichkeiten der Bank gegenüber

loans, corporation Darlehen an Körperschaften

loc. cit. [loco citato, lat.] am angegebenen Ort

local agent örtlicher Vertreter, Gebietsvertreter

local authority örtliche Behörde, Kommunalverwaltung, Kommunalbehörde

local company örtliche Gesellschaft

local inspection Augenscheinseinnahme, Ortsbesichtigung

local jurisdiction örtliche Zuständigkeit

local rule Recht des Gerichtsbezirks

local standard time (L.S.T.) Ortszeit

locality Örtlichkeit, Ort; Lage; Schauplatz

locality of a firm Sitz einer Firma, Firmensitz

locality of property insured Versicherungsort

location Standort, Lage; Stelle, Platz; Ansiedlung

location, exposed ungeschützter Ort

location, exposure per Gefahrenpotential pro Komplex

location, fixed fester Standort, festgelegter Standort

location, insurance Versicherungsort

location limit Höchsthaftungssumme für einen Ort

location, limit per Höchsthaftung pro Komplex

location, loss Schadenort

lock Schloß, Verschluß, Sperrvorrichtung; Schleuse

lock sperren, absperren, verschließen; schleusen

lock-out Aussperrung

locked out workers ausgesperrte Arbeiter

locked safe abgeschlossener Tresor, abgeschlossenes Bankfach

locus contractus [lat.] Ort der Vertragsschließung

locus poenitentiae [lat.] Ort der Buße

locus solutionis [lat.] Ort der Abwicklung, Ort der Erfüllung

locus standi [lat.] Recht, bei Gericht gehört zu werden

lodge a claim einen Schadenersatzanspruch einreichen

lodge an appeal ein Rechtsmittel einlegen

lodge claims Ansprüche geltend machen

lodger Zimmermieter, Untermieter

loi (limit of indemnity) Haftungsbegrenzung, Höchstentschädigung

London Gazette [UK] Amtsblatt, Amtszeitung, Staatsanzeiger

long-arm-Statute [US] Regelung, nach der über das zuständige Gericht entschieden wird; das Gericht muß danach weder am Wohnsitz des Geschädigten noch am Firmensitz des Schädigers seinen Sitz haben

long drum burner (Ölheizung) Brenner mit langem Zug

long haul [US] Klassifizierung in der gewerblichen Kraftfahrzeugversicherung für Lastwagen, die in der Regel in einer Entfernung von mehr als 200 Meilen von der Heimatanschrift des Versicherten gefahren werden; große Entfernung; Fernverkehr, Langstreckenverkehr

long-lived assets langlebige Wirtschaftsgüter

long-range weitreichend; langfristig

long-range transboundary air pollution (LRTAP) weiträumige grenzüberschreitende Luftverschmutzung

long rate Prämiensatz für eine für länger als ein Jahr ausgestellte Versicherungspolice

long tail Langfristrisiko; Schadennachlaufproblem

long-tail claims Langzeitschäden

long-term langfristig

long-term agreement (lta) langfristiger Vertrag, langfristiges Abkommen, Langzeitvereinbarung

long-term benefit langfristige Leistung

long-term business langfristige Geschäfte, langfristige Abschlüsse, Langzeitunternehmen

long-term contract langfristiger Vertrag

long-term insurance langfristige Versicherung

long-term investment langfristige Kapitalanlage, Daueranlage

long-term liability langfristige Haftung; langfristige Verbindlichkeit

long-term loan langfristige Ausleihung

long-term policy Mehrjahresversicherung, Police mit langer Laufzeit

long-term risk Langzeitrisiko

long ton [lg.tn., UK] britische Tonne (2240 pounds oder 1016 kg)

longevity lange Lebensdauer, Langlebigkeit

longitude Länge

look after sich kümmern um, betreuen

loophole in the legislation Lücke in der Gesetzgebung

loose lose, locker, schlaff; weit, frei; unzusammenhängend; nachlässig

looting Plünderung

Lord Chancellor [UK] Lordkanzler; Mitglied der Regierung und des Kabinetts, Vorsitzender des Oberhauses (House of Lords), für die Justizverwaltung und Berufung von Richtern zuständig

Lord Chief Justice (L.C.J.) Lordoberrichter; Vorsitzender Richter der größten Abteilung (Queen's Bench Division) des englischen High Court (Oberstes Zivilgericht) und auch Mitglied des Court of Appeal (höchstes Rechtsmittelgericht)

Lord Justice of Appeal [UK] Mitglied des höchsten englischen Rechtsmittel- und Berufungsgerichts

Lord of Appeal in Ordinary [UK] Mitglied des Court of Appeal (höchstes englisches Rechtsmittelgericht); nimmt an Sitzungen des House of Lords teil, wenn dieses als Rechtsmittelgericht fungiert

lorry Lastkraftwagen

lorry, articulated [UK] Sattelschlepper

lorry driver Lkw-Fahrer

losing business Verlustgeschäft

losing party in einem Rechtsstreit unterliegende Partei

loss Schadenfall, Schaden; Verlust, Einbuße

loss, accidental Unfallschaden, plötzlich eintretender Schaden

loss, actual eingetretener Verlust, wirklicher Verlust

loss, actual total (Seeversicherung) wirklicher Totalverlust

loss adjuster Schadenregulierer, Sachverständiger

loss adjustment Schadenregulierung

loss, advice of Schadenanzeige, Schadenmeldung

loss agreement, partition of Teilungsabkommen

loss, amount of Schadenbetrag, Schadensumme, Schadenhöhe

loss apportionment between different policies anteilige Aufteilung des Schadens auf verschiedene Policen

loss appraisal Schadenschätzung

loss, arranged total vereinbarter Totalverlust; vereinbarte Höchstentschädigung

loss assessment Schadenschätzung, Schadenbegutachtung

loss, awareness of Erkenntnis des Schadens, Wahrnehmung des Schadens

loss before issue of policy Schadenfall vor Ausstellung der Versicherungspolice

loss, book buchmäßiger Verlust

loss, business interruption independency Rückwirkungsschaden

loss by redemption, insurance against Kursverlustversicherung

loss by scorching Sengschaden

loss, capital Kapitalverlust

loss carried forward Verlustvortrag

loss, cash- Kassa-Schaden, Schadeneinschuß, Barschaden

loss, catastrophic Katastrophenschaden

loss, cause of Schadenursache

loss caused by radiation Strahlungsschaden

loss, causes of Schadenursachen

loss, certificate of Schadenzertifikat, Havariezertifikat

loss, compensation for Entschädigung für Verlust; Wiedergutmachung des Schadens

loss, compromise total vergleichsweise festgesetzter Totalverlust

loss, consequential mittelbarer Schaden, Folgeschaden

loss, contingency Vermögensschaden

loss control Verlustkontrolle

loss, covered gedeckter Schaden, versicherter Verlust

loss covered by insurance durch Versicherung gedeckter Schaden

loss, date of (d.o.l.) Schadentag

loss, declaration of Schadenanzeige, Schadenmeldung

loss due to death of breadwinner Verlust infolge Ablebens des Ernährers

loss during operation Betriebsschaden

loss, duty to avert or minimize Schadenminderungspflicht; Rettungspflicht

loss, economic finanzieller Verlust, finanzieller Schaden, Vermögensschaden

loss, elementary Elementarschaden

loss equalization fund Schwankungsrückstellungen

loss, establishment of Schadenfeststellung

loss, estimated geschätzter Schaden

loss, estimated maximum (EML) geschätzter Höchstschaden, geschätzter Maximalschaden

loss evaluation Schadenforschung

loss event Schadenereignis

loss, exaggeration of Übertreibung des Schadens; übertriebene Darstellung des Schadens

loss, excess of (xl) Schadenexzedent

loss experience Schadenverlauf, Schadenerfahrung

loss, financial Vermögensschaden

loss, fire consequential Brand-Folgeschaden; Feuer-Betriebsunterbrechung

loss franchise clause Schadenselbstbeteiligungsklausel

loss frequency Schadenhäufigkeit

loss, gradual and continuous Allmählichkeitsschaden

loss, gross Bruttoschaden

loss history Schadengeschichte

loss, hull Kaskoschaden

loss in transit Transportschaden

loss incidence Schadenanfall

loss, income Einkommensverlust

loss, indirect mittelbarer Schaden

loss, individual Einzelschaden

loss, insured Versicherungsschaden, Versicherungsfall

loss, interdependency Wechselwirkungsschaden

loss, interdependency consequential Rückwirkungsschaden

loss investigation expenses Schadenermittlungskosten

loss, irreparable unersetzlicher Verlust

loss, lapsation Stornoverlust

loss, liability Haftpflichtschaden
loss location Schadenort
loss, marine Verlust auf See
loss, market Marktschaden, Kursverlust
loss, maximum Höchstschaden
loss, maximum possible möglicher Höchstschaden, Schadenmaximum
loss, maximum probable voraussichtlicher Maximalschaden, wahrscheinliches Schadenmaximum
loss, maximum probable yearly aggregate (mpy) Jahreshöchstschaden
loss minimization Schadenminderung
loss minimization after damage Schadenminderung nach Beschädigung
loss, minor Bagatellschaden, Kleinschaden
loss, mortality Sterblichkeitsverlust
loss, natural natürlicher Schwund
loss, natural event Naturkatastrophenschaden
loss, net Nettoverlust, Reinverlust
loss, notice of Schadenanzeige, Mitteilung an den Versicherer über Ereignisse, die möglicherweise eine Schadenersatzpflicht begründen
loss, notification of Schadenanzeige, Schadenmeldung
loss occurence Schadenereignis, Schadeneintritt
loss occurence, year of Schadenjahr
loss of a limb, damages allowed for Schadenersatz für Verlust eines Körpergliedes

loss of amenity Verlust an Lebensqualität
loss of anticipated earnings Verdienstausfall
loss of anticipated profit Verlust des erwarteten Gewinns, entgehender Gewinn
loss of consortium Verlust des Lebenspartners, z. B. des Ehegatten, durch Tötung
loss of earnings Verdienstausfall
loss of expectation of life Minderung der Lebenserwartung
loss of freight Frachtverlust
loss of future earnings Verlust zukünftigen Gewinns; Verlust künftigen Einkommens
loss of goods Untergang der Ware; Sachverlust
loss of market Verlust von Absatzgebiet; Marktverlust
loss of merchandise (Seeversicherung) Verlust der Waren
loss of production Produktionsausfall
loss of profits Gewinnausfall, entgangener Gewinn, Gewinnverlust
loss of profits insurance Betriebsunterbrechungsversicherung, Gewinnausfallversicherung, Geschäftsausfallversicherung
loss of profits resulting from fire Feuer-Betriebsunterbrechung (FBU)
loss of rent Ausfall von Mieteinnahmen, Mietverlust
loss of rent insurance Mietzinsverlustversicherung
loss of revenue insurance Einkommenverlust-Versicherung
loss of securities, insurance against Wertpapierversicherung

loss of services Leistungsverlust; Verlust des Leistungsvermögens (der Hausfrau, des Arbeitnehmers) nach Personenschaden

loss of sight, insurance against Erblindungsversicherung

loss of use Gebrauchsminderung; Nutzungsschaden

loss of use, insurance against Ausfallschaden-Versicherung

loss of wages Verdienstausfall

loss on exchange Verlust durch Geldumtausch

loss on exchange, insurance against Kursverlustversicherung

loss, operational Betriebsverlust

loss or damage, indirect mittelbarer Schaden, Folgeschaden

loss or damage, insurance against Schadenversicherung

loss or damage, prevention of Schadenverhütung

loss or damage, probability of Schadenwahrscheinlichkeit

loss, paid bezahlter Schaden

loss, partial Teilschaden

loss participation Schadenbeteiligung, Schadenselbstbeteiligung

loss, particular average besonderer Havarieschaden

loss payable clause Schadenersatzklausel

loss, pecuniary finanzieller Verlust, finanzieller Schaden, Vermögensschaden, Geldverlust

loss, pending noch nicht regulierter Schaden

loss-portfolio entry Schadenreserve-Eintritt

loss-portfolio out Schadenreserve-Austritt

loss premium, stop Überschadenprämie

loss prevention Schadenverhütung

loss prevention costs Schadenverhütungskosten

loss prevention measures Schadenverhütungsmaßnahmen

loss, previous früherer Schaden

loss, proof of Schadenbeweis, Schadennachweis

loss, property Vermögensschaden, Vermögensverlust

loss, pure economic reiner Vermögensschaden

loss, pure financial reiner Vermögensschaden

loss ratio Schadensatz, Schadenquote, mittlere Schadenbelastung

loss record Schadenverlauf

loss, recoverable ersetzbarer Schaden, zu ersetzender Schaden, eintreibbarer Schaden

loss recoverable under the policy laut Versicherungspolice zu ersetzender Schaden

loss recovery Schadenrückerstattung

loss, rejection of Ablehnung des Schadens

loss report Schadenmeldung

loss research Schadenforschung

loss research investigation Schadenursachenforschung

loss reserve Schadenreserve, Schadenrückstellung

loss reserve deposit Schadenreservedepot

loss reserve entry Schadenreserve-Eintritt

loss reserve estimation on underwriting year basis Bestimmung der Schadenreserve-Rückstellung auf Zeichnungsjahr-Basis

loss reserve run-off profit Schadenreserveabwicklungsgewinn

loss reserve withdrawal Schadenreserve-Austritt

loss resulting from fire Brandschaden

loss resulting from gradual pollution Allmählichkeitsschaden durch Umwelteinflüsse

loss, run-off Auslaufverlust; Medienverlust

loss, salvage Bergungsverlust, Schaden nach Abzug des Verkaufserlöses der geretteten Sachen

loss, serial personal injury Personen-Serienschaden

loss settlement Schadenregulierung, Schadenabwicklung, Schadenerledigung

loss settlement clause Schadenregulierungsklausel, Vergleichsklausel

loss settlement expenses Schadenregulierungskosten

loss, statement of Havariezertifikat

loss statistics Schadenstatistik

loss, successive nachfolgender Schaden

loss, suffered erlittener Schaden

loss suspectibility Schadenanfälligkeit

loss, sustained erlittener Schaden

loss, technical technischer Verlust

loss, third party's Schaden eines Dritten

loss through delay Verzugsschaden

loss, time of Zeitpunkt des Schadens

loss, to make good a einen Schaden ersetzen

loss, to suffer a einen Schaden erleiden

loss, to sustain a einen Schaden erleiden

loss, total Totalschaden, Totalverlust, Gesamtschaden

loss, trading kommerzieller Verlust; Betriebsverlust

loss treaty, catastrophe excess of Katastrophenschadenexzedent

loss, trivial Bagatellschaden, geringfügiger Schaden

loss, type of Schadenart, Schadenform; Verlustart

losses, burden of Schadenbelastung, Schadenlast

losses carried forward till extinction Verlustvortrag bis zur Tilgung

losses, consequential Vermögensschäden

losses, free of known frei von bekannten Schäden

losses, immaterial immaterielle Schäden

losses, incurred Schadenaufwand

losses, incurred but not reported Spätschäden, eingetreten, aber (noch) nicht gemeldet

losses, large Großschäden

losses, medium size mittlerer Schadenbereich

losses, no known keine bekannten Schäden

losses of previous years Vorjahresschäden

losses of the current year Schäden im laufenden Jahr

losses, outstanding schwebende Schäden, noch nicht abgewickelte Schäden

losses, paid bezahlte Schäden

losses, reduction of Verlustminderung

losses, series of Serienschäden

losses, simultaneous gleichzeitig auftretende Schäden

losses, trade (Seeversicherung) gewöhnlicher Gewichtsabgang und Schwund unterwegs

lost earnings Lohnausfall

lost goods verlorene Waren

"lost or not lost" Klausel für rückwirkenden Versicherungsschutz in der Transportversicherung

lost property Fundsache, verlorene Sache

lost, shock Größtschaden, Katastrophenschaden

lost years verlorene Jahre

lot, building [US] Bauplatz, Baustelle

lot, parking [US] Parkplatz

lotion, face Gesichtswasser, Gesichtspflegemittel

low current insurance Schwachstromversicherung

low-emission car abgasarmes Auto

low expansion foam Schwerschaum

low expansion foam fire-fighting system Schwerschaum-Löschanlage

low-grade minderwertig, von minderer Qualität

low heat release occupancy Gebäude mit niedriger Wärmefreisetzungskapazität

low-quality goods Waren von minderer Qualität

low premium insurance Versicherung mit ermäßigten Prämiensätzen

low-rate insurance Kleinlebensversicherung

low tension Schwachstrom

low tension installation, insurance of Versicherung von Schwachstromanlagen

low tension insurance Schwachstromanlagenversicherung

low voltage Niederspannung, Unterspannung (elektr.); Schwachstrom

L.P.A. [Law of Property Act, 1925, UK] Gesetz über das Immobiliarrecht aus dem Jahr 1925

L.R. (Law Reports) Urteilssammlung

LRTAP (long-range transboundary air pollution) weiträumige grenzüberschreitende Luftverschmutzung

L.S.C. [loco supra citato, lat.] am vorher genannten Ort

L.S.T. (local standard time) Ortszeit

lta (long-term agreement) langfristiger Vertrag, langfristiges Abkommen, Langzeitvereinbarung

Ltd. (limited) beschränkt, begrenzt, limitiert

LTFV (less than fair value) unter dem angemessenen Wert

lt.v. (light vessel) unbeladenes Schiff

lubricating oil Schmieröl

luck, bad Unglück, Pech

luggage insurance Reisegepäckversicherung

luggage, passenger's Reisegepäck
lumber Bauholz, Nutzholz
lumber trade Holzhandel
lump Pauschal-; Masse, große Menge
lump sum Pauschalbetrag, Pauschale
lump sum benefit einmalige Summenleistung
lump sum compensation Pauschalentschädigung

lump sum payment Pauschalzahlung, Abfindungszahlung
lump sum settlement Abfindung, Pauschalentschädigung
lunacy Geisteskrankheit
lung Lunge
lung, chronic disease of the chronische Lungenkrankheit
luxuries Luxusartikel, Genußmittel
lying up returns Rückvergütung für das Stilliegen des Seeschiffes

M

m. (male; married; metre; mile; minute; month) männlich; verheiratet; Meter; Meile; Minute; Monat

MAA [Motor Agents Association, UK] Verband der Kraftfahrzeughändler

machine-made maschinell hergestellt

machine production maschinelle Herstellung

machine tools industry Werkzeugmaschinenindustrie

machinery Maschinerie; Maschinen; Apparat

machinery breakdown Maschinenbruch, Maschinenschaden

machinery breakdown insurance Maschinenbruchversicherung, Maschinenversicherung

machinery consequential loss Maschinenunterbrechung, Betriebsunterbrechung

machinery insurance Maschinenversicherung

machinery plant Betriebsanlage

MacNaghten Rules [UK] gesetzliche Regelungen über die Zurechnungsfähigkeit und den geistigen Zustand eines Angeklagten

Mag.Ct. [Magistrates' Court, UK] erstinstanzliches Gericht für Strafsachen niederer Ordnung

magistrate, lay Laienrichter

Magistrates' Court [M.C., Mag.Ct.; UK] erstinstanzliches Gericht für Strafsachen niederer Ordnung

Magna Carta [lat., UK] „der große Freibrief"; altenglisches Grundgesetz, durch den Adel König John 1215 abgenötigt; es sicherte die Rechte der Barone, faßte altes Recht zusammen, enthielt aber auch Garantien bürgerlicher Rechte (wurde zum Grundstein der englischen Parlamentsverfassung)

magnitude Größe; Bedeutung, Wichtigkeit

mail order chain Versandhandelshaus

mail order insurance Korrespondenzversicherung

main agent Hauptvertreter, Hauptagent, Hauptbeauftragter; Generalvertreter, Generalagent

main average clause wichtigste Schadenbeteiligungsklausel, Freizeichnungsklausel

main class of business Hauptgeschäft, Hauptsparte eines Unternehmens

main condition Hauptbedingung, Grundbedingung

main contractor Hauptlieferant, Hauptvertragspartner

main establishment Hauptniederlassung

main fire alarm box Hauptfeuermelder

main indemnity clause Haupthaftungsklausel

main purpose rule Regelung zur Feststellung des „Hauptzweckes" eines Vertrags; andere Bestimmungen eines Vertrags werden auf Übereinstimmung mit diesem „Hauptzweck" geprüft

main road Hauptstraße

main thing Hauptsache

main wall tragende Wand

maintain aufrechterhalten, beibehalten; instandhalten; unterhalten, unterstützen, versorgen

maintain an insurance in force Versicherungsschutz aufrechterhalten

maintain, failure to Nichtaufrechterhaltung

maintenance Unterhalt; Wartung; Instandhaltung, Erhaltung

maintenance, claim for Unterhaltsanspruch, Versorgungsanspruch

maintenance, cost of Unterhaltskosten; Instandhaltungskosten

maintenance, duty of providing Unterhaltspflicht

maintenance, entitled to unterhaltsberechtigt

maintenance of jobs Erhaltung der Arbeitsplätze

maintenance payment Unterhaltszahlung, Unterhaltsleistung

maintenance, quality Qualitätserhaltung

maintenance service Wartung (von Maschinen)

maintenance work Instandhaltungsarbeiten

"majeure, force" höhere Gewalt

major currency Hauptwährung

major damage Großschaden

major damage, risk of Großschadenrisiko

major exclusions wichtigste Ausschlüsse

major fire Großbrand

majority Mündigkeit; Volljährigkeit; Mehrheit, Mehrzahl, Majorität

majority holding Mehrheitsbeteiligung

majority interest Mehrheitsbeteiligung

majority verdict Mehrheitsvotum der Geschworenen

make an appeal to Berufung einleben bei; sich wenden an

make good a claim einen Anspruch begründen

make good a loss einen Schaden ersetzen

make improper use mißbrauchen

make inquiries Erkundigungen einziehen

make out ausstellen; entziffern; beweisen, nachweisen

maker Hersteller, Fabrikant

makeshift Notbehelf; Surrogat

making Herstellung, Fertigung

making over Abtretung, Übertragung

mala fide [lat.] bösgläubig, in bösem Glauben

maladjustment Mißverhältnis

maladministration schlechte Verwaltung, Mißwirtschaft

male (m.) männlich

malfeasance rechtswidriges Handeln, gesetzwidriges Verhalten

malfunction Fehlfunktion, Panne, Defekt

malice böse Absicht; Arglist; Böswilligkeit, Gehässigkeit, Bosheit

malice aforethought mit Vorsatz, böswillig

malice, express Schädigungsabsicht

malicious act vorsätzliche, rechtswidrige Handlung; böswillige Handlung

malicious arson attack vorsätzliche Brandstiftung

malicious damage vorsätzliche Beschädigung, böswilliger Schaden

malicious deceit arglistige Täuschung

malicious, grievously vorsätzliches Fehlverhalten

malicious mischief böswilliger Schaden; vorsätzliche Beschädigung

malicious prosecution böswillige Einleitung eines Gerichtsverfahrens; böswillige Rechtsverfolgung

maliciousness Bosheit, Böswilligkeit; Arglist; Heimtücke

malnutrition Unterernährung

malpractice ärztlicher Kunstfehler, schlechte Behandlung, falsche Behandlung; Vernachlässigung der beruflichen Sorgfaltspflicht

malpractice insurance Berufshaftpflichtversicherung; Versicherung gegen Kunstfehler

malpractice insurance, legal Berufshaftpflichtversicherung der Rechtsanwälte

malpractice insurance, medical Ärztehaftpflichtversicherung, Berufshaftpflichtversicherung der Ärzte

man, business Geschäftsmann

Man.Dir. (Managing Director) geschäftsführender Direktor

man in the street Durchschnittsbürger, normal denkender Mensch

man, lay Laie; Nichtfachmann

man-made fibres industry Chemiefaserindustrie

man, professional Fachmann

man, reasonable vernünftiger Mensch

management Verwaltung, Geschäftsleitung, Betriebsführung; Direktion

management, board of Vorstand

management charge Verwaltungsgebühr

management committee Managementkomitee

management costs, reserve for [US] Verwaltungskostenrückstellung

management, earnings of Unternehmergewinn

management expenses Verwaltungskosten

management expenses, reserve for Verwaltungskostenrückstellung

management, factory Betriebsleitung, Fabrikleitung

management of the business premises Verwaltung der Geschäftsgrundstücke

management, property Vermögensverwaltung

manager Geschäftsführer, Betriebsleiter, Direktor, Vorsteher; Verwalter

manager, branch Filialdirektor

managing agent [US] Leitender Angestellter; Handlungsbevollmächtigter

Managing Director (Man.Dir., M.D.) geschäftsführender Direktor

Managing General Agencies (MGA) Zeichnungsagenturen

mandamus außerordentliches Rechtsmittel, gerichtliche Anweisung an ein unteres Gericht oder eine Behörde; Beschwerderecht gegen Beamte; gerichtlicher Hoheitsbefehl bei Rechtsverweigerung

mandate Auftrag, Mandat; Verfügung; Vollmacht

mandatory verpflichtend, obligatorisch, zwingend, unabdingbar

mandatory regulations verbindliche hoheitliche Normen

mandatory standard vorgeschriebener Standard (in bezug auf Waren)

manner Art (und Weise); Verhalten, Auftreten

manner of calculation Berechnungsart

manner, professional professionelle Art und Weise

manners Sitten, Manieren

manpower Arbeitskräfte

manslaughter Totschlag

manslaughter, involuntary fahrlässige Tötung

manual Anleitung, Handbuch, Gebrauchsanweisung, Leitfaden

manual call point Handmelder

manual, commercial lines [CLM, US] Handbuch des Insurance-Services-Office, das Vorschriften und Tarifverfahren für Sach-, Schaden- und Seeversicherungen für gewerbliches Eigentum oder gewerbliche Unternehmen enthält

manual labour körperliche Arbeit

manual, product Produktanleitung

manual work körperliche Arbeit, Handarbeit

manual worker Arbeiter

manufacture Fertigung, Herstellung, Fabrikation

manufacture herstellen, fabrizieren, produzieren, verarbeiten

manufacture, costs of Herstellungskosten

manufacture, large-scale Massenfertigung, Massenproduktion; Serienherstellung

manufacture, place of Herstellungsort, Fabrikationsstätte

manufacture, process of Herstellungsverfahren, Fabrikationsprozeß

manufacture, serial Serienherstellung

manufacture, supervision of Fertigungskontrolle

manufacture, wholesale Massenherstellung, Massenfabrikation

manufacture, wood Holzverarbeitung

manufacture, year of Herstellungsjahr; Baujahr

manufacturer Fabrikant; Hersteller, Produzent, Erzeuger

manufacturer, automobile Kfz-Hersteller

manufacturer's and contractor's liability Produzenten- und Bau-Unternehmerhaftung

manufacturers, asbestos Asbesthersteller

manufacturer's liability Produzentenhaftung

manufacturer's price Fabrikpreis, Herstellerpreis

manufacturer's public liability and property damage liability insur-

ance Unternehmerhaftpflicht- und Schadenversicherung

manufacturing Herstellung; Fabrikation, Fertigung, Produktion

manufacturing and quality control defects Herstellungs- bzw. Produktionsfehler; Herstellungsfehler und Fehler in der Qualitätskontrolle

manufacturing branch Fabrikationszweig

manufacturing, computer integrated computergestützte Fertigung

manufacturing costs Herstellungskosten, Fertigungskosten

manufacturing defect Fabrikationsfehler

manufacturing industry Fertigungsindustrie, verarbeitende Industrie

manufacturing know-how spezielle Produktionskenntnisse

manufacturing liability Fabrikationshaftung

manufacturing, metal Metallverarbeitung

manufacturing plant Fabrikationsbetrieb, Fabrikanlage

manure Dünger, Düngemittel

manure düngen

manuscript (ms) Manuskript; Handschrift; Urschrift

M.A.P. (maximum average price) maximaler Durchschnittspreis

Mar.L.Cas (maritime law cases) Seerechtsfälle

marble Marmor

Mareva injunction [UK] dinglicher Arrest; genannt nach dem Rechtsstreit Mareva Compania Naviera SA vs. International Bulk Carriers SA

margin Rand; Grenze; Spielraum; Spanne

margin, minimum Mindestdeckung

margin of profit Gewinnspanne, Gewinnmarge

margin, safety Sicherheitsmarge, Sicherheitsspanne

margin, solvency Aktivüberschuß, Umfang der Zahlungsfähigkeit, Liquiditätsmarge

marginal value Grenzwert

marine Marine, Schiffahrt, See-

marine adventure [UK] versichertes Risiko in der See-Versicherung, üblicherweise definiert als die Gesamtheit „aller Schiffe oder Waren, die Seegefahren ausgesetzt sind"

marine hull Seekasko, Transportkasko

marine hull insurance Seekaskoversicherung, Schiffskaskoversicherung

marine, inland Binnentransport

marine insurance Transportversicherung, Seetransportversicherung, Seeversicherung

Marine Insurance Act [M.I.A., UK] Seeversicherungsgesetz

marine insurance broker Seeversicherungsmakler

marine insurance, dry [US] Binnentransportversicherung – im Gegensatz zur Seeversicherung (manchmal auch „wet" marine insurance)

marine insurance, ocean Meeres- oder Seeversicherung, d. h. Versicherung von Eigentum auf hoher See (im Gegensatz zu Binnengewässern), auch „wet" marine insurance genannt

Marine Insurance Policy (M.I.P.) Seeversicherungspolice

marine insurance, "wet" [US] Meeres- oder Seeversicherung, d. h. Versicherung von Eigentum auf hoher See

marine liability insurance Seehaftpflichtversicherung

marine loss Verlust auf See

marine pollution Meeresverschmutzung

marine pollution damage Meeresverschmutzungsschaden, Schaden durch Meeresverschmutzung

marine rate Prämiensatz der Seetransportversicherung

maritime claim seerechtlicher Anspruch

maritime law cases (Mar.L.Cas) Seerechtsfälle

maritime peril [UK] Seegefahr, definiert als „alle Gefahren infolge von oder verbunden mit der Seefahrt"

mark, distinctive Unterscheidungsmerkmal; besonderes Kennzeichen

mark, kite [UK] Qualitätszeichen, Gütezeichen, Prüfzeichen

mark, quality Qualitätszeichen, Gütezeichen

mark, registration Eintragungszeichen

mark, skid Bremsspur

mark, trade Handelsmarke; Fabrikmarke; Warenzeichen; Schutzmarke

mark, unauthorized unbefugtes Zeichen (z. B. Zulassungs- oder Genehmigungszeichen auf Produkten)

market (mkt.) Markt

market auf den Markt bringen

market acceptance Marktakzeptanz

market area Absatzgebiet

market, available zeitlich oder räumlich zur Verfügung stehender Markt; Gesamtheit der verfügbaren Angebote im Markt

market average Durchschnittspreis, Durchschnittskurs

market, bond Rentenmarkt

market, capital Kapitalmarkt

market clarity Markttransparenz

market, common gemeinsamer Markt

market, home Inlandsmarkt, Binnenmarkt

market, inland Binnenmarkt

market, insurance Versicherungsmarkt

market, internal inländischer Markt; Binnenmarkt

market loss Marktschaden, Kursverlust

market, loss of Verlust von Absatzgebiet; Marktverlust

market, mortgage Hypothekarmarkt

market, overseas Überseemarkt, überseeischer Markt

market, overt offener Markt

market, potential potentieller Markt; Absatzmöglichkeit

market, produce Produktmarkt, Warenmarkt

market profit Kursgewinn

market rate Marktpreis; Börsenkurs, Kurswert

market, raw material Rohstoffmarkt

market report Marktbericht

market research Marktforschung

market share Marktanteil

market share liability Haftung mehrerer Hersteller entsprechend ihrem Marktanteil; Marktanteilshaftung

market stability Marktsicherung

market statistics Marktstatistik

market survey Marktuntersuchung, Marktanalyse

market, to place on the auf den Markt bringen, in Umlauf bringen

market trend Konjunkturentwicklung, Markttendenz, Markttrend

market value Marktwert, Verkehrswert, Kurswert

market value, diminution in Minderung des Marktwertes, Abnahme des Marktwertes

marketability Marktfähigkeit

marketable value Marktwert, Verkaufswert

marketing Marketing, Marktversorgung; Absatzpolitik

marking Kennzeichnung, Markierung

Marre Committee [Committee on the Future of the Legal Profession, UK] 1986 einberufener Ausschuß zur Prüfung des juristischen Ausbildungssystems, der anwaltlichen Berufe sowie der Rechtsleistungen

marriage Heirat, Hochzeit; Ehe

marriage assurance Aussteuerversicherung

marriage, probability of Heiratswahrscheinlichkeit

married (m.) verheiratet

marshall, fire Branddirektor

martial law Kriegsrecht

masonry Steinmetzarbeit; Mauerwerk; Mauerhandwerk; Maurerarbeit

mass goods Massenartikel

mass litigation Massenklage

mass production Massenproduktion, Serienfertigung

master contract Hauptvertrag; Stammvertrag (in der Gruppen-Lebensversicherung)

master cover Hauptvertrag

Master of Business Administration (M.B.A.) Magister der Betriebswirtschaftslehre

Master of Business Management (M.B.M.) Magister der Betriebsführung

Master of Civil Law (M.C.L.) Magister des Zivilrechts

Master of Commerce (M.Com.) Magister des Handels

Master of Laws (LL.M.) Magister der Rechte (höherer akademischer Grad der juristischen Fakultät)

Master of the Rolls [M.R., UK] Vorsitzender des Court of Appeal, auch zuständig für die Zulassung von solicitors, einer der zwei Anwaltsarten im englischen Rechtssystem

master of vessel Schiffer, Kapitän

master policy Hauptpolice, Rahmenpolice, Stammpolice

match test Streichholzprüfung (bei Möbeln)

material Material, Stoff

material assets Sachwerte
material benefit materieller Vorteil
material, combustile brennbares Material
material concealment Verschweigen eines wesentlichen Umstandes
material costs Materialkosten
material, covering Deckmaterial, Abdeckungsstoff, Schutzstoff, Überbezug
material damage Sachschaden
material, dangerous gefährlicher Stoff, gefährliches Material
material defect Materialfehler
material, dress Material, Stoff
material facts wichtige Tatsachen, erhebliche Tatsachen; wesentliche Tatsachen
material, fissionable spaltbare Materie
material, packing Verpackungsmaterial
material, proper geeignetes Material
material, radioactive radioaktiver Stoff
material, raw Grundstoff, Rohstoff
material scope materieller Geltungsbereich
material, surface Oberflächenmaterial
material testing Materialprüfung
material weakness Materialschwäche
material, wrapping Verpackungsmaterial
materiality Erheblichkeit, Wesentlichkeit
materiality, test of Erheblichkeitstest

materials abandoned aufgegebene Materialien, aufgegebene Werkstoffe
materials, contract for work and Werklieferungsvertrag
materials, crude Rohstoffe
materials, unused nicht verwendetes Material, ungenutztes Material, ungenutzte Werkstoffe
materials, waste Abfallstoffe
maternity insurance Mutterschaftsversicherung
maternity right Mutterschaftsrecht
mathematical expectation mathematische Erwartung
mathematical reserve Deckungskapital, Deckungsrückstellung, Prämienreserve
mathematical reserve fund Deckungsstock
mathematical reserve in balance sheet Bilanzdeckungskapital, Bilanzdeckungsrückstellung
mathematical reserve on "inventaire" premiums Inventardeckungskapital, Inventardeckungsrückstellungen
mathematical reserve on net premiums Nettodeckungskapital
mathematical reserve on office premiums ausreichendes Deckungskapital
mathematical reserve, required vollständiges Deckungskapital
mathematical value mathematischer Wert
mathematics Mathematik
mathematics, actuarial Versicherungsmathematik
matter Stoff, Material; Sache, Angelegenheit; Gegenstand

matter at issue Streitgegenstand, Streitsache

matter in dispute Streitgegenstand

matter of course Selbstverständlichkeit

matter of development Sache der Entwicklung

matter of fact Tatsache; Tatbestand

matter of fact, as a tatsächlich, eigentlich, in Wirklichkeit, um die Wahrheit zu sagen

matter-of-fact-man „nüchterner Tatsachenmensch"

matter of public interest Sache im öffentlichen Interesse

matter of taste Geschmackssache

matter, printed Druckstück

matter, subject vorliegende Sache, behandelter Gegenstand, Streitgegenstand

matter, typewritten maschinengeschriebener Sachverhalt

matters, insurance Versicherungswesen

matured claim fällige Forderung

matured premium fällige Prämie

maturity Fälligkeit, Verfall, Laufzeit; Reife

maturity, age at Endalter

maturity, bonus at Gewinnbeteiligung im Erlebensfall

maturity date Fälligkeitsdatum

maturity proceeds Ablaufleistung

maturity value Fälligkeitswert

maxim of law Rechtsgrundsatz, Rechtsmaxime

maximum average price (M.A.P.) maximaler Durchschnittspreis

maximum benefit Höchstleistung

maximum indemnity period maximale Haftungsdauer, maximale Leistungsdauer

maximum limit Höchstgrenze

maximum loss Höchstschaden

maximum loss, estimated (EML) geschätzter Höchstschaden, geschätzter Maximalschaden

maximum possible loss möglicher Höchstschaden, Schadenmaximum

maximum probable loss voraussichtlicher Maximalschaden, wahrscheinliches Schadenmaximum

maximum probable yearly aggregate loss (mpy) Jahreshöchstschaden

maximum residual level maximale Rückstandsmenge

maximum sum payable zahlbare Höchstsumme

maximum table Maximaltabelle

maximum underwriting limit Höchstzeichnungssumme

M.B.A. (Master of Business Administration) Magister der Betriebswirtschaftslehre

M.B.M. (Master of Business Management) Magister der Betriebsführung

M.C. [Magistrates' Court, UK] erstinstanzliches Gericht für Strafsachen niederer Ordnung

McCarran Act [US] vom Kongreß 1945 verabschiedetes Gesetz, das den Bundesstaaten die Erlaubnis erteilt, vorbehaltlich der Prüfung durch eine Bundeskommission das Versicherungswesen zu regeln; auch Public Law 15 genannt

M.C.L. (Master of Civil Law) Magister des Zivilrechts

M.Com. (Master of Commerce) Magister des Handels

M.D. [Medicinae Doctor, lat.; Managing Director] Doktor der Medizin; geschäftsführender Direktor

mdse (merchandise) Handelswaren; Güter, Artikel

mean, arithmetical arithmetisches Mittel

mean life Durchschnittsleben

mean number Mittelwert; Durchschnittszahl

mean price mittlerer Preis, Durchschnittszahl

mean risk mittleres Risiko, Durchschnittsrisiko

"mean" rule Mittelwert-Regel, z. B. zur Berechnung der Entschädigungsleistung bei Doppelversicherung

mean value Mittelwert, Erwartungswert

meaning Sinn, Bedeutung; Meinung, Absicht

meaning, grammatical grammatische Bedeutung

meaning, technical technische Bedeutung

means Mittel; Vermögen

means, ample reichliche Geldmittel

means, external and visible äußerliche und sichtbare Mittel

means of communication Verkehrsmittel

means of conveyance Transportmittel

means, unlawful rechtswidrige Mittel

means, violent gewaltsame Mittel; mit Gewalt

meantime, in the in der Zwischenzeit

measure Maßnahme, Schritt; Maßstab; Maß; Ausmaß, Umfang

measure messen, abmessen, vermessen; Maß nehmen; ermessen; abschätzen

measure, adopted gebilligte Maßnahme, beschlossene Maßnahme

measure, dry Trockenmaß

measure, linear Längenmaß

measure, liquid Flüssigkeitsmaß

measure of capacity Hohlmaß

measure of insurable value Höhe des versicherbaren Wertes

measure of volume Raummaß

measure, square Flächenmaß

measure, standard Normalmaß

measure, urgency Dringlichkeitsmaßnahme

measurement criterion Bemessungskriterium

measurement, cubic Raummaß

measurement, standard of Bemessungsstandard; Bemessungsmaßstab, Bemessungseinheit

measures Maßnahmen

measures, loss prevention Schadenverhütungsmaßnahmen

measures, precautionary Vorsichtsmaßnahmen

measures, protective Schutzmaßnahmen

measures, reorganization Sanierungsmaßnahmen

measures, safety Sicherheitsvorkehrungen, Sicherheitsmaßnahmen

mechanic Mechaniker; Handwerker

mechanical engineering Maschinenbau

mechanical foam Luftschaum, mechanischer Schaum

mechanical handling appliance mechanisch betriebenes Gerät

media, data Datenträger

medial (policy) reserve Deckungsrückstellung in der Mitte des Versicherungsjahres einschließlich Nettoprämienübertrag

medical arrangement medizinische Anordnung, medizinische Einrichtung

medical bill Rechnung für ärztliche Behandlung

medical certificate Arztzeugnis, ärztliches Zeugnis, Arztattest

medical confidentiality release Entbindung von der ärztlichen Schweigepflicht

medical costs Behandlungskosten

medical drug Arzneimittel

medical examination ärztliche Untersuchung

medical examination, assurance with/without Versicherung mit/ohne ärztliche Untersuchung

medical examiner Vertrauensarzt, Amtsarzt

medical expenses Kosten der Heilbehandlung, Heilbehandlungskosten

medical expenses insurance Arztkostenversicherung, Krankheitskostenversicherung

medical fees Arztkosten, Arztgebühren

medical insurance Krankenversicherung

medical jurisprudence Gerichtsmedizin, gerichtliche Medizin

medical malpractice insurance Ärztehaftpflichtversicherung, Berufshaftpflichtversicherung der Ärzte

medical malpractice liability Ärztehaftpflicht

medical opinion ärztliches Gutachten

medical payment Kosten für ärztliche Behandlung, die vom Versicherer ohne Rücksicht auf die Fahrlässigkeitsfrage zu zahlen sind, Zahlung für ärztliche Behandlung

medical payments coverage [US] Deckung für Heilungskosten

medical practice Arztpraxis

medical practitioner praktischer Arzt

medical practitioner's liability Arzthaftung

medical product medizinisches Produkt

medical referee [US] Vertrauensarzt, Amtsarzt

medical report ärztliches Attest, ärztlicher Bericht

medical treatment ärztliche Behandlung, medizinische Behandlung

medical's liability Arzthaftung

medicament Arznei; Heilmittel

medicare [US] Krankengeld; Gesundheitsdienst für Rentenempfänger

medicare insurance [US] Krankenversicherung

medicine Medizin, Arznei; Heilmittel

medicine, forensic Gerichtsmedizin

medicine, internal innere Medizin

medicine, licence to practise ärztliche Approbation

Medicines Act [UK] Arzneimittelgesetz

medico-actuarial science Versicherungsmedizin

medium expansion foam Schaum mit mittelmäßiger Ausdehnung

medium expansion foam fire-fighting system Mittelschaum-Löschanlage

medium loss range Mittelschadenbereich

medium size losses mittlerer Schadenbereich

medium sort mittlere Qualität, Mittelsorte

medium term mittelfristig

meet a claim einen Anspruch erfüllen

meet a condition eine Bedingung erfüllen

meeting, general Hauptversammlung, Generalversammlung

meeting, ordinary general ordentliche Generalversammlung

mega discovery [US] besonders exzessive Form des gerichtlichen Vorverfahrens

melted snow Schmelzwasser

member Mitglied

member of the board Aufsichtsratsmitglied, Vorstandsmitglied

members assured under group contract versicherte Personen einer Gruppenversicherung

membership Mitgliedschaft

membership, proposal for Beitrittsgesuch

membrane, mucous Schleimhaut

memorandum Vermerk, Notiz, Bemerkung; Anmerkung; Merkblatt

memorandum clause (Seeversicherung) Haftungsbeschränkungsklausel

memorandum, explanatory Erläuterungsnotiz, Erläuterungen, Begründungen; Vorstufe bei der Vorbereitung einer EG-Richtlinie

memorandum of association Gesellschaftsvertrag, Gründungsvertrag, Gründungssatzung, Gründungsurkunde

memorandum of partnership (M/P) Gesellschaftsvertrag

memorandum, separate separates Memorandum, separate Verbalnote, separater Vermerk

mens rea [lat.] wörtlich: schuldiger Geist, Bezeichnung der Zurechnungsfähigkeit

mental ability geistige Fähigkeit

mental capacity Zurechnungsfähigkeit

mental condition Geisteszustand

mental derangement Geistesstörung, Geistesschwäche

mental disease Geisteskrankheit

mental element geistiges Element

mental examination medizinische Untersuchung des Geisteszustandes

mental incapacity geistige Unfähigkeit

mentally deficient geistig behindert

mentally disordered person geistesgestörte Person, Person mit einer krankhaften Störung der Geistestätigkeit

mentally handicapped geistig behindert

mentally ill geisteskrank

mercantile den Handel betreffend, Handels-; kaufmännisch

mercantile agent Handelsvertreter; Makler, Kommissionär

mercantile connections Handelsbeziehungen

mercantile custom Handelsbrauch

mercantile law Handelsrecht

merchandise (mdse) Handelswaren; Güter, Artikel

merchandise, general allgemeine Handelsware

merchandise, insurance of Warenversicherung

merchandise, partial loss of (Seeversicherung) Teilverlust der Waren

merchant law Handelsrecht

merchant shipping Handelsflotte, Handelsschiffverkehr

Merchant Shipping Act (MerchShA) Handelsschiffahrtsgesetz

merchantability allgemeine Gebrauchstauglichkeit; marktgängige Qualität

merchantability, warranty of Zusicherung allgemeiner Gebrauchstauglichkeit

merchantable quality handelsübliche Qualität

merchants, custom of Handelsgewohnheitsrecht, anerkanntes kaufmännisches Gewohnheitsrecht

MerchShA (Merchant Shipping Act) Handelsschiffahrtsgesetz

mercury Quecksilber

mercury, alloy of Quecksilberlegierung, Amalgam

merger Fusion, Fusionierung, Zusammenschluß, Verschmelzung

merger, insurance Zusammenschluß von Versicherungsgesellschaften

merit Verdienst, Wert, Vorzug

merit pricing system System, nach dem die Haftpflichtversicherungsprämie bei unfallfreiem Fahren niedriger wird, von Fahrern mit Unfällen dagegen Aufzahlungen geleistet werden müssen; Bonus-Malus-System

meritless claim unberechtigter Anspruch

merits, judgement on the Sachurteil; Urteil aufgrund des materiellrechtlichen Tatbestandes

merry-go-round Karussell; Rundverkehr, Kreisverkehr

message Mitteilung, Bericht, Bescheid, überbrachte Nachricht, Benachrichtigung

messenger, insurance Versicherungsbote

M.E.T. (Mid European Time) Mitteleuropäische Zeit

metal Metall; Beschotterung, Schotter

metal fire Metallbrand

metal industry Metallindustrie

metal manufacturing Metallverarbeitung

metal, molten geschmolzenes Metall

metal, precious Edelmetall

metal, scrap Altmetall, Schrott

metal sheet Metallblech

metal wire Metalldraht

meteorological observation Wetterbeobachtung

meteorology Meteorologie

method Methode, Art und Weise; Verfahren, Verfahrensweise

method obsolescence Überalterung des Produktionsverfahrens

method of amortization Tilgungsart

method of ascertainment Art der Festlegung, Art der Konkretisierung

method of bonus allocation Dividendensystem, Gewinnsystem, Gewinnplan

method of calculation Rechnungsart, Rechnungsmethode, Berechnungsmethode

method of funding Deckungsverfahren, Finanzierungsverfahren

method of handling Bearbeitungsweise, Art der Behandlung

method of valuation, gross premium Reserveberechnung mit Bruttoprämie, die um geschätzte künftige Kosten (ohne Abschlußkosten) vermindert sind

method, operating Betriebsweise, Arbeitsmethode

method, prospective zukunftsorientierte Methode (z. B. der Prämienberechnung), prospektive Methode

method, retrospective vergangenheitsbezogene Methode (z. B. der Prämienberechnung)

method, up-to date zeitgemäße Methode

methods, rating Methoden der Prämientarifierung

metre(s) (m.) Meter

metric ton (M.T.) metrische Tonne (2 204,6 pounds oder 1 000 kg)

MGA (Managing General Agencies) Zeichnungsagenturen

M.I.A. [Marine Insurance Act, UK] Seeversicherungsgesetz

Mid European Time (M.E.T.) Mitteleuropäische Zeit

middle market price Mittelkurs

middleman Zwischenhändler, Vermittler

middling Mittelsorte, Waren mittlerer Qualität

midterm cancellation vorzeitiges Storno

mid-terminal reserve Deckungsrückstellung in der Mitte des Versicherungsjahres einschließlich Nettoprämienübertrag

mid-year reserve [US] Deckungsrückstellung in der Mitte des Versicherungsjahres einschließlich Nettoprämienübertrag

migration level Wanderungsintensität (von Schadstoffen im Boden)

mile (m.) Meile (1,609 km)

miles per hour (mph) Meilen pro Stunde

military power militärische Gewalt

military rising militärische Rebellion

mill, rolling Walzwerk

min. (minimum; minute) Minimum; Mindestmaß, Mindestbetrag; Minute

mind Sinn, Gemüt; Verstand; Gesinnung, Meinung, Ansicht; Achtsamkeit, Sorge; Absicht, Vorhaben

mind, person of unsound geistesgestörte Person

mind, presence of Geistesgegenwart

mind, soundness of Zurechnungsfähigkeit

mindful aufmerksam; achtsam; eingedenk

mine Bergwerk, Zeche, Grube, Mine

miner Bergarbeiter, Kumpel, Grubenarbeiter

miner's insurance Knappschaftsversicherung

mineral coal Steinkohle

mineral oil Erdöl, Mineralöl

mineral oil processing Erdölverarbeitung

mineral resources Bodenschätze, mineralische Rohstoffe

minimal damage Bagatellschaden

minimization, loss Schadenminderung

minimize verringern, auf ein Minimum bringen

minimum (min.) Minimum; Mindestmaß, Mindestbetrag

minimum age Mindestalter

minimum amount Mindestbetrag

minimum and deposit premium Voraus- und Mindestprämie

minimum damage geringfügiger Schaden, Bagatellschaden

minimum guarantee fund Minimum-Garantiefonds

minimum margin Mindestdeckung

minimum period of coverage Mindestversicherungszeit

minimum premium Mindestprämie, Minimalprämie

minimum stock Montanaktie, Kux

minimum wage Mindestlohn

mining Bergbau; Montan-

mining industry Montanindustrie, Bergbau

mining law Bergrecht

mining, sea bed Tiefseebergbau

mining stock Montanaktie, Kux

ministerial act Verwaltungsakt, Verwaltungsmaßnahme, Ministerialbeschluß

Ministry of Commerce Handelsministerium

Ministry of Justice Justizministerium

minor kleiner, geringer, unbedeutend, geringfügig, klein; minderjährig

minor loss Bagatellschaden, Kleinschaden

minor loss range Kleinschadenbereich

minority Minorität, Minderheit; Minderjährigkeit, Unmündigkeit

minority interest Minderheitsinteresse

minute (m. or min.) Minute

minutes Protokoll, Niederschrift

M.I.P. (Marine Insurance Policy) Seeversicherungspolice

misadventure Unglücksfall

misadventure, homicide by Tötung als Folge eines Unglücksfalls, Unglücksfall mit tödlichem Ausgang

misappropriation unrechtmäßige Verwendung, widerrechtliche Aneignung; Unterschlagung, Veruntreuung

miscalculation Verschätzung, Fehlberechnung, Kalkulationsfehler

miscarriage Fehlleitung; Fehlschlagen, Mißlingen; Fehlgeburt

miscellaneous gemischt, vermischt; vielseitig, verschiedenartig, mannigfaltig

miscellaneous branches diverse Branchen

miscellaneous classes diverse Branchen

miscellaneous insurance classes sonstige Versicherungszweige, Restsparten

miscellaneous perils verschiedene Gefahren

miscellaneous risks gemischte Risiken

mischief Unheil, Unglück, Schaden; Verletzung; Übel; Unfug; Mutwille

mischief, malicious böswilliger Schaden; vorsätzliche Beschädigung

Mischief Rule [UK] „Unheilsregel"; Gesetzesauslegung, die eine umfassendere Auslegung eines Gesetzes erlaubt, um das eigentliche „Unheil" zu bekämpfen, das den Gegenstand des Gesetzes bildet

misconduct Ungebühr, schlechtes Betragen, schlechtes Benehmen; Ehebruch; schlechte Verwaltung

misconduct schlecht führen, schlecht verwalten; sich schlecht betragen

misconduct, wilful vorsätzliches Fehlverhalten, vorsätzliche Verfehlung

misdescription falsche Angaben, Fehlbeschreibung; irreführende Beschreibung

misery Elend, Not, Trübsal; Leid

misfeasance Mißbrauch; pflichtwidrige Handlung

misfortune Unglück, Mißgeschick; Unglücksfall

mishandling Falschbehandlung, falsche Handhabung

mislaid property abhanden gekommene Sache

misleading statement irreführende Aussage, irreführende Angabe

misprint Druckfehler, Fehldruck

misrepresentation falsche Darstellung; ungenaue Darstellung; falscher Bericht

misrepresentation, fraudulent Vorspiegelung falscher Tatsachen, vorsätzlich falsche Behauptung einer Tatsache

misrepresentation, innocent unwissentlich falsche Angaben, unbeabsichtigte Falschdarstellung

misrepresentation, wilful absichtliche Falschdarstellung

misrepresenting a fact Vorspiegelung einer falschen Tatsache

missed profits entgangener Gewinn

misstatement falsche Angabe, falsche Darstellung

mistake Mißverständnis; Irrtum, Versehen, Fehler

mistake verwechseln, verfehlen, verkennen, sich irren; falsch verstehen, mißverstehen

mistake, honest gutgläubiger Irrtum

mistake, mutual beidseitiger Irrtum

misuse Mißbrauch; falsche Benutzung, unsachgemäßer Gebrauch

misuse mißbrauchen, falsch verwenden; schlecht behandeln

misuse, foreseeable product (f.p.m.) vorhersehbarer Produktmißbrauch

misuse of product Fehlgebrauch eines Produkts, Produktmißbrauch

mitigate lindern, mildern, abschwächen; mäßigen, besänftigen

mitigate, duty to Pflicht, einen Schaden möglichst gering zu halten

mitigation Mäßigung; Linderung, Milderung

mitigation of damage Schadenminderung, Geringhaltung des Schadens

mixed goods gemischte Waren

mixed land and sea risk kombiniertes See- und Landrisiko

mixture Mischung, Gemisch

mkt. (market) Markt

MNC (multinational company) multinationale Gesellschaft

MNE (multinational enterprise) multinationales Unternehmen

mobile equipment fahrbare Gerätschaften; Landfahrzeuge

mobile home insurance Versicherung eines (als Dauerwohnsitz benutzten) Wohnwagens

mobile insurance Kraftfahrzeugversicherung

mobile plant mobiler Betrieb

mode Art, Weise, Methode; Form; Modalität, Modus

model Muster, Vorbild; Modell

Model Uniform Product Liability Act [MUPLA, US] Modell eines einheitlichen Produkthaftungsgesetzes, erstellt vom US-Wirtschaftsministerium 1979 als Vorlage für eine bundesweite Gesetzgebung

moderate heat release occupancy Gebäude mit mittlerer Wärmefreisetzungskapazität

modest bescheiden; anspruchslos; mäßig

modification Modifikation, Abänderung, Abwandlung; Einschränkung

modification of data Datenveränderung

molten metal geschmolzenes Metall

moment Moment, Augenblick

moment, agony of the Erregung des Augenblicks, augenblicklicher Schmerz

moment, crucial kritischer Augenblick, entscheidender Moment

momentous gewichtig, bedeutsam, folgenschwer

monetary unit Währungseinheit

money, annuity purchase Renteneinmaleinlage

money damages Schadenersatz in Geld

money, insurance Versicherungssumme

money lender Geldverleiher, Geldgeber; Pfandleiher

money or corresponding benefit, sum of Geldsumme oder geldwerte Leistungen

money, policy Leistungen aus einer Police

money, salvage Bergelohn

money, smart [US] Zuschlag zum Schadenersatz; Buße

money supply Geldversorgung

money, transfer of Geld-Überweisung

monitoring Überprüfung, Überwachung, Kontrolle

monoline policy Versicherungspolice, die nur aus einem Deckungsteil besteht

monomer, vinyl chloride Vinylchloridmonomer

Monopolies and Mergers Commission Monopol- und Fusionskommission

monopoly Monopol, Monopolstellung; alleinige Beherrschung; Alleinverkaufsrecht; Ausschließlichkeitsrecht

monopoly, insurance Versicherungsmonopol

monopoly insurer Monopolversicherer

monoxide, carbon Kohlenmonoxid

month (m.) Monat

month, end of (EOM) Monatsende

monthly monatlich

monthly instalment Monatsrate

Moorcock doctrine [UK] nach dem Rechtsstreit um ein Schiff namens „The Moorcock" genanntes Prinzip, das einem Gericht die Möglichkeit gibt, das Vorhandensein einer Vertragsbedingung zu unterstellen, wenn dies die besonderen Umstände eines Falles erfordern

moral hazard Risiko unehrlichen Verhaltens; subjektives Risiko

moral obligation moralische Verpflichtung

morality Moral, Sittlichkeit; Ethik, Sittenlehre

morals, public öffentliche Moral

morbid condition Krankheitszustand

morbidity Morbidität, Krankhaftigkeit

mortality Sterbewahrscheinlichkeit, Sterblichkeit

mortality, aggregate (Lebensversicherung) Gesamtsterblichkeit

mortality, crude rates of (Lebensversicherung) grobe Sterbenswahrscheinlichkeit

mortality curve Sterblichkeitskurve

mortality, excess Übersterblichkeit, Sterblichkeitsüberhang

mortality, expected Sterblichkeitsrate, rechnungsmäßige Sterblichkeit, voraussichtliche Sterblichkeit

mortality, force of Sterbeintensität

mortality function biometrische Funktion

mortality, improvement in (Lebensversicherung) Sterblichkeitsminderung

mortality, infant Kindersterblichkeit

mortality, light Untersterblichkeit

mortality loss Sterblichkeitsverlust

mortality, probability rate of Sterbewahrscheinlichkeit

mortality profit Sterblichkeitsgewinn

mortality projection Sterblichkeitsvorausschätzung

mortality rate Sterblichkeitsrate

mortality risk Sterberisiko

mortality table Sterbetafel

mortality table assured lives Versichertensterbetafel

mortgage Verpfändung; Pfandrecht; Hypothek, Grundschuld

mortgage assurance Hypothekenversicherung

mortgage bond Pfandbrief, Hypothekenpfandbrief

mortgage certificate Hypothekenbrief, Schuldbrief

mortgage deed Grundpfandtitel, Hypothekartitel

mortgage endowment assurance gemischte Versicherung zur Deckung von Hypotheken

mortgage, first erststellige Hypothek

mortgage guarantee certificate Hypothekensicherungsschein

mortgage impairment insurance Hypothekenversicherung

mortgage investment Hypothekaranlage

mortgage lien Hypothekenpfandrecht

mortgage loan Hypothekarkredit, Grundpfanddarlehen

mortgage market Hypothekarmarkt

mortgage payment Hypothekenauszahlung

mortgage protection assurance Hypotheken-Tilgungsversicherung

mortgage protection policy Hypotheken-Tilgungsversicherungspolice

mortgage repayment assurance Hypothekenrückzahlung, Hypothekentilgung; Bausparversicherung

mortgage security Sicherungshypothek

mortgaged property hypothekarisch belasteter Grundbesitz

mortgagee Hypothekengläubiger; Pfandgläubiger

mortgagor Hypothekenschuldner; Pfandgeber

mortuary dividend [US] Todesfalldividende

mortuary table [US] Sterblichkeitstabelle

most favoured reinsurer clause Meistbegünstigungsklausel

most favoured reinsurers condition Meistbegünstigungsklausel

motion Antrag; Bewegung, Gang, Antrieb

motion [US] Antrag an das Gericht, eine prozessuale Entscheidung zu treffen

motive Beweggrund, Motiv, Antriebskraft

motives, base niedrige Beweggründe

motor accident Kraftfahrzeugunfall, Autounfall

Motor Agents Association [MAA, UK] Verband der Kraftfahrzeughändler

motor-car Auto, Pkw

motor fuel Kraftstoff für Kraftfahrzeuge

motor hull insurance Kraftfahrzeug-Kaskoversicherung, Autokaskoversicherung

motor industry Motorenindustrie, Kraftfahrzeugindustrie

motor insurance Automobilversicherung, Kraftfahrzeugversicherung, Kraftfahrtversicherung

motor insurance, third party Automobilhaftpflichtversicherung, Kraftfahrzeughaftpflichtversicherung

motor insurance with no-claims bonus Kfz-Versicherung mit Schadenfreiheitsrabatt

Motor Insurers' Bureau [UK] Verband der Kraftfahrzeugversicherer; Kfz-Versicherungsstelle für Schadenausgleich bei ungeklärten Haftungs- und Deckungsproblemen

motor launch Motorbarkasse

motor liability Kraftfahrt-Haftpflicht

motor third party liability Autohaftpflicht, Kraftfahrthaftpflicht

motor traders' insurance Autohändlerversicherung

motor traffic offence Verstoß gegen die Vorschriften des Straßenverkehrs

motor truck cargo policy [US] Haftpflichtversicherung für Lastwagenfahrer für Schäden an der in ihrem Besitz befindlichen Fracht

motor vehicle insurance Kraftfahrzeugversicherung, Automobilversicherung

motor vehicle liability insurance Kfz-Haftpflichtversicherung

motor vehicle loss of use insurance Versicherung des Nutzungsausfalls für ein Kfz

motor vehicle own damage insurance Autokaskoversicherung, Kfz-Versicherung

motor vehicle passenger insurance Automobilinsassenversicherung, Insassenversicherung, Insassenunfallversicherung

motor vehicle safety standards Sicherheitsstandards für Kraftfahrzeuge

motor vehicle third party insurance Automobilhaftpflichtversicherung, Kraftfahrzeug-Haftpflichtversicherung

motor vehicles, licensing of Zulassung von Kraftfahrzeugen

motor vehicles, type-approval of Betriebserlaubnis für Kraftfahrzeuge

motor vessel (M.V., m.v.) Motorschiff

motorcycle Motorrad

motorcycle industry Motorradindustrie

motorcycle insurance Motorradversicherung

motorway [UK] Autobahn

mould Gußform; Schablone; Abdruck; Schimmel

movable beweglich

movable component bewegliches Teilprodukt

movable item bewegliche Sache

movable property bewegliches Vermögen

movables bewegliches Vermögen, Mobilien

moveable beweglich, bewegbar; verschiebbar, verstellbar

moveable structure bewegliche Konstruktion, transportable Konstruktion

movement Bewegung; Bestandsbewegung

movement certificate Warenverkehrsbescheinigung, Präferenz-Ursprungsnachweis

M/P (memorandum of partnership) Gesellschaftsvertrag

mph (miles per hour) Meilen pro Stunde

mpy (maximum probable yearly aggregate loss) Jahreshöchstschaden

M.R. [Master of the Rolls, UK] Vorsitzender des Court of Appeal, auch zuständig für die Zulassung von solicitors, einer der zwei Anwaltsarten im englischen Rechtssystem

ms (manuscript) Manuskript; Handschrift; Urschrift

M.T. (metric ton) metrische Tonne (2 204,6 pounds oder 1 000 kg)

mucous membrane Schleimhaut

multi-line insurance [US] Mehrspartenversicherung

multinational company (MNC) multinationale Gesellschaft

multinational enterprise (MNE) multinationales Unternehmen

multi-party complaint Mehr-Parteien-Klage

multi-peril-policy Mehrrisikoversicherung; Versicherungsvertrag, der gegen mehrere Risiken Schutz bietet

multi-peril-policy, special (smp) Bündelpolice

multi-purpose extinguisher Mehrzweckfeuerlöscher

multiple accident Serienschaden, Unfallserie, (Kfz) Massenauffahrunfall

multiple causes vielfältige Gründe, vielfältige Ursachen

multiple decrement table Ausscheideordnung

multiple insurance mehrfache Versicherung, Mehrfachversicherung

multiple line insurance [US] Mehrspartenversicherung

multiple line policy Mehrsparten-Versicherungspolice

multiple parties, liability of Haftung mehrerer Parteien

multiple perils insurance for cinemas Filmtheater-Einheitsversicherung

multiple production Serienherstellung

multiple risk cover Vielgefahren-Deckung

multiple risk insurance kombinierte Versicherung

multiple tenure gemeinsamer Besitz

multiplepoinding [UK] Drittwiderspruchsklage

multiply vervielfachen, vermehren, multiplizieren

multitude Vielzahl, Menge

mun. (municipal) städtisch, kommunal

Mun.Ct. [Municipal Court, US] Stadtgericht

municipal (mun.) städtisch, kommunal

municipal bond Kommunalschuldverschreibung, Schuldverschreibung der Gemeinden

Municipal Court [Mun.Ct., US] Stadtgericht

municipal loan Kommunalanleihe

municipal security Kommunalobligation

municipal trade tax Gewerbesteuer

municipal water-system kommunale Kanalisation

municipality Stadtverwaltung, Stadtgemeinde, Stadt mit Selbstverwaltung

munition Kriegsmaterial, Munition

MUPLA [Model Uniform Product Liability Act, US] Modell eines einheitlichen Produkthaftungsgesetzes, erstellt vom US-Wirtschaftsministerium 1979 als Vorlage für eine bundesweite Gesetzgebung

musical instruments insurance Musikinstrumentenversicherung

mutagenic substance erbanlageverändernder Stoff

mutation Mutation, Veränderung; Umformung

mutiny Meuterei

mutual gegenseitig, wechselseitig

mutual agreement of termination einvernehmliche Vertragsaufhebung

mutual association Genossenschaft; Versicherungsverein auf Gegenseitigkeit

Mutual Atomic Energy Reinsurance Underwriters [US] Kernenergie-Rückversicherungspool nordamerikanischer Gegenseitigkeitsversicherer

mutual benefit society Hilfskasse, Versicherungsverein auf Gegenseitigkeit

mutual captive [US] firmeneigene, gegenseitige Versicherungsgesellschaft für mehrere Gesellschaften

mutual casualty insurance company [US] Versicherungsverein auf Gegenseitigkeit für Schadenversicherung

mutual company Gegenseitigkeitsgesellschaft, Versicherungsverein auf Gegenseitigkeit (VVaG)

mutual consent beiderseitiges Einvernehmen, einverständlich

mutual fire insurance Feuerversicherungsgesellschaft auf Gegenseitigkeit

mutual insurance gegenseitige Versicherung, Versicherung auf Gegenseitigkeit

mutual insurance association Versicherungsverein auf Gegenseitigkeit (VVaG)

mutual insurance company Versicherungsverein auf Gegenseitigkeit (VVaG)

mutual insurance corporation Versicherungsgesellschaft auf Gegenseitigkeit (VVaG)

mutual insurance fund Versicherungskasse auf Gegenseitigkeit

mutual insurance office Versicherungsunternehmung auf Gegenseitigkeit (VVaG)

mutual life insurance company Lebensversicherungsverein auf Gegenseitigkeit

mutual mistake beidseitiger Irrtum

mutual principle Gegenseitigkeitsprinzip

mutual property and casualty insurance company [US] VVaG für Sach- und Schadenversicherung

mutual society Gegenseitigkeitsverein, Gesellschaft auf Gegenseitigkeit

M.V., m.v. (motor vessel) Motorschiff

N

n. (new) neu

N.A. (not allowed) nicht gestattet

n/a (no account) keine Rechnung

NAIC (National Association of Insurance Commissioners) Nationale Vereinigung der Versicherungskommissare

NAII [National Association of Indepandant Insurers, US] Nationale Vereinigung unabhängiger Versicherer

naked light offenes Licht

name Name, Benennung, Bezeichnung; Ruf

name nennen, benennen; erwähnen, anführen; ernennen, bestimmen

name, brand Markenartikel

name, business Firmenname, Handelsname, Warenbezeichnung

name, family Familienname

name, first Vorname, Rufname

name, first class erste Adresse

name to be inserted in policies in Versicherungspolicen einzutragender Name

name, trade Firmenname, Handelsname; Warenbezeichnung

named goods benannte Waren

named insured Versicherungsnehmer

named peril cover Deckung für genannte Gefahren

namely nämlich

NAMIC (National Association of Mutual Insurance Companies) Nationale Vereinigung von Versicherungsvereinen auf Gegenseitigkeit

naming Bezeichnung, Benennung

narcotic Narkotikum, Betäubungsmittel; Rauschgift

narcotic drugs Rauschgifte, Suchtstoffe

narrow beschränken, einengen

National Association of Independent Insurers [NAII, US] Nationale Vereinigung unabhängiger Versicherer

National Association of Insurance Commissioners (NAIC) Nationale Vereinigung der Versicherungskommissare

National Association of Mutual Insurance Companies (NAMIC) Nationale Vereinigung von Versicherungsvereinen auf Gegenseitigkeit

national average earnings (of insured persons in social insurance) durchschnittlicher Jahresarbeitsverdienst (der Sozialversicherten)

National Board of Fire Underwriters [N.B.F.U., US] Verband der Feuerversicherer

national currency Landeswährung

National Environmental Policy Act [NEPA, US] Umweltschutzgesetz

National Fire Protection Association [N.F.P.A., US] Brandschutzverband Nordamerikas

National Health Insurance [N.H.I., UK] allgemeine staatliche Krankenversicherung

National Insurance (N.I.) Sozialversicherung

National Insurance Act [N.I.A., UK] Sozialversicherungsgesetz

national insurance contributions [UK] Sozialversicherungsbeiträge

national insurance fund [UK] Sozialversicherung

national insurance scheme [UK] Sozialversicherungswesen, Sozialversicherungssystem

national law nationales Recht, Landesrecht

nationality Nationalität, Staatsangehörigkeit, Staatszugehörigkeit

nationalization Verstaatlichung, Nationalisierung

nationalized concern verstaatlichter Betrieb, volkseigener Betrieb

nationalized industry verstaatlichte Industrie

natural beauty, preservation of Naturschutz

natural-born von Geburt

natural disaster Naturkatastrophe

natural event loss Naturkatastrophenschaden

natural hazards Elementarrisiken

natural justice allgemeine Grundsätze des Rechts; Naturrecht

natural loss natürlicher Schwund

natural peril classes Elementar-Versicherungszweige

natural perils Gefahren von seiten der Natur, Elementarrisiken

natural product Naturprodukt, Rohprodukt

natural science Naturwissenschaften

naturales, fructus Naturprodukte, die natürlich wachsen, wie Gras, Holz

naturally, events happening durch natürliche Ursachen ausgelöste Ereignisse, natürliche Geschehnisse

nature Beschaffenheit; Natur; Eigenart, Charakter, Wesen

nature conservation Naturschutz

nature inherent natürliche Beschaffenheit

nature, legal Rechtsnatur

nature reserve Naturschutzgebiet

naut.m. (nautical mile) Seemeile (1,852 km)

nautical error nautischer Irrtum, nautischer Fehler

nautical mile (naut.m., n.m.) Seemeile (1,852 km)

N.A.V. (net annual value) Netto-Jahreswert

navigation Schiffahrt; Seefahrt; Navigation

navigation law Schiffahrtsrecht

N.B.F.U. [National Board of Fire Underwriters, US] Verband der Feuerversicherer

n.d. (no date; not dated) kein Datum; nicht datiert

N/E (no effects) ohne Deckung

n.e. (not exceeding) höchstens

nebulous unklar, verschwommen, unbestimmt

necessaries Lebensbedürfnisse, Bedarfsgüter, Lebensnotwendigkeiten

necessary nötig, erforderlich; unumgänglich, unvermeidlich, notwendig

necessitate notwendig machen, erfordern; zwingen

necessity Notwendigkeit, Zwang; Unumgänglichkeit, Unvermeidlichkeit; Bedürfnis; Zwangslage; Not, Notstand

need brauchen, nötig haben, bedürfen, benötigen; erfordern

negative run-off Schlechtregulierung

neglect Vernachlässigung, Nachlässigkeit; Mißachtung; Unterlassung

neglect vernachlässigen; mißachten; versäumen, verfehlen

neglect one's duty seine Pflicht vernachlässigen

neglectful nachlässig, unachtsam, gleichgültig

negligence Fahrlässigkeit; Nachlässigkeit, Unachtsamkeit, Gleichgültigkeit; Vernachlässigung

negligence, act of fahrlässige Handlung

negligence, carrier's Fahrlässigkeit des Frachtführers, Fahrlässigkeit des Spediteurs

negligence clause Freizeichnungsklausel

negligence, comparative anspruchsminderndes Mitverschulden, einfaches Mitverschulden

negligence, contributory einfaches Mitverschulden des Geschädigten (schließt nach angelsächsischem Recht Ansprüche des Geschädigten in der Regel aus)

negligence, culpable schuldhafte Fahrlässigkeit

negligence, gross grobe Fahrlässigkeit

negligence, hazardous Leichtfertigkeit

negligence, imputed zurechenbare Fahrlässigkeit

negligence, law of Recht der unerlaubten Handlung

negligence liability Haftung für Fahrlässigkeit

negligence, liability arising from Verschuldenshaftung

negligence per se Haftung für Fahrlässigkeit, ohne daß ein Verschulden nachgeprüft wird; Fahrlässigkeit als solche

negligence, slight geringfügiges Verschulden, leichte Fahrlässigkeit

negligence, tort of fahrlässige Rechtsverletzung

negligence, wilful bewußte Fahrlässigkeit, grobe Fahrlässigkeit

negligence without fault Fahrlässigkeit ohne subjektiven Schuldvorwurf; objektive Fahrlässigkeit

negligent fahrlässig; nachlässig, gleichgültig

negligent act fahrlässige Handlung

negligent advice fahrlässige Beratung

negligent failure to discover defect fahrlässige Nichtfeststellung eines Mangels

negligent, grossly grob fahrlässig

negligent imprisonment fahrlässige Inhaftierung

negligent interference fahrlässige Störung

negligent performance of a task fahrlässige Erledigung einer Aufgabe

negligent performance of duties fahrlässige Erfüllung von Pflichten

negligently fahrlässig

negotiate aushandeln, in Verhandlungen stehen, verhandeln; zustande bringen, abschließen

negotiation Verhandlung, Unterhandlung; Aushandlung

negotiation of a contract Aushandlung eines Vertrages

negotiations, antecedent Vorverhandlungen, vorhergehende Verhandlungen

negotiations for a settlement Vergleichsverhandlungen

negotiations, to initiate Verhandlungen einleiten

negotiorum gestio [lat.] Geschäftsführung ohne Auftrag

neighbouring country Nachbarland

neighbouring properties benachbarte Grundstücke

neighbouring risk Nachbarschaftsrisiko

NEL-PIA (Nuclear Energy Liability Property Insurance Association) NEL-PIA (Kernenergieversicherungspool nordamerikanischer Versicherungsaktiengesellschaften)

nemo judex in causa sua potest [lat.] keiner kann in seiner eigenen Sache Richter sein

NEPA [National Environmental Policy Act, US] Umweltschutzgesetz

nervous disease Nervenkrankheit

nervous shock nervöser Schockzustand

net netto

net amount at risk riskiertes Kapital (der laufenden Versicherung)

net annual value (N.A.V.) Netto-Jahreswert

net asset value Nettovermögen; Substanzwert

net assets Reinvermögen

net calorific value Heizwert

net cost estimate (Lebensversicherung) Baraufwendungsschätzung

net cost, table of Nettokostenrechnung

net income Reinertrag

net income after taxes Einkommen nach Steuern, Nettoeinkommen

net level premium reserve Netto-Deckungsrückstellung (gleichbleibende Nettoprämie)

net liability Deckungskapital, Deckungsrückstellung, Prämienreserve

net liability in balance sheet Bilanzdeckungskapital, Bilanzdeckungsrückstellung

net limit Eigenbehalt, Selbstbehalt

net line Höchstgrenze des Selbstbehalts

net loss Nettoverlust, Reinverlust

net loss, ultimate endgültiger Nettoschaden

net portion of gross premium Nettobestandteil der Prämie

net premium Nettoprämie, Prämie frei von Unkosten

net premium income Nettoprämien-Umsatz; Nettoprämieneinnahmen

net premium method of valuation Nettomethode der Prämienreserveberechnung

net premium payable Barprämie

net premiums, mathematical reserve on Nettodeckungskapital

net present value (NPV) Kapitalwert

net proceeds (n.p.) Reinertrag

net profit Reingewinn

net register ton (NRT, n.r.t.) Nettoregistertonne

net reserve Nettoreserve

net retained premium Eigenbehaltsprämie, Selbstbehaltsprämie

net retention Nettoselbstbehalt, Nettoeigenbehalt

net system Nettosystem

net weight (nt.wt.) Nettogewicht

net worth Nettowert, Reinvermögen, reiner Wert

net worth, increment of Vermögenszuwachs

net yield Reinertrag, Nettoertrag

network Netz; Gruppe, Kette

network, branch Geschäftsstellennetz, Filialnetz

network of branches Geschäftsstellennetz, Filialnetz, Branchennetz

network of suppliers Lieferantenkette

neurology Nervenheilkunde

neutrality, judicial richterliche Unvoreingenommenheit

neutralize unwirksam machen; neutralisieren, ausgleichen

nevertheless nichtsdestoweniger, trotzdem

new (n.) neu

new business neue Abschlüsse; neue Geschäfte, Neugeschäft

new business commission Abschlußprovision

new business profit Eintrittsgewinne, Anfangsgewinne

new business strain Bilanzverlust des ersten Versicherungsjahres; Negativsaldo aus dem Neugeschäft

new car sales Verkauf von fabrikneuen Autos

new cause neue Ursache, weitere Ursache, hinzukommende Ursache

new contract neuer Vertrag

"new for old" deductions Abzüge „Neu für Alt"

new for old insurance Neuwertversicherung

new sale Neukauf

new value part neuwertiges Teil

new version of a law Neufassung eines Gesetzes

New York Standard Fire Policy, 1943 [US] Standardfeuerversicherungspolice des Staates New York aus dem Jahre 1943; bildet die Grundlage der heute von den meisten Bundesstaaten verwendeten Feuerversicherungsverträge und bietet Schutz gegen Brand, Blitzschlag und Entfernung des gefährdeten Inhalts

newly acquired neu erworben; insbesondere: ein Fahrzeug, das nach Abschluß der Versicherung erworben wurde

newly acquired property neu erworbenes Eigentum

news item Nachricht, Zeitungsnotiz, Nachrichtenmeldung

newspaper advertising Zeitungswerbung, Zeitungsreklame

newspaper coupon insurance Abonnentenversicherung, Zeitschriftenversicherung

newspaper readers' insurance Abonnentenversicherung, Zeitschriftenversicherung

next month nächsten Monat

next of kin nächster Verwandter, nächster Familienangehöriger

nexus Verknüpfung, Verbindung, Zusammenhang

nexus, causative Ursächlichkeit

N.F.P.A. [National Fire Protection Association, US] Brandschutzverband Nordamerikas

N.H.I. [National Health Insurance, UK] allgemeine staatliche Krankenversicherung

N.I. (National Insurance) Sozialversicherung

N.I.A. [National Insurance Act, UK] Sozialversicherungsgesetz

NIF (note insurance facility) „Vermerken Sie die Versicherungsmöglichkeit!"

night duty Nachtdienst

night service Nachtdienst

night watchman Nachtwächter

nitrogen Stickstoff

N.L. [non liquet, lat.] Unmöglichkeit (der Entscheidung)

n.l.o.w. (no limit or warranty) ohne Gewähr

n.m. (nautical mile) Seemeile (1,852 km)

No. (number) Nummer; Zahlenwert, Ziffer

no account (n/a.) keine Rechnung

no cancellation statutes Gesetze, die es einem Versicherer untersagen, einen Vertrag zu kündigen, weil ein Schaden eingetreten ist

no claims bonus Prämienrückvergütung für schadenfreie Jahre; Schadenfreiheitsrabatt

no-claims bonus, motor insurance with Kfz-Versicherung mit Schadenfreiheitsrabatt

no claims discount Diskont bei Nicht-Inanspruchnahme

"no cure, no pay" kein Ersatz bei erfolgloser Hilfe

no date (n.d.) kein Datum

no-duty situation Situation, insbesondere bei Feststellung der Fahrlässigkeit, in der dem Betroffenen keine Sorgfaltspflicht obliegt

no effects (N/E) ohne Deckung

no fault Schuldlosigkeit

no-fault compensation Schadenersatz unabhängig vom Verschulden

no-fault insurance Kfz-Versicherung gegen Personenschäden, Versicherungsart, die in manchen Bundesstaaten gesetzlich vorgeschrieben ist; Unfallopfer werden entschädigt, ohne daß die gesetzliche Haftung oder die Schuld einem anderen Fahrer zugewiesen werden muß

no fault liability Haftung ohne Verschulden, verschuldensunabhängige Haftung

no known losses keine bekannten Schäden

no limit or warranty (n.l.o.w.) ohne Gewähr

no risk (N/R, n.r.) kein Risiko

No Trespassing! Betreten verboten!

n.o.h.p. (not otherwise herein provided) wenn hier nichts anderes vorgesehen ist

noise Lärm

noise, aircraft Fluglärm

noise emission Lärmemission

noise pollution Lärmbelästigung

noise protection wall Lärmschutzwand

nomenclature Nomenklatur, Namensgebung, Terminologie

nominal nominell, nur dem Namen nach, angeblich

nominal capital Grundkapital

nominal damage nomineller Schaden

nominal value Nennbetrag, Nennwert

nominalism, principle of Grundsatz des Nennbetrages bei Zahlungen in fremden Währungen

nomination Benennung, Nominierung, Ernennung

non-acceptance Nichtannahme, Verweigerung der Annahme

non-accidental pollution Allmählichkeitsschäden

non-assessable nicht steuerpflichtig, steuerfrei; nicht nachschußpflichtig, nicht nachzahlungspflichtig

non-average policy Police ohne Schadenbeteiligung

non-buyer Nichtkäufer

non committal report freies Gutachten

non-commutable annuity Rente ohne Kapitalabfindung

non-compliance Unbotmäßigkeit, Nichteinwilligung, Zuwiderhandeln; Nichterfüllung, Nichteinhaltung

non-concurrent policies verschiedenartige, das gleiche Versicherungsinteresse deckende Policen

non-conforming goods nicht vertragsgemäße Waren

non-contractual express warranty außervertragliche, ausdrückliche Zusicherung (z. B. Prospekte)

non-contractual liability außervertragliche Haftung

non cum. (non cumulative) nicht kumulativ

non cumulative (non cum.) nicht kumulativ

non-dangerous item ungefährlicher Gegenstand

non-dangerous species ungefährliche Gattung

non-delegable nicht delegierbar

non-delegable task nicht delegierbare Aufgabe

non-delivery Nichtlieferung

non-disclosure Unterlassung einer Mitteilung, Verschweigen

non-discriminatory Voraussetzung der Prämienfestsetzung, nach der das öffentliche Wohl durch Gewährleistung der Nichtdiskriminierung bestimmter Teile der Bevölkerung zu schützen ist; nichtdiskriminierend, gleichbehandelnd

non-domestic risk Auslandsrisiko

non-economic damage nichtfinanzieller Schaden, immaterieller Schaden

Non-EEC Member Nicht-EG-Mitglied

non-enforceability Nichteinklagbarkeit; Rechtsschutzversagung

non-existent goods nicht vorhandene Waren

non-financial remedy sachliche Abhilfe

non-fleet automatic [US] nichtautomatische Fahrzeugparkversicherung, bei welcher der Versicherungsnehmer der Versicherung neu erworbene Fahrzeuge innerhalb einer gewissen Frist melden muß, um Versicherungsdeckung zu erhalten

non-forfeitability Unverfallbarkeit (einer Lebensversicherungspolice)

non-forfeitable unverfallbar

non-forfeiture Unverfallbarkeit; (Lebensversicherung: bei Nichtzahlung der Prämie verfällt die Versicherung erst dann, wenn die ausstehenden Prämien die technische Rücklage übersteigen)

non-forfeiture values Garantiewerte; Rückkaufswerte, Betrag der beitragsfreien Versicherungssummen in der Lebensversicherung

non-harmonised nichtharmonisierte (Gesetze oder Richtlinien)

non-invalidation clause Nicht-außerkraftsetzungsklausel

non-liability Haftungsausschluß, Nichthaftung

non-liability clause Haftungsausschlußklausel

non-life assurance Nichtlebensversicherung

non-life business Sachversicherungsgeschäft

non-life classes of business Nichtleben-Sparten

non-life insurance Sachversicherung, Schadenversicherung

non-life insurer Sachversicherer

non-linked nicht miteinander verbunden, nicht an etwas gekoppelt

non liquet [N.L., lat.] Unmöglichkeit (der Entscheidung)

non-load-bearing nicht tragend

non-mandatory insurance freiwillige Versicherung

non-marine insurance Nicht-Seeversicherung, Nicht-Seetransportversicherung; Sachversicherung, Landversicherung

non-material damage immaterieller Schaden

non-medical assurance (Lebensversicherung) Versicherung ohne ärztliche Untersuchung

non-medical declaration [US] Gesundheitserklärung des Antragstellers im Antrag auf eine Lebensversicherung ohne medizinische Untersuchung

non-natural use of land ungewöhnliche Benutzung von Grund und Boden

non-obvious defects versteckte Fehler

non-occupational accident außerbetrieblicher Unfall

non-operational nicht aktiv, nicht in Betrieb

non-owner auto liability Haftung aus dem Gebrauch eines Mietfahrzeugs

non-ownership liability Haftpflicht für gemietete, geleaste Sachen

non-participating ohne Gewinnbeteiligung; nicht teilnehmend

non-participating policy Versicherungspolice ohne Gewinnbeteiligung

non-payment Nichtzahlung, Nichteinlösung, Zahlungsverzug

non-pecuniary nicht finanziell

non-performance Nichterfüllung (eines Vertrags)

non-performance of a contract, penalty for Vertragsstrafe, Konventionalstrafe

non-powered craft Flugzeug ohne Motor

non-profit assurance Versicherung ohne Gewinnbeteiligung

non-promissory condition Vertragsbedingung, die nicht bindend ist, aber zur Auflösung des Vertrages ohne Schadenersatzansprüche führen kann

non-proportional nichtverhältnismäßig, nichtproportional

non-recurring income außerordentliche Erträge

non-rejection clause Nichtablehnungsbestimmung (in einem Kaufvertrag, wodurch der Käufer auch bei Nichtübereinstimmung mit den vereinbarten Bedingungen die Waren nicht ablehnen, sondern lediglich Schadenersatz verlangen kann)

non-restorable detector nicht rückstellbarer Melder

non-revokable unwiderruflich

non-suit Klageabweisung

nonwaiver agreement Vereinbarung über den Vorbehalt von Rechten, Vereinbarung mit dem Inhalt, auf ein Recht nicht zu verzichten

non-warranty Haftungsausschluß

non-warranty clause Haftungsausschlußklausel

nonadmitted insurer [US] nichtzugelassener Versicherer; Versicherungsgesellschaft, die in einem Bundesstaat keine Versicherungen abschließen darf

noncancellable unkündbar

noncombustible nicht brennbar

none the less trotzdem

nonflammable nicht entflammbar, nicht entzündlich

nonflammable roof-covering harte Dachung

n.o.p. (not otherwise provided) nicht anderweitig vorgesehen

n.o.r. (not otherwise rated) nicht anderweitig eingestuft

normal forseeable conditions normale vorhersehbare Bedingungen

normal road use, licensed for mit einer normalen Straßennutzungserlaubnis

normal use üblicher Gebrauch, normale Verwendung

North Sea pollution Verschmutzung der Nordsee

Norwich Union principle Prinzip, benannt nach dem Rechtsstreit Post Office gegen Norwich Union Fire, nachdem die Haftung eines Versicherten nachgewiesen werden muß, bevor ein Dritter eine Klage gegen dessen Versicherung durchsetzen kann

noscitur a sociis [lat.] die Bedeutung ist aus den begleitenden Wörtern zu entnehmen; Auslegung nach dem Zusammenhang

not allowed (N.A) nicht gestattet

not binding unverbindlich, freibleibend

not dated (n.d.) nicht datiert

not defective when circulated nicht mangelhaft bei der Inverkehrbringung

not drawn pensions nicht beanspruchte Renten

not exceeding (n.e.) höchstens

not including interest ohne Zinsen

not including right to dividend ohne Recht auf eine Dividende

not materialized business nicht zustandegekommenes Geschäft

not on risk nicht im Risiko

not otherwise herein provided (n.o.h.p.) wenn hier nichts anderes vorgesehen ist

not otherwise provided (n.o.p.) nicht anderweitig vorgesehen

not otherwise rated (n.o.r.) nicht anderweitig eingestuft

not sufficient funds (N.S., n.s.f.) keine ausreichende Deckung

not taken up, business nicht zustandegekommenes Geschäft

not taking out (NTO) Nichteinlösung, Policenstorno

not taking up Nichteinlösung, Policenstorno

not yet wound up redemptions noch nicht abgewickelte Rückkäufe

nota bene [NB, N.B., lat.] merke wohl

notably ganz besonders, insbesondere

notary, public Notar

notation Aufzeichnung, Bezeichnung; Vermerk

notation, international actuarial internationale versicherungsmathematische Bezeichnungsweise

note Kenntnis, Nachricht; Notiz, Vermerk, Hinweis; Bedeutung; Merkmal, Kennzeichen; Schuldschein, schriftliches Zahlungsversprechen

note Kenntnis nehmen, bemerken, beachten; besonders erwähnen, notieren

note, consignment [UK] Frachtbrief

note, cover Deckungsbestätigung, Deckungszusage

note, delivery Lieferschein

note insurance facility (NIF) „Vermerken Sie die Versicherungsmöglichkeit!"

note, offer and acceptance Antrags- und Annahmeschein

note, promissory Schuldanerkenntnis; Schuldschein

note, request Beschreibung der gewünschten Deckung; Antrag; Änderungsantrag

notice and cancellation, period for Kündigungsfrist

notice by sub-assignee Erklärung durch Unterbeauftragten

notice, duty to give Anzeigepflicht, Mitteilungspflicht

notice, formal Inverzugsetzung

notice, immediate sofortige Benachrichtigung, unverzügliche Schadenmeldung

notice, lapse Kündigung bei Ablauf der Police; Benachrichtigung von der Beendigung (des Versicherungsvertrages)

notice of cancellation Kündigung

notice of cancellation, extraordinary außerordentliche Kündigung

notice of cancellation, ordinary ordentliche Kündigung

notice of cancellation, provisional vorsorgliche Kündigung

notice of claim Schadenanzeige

notice of defects Mängelanzeige, Mängelrüge

notice of loss Schadenanzeige, Mitteilung an den Versicherer über Ereignisse, die möglicherweise eine Schadenersatzpflicht begründen

notice of redemption of sum insured (Lebensversicherung) Kündigungsschreiben (wenn die Police beitragsfrei wird)

notice of rejection Ablehnungsbescheid

notice of termination Kündigung

notice, period of Kündigungsfrist

notice, prohibition Unterlassungsbescheid eines Gerichts oder einer Behörde

notice, renewal Aufforderung zur Prämienzahlung

notice, statutory bei langfristigen Versicherungsverträgen die gesetzliche Mitteilung über das Rücktrittsrecht (innerhalb 10 Tagen) sowie über andere Rechte; gesetzlich vorgeschriebene vorläufige Police; gesetzlich vorgeschriebene Mitteilung

notice, suspension Einstellungsanordnung; behördliche Anordnung, daß eine betriebliche Tätigkeit oder geschäftliche Handlung wegen Verdacht einer Gesetzesübertretung während einer bestimmten Frist einzustellen ist

notice, term of Kündigungsfrist

notice, third party Streitverkündung

notice, thirty days' Kündigung innerhalb von dreißig Tagen, monatliche Kündigung

notice, to give kündigen

notice to warn behördliche Anordnung, daß ein Warnhinweis in vorgeschriebener Weise zu veröffentlichen oder an gewissen Waren anzubringen ist; Warnung, Warnanzeige

notice, verbal mündliche Kündigung; mündliche Mitteilung

notice, written schriftliche Kündigung; schriftliche Mitteilung

noticed facts als offenkundig anerkannte Tatsachen

notifiable anzeigepflichtig, meldepflichtig

notifiable changes mitzuteilende Änderungen, meldpflichtige Änderungen

notifiable disease meldepflichtige Krankheit

notification Anzeige, Meldung, Mitteilung, Bekanntmachung

notification dossier Akten zu Benachrichtigungszwecken, Akten zu Informationszwecken

notification of claim Schadenanzeige, Schadenmeldung

notification of loss Schadenanzeige, Schadenmeldung

notification period Anzeigefrist, Meldefrist

notification period, claims Schaden-Meldefrist

notified facts als offenkundig anerkannte Tatsachen

notify a defect einen Mangel rügen, einen Mangel anzeigen

notify, obligation to Anzeigepflicht

notorious offenkundig, allgemein bekannt

notwithstanding ungeachtet, unbeschadet, trotz; obgleich; dennoch, trotzdem

nourishment Ernährung; Nahrungsmittel

novus actus interveniens [lat.] Einrede, daß eine neue Handlung die Kette der Ursächlichkeit in Haftungsfällen unterbrochen hat

noxious schädlich; ungesund

nozzle, sprinkler Sprinklerdüse

nozzles, twinned Zwillingsdüsen; Zwillingsmundstücke

n.p. (net proceeds) Reinertrag

NPV (net present value) Kapitalwert

N/R, n.r (no risk) kein Risiko

NRT, n.r.t. (net register ton) Nettoregistertonne

N.S., n.s.f. (not sufficient funds) keine ausreichende Deckung

nt.wt. (net weight) Nettogewicht

NTO (not taking out) Nichteinlösung, Policenstorno

nuclear accident nuklearer Unfall, Kernkraftunfall, Atomunfall

nuclear accident, largest-scale größter anzunehmender Unfall (GAU)

nuclear damage Nuklearschaden, Kernenergieschaden

nuclear energy Nuklearenergie, Atomenergie, Kernenergie

Nuclear Energy Liability-Property Insurance Association (NEL-PIA) NEL-PIA (Kernenergieversicherungspool nordamerikanischer Versicherungsaktiengesellschaften)

nuclear energy plant Atomkraftwerk

nuclear engineering Kerntechnik

nuclear fission Kernspaltung

nuclear fuel nuklearer Brennstoff, Kernbrennstoff

nuclear fusion Kernvereinigung

nuclear installation Nuklearanlage, Atomanlage

nuclear power plant, uranium-fuelled Uranmeiler, Uranreaktor

nuclear power, propulsion by Antrieb durch Kernreaktor

nuclear power station Kernkraftwerk

nuclear radiation risk Risiko aus radioaktiver Strahlung

nuclear reactor Atomreaktor

nuclear reactor accident Kernreaktorunfall

nuclear reactors, insurance of Kernreaktorenversicherung

nuclear risk Atomrisiko, Kernenergie-Risiko, Risiko aus der Atomkernzertrümmerung

nuclear risks insurance Atomrisikoversicherung, Atomkernenergierisikoversicherung

nuclear waste nuklearer Abfall

nucleus, atomic Atomkern

nugatory unwirksam, wertlos

nuisance Ärgernis, Mißstand, Plage; Beeinträchtigung, Belästigung

nuisance, abatement of Beseitigung einer Belästigung, Beseitigung der Störung

nuisance claim Anspruchserhebung in Bagatellfällen

nuisance, private Besitzstörung, nachbarrechtliche Belästigung; privater Mißstand, privates Ärgernis

nuisance, public öffentliche Störung, öffentliche Gefahrenquelle, öffentliches Ärgernis, öffentlicher Mißstand

nullification Annulierung, Ungültigmachung

nullity Unwirksamkeit, Ungültigkeit, Nichtigkeit
nullity, decree of Nichtigkeitserklärung, Ungültigkeitserklärung
number (No.) Nummer; Zahlenwert, Ziffer
number, actual laufender Bestand
number, auxiliary Hilfszahl
number, basic Grundzahl
number, mean Mittelwert; Durchschnittszahl
number of claims Schadenanzahl
number of employees Anzahl der Beschäftigten, Größe der Belegschaft
number of risks Wagnisanzahl
number, opposite Gegenstück
number, policy Versicherungsschein-Nummer, Policennummer
number, reference Aktenzeichen, Geschäftszeichen
number, serial Seriennummer
numbers, halon Halonzahlen
nurse Krankenschwester
nursing Krankenpflege
nursing allowance Pflegegeld
nursing costs Pflegekosten
nursing staff Pflegepersonal
nutrition Ernährung

O

OAP (old age pensioner) Bezieher einer Altersrente

OASDI (Old Age, Survivors' and Disability Insurance) Alters-, Hinterbliebenen- und Invaliditätsversicherung

oath Eid, Schwur; Fluch

oath, false Meineid

oath, to be under vereidigt sein; unter Eid stehen

ob. [obiit, lat.] gestorben

obiter dictum [lat.] Teil des Gerichtsurteils, stellt eine richterliche Stellungnahme dar, die den Streitfall nicht unmittelbar betrifft

object Einspruch erheben, einwenden; ablehnen, beanstanden

object, commercial wirtschaftliches Ziel, wirtschaftliche Funktion, kommerzielle Funktion

object, insured Versicherungsgegenstand, Gegenstand der Versicherung, versicherte Sache

object of a company Gesellschaftszweck, Ziel der Gesellschaft

object of art Kunstgegenstand

object, ornamental dekorative Gegenstände, Zierartikel

object, taxed Steuergegenstand, Steuerobjekt

objection Einwand, Einspruch; Beanstandung

objection, preliminary prozeßhindernde Einrede

objection, reason for Ablehnungsgrund

objection, right to Einspruchsrecht

objection to an expert Ablehnung eines Sachverständigen

objection to the jurisdiction Einrede der Unzuständigkeit

objective test objektive Prüfung

objectives of policy Ziele der Politik

objects, fixed feststehende Gegenstände, unbewegliche Gegenstände

obligate zwingen; verpflichten

obligated, legally gesetzlich verpflichtet

obligation Verpflichtung, Verbindlichkeit; Schuld, Schuldversprechen, Obliegenheit, Obligation, Schuldverschreibung

obligation arising from the contract die sich aus dem Vertrag ergebende Verpflichtung

obligation, contractual vertragliche Verpflichtung, Vertragspflicht

obligation in kind Gattungsschuld

obligation, joint Gesamtverpflichtung, gemeinsame Verpflichtung

obligation, legal rechtliche Verpflichtung

obligation, moral moralische Verpflichtung

obligation of buyer to buy nearest equivalent Verpflichtung des Käufers, möglichst gleichwertige Waren zu kaufen; gilt bei Nichtlieferung seitens des Verkäufers

obligation of insurer Pflicht des Versicherers

obligation, specific Speziesschuld

obligation to contract Kontrahierungszwang

obligation to contribute Beitragspflicht

obligation to disclose Anzeigepflicht, Auskunftspflicht

obligation to give information Anzeigepflicht, Auskunftspflicht

obligation to indemnify Schadenersatzpflicht

obligation to insure Versicherungspflicht, Versicherungszwang

obligation to insure, legal Versicherungspflicht

obligation to notify Anzeigepflicht

obligation to pay an additional contribution Nachschußpflicht

obligation to repay Rückerstattungspflicht

obligation under a contract vertragliche Verpflichtung

obligation, without ohne Verpflichtung

obligations, financial finanzielle Verpflichtungen

obligations, law of Schuldrecht

obligations, warranty Gewährleistungsverträge

obligatory obligatorisch, verpflichtend, verbindlich

obligatory indemnification Schadenersatzpflicht

obligatory insurance Pflichtversicherung, obligatorische Versicherung

obligatory law zwingendes Recht

obligatory reinsurance obligatorische Rückversicherung

obligatory reinsurance treaty obligatorischer Rückversicherungsvertrag

obligatory tariff verbindlicher Tarif

obligatory third party insurance Zwangshaftpflichtversicherung

obligee Gläubiger, Forderungsberechtigter

obligor Schuldner, Verpflichteter

obligor, joint Mitschuldner

oblique schräg, schief

obrogation Novellierung eines Gesetzes

observance of conditions Einhaltung von Bedingungen

observance of time limit Fristeinhaltung

observation Beobachtung; Bemerkung

observation, meteorological Wetterbeobachtung

observation, period of Beobachtungsperiode

observation, power of Beobachtungsgabe

observe beobachten, beachten, wahrnehmen; einhalten, befolgen; bemerken

observe, failure to (Produkt-)Beobachtungsfehler

observed deaths beobachtete Todesfälle

observed value Beobachtungswert

obsolescence Veralterung, Überalterung

obsolescence method Überalterung des Produktionsverfahrens

obsolete veraltet, überholt, außer Gebrauch

obsolete, to become überholt sein, veralten

obstacle Hindernis

obstacles, to run into auf Hindernisse stoßen

obstruction Versperrung; Behinderung, Hemmung; Hindernis

obtain erlangen, erhalten, erwerben

obtain a doctorate promovieren

obtain damages in tort Schadenersatz wegen unerlaubter Handlung erlangen

obtaining relief Entlastung erhalten

obtrusiveness Aufdringlichkeit

obvious sichtbar, offensichtlich

obvious danger offensichtliche Gefahr, offensichtliches Risiko

obvious deficiencies offensichtliche Mängel

obvious risk offensichtliches Risiko, wodurch eine Haftung ausgeschlossen sein kann

obvious risk for injury offensichtliches Verletzungsrisiko

o.c. (office copy) amtlich erteilte Abschrift

occasion Gelegenheit; Anlaß, Veranlassung, Ursache

occasional zufällig, gelegentlich, Gelegenheits-

occupancy Besitz, Gewahrsam; Aneignung, Besitzergreifung

occupancy, high heat release Gebäude mit hoher Wärmefreisetzungskapazität

occupancy, low heat release Gebäude mit niedriger Wärmefreisetzungskapazität

occupancy, moderate heat release Gebäude mit mittlerer Wärmefreisetzungskapazität

occupancy table Wertetafel für den Risikofaktor Gebäudenutzung

occupation Besitzergreifung, Besitznahme; Besitz, Innehaben; Beschäftigung, Beruf

occupation, extra premium for Berufszuschlag

occupation, hazardous gefährdeter Beruf

occupation, interference with Eingriff in das Gewerbe

occupation of the business premises Besitz des Geschäftsgrundstücks

occupational accident Berufsunfall, Betriebsunfall

occupational disease Berufskrankheit

occupational hazard Berufsrisiko; mit dem Beruf verbundene Gefahr

occupational pension Betriebsrente, Firmenrente

occupational skill berufliche Fähigkeit

occupied, temporarily zeitweise bewohnt

occupier Bewohner, Hausbewohner, Wohnungsinhaber; Besitzer, Besitzergreifer

occupier of a land Besitzer von Grund und Boden

occupier's liability Grundstückshaftung

occupy in Besitz nehmen, Besitz ergreifen; besitzen, innehaben; bewohnen

occur sich ereignen, vorfallen, vorkommen; zustoßen

occurence Schadenereignis; Ereignis, Vorfall; Vorkommen

occurence basis Ereignisprinzip, Schadenereignisprinzip

occurence, common häufiges Ereignis

occurence, loss Schadenereignis, Schadeneintritt

occurence, of frequent häufig vorkommend

occurence, year of loss Schadenjahr

ocean-carrying trade Hochseeschiffahrt

ocean dumping Versenkung von Industrieabfällen im Ozean; Verklappung

ocean marine insurance Meeres- oder Seeversicherung, Versicherung von Eigentum auf hoher See (im Gegensatz zu Binnengewässern), auch „wet" marine insurance genannt

ocean, subsoil of the Meeresuntergrund

ocular evidence Augenschein, Augenscheinseinnahme

oculist Augenarzt

odd time Teilperiode bei Versicherungsbeginn

oddments Reste, Restbestände, übriggebliebene Waren

of age volljährig, mündig

of average kind and quality von mittlerer Art und Güte

of frequent occurence häufig vorkommend

of legal force rechtskräftig, rechtsgültig

of outstanding importance von hervorragender Bedeutung

of the same kind derselben Art

of the utmost importance von äußerst großer Bedeutung

off-premises coverage Außenversicherung

off-shore business Geschäftsbereich, der Risiken im Meer betrifft

offence Vergehen, Verstoß, Übertretung; strafbare Handlung; Anstoß, Ärgernis, Kränkung; Angriff

offence, civil unerlaubte Handlung

offence, road traffic Verstoß gegen die Vorschriften des Straßenverkehrs, Verkehrsdelikt

offences, criminal strafbare Handlungen; Delikte; Vergehen

offend against verstoßen, zuwiderhandeln

offender Täter, Straftäter

offender, youthful jugendlicher Täter

offenders, rehabilitation of Rehabilitierung von Straftätern

offer Offerte; Antrag; Angebot

offer anbieten, bieten; vorbringen

offer and acceptance note Antrags- und Annahmeschein

offer, cross gegenseitiges Angebot

offer of a contract Vertragsangebot

offer, standing langfristiges Angebot

offer to buy Kaufangebot

offer to compromise Vergleichsangebot

offer to sell Verkaufsangebot

offer, transfer Übertragungsangebot

offered, benefits Leistungsangebot

offeree Empfänger eines Angebots, Angebotsadressat

offeror Anbieter, Offerent

office Büro, Amt, Kanzlei

office, accepting Zessionar, das eine Forderungsabtretung akzeptierende Büro

office, branch Filiale, Zweigstelle, Nebenstelle

office, ceding zedierende Gesellschaft

office, central Zentrale

office, chief [US] Direktionsbetrieb
office, compensation Ausgleichskasse
office copy (o.c.) amtlich erteilte Abschrift
office equipment and fixtures Geschäftsausstattung
office expenses Bürokosten
office, field Filiale, Außenstelle
office furniture Büromöbel
office, head Verwaltungssitz, Hauptsitz
office, home Verwaltungssitz
office hours Bürozeit
office, insurance Versicherungsbüro
office, mutual insurance Versicherungsunternehmung auf Gegenseitigkeit (VVaG)
office organization Büroorganisation
office premium Bruttoprämie, Tarifprämie
office premiums, mathematical reserve on ausreichendes Deckungskapital
office, regional Bezirksverwaltung; regionale Geschäftsstelle
office, registered Hauptsitz
office requisites Büroartikel
office staff Büropersonal
office work Büroarbeit
officer, insurance Versicherungsangestellter
officer, safety Sicherheitsbeauftragter
official Beamter; amtlich, offiziell
official, chief Geschäftsführer
official liability Amtshaftung

official, senior leitender Angestellter
official valution amtliche Schätzung
officially recognized offiziell anerkannt
offset aufrechnen, verrechnen; ausgleichen, kompensieren
offsetting Anrechnung, Aufrechnung, Verrechnung
offshore küstennah, vor der Küste gelegen
offshore installation Offshore-Anlage, Meeresanlage
offshore insurance Meerestechnikversicherung
oil company Erdölgesellschaft
oil, crude Rohöl
oil, fuel Heizöl
oil heater Ölheizgerät
oil, heavy Schweröl
oil industry Erdölindustrie
oil lamp Öllampe
oil, lubricating Schmieröl
oil, mineral Erdöl, Mineralöl
oil, persistent persistierendes Öl
oil pollution Ölverschmutzung, Ölverunreinigung, Ölverseuchung
oil processing Erdölverarbeitung
oil production Erdölproduktion, Erdölgewinnung
oil rig Bohrinsel
oil, waste Altöl
oil well Ölquelle
ointment Salbe
old age hohes Alter, Greisenalter
old age assurance Altersversicherung
old age care Rentenversorgung

old age, infirmities of Altersgebrechen

old age pension Alterspension, Altersrente

old age pensioner (OAP) Bezieher einer Altersrente

old age, provision for Altersversorgung

Old Age, Survivor's and Disability Insurance (OASDI) Alters-, Hinterbliebenen- und Invaliditätsversicherung

old-fashioned altmodisch

ombudsman [UK] ein Beamter oder Beauftragter, der Beschwerden von Privatleuten gegen Regierungsstellen untersucht

ombudsman, insurance Versicherungs-Beschwerdekommissar

omission Auslassung, Weglassung, Wegfall, Unterlassung; Versäumnis

omissions, acts and Tun und Unterlassen, Handlungen und Unterlassungen

omissions, innocent unwissentliche Unterlassungen, unbeabsichtigte Versäumnisse

omnibus claim zusammenfassender Anspruch

omnibus clause [US] Klausel in der Kfz-Haftpflichtversicherung, die den Versicherungsschutz auf jeden erstreckt, der rechtmäßig den Wagen mit Erlaubnis des Versicherten fährt

omnium insurance Einheitsversicherung

omnium policy Einheitsversicherung

on behalf im Namen, im Auftrag

on behalf of im Interesse von, zugunsten von

on commission in Kommission, im Auftrag

on deck loading Deckverladung

on exchange, profit Währungsgewinn, Mehrwert aus Valutadifferenzen

on expiry ab Fristablauf

on purpose vorsätzlich, absichtlich

on record schriftlich niedergelegt; in den Akten; protokolliert

on risk im Risiko, unter Risiko

on sale (o/s) zum Verkauf

on survival im Erlebensfalle

on the application of auf Antrag

on the other hand andererseits

on trial auf Probe, zur Probe

once-and-for-all assessment einmalige Vermögensbewertung, einmalige steuerliche Veranlagung

onerous condition lästige Bedingung

onerous property belastetes Eigentum (evtl. durch Rechte Dritter), beschwerliches Vermögen

onerous terms lästige Bedingungen

only against prescription rezeptpflichtig

onus of proof Beweislast

onus of proof, breach of Beweislast der Vertragsverletzung

onus of proof, reversed Umkehrung der Beweislast

onus on defendant Beweislast des Beklagten

O.P. (open policy) Police ohne Wertangabe

o.p. (out of print) vergriffen

open cheque Barscheck

open cover Generalpolice, laufende Police, offene Police

open cover reinsurance Rückversicherung mit offener (noch nicht festgelegter) Deckung

open heater offenes Heizgerät

open insurance policy Generalversicherungspolice

open policy (O.P.) Police ohne Wertangabe

opening statement Eröffnungsplädoyer der Parteien, worin sie dem Gericht verdeutlichen, aus welchem Grund ihnen ein Anspruch zusteht bzw. aus welchem Grund dem Gegner ein Anspruch nicht zusteht

opening stock Anfangsbestand

operate arbeiten, in Betrieb sein, funktionieren; bewirken, betätigen, handhaben; leiten, führen

operate, licence to Zulassung zum Geschäftsbetrieb; Konzession

operate retroactively rückwirkend in Kraft treten

operating assets Betriebsvermögen

operating costs Betriebskosten

operating efficiency betriebliche Leistungsfähigkeit

operating equipment Betriebseinrichtung

operating expenditure Betriebsaufwendungen

operating expenses Betriebsaufwendungen, Betriebskosten

operating instructions Betriebsanleitungen, Bedienungsanleitungen

operating method Betriebsweise, Arbeitsmethode

operating plan Geschäftsplan

operating profit Betriebsgewinn

operating result Geschäftsergebnis

operating temperature Ansprechtemperatur, Auslösetemperatur

operation Wirksamkeit, Geltung; Handlung; Unternehmen, Geschäft; Betrieb, Tätigkeit, Gang; Vorgang, Verfahren

operation, clean up Umweltsanierung

operation, loss during Betriebsschaden

operation, to put into in Betrieb nehmen

operation, ready for betriebsfertig

operation, reliability of Betriebssicherheit

operation, salvage Rettungsmaßnahme, Bergungsarbeit

operation time Betriebszeit

operational hazard Betriebsgefahr, Betriebsrisiko

operational loss Betriebsverlust

operational procedure Betriebsablauf

operational profit Betriebsgewinn

operational research Unternehmensforschung

operational risk Betriebsgefahr, Betriebsrisiko

operational risk, description of Betriebsrisikobeschreibung

operational unit Betriebsstätte

operations, area of Arbeitsgebiet, Tätigkeitsbereich, Geschäftsgebiet

operations, building Bauarbeiten

operations, completed Montagefolgeschäden

operations, field of Geschäftsgebiet, Tätigkeitsgebiet, Arbeitsgebiet

operations, garage Kfz-Werkstattversicherung; sie umfaßt die Haltung, Wartung und Benutzung der versicherten Fahrzeuge sowie die Standorte, die Straßen oder andere Zufahrten zu den Standorten und alle für den Werkstattbetrieb notwendigen oder mit demselben verbundenen Aktivitäten; Kfz-Werkstattbetrieb

operations, insurance Versicherungstätigkeit

operations liability Betriebshaftpflicht

operations, scheme of Geschäftsplan, Tätigkeitsplan

operations, summary of Einnahme- und Ausgaberechnung, Ertrags- und Aufwandsrechnung, Gewinn- und Verlustrechnung

operations, surgical chirurgische Eingriffe, Operationen

operative clause Versicherungsklausel

operative date of deed Datum des Inkrafttretens einer Urkunde

operative effect Wirksamkeit

operative endorsement rechtswirksamer Nachtrag, rechtswirksame Klausel

operative insuring clause wirksame Versicherungsklausel

operative, to become wirksam werden, in Kraft treten

operator's license [US] Fahrerlaubnis, Führerschein

ophthalmologist Augenarzt

opinion Meinung, Ansicht; Rechtsgutachten, Gutachten

opinion, expert Sachverständigengutachten

opinion, lawyer's anwaltliches Gutachten, Rechtsgutachten

opinion, legal Rechtsauffassung, Rechtsmeinung

opinion, medical ärztliches Gutachten

opponent Gegner, Antragsgegner, Gegenpartei

opportunity Gelegenheit, Chance, Möglichkeit

oppose gegenüberstellen; entgegensetzen; sich widersetzen

opposing gegnerisch

opposing party Gegenpartei, Antragsgegner

opposite number Gegenstück

opposition Gegensatz, Widerspruch, Einspruch; Kontrast; Opposition

opposition period Einspruchsfrist, Widerspruchsfrist

opt out, election to Befreiungsmöglichkeit (von der Sozialversicherung)

option Wahlrecht; Alternative; Möglichkeit, Option, freie Wahl

option, buyer's Kaufoption

option, cash Kapitalwahlrecht

option, contracting-out Befreiungsmöglichkeit (von der Sozialversicherung)

option, debenture Schuldverschreibungsoption, Obligationsoption

option, deposit (Lebensversicherung) Optionsrecht, eine fällige Versicherungsleistung bei der Gesellschaft verzinslich stehen zu lassen

option, increasable assurance (Lebensversicherung) Nachtrag,

option

der das Recht einräumt, zu bestimmten Terminen die Versicherungssumme ohne Risikoprüfung zu erhöhen

option, insurance wahlfreie Kapital- oder Rentenzahlung

option, life annuity Rentenwahlrecht

option rate Prämiensatz, Prämienkurs

option, seller's Verkäuferoption

option, traded handelbare Option

optional insurance fakultative Versicherung

options Optionen, Wahlmöglichkeiten

options, assurance with Versicherung mit Wahlarten, Versicherung mit Optionen

options, insurance with Versicherung mit Optionen, Versicherung mit Wahlarten

O.R., o.r. (owner's risk) Gefahrtragung des Eigentümers

oral agreement mündliche Vereinbarung

oral contract mündlicher Vertrag

oral evidence mündliche Beweismittel; Beweis durch Zeugenaussagen

orality, principle of [UK] Grundsatz der Mündlichkeit, d. h. daß ein Verfahren durchgehend mündlich verhandelt werden muß

orally mündlich

ord. (ordinary) gewöhnlich, üblich, normal; durchschnittlich, gemein, alltäglich

order Zustand; Befehl, Anordnung; Beschluß, Verfügung, Verordnung; Bestellung, Auftrag, Order (Zahlungsauftrag); Art, Rang; Aufstellung, Orden, Abzeichen; (An)ordnung, Reihenfolge; Ordnung, System

order bestellen; verordnen; anordnen, befehlen

order, buying Kaufantrag, Kauforder

order, completion of Auftragsfertigstellung, Auftragserfüllung

order, delivery Lieferschein, Lieferauftrag

order for collection Inkassoauftrag

order for payment Mahnbescheid, gerichtlicher Zahlungsbeschluß

order, garnishee Pfändungs- und Überweisungsbeschluß, Beschlagnahmebeschluß bzw. Sachpfändung beim Drittbesitzer

order of the court Anweisung des Gerichts, Gerichtsbeschluß

order, prerogative gerichtliche Verfügung, die Vorrang genießt; außerordentliches Rechtsmittel

order, prohibition Unterlassungsanordnung (eines Gerichts oder einer Behörde)

order, protective Schutzanordnung durch das Gericht

order, repeat nochmalige Bestellung, Nachbestellung

order, restraining einstweilige Verfügung; richterliches Verbot

order, standing Dauerauftrag

order staying enforcement Vollstreckungsaufschub

order, stock limitierter Börsenauftrag, Sperrungsauftrag

order, stop limitierter Börsenauftrag; Sperrungsauftrag

order, to give an bestellen; einen Auftrag erteilen

order, trial Probeauftrag

ordinarily residing übliches Wohnen

ordinary (ord.) gewöhnlich, üblich, normal; durchschnittlich, gemein, alltäglich

ordinary care verkehrsübliche Sorgfalt; normale Sorgfalt

ordinary cares Sorgfaltspflicht

ordinary consumer durchschnittlicher Konsument, durchschnittlicher Verbraucher

ordinary course of transit gewöhnliche Transitroute

ordinary fire insurance einfache Feuerversicherung

ordinary general meeting ordentliche Generalversammlung

ordinary life assurance Großlebensversicherung; Lebensversicherung auf den Todesfall

ordinary long-term insurance normale oder übliche Langzeitversicherung; Versicherung auf den Erlebensfall

ordinary notice of cancellation ordentliche Kündigung

ordinary share Stammaktie

ordinary standards, to accept at zu normalen Bedingungen annehmen

ordinary theft einfacher Diebstahl

ordinary use gewöhnliche Anwendung, regelgerechter Gebrauch; normaler Einsatz

ore Erz

organic organisch

organisation, administrative Betriebsorganisation

organisation, sales Außendienst, (Verkaufs-)Organisation

organisation, tariff (Feuer-)Tarifverband

organisation, umbrella Dachorganisation

organisation, welfare Wohlfahrtseinrichtung, Fürsorgeamt

origin Ursprung; Herkunft; Anfang

origin, area of (Feuerversicherung) Brandausbruchstelle

origin, certificate of Ursprungszeugnis, Herkunftsbescheinigung

origin, country of Herkunftsland

origin, place of Herkunftsort, Brandausbruchstelle

original capital Gründungskapital

original cost, new Kaufpreis, den der Käufer eines Kraftfahrzeugs für das Kraftfahrzeug mit Ausstattung gezahlt hat, einschließlich des Wertes eines evtl. in Zahlung gegebenen Altfahrzeugs sowie Steuer; Originalanschaffungspreis

original currency Originalwährung

original impossibility anfängliche Unmöglichkeit

original incident auslösendes Ereignis, ursächliches Ereignis

ornamental object dekorative Gegenstände, Zierartikel

orphan Waise

orphanage Waisenhaus

orphan's annuity Waisenrente

orphan's assurance Waisenversicherung

orthopaedics Orthopädie

o.s. (out of stock; on sale) nicht mehr vorrätig sein; zum Verkauf

ostensible authority scheinbar erteilte Vollmacht, Anscheinsvollmacht, angebliche Vollmacht

O.T. (overtime) Überstunden

others Verrechnungskonto „Sonstiges"

otherwise im übrigen, sonst

ounce (oz) Unze

oust court jurisdiction die gerichtliche Zuständigkeit ersetzen durch die Vereinbarung der Zuständigkeit eines Tribunals, eines Schlichters oder einer Kammer

out-buildings Außengebäude

out, loss-portfolio Schadenreserve-Austritt

out of action außer Betrieb

out of court außergerichtlich

out-of-court settlement außergerichtlicher Vergleich

out-of-date veraltet

out-of-level conditions unebene Bedingungen, nichtgerader Stand

out of print (o.p.) vergriffen

out of stock (o.s.) nicht mehr vorrätig sein

outcome Ergebnis, Resultat, Folge

outdoor staff Außendienst, (Verkaufs-)Organisation

outgoing Ausgaben

outlay, cash Baraufwand

outline Umriß, Überblick; Abriß, Auszug, Grundzüge; Entwurf, Skizze

outline, rough grobe Umrisse

outpatient treatment ambulante Behandlung

output Arbeitsertrag, Produktion, Ertrag, Ausstoß; Förderung

output basis Produktionsbasis

output, daily Tagesförderung, Tagesleistung

output, total Gesamtleistung eines Unternehmens

output, yearly Jahresertrag, Jahresleistung

outside country (EG) Drittland

outstanding amounts, recovery of Eintreibung von Außenständen

outstanding annuity nicht ausgezahlte Rente; nicht abgehobene Rente

outstanding claim schwebender Schaden

outstanding claims ausstehende Schadenfälle; (Rechnungswesen) ausstehende Forderungen

outstanding claims, provision for Rückstellung für schwebende Schäden, Schadenreserve

outstanding debts Außenstände, ausstehende Forderungen

outstanding liabilities, provision for Rückstellung für unerledigte Versicherungsfälle

outstanding liabilities, reserve for Rückstellung für unerledigte Versicherungsfälle

outstanding liability schwebende Verpflichtung, offene Verpflichtung

outstanding losses schwebende Schäden, noch abgewickelte Schäden

outstanding losses, provision for Rückstellung für schwebende Schäden

outstanding payment ausstehende Zahlung

outstanding premium fällige, aber nicht bezahlte Prämie

outturn Ertrag

outwards reinsurance abgegebene Rückversicherung, passive Rückversicherung, in Rückdeckung gegebene Versicherung

over-age loading Alterszuschlag

over-assurance Überversicherung

over-insurance Überversicherung

over-valuation Überschätzung, Überbewertung

over weight Übergewicht

overall management expenses allgemeine Verwaltungskosten, Gemeinkosten

overall overhead cost [US] laufende Kosten, Fixkosten, Gemeinkosten

overall risk Gesamtrisiko

overall sum insured Pauschalversicherungssumme

overcharge Überpreis, Überforderung, Übersteuerung; Überbelastung, Überlastung

overdraft (UK) gewährter Kredit auf einem Girokonto, Überziehung, überzogener Betrag

overdraft facility Überziehungskredit

overdue überfällig

overdue premium rückständige Prämie

overflowing überfließend, überquellend

overhead winding gear oberirdische Fördereinrichtung

overheads Betriebskosten

overinsurance Überversicherung

overinsure überversichern

overlap überlappen; übergreifen, sich überschneiden mit, teilweise zusammenfallen mit; hinausgehen oder sich erstrecken über; sich oder einander überschneiden, teilweise zusammenfallen, sich teilweise decken, auf oder ineinander übergreifen

overreaching lastenfreie Übertragung von Grundbesitz unter pfandmäßiger Belastung des Kaufpreises

overrider Superprovision; Bearbeitungsgebühr

overriding commission Abschlußprovision des Generalvertreters; Gebietsprovision; Superprovision

overrule (Urteil) umstoßen, aufheben; verwerfen, zurückweisen, jemanden überstimmen; die Oberhand gewinnen oder bekommen über; beherrschen, beeinflussen

overseas countries Überseeländer, Ausland

overseas insurance Überseeversicherung

overseas market Überseemarkt, überseeischer Markt

overseas sales Überseeverkauf, Überseeumsatz

overseas trade Überseehandel, überseeischer Handel

overseas travel sickness insurance Auslandsreisekrankenversicherung

oversight Versehen

oversight clause Versehensklausel

oversubscription Überzeichnung

overt market offener Markt

overtime (O.T.) Überstunden

overturn rückgängig machen; umstürzen, umstoßen, umkippen; vernichten; umschlagen, umfallen, kentern

overvalued überbewertet

owe schulden, schuldig sein; verdanken

own eigen, Eigen-

own account, risk for auf eigenes Risiko

own-brander Gesellschaft mit eigener Hausmarke

own case agent Agent in eigenen Geschäften

own damage Eigenschaden

own-damage claim Kaskoschaden

own-damage insurance Kraftfahrzeugversicherung, Fahrzeugkaskoversicherung

own insurance Selbstversicherung

own insurer Selbstversicherer

own retention Selbstbehalt

own risk Eigenrisiko, Risiko für eigene Rechnung

owner Eigentümer, Inhaber, Besitzer

owner, animal Tierhalter

owner, beneficial wirtschaftlicher Eigentümer ; Nutzungsberechtigter

owner, car Fahrzeughalter, Halter eines Kraftfahrzeugs

owner, patent Patentinhaber

owner, property Grundstückseigentümer, Haus- und Grundbesitzer

owners Reeder, Reederei

owner's and contractor's protective liability policy Subunternehmer-Haftpflichtpolice

owner's liability insurance Eigentümerhaftpflichtversicherung

owner's risk (O.R., o.r.) Gefahrtragung des Eigentümers

owner's risk, at auf eigene Gefahr

owner's risk clause Geschäftsbestimmung, nach die gewisse Handlungen lediglich auf Risiko des Eigentümers vorgenommen werden

ownership Eigentum(srecht), Besitz(recht)

ownership, change in Eigentumswechsel

ownership, joint Miteigentum

ownership of the business premises Eigentum am Geschäftsgrundstück

ownership, part Miteigentum, Teileigentum

ownership, public Staatsbesitz

ownership, relinquishment of Eigentumsaufgabe

ownership, reservation of Eigentumsvorbehalt

ownership, seller's Eigentum des Verkäufers

ownership, state Staatseigentum, staatliches Eigentum

ownership, transfer of Eigentumsübertragung

oxidising substance oxidierender Stoff

oxygen Sauerstoff

oz (ounce) Unze

ozone layer Ozonschicht, Ozonschirm

ozone layer, gap in the Ozonloch

P

p. (page; paid; penny; person) Seite; bezahlt; Penny; Person

PA (private account) Privatkonto

p.a. [per annum, lat.] jährlich, pro Jahr

P & I Clubs (Protection and Indemnity Clubs) Gegenseitigkeitsvereine der Reeder zur Deckung von Haftungs- und Kostenschäden

P. + L. (profit and loss) Gewinn und Verlust

P. + L.A.C. (profit and loss account) Gewinn- und Verlustrechnung

pace Tempo, Schritt, Leistung

pack Ballen, Bündel

package Versicherungsvertrag, der Schutz in verschiedenen Deckungsbereichen gegen mehrere Risiken bietet und in der Regel mehrere Versicherungssparten umfaßt; Programm, das als Ganzes verkauft wird; Verpackung; Packung; Paket

package (ver)packen

package policy Versicherungsvertrag, der Schutz in verschiedenen Deckungsbereichen gegen mehrere Risiken bietet und in der Regel mehrere Versicherungssparten umfaßt

package policy for offices Pauschalversicherung für Büro- und Geschäftsausstattung

package, small kleines Paket, Päckchen; kleines Frachtstück

packaging Verpackung, Verpackungsgestaltung, Platzeinsparung

packaging, child resistant kindersichere Verpackung

packaging, insufficient mangelhafte Verpackung

packaging of policies Bündelung von Versicherungsverträgen

packing Dichtung, Dichtungsmaterial, Packung; Verpackung

packing charges Verpackungskosten

packing, defective defekte Verpackung, Verpackungsmängel

packing material Verpackungsmaterial

paediatrics Kinderheilkunde

page (p.) Blatt; Chronik; Bericht; Schriftseite; Seite

page, declarations Deklarationsschein; Policen-Deckblatt

paid (p. or pd.) bezahlt

paid annuity bezahlte Rente, geleistete Rente

paid claim bezahlter Schaden

paid claims Aufwand für Schadenfälle

paid-in eingezahlt

paid loss bezahlter Schaden

paid premium Istprämie, gezahlte Prämie, eingenommene Prämie

paid up einbezahlt

paid-up annuity provided by dividends [US] Zusatzrente, Rentenbonus (als Gewinnanteil)

paid-up insurance beitragsfreie Police

paid up policy beitragsfreie Police, prämienfreie Police

paid up policy provisions Umwandlungsregel

paid up value (Lebensversicherung) Reduktionswert; Umwandlungswert

pain Schmerz; Kummer; Strafe

pain and suffering Schmerz und Leid

pain and suffering, compensation for Schmerzensgeldzahlung

pain and suffering, damages for Schmerzensgeld

pain, cutting schneidender Schmerz, erheblicher Schmerz

painful schmerzlich; schmerzhaft; peinlich

paint Farbe, Tünche; Anstrich

paint (an)streichen, tünchen; schildern, beschreiben; darstellen; bemalen, ausmalen

paint, coat of (Farb-)Anstrich

paint, intumescent schaumschichtbildender Anstrich

panel doctor Kassenarzt

paper Dokument; Zeitung; Schriftstück, Papier

paper company Briefkastenfirma, Scheingesellschaft

Paper, Green [UK] Enquetekommissionsbericht; Bericht der britischen Regierung über ein geplantes, zur Verabschiedung durch das Parlament vorgesehenes Gesetz

paper industry Papierindustrie

papers, identification Ausweispapier; Personalausweis

papers, insurance Versicherungsunterlagen

par. (paragraph) Paragraph; Abschnitt, Absatz

par, above über pari; über dem Nennwert; mehrheitlich

par value Nennwert, Nominalwert, Nennbetrag

paraffin appliance Paraffingerät

paragraph (par.) Paragraph; Abschnitt, Absatz

parajudicial außergerichtlich

parallel regulation Parallelbestimmung

paralysis Lähmung

parameter, fluctuation Schwankungsparameter

paraplegia Querschnittslähmung

parasitic parasitär, schädlich, störend; schmarotzerhaft, parasitisch

parcel goods Stückgüter

parcel in conveyance Grundstück, Parzelle bei der Grundstücksübertragung

parcel, insured Wertpaket

parcel post insurance Paketversicherung

parent company Muttergesellschaft

parentage Abstammung, Herkunft

parental custody elterliche Sorge

parental responsibility elterliche Aufsichtspflicht

parking ban Parkverbot

parking device Feststelleinrichtung

parking fee Parkgebühr

parking lot Parkplatz

parlance, insurance Versicherungssprache

Parliament, Act of [UK] Parlamentsgesetz

parol Plädoyer (eines Prozesses); mündliche Erklärung

parol evidence Beweis schriftloser Verträge durch Zeugen- oder Parteiaussage

parsonage Pfarrhaus; Ländereien und Pfründenrechte einer Pfarrei

part Bruchteil; Bezirk, Gegend; Rolle; Pflicht; Partei, Seite; Anteil; Teil, Stück

part teilen, abteilen, einteilen, zerteilen; trennen; auseinandergehen

part. (participating) beteiligt

part and parcel of s.th. einen wesentlichen Bestandteil von etwas bilden, wesentlich zu etwas gehören

part damage Teilschaden

part delivery Teillieferung

part indemnity Teilentschädigung

part, integral wesentlicher Bestandteil

part-interest teilweise Beteiligung, Teileigentum

part, live aktives Teil, stromführendes Teil, berührungsgefährliches Teil

part load Teilladung

part load traffic Stückgutverkehr

part of the contract Bestandteil des Vertrages

part ownership Miteigentum, Teileigentum

part payment Teilzahlung, Abschlagszahlung, Ratenzahlung

part payment terms Teilzahlungsbedingungen

part performance Teilerfüllung (eines Vertrages)

part, removable austauschbares Teil, herausnehmbares Teil

part-share Teileigentum

part, spare Ersatzteil, Reserveteil

part-time Teilzeit

part-time agent Teilzeitagent

partial teilweise; parteiisch, eingenommen; einzeln, besonders

partial benefit, assurance with period of Versicherung mit Karenzfrist

partial disability Teilinvalidität, teilweise Berufsunfähigkeit

partial disablement teilweise Arbeitsunfähigkeit, Teilinvalidität

partial failure Teilausfall

partial indemnification Teilentschädigung

partial insurance Bruchteilversicherung, Teilwertversicherung

partial interest Teilrecht, Teilinteresse, Teileigentum

partial loss Teilschaden

partial loss of merchandise (See-versicherung) Teilverlust der Waren

partially teilweise, partiell, zum Teil

participants versicherte Personen einer Gruppenversicherung, „Teilversicherte"; Teilnehmer

participating (part.) beteiligt

participating insurance Versicherung mit Gewinnbeteiligung

participation Teilhaberschaft; Teilhaben; Teilnahme, Beteiligung, Mitwirkung

participation in profits Gewinnbeteiligung; Beteiligung am Überschuß

participation in profits, loading for Gewinnzuschlag

participation, loss Schadenbeteiligung, Selbstbeteiligung

participation, worker Arbeitnehmerbeteiligung

particle Teilchen, Stückchen; Partikel

particular average loss (Seeversicherung) besonderer Havarieschaden

particular charges Sonderausgaben

particular circumstances besondere Umstände

particular hazard Sonderrisiko

particular purpose bestimmter Zweck

particularly besonders; ausdrücklich

particulars Einzelheiten, Umstände; Personalien, Angaben (über Person); Spezialität, Eigenheit, Typisches

particulars, full alle Einzelheiten

parties, contention of the das, was sich die Parteien vorgestellt haben

parties, joinder of Streitgenossenschaft; subjektive Klagehäufung

parties, knowledge of the Kenntnisse der Parteien

partition, fire Brandzwischenwand

partition of loss agreement Teilungsabkommen

partition, physical räumliche Trennung

partition wall Trennwand

partly paid (ptly.pd.) teilweise eingezahlt

partner Partner, Teilhaber

partner, trading Handelspartner

partnership offene Handelsgesellschaft; (Personen-)Gesellschaft; Sozietät, Teilhaberschaft, Partnerschaft

partnership agreement Gesellschaftsvertrag, Sozietätsvertrag

partnership assurance Versicherung auf verbundene Leben; Teilhaberversicherung

partnership, general offene Handelsgesellschaft

partnership insurance Teilhaberversicherung

partnership law Gesellschaftsrecht

partnership, limited Kommanditgesellschaft

partnership, short-term Gelegenheitsgesellschaft

partnership, trading Handelsgesellschaft

parts, component Einzelteile

party, charter Chartervertrag, Beförderungsvertrag

party, competent geschäftsfähige Partei; befugte Partei, zuständige Partei

party, contracting Vertragspartner, Kontrahent

party, damaging Schädiger

party, illiterate analphabetische (Vertrags-)Partei; (Vertrags-)Partei, die des Lesens und Schreibens nicht kundig ist

party, injured Geschädigter

party, insuring Versicherungsnehmer

party, intermediate Zwischenpartei

party, intervening beitretende Partei; Nebenintervenient

party, liable haftbare Partei, haftende Partei

party, losing in einem Rechtsstreit unterliegende Partei

party, opposing Gegenpartei; Antragsgegner

party, prevailing obsiegende Partei

party, submission of a Vorbringen einer Partei

party, third Dritter; in den Prozeß Einbezogener auf der Kläger- oder Beklagtenseite

party to a contract Vertragspartei

party to a sale Partei eines Kaufvertrages

pass a statute ein Gesetz verabschieden

pass judgement ein Urteil fällen

pass to a person's account jemandem in Rechnung stellen; jemanden belasten

passage Durchfahrt, Durchgang; Fahrt, Seereise

passage of the risk Gefahrübertragung, Übergang der Gefahr

passed judgement ergangenes Urteil

passenger Passagier, Fahrgast, Reisender

passenger accident Fahrgastunfall

passenger accident insurance Insassen-Unfallversicherung

passenger, air Fluggast

passenger insurance Insassenversicherung

passenger personal accident insurance Fluggastunfallversicherung

passenger traffic Personenverkehr

passengers, carriage of Personenbeförderung

passenger's luggage Reisegepäck

passing of property Eigentumsübergang

passing of the risk Gefahrübergang

passing off, tort of Ausgeben eigener Ware als die eines anderen; Warenzeichenmißbrauch

past due überfällig, rückständig

pasture Weiderecht, Weideland

Pat. Cas. (patent cases) Patentsachen

patent offenkundig; gesetzlich geschützt, patentiert; Patent-

patent cases (Pat.Cas.) Patentsachen

patent danger offensichtliche Gefahr

patent defect äußerlich erkennbarer Fehler, offener Mangel

patent dissent offener Dissens

patent insurance Patentversicherung

patent owner Patentinhaber

patience Geduld, Ausdauer, Nachsicht, Langmut

pattern Schablone; Plan, Anlage, Struktur; Schnittmuster; Vorbild, Beispiel; Modell, Muster

pattern formen, mustern

pattern approval Mustergenehmigung

Paul vs. Virginia [US] berühmter Rechtsstreit vor dem Obersten Gerichtshof in der Mitte des 19. Jahrhunderts; dadurch wurde festgelegt, daß die Versicherung kein Handelszweig ist und die einzelnen Bundesstaaten das Recht besitzen, die Versicherungstätigkeiten der innerhalb ihrer Grenzen tätigen Versicherungsgesellschaften zu regulieren

pavement Bürgersteig

pawn Pfand, Pfandsache

pawned property verpfändete Sachen

pay, ability to Zahlungsfähigkeit, Solvenz; Bonität

pay, aggregate [US] Jahres-Lohn- und Gehaltssumme

pay an instalment eine Rate bezahlen, Ratenzahlung leisten

Pay-As-You-Earn [PAYE, UK] Lohnsteuerabzug

pay-as-you-go (Lebensversicherung) Rentenzahlung aus laufender Rechnung

pay-as-you-go pension plan Pensionsplan nach dem Umlageverfahren

pay-as-you-go system Umlageverfahren

pay-as-you-pollute principle Kostenersatz nach dem Verursacherprinzip (Umweltschutz)

pay back zurückzahlen; zurückerstatten

pay back period Rückzahlungsperiode, innerhalb der rechnerisch die gezahlte Prämie die Höhe der Versicherungssumme erreicht

pay, capacity to Zahlungsfähigkeit

pay damages Schadenersatz leisten

pay down anzahlen, Anzahlung leisten; bar bezahlen

pay, equal gleicher Lohn (für gleiche Arbeit von Männern und Frauen)

pay, failure to Nichtzahlung

pay, final Endgehalt; auf das letzte Gehalt abgestellte Rentenzahlung

pay, gross Bruttobezüge, Bruttoeinkommen, Bruttogehalt

pay in einzahlen

pay, inability to Zahlungsunfähigkeit

pay off abzahlen, tilgen

pay on delivery (P.o.D.) Zahlung bei Lieferung

pay one's way sich selbst tragen, ohne Verlust arbeiten

pay out auszahlen, ausbezahlen

pay pensions plan [US] Endgehalts-Pensionsplan

pay, sick Krankengeld

pay, summons to Mahnung

pay, unable to zahlungsunfähig

pay, undertaking to Zahlungszusage, Zahlungsversprechen

pay, willingness to Zahlungsbereitschaft

payable amounts Abrechnungsverbindlichkeiten

payable, annuity laufende Rente

payable in advance im voraus zahlbar

payable in advance, annuity vorschüssige Rente

payable in arrears nachträglich zahlbar

payable in arrears, annuity nachschüssige Rente

payable in full, premium Pauschalprämie

payable, maximum sum zahlbare Höchstsumme

payable, net premium Barprämie

payable on attainment of age (60) zahlbar bei Erreichung des Alters von (60) Jahren

payable reinsurance premium fällige Rückversicherungsprämie, Rückversicherungsprämienverbindlichkeiten

payable rent fällige Miete oder Pacht

PAYE [Pay-As-You-Earn, UK] Lohnsteuerabzug

payee Zahlungsempfänger

payer Zahler, Zahlender, Einzahlender

payer benefit [US] (Lebensversicherung) Prämienbefreiung bei Tod oder Invalidität

paying concern rentables Geschäft

paying-off Abfindung

payment (payt.) Lohn, Sold, Belohnung; Einzahlung; Auszahlung; Zahlung

payment, additional Nebenleistung, zusätzliche Leistung, Nachzahlung

payment, advance Vorauszahlung, Vorschußzahlung

payment, anticipated Vorauszahlung, Vorschuß

payment as precondition Zahlung als Voraussetzung

payment by instalment Ratenzahlung

payment, cash Barzahlung

payment, claim Schadenzahlung

payment, commutation Abfindung; Abfindungszahlung; einmalige Zahlung

payment, compensation Entschädigungsleistung

payment, currency of Zahlungswährung

payment, current premium laufende Prämienzahlung

payment, date of Zahlungstermin

payment deadline Zahlungsfrist

payment, default in Nichtzahlung; Zahlungsverzug

payment, deferment of Zahlungsaufschub

payment, delay in Zahlungsverzug, Zahlungsaufschub

payment, demand for Abrechnungsforderung, Zahlungsforderung

payment, determination by Beendigung durch Zahlung

payment, discretional Kulanzregulierung

payment, down Anzahlung

payment, ex-gratia freiwillige Leistung, Kulanzregulierung

payment, extension for Verlängerung der Zahlungsfrist; Stundung

payment, facilities for Zahlungsmöglichkeiten

payment, failing mangels Zahlung

payment, failure to make a Nichtzahlung

payment, final Abschlußzahlung

payment, fractional premium unterjährige Prämienzahlung

payment, half-yearly Halbjahreszahlung

payment in advance Vorauszahlung, vorschüssige Zahlung

payment in arrears nachschüssige Zahlung, Nachzahlung

payment in kind Sachleistung, Naturalleistung

payment, insurance Versicherungsleistung

payment, lump sum Pauschalzahlung, Abfindungszahlung

payment, maintenance Unterhaltszahlung

payment, medical Kosten für ärztliche Behandlung, die vom Versicherer ohne Rücksicht auf die Fahrlässigkeitsfrage zu zahlen sind; Zahlung für ärztliche Behandlung

payment, mortgage Hypothekenauszahlung

payment of first premium Einlösung, Zahlung der ersten Prämie

payment of indemnity Entschädigungsleistung

payment of premium Prämienzahlung, Beitragszahlung

payment of premiums, cessation of Einstellung der Prämienzahlung, Beendigung der Beitragszahlung

payment of proceeds Zahlung der (Versicherungs-)Leistungen

payment of victims expenses Zahlung der Auslagen des Opfers

payment on account Anzahlung; Abschlagszahlung; Akontozahlung

payment on account received erhaltene Anzahlungen

payment, order for Mahnbescheid, gerichtlicher Zahlungsbeschluß

payment, outstanding ausstehende Zahlung

payment, part Teilzahlung, Abschlagszahlung, Ratenzahlung

payment, place of Zahlungsort; Erfüllungsort

payment, proportionate (Lebensversicherung) Teilrente, zahlbar pro rata temporis nach dem Tode des Rentners

payment record Kassenbuch

payment, release after Verzicht auf Ansprüche; Übertragung von Ansprüchen nach Erstattung

payment, release before Verzicht auf Ansprüche; Übertragung von Ansprüchen vor Erstattung

payment, request for Zahlungsaufforderung, Mahnung

payment, supplementary vom Versicherer zu leistende Zahlung über die Versicherungssumme hinaus für ein Gerichtsverfahren oder eine Forderung, wie die Kosten von Kautionsurkunden, Vollstreckungszinsen usw.; Zusatzzahlung

payment, terms of Zahlungsbedingungen

payment, time of Zahlungstermin, Zahlungsdauer

payment, to press for auf Zahlung drängen; nachdrücklich die Zahlung fordern

payment under protest Bezahlung unter Protest

payment, way of Zahlungsweise

payment, whole life limited abgekürzte Lebensversicherung

payments, balance of Saldo, Zahlungsbilanz

payments, capital sum for annuity Deckungsstock für jährliche Zahlungen

payments due fällige Zahlungen

payments, incoming Zahlungseingänge

payments, irregular unregelmäßige Zahlungen

payments on account made geleistete Anzahlungen

payments, periodic regelmäßige Zahlungen

payments, spouse support [US] Ehegattenunterhalt

payments spread over a period of time gestaffelte Zahlung, Ratenzahlung

payments, transfer of Überträge aus Zahlungen

payroll, annual Jahres-Lohn- und Gehaltssumme (einer Firma)

payroll tax [US] Lohnsummensteuer

payt. (payment) Lohn, Sold, Bezahlung; Einzahlung; Auszahlung; Zahlung

PC (personal computer) Personalcomputer

P.C. (public company) Kapitalgesellschaft

p.c. (per cent) Prozent

pd (property damage) Sachschaden

p.d. [per diem, lat.] pro Tag

pd. (paid) bezahlt

PDI check (Pre-Delivery Inspection) Autoinspektion, die von Händlern vor Auslieferung durchzuführen ist

PE (price earnings ratio) Kurs-Gewinn-Verhältnis

peace, breach of the öffentliche Ruhestörung, Störung der öffentlichen Sicherheit und Ordnung

peaceableness Friedfertigkeit

peak-liability Spitzenrisiko

peak risk [US] Spitzenrisiko

peak risk clause [US] Spitzenrisikenklausel

Pearson Commission [UK] abgekürzte Bezeichnung für den „Königlichen Ausschuß über Zivilrechtliche Haftung und Entschädigung von Personenschäden", der unter dem Vorsitz des Lord Pearson in den siebziger Jahren tagte und unter anderem über Fragen der verschuldensunabhängigen Haftung berichtete

peculiar sense besonderer Sinn

peculiarities of victim, physical physische Besonderheiten des Opfers

peculiarity Seltsamkeit; Besonderheit, Eigentümlichkeit

pecuniary advantage Vermögensvorteil, materieller Vorteil

pecuniary aid finanzielle Unterstützung, Finanzhilfe

pecuniary claim Geldforderung; vermögensrechtlicher Anspruch

pecuniary damage Vermögensschaden, Vermögensnachteil

pecuniary damages Geldentschädigung

pecuniary injury finanzieller Schaden

pecuniary insurance Vermögensversicherung

pecuniary interest finanzielles Interesse, finanzielle Beteiligung

pecuniary loss finanzieller Verlust, finanzieller Schaden, Vermögensschaden, Geldverlust

pecuniary loss liability insurance Vermögensschadenhaftpflichtversicherung

pedal bicycle Fahrrad

pedal bicycle insurance Fahrradversicherung

pedigree Stammbaum

penal code Strafgesetzbuch

penal law Strafrecht, Strafgesetz

penal liability strafrechtliche Haftung

penal sum Vertragsstrafe

penalty Vertragsstrafe; Buße; Nachteil; gesetzliche Strafe

penalty clause Vertragsbestimmung, die die Verhängung einer Vertragsstrafe bei Verletzung der Vertragsbedingungen vorsieht

penalty, determination of the measure of a Strafzumessung

penalty for bad loss experience Malus nach schlechtem Schadenverlauf

penalty for failure to insure gesetzliche Strafe bei der Unterlassung der vorgeschriebenen Versicherungsdeckung (z. B. mangelnde Versicherung eines Arbeitnehmers seitens des Arbeitgebers)

penalty for non-performance of a contract Vertragsstrafe, Konventionalstrafe

penalty, imposition of a Verhängung einer Strafe

pendant sprinkler hängender Sprinkler

pending schwebend, anhängig, unentschieden; bevorstehend

pending action schwebender Rechtsstreit

pending at law rechtshängig

pending claims schwebende Schäden

pending claims, reserve for Rückstellung für schwebende Schäden; Schadenreserve

pending loss noch nicht regulierter Schaden

pending suit anhängiges Gerichtsverfahren

penny (p.) Penny

penny weight (pwt.) Pennygewicht (1/20 Unze)

pension Pension

pension, accrued erreichte Rente

pension annuity Rente

pension assurance Pensionsversicherung

pension claim Pensionsanspruch

pension, collective Pensionsordnung

pension, deferred aufgeschobene Rente, abgekürzte Lebensversicherung

pension, disability Behindertenrente, Invalidenrente

pension, disability annuity Invalidenrente

pension, employee Betriebsrente, Firmenrente

pension, expenses relating to retirement Altersversorgungsaufwendungen

pension, flat gleichbleibende Rente

pension fund Pensionskasse

pension fund, present value of a Belastung einer Pensionskasse, gegenwärtiger Wert einer Pensionskasse

pension, indexed dynamische Rente

pension insurance Rentenversicherung

pension, occupational Betriebsrente, Firmenrente

pension, old age Alterspension, Altersrente

pension plan, career average Pensionsplan nach dem Durchschnittsgehalt des Berufslebens

pension plan, defined benefit Pensionsplan mit Vorgabe der Leistungen, leistungsorientierter Pensionsplan

pension plan, defined contribution Pensionsplan mit jährlich steigenden Leistungen entsprechend den vorgegebenen Beiträgen, beitragsorientierter Pensionsplan

pension plan, excess career (average) Pensionsplan nach der Summe der eine bestimmte Grenze übersteigenden Gehaltsteile

pension plan, final salary Endgehalts-Pensionsplan

pension plan, profit-sharing Pensionsplan mit gewinnabhängigen Beiträgen

pension plan, salary grade gehaltsabhängiger Pensionsplan

pension plan, step-rate Pensionsplan mit unterschiedlichen Leistungen für Gehaltsteile unter und über einer bestimmten Grenze

pension plan, two-tier Pensionsplan mit unterschiedlichen Leistungen für Gehaltsteile unter und über einer bestimmten Grenze

pension plan, unit credit average Pensionsplan mit jährlich ausfinanzierten Steigerungsbeträgen der Rente in Prozent des jeweiligen Gehalts

pension promise Pensionszusage

pension, retirement Altersversorgung, Pension, Ruhegehalt, Altersrente

pension scheme, company betriebliche Altersversorgung

pension scheme, unfunded (Lebensversicherung) Rentenzahlung aus laufender Rechnung

pension, state Sozialversicherungsrente

pensioner Pensionierter, Pensionär, Ruhegehaltsempfänger

pensions, commitment for Pensionsverpflichtung

pensions, not drawn nicht beanspruchte Renten

P.E.R., PE ratio (price earnings ratio) Kurs-Gewinn-Verhältnis

per an. [per annum, lat.] pro Jahr, jährlich

per annum [p.a., per an., lat.] jährlich; pro Jahr

per capita basis, insurance on a Versicherung nach Kopfsystem

per capita, premium Kopfprämie, Prämie pro Kopf

per cent (p.c.) Prozent

per diem allowance Tagegeld, Tagessatz

per mil. Promille

per occurrence limit Deckungsbegrenzung pro Schaden

per person limit Deckungsbegrenzung pro Person

per premises, limit Limit je Grundstück

per risk excess of loss treaty Schadenexzedent pro Risiko

per risk retention Selbstbehalt pro Risiko

per zone, limitation Zonenlimit

perambulator [UK] Kinderwagen

perceive wahrnehmen, empfinden, (be)merken; verstehen, erkennen, einsehen

percentage Prozent; Prozentsatz, Hundertsatz; Teil

percentage excess prozentuale Selbstbeteiligung

percentage, irrespective of ohne Franchise; ohne Abzug von Selbstbeteiligung

perception Wahrnehmung, Empfindung, Perzeption; Vorstellung, Begriff

peremptory unbedingt; entscheidend, endgültig; bestimmt

perform a contract einen Vertrag erfüllen

perform a task eine Aufgabe erledigen

performance Verrichtung, Ausführung, Erfüllung, Leistung; Aufführung, Vorstellung

performance bond Leistungsgarantie, Erfüllungsgarantie

performance, claim for Erfüllungsanspruch

performance, collateral Nebenleistung

performance, contemporaneous Erfüllung Zug um Zug

performance, delay in Verzögerung der (Vertrags-)Erfüllung

performance, failure of mangelnde Vertragserfüllung, Nichterfüllung

performance guarantee Leistungs- oder Erfüllungsgarantie

performance, impossibility of Unmöglichkeit der (Vertrags-)Erfüllung

performance, indivisible unteilbare Leistung

performance of a contract Vertragserfüllung

performance of a task, negligent fahrlässige Erledigung einer Aufgabe

performance of duties, negligent fahrlässige Erfüllung von Pflichten

performance, part Teilerfüllung (eines Vertrages)

performance, place of Erfüllungsort, Leistungsort

performance, specific Vertragserfüllung

performance statistics Statistik, Statistikverlauf

performance, substituted Leistung an Erfüllungsstatt; Ersatzleistung

performance, theatrical Theatervorstellung

performance, time of Zeitpunkt der Erfüllung oder der Durchführung (eines Auftrags oder Vertrags)

peril Gefahr, Risiko

peril gefährden, in Gefahr bringen

peril, excepted ausgeschlossene Gefahr

peril, maritime [UK] Seegefahr, definiert als „alle Gefahren infolge von oder verbunden mit der Seefahrt"

peril of fire Feuergefahr

peril of the sea Seegefahr

peril, preceding frühere Gefahr

peril, special besonderes Risiko

peril, specific bestimmtes Risiko

perils, allied Nebenrisiken

perils, commonly excepted in der Regel freigezeichnete Schäden, ausgeschlossene Schäden

perils, excepted ausgeschlossene Gefahren

perils extensions, special Einbeziehung von besonderen Risiken

perils, extraneous Sondergefahren

perils, fire and elemental Feuer- und Elementargefahren

perils, fire and natural Feuer- und Naturgefahren

perils insurance, special Versicherung von Sonderrisiken

perils insured against versicherte Gefahren

perils, miscellaneous verschiedene Gefahren

perils, natural Gefahren aus der Natur, Elementarrisiken

perils, special Sondergefahren

perimeter Umfang

period Periode, Zeitraum, Zeitabschnitt; Umlaufzeit

period, accounting Abrechnungsperiode; Geschäftsjahr

period, amortization Amortisierungszeitraum, Tilgungszeitraum

period, apprehensive Periode erhöhter Gefahr

period, average collection durchschnittliche Zahlungseingangsfrist

period, blocking Sperrfrist

period, contract vertragliche Laufzeit

period, cooling off Beruhigungszeit (bei Arbeitskämpfen); Überdenkungszeit (mit Widerrufsrecht nach Vertragsabschluß); Bedenkzeit

period, cut-off Begrenzungszeitraum, Verfallzeitraum, Verjährungsfrist

period, discovery Nachhaftungsperiode

period, economic Wirtschaftsperiode, Konjunkturperiode

period, expiration of a Zeitablauf; Fristablauf

period, extended reporting Frist nach Ablauf des Versicherungszeitraums zur Geltendmachung von Schadenfällen, die sich noch innerhalb des Versicherungszeitraums ereignet haben; verlängerter Berichtszeitraum; verlängerter Meldezeitraum

period, extension of a Verlängerung der Frist

period for annual turnover Bewertungszeitraum für den Jahresumsatz

period for appeal Rechtsmittelfrist

period for benefit, qualifying Wartefrist, Karenzfrist

period for notice and cancellation Kündigungsfrist

period, idle Liegezeit, Stillegungszeit

period, income Rentenzahlungsperiode

period, incubation Inkubationszeit

period, indemnity Leistungsdauer, Unterstützungsdauer, Haftzeit, Dauer der Haftung

period insured Versicherungsdauer

period, latency Latenzperiode

period, limitation Einschränkungszeit, Verjährungsfrist

period, notification Anzeigefrist, Meldefrist

period of annuity Rentenzahlungsdauer, Rentenbezugszeit

period of cancellation Kündigungsfrist

period of contract Vertragsdauer

period of cover Deckungszeitraum

period of deferment Aufschubdauer, Aufschubzeit

period of extension Verlängerungszeitraum

period of guarantee Garantiefrist

period of indemnification Leistungsdauer

period of institute proceedings Klagefrist

period of insurance Versicherungsdauer, Versicherungszeitraum, Versicherungsperiode, Dauer der Versicherung

period of liability Haftungsdauer

period of limitation, interruption of the Unterbrechung der Verjährung

period of limitation, statutory gesetzliche Verjährungsfrist

period of notice Kündigungsfrist

period of notice, expiration of the Ablauf der Kündigungsfrist

period of observation Beobachtungsperiode, Beobachtungszeitraum

period of partial benefit Karenzzeit, Karenzfrist

period of prescription Verjährungsfrist

period of warranty Gewährleistungsfrist

period, opposition Einspruchsfrist, Widerspruchsfrist

period, pay back Rückzahlungsperiode, innerhalb der rechnerisch die gezahlte Prämie die Höhe der Versicherungssumme erreicht

period, paying Prämienzahlungsdauer

period, policy Geltungsdauer der Versicherungspolice, Vertragsdauer

period, preclusive Ausschlußfrist

period prior to issue of policy Zeitraum vor Ausstellung der Police

period, probation Karenzzeit, Wartezeit (in Zweifelsfällen, z. B. bei Berufsunfähigkeit); Probezeit

period rates, short Prämien für kurzfristige Versicherung

period, run-off Abwicklungszeit

period, subsequent der nachfolgende Zeitraum

period, taxable Steuerperiode, Veranlagungszeitraum

period to run Laufzeit

period, validity Gültigkeitsdauer

period, waiting Karenzfrist, Karenzzeit, Wartezeit

periodic payments regelmäßige Zahlungen

periodic statements periodisch abzugebende Erklärungen

periodical Zeitschrift, periodisch, regelmäßig, zu bestimmter Zeit

periodically paid premiums laufende Prämie, periodische Prämie

perish umkommen, zugrunde gehen, sterben; verfallen, vergehen, absterben

perishable foodstuffs verderbliche Lebensmittel

perishable goods verderbliche Güter

perishables leicht verderbliche Waren

perished goods verdorbene oder auf andere Weise nicht mehr zu gebrauchende Waren (nicht unbedingt komplett zerstört)

permanency Dauerzustand

permanent alteration dauerhafte Änderung, fortdauernde Änderung

permanent cover ständige Deckung, dauerhafte Deckung

permanent disability insurance Berufsunfähigkeitsversicherung

permanent disablement dauernde Erwerbsunfähigkeit, permanente Invalidität

permanent health insurance langfristige Krankenversicherung, zeitlich unbegrenzte Versicherung im Krankheitsfall

permanent life insurance lebenslängliche Todesfallversicherung; (US) langfristige Lebensversicherung

permanent total disablement dauernde Vollinvalidität

permanently discontinued dauernd unterbrochen

permissible zulässig, statthaft

permissible dose zulässige Strahlendosis

permission Erlaubnis, Genehmigung, Bewilligung, Zulassung

permission by the authorities behördliche Genehmigung

permission to transact business Geschäftserlaubnis

permit Bewilligung, Genehmigung

permit erlauben, gestatten

permit holder Inhaber einer Erlaubnis, Erlaubnisscheininhaber

permits Kulanzklauseln

permitted by law gesetzlich zulässig

permitted driver Kfz-Führer mit Fahrerlaubnis

permitted limit zugelassene Höchstgrenze, zugelassener Höchstbetrag

pernicious verderblich; bösartig

perpendicular senkrecht; aufrecht; steil

perpetual immerwährend, unaufhörlich, beständig, ewig; lebenslänglich, unabsetzbar; unablösbar, unkündbar

perpetual annuity dauernde Rente, „ewige" Rente

perpetual insurance Dauerversicherung

perpetutate immerwährend erhalten, fortbestehen lassen, verewigen

perpetuation of testimony, proceedings for the Beweissicherungsverfahren

perpetuity „ewige" Rente; Dauerzustand, unbegrenzte Dauer

perplexity Verwirrung; Verlegenheit

perquisites Nebeneinkünfte

pers. (persons) Personen

perseverance Ausdauer, Beharrlichkeit

persist hartnäckig bestehen auf, beharren, ausharren, verharren

persist in a demand auf einer Forderung bestehen

persistent contravention anhaltender Verstoß, nachhaltige Vertragsverletzung

persistent radiation Dauerstrahlung

person (p.) Person

person, additional insured mitversicherte Person

person, artificial juristische Person

person, class I [US] (Kfz-Haftpfl.-Vers.) „Kategorie-I-Person": Bewertungskategorie für Händlerversicherungen, die fahrende und nichtfahrende Mitarbeiter sowie im Geschäft tätige Inhaber, Partner und Führungskräfte und auch Geschäftsführer, Abteilungsleiter und Verkaufspersonal umfaßt

person, class II [US] (Kfz-Haftpfl.-Vers.) „Kategorie-II-Person": Bewertungskategorie für Händlerversicherungen, die nichttätige Inhaber, Partner und Führungskräfte, zusammen mit ihren Verwandten, umfaßt sowie die Verwandten der tätigen Inhaber, Partner und Führungskräfte, denen ein Händlerauto zur Verfügung steht oder die ein solches regelmäßig benutzen

person, disabled Behinderter, Arbeitsunfähiger, Invalide

person, feeble-minded Geistesschwacher, geistesschwache Person

person in possession Person im Besitz

person, injured Geschädigter, Verletzter, Beschädigter

person, injury to a Personenschaden

person, insane geisteskranke Person, geistesgestörte Person, unzurechnungsfähige Person

person insured Versicherter

person, interference with the Einmischung in die Rechte einer Person

person, liable Verpflichteter, haftende Person

person, mentally disordered geistesgestörte Person, Person mit einer krankhaften Störung der Geistestätigkeit

person not authorised to drive zum Führen eines Kfz unbefugte Person

person of full age Volljähriger

person of unsound mind geistesgestörte Person

person, reasonable vernünftiger Mensch

person, self employed Freiberufler, selbständiger Unternehmer

person, seriously disabled Schwerbehinderter

person, skilled sachkundige Partei, Fachmann

person to be warned zu warnende Partei

person, unborn ungeborene Person, Nasciturus

person under word experience schemes Person im Praktikum

person, unemployed Arbeitsloser

person, unfit ungeeignete Person

person, wealthy wohlhabende Privatperson

personal accident Personen-Unfall

personal accident and sickness policy Einzelunfallpolice, private Unfall- und Krankenversicherung

personal accident insurance private Unfallversicherung, Einzelunfallversicherung

personal accident insurances, premium reserve on Beitragsrückstellung in der privaten Unfallversicherung

personal accident policy persönliche Unfallversicherung

personal and advertising injury liability Deckung für Verletzung von Persönlichkeitsrechten und für Schadenersatz aus rechtsverletzender Werbung

personal belongings Gegenstände des persönlichen Gebrauchs

personal benefit persönlicher Vorteil

personal chattels persönliche Habe

personal computer (PC) Personalcomputer

personal contract [US] Voraussetzung bei einem Versicherungsvertrag, der eine persönliche Vereinbarung zwischen dem Versicherer und dem Versicherten darstellt (jede Partei muß sich auf die andere hinsichtlich der Bekanntgabe entscheidender Informationen verlassen können); persönlicher Vertrag

personal data personenbezogene Daten

personal effects persönliche Habe, persönliche Gebrauchsgegenstände

personal fulfilment persönliche Ausführung

personal holdup insurance Versicherung gegen Raubüberfall

personal injury Personenschaden, Körperverletzung, Gesundheitsbeschädigung, Verletzung des Persönlichkeitsrechts

personal injury claim Schadenersatzforderung wegen Körperverletzung

personal injury liability Haftung für Persönlichkeitsverletzung, ausgenommen unmittelbarer körperlicher Verletzung, infolge von unrechtmäßiger Inhaftierung, böswilliger Rechtsverfolgung, unrechtmäßigen Betretens eines Grundstücks, unrechtmäßiger Zwangsräumung, Verleumdung oder schriftlicher Beleidigung

personal injury protection [PIP, US] Kfz-Versicherung für Personenschäden, Kfz-Versicherungsart, die in manchen Bundesstaaten gesetzlich vorgeschrieben ist (Unfallopfer werden entschädigt, ohne daß die gesetzliche Haftung oder die Schuld einem anderen Fahrer zugewiesen werden muß)

personal insurance persönliche Versicherung, Personenversicherung; Klassifizierung aller Deckungsumfänge, die einer Person gegen Sach- oder Personenschäden Schutz bieten; daher die Ausdrücke „personal property insurance" = persönliche Sachversicherung und „personal liability insurance" = persönliche oder Privathaftpflichtversicherung (wird auch „personal lines insurance" = Personenbereichsversicherung genannt und gilt im allgemeinen als Gegenteil von „commercial lines insurance" = Gewerbebereichsversicherung)

personal liability persönliche Haftung

personal liability insurance Privathaftpflichtversicherung

personal lines insurance Bereich der Privatversicherungen

personal privacy, invasion of Verletzung des Persönlichkeitsrechts

personal property bewegliches Vermögen, Mobiliarvermögen, bewegliche Sachen, Fahrnis, Mobiliarnachlaß

personal property insurance persönliche Sachversicherung

personal protective equipment persönliche Schutzgegenstände (wie Schutzhelm, Schwimmbrille usw.)

personal remedy persönlicher Rechtsbehelf, Eigenabhilfe eines Geschädigten

personal representative persönlicher Vertreter, Rechtsnachfolger, Testamentsvollstrecker, Nachlaßverwalter

personal right Persönlichkeitsrecht, Individualrecht

personal security persönliche Sicherheit

personal security, loan on ungesichertes Darlehen

personal status Familienstand, Personenstand

personal suretyship persönliche Bürgschaft

personalty Privateigentum

personnel department Abteilung, die für Personalführung, innerbetriebliche Aus- und Weiterbildung und andere personalbezogene Angelegenheiten zuständig ist; Personalabteilung

personnel training Ausbildung der Belegschaft, Weiterbildung der Belegschaft

persons (pers.) Personen

persons, insurance of Personenversicherung

persuade überreden, bewegen; überzeugen; durch Überredung erhalten; seine Überredungskunst spielen lassen

persuasion Überredungsgabe, Überzeugungskraft; Meinung, Überzeugung; Überredung

persuasive precedent nicht bindender Präzedenzfall, an den sich ein Richter nicht halten muß, der jedoch für die Urteilsfindung wichtig sein kann

pertain (an)gehören; sich gehören, sich ziemen; betreffen

pervade durchdringen, gehen durch; eindringen, sich verbreiten; erfüllen

perversion Entstellung; Verdrehung

perversion of justice Rechtsbeugung

pesticide Schädlingsvertilgungsmittel, Schädlingsbekämpfungsmittel

pesticide residue Rückstände von Schädlingsvertilgungsmitteln

petition Eingabe (gerichtlich), Bitte, Bittschrift, Petition

petrol Benzin

petrol consumption Benzinverbrauch

petrol, lead-free bleifreies Benzin

petrol, leaded verbleites Benzin, bleihaltiges Benzin

petrol, unleaded unverbleites Benzin, bleifreies Benzin

petty case Bagatellsache

petty cash Portokasse

pharmaceutical articles Pharmaprodukte, pharmazeutische Produkte

pharmaceutical chemist Apotheker

pharmaceutical expenses insurance Arzneikostenversicherung

pharmaceutical industry Pharma-Industrie, pharmazeutische Industrie

pharmaceutical law Arzneimittelrecht

pharmaceutical products pharmazeutische Produkte, pharmazeutische Präparate

pharmaceutical products, damage by Arzneimittelschäden

pharmaceutical products liability Haftung für pharmazeutische Produkte

pharmaceuticals Arzneimittel, pharmazeutische Erzeugnisse

pharmacist Apotheker

pharmacology Arzneimittelkunde

phenomena, fire Brandkenngrößen

photoelectric beam-type detector photoelektrischer Flammenmelder, lichtelektrischer Flammenmelder

photoelectric flame detector photoelektrischer Flammenmelder, lichtelektrischer Flammenmelder

photoelectric smoke detector optischer photoelektrischer Rauchmelder

physical and moral hazard objektives und subjektives Risiko

physical assets Sachvermögenswerte, Sachvermögen

physical condition Gesundheitszustand

physical examination körperliche Untersuchung

physical fire hazard objektives Brandrisiko

physical harm körperliche Verletzung, Körperverletzung, Körperschaden

physical hazard Risiko für Leib und Leben, Versicherungsrisiko in Verbindung mit Bauten, Gegenständen; körperliches Risiko; objektives Risiko

physical injury Körperverletzung

physical life Nutzungsdauer; Lebensdauer

physical partition räumliche Trennung

physical peculiarities of victim physische Besonderheiten des Opfers

physical separation räumliche Trennung

physical state physischer Zustand

physical well-being körperliches Wohlergehen, körperliche Unversehrtheit

physically disabled Körperbehinderter; Versehrter

physically handicapped körperlich behindert, körperbehindert

physican Arzt

physics Physik

picket Pflock; Zaunlatte, Pfahl; Weidepflock; Streikposten

pie chart Kreisdiagramm, Kuchendiagramm

piece of evidence Beweisstück, Beleg

piercing the corporate veil Haftungsdurchgriff, Durchgriffshaftung

"piggy back" arrangements Huckepackvereinbarungen

pile, atomic Atommeiler, Atomreaktor

pile fabric Samtstoff, Velourstoff

pile-up Serienunfall, Massenauffahrunfall

pill Pille; Tablette

pillage Plünderung

pillar hydrant Überflurhydrant

pillion rider Sozius, Beifahrer

pilot experiment Pilotversuch

pipe Rohr, Leitung

pipe, burst gebrochenes Rohr, Rohrbruch

pipe, service Anschlußrohr, Zuleitungsrohr

pipe, smoke (venting) Rauchabzugsrohr

pipeline (Öl)Leitung, Rohrleitung, Rohrstrang; Verbindung, Informationsquelle; Pipeline

pit Bergwerk, Zeche, Kohlengrube; Grube, Loch

pit, coal Kohlengrube

pitch Maklerstand, Maklerbörse; Bitumen; Wurf; Tonhöhe; (Sport-)Platz

pitch aufschlagen, aufstellen; befestigen; anstimmen

P.L. (public law) öffentliches Recht

place an insurance eine Versicherung abschließen

place, common Gemeinplatz, Binsenwahrheit

place of accident Unfallort, Schadenort

place of birth Geburtsort

place of business Sitz eines Unternehmens, Geschäftssitz

place of custody Verwahrungsort

place of delivery Erfüllungsort, Lieferort

place of deposit Hinterlegungsort

place of destination Bestimmungsort

place of execution Erfüllungsort

place of (fire) ignition bestimmungsmäßiger Brandherd

place of fulfilment Erfüllungsort

place of insurance Versicherungsort

place of issue Ausfertigungsort

place of manufacture Herstellungsort, Fabrikationsstätte

place of origin Herkunftsort, Brandausbruchstelle

place of payment Zahlungsort; Erfüllungsort

place of performance Erfüllungsort, Leistungsort

place of residence Aufenthaltsort, Wohnort

place of signature Abschlußort, Zeichnungsort

place of underwriting Zeichnungsort

place of work Arbeitsplatz

place on the market auf den Markt bringen, in Umlauf bringen

place, regular Betriebsstätte

place responsibility verantwortlich machen

place where a contract is to be performed Erfüllungsort

placed policy eingelöste Police

placement Plazierung

plainly expressed einfach ausgedrückt, klar verständlich ausgedrückt

plaintiff (Zivil-)Kläger; Geschädigter

plaintiff, joint Mitkläger

plaintiff's claim Klagebegehren

plaintiff's comparative negligence Mitverschulden des Geschädigten

plaintiff's lawyer Anwalt des Klägers

plan Plan, Entwurf, Vorhaben, Absicht; Verfahren, Weg; Grundriß; Stadtplan

plan entwerfen, im voraus festlegen, ausarbeiten, planen

plan, contribution Gewinnverteilungsplan

plan, employee benefit betriebliche(r) Altersversorgung(splan)

plan, insurance Versicherungssystem
plan, operating Geschäftsplan
plan, pay pensions [US] Endgehalts-Pensionsplan
plan, profit sharing [US] Gewinnverteilungsplan
plan, redemption Tilgungsplan
plan, surveyor's Lageplan
plane Fläche, Ebene; Stufe, Niveau; Flugzeug; Hobel
plane ebnen, schlichten, glätten, planieren; fliegen; gleiten, segeln; mit dem Hobel arbeiten
planning Planung
planning liability Planungshaftpflicht
plant Fabrik, Werk, Anlage, Betrieb; Maschinerie, technische Anlage; Positur; Wachstum; Pflanze
plant setzen, legen; anlegen, einrichten; landen, verpassen; pflanzen
plant and equipment Betriebsgebäude und -einrichtungen; Betriebseinrichtung, Anlagen
plant and machinery Betriebsanlagen und Maschinen
plant and premises, proper geeignete Betriebsanlage und Grundstücke
plant capacity betriebliche Leistungsfähigkeit, Betriebskapazität
plant, clarification Kläranlage
plant closure Betriebsschließung
plant, factory Fabrikanlage
plant, hydroelectric power Wasserkraftwerk
plant, industrial Fabrikanlage, Industrieanlage
plant, irrigation Bewässerungsanlage
plant, large combustion Großfeuerungsanlage
plant, machinery Betriebsanlage
plant, manufacturing Fabrikationsbetrieb, Fabrikanlage
plant, mobile fahrender Betrieb
plant, nuclear energy Atomkraftwerk
plant, power Elektrizitätswerk, Kraftwerk
plant, refuse incinerating Müllverbrennungsanlage
plant, sewage Kläranlage, Rieselfeld
plant, sewage treatment Abwässerverwertungsanlage
plant, shutdown of Anlageabschaltung
plant, steam power Dampfkraftwerk
plant, waste incineration and processing Müllverbrennungs- und Müllverwertungsanlage
plastic aus Kunststoff oder Plastik (hergestellt); plastisch, bildend; formgebend, gestaltend; formbar, knetbar; Kunststoff
plastic bag Plastiktüte
plastics Kunststoff
plastics industry Kunststoffindustrie
plastics processing industry kunststoffverarbeitende Industrie
plate Elektrode, Platte; Scheibe, Blatt; plattierte Waren; Pokal, Preis; Tafel; Schild; Teller
plate plattieren, dublieren, (mit Metall) überziehen; mit Platten belegen, beplatten, panzern

plate glass　Scheibenglas, Spiegelglas

plate glass insurance　Glasversicherung, Spiegelglasversicherung, Fensterglasversicherung

plate-glass policy　Spiegelglasversicherung, Fensterglasversicherung

play safe　kein Risiko eingehen, auf Nummer Sicher gehen

playground　Spielplatz; Schulhof

PLC, plc (public limited company)　Aktiengesellschaft

plea　Einspruch, Einwand, Einrede; Verteidigung; Entschuldigung, Vorwand, Ausflucht, Ausrede; Bitte

plea in abatement　prozessuale Einrede

plead　plädieren, einen Fall (vor Gericht) vertreten, vor Gericht reden, verteidigen; Beweismittel oder Gründe vorbringen; sich einsetzen; geltend machen

plead, fit to　Fähigkeit, vor Gericht zu erscheinen; prozeßfähig

plead the statute of limitations　sich auf Verjährung berufen; die Einrede der Verjährung erheben

pleading　Plädoyer; Plädieren, Führen einer Rechtssache; vorbereitete Schriftsätze; Fürsprache; Bitten

pleading, time of　Zeitpunkt des Parteienvortrags vor Gericht, des Plädoyers

pleasant　angenehm, erfreulich, vergnüglich

please turn over (PTO)　bitte umblättern

pleasure　Vergnügen, Frohlocken, Spaß, Freude, Wonne

pleasure craft hull insurance　Wassersportkaskoversicherung

pleasure ground　Vergnügungspark

pledge　Verpfändung; Pfand, Bürgschaft, Sicherheit; Gelübde, Zusage, Versprechen

pledge　verpfänden, zum Pfand geben; verpflichten; versprechen

pledge of real property　Grundpfand

pledging　Verpfändung

plight　schlechter Zustand, unangenehme Lage; Gelöbnis, feierliches Versprechen

plot, building　Baugrundstück

plot of land　Grundstück, Parzelle

plug, electrical　Elektro-Stecker

plural tenure　gemeinsamer Besitz

plurality　Mehrheit, Vielheit, Mehrzahl; große Anzahl, große Menge

pluvious insurance　Regenversicherung, Reisewetterversicherung

pluvious policy　Regenversicherungspolice

p.m. (post meridiem)　Nachmittag

p.n. (promissory note)　Schuldanerkenntnis; Schuldschein

pneumatic rate-of-rise detector　Luftdruckdifferentialmelder

pneumonia　Lungenentzündung

pneumonia, supervening　hinzukommende Lungenentzündung

poaching　Wilderei, Wildern, Jagdwilderei

p.o.c. (port of call)　Anlaufhafen

pocket, fire　Brand, Glutnest

P.O.D. (pay on delivery)　Zahlung bei Lieferung

point at issue　Streitpunkt, strittiger Punkt; Beweispunkt

point, attachment (Rückversicherung) Beginn der Schadenexzedenten-Haftung

point, excess Selbstbehaltsgrenze

point, fire Brennpunkt

point, fire call out Feuermeldestelle

point, flash Flammpunkt, Entflammungspunkt

point of law Rechtsfrage

point of view Standpunkt, Gesichtspunkt

point, to stretch a ein Auge zudrücken, eine Ausnahme machen; es nicht zu genau nehmen

point, turning Wendepunkt

poison Gift; schädlicher oder zersetzender Einfluß

poison vergiften

poison gas Giftgas

poisoning Vergiftung

poisoning, blood Blutvergiftung

poisoning, gas Gasvergiftung

poisoning, lead Bleivergiftung

poisonous waste Giftmüll

policies, concurrent mehrere, das gleiche Risiko deckende Policen; Doppelversicherung

policies, endowment Lebensversicherungspolicen, Erlebensversicherungen, Aussteuerversicherungen

policies, freestanding eigenständige Policen (ohne Bezug zum Grundvertrag)

policies, name to be inserted in in Versicherungspolicen einzutragender Name

policies, non-concurrent verschiedenartige, das gleiche Versicherungsinteresse deckende Policen

policies, primary Grundverträge

policies, range of Versicherungsarten

policies, rule for valuing Regelung über Versicherungspolicenbewertung

policies, servicing Versicherungspolicen zustellen

policies under seal beurkundete Policen, besiegelte Policen

policy Versicherungsschein, Police; Klugheit; Taktik, Politik

policy, accident Unfallversicherungs-Police

policy, accretions to Ausweitungen der Police, Policenerweiterungen

policy, advance on Vorauszahlung auf eine Police

policy, affirmation of the Bestätigung der Police

policy aim Versicherungsvertragszweck, Versicherungsvertragsziel

policy, all-in Gesamtversicherungspolice

policy, all risks Allgefahrenversicherungspolice, Globalpolice

policy, alteration of Änderung der Versicherungspolice

policy anniversary Jahrestag des Versicherungsbeginns, Fälligkeitsdatum

policy, antedated vordatierter Versicherungsschein, vordatierte Police

policy applicant Antragsteller

policy application Versicherungsantrag

policy, assignee of marine Erwerber einer See(transport)versicherungspolice, Rechtsnachfolger einer See(transport)versicherungspolice

policy, assignment of Abtretung einer Versicherungspolice, Übertragung einer Versicherungspolice

policy, attachment of the insured Einlösung des Versicherungsscheins

policy, back of the Rückseite der Police

policy, bearer Inhaberpolice, Überbringerpolice

policy, benefit of Leistung aus einer Police

policy, blank Blankopolice

policy, blanket Globalpolice, Pauschalpolice

policy, body of the Hauptteil der Police

policy, cancellation of Kündigung einer Police

policy cancellation, return premium for Prämienrückerstattung wegen Aufhebung der Versicherung

policy charges Ausfertigungsgebühren, Policengebühren

policy, child endowment Aussteuerversicherung

policy, "claims made" Versicherungspolice nach dem Anspruchserhebungs-Prinzip

policy, collective Kollektivpolice

policy, combined kombinierte Police, Sammelversicherungsschein

policy, commencement of a Versicherungsbeginn

policy, commercial package [US] gebündelte Geschäftsversicherung

policy, completed eingelöste Police

policy, composite Pauschalversicherungspolice, Bündelpolice

policy, comprehensive gebündelte Versicherung, Sammelversicherungsschein, kombinierte Police

policy, comprehensive general liability Betriebs- und Produkthaftpflicht-Versicherung

policy conditions Versicherungsbedingungen

policy, conditions precedent to the vorvertragliche Obliegenheiten des Versicherungsnehmers

policy, conditions, special besondere Versicherungsbedingungen

policy, conditions subsequent to the vertragliche Obliegenheiten vor dem Versicherungsfall

policy, consequential loss Folgeschadenversicherung, Vermögensschadenversicherung

policy consideration Versicherungsvertrags-Entgelt

policy, conspicuous part of ein auffallender Teil der Police

policy, contractors' all risks Pauschalversicherungspolice für Bauunternehmer

policy, contractors' risk Versicherungspolice für Bauunternehmer

policy, conversion into a paid up Beitragsfreistellung einer Versicherung, Umwandlung in eine prämienfreie Versicherung

policy costs Vertragskosten

policy, coupon Blockpolice, Kuponpolice

policy, declaration Abschreibepolice, Pauschalpolice mit Abschreibung

policy, delivery of Zustellung der Police

policy drafting Policenausfertigung

policy, easy to read [US] leicht zu lesende Police; Bezeichnung der Sprache in den vereinfachten Versicherungspolicen des US-Insurance-Services-Office, die sich durch die Verwendung der Possessivpronomen wie „Sie" und „wir" auszeichnet

policy, employers' liability Unternehmer-Haftpflichtversicherungspolice

policy, endowment gemischte Lebensversicherung, Erlebensversicherung; Aussteuerversicherung

policy, enforceable einklagbare Police, geltend zu machende Police

policy, execution of a Ausstellung eines Versicherungsscheins, Policenausfertigung

policy, expiration of Ablauf der Versicherungspolice

policy, export credits guarantee Exportkreditversicherungspolice

policy, expressed stipulation in ausdrückliche Bestimmung in der Police

policy, face of Deckblatt, Titelseite einer Police; Versicherungswert

policy, family income Familieneinkommen sichernde Risikolebensversicherung

policy fee Policengebühr; Policenkosten

policy, fidelity Vertrauensschadenversicherungspolice, Kautionspolice, Garantieversicherungspolice

policy, fidelity guarantee Garantieversicherungspolice, Kautionsversicherung

policy, fire insurance Feuerversicherungspolice

policy, first loss Erstrisikoversicherungspolice

policy, fixed period Versicherungspolice mit fester Laufzeit

policy, fleet Kfz-Sammelpolice, Pauschalpolice in der Kfz-Versicherung

policy, floating Generalpolice, offene Police

policy, floating annual laufende Jahresversicherungspolice

policy for offices, package Pauschalversicherung für Büro- und Geschäftsausstattung

policy, foreign Auslandspolitik, Auslandsversicherungspolice

policy, forfeited verwirkte, verfallene Versicherungspolice

policy form Policenformular

policy, free prämienfreie Versicherung

policy free of premium prämienfreie Police

policy, fresh neuer Versicherungsschein, neue Versicherungspolice, neue Police

policy, fronting Vorzeichnung durch einen Versicherer mit weitgehender Risikobefreiung mittels Rückversicherer

policy, gambling (Seeversicherung) Hasardpolice, strafbar gemäß dem Gambling Policies Act 1909

policy, global Globalpolice, Mantelpolice, Pauschalpolice, Umsatzpolice

policy, goods-in-transit Gütertransportversicherungspolice

policy, group Sammelpolice

policy, guarantee Kautionspolice, Garantiepolice

policy holder Policeninhaber, Versicherungsnehmer

policy holder, allocation to Zuteilung von Gewinnbeteiligung oder Sonderzahlungen an den Versicherungsnehmer

policy holder, insurance Versicherungsnehmer

policy holder, prospective Versicherungsinteressent

Policy holder Protection Board [UK] Entschädigungsstelle für Versicherungsnehmer bei Zahlungsunfähigkeit von Versicherungsgesellschaften

policy holder, right of Recht eines Policeninhabers oder Versicherungsnehmers

policy holders' deposits [US] Verbindlichkeiten gegenüber Versicherungsnehmern

policy holder's dividend Beitragsrückerstattung

policy holders' protection Schutz von Versicherungsnehmern

Policy holders' Protection Act of 1975 Gesetz zum Schutze von Versicherungsnehmern von 1975; Hauptauswirkung ist eine Garantieleistung gegenüber den Versicherungsnehmern jeder in der Liquidation befindlichen Versicherungsgesellschaft, daß die Verpflichtungen dieser Gesellschaft durch die Versicherungsindustrie als Gesamtheit entweder vollständig oder zum erheblichen Teil übernommen werden

policy, homeowners comprehensive kombinierte Hausratversicherung

policy, honour Police, die als Beweis für das versicherte Interesse gilt

policy, householder's comprehensive kombinierte Mieterversicherung, Wohnungsversicherung, Haushaltspolice

policy, hull Kaskopolice

policy, illegal widerrechtliche Police; Police mit gesetzlich verbotenem Inhalt

policy, in and out Gesamtversicherung(spolice)

policy inception Versicherungsbeginn

policy, indemnity Haftpflichtversicherungspolice

policy, indisputable unstreitige Versicherungspolice

policy, individual Einzelpolice, Einzelunfallpolice

policy, insurance Versicherungspolice, Versicherungsschein, Police

policy, intimation of Übergabe einer Police, Aushändigung einer Police

policy, issuance of Ausfertigung einer Police

policy issue Policenausfertigung

policy, joint gemeinsame Police, verbundene Police

policy, lapse of Erlöschen der Police, Policenverfall

policy, lapsed verfallene Versicherungspolice

policy, life jede Versicherungspolice, die mit dem Leben oder Ableben einer bestimmten Person in Zusammenhang steht; Lebensversicherungspolice

policy, life assurance Lebensversicherungspolice

policy, linked long-term gekoppelte langfristige Versicherungspolice (gekoppelt z. B. mit dem jeweiligen Wert eines Grundbesitzes)

policy, livestock Viehversicherungspolice

policy, Lloyd's [UK] Versicherungspolice von Lloyd's

policy loan Policendarlehen; Beleihung einer (Lebens-)Versicherung

policy loans and advances Darlehen und Vorauszahlungen

policy, long-term Mehrjahresversicherung, Police mit langer Laufzeit

policy, loss before issue of Schadenfall vor Ausstellung der Versicherungspolice

policy, master Hauptpolice, Rahmenpolice, Stammpolice

policy money Leistungen aus einer Police

policy money, repayment of Rückzahlung der Versicherungssumme

policy, monoline Versicherungspolice, die nur aus einem Deckungsteil besteht

policy, mortgage protection Hypotheken-Tilgungsversicherungspolice

policy, motor truck cargo [US] Haftpflichtversicherung für Lastwagenfahrer für Schäden an der in ihrem Besitz befindlichen Fracht

policy, multi-peril- Mehrrisikoversicherung; Versicherungsvertrag, der gegen mehrere Risiken Schutz bietet

policy, multiple line Mehrsparten-Versicherungspolice

policy, non-average Police ohne Schadenbeteiligung

policy, non-participating Versicherungspolice ohne Gewinnbeteiligung

policy number Versicherungsschein-Nummer, Policennummer

policy, objectives of Ziele der Politik

policy of indemnity Haftpflichtversicherungspolice

policy, omnium Einheitsversicherung

policy on life of debtor Schuldnerlebensversicherung

policy, open Abschreibepolice, Generalpolice, laufende Police, offene Police

policy, open insurance Generalversicherungspolice

policy, owner's and contractor's protective liability Subunternehmer-Haftpflichtpolice

policy, package Versicherungsvertrag, der Schutz in verschiedenen Deckungsbereichen gegen mehrere Risiken bietet und in der Regel mehrere Versicherungssparten umfaßt

policy, paid up beitragsfreie Police, prämienfreie Police

policy period Geltungsdauer der Versicherungspolice, Vertragsdauer

policy, period prior to issue of Zeitraum vor Ausstellung der Police

policy, personal accident persönliche Unfallversicherung

policy, personal accident and sickness Einzelunfall-Police; persönliche Unfall- und Krankenversicherungspolice

policy, placed eingelöste Police

policy, plate-glass Fensterglasversicherung

policy, pluvious Regenversicherungspolice

policy, proceeds of Leistung aus einer Versicherungspolice

policy, professional indemnity Berufshaftpflichtversicherungspolice

policy, professional indemnity insurance master Haupt- und Rahmenpolice einer Berufshaftpflichtversicherung

policy proof of interest Police, die als Beweis für das versicherte Interesse gilt

policy, proportionate paid-up prämienfreie Versicherung im Verhältnis der Prämienzahlung

policy, provision in Versicherungsvertragsbestimmung

policy, public Grundprinzipien von Recht und Ordnung; öffentliches Interesse; ordre public, Staatsraison

policy, public liability Allgemeine Haftpflichtversicherungspolice

policy, rated Versicherung zu erhöhter Prämie

policy, recital in Aufzählung oder Angabe in der Versicherungspolice

policy records Versicherungsunterlagen

policy, rectification of Berichtigung einer Versicherungspolice

policy, redating of Wiederinkraftsetzung durch Verschiebung von Versicherungsbeginn und -ablauf um die Zeit der Außerkraftsetzung; Terminverlegung

policy, redemption of a Versicherungsrückkauf

policy, rent Mietzinsversicherung

policy reserve Deckungskapital

policy, revival of lapsed Wiederauflebenlassen einer verfallenen Police

policy, revival of the Erneuerung der Police, Wiederinkrafttreten der Police

policy services department [US] Policenabteilung einer Versicherungsgesellschaft, zuständig für Policenausstellung und -ablage, Policenkorrekturen und Versand von Verlängerungs- und Stornierungsmitteilungen

policy, special risk kurzfristige Police für ein bestimmtes Risiko

policy, specimen Muster einer Police

policy, standard fire Einheitspolice der Feuerversicherung

policy, stock declaration Stichtagsversicherung

policy, subsequent Nachversicherung

policy, substandard Versicherung zu erhöhter Prämie

policy, substituted Ersatzpolice

policy, substitution of Ersatz einer Versicherungspolice

policy, superseded by ersetzt durch Police

policy, surrender of (Lebens-)Versicherungsrückkauf

policy, third party Haftpflichtversicherungspolice

policy, ticket Blockpolice, Couponpolice, Couponversicherungsschein

policy, time Zeitversicherungspolice, Zeitpolice, befristete Police

policy, to issue a eine Police ausfertigen

policy, to void a eine Police aufheben

policy, trader's combined kombinierte Geschäftsversicherung

policy, truckers legal liability [US] Haftpflichtversicherung für Lastwagenfahrer für Schäden an der in ihrem Besitz befindlichen Fracht

policy, unenforceable nichteinklagbare Police

policy, unlimited Generalpolice

policy, unvalued Police ohne Wertangabe; Pauschalpolice

policy, validity of Rechtswirksamkeit einer Police, Rechtsgültigkeit einer Police

policy value Deckungskapital, Prämienreserve

policy value in balance sheet Bilanzdeckungskapital, Bilanzrückstellung

policy, value of Wert einer Versicherungspolice

policy value on net premiums Nettodeckungskapital

policy value on office premiums ausreichendes Deckungskapital

policy, valued taxierte Police, Police mit vereinbarter Wertangabe; Versicherung nach Taxe

policy, void ab initio von Anfang an nichtige Versicherungspolice

policy, voyage Reiseversicherungspolice; Police mit vereinbarter Wertangabe

policy wording Wortlaut der Versicherungspolice

policy, world-wide Weltpolice

policy-writing Versicherungsabschluß, Versicherungspolicenausstellung

poliomyelitis, insurance against Kinderlähmungsversicherung

political events politische Ereignisse

political hazards politische Gefahren

political risks politische Gefahren, politisches Risiko

pollutant Schadstoff, Schmutzstoff; feste, flüssige, gasförmige oder thermische Reiz- oder Kontaminierungsmittel, einschließlich Rauch, Dampf, Ruß, Dunst, Säuren, Chemikalien und Abfall

pollutant product umweltbelastendes Produkt

pollutants, air luftverunreinigende Stoffe

pollutants, emissions of Schadstoffemissionen

pollutants, escape of Entweichen von Schadstoffen

pollute verschmutzen, verunreinigen

polluter Umweltverschmutzer

polluters, civil liability of zivilrechtliche Haftung der Verursacher einer Umweltverschmutzung

pollution Umweltverschmutzung; Verschmutzung, Verunreinigung

pollution, atmospheric Luftverschmutzung

pollution by oil, compulsory insurance against Pflichtversicherung gegen Verschmutzung durch Öl

pollution, campaign against Aktion gegen Umweltverschmutzung

pollution clean up costs Entseuchungskosten

pollution control Kontrolle der Umweltverschmutzung, Umweltschutz

pollution control standards Umweltschutznormen

pollution, environmental Umweltschädigung, Umweltverschmutzung

pollution, gradual allmähliche Umweltverschmutzung, Allmählichkeitsschaden

pollution, indoor Schadstoffe in Gebäuden

pollution liability Umwelthaftpflicht

pollution, long-range transboundary air (LRTAP) weiträumige grenzüberschreitende Luftverschmutzung

pollution, marine Meeresverschmutzung

pollution, noise Lärmbelästigung

pollution, non-accidental Allmählichkeitsschäden

pollution of rivers Verschmutzung der Flüsse

pollution of the high sea Verschmutzung der See, Meeresverschmutzung

pollution, oil Ölverschmutzung, Ölverunreinigung, Ölverseuchung

pollution, water Gewässerschaden, Wasserverschmutzung

pool Interessengemeinschaft, Pool, Konsortium

pool, insurance Versicherungspool

pool, reinsurance Rückversicherungspool

pool treaty Poolvertrag

pool, underwriting Zeichnungsgemeinschaft

pooling of risk Risikopoolung, Risikoverteilung

population Bevölkerung, Einwohnerschaft; Bevölkerungszahl, Einwohnerzahl

population mortality table Bevölkerungs-Sterbetafel

porcelain clay Porzellanerde

port of arrival Ankunftshafen, Anlaufhafen

port of call (p.o.c.) Anlaufhafen

port of departure Abgangshafen

port of refuge Nothafen

port-risks Hafenrisiken

port risks insurance Versicherung der Hafenrisiken

portable business or personal property Eigentum, das durch Binnentransportversicherungen geschützt werden kann; tragbares Geschäfts- oder persönliches Eigentum

portable fire extinguisher Handfeuerlöscher

portage Transport; Transportkosten, Fracht, Rollgeld

portfeuille premium Portefeuilleprämie

portfolio Versicherungsbestand; Portefeuille, Aktentasche, Mappe

portfolio, assumed übernommener Bestand

portfolio, assumption of Bestandsübernahme, Portefeuilleübernahme

portfolio, balanced Portefeuille mit ausgeglichenen Risiken

portfolio, balancing of Risikoausgleich, Gefahrenausgleich

portfolio, ceded abgetretener Bestand

portfolio, cession of Abtretung eines Bestandes, Bestandsübernahme

portfolio, conservation of Bestandspflege

portfolio consideration Portefeuilleprämie, Portefeuillepreis

portfolio data Bestandsdaten

portfolio, insurance Versicherungsbestand

portfolio, transfer of Bestandsübertragung

portfolio, winding-up of a Abwicklung eines Bestandes

portfolio, withdrawal of Portefeuille-Rückzug

portion, damaged beschädigtes Teil

position, factual Sachlage

position, factual and legal Sach- und Rechtslage

position, financial finanzielle Lage, Finanzlage

position, legal Rechtslage, Rechtsstellung

position, responsible Vertrauensstellung, verantwortungsvolle Position

position, settlement Regulierungsstand

positive act bestimmte Handlung, aktives Tun

positive law positives Recht

possess besitzen, (inne)haben; beherrschen, erfüllen

possession Herrschaft; Besitztum, Habe; Besitz

possession, buyer in Käufer im Besitz der Waren

possession, constructive mittelbarer Besitz

possession, de facto unmittelbarer Besitz

possession, disturbance of Besitzstörung

possession, future zukünftiger Besitz, zukünftige Sachherrschaft

possession, indirect mittelbarer Besitz

possession, joint Mitbesitz

possession, person in Person im Besitz

possession, right of Besitzrecht

possession, seller in Verkäufer im Besitz

possession, taking Besitzergreifung, Besitznahme

possessive right Besitzrecht

possessor Besitzer, Inhaber

possessor of a driving licence Inhaber eines Führerscheins, Führerscheininhaber

possessor of title Rechtsbesitzer

possessory lien Zurückbehaltungsrecht, Besitzpfandrecht

possibility to compare Vergleichsmöglichkeit

possible möglich

post flashover fire Vollbrand

post-sale duty Nachverkaufspflicht

postal cheque account Postscheckkonto

postal contract postalischer Vertrag

postal rule postalische Regelung, nach der eine Vereinbarung bei postalischer Aufgabe einer ordnungsgemäß adressierten und frankierten Mitteilung gültig ist

postdate nachdatieren; nachträglich datieren, später datieren

postpone verschieben, hinausschieben; unterordnen

postponed incumbrancer, interest of Anspruch des nachrangigen Hypotheken- oder Pfandgläubigers

postponed retirement aufgeschobene Pensionierung

postponement Verschiebung, Aufschub

postponement of cancellation Kündigungsaufschub

postponement of the inception of the policy Aufschub des Versicherungsbeginns

potential potentiell

potential market potentieller Markt; Absatzmöglichkeit

potentially explosive atmosphere explosionsgefährdeter Bereich

pound (in weight) (lb) Pfund (Gewicht, 453,6 g)

pound sterling Pfund Sterling

poverty Armut

power Kraft; Macht, Gewalt; Vollmacht

power and water failure Strom- und Wasserausfall

power blackout Stromausfall

power, buying Kaufkraft

power, collecting Inkassovollmacht

power, earning Ertragskraft

power, express ausdrückliche Bevollmächtigung

power, full Vollmacht, Generalvollmacht

power, legislative Legislative; gesetzgebende Gewalt

power of an agent Vertretungsmacht, Vertretungsbefugnis

power of attorney notarielle Vollmacht

power of intervention Befugnis zur zeitweiligen Praxisübernahme durch Anwaltskammer; Interventionsgewalt

power of observation Beobachtungsgabe

power plant Elektrizitätswerk, Kraftwerk

power, purchasing Kaufkraft

power, signing Unterschriftsvollmacht

power station Elektrizitätswerk

power station, nuclear Kernkraftwerk

power station, thermal Wärmekraftwerk

power to sign Zeichnungsvollmacht, Unterschriftsberechtigung

power, usurped usurpierte Macht, widerrechtlich angeeignete Macht

powers, legal rechtliche Macht

p.p.d. (prepaid) vorausbezahlt

practical experience praktische Erfahrung

practice Gewohnheit, Brauch; Übung; Praxis

Practice Act [US] Prozeßordnung

practice, business Geschäftsmethoden, Geschäftspraktiken

practice, commercial Handelsbrauch; Geschäftsbrauch

practice, common allgemein übliches Verfahren; Verkehrssitte

practice, consumer trade Gepflogenheit in Zusammenhang mit Warenlieferungen an oder Dienstleistungen für Verbraucher

practice, general das übliche Verfahren

practice, good laboratory sichere Laborpraktiken oder -verfahren

practice, insurance Versicherungspraxis

practice, lawyer's Anwaltspraxis

practice, medical Arztpraxis

practice of a court, invariable ständige Rechtsprechung

practice, restrictive trade wettbewerbseinschränkendes Verhalten

practice, standard übliches Verfahren

practices, fraudulent business betrügerische Geschäftspraktiken

practices, unfair business unlautere Geschäftsmethoden

practise tätig sein, ausüben; handeln, verfahren; praktizieren

practitioner, general (G.P.) praktischer Arzt

practitioner, medical praktischer Arzt

practitioner, qualified medical approbierter praktischer Arzt

pray bitten, ersuchen, beantragen

prayer for relief Klagebegehren

p.r.c. (pro rata capita) betragsanteilig

pre-contract expenditure Vorvertragskosten

pre-existing vorher vorhanden, präexistent, vorher existierend

pre-existing illness frühere Krankheit

pre-fire emergency planning Brandrisikobeurteilung

pre-judgement interest vor Verkündung des Urteils anfallende Zinsen

pre-natal injury vorgeburtlicher Schaden

pre-tax surplus Überschuß vor Steuern

pre-trial civil proceedings Vorverfahren; Vereinbarungen oder Zusammenkünfte der betroffenen Parteien in einem Zivilverfahren vor dem eigentlichen Verhandlungstermin

pre-trial disclosure vorprozessuales Beweisverfahren

pre-trial discovery [US] in den USA vorgesehenes vorprozessuales Ausforschungsverfahren; dabei dürfen sich die Parteien nach Klageerhebung durch private Recherchen Zugang zu allen Tatsachen und Beweismitteln für die Hauptverhandlung verschaffen

pre-trial review Prüfung im Vorverfahren; Zusammenkunft der Parteien vor einem Zivilverfahren, um mögliche Vorbringen usw. zu prüfen und eine evtl. Abkürzung und damit Kostenersparnisse zu bewirken

preaction sprinkler system Sprinkleranlage mit Verzögerungsmechanismus

preamble Präambel

precarious widerruflich, willkürlich, aufkündbar; nicht feststehend, zweifelhaft, anfechtbar; gefahrvoll, gefährlich; unstabil, gefährdet, unsicher, prekär

precaution Vorkehrung, Vorsichtsmaßregel, Vorsichtsmaßnahme; Vorsicht

precaution, fire Brandverhütung

precaution, structural fire bautechnische Brandverhütung

precautionary measures Vorsichtsmaßnahmen

precautionary reserve Vorsichtsreserve

precautions Sicherheitsvorkehrungen

precautions, air raid (A.R.P.) Luftschutzmaßnahmen

precautions, reasonable angemessene Vorsichtsmaßnahmen

precedence Vortrittsrecht; Vorrang, Vorzug, Vortritt, Vorrecht; Priorität

precedence, doctrine of Präzedenzfallprinzip

precedent Präzedenzfall, Präjudiz

precedent, binding bindender Präzedenzfall

precedent condition aufschiebende Bedingung, Voraussetzung

precedent, judicial Präzedenzfall; gerichtliche Vorentscheidung

precedent, persuasive nicht bindender Präzedenzfall, an den sich ein Richter nicht halten muß, der jedoch für die Urteilsfindung wichtig sein kann

precedent, to quote a einen Präzedenzfall anführen

preceding peril frühere Gefahr

preceding year Vorjahr

precious metal Edelmetall

precious stone Edelstein

preclusion Ausschluß, Ausschließung

preclusion clause Ausschlußklausel

preclusion, term of Ausschlußfrist

preclusive ausschließend

preclusive period Ausschlußfrist

precondition Voraussetzung

precondition, payment as Zahlung als Voraussetzung

predate zurückdatieren, ein früheres Datum setzen

predetermined temperature Einstelltemperatur

predict prophezeien, vorhersagen

pref. (preface) Vorwort, Vorrede; Einleitung

prefabricate vorfabrizieren

prefabrication Vorfertigung; Herstellung genormter Fertigteile

preface (pref.) Vorwort, Vorrede; Einleitung

preface einleiten, mit einem Vorwort versehen

preference Bevorzugung, Vorzug

preference share Vorzugsaktie

preferential claim bevorrechtigte Forderung

preferential contract Begünstigungsvertrag

preferential tariff Begünstigungstarif

preferred claim bevorrechtigte Forderung, Prioritätsforderung

preferred risk plan Schadenfreiheitsrabatt

preferred stock Vorzugsaktie

pregnancy Schwangerschaft

pregnancy, interruption of Schwangerschaftsunterbrechung

pregnancy, termination of Abtreibung

prejudice Schaden, Nachteil; Voreingenommenheit, Vorurteil

prejudice benachteiligen, beeinträchtigen; beeinflussen

prejudice, without ohne Rechtsnachteil

prejudiced geschädigt, benachteiligt; voreingenommen

preliminary vorläufig; einleitend, vorbereitend, Vor-

preliminary contract Vorvertrag

preliminary draft Vorentwurf, erster Entwurf

preliminary hearing Voruntersuchung

preliminary injunction einstweilige Verfügung

preliminary investigation Voruntersuchung

preliminary objection prozeßhindernde Einrede

preliminary proceedings Ermittlungsverfahren

preliminary report Vorbericht

preliminary term insurance vorläufige Deckung

premature frühzeitig, vorzeitig, verfrüht; voreilig, vorschnell, übereilt

premature birth Frühgeburt

premature retirement vorverlegte Pensionierung, vorgezogene Pensionierung

premeditation Vorsatz

premises Grundstück; Haus und Nebengebäude, Grund und Boden

premises, adjoining angrenzende Grundstücke

premises, alienated veräußerter Grundbesitz; verschenkter Grundbesitz; aufgegebener Grundbesitz

premises and operations liability Haftung für Schäden, die aus mangelhafter Unterhaltung von Grundstücken oder aus allgemeiner Verletzung der Verkehrssicherungspflicht entstehen

premises and operations medical payments coverage Versicherungsdeckung für ärztliche und Beerdigungskosten infolge von Unfällen auf dem versicherten Grundbesitz oder bei Tätigkeiten außerhalb des Grundbesitzes

premises, business Geschäftsräume, Betriebsgrundstücke

premises, commercial Geschäftsräume, gewerbliche Räume

premises, continually occupied ständig bewohntes Anwesen

premises, dangerous gefährliche Grundstücke, gefahrtragende Grundstücke

premises, exhibition Ausstellungsräume

premises, factory Fabrikgebäude

premises, insured's Grundstück des Versicherten

premises liability Grundstückshaftpflicht; gesetzliche Haftung für Schäden aus Unfällen oder Ereignissen infolge des Zustands oder des mangelhaften Unterhalts eines Gebäudes oder Grundstücks

premises, limit per Limit je Grundstück

premises operations liability Betriebsstättenhaftpflicht

premises paying period Prämienzahlungsdauer

premises, profits from Gewinne aus Grundstücken, Erträge aus (versicherten) Gegenständen

premises risk Betriebsstättenrisiko, Grundstücksrisiko

premises, shop Geschäftsräume, Ladenräume

premises, violent entry upon gewaltsames Betreten eines Grundstücks

premium (prm.) Prämie, Belohnung; Beitrag; Preis

premium, accounted verrechnete Prämie

premium, action for Gerichtsverfahren wegen Zahlung einer Versicherungsprämie, Klage auf Leistung des Versicherungsnehmers

premium, actual Istprämie

premium, additional Beitragszuschlag, Prämienzuschlag, Zuschlagsprämie, Nachlaufprämie

premium adjustment Nachverrechnungsprämie, Beitragsnachverrechnung, Prämienberichtigung

premium adjustment, final definitive Prämienabrechnung

premium adjustment, reserve for Rückstellung für Beitragsnachverrechnung

premium adjustment, return Beitragsrückerstattung

premium, advance Prämienvorauszahlung, Vorausprämie

premium advice Prämienrechnung

premium, amount of Prämienbetrag, Höhe der Prämie

premium, annual Jahresprämie

premium audit Prämienprüfung; Überprüfung der Akten eines Versicherten im Hinblick auf Berechnung einer angemessenen Prämie

premium, base [US] Tarifprämie, die mit einem Bewertungsfaktor multipliziert wird, um die Deckungsprämie festzulegen

premium, blanket Pauschalprämie, Gesamtprämie

premium calculation Prämienberechnung

premium calculation clause Prämienberechnungsklausel

premium, cancellation of Stornierung der Prämie, Prämienstorno

premium, charges additional to Nebengebühren, Nebenkosten zur Prämie

premium closings Prämienrechnung

premium collection expenses Inkassokosten

premium, collection of Prämieninkasso

premium, combined Mischprämie; Prämie, die Kosten und Schadenbedarf berücksichtigt

premium, computation of Prämienberechnung

premium, constant extra gleichbleibender Risikozuschlag

premium, cut-rate Kampfprämie, Dumping-Prämie

premium, decreasing abnehmende Prämie, fallende Prämie

premium, deposit Vorauszahlungsprämie, Prämiendepot

premium discount Prämienrabatt

premium, divisibility of Teilbarkeit der Prämie

premium, division of Teilung der Prämie

premium due fällige Prämie, Sollprämie, ausstehende Prämie

premium due, reserve for Rückstellung für Beitragsnachverrechnung

premium, earned verbrauchte Prämie, verdiente Prämie

premium, estimated geschätzte Prämie; Vorausprämie

premium, excess of loss Schadenexzedentenprämie

premium, exemption from payment of Beitragsfreistellung, Prämienbefreiung

premium, extra Prämienzuschlag, Beitragszuschlag, Zuschlagsprämie

premium, first erste Prämie, Einlösungsprämie, Erstprämie

premium, fixed Festprämie, Pauschalprämie

premium, flat Festprämie

premium, flat extra (Lebensversicherung) vom Eintrittsalter unabhängiger Risikozuschlag

premium, flat rate Pauschalprämie

premium for a supplementary insurance Zusatzprämie

premium for an additional insurance Zuschlagsprämie für Deckungserweiterung

premium for own account Eigenbehaltsprämie, Prämie für eigene Rechnung

premium for the previous year Vorjahresbeitrag

premium, fractional Prämienrate

premium, free of prämienfrei

premium, future zukünftige Prämie

premium, gross Bruttoprämie, Tarifprämie

premium in arrears ausstehende Prämie, rückständige Prämie

premium income Beitragseinzug, Prämieneinnahme

premium income, estimated (EPI) geschätzte Prämienbeiträge

premium, incoming eingenommene Prämie

premium, increase in the Prämienerhöhung

premium, increasing steigende Prämie

premium, initial Erstprämie, ursprüngliche Prämie, Anfangsprämie

premium, instalment Prämienrate bei Schadenexzedenten, unterjährig zahlbare Prämie, Ratenzahlung

premium, insurance Versicherungsprämie, Versicherungsbeitrag

premium, insurance at fixed Pauschalversicherung, Globalversicherung, Versicherung zur Festprämie

premium insurance, step-rate Lebensversicherung mit steigenden oder fallenden Prämien

premium, "inventaire" Inventarprämie

premium, investment portion of the Sparprämienanteil

premium, level gleichbleibende Prämie, konstante Prämie

premium level, decline in Prämienniveauabsenkung

premium, liability Haftpflichtprämie

premium, limited abgekürzte Prämienzahlung

premium loading Risikozuschlag, Prämienzuschlag

premium loading for abnormal risk Gefahrenzuschlag, Risikozuschlag, Wagniszuschlag, aufgrund schweren Risikos erhöhte Prämie

premium, loading on the Prämienzuschlag

premium, matured fällige Prämie

premium, minimum Mindestprämie, Minimalprämie

premium, minimum and deposit Voraus- und Mindestprämie

premium, net Nettoprämie, Prämie frei von Unkosten

premium, net retained Eigenbehaltsprämie, Selbstbehaltsprämie

premium, office Bruttoprämie, Tarifprämie

premium, outstanding fällige, aber nicht bezahlte Prämie

premium, overdue rückständige Prämie

premium, paid Istprämie, gezahlte Prämie, eingenommene Prämie

premium paid, no insurance to be effective until Versicherung tritt erst nach Zahlung der Versicherungsprämie in Kraft

premium payable in full Pauschalprämie

premium payment, frequency of Prämienzahlungsweise

premium, payment of Prämienzahlung, Beitragszahlung

premium, payment of first Einlösung, Zahlung der ersten Prämie

premium payment, single Renteneinmaleinlage

premium per capita Kopfprämie, Prämie pro Kopf

premium, portfeuille Portefeuilleprämie

premium portfolio entry Prämien-Bestandszuwachs

premium portfolio withdrawal Prämien-Portefeuille-Abgang

premium, provisional Prämienvorauszahlung; Vorausprämie; Prämie, die für die Haftpflichtdeckung verlangt wird und die durch Prüfung am Ende des Versicherungszeitraums modifiziert werden kann

premium, pure Nettoprämie

premium, pure risk Bedarfsprämie, Risikoprämie

premium rate Prämienrate

premium, rate of Prämiensatz, Beitragssatz

premium rebate Prämienrabatt, Beitragsermäßigung

premium receipt Prämienquittung

premium receipt book (Kleinlebensversicherung) Prämieneingangsbuch

premium redemption Prämienrückgewähr

premium, redetermination of Neufestsetzung der Prämie

premium reduction Prämiennachlaß

premium, refund of Prämienrückgewähr

premium refund reserve Prämienrückgewähr

premium refund, reserve for Rückstellung für Beitragsrückerstattungen, Stornorückstellung

premium refund, statuary vereinbarte Beitragsrückerstattung

premium, regular laufende Prämie

premium, reimbursement of Prämienrückerstattung

premium, reinstatement (r.p.) Wiederauffüllungsprämie

premium reminder Mahnschreiben, Anmahnung der Prämienzahlung

premium, renewable laufende Prämie

premium, renewal Folgeprämie, Erneuerungsprämie

premium, required Bedarfsprämie

premium reserve Prämienreserve, Prämienübertrag

premium reserve deposit Prämienreserve-Depot

premium reserve, net level Netto-Deckungsrückstellung

premium reserve on personal accident Beitragsrückstellung in der privaten Unfallversicherung

premium, respite of Prämienstundung

premium, retained (Rückversicherung) Eigenbehaltsprämie

premium, return Beitragsrückerstattung, stornierte Prämie, Rückprämie

premium, return of Rückerstattung der Prämie, Rückzahlung der Prämie, Prämienrückgewährung

premium, returned rückvergütete Prämie

premium, risk Bedarfsprämie, Risikoprämie

premium, scale gleitende Prämie

premium, self retained Eigenbehaltsprämie

premium, semi-annual Halbjahresprämie

premium, single Einmalprämie

premium, sliding scale Staffelprämie, gleitende Prämie

premium statement Beitragsabrechnung, Prämienabrechnung

premium, stipulated Vertragsprämie

premium, subject Basisprämie

premium, subsequent zukünftige Prämie, Folgeprämie

premium, supplementary Prämienzuschlag; ergänzende Leistung

premium table with large case reductions Prämientarif mit Summenrabattstaffel

premium, tabular Tarifprämie

premium, to tender the die Prämie anbieten

premium transfer Beitragsübertrag

premium, unearned unverdiente Prämie; Beitragsübertrag, Rückprämie

premium, variable gleitende Prämie, veränderliche Prämie

premium, waiver of Prämienbefreiung, Beitragsbefreiung

premium, written gezeichnete Prämie

premium, year free of Prämienfreijahr

premiums, assurance with periodical Versicherung gegen laufende Prämien

premiums, back Prämienrückstand

premiums by instalments Aufteilung in Prämienraten

premiums, calculation of Prämienberechnung

premiums, cessation of payment of Einstellung der Prämienzahlung

premiums, collection of Beitragseinzug, Prämieneinnahme, Prämieninkasso

premiums, deferred später fällige Beiträge; nachträglich zahlbare Prämien

premiums, due Prämienforderungen, fällige Prämien

premiums, free from reserve übertragsfreie Prämien

premiums, grading of Beitragsstaffelung

premiums, indivisibility of Unteilbarkeit der Prämie

premiums, levelling of Bildung von Durchschnittsprämien

premiums, mathematical reserve on "inventaire" Inventardeckungskapital, Inventardeckungsrückstellungen

premiums, mathematical reserve on net Nettodeckungskapital

premiums, periodically paid laufende Prämie, periodische Prämie

premiums, policy value on net Nettodeckungskapital

premiums, receivable Prämienforderungen

premiums, scale of Prämienskala, Prämientarif

premiums subject to reserve übertragspflichtige Prämien

premiums system Beitragssystem, Prämiensystem

premiums, table of Beitragstabelle, Prämienskala

premiums, unexpired Prämienübertrag

premiums, valuation of future (Rechnungswesen) Bewertung zukünftiger Versicherungsprämien

premiums, volume of Prämienvolumen

premiums, whole life assurance with limited lebenslängliche Todesfallversicherung mit abgekürzter Prämienzahlung

prepaid (p.p.d.) vorausbezahlt

pre-paid insurance vorausbezahlte Versicherung

prepaid insurance account Versicherungs-Vorauszahlungskonto

preparation Vorbereitung; Zubereitung, Aufbereitung; Bereitschaft; Haltbarmachen, Imprägnieren

preparation of policy fee Policenausfertigungsgebühr

preparatory act vorbereitende Handlung; Vorbereitung einer Straftat

prepare anfertigen, ausarbeiten, entwerfen; verfertigen; zurichten; bereitstellen; herrichten, fertigmachen, zurechtmachen, zubereiten, vorbereiten

prepared foodstuffs Waren der Lebensmittelindustrie; Fertignahrung

prepayment Vorauszahlung, Frankierung

prepense vorbedacht, vorsätzlich

prepossessor Vorbesitzer, früherer Besitzer

prerequisite Voraussetzung

prerequisite of the validity Voraussetzung für die Gültigkeit

prerequisite to liability Haftungsvoraussetzung

prerogative order gerichtliche Verfügung, die Vorrang genießt; außerordentliches Rechtsmittel

prescribe verordnen, verschreiben; vorschreiben

prescribed debt verjährte Forderung

prescription Verjährung; Rezept; Verordnung, Vorschrift

prescription, extinctive Verjährung

prescription of standards for goods and services Mindestanforderung an Waren und Dienstleistungen

prescription, only against rezeptpflichtig

prescription, period of Verjährungsfrist

presence of mind Geistesgegenwart

present jurisdiction herrschende Rechtsprechung

present law geltendes Recht

present value Barwert einer Lebensversicherung; Zeitwert, Gegenwartswert

present value of a life policy Kapitalwert einer Lebensversicherungspolice

present value of a pension fund Belastung einer Pensionskasse, gegenwärtiger Wert einer Pensionskasse

present value of annuity kapitalisierte Rente, Rentenbarwert

present value of benefits aktueller Wert von Leistungen

present value of deferred annuity Rentenanwartschaft, Barwert einer zukünftigen Rente

presentation Präsentation; Vorstellung, Einführung; Gabe, Geschenk; Schenkung

presentation of a claim Anmeldung einer Forderung; Anspruchserhebung

presenting a fire hazard feuergefährlich

presentment Präsentieren, Vorlegen; Anklage, Untersuchung von Amts wegen; Darstellung, Wiedergabe

preservation of documentation Aufbewahrung von Unterlagen

preservation of evidence Beweissicherung

preservation of natural beauty Naturschutz

preservation of testimony Beweissicherung

preservation of the environment Umweltschutz

preservatives (in foods) Konservierungsstoffe (in Lebensmitteln)

preserve schützen, bewahren; erhalten

press council Presserat

press for payment auf Zahlung drängen; nachdrücklich die Zahlung fordern

press home an argument ein Argument unterstreichen, einem Argument Nachdruck verleihen

pressure, blood Blutdruck

pressure, excessive Überdruck

pressure heater Druckerhitzer

pressure, internal Innendruck

pressure system Drucksystem

pressure, vapor Dampfdruck

pressure vessel Druckbehälter

pressure wave Druckwelle

pressurized water fire extinguisher Wasserdruckfeuerlöscher

prestige Prestige, Ansehen, Einfluß

presumably vermutlich

presume annehmen, vermuten, schließen

presumed knowledge vermutete Kenntnis, mutmaßliche Kenntnis

presumption Wahrscheinlichkeit; Vermutung, Mutmaßung, Annahme

presumption of causation Kausalvermutung

presumption of fact Tatsachenvermutung

presuppose voraussetzen

pretence Vorwand, Scheingrund; Vorgeben, Vortäuschung; Anspruch, Anforderung

pretext Vorwand

prev. (previous) vorhergehend, vorher

prevailing case law herrschende Rechtsprechung

prevailing party obsiegende Partei

prevention Verhütung, Verhinderung

prevention, accident Unfallverhütung, Schadenverhütung

prevention, costs of Kosten der Verhütung, Kosten der Vorbeugemaßnahmen

prevention, fire vorbeugender Brandschutz, Brandverhütung

prevention, loss Schadenverhütung

prevention of accidents Unfallverhütung, Schadenverhütung

prevention of loss or damage Schadenverhütung

preventive vorbeugend, präventiv

preventive action vorbeugende Maßnahme

preventive vaccination Schutzimpfung

previous (prev.) vorhergehend, vorher

previous breach vorhergehender Bruch, vorhergehende Verletzung

previous claims unerledigte Versicherungsfälle der Vorjahre

previous fire früheres Feuer

previous illness altes Leiden, vorherige Krankheit

previous insurance Vorversicherung

previous interpretations vorhergehende Auslegungen, frühere Auslegungen

previous loss früherer Schaden

previous refusal frühere Ablehnung, vorherige Weigerung

previous year, premium for the Vorjahresbeitrag

previous years, losses of Vorjahresschäden

price, annuity purchase Renteneinlage, Rentenkaufpreis

price, bid gebotener Preis; Geldkurs

price change Preisänderung

price, claim for Preisanspruch, Preisforderung

price, contract Vertragssumme

price, cost Selbstkostenpreis; Einkaufspreis

price, current gegenwärtiger Preis, Marktpreis, Tagespreis

price difference insurance Preisdifferenzversicherung

price fixing Bestimmung des Preises

price index clause Indexklausel

price list Preisverzeichnis, Preisliste

price maintenance, resale Preisbindung bei Weiterverkauf, vertikale Preisbindung

price, manufacturer's Fabrikpreis, Herstellerpreis

price, mean mittlerer Preis, Durchschnittszahl

price, middle market Mittelkurs

price of delivery Lieferpreis, Bezugspreis

price of goods Warenpreis

price of redemption Rückkaufswert, Tilgungsbetrag

price, purchase Kaufpreis, Anschaffungspreis

price quoted on Stock Exchange Börsenwert

price rebate Preisnachlaß

price, reference Referenzpreis, Bezugspreis

price, repayment of Rückzahlung des Kaufpreises

price, replacement Wiederbeschaffungspreis

price, resale Wiederverkaufspreis, Weiterverkaufspreis

price, reserve Mindestpreis (bei einer Versteigerung)

price, selling Verkaufspreis

prices, firmness of Preisstabilität

prices, rising Teuerung, Verteuerung

pricing Preisbildung, Preispolitik, Festsetzung der Preiskonditionen

prima facie evidence Anscheinsbeweis, Beweis des ersten Anscheins

primary erst, ursprünglich, anfänglich, Anfangs-; primär, hauptsächlich, Haupt-; grundlegend, elementar

primary commodities Rohstoffe, Grundstoffe

primary contract Hauptvertrag

primary coverage Erstversicherung, Direktversicherung, Primärversicherung

primary industry Grundstoffindustrie

primary insurance Erstversicherung

primary liability unmittelbare Haftpflicht

primary policies Grundverträge

primary production Urproduktion

primary products Rohstoffe, Grundstoffe

primary responsibility Hauptverantwortlichkeit

prime contractor Generalunternehmer, Hauptlieferant

prime cost Herstellungskosten, Gestehungskosten

principal erst, hauptsächlich, Haupt-; führend, leitend; Vorsteher, Vorstand, Direktor

principal cause Hauptursache

principal contract Hauptvertrag

principal defect Hauptmangel

principal, insurance Kapitalbetrag einer Versicherung

principal, repudiation by Erfüllungsverweigerung durch den Vorstand oder Geschäftsherrn, Rücktritt durch den Vorstand oder Geschäftsherrn

principal, undisclosed verdeckter Auftraggeber; mittelbarer Vertreter; ungenannter Geschäftsherr

principally hauptsächlich, grundsätzlich

principle Prinzip, Grundsatz, Regel, Richtschnur; Grund, Ursprung; Grundbestandteil; Element

principle, equivalence Äquivalenzprinzip

principle, independent liability Prinzip der selbständigen Haftung

principle, legal Rechtsgrundsatz

principle, mutual Gegenseitigkeitsprinzip

principle of indemnity Grundsatz des Versicherungswesens, nachdem jeder das Recht hat, nach einem Schaden wieder in den Zustand versetzt zu werden, in dem er sich unmittelbar vor dem Schaden befand (ein Versicherter soll also keinen Gewinn aus einem Versicherungsschaden ziehen)

principle of nominalism Grundsatz des Nennbetrages bei Zahlungen in fremden Währungen

principle of orality [UK] Grundsatz der Mündlichkeit, d. h. daß ein Verfahren durchgehend mündlich verhandelt werden muß

principle of proportionality Grundsatz der Verhältnismäßigkeit

principle, rescue Nothilfegrundsatz

principle, underwriting Versicherungsprinzip, Risikoübernahmeprinzip

principles, accounting Buchführungsgrundsätze, Bilanzierungsrichtlinien

principles, applicable anwendbare Grundsätze, anzuwendende Grundsätze

principles of construction Konstruktionsprinzipien

principles of law bestehende Rechtsgrundsätze

principles of law, established bestehende Rechtsgrundsätze

principles, rating Tarifierungsgrundsätze, Prämienrichtlinien

principles, sound gesunde Grundsätze

printed booklet Druckstück; gedruckte Broschüre

printed clause vorgedruckte Klausel

printed form Druckstück

printed leaflet Druckstück

printed matter Druckstück

printed receipt (unterzeichnete) Quittung, Empfangsbestätigung

printer's error Druckfehler

printer's proof Korrekturabzug

printery Druckerei

printing Drucken, Druck, Gedrucktes

prior vor, früher, älter

prior agreement Vorvereinbarung, Vorabsprache; Vorvertrag

prior approval [US] Genehmigung von Versicherungsbedingungen durch den Staat

prior breach vorhergehender Bruch; vorhergehende Verletzung

prior claim früherer Anspruch; bevorrechtigte Forderung

priority Priorität, Vorrang; Vorzugsrecht

priority cession Vorwegabgabe

priority, cession in Vorwegabdeckung

priority, exceeding the Überschreiten der Priorität

privacy Zurückgezogenheit, Abgeschiedenheit, Eigenleben, Privatsphäre, Persönlichkeitsphäre, Privatleben; Heimlichkeit, Geheimhaltung

Privacy Act 1974 [US] Datenschutzgesetz von 1974

privacy, invasion of personal Verletzung des Persönlichkeitsrechts

privacy, protection of data Datenschutz

privacy, violation of Verletzung der Intimsphäre

private privat, persönlich

private account (P.A.) Privatkonto

private assurance Privatversicherung

private defence Notwehr

private dwelling house Privathaus, Eigenheim; Privatwohnung

private enterprise insurance undertaking private Versicherungsunternehmung

private industry Privatwirtschaft

private insurance Privatversicherung

private insurance company Privatversicherungsunternehmung

private insurer Privatversicherer

private international law internationales Privatrecht

private law Privatrecht, Zivilrecht

private liability Privathaftpflicht

private medical treatment, insurance for Krankenhausversicherung

private nuisance Besitzstörung, nachbarrechtliche Belästigung; privater Mißstand, privates Ärgernis

private property Privateigentum, Privatvermögen

privations Entbehrungen

privilege, attorney-client Anwaltsgeheimnis; Aussageverweigerungsrecht des Anwalts

privileged debt bevorrechtigte Forderung

privileges Zeugnisverweigerungsrechte

privity Rechtsbeziehung; Treueverhältnis; Erbengemeinschaft; Beteiligung, gemeinsame Interessenbeziehung

privity in deed vertragliche Rechtsbeziehung

privity of estate unmittelbare Rechtsbeziehungen zwischen einem gegenwärtigen Vermieter und einem gegenwärtigen Mieter ungeachtet etwaiger Weitergabe des Besitzes oder des Mietverhältnisses

prm. (premium) Prämie, Belohnung; Beitrag; Preis

pro rata anteilig, pro rata

pro rata capita (p.r.c.) betragsanteilig

pro-rata condition of average anteilsmäßige Freizeichnung

pro rata contribution anteilmäßiger Beitrag, Anteil

pro-rata distribution clause Klausel für die proportionale Aufteilung der Versicherungssumme bei der Gesamtsummenversicherung

pro-rata liability anteilsmäßige Versichererhaftung bei mehrfacher Versicherung; teilschuldnerische Haftung, anteilige Haftung

pro rata liability clause Haftungsbegrenzungsklausel

pro rata temporis (p.r.t.) zeitanteilig

pro rating clause Klausel, durch welche die Leistungen aus einer Invaliditätszusatzversicherung eines Versicherten auf einen bestimmten Teil seines Einkommens begrenzt werden

pro retrials Argumente oder Personen, die Wiederaufnahmeverfahren unterstützen

probabilities, calculation of Wahrscheinlichkeitsrechnung

probability Wahrscheinlichkeit

probability, claims Schadenwahrscheinlichkeit

probability, compound mehrfach begründete Wahrscheinlichkeit

probability, corrected berichtigte Wahrscheinlichkeit

probability death rate Sterbenswahrscheinlichkeit

probability, dependent abhängige Wahrscheinlichkeit

probability, independent unabhängige Wahrscheinlichkeit

probability of abnormal exit Stornowahrscheinlichkeit

probability of death Sterbewahrscheinlichkeit

probability of disablement Invaliditätswahrscheinlichkeit

probability of exit Abgangswahrscheinlichkeit, Ausscheidewahrscheinlichkeit

probability of loss or damage Schadenwahrscheinlichkeit

probability of survival Erlebenswahrscheinlichkeit, Überlebenswahrscheinlichkeit

probability rate of mortality Sterbewahrscheinlichkeit

probability, reasonable hinreichende Wahrscheinlichkeit

probability, simple einfache Wahrscheinlichkeit

probable wahrscheinlich

probable cause wahrscheinliche Ursache, vermutlicher Grund, hinreichender Grund

probable duration of life wahrscheinliche Lebensdauer, wahrscheinliche Lebenserwartung

probable lifetime wahrscheinliche Lebensdauer

probable maximum loss wahrscheinlicher Höchstschaden, Schadenmaximum

probate gesetzliche Prüfung eines Testaments, vor deren Erledigung nicht über das Erbe verfügt werden kann; beglaubigte Abschrift des Testaments

probation period [US] Karenzzeit, Wartezeit, Probezeit

probationers insurance Probandenversicherung

probative force Beweiskraft

problem Problem, schwierige Frage; Aufgabe; Rätsel

proc. (proceedings) Vorgehen

procedural law Verfahrensrecht, formelles Recht

procedure Gerichtsverfahren, Prozeß; Verfahren, Vorgehen; Handlungsweise

procedure, civil Zivilprozeß

procedure, claims Schadenregulierung, Behandlung von Ansprüchen

procedure, code of civil Zivilprozeßordnung

procedure, code of criminal Strafprozeßordnung

procedure, law of Prozeßrecht

procedure, legal Gerichtsverfahren

procedure, operational Betriebsablauf

procedure, rating Tarifierungsverfahren, Prämienfestsetzungsverfahren; Klassifizierungsverfahren, Bewertungsverfahren, Verfahren zur Schätzung des Leistungsgrads

procedure, rules of Verfahrensregeln, Verfahrensordnung, Prozeßordnung

procedure, small claims [UK] Sonderverfahren vor den County Courts (Grafschaftsgerichten) für kleinere Fälle

proceedings (proc.) Vorgehen

proceedings, arbitration Schiedsgerichtsverfahren, Schiedsspruch, Gerichtsentscheid

proceedings, civil Zivilprozeß

proceedings, commencement of Beginn der Verfahren, Prozeßbeginn

proceedings, composition Vergleichsverfahren

proceedings, criminal Strafprozeß, Strafverfahren

proceedings, disciplinary Disziplinarverfahren

proceedings for the perpetuation of testimony Beweissicherungsverfahren

proceedings, interruption of Unterbrechung des Verfahrens

proceedings, legal Gerichtsverfahren, Gerichtsverhandlung, Prozeß

proceedings, period of institute Klagefrist

proceedings, pre-trial civil Vorverfahren; Vereinbarungen oder Zusammenkünfte der betroffenen Parteien in einem Zivilverfahren vor dem eigentlichen Verhandlungstermin

proceedings, preliminary Ermittlungsverfahren

proceedings, to stop the ein Verfahren einstellen

proceeds Erlös, Ertrag, Gewinn

proceeds, deficiency in the Minderertrag

proceeds, gross Rohertrag, Bruttoertrag

proceeds, insurance Entschädigungszahlungen einer Versicherungsgesellschaft

proceeds, maturity Ablaufleistung

proceeds, net Nettoertrag

proceeds of policy Leistung aus einer Versicherungspolice

proceeds, payment of Zahlung der (Versicherungs-)Leistungen

process Vorladung, Rechtsgang, (Gerichts)Verfahren; Arbeitsgang; Fortgang, Fortschreiten; Vorgang, Ablauf, Verlauf, Entwicklung, Prozeß; Verfahren, Methode

process vorladen, gerichtlich belangen; verarbeiten; einem Verfahren unterwerfen, behandeln, bearbeiten; reproduzieren, vervielfältigen; abfertigen, weiterleiten, ausbilden, schulen

process, chemical chemischer Vorgang

process, engineering Verfahrenstechnik; technischer Fortschritt

process, finishing Veredelungsverfahren; Endproduktverfahren

process, goods in Halbfabrikate, Halberzeugnisse

process, industrial industrielle Verarbeitung, gewerbliche Verarbeitung

process, judicial gerichtliches Verfahren

process of legislation Gesetzgebungsverfahren

process of manufacture Herstellungsverfahren, Fabrikationsprozeß

process, production Herstellungsverfahren, Produktionsprozeß

process, service of Zustellung

process, trial Versuchsverfahren, Erprobungsverfahren

processed products weiterverarbeitete Erzeugnisse, Verarbeitungserzeugnisse

processing Verarbeitung, Bearbeitung

processing damage Bearbeitungsschaden

processing, data Datenverarbeitung

processing enterprise Verarbeitungsbetrieb, Veredelungsbetrieb

processing expenses Verarbeitungskosten, Veredelungskosten

processing industry verarbeitende Industrie, Verarbeitungsindustrie, Veredelungsindustrie

processing, job Lohnveredelung

processing, mineral oil Erdölverarbeitung

processing, oil Erdölverarbeitung

processor Bearbeiter, Verarbeiter; Weiterverarbeiter; Prozessor, Zentraleinheit, Steuerwerk (EDV)

procuration Prokura, Vollmacht; Vertretung; Verschaffung, Besorgung, Vermittlung

procure beschaffen, verschaffen, herbeischaffen, besorgen; liefern; erwerben, erlangen

procurement Besorgung, Beschaffung; Vermittlung; Erwerbung

procurement of breach Herbeiführung des Vertragsbruchs

procurement of services, contract for the Dienstverschaffungsvertrag

produce Erzeugnis, Produkt; Ertrag

produce erzeugen, produzieren, herstellen; vorbringen, beibringen, anführen; einbringen, erzielen

produce, agricultural landwirtschaftliche Erzeugung, Agrarprodukte, Agrarproduktion

producer [US] derjenige, der unmittelbar mit dem Versicherten oder Interessenten in Berührung kommt, zuständig für Versicherungsanträge, Vertragsunterzeichnung, Verfolgung von Risikoänderungen sowie Prämienüberweisung und Schadenanzeigen; Fabrikant; Regisseur, Produktionsleiter, Produzent; Hersteller, Erzeuger

producer, component Hersteller von Bauteilen; Hersteller von Einzelteilen

producer goods Produktionsgüter

producer, liability of the Produzentenhaftung

producer's brand Herstellermarke

producer's failure to warn Verletzung der Warnpflicht des Produzenten

producer's knowledge ot the danger (Produkthaftung) Kenntnis der Gefahr oder des Risikos seitens des Herstellers

producer's liability Produzentenhaftung

product behaviour, defect in monitoring Produktbeobachtungsfehler

product, by- Nebenprodukt, Nebenerzeugnis, Abfallprodukt

product, consumer Konsumgut

product, craft kunstgewerbliches Produkt

product, damage to Schaden am Produkt selbst

product, defects in the Produktfehler

product, established im Markt gut eingeführtes Produkt

product, food Nahrungsmittelprodukt

product idea Produktidee

product improvement Produktverbesserung

product, industrial Investitionsgut, Industrieerzeugnis

product layout Produktbeschreibung, Produktkonzept

product liability Produkthaftpflicht

Product Liability, EEC Convention on (The Council of Europe Convention of Products Liability in regard to Personal Injury and Death) Europarat-Abkommen über Produkthaftung im Hinblick auf Personenschäden und Todesfälle

product liability insurance protection Haftpflichtversicherungsschutz gegen Produkthaftpflicht-Schäden

product manual Produktanleitung

product, medical medizinisches Produkt

product, misuse of Fehlgebrauch eines Produkts, Produktionsmißbrauch

product, natural Naturprodukt, Rohprodukt

product, pollutant umweltbelastendes Produkt

product, prospective voraussichtlicher Gewinn

product, quality Qualitätserzeugnis

product quality specification Qualitätsanforderungen für Produkte

product research Produktforschung

product safety Produktsicherheit

product safety, level of Produktsicherheit

product surveillance Produktbeobachtung

product, unavoidably unsafe zwangsläufig unsicheres Produkt, unvermeidbar unsicheres Produkt

product, user-friendly benutzerfreundliches Produkt

production Produktion, Herstellung, Erzeugung, Fabrikation; Bildung

production, batch Serienproduktion, Serienfertigung

production, branch of Produktionszweig

production, cost of Produktionskosten, Herstellungskosten

production, cutback in Produktionseinschränkung, Produktionsdrosselung

production, decline in Produktionsrückgang

production engineering Produktionstechnik

production facilities Produktionsanlagen

production, fall-off in Rückgang der Produktion

production in bulk Massenherstellung, Massenproduktion

production, increase in Produktionssteigerung

production, livestock Tierzucht

production, loss of Produktionsausfall

production, machine maschinelle Herstellung

production, mass Massenproduktion, Serienfertigung

production, multiple Serienherstellung

production, oil Erdölproduktion, Erdölgewinnung

production, primary Urproduktion

production process Herstellungsverfahren, Produktionsprozeß

production, quantity Massenherstellung

production, setback in Produktionsrückgang

production site Produktionsstätte

production, speed-up of Produktionssteigerung

production, volume of Produktionsvolumen

productive capacity Produktionsfähigkeit, Ertragsfähigkeit

products, asbestos Asbestprodukte

products-completed operations hazard Betriebsrisiko durch fertige Erzeugnisse

products, cosmetic Kosmetika, Kosmetikwaren

products, defective fehlerhafte Produkte

products, farm landwirtschaftliche Erzeugnisse

products, finished Fertigerzeugnisse, Fertigwaren

products, fitness of einsatzgerechte Eignung von Produkten

products, foreign ausländische Erzeugnisse, Auslandserzeugnisse

products, handicraft handgefertigte Erzeugnisse

products harmful to crops Produkte, die für die Feldfrüchte schädlich sind

products, homogeneous gleichartige Erzeugnisse

products, iron and steel Stahlerzeugnisse

products liability, broad erweiterte Produkthaftpflicht

products liability, extended erweiterte Produkthaftpflicht

products liability insurance Produkthaftpflichtversicherung

products liability with pure financial loss erweiterte Produkt-Haftpflicht mit Vermögensschaden-Deckung

products, list of Warenliste, Warenverzeichnis

products of the soil Bodenerzeugnisse, Bodenprodukte

products, pharmaceutical pharmazeutische Produkte

products, primary Rohstoffe, Grundstoffe

products, processed weiterverarbeitete Erzeugnisse, Verarbeitungserzeugnisse

products recall Produkterückruf

products recall insurance Rückrufkostenversicherung

products, vegetable Waren pflanzlichen Ursprungs

profession Beruf, Stand; Bekenntnis

profession, inability to practice one's Berufsunfähigkeit

profession, insurance Versicherungsgewerbe

profession, legal Anwälte, Anwaltschaft, anwaltliche Berufe

professional berufstätig, berufsmäßig, Berufs-; freiberuflich

professional accountant Bücherrevisor; professioneller Wirtschaftsprüfer

professional advice fachmännischer Rat

professional indemnity insurance Berufshaftpflichtversicherung

professional indemnity insurance master policy Haupt- oder Rahmenpolice einer Berufshaftpflichtversicherung

professional indemnity policy Berufshaftpflichtversicherungspolice

professional liability Berufshaftpflicht, Betriebshaftpflicht

professional liability for architects Architektenhaftpflicht

professional liability insurance Berufshaftpflichtversicherung

professional malpractice insurance Berufshaftpflichtversicherung

professional man Fachmann

professional manner professionelle Art und Weise

proficiency Tüchtigkeit, Fertigkeiten

profiency Feindschaft

profile, risk Risikoprofil

profit Reinertrag; Gewinn, Profit, Verdienst; Nutzen, Vorteil

profit, account of Gewinnrechnung

profit, actual tatsächlicher Gewinn

profit and loss (P. & L.) Gewinn und Verlust

profit and loss account (P. & L. AC.) Gewinn- und Verlustrechnung

profit and loss statement Gewinn- und Verlustrechnung

profit and loss transfer agreement Gewinnabführungsvertrag

profit and property Ertrag und Vermögen

profit, annual Jahresüberschuß, Jahresgewinn

profit, anticipated erwarteter Gewinn

profit, application of Gewinnverwendung

profit, balance sheet Bilanzgewinn

profit before taxes Jahresüberschuß vor Steuern

profit, book buchmäßiger Gewinn

profit brought forward Gewinnvortrag

profit carried forward Gewinnvortrag

profit, clear Nettogewinn, Reingewinn

profit commission Gewinnanteil, Provision auf den realisierten Gewinn

profit commission statement Gewinnanteilberechnung

profit, distributed ausgeschütteter Gewinn

profit, distribution of Gewinnverwendung, Gewinnverteilung

profit, enterprise Unternehmensgewinn

profit from interest Zinsgewinn

profit, future zukünftiger Gewinn

profit, gross Bruttogewinn

profit, imaginary imaginärer Gewinn

profit, insurance Gewinn einer Versicherungsgesellschaft

profit, lapsation Stornogewinn

profit, loss reserve run-off Schadenreserveabwicklungsgewinn

profit-making gewinnbringend, einträglich, rentabel, erwerbswirtschaftlich

profit-making insurer Versicherungsgesellschaft auf Gewinnbasis

profit, margin of Gewinnspanne, Gewinnmarge

profit, market Kursgewinn

profit, mortality Sterblichkeitsgewinn

profit, net Reingewinn

profit, new business Eintrittsgewinne, Anfangsgewinne

profit of the year Jahresüberschuß, Jahresgewinn

profit on exchange Währungsgewinn, Mehrwert aus Valutadifferenzen

profit on investments Gewinn aus Kapitalanlagen

profit, operating Betriebsgewinn

profit, operational Betriebsgewinn

profit, prospective voraussichtlicher Gewinn

profit, realised eingetretener Gewinn, realisierter Gewinn

profit, repeat Gewinn aus Geschäften mit Dauer- oder Stammkunden

profit, retained einbehaltener Gewinn

profit, run-off Besserabwicklung

profit scheme Gewinnverteilungsplan

profit sharing Gewinnbeteiligung

profit sharing commission Folgeprovision, deren Höhe vom Ergebnis der vermittelten Versicherungsverträge abhängt

profit-sharing pension plan Pensionsplan mit gewinnabhängigen Beiträgen

profit sharing plan [US] Gewinnverteilungsplan

profit, source of Gewinnquelle

profit, technical technischer Gewinn

profit, trading kommerzieller Gewinn

profit, unappropriated Bilanzgewinn; unverteilter Reingewinn

profit, underwriting versicherungstechnischer Ertrag

profit warranty Gewinngarantie

profit, winding-up Besserabwicklung, Besserregulierung

profit, withdrawal Stornogewinn

profitability Rentabilität, Ertragskraft

profitable nützlich, vorteilhaft; gewinnbringend

profits, action for interval Klage wegen zwischenzeitlicher Nutzungen

profits, allocation of Gewinnverteilung

profits, business Geschäftserträge, Geschäftsgewinn

profits, calculation of Rentabilitätsberechnung, Gewinnkalkulation

profits, consequential loss of Folgeschaden aus Betriebsunterbrechung

profits, extraordinary außerordentliche Erträge

profits from premises Gewinne aus Grundstücken, Erträge aus (hier: versicherten) Gegenständen

profits from sale Gewinne aus dem Verkauf, Absatzerträge

profits, hidden distribution of verdeckte Gewinnausschüttung

profits, loss of Gewinnausfall, entgangener Gewinn, Gewinnverlust

profits, missed entgangener Gewinn

profits on hire Gewinne aus Vermietung

profits, participation in Gewinnbeteiligung; Beteiligung am Überschuß

profits, share in Tantieme, Bonus, Ertragsanteil

profits, share of Gewinnanteil, Tantieme

programme, financial Finanzierungsplan

programme, reconstruction Sanierungsprogramm

progress Fortschritt, Verbesserung; Weiterentwicklung; Fortschreiten, Vorrücken

progress fortschreiten, vorwärtsgehen, weitergehen; Fortschritte machen, vorwärtskommen

progress, technical technischer Fortschritt

progress, work in Arbeitsfortschritt

progressive fortschrittlich, zunehmend

progressive disablement scale progressive Invaliditätsstaffel

progressive scale progressive Staffel

prohibited condition verbotene Bedingung

prohibition Verbot, Untersagung; Prohibition, Alkoholverbot

prohibition notice Unterlassungsbescheid eines Gerichts oder einer Behörde

prohibition of charges on fund Unzulässigkeit der Belastung des Kapitals einer Arbeiterlebensversicherungsgesellschaft

prohibition order Unterlassungsanordnung eines Gerichts oder einer Behörde

project vorausschätzen

project, building Bauprojekt, Bauvorhaben

project, demonstration Vorführungsplan, Demonstrationsprojekt

projection, mortality Sterblichkeitsvorausschätzung

prolongation Verlängerung

promise Versprechen, Verheißung, Zusage; Hoffnung, Aussicht

promise versprechen, zusagen, verheißen; versichern; Hoffnung erwecken

promise, breach of Bruch eines Versprechens

promise, collateral Nebenversprechen, Zusatzversprechen, indirektes Versprechen

promise, pension Pensionszusage

promises to pay Zahlungsversprechen, Aussicht auf Zahlung

promissory versprechend

promissory estoppel Versprechen eines verbindlichen Zugeständnisses

promissory note (p.n.) Schuldanerkenntnis; Schuldschein

promissory representation sich auf die Zukunft beziehende Erklärung

promissory warranty Zusicherung in bezug auf abgemachte Leistungen

promotion Gründung (einer Firma); Werbung, Reklame; Förderung, Begünstigung; Beförderung

promulgate verbreiten; verkünden

pronounce a judgement ein Urteil verkünden

pronounced judgement verkündetes Urteil

pronouncement Erklärung, Verkündung

pronouncement of judgement Urteilsverkündung

proof Beweis, Nachweis; Probe

proof, burden of Beweislast

proof, failing mangels Beweises

proof of age Altersnachweis

proof of arson Beweis der Brandstiftung

proof of authenticity Beweis der Echtheit

proof of causation Nachweis der Kausalität

proof of claim Anspruchsbegründung

proof of debt Nachweis einer Forderung

proof of enrichment Bereicherungsnachweis

proof of exoneration Entlastungsbeweis

proof of guilt Schuldbeweis

proof of legitimacy Nachweis der Ehelichkeit; Nachweis der Rechtmäßigkeit

proof of loss Schadenbeweis, Schadennachweis

proof of right to indemnification Nachweis des Entschädigungsanspruches

proof of title Nachweis des Eigentumsrechts

proof, onus of Beweislast

proof, printer's Korrekturabzug

proof, source of Beweismittel

prop. (property) Eigentumsrecht; Eigenschaft; Fähigkeit, Vermögen; Besitz, Grundstück; Eigentum, Besitztum

propagation of flame Flammenfortpflanzung

proper care angemessene Sorgfalt

proper law zuständige Gesetze

proper law doctrine Prinzip des zuständigen oder vertraglich festgelegten Rechts

proper law of contract Vertragsstatut; das angemessenerweise auf einen Vertrag anzuwendende Recht

proper material geeignetes Material

proper plant and premises geeignete Betriebsanlage und Grundstücke

proper skill angemessenes Können, fachgerechtes Können

proper skill, duty to use Pflicht, ein angemessenes Können einzusetzen

proper valuation rechtmäßige, angemessene Bestimmung des Wertes

properties, neighbouring benachbarte Grundstücke

properties, warranted zugesicherte Eigenschaften

property (prop.) Eigentumsrecht; Eigenschaft; Fähigkeit, Vermögen; Besitz, Grundstück; Eigentum, Besitztum

property assets Vermögenswerte

property, class of Eigentumskategorie, Vermögenskategorie

property, commercial gewerblich genutzter Grundbesitz; Geschäftsgrundstück

property company Immobiliengesellschaft

property covered thereby das dem Versicherungsschutz unterliegende Vermögen; der dem Versicherungsschutz unterliegende Gegenstand

property damage (pd) Sachschaden

property damage deductible Selbstbehalt bei Sachschäden

property damage liability Haftpflicht bei Sachschäden

property damage liability insurance Vermögensschaden-Haftpflichtversicherung, Haftpflichtversicherung gegen Sachschäden

property damage liability insurance for managers Vermögensschaden-Haftpflichtversicherung für Unternehmensleiter

property, damage to Sachschaden, Sachbeschädigung

property, damage to rented Mietsachschaden

property, definition of the Definition des Eigentums

property, derelict herrenlose Sache

property, ecclesiastical Kirchenvermögen

property estate, real Grundbesitz

property, hazardous gefährliches Grundstück, gefährliche Sache

property holdings Vermögenswerte

property, impaired beeinträchtigtes Eigentum, beeinträchtigte Sache

property, improvements to the Verbesserung von Immobilien; Sachverbesserung

property, industrial gewerbliches Eigentum (Patente, Warenzeichen, Copyrights)

property, injury to Sachbeschädigung, Sachschaden

property insurance Vermögensschadenversicherung, Sachversicherung

Property Insurance Institution under Public Law öffentlich-rechtliche Sachversicherungsanstalt

property insurance, personal persönliche Sachversicherung

property, intangible immaterielles Vermögen

property, interest in dingliches Recht, Sachenrecht

property, law of Sachenrecht

property, leasehold gepachteter Grundbesitz, Pachtgrundstück

property, liability for one's Vermögenshaftung

property liability insurance Sachhaftpflichtversicherung

property, licence to use Erlaubnis zur Nutzung von Eigentum

property linked benefit Leistung, die mit dem jeweiligen Wert eines Eigentums in irgendeiner Art gekoppelt ist

property loss Vermögensschaden, Vermögensverlust

property management Vermögensverwaltung

property, mislaid abhanden gekommene Sache

property, mortgaged hypothekarisch belasteter Grundbesitz

property, movable bewegliches Vermögen

property, newly acquired neu erworbenes Eigentum

property, onerous belastetes Eigentum (evtl. durch Rechte Dritter), beschwerliches Vermögen

property owner Grundstückseigentümer, Haus- und Grundbesitzer

property owners liability Grundbesitzerhaftung, Haftung des Hauseigentümers

property, passing of Eigentumsübergang

property, panned verpfändete Sachen

property, personal bewegliches Vermögen, Mobiliarvermögen, bewegliche Sachen, Fahrnis, Mobiliarnachlaß

property, pledge of real Grundpfand

property, private Privateigentum, Privatvermögen

property, real Liegenschaften, Grundvermögen, Grundstück

property, rebuilding of the Wiedererrichtung des Eigentums

property, settled mit einem dinglichen Recht belastetes Grundstück

property, tangible materielles Eigentum, das in Besitz genommen werden kann

property, third party's fremdes Eigentum

property, trust Treuhandvermögen

proportion Verhältnis, Vergleich; Gleichmaß; Anteil

proportion in das richtige Verhältnis bringen

proportion, rateable bewertbarer Anteil

proportional verhältnismäßig; im richtigen Verhältnis

proportional allotment proportionale Aufteilung

proportional franchise Integralfranchise im Verhältnis zur Versicherungssumme

proportional interest Stückzinsen

proportionality, principle of Grundsatz der Verhältnismäßigkeit

proportionate anteilig, pro rata

proportionate paid-up policy prämienfreie Versicherung im Verhältnis der Prämienzahlung

proportionate payment (Lebensversicherung) Teilrente, zahlbar pro rata temporis nach dem Tode des Rentners

proposal Antrag (zu einer Versicherung), Vorschlag, Angebot; Plan

proposal, draft Vorentwurf

proposal, examination of Antragsprüfung

proposal for membership Beitrittsgesuch

proposal form Antragsformular

proposal, insurance Versicherungsantrag

proposal, rejection of a Antragsablehnung

proposal, to decline a einen Antrag ablehnen

proposal, to secure a einen Auftrag aufnehmen

proposals received eingegangene Anträge

propose an insurance eine Versicherung beantragen

proposed annuity beantragte Rente

proposer Antragsteller

proposer, knowledge of the Wissen des Antragstellers

propping Stützwerk, Abstützung, Unterstützung

proprietary gesetzlich geschützt; Eigentums-

proprietary claim Eigentumsanspruch

proprietary estoppel eigentumsbezogener, rechtshemmender Einwand; verbindliches Zugeständnis bei Eigentumsrechten

proprietary insurance company Versicherungsgesellschaft auf Aktien

proprietary right Eigentumsrecht

proprietor Eigentümer

proprietor of a firm Geschäftsinhaber, Firmeninhaber

proprietor, sole Alleininhaber, Alleineigentümer

propulsion by nuclear power Antrieb durch Kernreaktor

prorate anteilmäßig verteilen

prosecution strafrechtliche Verfolgung, Einklagen; Betreiben (eines Geschäfts); Anklagebehörde, Staatsanwaltschaft; Fortsetzung, Durchführung

prosecution, malicious böswillige Einleitung eines Gerichtsverfahrens; böswillige Rechtsverfolgung

prosecutor, public Staatsanwalt

prosecutor's company, public Aktiengesellschaft

prospective client Interessent, möglicher Kunde, potentieller Kunde

prospective liability zukünftige Haftung

prospective method zukunftsorientierte Methode (z. B. der Prämienberechnung)

prospective policy holder Versicherungsinteressent

prospective product voraussichtliches Produkt

prospective profit voraussichtlicher Gewinn

prospective reserve prospektives Deckungskapital

prospectus Werbeschrift, Prospekt; Ankündigung, Vorbericht; Preisliste

prospectus liability Prospekthaftung

prosperity Aufschwung; Wohlstand, Wohlergehen, Gedeihen

protect schützen, beschützen, bewahren; absichern, abschirmen; akzeptieren, einlösen

protected, adequately adäquat geschützt, angemessen geschützt

protected glass geschütztes Glas

protected refund annuity Leibrente mit Weiterzahlung nach dem Tode des Rentners, bis die Einlage erreicht ist

protection Schutz, Beschützung, Sicherheit; Schutzzoll

protection against accidents Unfallschutz, Schadenverhütung

protection and indemnity association Reedervereinigung für die Versicherung von Risiken

Protection and Indemnity Clubs (P & I Clubs) Gegenseitigkeitsvereine der Reeder zur Deckung von Haftungs- und Kostenschäden

protection and indemnity insurance [UK] seerechtliche Reeder-Haftpflichtversicherung

protection and indemnity risks Reeder-Haftpflichtrisiken

protection, consumer Verbraucherschutz

protection, data Datenschutz

protection, environmental Umweltschutz

protection, fire Brandschutz, Feuerschutz

protection, health Gesundheitsschutz

protection, indirect indirekter Schutz

protection, insurance Versicherungsschutz

protection of data privacy Schutz personenbezogener Daten

protection of insurer Schutz des Versicherungsgebers

protection of the environment Umweltschutz

protection of third parties acting in good faith Schutz gutgläubiger Dritter

protection, personal injury [PIP, US] Kfz-Versicherung für Personenschäden, Kfz-Versicherungsart, die in manchen Bundesstaaten gesetzlich vorgeschrieben ist (Unfallopfer werden entschädigt, ohne daß die gesetzliche Haftung oder die Schuld einem anderen Fahrer zugewiesen werden muß)

protection, policy holders' Schutz von Versicherungsnehmern

protection, radiation Strahlenschutz

protection, reinsurance Rückversicherungsschutz

protection, scope of Umfang des Schutzes, Umfang des Deckungsumfanges

protection wall, noise Lärmschutzwand

protective clause Schutzklausel

protective coating brandschützende Verkleidung

protective device Schutzvorrichtung

protective equipment, personal persönliche Schutzgegenstände (wie Schutzhelm, Schwimmbrille usw.)

protective measures Schutzmaßnahmen

protective order Schutzanordnung durch das Gericht

protest, bill of Protesturkunde, Wechselprotest

protest, extended (Seeversicherung) ausführlicher Seeprotest, ausführliche Verklarung

protest, payment under Bezahlung unter Vorbehalt

protraction Hinziehen, Hinausschiebung, Verschleppung

protraction of a lawsuit Prozeßverschleppung

provable defects nachweisbare Fehler

prove nachweisen, beweisen, bestätigen, belegen; bekunden, unter Beweis stellen; prüfen

prove damages Schaden nachweisen

prove true sich als wahr erweisen, sich als richtig herausstellen

proven damages nachgewiesener Schadenersatzanspruch

provide versehen, versorgen, ausstatten, beliefern; beschaffen, besorgen

provided for in the contract vertraglich vorgesehen

provident fund Vorsorgereserve, Vorsorgerücklage

provident fund, reserve for Vorsorgereserve, Vorsorgerücklage

provident insurance Vorsorgeversicherung

provident society Unterstützungsverein

proving fault, burden of Beweislast für haftungsbegründendes Verschulden

provision Bestimmung, Maßregel, Verordnung, Vorschrift; Bedingung, Vorbehalt; Beschaffung, Besorgung, Bereitstellung; Vorsorge

provision, anti-avoidance Bestimmung zur Vermeidung der Umgehung von Vorschriften

provision, dependants' Hinterbliebenenversorgung

provision, entitled to versorgungsberechtigt

provision, equalization Schwankungsrückstellungen

provision, express ausdrückliche Bestimmung

provision, financial finanzielle Vorsorge; finanzielle Klausel

provision for old age Altersversorgung

provision for outstanding claims Rückstellung für schwebende Schäden, Schadenreserve

provision for outstanding liabilities Rückstellung für unerledigte Versicherungsfälle

provision for outstanding losses Rückstellung für schwebende Schäden

provision for the future Vorsorge, Fürsorge

provision for unexpired risks Prämienübertrag

provision in policy Versicherungsvertragsbestimmung

provision "pay to be paid" „Leistung erbringen, um Leistung zu erhalten"; Bestimmung, daß eine Entschädigungsleistung vom Versicherten an Dritte gezahlt werden muß, bevor sie von der Versicherung vergütet wird

provision, sliding scale Staffelprovision

provision, suability [US] Prozeßklausel

provision, supplementary Zusatzklausel, Ergänzungsklausel, ergänzende Bestimmung

provision, surrender Rückkaufsregel

provision, transitional Übergangsbestimmung

provisional vorläufig, provisorisch, zeitweilig, einstweilig

provisional cover vorläufige Deckungszusage

provisional notice of cancellation vorsorgliche Kündigung

provisional premium Prämienvorauszahlung; Vorausprämie; die anfängliche Prämie, die für eine Haftpflichtdeckung verlangt wird und die durch Prüfung am Ende des Versicherungszeitraums modifiziert werden kann

provisional rating informatorische Tarifierung, Prämienindikation

provisional reserve Vorsichtsreserve

provisions, dissolution of Auflösung von Rückstellungen

provisions, general allgemeine Bestimmungen (einer Police)

provisions of contract Vertragsbestimmungen

provisions, sanitary Gesundheitsvorschriften

proximate cause unmittelbare Schadenursache, Ursachenzusammenhang, Hauptursache

proximate cause, doctrine of Prinzip der unmittelbaren Ursache

proximate clause im angelsächsischen Recht Bezeichnung für den maßgebenden Kausalzusammenhang

proximity Nähe, Unmittelbarkeit, Nachbarschaft

proximity suit Hitzeschutzanzug

proxy Bevollmächtigter, Stellvertreter, Geschäftsträger

proxy, by durch einen Bevollmächtigten, in Vertretung

prudence Klugheit, Vernunft; Vorsicht, Besonnenheit, Überlegtheit

prudent insurer umsichtiger Versicherer, kluger Versicherer

P.S.V. (public service vehicle) öffentliches Verkehrsmittel

psychology Psychologie

ptly.pd. (partly paid) teilweise eingezahlt

PTO (please turn over) bitte umblättern

P.U. (public utilities) Versorgungsunternehmen, Versorgungsbetriebe

pub (public house) Gasthaus, Gastwirtschaft

public öffentlich; staatlich

public adjuster öffentlicher Schadenregulierer, der bei Schadenregulierungsverhandlungen die Interessen des Versicherten vertritt

public, benefit for the im öffentlichen Interesse, zum allgemeinen Wohl

public body öffentlich-rechtliche Körperschaft

public company (P.C.) Kapitalgesellschaft

public corporation öffentlich-rechtliche Körperschaft

public domain öffentliches Eigentum, Gemeingut

public house (pub) Gasthaus, Gastwirtschaft

public, insurance buying Versicherungspublikum, Versicherungskundschaft

public interest, matter of Sache im öffentlichen Interesse

public law (P.L.) öffentliches Recht

public law, insurance institution under öffentlich-rechtliche Sachversicherungsanstalt

public law, insurance under öffentlich-rechtliche Versicherung

public liability Haftung aus dem Betriebsstättenrisiko; Haftung gegenüber der Öffentlichkeit

public liability insurance Betriebshaftpflichtversicherung

public liability policy Allgemeine Haftpflichtversicherungspolice

public limited company (PLC, plc) Aktiengesellschaft

public morals öffentliche Moral

public notary Notar

public nuisance öffentliche Störung, öffentliche Gefahrenquelle, öffentliches Ärgernis, öffentlicher Mißstand

public ownership Staatsbesitz

public policy Grundprinzipien von Recht und Ordnung; öffentliches Interesse; ordre public, Staatsraison

public prosecutor Staatsanwalt

public prosecutor's company Aktiengesellschaft

public records öffentliche Urkunden

public relations department [US] Abteilung einer Versicherungsgesellschaft, die für die Gesellschaft mit innerbetrieblichen Organen, Annoncen, Vorträgen, Informationsfilmen usw. wirbt; Abteilung für Öffentlichkeitsarbeit

public service vehicle (P.S.V.) öffentliches Verkehrsmittel

public transport vehicle öffentliches Verkehrsmittel, öffentliches Beförderungsmittel

public use Verwendung im öffentlichen Interesse

public utilities (p.u.) Versorgungsunternehmen, Versorgungsbetriebe

publican Gastwirt; Zöllner

publication, innocent Einrede der unwissentlichen Veröffentlichung (z. B. bei Werbung, die gegen die Vorschriften eines Gesetzes wegen Wettbewerbsbeschränkungen verstößt)

publication, joint gemeinsame Veröffentlichung

publicity Öffentlichkeit, Publizität, Bekanntmachung; Reklame, Werbung

publicity agency Werbeagentur, Reklamebüro

publishing house Verlag, Verlagsfirma

puisne untergeordnet, nachstehend

Puisne judge [UK] beisitzender Richter am High Court (Oberstes Zivilgericht) oder Crown Court (höheres Gericht für Strafsachen)

pull down niederreißen

punched card Lochkarte

punched card register Lochkartenregister

punched file register Lochkartenregister

punish strafen, bestrafen

punishment Bestrafung, Strafe

punitive damages [UK] Entschädigung mit Strafcharakter

pupillage praktische Ausbildung eines angehenden Anwalts in einer Anwaltskanzlei; Unmündigkeit; Schulzeit, Lehrzeit

purchase Kauf, Einkauf, Erwerb, Anschaffung

purchase erwerben; kaufen

purchase, hire Mietkauf, Ratenkauf, Teilzahlungskauf

purchase in bulk Großeinkauf

purchase of specified goods Spezieskauf

purchase of unascertained goods Gattungskauf

purchase on trial Kauf auf Probe

purchase price Kaufpreis, Anschaffungspreis

purchase price, annuity Renteneinlage, Rentenkaufpreis

purchase price, claim for Kaufpreisforderung

purchase, test Probekauf

purchase, to withdraw from a von einem Kauf zurücktreten; einen Kauf rückgängig machen

purchaser, contracting vertragsschließender Käufer

purchaser, finance Käufer, der Waren zum Zwecke des Mietverkaufs oder Ratenverkaufs erwirbt

purchaser, first Ersterwerber

purchaser in good faith gutgläubiger Käufer

purchaser, innocent gutgläubiger Erwerber

purchasers' interest Interesse, Anteil, Beteiligung der Käufer

purchasing power Kaufkraft

pure captive [US] firmeneigene Versicherungsgesellschaft ausschließlich für konzerneigene Risiken

pure economic loss reiner Vermögensschaden

pure endowment assurance Lebensversicherung auf den Erlebensfall, Erlebensfallversicherung

pure financial loss reiner Vermögensschaden

pure financial loss, products liability with erweiterte Produkt-Haftpflichtversicherung mit Vermögensschadendeckung

pure invention reine Erfindung

pure premium Nettoprämie

pure risk premium Bedarfsprämie, Risikoprämie

purity criteria Reinheitsmaßstäbe

purpose Absicht; Zweck

purpose, fit for the gebrauchsfähig für den (vertraglich) vorgesehenen Verwendungszweck

purpose, legal gesetzlicher Zweck

purpose of citation Zweck der Anführung; Zweck der Vorladung

purpose of the insurance Versicherungsgegenstand

purpose, particular bestimmter Zweck

purposes, commercial wirtschaftliche Zwecke, gewerbliche Zwecke

purposes, domestic Haushaltszwecke; private Zwecke

pursuance Ausführung; Verfolgung; Befolgung; Fortführung

pursuant to insurance law versicherungsrechtlich

pursue verfolgen, streben nach; nachgehen, betreiben, fortsetzen, weitermachen, weiterführen

pursuit, hazardous gefährliche Tätigkeit

pushchair Sportkinderwagen

put in a claim beanspruchen, einen Anspruch erheben

put into circulation in den Verkehr bringen

put into early retirement vorzeitiger Ruhestand

put into operation in Betrieb nehmen

pwt. (penny weight) Pennygewicht (1/20 Unze)

pyromania Pyromanie, Brandlegungstrieb

pyrophoric pyrophor, luftentzündlich

Q

Q.C. (Queen's Counsel) Anwalt der Krone

q.c.f. [quare clausum fregit, lat.] Hausfriedensbruch

qualification Qualifikation, Befähigung

qualification, staff Personalentwicklung

qualified qualifiziert, geeignet, tauglich; bedingt, modifiziert

qualified auditors certificate eingeschränkter Bestätigungsvermerk

qualified for benefit anspruchsberechtigt, bezugsberechtigt

qualified medical practitioner approbierter praktischer Arzt

qualified valuer zugelassener Schätzer

qualifying period for benefit Wartefrist, Karenzfrist

qualitative defect Qualitätsmangel

qualities, to guarantee Eigenschaften zusichern

quality Qualität

quality, agreed vereinbarte Qualität

quality, an expressly promised eine ausdrücklich zugesicherte Eigenschaft

quality categories Güteklassen, Qualitätsklassen

quality, certifier of Person oder Stelle, die die Qualität eines Produkts bescheinigt oder bestätigt

quality control Qualitätskontrolle, Gütekontrolle

quality control, increased verstärkte Produktkontrolle

quality, defect as to Qualitätsmangel, Sachmangel

quality, defective mangelhafte Qualität

quality, environmental Umweltbeschaffenheit

quality expectation Qualitätserwartung

quality, fair average (f.a.q.) gute Durchschnittsqualität; gute Mittelqualität; Handelsgut mittlerer Art und Güte

quality, good merchantable handelsübliche Qualität

quality, ignition Zündwilligkeit

quality, inferior minderwertig

quality maintenance Qualitätserhaltung

quality mark Qualitätszeichen, Gütezeichen

quality, merchantable handelsübliche Qualität

quality or fitness Qualität oder Tauglichkeit

quality product Qualitätserzeugnis

quality standards Qualitätsnormen

quality, superior von bester Qualität

quality test Qualitätsprüfung, Güteprüfung

quality, warranted zugesicherte Eigenschaft

quality, warranty of Sachmängelhaftung, Gewährleistung für Qualität

quantity Menge, Größe, Quantität; Anzahl

quantity buyer Großabnehmer

quantity production Massenherstellung

quantity, specified vorgeschriebene Menge, festgelegte Menge

quantity, wrong falsche Menge

quantum meruit [lat.] „soviel wie er verdient hat", „die verdiente Menge"; Prinzip des leistungsgerechten Entgelts

quantum of damages Schadenhöhe, Entschädigungssumme

quantum of interest Anspruchsbetrag, Höhe des Interesses

quantum valebant [lat.] Prinzip des angemessenen Preises

quare clausum fregit [q.c.f., lat.] Hausfriedensbruch

quarrel Streit, Zank, Hader; Grund zum Streit oder zur Beschwerde

quarrel streiten, zanken; sich entzweien

quarry Steinbruch; offene Grube, Halde; Fundgrube, Quelle

quarrying industry Industrie der Steine und Erden

quarterly vierteljährlich

quarterly instalment vierteljährliche Rate

quarter's payment Quartalszahlung

quash aufheben, annullieren, für ungültig erklären, verwerfen

quasi-contract vertragsähnliches Verhältnis; (durch vorhergehendes Handeln) als abgeschlossen geltender Vertrag

quasi-easement Quasigrunddienstbarkeit (Grunddienstbarkeit, die nicht eingetragen ist, aber langfristig und sichtbar ausgeübt wird)

Queen's Bench Division größte Abteilung des engl. High Court (Oberstes Zivilgericht), zuständig für Delikts- und Vertragsrecht

Queen's Counsel (Q.C.) Anwalt der Krone

Queen's Counsel clause „Führender-Anwalt-Klausel"; Klausel, durch die ein Versicherer sich verpflichtet, eine Forderung ohne Gegenklage zu zahlen, soweit der führende anwaltliche Vertreter nicht den Erfolg einer solchen Klage in Aussicht stellt

quench unterdrücken, auslöschen, vernichten; löschen; kühlen; abkühlen

query Anfrage

question Frage, Befragung; Untersuchung; Streitfrage, Streitpunkt; Vernehmung, Verhör

question at issue Streitfrage, Kernfrage

question, legal Rechtsfrage

question of blame Schuldfrage

question of law Rechtsfrage

question of substance Sachfrage

questionable fraglich, zweifelhaft, fragwürdig; ungewiß, nicht wahrscheinlich

questionnaire Fragebogen

quia timet [lat.] vorbeugende Unterlassung, „was auch immer zu befürchten sein mag"

quiet possession warranty Garantie des ungestörten Besitzes

quinquennial fünfjährlich

quinquennial allocation fünfjährige Verteilung

quinquennial distribution fünfjährige Verteilung

quominus, writ of [UK] ehemalige Verfügung zur Ausweitung der

Zuständigkeit des früheren Zentralfinanzgerichts (Court of Exchequer)

quota agreement Quotenregelung

quota reinsurance Quotenrückversicherung

quota share Quote, Anteil

quota-share reinsurance Quotenrückversicherung

quota-share reinsurance treaty Quotenrückversicherungsvertrag

quotation Prämienmitteilung; Kursnotierung; Preisnotierung; Preisangabe, Kostenvoranschlag; Zitat

quotation of a case Berufung auf eine Entscheidung

quote angeben, festsetzen; notieren; sich beziehen auf; anführen, zitieren

quote a precedent einen Präzedenzfall anführen

R

r. (rule) Handelsbrauch; Entscheid, Entscheidung, Rechtsgrundsatz; Vorschrift, Verordnung, (gesetzliche) Bestimmung, Norm, Rechtssatz; Herrschaft, Regierung; (Geschäfts-, Gerichts-)Ordnung; Regel, Normalfall

r. & c.c. (riots and civil commotions) Aufruhr und innere Unruhen

race Strömung; Lauf; Wettlauf, Kampf; Geschlecht, Stamm, Volk

race um die Wette laufen; laufen; rennen

racing (Wett)Rennen; (Pferde)-Rennsport

radiation (Aus-)Strahlung; Bestrahlung, Abstrahlung

radiation, damage by ionizing Schäden durch ionisierende Strahlung

radiation, damage caused by Strahlenschaden

radiation damages Strahlungsschäden

radiation, direct ionizing direkt ionisierende Strahlung

radiation dose Strahlendosis

radiation, exposed to strahlenbelastet, der Strahlenbelastung ausgesetzt

radiation hazard Gefahr durch Wärmeausstrahlung; Strahlenrisiko

radiation, heat Wärmestrahlung

radiation injury Strahlenschädigung, Strahlenschaden

radiation, ionizing ionisierende Strahlung

radiation level Strahlenhöhe, Strahlendosis

radiation, loss caused by Strahlungsschaden

radiation, persistent Dauerstrahlung

radiation protection Strahlenschutz

radiation risk Strahlenrisiko

radiation sickness Strahlenkrankheit, Strahlenerkrankung

radiation standards Strahlenschutznormen

radioactive contamination radioaktive Verseuchung

radioactive material radioaktiver Stoff

radioactive waste Atommüll, radioaktiver Abfall

radioactivity Radioaktivität

radioisotope radioaktives Isotop

radium Radium

raid, air Luftangriff, Luftüberfall

rail transport Bahntransport

rail transportation insurance Bahntransportversicherung

railway accident Eisenbahnunglück

railway, funicular Drahtseilbahn

railway liability Eisenbahn-Haftpflicht

railway, suspension Schwebebahn

rain, thundery Gewitterregen

rainwater damage Regenwasserschaden

raise the premium die Prämie erhöhen

raiser, fire Brandstifter

raising, fire Brandstiftung

random fluctuation Zufallsschwankung

random fluctuations, risk of Zufallsrisiko

range, explosive Zündbereich

range, flammable Zündbereich

range, medium loss Mittelschadenbereich

range, minor loss Kleinschadenbereich

range of action Tätigkeitsbereich

range of goods Warensortiment

range of policies Versicherungsarten

ranking Rangfolge, Rangordnung, Rang

ranking of claims Rangfolge der Forderungen

ratable anteilig

rate Prämiensatz; Gebühr; Preis, Betrag, Taxe; Verhältnis; Tarif, Kurs, Satz

rate abschätzen, taxieren, besteuern; rechnen, zahlen

rate, accident frequency Unfallhäufigkeitsziffer, Schadeneintrittsfrequenz, Schadenstatistik

rate, annual Jahresprämie; Jahressatz

rate, average Durchschnittssatz, Durchschnittsrate

rate, base Grundprämientarif; Überziehungskreditsatz

rate, basic Grundtarif, Feuertarif

rate, basic premium Grundprämiensatz, Grundprämie

rate, basis Grundtarif, Grundprämie

rate, blanket average Betriebsdurchschnittsbrandtarif

rate book Tarifbuch

rate, burning Abbrandgeschwindigkeit; Abbrandhäufigkeit

rate, class Brandtarif für Wohngebäude (in Form von Gruppentarifen)

rate compensation detector kombinierter Maximal-Differentialmelder

rate, death Sterblichkeitsziffer

rate, declinature Ablehnungsquote

rate, disability Invaliditätsgrad

rate, experience Erfahrungsrichtsatz; aufgrund von Erfahrung errechneter Entschädigungssatz

rate, flat Pauschalsatz

rate, growth Wachstumsrate

rate, illness frequency (IFR) Krankheitshäufigkeitsrate

rate, insurance Versicherungsprämiensatz, Versicherungstarif

rate, key Grundprämie, Grundprämiensatz, Grundprämientarif

rate, lapse Stornoquote, Stornosatz

rate, long Prämiensatz für eine für länger als ein Jahr ausgestellte Versicherungspolice

rate-making Prämienfestsetzung

rate, marine Prämiensatz der Seetransportversicherung

rate, market Marktpreis; Börsenkurs, Kurswert

rate, mortality Sterblichkeitsrate

rate of accrual (in pension schemes) Steigerungssatz (in Pensionsplänen mit nach Dienstjahren gestaffelten Ansprüchen)

rate of accumulation Zinssatz

rate of bonus Gewinnsatz

rate of bonus increase Progressionssatz, Steigerungssatz

rate of charge Gebührensatz

rate of combustion Verbrennungsgeschwindigkeit

rate of commission Provisionssatz

rate of conversion Umrechnungskurs

rate of disability Behinderungsgrad, Behinderungsquote, Behinderungsrate

rate of exchange Devisenkurs, Wechselkurs

rate of gross profit Bruttogewinnrate

rate of inflation Inflationsrate

rate of interest Zinsfuß, Zinssatz, Zinsrate

rate of interest, equivalent äquivalenter Zinssatz, konformer Zinssatz

rate of interest on investments Anlagezinsfuß

rate of interest, technical Rechnungszinsfuß, rechnungsmäßiger Zinsfuß

rate of premium Prämiensatz, Beitragssatz

rate of premium, high hohe Versicherungsprämie

rate-of-rise detector Differentialmelder

rate of termination Stornoquote, Stornosatz, Abgangswahrscheinlichkeit

rate of withdrawal Stornoquote, Stornosatz; Abgangswahrscheinlichkeit

rate, option Prämiensatz, Prämienkurs

rate, premium Prämienrate

rate, prime Zinssatz für „beste Adressen"

rate, probability death Sterbenswahrscheinlichkeit

rate, recovery Reaktivierungswahrscheinlichkeit

rate regulation Preisregulierung, Kursregulierung; Zinsregulierung; Gemeindesteuerregulierung; Tarifkontrolle

rate, scheduled Brandtarif für industrielle und gewerbliche Anlagen

rate, short-term Prämie für eine kurzfristige Versicherung

rate, specific (Feuerversicherung) Feuertarif für industrielle und gewerbliche Anlagen

rate structure Tarifstruktur

rate, tariff Tarifsatz

rate, tax Steuersatz

rate, technical Bedarfsprämie

rate, voyage Tarifierung nach der Reiseroute

rateable (ab)schätzbar, abzuschätzen, bewertbar; verhältnismäßig, proportional; steuerbar, umlagepflichtig

rateable proportion bewertbarer Anteil

rated policy Versicherung zu erhöhter Prämie

rated temperature Einstelltemperatur

ratification Bestätigung; Ratifizierung

ratification, doctrine of Ratifizierungsprinzip

rating Steuereinschätzung, Veranlagung; (Ab-)Schätzung, Schätzen, Bewertung, Tarifierung

rating agreement Tarifvereinbarung

rating basis Tarifierungsbasis

rating bureau Tarifbüro, Tarifierungsamt

rating compact Tarifkartell

rating, experience Prämienbemessung nach individuellem Verlauf; Erfahrungstarifierung

rating factor Bewertungszahl, die den Grundversicherungssatz im Verhältnis zu den Eigenschaften eines besonderen Risikos modifiziert; Bewertungsfaktor

rating, flat Pauschaltarifierung

rating freedom Tariffreiheit

rating, individual Anpassung der Prämie an das konkrete Risiko

rating, insurance Versicherungs-Tarifierung

rating law [US] Tarifierungsrecht

rating methods Methoden der Prämientarifierung

rating principles Tarifierungsgrundsätze, Prämienrichtlinien

rating procedure Tarifierungsverfahren, Prämienfestsetzungsverfahren; Klassifizierungsverfahren, Bewertungsverfahren, Verfahren zur Schätzung des Leistungsgrads

rating, provisional informatorische Tarifierung

rating, retrospective Prämienabrechnung nach Schadenverlauf

rating, risk Risikobewertung

rating-up Tarifierung erschwerter Risiken

ratio [lat.] Verhältnis; Quotient; Kurzform von ratio decidendi: der Teil eines Gerichtsurteils, der die Entscheidungsgründe anführt

ratio, claims Schadenquote

ratio, combined Addition von Schaden- und Kostenquote

ratio decidendi [lat.] Teil eines Gerichtsurteils, der die Entscheidungsgründe anführt, „der zu entscheidende Umstand"

ratio, expense Kostensatz, Unkostensatz

ratio, gross loss Bruttoschadenquote

ratio, liquidity Liquiditätsgrad

ratio, loss Schadensatz, Schadenquote, mittlere Schadenbelastung

raw material Grundstoff, Rohstoff

raw material market Rohstoffmarkt

raw materials, supply of Rohstoffversorgung

rayon Kunstseide

rays, emission of Aussendung von Strahlen, Strahlenemission

rays, exposure to Bestrahlungsgefahr

r.c.c. & s. (riots civil commotion and strike) Aufruhr, innere Unruhen und Streiks

R.C.L. (Ruling Case Law) Sammlung von Entscheidungen

rd. (road) Straße; Weg

re-attachment erneute Beschlagnahme, erneute Festnahme, erneuter Arrest; Wiederanhängen

re-employment Wiedereinstellung (z. B. nach ungerechtfertigter Entlassung)

re-enact wieder in Kraft setzen, neu verordnen

re-enactment erneute Inkraftsetzung, Neufassung eines Gesetzes, Gesetzesnovelle

re-engagement Wiederanstellung, Wiedereinstellung; Wiederverpflichtung

reach erreichen, eintreffen; reichen, langen, nehmen; sich belaufen

reaction, chain Kettenreaktion

reactor, fast breeder schneller Brutreaktor, schneller Brüter

reactor, nuclear Atomreaktor

reactor safety Reaktorsicherheit

readiness Bereitwilligkeit; Fertigkeit; Bereitschaft, Bereitsein

ready assets verfügbare Vermögenswerte

ready for operation betriebsfertig

ready-made clothes Konfektionskleidung

real chattels Miet- und Pachtrente

real estate Immobilien, Land, Grundstücke, Grundbesitz, Grundeigentum

real property Liegenschaften, Grundvermögen, Grundstücke

real property estate Grundbesitz

real property holding Grundbesitz

real property, insured Versicherungsgrundstück

real property, investment in Anlage in Liegenschaften

real right dingliches Recht, Recht an einer Sache

real value Sachwert, Realwert, effektiver Wert

realisation of securities Realisierung der Werte, Verwertung von Sicherheiten

realised profit eingetretener Gewinn, realisierter Gewinn

reality Wirklichkeit, Realität

realty Immobilien, Liegenschaften; Grundstücke

rear-end collision Auto-Auffahrunfall

rearrangement of treaty Vertragsumstellung

reason Grund, Ursache, Recht; Billigkeit; Vernunft, Verstand

reason for objection Ablehnungsgrund

reason, sound stichhaltiger Grund

reasonable vernünftig, vernunftgemäß; verständig, einsichtig; angemessen, annehmbar, tragbar, passabel, gerecht, billig

reasonable accuracy angemessene Genauigkeit

reasonable assured angemessen versichert

reasonable care angemessene Sorgfalt, erforderliche Sorgfalt

reasonable claim begründeter Anspruch

reasonable escape route zumutbarer Fluchtweg

reasonable force angemessener Zwang

reasonable foreseeability vernünftige Voraussehbarkeit

reasonable man vernünftiger Mensch

reasonable person vernünftiger Mensch

reasonable precautions angemessene Vorsichtsmaßnahmen

reasonable probability hinreichende Wahrscheinlichkeit

reasonable settlement angemessener Vergleich

reasonable skill angemessene Kenntnisse und Fähigkeiten

reasonable speed, duty to act with Pflicht, innerhalb eines angemessenen Zeitraums zu handeln

reasonable test angemessene Prüfung

reasonableness Vernünftigkeit, Verständigkeit; Annehmbarkeit, Angemessenheit, Tragbarkeit, Billigkeit

reasonableness, economic Wirtschaftlichkeit

reasonableness test Prüfung der Angemessenheit

reasonably dangerous ziemlich gefährlich

reassembling costs Einbaukosten

reassurance Rückversicherung

reassurance, risk premium Rückversicherung auf Risikobasis

reassure rückversichern, in Rückdeckung geben

reassured rückversichert; Rückversicherter

reassurer Rückversicherer

reassuring beruhigend

rebate Rabatt, Abzug; Rückzahlung

rebate, premium Prämienrabatt, Prämienabzug, Beitragsermäßigung

rebate, price Preisnachlaß

rebate, tax Steuernachlaß

rebating [US] Gewährung einer Leistung an einen Kunden seitens des Versicherungsvertreters über diejenigen des Versicherungsvertrags hinaus, wie die Zahlung eines Prozentsatzes der vom Vertreter zu erwartenden Kommission für den Vertragsabschluß (in den meisten Bundesstaaten unzulässig); Zurückzahlung, Rückvergütung; Rabatt, Preisnachlaß; Abzug bei Rückzahlung eines Darlehens vor Fälligkeit

rebating of commission Provisionsabgabe, Provisionsüberlassung

rebellion Rebellion, Aufruhr, Aufstand, Empörung; Auflehnung

rebuilding of the property Wiedererrichtung des Eigentums

rebut widerlegen, zurückweisen

rebuttable widerlegbar

rebuttal Gegenbeweis

rebutter Form des Widerspruchs

rebutting evidence Gegenbeweis

recall Rückruf (von Produkten); Widerruf, Zurücknahme

recall zurückrufen; zurücknehmen, widerrufen, rückgängig machen

recall cost insurance Rückrufkostenversicherung

recall, goods Produkterückruf

recall, products Produkterückruf

recaption Wiederwegnahme, Wiederinbesitznahme, Wegnahme als Selbsthilfe; erneute Pfändung

recapture of claims reserve Schadenreserveablösung

recd. (received) erhalten

receipt Empfangsbestätigung, Quittung; Empfang, Annahme, Eingang; Rezept, Vorschrift, Anweisung

receipt, accountable Rechnungsbeleg, Buchungsbeleg

receipt, binding vorläufige Versicherungspolice

receipt, cargo Frachtempfangsbescheinigung

receipt clause Empfangsklausel, Annahmeklausel

receipt, interim vorläufige Empfangsbestätigung

receipt, involuntary zwangsweiser Empfang

receipt, premium Prämienquittung

receipt, printed (unterzeichnete) Quittung, Empfangsbestätigung

receipt, renewal Erneuerungsquittung

receipt, trust Sicherungsübereignung; Depotbescheinigung

receipt voucher Empfangsbescheinigung

receipts Einnahmen; Empfang, Eingänge

receipts and expenses Einnahmen und Ausgaben

receipts, deficiency in Mindereinnahme

receipts, yearly Jahreseinnahmen

receivable accounts Forderungen, Außenstände, Debitoren

receivable amounts Abrechnungsforderungen

receivable bill einzulösender Wechsel

receivable premiums Prämienforderungen (Posten im Jahresabschluß)

receivable recourses Rückgriffsforderungen

receivable rent zu erhaltende Miete, zu erwartende Pacht

receivables Forderungen, Debitoren

received (recd.) erhalten

received discount gewährter Diskont

received, proposals eingegangene Anträge

receivership Zwangsverwaltung, Konkursverwaltung; Geschäftsaufsicht; Amt des Zwangs- oder Konkursverwalters

recession Geschäftsrückgang; Konjunkturrückgang

recipient Empfänger

reciprocal [US] Versicherungsverband auf Gegenseitigkeit; Gegenstück; reziproker Wert; wechsel-, gegenseitig; umgekehrt, entsprechend

reciprocal financing gegenseitige Finanzierung

reciprocal gesture Gegenleistung

reciprocal insurance company Versicherungsverband auf Gegenseitigkeit

reciprocal treaty Reziprozitätsvertrag

reciprocal-type insurer Versicherungsverband auf Gegenseitigkeit

reciprocity Reziprozität, Gegenseitigkeit

reciprocity, result Ergebnisreziprozität

recital Bestimmung, Feststellung (eines Vertrages); Vortrag; Darstellung, Schilderung, Bericht, Erzählung; Aufzählung

recital clause Präambel (der Feuerversicherungspolice)

recital in policy Aufzählung oder Angabe in der Versicherungspolice

reckless rücksichtslos, leichtfertig

reckless driving rücksichtsloses Fahren

reckless injury grob fahrlässige Beschädigung; grob fahrlässige Verletzung

recklessness Unbesorgtheit, Unbekümmertheit; Sorglosigkeit; Verwegenheit, Leichtfertigkeit, Rücksichtslosigkeit

reckonable years of service anrechnungsfähige Dienstjahre

reclaim zurückfordern, beanspruchen, reklamieren; zähmen, bezwingen, abrichten; zurückbringen; regenerieren

reclamation Reklamation, Zurückforderung; Einspruch; Bekehrung, Besserung

reclassification Neueinstufung, Neuklassifizierung

recognition, defect Erkennbarkeit des Fehlers

recognize erkennen; anerkennen, gelten lassen; lobend anerkennen

recognize a claim einen Anspruch anerkennen

recognized body of accountants amtlich anerkannter Wirtschaftsprüferverband, amtlich anerkannter Rechnungsprüferverband

recognized, officially offiziell anerkannt

recommendation Empfehlung, Vorschlag

recompense Entschädigung, Ersatz, Sühne; Vergeltung; Belohnung, Lohn

recompense belohnen, entschädigen; vergelten; erstatten, ersetzen, wiedergutmachen

reconcile versöhnen, aussöhnen; sich abfinden, sich fügen; beilegen, schlichten; in Einklang bringen

reconciliation Versöhnung

reconditioning charges Instandsetzungskosten

reconsideration nochmalige Erwägung; Revision

reconstruct wiederaufbauen, wiederherstellen; umbauen, umformen, umbilden

reconstruction Sanierung, Wiederaufbau; Umbau, Umformung

reconstruction programme Sanierungsprogramm

reconvalescence Genesung

record Aufzeichnung, Niederschrift; (schriftlicher) Bericht; Register, Liste, Verzeichnis, Tabelle; Ruf, Leumund; Zeuge, Zeugnis

record beurkunden, protokollieren; schriftlich niederlegen, aufzeichnen; eintragen, registrieren lassen; verzeichnen; aufnehmen, festhalten

record, computer systems Computersystemverzeichnis

record, criminal Strafregister

record-keeping Führung von Aufzeichnungen, Führung von Büchern

record, loss Schadenverlauf

record, on schriftlich niedergelegt; in den Akten; protokolliert

record, payment Kassenbuch

record, safety Sicherheitsvorgeschichte (eines Produkts), Sicherheitsaufzeichnungen

recorder Schriftführer, Protokollführer; Archivar; Registrator, Verzeichner

recorder [UK] nebenberuflicher Richter am Crown Court (höheres Gericht für Strafsachen) oder County Court (Grafschaftsgericht)

records department Registratur

records, policy Versicherungsunterlagen

records, public öffentliche Urkunden

recoup zurückbehalten

recoupment Zurückbehaltung; Wiedereinbringung; Entschädigung, Schadloshaltung; Ersetzung

recourse Regreß, Rekurs; Entschädigung, Schadloshaltung, Ersatzanspruch, Rückanspruch; Zuflucht

recourse action claim Regreßforderung

recourse action, to bring a eine Regreßklage erheben

recourse claim Regreßanspruch

recourse, liability to Regreßhaftung, Regreßpflicht

recourse, right of Regreßanspruch, Rückgriffsrecht

recourse, waiver of Regreßverzicht

recourse, without ohne Obligo, ohne Gewährleistung

recourses receivable Rückgriffsforderungen

recover einziehen, beitreiben; wiedererlangen, wiedererhalten; zurückerlangen; sich erholen

recover damages Schadenersatz erhalten, entschädigt werden

recoverable by law einklagbar

recoverable damage erstattungsfähiger Schaden, ersetzbarer Schaden

recoverable debt eintreibbare Forderung

recoverable loss ersetzbarer Schaden, zu ersetzender Schaden, eintreibbarer Schaden

recoverable sum erstattungsfähiger Betrag

recoverable under the policy, loss laut Versicherungspolice zu ersetzender Schaden

recoveries and salvage Einnahme aus Rückgriffen und Erlöse aus Schäden

recovery Beitreibung, Wiedergutmachung; Genesung, Gesundung, Erholung, Besserung, Wiederherstellung; Wiedererlangung; Bergung, Rettung

recovery claim Regreßanspruch, Rückgriffsanspruch

recovery, cost Kostendeckung, Ausgabendeckung

recovery, force of Gesundungsintensität

recovery from carrier Ersatzleistung des Frachtführers

recovery, insurance Versicherungsentschädigung, Versicherungszahlung

recovery, loss Schadenrückerstattung

recovery of a debt Eintreibung einer Forderung

recovery of damages Erhalt von Schadenersatz

recovery of outstanding amounts Eintreibung von Außenständen

recovery rate Reaktivierungswahrscheinlichkeit

recovery, right of Wiederbeschaffungsrecht

recreation Erholung

rectification Berichtigung, Richtigstellung, Verbesserung

rectification of defects Nachbesserung

rectification of policy Berichtigung einer Versicherungspolice

rectification, right of Berichtigungsrecht

recycle rückführen; wiederverwerten, wiederverwenden

recycling Rückgewinnung; Wiederverwertung, Wiederverwendung

red clause credit Vorschußakkreditiv

Red Cross Rotes Kreuz

red heat Rotglut

red light rotes Licht, Warnsignal

red, to be in the in den roten Zahlen stehen

redating of policy Wiederinkraftsetzung durch Verschiebung von Versicherungsbeginn und -ablauf um die Zeit der Außerkraftsetzung; Terminverlegung

redeemable abzahlbar, ablösbar, tilgbar; zurückkaufbar; einlösbar; erfüllbar

redeemable security Wertpapier mit begrenzter Laufzeit

redemption Einlösbarkeit, Einlösung; Amortisation; Wiederherstellung; Abzahlung, Tilgung; Rückkauf; Wiedergutmachung

redemption agreement Tilgungsabkommen

redemption of policy Versicherungsrückkauf

redemption of sum insured, notice of (Lebensversicherung) Kündigungsschreiben (wenn die Police beitragsfrei wird)

redemption plan Tilgungsplan

redemption, premium Prämienrückgewähr

redemption, price of Rückkaufswert, Tilgungsbetrag

redemption value Rückkaufswert, Rückzahlungswert, Einlösungswert

redemptions Rückkäufe

redemptions, not yet wound-up noch nicht abgewickelte Rückkäufe

redetermination of premium Neufestsetzung der Prämie

redhibition Rückgängigmachung eines Kaufes; Wandlung

redhibitory action Wandelungsklage, Gewährleistungsklage

redlining Ausschluß von bestimmten Personengruppen von Vertragsbeziehungen

redress Wiedergutmachung; Beseitigung, Behebung; Entschädigung

redress wiedergutmachen, beheben; abschaffen, beseitigen, abhelfen; heilen; wiederherstellen

redress, claim for Regreßanspruch

redress, legal Rechtsschutz

reduced earning capacity verminderte Erwerbsfähigkeit

reduced-rate coinsurance clause Klausel für die Ermäßigung von Prämiensätzen bei vertraglich vereinbarter Unterversicherung

reduced sum assured Reduktionswert, Umwandlungswert, prämienfreie Versicherungssumme

reduced use Gebrauchsminderung

reduction Ermäßigung, Abzug, Rabatt; Herabsetzung, Verminderung, Verringerung, Reduzierung; Rückgang

reduction factor Reduktionsfaktor

reduction for high sums insured Summenrabatt

reduction for large sums insured Summenrabatt

reduction in damage Schadenminderung

reduction in earning capacity Erwerbsminderung

reduction in value Reduktionswert, Umwandlungswert

reduction, liability Haftungsreduzierung

reduction of losses Verlustminderung

reduction, premium Prämiennachlaß

reduction value Reduktionswert, Umwandlungswert

reductions, premium table with large case Prämientarif mit Summenrabattstaffel

redundancy Entlassung (wegen Arbeitsmangels), Arbeitslosigkeit nach Rationalisierung; Redundanz; Überfluß, Überflüssigkeit

redundancy insurance Entschädigungsversicherung bei Entlassung von Arbeitnehmern

ref. (refer; reference; referred) Bezug nehmen; Bezugnahme; bezogen

refer; reference, referred (ref.) Bezug nehmen; Bezugnahme; bezogen

refer verweisen, hinweisen; übergeben, überlassen, überweisen; zuschreiben, zurückführen; zuordnen, zuweisen; sich beziehen, sich berufen

referee, medical [US] Vertrauensarzt, Amtsarzt

reference Verweisung, Überweisung; Anspielung, Beziehung, Bezugnahme

reference book Nachschlagewerk

reference, competitive [UK] (Recht) Überweisung einer Angelegenheit an die Monopolies and Mergers Commission (Kartellaufsichtsbehörde) nach erster Überprüfung durch den Director-General of Fair Trading (Generaldirektor des Amts zur Überwachung von Handelspraktiken)

reference, incorporation by Einbeziehung durch Bezugnahme (Vertrag)

reference number Aktenzeichen, Geschäftszeichen

reference price Referenzpreis, Bezugspreis

referential bid Referenzangebot (bezogen auf andere Angebote)

referred to as bezeichnet als

refine raffinieren, läutern; bilden, verfeinern, kultivieren; verbessern

reform, law Gesetzesreform

refrigerated goods tiefgekühlte Ware

refrigerated van Kühlwagen

refrigerated vehicles Kühlguttransport

refrigeration equipment, breakdown of Störung der Kühlvorrichtung

refrigeration equipment, failure of Ausfall der Kühlvorrichtung

refuge Zuflucht; Zufluchtstätte

refuge, port of Nothafen

refund Rückerstattung, Rückvergütung, Rückzahlung

refund zurückzahlen

refund claim Rückerstattungsanspruch

refund, experience Beitragsrückerstattung

refund in general average Vergütung großer Havarie
refund, liable to rückerstattungspflichtig
refund of commission Provisionsrückgabe
refund of premium Prämienrückgewähr
refund, tax Steuerrückerstattung
refusal Vorkaufsrecht; Weigerung; Verweigerung; Zurückweisung, Ablehnung
refusal of authorization to operate Konzessionsverweigerung
refusal, previous frühere Ablehnung, vorherige Weigerung
refusal to give evidence Aussageverweigerung, Zeugnisverweigerung
refusal to pay Zahlungsverweigerung
refusal to return Verweigerung der Rückgabe
refuse Müll; Abfall, Ausschuß
refuse ablehnen, ausschlagen, zurückweisen; verweigern, abschlagen, versagen
refuse a claim einen Anspruch zurückweisen
refuse incinerating plant Müllverbrennungsanlage
refuse tip Schuttabladeplatz
refuse to give evidence, right to Zeugnisverweigerungsrecht
refutation Widerlegung
Reg.T.M. (registered trade mark) eingetragenes Warenzeichen
reg.tn. (register ton) Registertonne
regard Bezug, Hinsicht; Rücksicht, Beachtung, Aufmerksamkeit; Achtung, Ehrerbietung

regard betrachten, ansehen; blicken auf; sich kümmern um, in Betracht ziehen; Rücksicht nehmen
regarding bezüglich, hinsichtlich, betreffend
regardless of ohne Rücksicht auf, ohne Berücksichtigung
regards Grüße, Empfehlungen
regd. (registered) eingetragen
regenerated cellulose film aufbereitete Zellulosefolie (dünne Folie aus raffinierter Zellulose, die aus nicht wiederaufbereitetem Holz oder nicht wiederaufbereiteter Baumwolle hergestellt wurde)
region Gebiet, Bereich
region, industrial Industriegebiet
regional office Bezirksverwaltung; regionale Geschäftsstelle
regional tariffs Regionaltarife
register, guarantee fund Deckungsstockregister
register, insurance Versicherungsverzeichnis
register, punched card Lochkartenregister
register, punched file Lochkartenregister
register ton (reg.tn.) Registertonne
registered (regd.) eingetragen
registered address gemeldete und registrierte Anschrift
registered bonds Namensschuldverschreibungen
registered capital Gesellschaftskapital, Aktienkapital
registered-mail insurance Versicherung für eingeschriebene Postsendungen
registered office Hauptsitz
registered share Namensaktie

registered society eingetragene Genossenschaft

registered stock Namensaktie

registered trade mark (Reg.T.M.) eingetragenes Warenzeichen

Registrar of Companies Leiter des Handelsregisters für Kapitalgesellschaften

registration Einschreibung, Anmeldung; Eintragung, Registrierung, Erfassung

registration, car Zulassung von Kraftfahrzeugen

Registration Council Registrierungskommission

registration mark Eintragungszeichen

registration, vehicle Kraftfahrzeugzulassung

regret Bedauern, Kummer, Bekümmertsein; Schmerz, Trauer

regular regulär, normal, gewöhnlich; regelmäßig, geordnet, ordentlich; genau, pünktlich; richtig

regular customer ständiger Abnehmer

regular place Betriebsstätte

regular premium laufende Prämie

regulation Anordnung, Verordnung, Verfügung; Betriebsvorschrift, Ordnung; Regulierung, Regelung

regulation, barrister's fee Anwaltsgebührenordnung

regulation, insurance Versicherungsaufsicht

regulation of insurance Regelung des Versicherungswesens

regulation of the agreements Schutzvorschriften für Verträge

regulation, parallel Parallelbestimmung

regulation, rate Preisregulierung, Kursregulierung; Zinsregulierung; Gemeindesteuerregulierung; Tarifkontrolle

regulation, rent Mietregelung, Mietregulierung

regulation, statutory gesetzliche Vorschrift

regulations Satzungen, Statuten, Vorschriften, Ordnungen

regulations, anti-pollution Umweltschutzvorschriften

regulations, dangerous substances Vorschriften über gefährliche Materien

regulations, fire Brandverordnungen, Vorschriften zur Brandverhütung

regulations, insurance Versicherungsvorschriften

regulations, legal gesetzliche Bestimmungen

regulations, liability Haftungsvorschriften

regulations, mandatory verbindliche hoheitliche Normen

regulations, rules and Vorschriften

regulations, safety Sicherheitsbestimmungen, Sicherheitsvorschriften

regulations, tax Steuervorschriften

regulations, traffic Straßenverkehrsvorschriften

regulations, valuation Bestimmungen über eine Bewertung; Bewertungsrichtlinien

regulations, working Betriebsvorschriften, Betriebsordnung

rehabilitate rehabilitieren, wiedereinsetzen; wiederherstellen

rehabilitation Rehabilitation, Rehabilitierung, Wiedereinsetzung; Wiederherstellung; Sanierung

rehabilitation, force of Wiederherstellungsintensität

rehabilitation of offenders Rehabilitierung von Straftätern

reimburse entschädigen; zurückzahlen, erstatten, ersetzen, vergüten

reimbursement Zurückzahlung, Rückerstattung, Vergütung; Deckung; Entschädigung

reimbursement of expenses Kostenrückerstattung, Auslagenvergütung

reimbursement of premium Prämienrückerstattung

reinforce verstärken; kräftigen, untermauern

reinstate wiedereinsetzen; (wieder)-instandsetzen; wiederherstellen

reinstate, insurer's duty to Wiederherstellungspflicht des Versicherers

reinstate, insurer's right to Wiederherstellungsrecht des Versicherers

reinstatement Wiedereinsetzung; Wiederherstellung

reinstatement clause Wiederauflebensklausel

reinstatement insurance gleitende Neuwertversicherung

reinstatement of cover Wiederinkraftsetzung der Deckung

reinstatement premium (r.p.) Wiederauffüllungsprämie

reinstatement value Wiederaufbauwert

reinstatement value insurance Neuwertversicherung

reinstatements, work of Wiederherstellungsarbeiten

reinstating records, insurance of cost of Wiederherstellungskostenversicherung

reinsurance (R.I.) Rückversicherung

reinsurance accepted, reserve for Rückversicherungsdepot aus übernommener Versicherung

reinsurance, assumed übernommene Rückversicherung

reinsurance broker Rückversicherungsmakler

reinsurance cessions Rückversicherungsabgaben

reinsurance commission Rückversicherungsprovision

reinsurance company Rückversicherungsgesellschaft

reinsurance contract Rückversicherungsvertrag

reinsurance coverage Rückversicherungsschutz

reinsurance customs Rückversicherungsusance

reinsurance, excess Exzedentenrückversicherung

reinsurance, excess of loss Schadenexzedentenrückversicherung

reinsurance, facultative fakultative Rückversicherung

reinsurance, freedom of Rückversicherungsfreiheit

reinsurance, inward in Rückdeckung übernommen, übernommene Rückversicherung

reinsurance, inwards aktive Rückversicherung

reinsurance, obligatory obligatorische Rückversicherung

reinsurance on risk premium basis Rückversicherung auf Risikobasis

reinsurance, open cover Rückversicherung mit offener (noch nicht festgelegter) Deckung

reinsurance, outwards abgegebene Rückversicherung, passive Rückversicherung, in Rückdeckung gegebene Versicherung

reinsurance pool Rückversicherungspool

reinsurance premium, payable fällige Rückversicherungsprämie; Rückversicherungsprämienverbindlichkeiten

reinsurance protection Rückversicherungsschutz

reinsurance, quota Quotenrückversicherung

reinsurance, quota-share Quotenrückversicherung

reinsurance, risk premium Rückversicherung auf Risikobasis

reinsurance, second surplus Rückversicherung des zweiten Exzedenten

reinsurance, share ceded in Rückversicherungsquote

reinsurance, stop loss Jahresüberschadenrückversicherung

reinsurance, surplus Summenexzedentenrückversicherung

reinsurance, surplus relief Finanz-Rückversicherung

reinsurance, to take over in in Rückversicherung nehmen

reinsurance, treaty Rückversicherung durch Abkommen

reinsurance treaty, excess of loss Schadenexzedenten-Rückversicherungsvertrag

reinsurance treaty, facultative fakultativer Rückversicherungsvertrag

reinsurance treaty, quota-share Quotenrückversicherungsvertrag

reinsurance treaty, surplus Exzedentenrückversicherungsvertrag

reinsurance undertaking Rückversicherungsunternehmung

reinsurances, accepted in Rückdeckung übernommene Versicherungen

reinsurances, ceded abgegebene Rückversicherungen

reinsurances ceded, reserve for Rückversicherungsdepot aus abgegebenen Versicherungen

reinsured rückversichert, Rückversicherter

reinsurer Rückversicherer

reinsurer, leading führender Rückversicherer

reinsurers, schedule of Beteiligungsanhang

reject ablehnen, verwerfen; durchfallen lassen; verweigern; abweisen, zurückweisen

reject, right to Ablehnungsrecht (bei Waren)

rejection Ablehnung, Ausscheidung; Ausschußartikel

rejection, notice of Ablehnungsbescheid

rejection of a proposal Antragsablehnung

rejection of documents Ablehnung von Dokumenten, Zurückweisung von Dokumenten

rejection of goods Warenablehnung, Warenzurückweisung

rejection of loss Ablehnung des Schadens

rejoinder Erwiderung

rel. (relating; relatively) in bezug (auf); verhältnismäßig

relapse Rückfall

relapse zurückfallen; rückfällig werden, einen Rückfall bekommen

related company verbundenes Unternehmen, Beteiligungsgesellschaft

related factors verwandte Faktoren, (damit) verbundene Faktoren

relating; relatively (rel.) in bezug (auf); verhältnismäßig

relating to bezüglich, in bezug auf

relating to prior aperiodisch

relation Verhältnis, Beziehung

relations, business Geschäftsbeziehungen, Geschäftsverbindungen

relations, commercial Handelsbeziehungen, wirtschaftliche Beziehungen

relations, legal Rechtsbeziehungen, Rechtsverhältnisse

relationship Verwandtschaft; Verhältnis, Beziehung

relationship, causal ursächlicher Zusammenhang

relationship clause Angehörigenklausel, Verwandtenklausel

relationships, family Verwandtschaftsbeziehungen, familiäre Beziehungen

relatives' action Klage eines Verwandten; Handlung eines Verwandten

relaxation Entspannung

release Freilassung; Freigabe; Befreiung; Freistellung, Entlastung; Auslöser, Auslösung; (Rechts-)Übertragung

release freilassen, loslassen; freigeben; aufgeben, übertragen

release after payment Verzicht (auf Ansprüche), Übertragung (von Ansprüchen) nach Erstattung

release and settlement Verzicht und (Schaden-)Regulierung

release before payment Verzicht (auf Ansprüche), Übertragung (von Ansprüchen) vor Erstattung

release, medical confidentiality Entbindung von der ärztlichen Schweigepflicht

release of reserves Auflösung von Rückstellungen

release of the guarantee deposit Freigabe der Kaution

relevance in law Rechtserheblichkeit

relevant factor einschlägiger Faktor

relevant judicial decision einschlägige Gerichtsentscheidung

relevant time relevanter Zeitpunkt, betroffener Zeitpunkt (der Lieferung, des Verkaufs usw.)

reliability Zuverlässigkeit, Vertrauenswürdigkeit

reliability of operation Betriebssicherheit

reliability of the law Rechtssicherheit

reliable zuverlässig; vertrauenswürdig

reliance Vertrauen, Verlaß; Stütze, Hilfe, Trost

relief, injunctive [US] Abhilfe durch einstweilige Verfügung; gerichtliche Verfügung, die die erforderliche Durchführung oder Einstellung einer Handlung einschränkt

relief, interlocutory vorläufiger Rechtsschutz

relief, obtaining Entlastung erhalten

relief, prayer for Klagebegehren

relinquish a right auf ein Recht verzichten

relinquishment Verzicht; Aufgabe

relinquishment of ownership Eigentumsaufgabe

remain bleiben, übrig bleiben

remain in force in Kraft bleiben, wirksam bleiben

remainder Restbestand; Restbetrag; Anwartschaft; Rückstand; Rest

remainder of a debt Restschuld

remainderman Anwartschaftsberechtigter; Nacherbe; Eigentümer

remaining indemnity Restentschädigung

remaining reserve Restreserve

remaining risk Restrisiko

remaining useful life Restnutzungsdauer

remark, explanatory erläuternde Bemerkung

remarkable ungewöhnlich, außerordentlich; bemerkenswert, beachtlich

remedy Rechtsmittel, Rechtsbehelf; Abhilfe; Heilmittel; Gegenmittel

remedy heilen; berichtigen, verbessern; abstellen, abhelfen; beheben; in Ordnung bringen

remedy, consumer Gegenmittel, Abhilfemaßnahmen, die dem Verbraucher zur Verfügung stehen

remedy, equitable Abhilfe nach Billigkeitsrecht

remedy, legal Rechtsschutz, Rechtsbehelf

remedy, non-financial sachliche Abhilfe

remedy of buyer Gegenmittel, Abhilfemaßnahmen, die dem Käufer zur Verfügung stehen

remedy, personal Eigenabhilfe (eines Geschädigten)

remedying a defect Behebung eines Mangels

reminder Mahnbrief, Mahnung, Erinnerungsschreiben

reminder, premium Mahnschreiben

reminder value Erinnerungswert

remission Erlaß, Nachlaß, Ermäßigung; Überweisung

remission of charges Gebührenerlaß

remit überweisen; übertragen; zurückverweisen; nachlassen, einstellen, aufgeben; erlassen, aufheben

remnant sale Ausverkauf (von Restbeständen)

remode ausbessern

remodelling Umbau

remote entfernt; entlegen

remote damage entfernter Schaden, nicht zurechenbarer Schaden

remote handling Fernbedienung

remoteness of damage Inadäquanz des Schadens, Nichtzurechenbarkeit eines Schadens

removable part austauschbares Teil, herausnehmbares Teil

removal Fortschaffen, Wegschaffen, Entfernung, Beseitigung; Umzug, Verlegung; Absetzung, Entlassung, Versetzung; Behebung

removal clause Freizügigkeitsklausel

removal of debris Beseitigung von Schutt

removal, temporary zeitweilige Entfernung

remove Umzug; Versetzung; Grad, Stufe; Entfernung, Abstand

remove wegnehmen, wegräumen, wegschaffen; umräumen, umstellen; beseitigen, entfernen; beheben; absetzen, entlassen

remuneration Vergütung, Entschädigung; Belohnung; Lohn, Gehalt, Entgelt

remuneration, without unentgeltlich

renew erneuern, verlängern; restaurieren, renovieren, ausbessern; wieder erlangen; neu beleben, regenerieren

renewable premium laufende Prämie

renewable term assurance erneuerbare Risikoversicherung

renewal Erneuerung, Verlängerung, Wiederinkraftsetzung

renewal bonus scheme Schema oder Plan der Verlängerungsprämie, Folgeprämie

renewal clause Verlängerungsklausel

renewal clause, tacit stillschweigende Verlängerung, Verlängerungsklausel

renewal commission Inkassoprovision

renewal date Erneuerungsdatum, Verlängerungsdatum; Jahresfälligkeit

renewal notice Aufforderung zur Prämienzahlung

renewal of contract Vertragsverlängerung, Vertragserneuerung

renewal of the contract, tacit stillschweigende Vertragserneuerung

renewal of treaty Erneuerung des Vertrages

renewal premium Erneuerungsprämie, Folgeprämie

renewal receipt Erneuerungsquittung

renewal years Folgejahre

renovation Renovierung, Erneuerung

rent Miete; Pacht

rent vermieten; verpachten; gemietet haben; gepachtet haben

rent-a-judge [US] spezielles Schiedsgerichtsverfahren in den USA; privates Gerichtsverfahren

rent clause Mietzinsklausel

rent, ground Grundrente

rent insurance Mietzinsverlust-Versicherung, Mietausfallversicherung

rent, loss of Ausfall von Mieteinnahmen, Mietverlust

rent, payable fällige Miete, fällige Pacht

rent policy Mietzinsversicherung

rent, receivable zu erhaltende Miete, zu erwartende Pacht

rent regulation Mietregelung, Mietregulierung

rental value insurance Mietausfallversicherung

rented car Leihwagen, Mietwagen

renting Mieten, Pachten

rents Mieteinkünfte, Pachteinkünfte

renumeration Umnumerierung

renunciation Entsagung; Verzicht

renvoi, doctrine of Prinzip der Überweisung eines Rechtsstreits an eine andere Gerichtsbarkeit

reopening Wiedereröffnung, Wiederinbetriebnahme

reorganization Sanierung; Reorganisation, Umbildung, Neuordnung

reorganization measures Sanierungsmaßnahmen

reorganize sanieren; neugestalten, reorganisieren, neuordnen

rep. (report) Bericht; Gutachten; Zeugnis; Gerücht; Ruf

repair Reparatur, Instandsetzung; Wiederherstellung, Stärkung, Erholung; Zustand

repair reparieren, (wieder)instandsetzen; ausbessern; wiederherstellen; wiedergutmachen; Schadenersatz leisten

repair costs Reparaturkosten, Instandsetzungskosten

repair, in bad in schlechtem baulichen Zustand

repair, in good in gutem baulichen Zustand

repair, in need of reparaturbedürftig

repair, road under Straße mit Baustellen, Straßenarbeiten

repair shop Reparatur-Werkstatt, Werkstatt

repair shop, auto [US] Kfz-Reparaturwerkstatt

repair, under in Reparatur

repair, vehicle body Fahrzeugkarosseriereparatur

repairer Reparierer, Reparaturfirma

repairman Handwerker

repairs Reparaturen, Instandsetzungsarbeiten

repairs, interior decorative Schönheitsreparaturen

repairs, workshop Werkstattreparaturen

reparation Wiedergutmachung; Entschädigung; Reparation; Wiederherstellung, Instandsetzung

repay erstatten, zurückzahlen; erwidern; belohnen, entschädigen

repay, obligation to Rückerstattungspflicht

repayment Rückvergütung, Rückzahlung, Tilgung

repayment of policy money Rückzahlung der Versicherungssumme

repayment of price Rückzahlung des Kaufpreises

repeal Aufhebung, Außerkraftsetzung (von Gesetzen); Widerruf

repeal aufheben, außer Kraft setzen; widerrufen

repeat order nochmalige Bestellung, Nachbestellung

repeat profit Gewinn aus Geschäften mit Dauer- oder Stammkunden

repentance Reue, Zerknirschung, Bußfertigkeit

repercussion Auswirkung; Reaktion; Rückstoß; Zurückwerfen, Rückprall; Widerhall

replace ersetzen; verdrängen; ablösen, an die Stelle treten;

replacement

zurückerstatten; wiedererstatten; wiedereinsetzen; vertauschen, austauschen

replacement, consignment of Ersatzlieferung

replacement cost insurance Neuwertversicherung

replacement costs Kosten für den Ersatz, Wiederbeschaffungskosten, Wiederherstellungskosten

replacement in kind Naturalersatz

replacement price Wiederbeschaffungspreis

replacement value Ersatzwert; Wiederbeschaffungswert

replacement value insurance Neuwertversicherung

replevin Herausgabeklage wegen widerrechtlicher Besitzentziehung; Klage auf Freigabe von Pfandgegenständen gegen Sicherheitsleistung; Feststellungsklage gegen Pfandverstrickung

reply Erwiderung, Antwort

reply replizieren, entgegnen; erwidern, antworten

report (rep.) Bericht; Gutachten; Zeugnis; Gerücht; Ruf

report berichten; anzeigen; melden

report, annual jährlicher Geschäftsbericht, Jahresbericht

report, damage Schadenmeldung, Havariebericht

report, directors' Geschäftsbericht

report, lapse Stornobericht

report, loss Schadenmeldung

report, market Marktbericht

report, medical ärztliches Attest, ärztlicher Bericht

report, non committal freies Gutachten

report, preliminary Vorbericht

report, survey Besichtigungsbericht, Expertise

report, surveyor's Besichtigungsbericht; Brandschaubericht

reporter Berichterstatter; Reporter

reporting arrangement Meldevereinbarung; Vereinbarung zur Berichterstattung gegenüber dem Versicherer

reporting coverage Stichtagsversicherung; Inventarversicherung mit der Auflage von Veränderungsmeldungen

reporting period, extended Frist nach Ablauf des Versicherungszeitraums zur Geltendmachung von Schadenfällen, die sich noch innerhalb des Versicherungszeitraums ereignet haben; verlängerter Berichtszeitraum, Meldezeitraum

reports, law Urteilssammlung

repose Ruhe, Ausruhen, Muße, Schlaf; Erholung, Entspannung; Gelassenheit, Besonnenheit

repose, statute of gesetzliche Verjährung ab Inverkehrbringung des Produktes, Ausschlußfrist, Erlöschen des Anspruchs

representation Darstellung, Schilderung, Vorstellung, Aufführung; Erklärung, Angabe

representation, false falsche Darstellung; falsche Angaben; Vorspiegelung falscher Tatsachen

representation, fraudulent irreführende Angaben, Vorspiegelung falscher Tatsachen, arglistige Täuschung

representation, promissory sich auf die Zukunft beziehende Erklärung

representations and warranties Zusicherungen und Gewährleistungen

representative Vertreter, Beauftragter; Repräsentant; Rechtsnachfolger; Abgeordneter

representative by operation of law gesetzlicher Vertreter

representative, company Unternehmensvertreter, Firmenvertreter, Firmenrepräsentant

representative, legal gesetzlicher Vertreter

representative, liability of Repräsentantenhaftung

representative, personal persönlicher Vertreter, Rechtsnachfolger, Testamentsvollstrecker, Nachlaßverwalter

representatives, sales Angestellte im Außendienst

reprint Abdruck, Neudruck

reprint neudrucken

reproduce hervorbringen, erzeugen; regenerieren; wiederholen; reproduzieren, wiedergeben; abdrucken, nachdrucken; nachbilden

reproduction Reproduktion, Vervielfältigung; Nachdruck; Nachbildung; Fortpflanzung, Vermehrung

repudiate nicht anerkennen; ablehnen; zurückweisen

repudiate a claim einen Anspruch zurückweisen

repudiation Nichtanerkennung; Ablehnung, Zurückweisung

repudiation by principal Erfüllungsverweigerung durch den Vorstand oder Geschäftsherrn, Rücktritt durch den Vorstand oder Geschäftsherrn

repudiation of a contract Ablehnung der Vertragserfüllung, Erfüllungsverweigerung

repudiation of cover Deckungsablehnung, Ablehnung des Versicherungsschutzes

repugnancy Widerwille, Abneigung, Antipathie; Unvereinbarkeit, Widerspruch, Unstimmigkeit

repugnant widrig, widerwärtig, anstößig; widersprechend, im Widerspruch stehend, unvereinbar; widerstreitend, sich widersetzend, unverträglich

repurchase Rückkauf, Rücknahme

reputation Ruf; Ansehen

reputation, business geschäftliches Ansehen

repute halten (für), gelten

request Bitte, Gesuch, Ersuchen; Aufforderung

request bitten, erbitten, ersuchen

request for admission [US] Aufforderung an die Gegenseite zur Anerkennung oder Klarstellung von Tatsachen im pre-trial-discovery-Verfahren

request for payment Zahlungsaufforderung, Mahnung

request, letters of Rechtshilfeersuchen

request note Beschreibung der gewünschten Deckung; Antrag; Änderungsantrag

request of the insured, at the auf Anforderung des Versicherten

request to produce documents Aufforderung an die Gegenpartei zur Vorlage von in ihrem Besitz befindlichen Unterlagen, die zur Beweisführung benötigt werden

requesting letter Mahnbrief

require erfordern; brauchen, nötig haben; verlangen, fordern; auffordern; zwingen, nötigen

required by law gesetzlich vorgeschrieben

required by law, form gesetzlich vorgeschriebene Form

required mathematical reserve vollständiges Deckungskapital

required premium Bedarfsprämie

requirement Anforderung, Bedingung; Befähigung, Eignung; Erfordernis, Bedürfnis

requirement, financial responsibility [US] Vorschrift über Haftungsgrenzen von Kraftfahrzeugführern für Personen- und Sachschäden

requirement, formal Formvorschrift, Formerfordernis

requirement, safety Sicherheitsbedarf, Sicherheitsbedingung, Sicherheitsvorschrift

requirement, yearly Jahresbedarf, jährlicher Bedarf

requirements, common law [UK] rechtliche Voraussetzungen, gesetzliche Vorschriften

requirements, eligibility annehmbare Forderungen, erwünschte Bedingungen, Teilnahmebedingungen; annehmbare Qualifikationen

requirements, fuel Brennstoffbedarf

requisite Erfordernis

requisites Bedarfsartikel

requisites, office Büroartikel

requisition Anforderung; Verlangen, Forderung; Aufforderung, Ersuchen; Erfordernis

requisition requirieren, beschlagnahmen; anfordern; beanspruchen, in Anspruch nehmen

res extincta [lat.] nicht mehr existierende Waren

res ipsa loquitur [lat.] wörtlich: „Die Sache spricht für sich"; Grundsatz der widerlegbaren Vermutung von Fahrlässigkeit; Beweis des ersten Anscheins

res judicata [lat.] wörtlich: „Angelegenheit, in der ein Urteil ergangen ist"; rechtskräftig entschiedene Sache

res sua [lat.] „eigene Sachen"; Grund für die Nichtigkeit eines Kaufvertrags, wenn der Käufer bereits Eigentümer der ihm verkauften Waren ist

resale Wiederverkauf, Weiterverkauf

resale price Wiederverkaufspreis, Weiterverkaufspreis

resale price maintenance Preisbindung bei Weiterverkauf, vertikale Preisbindung

resale, right of Weiterverkaufsrecht

rescind aufheben; zurücktreten von; widerrufen, rückgängig machen

rescind a sale einen Kaufvertrag rückgängig machen, wandeln

rescission Aufhebung, Rücktritt; Anfechtung

rescission, action in Anfechtungsklage, Aufhebungsklage

rescission, cause for Anfechtungsgrund, Aufhebungsgrund

rescission for breach of warranty Anfechtung wegen Gewährleistungsbruch

rescission for fraudulent misrepresentation Anfechtung wegen arglistiger Täuschung

rescission of a sale Rückgängigmachung eines Kaufvertrages, Wandelung

rescission of contract rückwirkende Vertragsauflösung, Vertragsanfechtung

rescission of contracts Vertragsaufhebung

rescission of transfer Rückgängigmachung einer Übertragung (von Eigentumsrechten)

rescission, right of Anfechtungsrecht, Aufhebungsrecht

rescission to detriment of Rückgängigmachung zum Nachteil von

rescue Hilfe, Rettung; Befreiung

rescue retten, befreien

rescue principle Nothilfegrundsatz

rescuer Retter, Helfer; Befreier

research (wissenschaftliche) Forschung(sarbeit); Untersuchung, Nachforschung, Analyse

research, loss Schadenforschung

research, market Marktforschung

research, operational Unternehmensforschung

research, product Produktforschung

research, scientific wissenschaftliche Forschung

research, socio-legal sozialwissenschaftlich-rechtliche Forschung

reselling, expenses in Weiterverkaufskosten

resemblance Ähnlichkeit

reservation Vorbehalt, Vorbehaltsrecht, Vorbehalts-Klausel; Reservat; Vorbestellung, Reservierung

reservation of ownership Eigentumsvorbehalt

reservation of ownership, sale with Kauf unter Eigentumsvorbehalt

reservation of title Eigentumsvorbehalt

reserve Ersatz, Reserve, Rücklage, Rückstellung; Reservation, Vorbehalt, Einschränkung, Zurückhaltung; Vorrat

reserve vorbehalten, ausbedingen; aufsparen, aufbewahren, aufheben; verschieben, aufschieben; reservieren, belegen

reserve account, investment Zwischenkonto für realisierte Kursgewinne oder Kursverluste

reserve, additional Zusatzreserve; zusätzliche Sicherheit; Zuschuß, Zuschlag

reserve, annuity Rentenreserve, Rentendeckungsrückstellung

reserve, bonus Bonusrücklage

reserve, cancellation Storno-Rückstellung

reserve, catastrophe Katastrophenreserve, Katastrophenrücklage

reserve, claims Rückstellung für schwebende Schäden, Schadenreserve, Schadenrückstellung

reserve, contingency Sicherheitsreserve

reserve, fluctuation Schwankungsrückstellung, Schwankungsreserve

reserve for bonuses Rückstellung für gutgeschriebene Gewinnanteile

reserve for contingencies Sicherheitsrücklage

reserve for depreciation of securities Kursverlustreserve

reserve for foreign currency Rückstellungen für Fremdwährungen

reserve for future bonuses Gewinnreserve, Überschußrücklage, Rückstellung für die künftige Gewinnverteilung

reserve for impending losses Rückstellung für drohende Verluste

reserve for increasing age Alterungsrückstellung, Alterungsreserve

reserve for increasing risks Reserve für steigende Risiken

reserve for management costs [US] Verwaltungskostenrückstellung

reserve for management expenses Verwaltungskostenrückstellung

reserve for outstanding claims Rückstellung für schwebende Schäden, Schadenreserve

reserve for outstanding liabilities Rückstellung für unerledigte Versicherungsfälle

reserve for pending claims Rückstellung für schwebende Schäden, Schadenreserve

reserve for premium adjustment Rückstellung für Beitragsnachverrechnung

reserve for premium due Rückstellung für Beitragsnachverrechnung

reserve for premium refund Rückstellung für Beitragsrückerstattung, Stornorückstellung

reserve for provident fund Vorsorgereserve, Vorsorgerücklage

reserve for reinsurance accepted Rückversicherungsdepot aus übernommener Versicherung

reserve for reinsurances ceded Rückversicherungsdepot aus abgegebenen Versicherungen

reserve for retrocessions Retrozessionsdepot

reserve for return premium-entry Rückstellung für Beitragsrückerstattung

reserve for sinking fund Tilgungsrücklage

reserve for surrenders Rückstellung für Rückkäufe

reserve for taxes Steuerreserve

reserve for traffic accidents victims fund Rückstellungen für Solidar- und Verkehrsopferhilfe

reserve for undistributed profits Gewinnbeteiligungsreserve

reserve for unearned premium Prämienüberhang

reserve for unexpired risks Prämienübertrag

reserve for unreported claims Spätschadenreserve

reserve, free freie Reserve, freie Rücklage

reserve fund, investment Kursverlustreserve

reserve funds Rücklage einer Versicherungsgesellschaft zur Deckung der Kosten der Schadenregulierung; Rücklage(fonds); Liquiditätsüberschuß

reserve, gross Bruttoreserve

reserve, hidden stille Reserve

reserve, insurance Prämienreserve, Selbstversicherungsrücklage, Rückstellung für Eigenversicherung

reserve, interest on annuity Zinsen auf Renten-Deckungsrückstellungen

reserve, legal gesetzliche Rücklage, gesetzliche Reserve

reserve, loss Schadenreserve, Schadenrückstellung

reserve, mathematical Deckungskapital, Deckungsrückstellung, Prämienreserve

reserve, medial (policy) Dekkungsrückstellung in der Mitte des Versicherungsjahres einschließlich Nettoprämienübertrag

reserve, mid-terminal Deckungsrückstellung in der Mitte des Versicherungsjahres einschließlich Nettoprämienübertrag

reserve, nature Naturschutzgebiet

reserve, net Nettoreserve

reserve, policy Deckungskapital

reserve, precautionary Vorsichtsreserve

reserve, premium Prämienreserve, Prämienübertrag

reserve, premium refund Prämienrückgewähr

reserve price Mindestpreis (bei einer Versteigerung)

reserve, prospective prospektives Deckungskapital

reserve, provisional Vorsichtsreserve

reserve, remaining Restreserve

reserve, retrospective retrospektives Deckungskapital

reserve, revaluation Aufwertungsreserve

reserve, run-off of loss Schadenreserveabwicklung

reserve, securities valuation [US] Kursverlustreserve

reserve, self-insurance Selbstversicherungsrücklage

reserve, statutory statuarische Reserve, satzungsmäßige Reserve; gesetzliche Rücklage

reserve, technical technische Reserve, technische Rücklage

reserve, terminal (policy) Dekkungsrückstellung am Ende des Versicherungsjahres

reserve, to set up a in Reserve nehmen

reserve, transfer of Reserveübertragung, Reserveüberweisung

reserve, unconditional freie Rücklage

reserve, under unter Vorbehalt

reserve, undisclosed stille Reserve

reserve, vehicle lay up Stilliegereserve in der Kfz-Versicherung

reserve, war Kriegsreserve, Kriegsrücklage

reserve, withdrawal of loss Schadenreserveabwicklung

reserves Reservefonds, Rücklagen

reserves, actuarial Deckungsrückstellungen

reserves, allocation of Zuweisung von Reserven

reserves, commutation of Ablösung von Rückstellungen

reserves, constituted Reservestellungen

reserves, deposit retained annuities Renten-Deckungsrückstellung

reserves, dissolution of Auflösung von Rückstellungen

reserves, release of Auflösung von Rückstellungen

reserves, strengthening of Reserveverstärkung

reserves, tax-privileged steuerbegünstigte Rücklagen

reserves, transfer from Entnahme aus Reserven

reserves, underwriting versicherungstechnische Rückstellungen

reservoir Reservoir, Wasserspeicher, Staubecken; Sammelbecken

residence Wohnsitz; Aufenthalt; Wohnen; Ortsansässigkeit; Wohnhaus, Wohnung; Amtssitz, Dienstwohnung; Sitz (einer Behörde)

residence, habitual gewöhnlicher Aufenthaltsort

residence insurance Gebäudeversicherung

residence, place of Aufenthaltsort, Wohnort

resident ortsansässig, wohnhaft, innewohnend

residential buildings Wohnbauten

residential zone Wohnbezirk

residing ordinarily übliches Wohnen

residual risk Restrisiko

residue Rest, Überrest, Rückstand, Reinnachlaß

residue, pesticide Rückstände von Schädlingsvertilgungsmitteln

resignation Aufgabe, Verzicht; Amtsniederlegung; Rücktritt

resist a claim einen Anspruch bestreiten

resistance Festigkeit, Beständigkeit; Widerstandskraft, Widerstand

resistance bridge grid detector Rauchmelder mit Widerstandsmeßbrücke

resistance, draught Sicherung gegen Luftzug

resistance, fire Brandwiderstand, Feuerwiderstand, Feuersicherheit

resistance, heat Hitzebeständigkeit

resistance rating, fire Brandwiderstandsdauer, Feuerwiderstandsdauer

resistance, thermal Wärmedurchlaßwiderstand, Wärmedämmwert

resistance, thermal shock Temperaturwechselbeständigkeit (TWB)

resistance, total thermal Wärmedurchgangswiderstand

resistance under load, fire Druckfeuerbeständigkeit

resistant, flame schwer entflammbar

resoluteness Entschlossenheit

resolution Entschlossenheit, Entschiedenheit, Unbeirrbarkeit; Auflösung; Rückführung; Entschluß, Resolution

resolutions, company Gesellschaftsbeschlüsse

resolutive condition auflösende Bedingung

resource Mittel, Hilfsmittel, Hilfsquelle; Zuflucht; Unterhaltung, Entspannung, Erholung

Resource Conservation and Recovery Act of 1980 [RCRA, US] Abfallbeseitigungsgesetz von 1980

resources, mineral Bodenschätze, mineralische Rohstoffe

resp. (respectively) beziehungsweise

respectively (resp.) beziehungsweise

respite Frist, Aufschub, Stundung; Zahlungsaufschub

respite aufschieben, verschieben, vertagen; stunden; begnadigen; aussetzen

respite, final letzte Frist, letzter Zahlungsaufschub

respite of premium Prämienstundung

respondent (in arbitration proceedings) Beklagter (in Schiedsgerichtsprozessen)

response, time of Ansprechzeit

responsibility, criminal strafrechtliche Verantwortlichkeit; Zurechnungsfähigkeit

responsibility, diminished verminderte Zurechnungsfähigkeit

responsibility for an accident Schadenverantwortlichkeit, Schuld an einem Unfall

responsibility, joint gemeinsame Verantwortung; Solidarhaftung

responsibility of user Pflicht des Benutzers

responsibility, parental elterliche Aufsichtspflicht

responsibility, primary Hauptverantwortlichkeit

responsibility, sense of Verantwortungsbewußtsein

responsibility, to bear the die Verantwortung tragen

responsible verantwortlich, verantwortungsvoll; haftbar; vertrauenswürdig, verläßlich; zahlungsfähig

responsible for, to be haften für, einzustehen für, verantwortlich für

responsible position Vertrauensstellung, verantwortungsvolle Position

responsive time Ansprechzeit, Auslösezeit

rest Ruhe, Rest; Pause; Schlaf

rest ruhen; rasten, ausruhen, zur Ruhe kommen; schlafen; beruhen auf; sich stützen

restatement auf der Auswertung vorhandener Rechtsprechung beruhende Richtlinien und Orientierungshilfen (keine Gesetzeskraft)

restaurant, fast food Schnellgaststätte, Schnellrestaurant

restitutio in integrum [lat.] Wiederherstellung des ursprünglichen Zustands

restitution Wiederherstellung, Entschädigung, Rückerstattung, Restitution

restitution, specific Herausgabe (einer beweglichen Sache)

restorability Instandsetzbarkeit

restorable detector rückstellbarer Melder

restore wiederherstellen; restaurieren, instandsetzen; wiedereinsetzen; überschreiben; hinzufügen; zurückerstatten

restore one's health seine Gesundheit wiederherstellen

restraining order einstweilige Verfügung; richterliches Verbot

restraint of trade Handelseinschränkung, wettbewerbseinschränkendes Verhalten

restricted area Sperrgebiet; Zone mit Geschwindigkeitsbegrenzung

restriction Einschränkung, Vorbehalt

restriction, undue unbillige Einschränkung; unzulässige Beschränkung

restrictive condition Leistungsbeschränkung, Leistungseinschränkung; einschränkende Bedingung

restrictive covenant insurance Versicherung gegen Baubeschränkungen

Restrictive Practices Court Kartellgericht, Gericht für Fälle der Wettbewerbsbeschränkung

restrictive trade practice wettbewerbseinschränkendes Verhalten

result Ergebnis, Resultat; Erfolg; Folge; Auswirkung, Nachwirkung

result sich ergeben, resultieren; enden, hinauslaufen, zur Folge haben

result, final Schlußergebnis

result of evidence Beweisergebnis

result, operating Geschäftsergebnis

result reciprocity Ergebnisreziprozität

result, underwriting technisches Ergebnis

results, insurance Geschäftsergebnisse von Versicherungsgesellschaften

results, trading Betriebsergebnisse

resumption Wiederaufnahme; Zurücknahme; Wiederinbesitznahme

retail Einzelhandel

retail price, fixed Festverkaufspreis

Retail Price Index (RPI) Preisindex für die Lebenshaltung

retail, sold by Absatz durch den Einzelhandel

retailer Einzelhändler, Kleinhändler; Verbreiter, Erzähler

retailing company, direct-mail Versandhandelsunternehmen

retained earnings thesaurierter Gewinn; Gewinnrücklage

retained premium (Rückversicherung) Eigenbehaltsprämie

retained profit einbehaltener Gewinn

retaining fee Anwaltsvorschuß, Gebührenvorschuß

retaining lien Zurückbehaltungsrecht

retaining of goods Warenzurückbehaltung

retardant, fire feuerhemmend

retardant, flame schwer entflammbar

retention Selbstbehalt bei Rückversicherung; Behalten, Gedächtnis; Bewahrung; Zurückbehaltung

retention, blanket Pauschaleigenbehalt

retention clause Selbstbehaltsklausel

retention, each accident Eigenbehaltsbetrag pro Schaden

retention, graded gestaffelter Selbstbehalt

retention, level of Selbstbehaltshöhe

retention limit Selbstbehaltsgrenze

retention, net Nettoselbstbehalt, Nettoeigenbehalt

retention of title Eigentumsvorbehalt

retention, own Selbstbehalt

retention, per risk Selbstbehalt pro Risiko

retention, right of Zurückbehaltungsrecht

retention, self-insured (s.i.r.) selbstversicherter Eigenbehalt, Selbstbehalt

retirement zurückziehen; Ruhestand; Zurückgezogenheit; Abgeschiedenheit

retirement age, flexible flexible Altersgrenze

retirement annuity aufgeschobene Leibrente mit Rückgewähr der Prämien samt Zinsen beim Tode des Rentners während der Aufschubzeit

retirement income aufgeschobene Leibrente mit garantierter Mindestlaufzeit und Kapitalzahlung bei Tod vor Rentenbeginn

retirement income, total Gesamtversorgung im Rentenfall

retirement pension Altersversorgung, Pension, Ruhegehalt, Altersrente.

retirement pension assurance Rentenversicherung, Pensionsversicherung, Altersversicherung

retirement pension, expenses relating to Altersversorgungsaufwendungen

retirement, postponed aufgeschobene Pensionierung

retirement, premature vorverlegte Pensionierung, vorgezogene Pensionierung

retirement scheme Altersversorgungswerk, betriebliche Pensionskasse

retort Entgegnung; Erwiderung; Umkehrung; Vergeltung

retort wiedergeben, zurückgeben; erwidern; zurückfallen lassen; vergelten, sich rächen für

RETRA (Radio, Electrical and Television Retailers' Association) Verband der Radio-, Elektro- und Fernseh-Einzelhändler

retraction Zurückziehen; Zurücknahme, Widerruf

retraining, vocational berufliche Umschulung

retrenchment Einschränkung; Beschränkung, Kürzung, Verminderung; Abbau; Abschaffung; Streichung

retrial nochmalige Prüfung; erneute Verhandlung, Wiederaufnahmeverfahren

retroactive rückwirkend

retroactive date Rückwirkungsdatum

retroactive effect Rückwirkung

retroactive insurance Rückwärtsversicherung

retroactive liability rückwirkende Haftung

retroactively, to operate rückwirkend in Kraft treten

retroactivity Rückwirkung; rückwirkende Kraft

retrocede retrozedieren

retroceding insurer Retrozedent, Zweitrückversicherer

retrocession Rückabtretung, Rückübertragung; Zurückgehen, Rückgang

retrocession treaty Retrozessionsvertrag

retrocessionnaire Retrozessionär

retrocessions, reserve for Retrozessionsdepot

retrospective insurance rückwirkende Versicherung

retrospective method vergangenheitsbezogene Methode (z. B. der Prämienberechnung)

retrospective rating Prämienabrechnung nach Schadenverlauf

retrospective reserve retrospektives Deckungskapital

retrospectivity Rückwirkung

retry wiederaufnehmen, nochmals untersuchen, neu verhandeln

return Rückkehr, Wiederkehr; Rückgabe, Rückzahlung; Erwiderung; Gegenleistung

return zurückkehren; zurückkommen; wiederkommen; zurückfallen; erwidern, antworten

return commission stornierte Provision

return date Bilanzstichtag

return, inability to Unfähigkeit der Rückgabe

return of claims reserve Schadenreserveablösung

return of commission Rückprovision

return of premium Rückerstattung der Prämie, Rückzahlung der Prämie, Prämienrückgewährung

return of premium, insurance with Versicherung mit Prämienrückgewähr

return of premium, insurance without Versicherung ohne Prämienrückgewähr

return of premium, legal Beitragsrückerstattung

return on investment (ROI, Roi) Rendite aus einer Kapitalanlage

return premium Beitragsrückerstattung, stornierte Prämie, Rückprämie

return premium-adjustment Beitragsrückerstattung-Nachverrechnung

return premium due to cancellation Stornoprämie

return premium entry, reserve for Rückstellung für Beitragsrückerstattung

return premium for policy cancellation Prämienrückerstattung wegen Aufhebung der Versicherung

return, refusal to Verweigerung der Rückgabe

return, sale or Kauf mit Rückgaberecht

return, tax Steuererklärung

return to active employment Wiedererlangung der Erwerbsfähigkeit

returned premium rückvergütete Prämie

returns, annual jährliche Rendite; jährlicher Geschäftsbericht

returns, lying up Rückvergütung für das Stilliegen des Seeschiffes

returns on investment Erträge aus Investitionen

revalorisation Aufwertung

revaluation Umwertung, Neubewertung

revaluation reserve Aufwertungsreserve

reveal offenbaren; enthüllen; zeigen

revenue Einnahmen, Einkünfte; Kapitalrente, Einkommen; Ersatz

revenue account versicherungsspezifische Gewinn- und Verlustrechnung, Gewinn- und Verlustkonto, Ertragskonto

revenue authority Finanzbehörde

revenue basis Einkommensgrundlage

revenue, taxation of Steuern auf Einnahmen

reversal of burden of proof Umkehrung der Beweislast

reverse Gegenteil, Kehrseite; Rückseite; Rückschlag

reverse umkehren, umdrehen, umstoßen; aufheben, stornieren

reversed onus of proof Umkehrung der Beweislast

reversing entry Stornobuchung

reversion Umkehrung; Anwartschaft

reversion, contingent Anwartschaft

reversionary annuity Überlebensrente, Rente auf den Überlebensfall

reversionary bonus Summenzuwachs

reversionary dividend Summenzuwachs

reversionary interest Anwartschaftsrecht

review Rückblick; Überblick; Nachprüfung; Besprechung; Bericht, Übersicht

review überprüfen, nachprüfen; durchsehen; wiederholen; zurückblicken; überblicken; besprechen

review, judicial gerichtliche Überprüfung, (US) Normenkontrolle

review, pre-trial Prüfung im Vorverfahren; Zusammenkunft der Parteien vor einem Zivilverfahren, um mögliche Vorbringen zu prüfen und eine Abkürzung und damit Kostenersparnisse zu bewirken

revisionary bonus, vested gutgeschriebener Gewinnanteil

revival Wiederinkrafttreten; Wiederaufleben, Erneuerung, Wiederaufgreifen; Wiederbelebung

revival of lapsed policy Wiederaufleben lassen einer verfallenen Police

revival of the policy Erneuerung der Police, Wiederinkrafttreten der Police

revive wieder in Kraft setzen

revocation Rücknahme, Aufhebung, Widerruf; Rückruf

revocation by will testamentarische Aufhebung

revocation, settlor's right of Aufhebungs-, Widerrufsrecht des Treugebers

revolution Revolution, Umsturz; Umwälzung, Umdrehung; Umschwung, wesentliche Umgestaltung

reward Entgelt, Lohn; Belohnung; Vergeltung

reward vergelten; belohnen, entlohnen

R.I. (reinsurance) Rückversicherung

rider [US] Zusatzbestimmungen zur Police

rider, family income [US] Familienrenten-Zusatz

rider, guaranteed insurability [US] (Lebensversicherung) Nachtrag, der das Recht einräumt, zu bestimmten Terminen die Versicherungssumme ohne Risikoprüfung zu erhöhen

rider of a motor-assisted pedal cycle Mofafahrer

rider, pillion Sozius, Beifahrer

rider, term Risiko-Zusatzversicherung

riding establishment Reiteinrichtung, Reitstall

rig, drilling Bohrinsel

right, absolute absolutes Recht, uneingeschränktes Recht

right as rain, as (colloq.) ganz richtig, völlig in Ordnung sein

right, assertion of a Geltendmachung eines Rechts

right, contingent Anwartschaftsrecht

right, existing bestehendes Recht

right, future zukünftiges Recht, Anwartschaft

right in personam obligatorisches Recht, schuldrechtlicher Anspruch

right in rem dingliches Recht

right, maternity Mutterschaftsrecht

right of action Klagebefugnis, Klagerecht

right of cancellation Rücktrittsrecht, Aufhebungsrecht; Kündigungsrecht

right of disposal Verfügungsrecht

right of distress, landlord's Vermieterpfandrecht

right of inspection Einsichtsrecht, Informationsrecht

right of policy holder Recht eines Policeninhabers, Recht des Versicherungsnehmers

right of possession Besitzrecht

right of recourse Regreßanspruch, Rückgriffsrecht

right of recovery Wiederbeschaffungsrecht

right of rectification Berichtigungsrecht

right of resale Weiterverkaufsrecht

right of rescission Anfechtungsrecht, Aufhebungsrecht

right of retention Zurückbehaltungsrecht

right of temporary removal Freizügigkeit

right of transfer Freizügigkeit

right of user Benutzungsberechtigung, Benutzungsrecht

right of way Wegerecht; Vorfahrtsrecht

right, personal persönliches Recht, Individualrecht

right, possessive Besitzrecht

right, proprietary Eigentumsrecht

right, real dingliches Recht, Recht an einer Sache

right, subscription Bezugsrecht

"right-thinking man" der rechtschaffene Mann

right to be heard Anhörungsrecht

right to benefit Bezugsberechtigung, Leistungsanspruch

right to benefit, exhaustion of Aussteuerung, Erschöpfung der Bezugsberechtigung

right to choose Wahlrecht

right to claim for damages Schadenersatzanspruch

right, to exercise a ein Recht geltend machen, ein Recht ausüben

right, to forfeit a ein Recht verwirken

right to honesty Treu und Glauben

right to indemnification, proof of Nachweis des Entschädigungsanspruches

right to know Aufklärungs- und Auskunftsrecht

right to objection Einspruchsrecht

right to refuse to give evidence Zeugnisverweigerungsrecht

right to reject Ablehnungsrecht (bei Waren)

right, to relinquish a auf ein Recht verzichten

right to safety Recht auf Produktsicherheit

right to vote, interference with Störung des Rechts zu wählen

right, to waive a auf ein Recht verzichten

right to withhold delivery Recht, eine Lieferung zurückzubehalten

right, waiver of Rechtsverzicht

right, water Wassernutzungsrecht

righteous rechtschaffen, gerecht, redlich, aufrecht

rightful claim berechtigter Anspruch

rightful claimant Anspruchsberechtigter

rightfulness Rechtmäßigkeit

rights, alteration of Änderung von Rechten

rights and duties Rechte und Pflichten

rights arising out of contract Rechte aus einem Vertrag

rights arising out of tort Rechte aus unerlaubter Handlung

rights, basic Grundrechte

rights, buyer's Rechte des Käufers

rights, chartered verbriefte Rechte

rights, enforcing gerichtlich durchgesetzte Rechte

rights following a loss, insurer's Recht des Versicherers nach einem Schaden

rights, forfeiture of Verwirkung, Aberkennung, Verlust von Rechten

rights, fundamental Grundrechte

rights, human Menschenrechte

rights, inalienable nicht übertragbare Rechte, unabdingbare Rechte

rights, leasehold grundstücksgleiche Rechte

rights of financial interest, insurance of the Vermögensversicherung

rights, shooting Jagdrechte

rights, third party Rechte Dritter

rights to inspection, insurer's Prüfungsrecht, Besichtigungsrecht des Versicherers

rights, transfer of Übertragung von Rechten

rights under statute satzungsgemäßes Recht, gesetzmäßiges Recht

riot Aufruhr, Zusammenrottung; Tumult, Krawall, Lärm; Zügellosigkeit, Schrankenlosigkeit, Ausschweifung

riot an einem Aufruhr teilnehmen, einen Aufruhr anzetteln; Krawall machen, Lärm machen; schwelgen

riot and civil commotion insurance Aufruhrversicherung

riot, civil commotion and strikes insurance Aufruhr- und Streikversicherung

Riot (Damages) Act Tumultschadengesetz

**riots and civil commotions
(r & c.c.)** Aufruhr und innere Unruhen

**riots, civil commotion and strike
(r.c.c. & s.)** Aufruhr, innere Unruhen und Streiks

rising costs steigende Kosten

rising, military militärische Rebellion

rising prices Teuerung, Verteuerung

rising waters Hochwasser, Überschwemmung

risk Risiko, Gefahr, Wagnis; Gefährdung

risk riskieren, wagen, aufs Spiel setzen, sich getrauen

risk, abnormal erhöhtes Risiko; anomales Risiko

risk, accident Unfallrisiko

risk, additional zusätzliches Risiko

risk, aggravated erhöhtes Risiko, anomales Risiko

risk, aggravation of Gefahrenerhöhung, Risikoerschwerung

risk, amount at Risikosumme, unter Risiko stehende Summe

risk analysis Risikoanalyse

risk, apportionment of Verteilung der Risiken

risk, assessment of Einschätzung eines Risikos, Risikoeinschätzung

risk assumption Risikoübernahme

risk, assumption of Risikoübernahme, Handeln auf eigene Gefahr

risk, atomic Atomrisiko, Kernenergie-Risiko, Risiko aus der Atomkernzertrümmerung

risk, avalanche Lawinenrisiko

risk, aviation Flugrisiko

risk, bilateral zweiseitiges Risiko

risk, business Geschäftsrisiko, Unternehmensrisiko, Unternehmerrisiko

risk carrier Risikoträger

risk, catastrophe Katastrophenrisiko

risk, class of Gefahrenklasse

risk, climatic Tropenrisiko

risk, commercial wirtschaftliches Risiko, Unternehmerwagnis

risk, constant gleichbleibendes Risiko

risk, consulting Risikoberatung

risk, coverable versicherbares Risiko

risk, craft Leichterrisiko

risk, death Sterberisiko, Todesfallrisiko

risk, decrease in Gefahrverminderung

risk, defences assumption of Klageeinwände aufgrund Inkaufnahme des Risikos

risk, degree of Gefahrenhöhe

risk, depreciation of Risikobeschreibung

risk, description of Risikobeschreibung

risk, development Entwicklungsrisiko, Entwicklungsgefahr (bei Produkten)

risk, diminishing Risikominderung

risk distribution Risikoverteilung

risk, diversification of Gefahrenstreuung, Risikostreuung

risk, divisibility of Risikoteilbarkeit

risk, dormant ruhendes Risiko

risk, economic wirtschaftliches Risiko, finanzielles Risiko

risk, entrepreneurial unternehmerisches Risiko
risk, environmental Umweltrisiko
risk, estimate of the Risikobeurteilung
risk, exchange Währungsrisiko
risk, excluded ausgeschlossenes Risiko
risk, exposed to unter Risiko (stehend)
risk, fire Feuerrisiko, Brandgefahr, Brandrisiko
risk, flying Flugrisiko
risk for injury, obvious offensichtliches Verletzungsrisiko
risk, for own auf eigenes Risiko
risk for own account auf eigenes Risiko
risk, general business allgemeines Betriebsrisiko
risk, increase in Risikoerhöhung
risk, increased erhöhtes Risiko, erhöhte Gefahr, anomales Risiko
risk index Tarif; Risikoliste; Risikoaufstellung
risk, insurable versicherbares Risiko
risk, insurance Versicherungsrisiko
risk, insured versichertes Risiko
risk, interruption Betriebsunterbrechungs-Risiko
risk, ionising radiation Risiko aus radioaktiver Strahlung
risk, jumbo Großrisiko
risk, liability Haftpflichtgefahr, Haftpflichtrisiko
risk, loading Verladerisiko
risk, long-term Langzeitrisiko
risk, mean mittleres Risiko, Durchschnittsrisiko
risk, mixed land and sea kombiniertes See- und Landrisiko
risk, mortality Sterberisiko
risk, neighbouring Nachbarschaftsrisiko
risk, net amount at riskiertes Kapital (der laufenden Versicherung)
risk no premium, no kein Risiko, keine Prämie (hier: Rückzahlbarkeit der Versicherungsprämie bei fehlendem Risiko)
risk, non-domestic Auslandsrisiko
risk, not on nicht im Risiko
risk, nuclear Atomrisiko, Kernenergierisiko, Risiko aus der Atomkernzertrümmerung
risk, nuclear radiation Risiko aus radioaktiver Strahlung
risk, obvious offensichtliches Risiko, wodurch eine Haftung ausgeschlossen sein kann
risk of carriage Transportrisiko
risk of damage Gefahr der Beschädigung
risk of destruction or loss of the goods Gefahr für Untergang oder Beschädigung der Sachen
risk of injury Risiko einer Körperverletzung
risk of irradiation Bestrahlungsrisiko
risk of major damage Großschadenrisiko
risk of random fluctuations Zufallsrisiko
risk of transport, insurance against Transportversicherung
risk of uncontrolled nuclear incident Risiko, daß ein Atomreaktor außer Kontrolle gerät

risk, operational Betriebsgefahr, Betriebsrisiko

risk, overall Gesamtrisiko

risk, own Eigenrisiko, Risiko für eigene Rechnung

risk, owner's Gefahrtragung des Eigentümers

risk plan, preferred Schadenfreiheitsrabatt

risk, pooling of Risikopoolung, Risikoverteilung

risk, premises Betriebsstättenrisiko, Grundstücksrisiko

risk premium Bedarfsprämie, Risikoprämie

risk premium basis Prämie auf Risikobasis

risk premium reassurance Rückversicherung auf Risikobasis

risk profile Risikoprofil

risk, radiation Strahlenrisiko

risk rating Risikobewertung

risk, remaining Restrisiko

risk, residual Restrisiko

risk, road Straßenrisiko, Verkehrsrisiko

risk, same unverändertes Risiko

risk selection Risikoauslese

risk, self-assumed auf eigenes Risiko

risk, shore-end Verladerisiko (Land – See – Land)

risk, silent ruhendes Risiko, Außerbetriebsrisiko

risk, simple einfaches Risiko

risk, special Spezialrisiko, Sondergefahr, Sonderrisiko

risk, speculative spekulatives Risiko, Spekulationsrisiko; unversicherbares Risiko, das aus einer Gewinn- sowie einer Schadenmöglichkeit besteht, wie Glücksspiel oder Investitionen

risk spreading Risikoverteilung, Risikomischung

risk, spreading of the Risikoverteilung

risk, strike Streikrisiko

risk structure Risikomerkmal

risk, subscribed übernommene Gefahr

risk, substandard erhöhtes Risiko

risk, substantial erhebliche Gefahr

risk, sum at kapitalisierte Rente

risk, surf Brandungsrisiko

risk-taking Risikoübernahme, Gefahrtragung

risk, termination of Beendigung des Risikos

risk, terms delimiting das Risiko einschränkende (abgrenzende) Bedingungen

risk, territorial destribution of territoriale Risikoverteilung

risk, theft Diebstahlrisiko

risk, time on Dauer der provisorischen Deckung

risk, to be on im Risiko sein

risk to health Gesundheitsrisiko, Gefahr für die Gesundheit

risk, to run a ein Risiko laufen, das Risiko eingehen

risk, transport Transportgefahr, Transportrisiko

risk, type of Risikoart

risk, uncovered ungedecktes Risiko, nicht gedecktes Risiko

risk, under average erhöhtes Risiko, anomales Risiko

risk, undesirable unerwünschtes Risiko

risk, uninsurable unversicherbares Risiko, nicht versicherungsfähiges Risiko

risk, uninsured ungedecktes Risiko

risk, unloading Entladerisiko, Löschrisiko

risk-utility analysis Risiko-Nutzen-Analyse

risk, value at unter Gefahr stehende Sachen, gefährdete Sachen

risk, variable veränderliches Risiko

risk, voyage Reiserisiko

risk, war Kriegsrisiko

risks, accumulation of Kumulierung von Risiken, Risikohäufung

risks, additional amount for unexpired Rückstellung für noch bestehende Risiken beim Jahresabschluß einer Versicherungsgesellschaft

risks, all alle Gefahren, jedes Risiko

risks, category of Gefahrenklasse

risks, classification of Risikoeinstufung, Gefahrenklassifikation

risks, covered versicherte Gefahren, gedeckte Risiken

risks, current laufende Risiken

risks, customary handelsübliche Risiken

risks, design Entwicklungsrisiken

risks, distribution of Risikoverteilung

risks, domestic Inlandsrisiken

risks, equalization of Gefahrenausgleich

risks, extra-hazardous Sonderrisiken

risks, extraneous Sonderrisiken

risks in force laufende Risiken

risks, individual Einzelrisiken

risks, industrial Industrierisiken

risks, inland transit Binnentransportrisiken

risks, kindred ähnliche Risiken, gleichartige Risiken

risks, miscellaneous gemischte Risiken

risks, number of Wagnisanzahl

risks, political politische Gefahren, politisches Risiko

risks, premises Risiken auf (bebauten) Grundstücken

risks, protection and indemnity Reeder-Haftpflichtrisiken

risks, selected Auswahlrisiken, ausgewählte Risiken

risks, separation of Aufgliederung der Risiken

risks, single Einzelrisiken

risks statistics Risikostatistik

risks, target Spitzenrisiken

risks, third party Haftpflichtrisiken

risks, underwriting versicherungstechnische Risiken

risks, unknown Entwicklungsgefahren, unbekannte Risiken

risky undertaking gewagtes Unternehmen

river hull insurance Flußkaskoversicherung

rivers, pollution of Verschmutzung der Flüsse

road (rd.) Straße; Weg

road accident Verkehrsunfall, häufig: Autounfall, Kfz-Unfall

road, conveyance by Beförderung auf der Straße

road, main Hauptstraße

road risk Straßenrisiko, Verkehrsrisiko

road safety Verkehrssicherheit, Sicherheit im Straßenverkehr

road safety, hazard to Gefahr für die Verkehrssicherheit

road tanker Tankwagen

road traffic Straßenverkehr

road traffic accident Verkehrsunfall; häufig: Autounfall, Kfz-Unfall

Road Traffic Act Straßenverkehrsgesetz (StVG)

road traffic offence Verstoß gegen die Vorschriften des Straßenverkehrs; Verkehrsdelikt

road under repair Straße mit Baustellen, Straßenarbeiten

road user Verkehrsteilnehmer; Benutzer einer Straße

road works Straßenbauarbeiten, Straßenarbeiten

roads, upkeep of Instandhaltung von Straßen

robbery Raub; Räuberei, Raubüberfall

robbery, aggravated schwerer Raub

robbery, attempted versuchter Raub(überfall)

robbery insurance Raubüberfallversicherung, Beraubungsversicherung

rod, lightning Blitzableiter

ROI, Roi (return on investment) Rendite aus einer Kapitalanlage

roller coaster Achterbahn; Berg- und Talbahn

rolling mill Walzwerk

rolling stock rollendes Material

Romalpa clause „Romalpa"-Bestimmung; benannt nach dem Rechtsstreit „Aluminium Industrie Vaassen B.V. vs. Romalpa Aluminium Ltd." (eine häufig in Verkaufsbedingungen vorkommende Bestimmung, die das Verbleiben des Wareneigentums beim Verkäufer zumindest bis zur Zahlung durch den Käufer vorsieht); Eigentumsvorbehalts-Klausel

roof covering Dachung

roof-covering, flammable weiche Dachung

roof-covering, nonflammable harte Dachung

roofed gedeckt, mit einem Dach (versehen)

room, strong sicherer Raum; Stahlkammer, Tresor

rough guess ungefähre Schätzung

rough outline grobe Umrisse

route, escape Fluchtweg, Sicherheitsgang

royalty Tantieme, Bonus, Ertragsanteil

RPI (Retail Price Index) Preisindex für die Lebenshaltung

rule (r.) Regel; Vorschrift; Verfügung; Herrschaft; Geschäftsordnung; Norm, Rechtssatz

rule beherrschen, regieren; lenken, regeln, leiten; verwalten; anordnen, verfügen, entscheiden

rule, American „Amerikanische Regel": jede Prozeß-Partei hat ihre eigenen Kosten zu tragen

rule for valuing policies Regelung über Versicherungspolicenbewertung

Rule, Golden [UK] „Goldene Regel"; Gesetzesauslegung, die eine Abweichung von der einfachen, wortgetreuen und natürlichen Bedeutung erlaubt, falls diese zu Absurditäten führt und eine andere Auslegung möglich ist

Rule, Literal [UK] „wörtliche Regel"; Gesetzesauslegung, die eine einfache, wortgetreue und natürliche Auslegung des Gesetzestextes vorsieht

rule, local Recht des Gerichtsbezirks

rule, main purpose Regelung zur Feststellung des „Hauptzweckes" eines Vertrags; andere Bestimmungen eines Vertrags werden auf Übereinstimmung mit diesem „Hauptzweck" geprüft

rule, "mean" Mittelwert-Regel, z. B. zur Berechnung der Entschädigungsleistung bei Doppelversicherung

Rule, Mischief [UK] „Unheilsregel"; Gesetzesauslegung, die eine umfassendere Auslegung eines Gesetzes erlaubt, um das eigentliche „Unheil" zu bekämpfen, das den Gegenstand des Gesetzes bildet

rule of average Unterversicherungsregel

rule of strict construction Regelung der strengen Auslegung

rule, postal postalische Regelung, nach der eine Vereinbarung bei postalischer Aufgabe einer ordnungsgemäß adressierten und frankierten Mitteilung gültig ist

rule, statutory gesetzliche Regelung

rule, transport Beförderungsvorschrift

rules Rechtsgrundsätze; Satzungen, Statuten; Verordnungen, Vorschriften, Richtlinien

rules and regulations Vorschriften

rules, judge-made Prozeßordnung

rules of evidence Beweisregeln

rules of procedure Verfahrensregeln, Verfahrensordnung, Prozeßordnung

rules, uniform einheitliche Regelungen

rules, visual flight Sichtflugregeln

Ruling Case Law [R.C.L., US] Sammlung von Entscheidungen

run a risk ein Risiko laufen, das Risiko eingehen

run for sich bemühen um; laufen nach

run into obstacles auf Hindernisse stoßen

run-off Abwicklung, Auslauf

run-off clause Nachhaftungsklausel

run-off coverage Nachhaftung

run-off loss Auslaufverlust; Medienverlust

run-off, negative Schlechterregulierung

run-off of loss reserve Schadenreserveabwicklung

run-off period Abwicklungszeit

run-off profit Besserabwicklung

run, period to Laufzeit

running-down liability Kollisionshaftpflicht

running expenses Betriebskosten, laufende Ausgaben

running-off Auslaufen eines Versicherungsbestandes

rupture Bruch, Abbruch

rupture of an agreement Vertragsbruch

rush hour Hauptverkehrszeit, Hauptgeschäftszeit

rust Rost

rustproof rostfrei, rostbeständig

rusty rostig

S

s. (section; south) Abschnitt; Süden

S. & F.A. (Shipping and Forwarding Agents) Schiffsagenten und Spediteure

S.A. (semi-annual) halbjährlich

sacrifice Verlust, Verzicht; Opfer; Aufopferung, Aufgabe, Hingabe

sacrifice mit Verlust verkaufen; hingeben, aufgeben, verzichten auf; opfern

sacrifice, general average großer Havarie-Verlust

sacrificed goods aufgeopferte Güter

safe sicher; unversehrt; ungefährlich, gefahrlos, ohne Gefahr; zuverlässig, verläßlich

safe condition sicherer Zustand

safe-deposit box insurance Depotversicherung

safe, locked abgeschlossener Tresor, abgeschlossenes Bankfach

safe system of work sicheres Arbeitssystem

safeguard Sicherung, Schutz; Sicherheitsvorrichtung, Schutzvorrichtung; Paß, Schutzbrief

safeguard (be)schützen, beschirmen, sichern

safeguard clause Schutzklausel, Sicherungsklausel

safeguard, flame Flammenwächter

safeguarding of data Datenschutz

safely, landed unbeschädigt angelangt

safety Sicherheit, Geborgenheit; Gefahrlosigkeit, Ungefährlichkeit; Zuverlässigkeit, Verläßlichkeit; Schutzvorrichtung, Sicherheitsvorrichtung

safety advice Sicherheitsberatung, Anweisung über sichere Anwendung (von Produkten)

safety appliances Sicherheitsvorrichtungen

safety belt Sicherheitsgürtel

safety bond Kaution, Sicherheitsleistung

safety, consumer Verbrauchersicherheit

safety, fire Brandsicherheit, Feuersicherheit

safety hazard Sicherheitsrisiko, Gefahrenquelle

safety installations Sicherungseinrichtungen

safety loading Sicherheitszuschlag

safety margin Sicherheitsmarge, Sicherheitsspanne

safety measures Sicherheitsvorkehrungen, Sicherheitsmaßnahmen

safety officer Sicherheitsbeauftragter

safety, product Produktsicherheit

safety, reactor Reaktorsicherheit

safety record Sicherheitsvorgeschichte (eines Produkts), Sicherheitsaufzeichnungen

safety regulations Sicherheitsbestimmungen, Sicherheitsvorschriften

safety requirement Sicherheitsbedarf, Sicherheitsbedingung, Sicherheitsvorschrift

safety, right to Recht auf (Produkt)Sicherheit

safety, road Verkehrssicherheit, Sicherheit im Straßenverkehr

safety standards Sicherheitsnormen

sail close to the wind sich hart an der Grenze des Erlaubten (oder am Rande der Legalität) bewegen

salaried employee Angestellter, Gehaltsempfänger

salaries Gehälter

salaries basis, insurance on a Versicherung nach Lohnsummen

salary Gehalt, Besoldung, Salär

salary, final Endgehalt

salary grade Gehaltsstufe

salary grade pension plan gehaltsabhängiger Pensionsplan

sale Verkauf; Absatz, Vertrieb; Ausverkauf

sale, avoidance of Wandelung (Rücktritt vom Kaufvertrag)

sale by description Verkauf nach (Waren-)Beschreibung; Gattungskauf

sale by sample Kauf nach Muster

sale, cargo Verkauf einer Frachtladung

sale, clearance Räumungsausverkauf

sale, conditional Kauf unter Eigentumsvorbehalt

sale, consultancy Beratungsverkauf

sale, contract of Kaufvertrag

sale, credit Kreditkauf

sale, instalment Teilzahlungsverkauf, Ratenverkauf, Abzahlungsgeschäft

sale, judicial gerichtlich verfügter Verkauf

sale, new Neukauf

sale of goods Warenverkauf, Warenkauf

Sale of Goods Act 1979 (SGA) Gesetz aus dem Jahre 1979 über den Warenkauf; regelt den Verkauf von Waren (jedoch nicht Grundstücke, Patente usw.)

sale of land Grundstücksverkauf

sale of policy by surrender Verkauf einer (Lebens-)Versicherung durch Rückkauf

sale of specific goods Spezieskauf

sale of unascertained goods Gattungskauf

sale or return Kauf mit Rückgaberecht

sale, profits from Gewinne aus dem Verkauf, Absatzerträge

sale, remnant Ausverkauf (von Restbeständen)

sale, rescission of a Rückgängigmachung eines Kaufs; Wandelung

sale terms Verkaufsbedingungen

sale, to rescind a einen Kaufvertrag rückgängig machen, wandeln

sale with reservation of ownership Kauf unter Eigentumsvorbehalt

saleable verkäuflich; absatzwürdig, marktfähig, absetzbar, umsetzbar, gangbar, einschlagend

sales Umsatzerlöse, Absätze

sales account Warenausgangsrechnung, Warenausgangskonto

sales agreement Kaufvertrag, Verkaufsvereinbarung, Lieferabkommen

sales, annual Jahresumsatz

sales clerk Verkäufer

sales commission Abschlußvergütung

sales, decline in Umsatzrückgang
sales department Vertriebsabteilung
sales desk Verkaufsschalter, Verkaufstheke
sales figures Verkaufsziffern, Umsatzzahlen
sales, new car Verkauf von fabrikneuen Autos
sales organization Außendienst, (Verkaufs-)Organisation
sales, overseas Überseeverkauf, Überseeumsatz
sales representatives Angestellte im Außendienst
sales value Zeitwert, Verkaufswert
salesman Verkäufer
salesman, insurance Versicherungsvertreter
salutary heilsam
salvage Wert der bei einem Brand geretteten Waren; Rettung, Bergung, Bergungsgut, Bergegeld, Bergelohn; Wiederverwertung
salvage bergen, retten; verwerten
salvage association Bergungsverband, Bergungsvereinigung
salvage charges Rettungskosten, Bergungskosten
salvage corps Rettungsmannschaften der Feuerversicherer
salvage costs Rettungskosten, Kosten für Rettungsmaßnahmen, Bergungskosten
salvage damage Rettungsschaden
salvage expenses Bergungskosten, Rettungskosten
salvage loss Bergungsverlust, Schaden nach Abzug des Verkaufserlöses der geretteten Sachen
salvage money Bergelohn

salvage operation Rettungsmaßnahme, Bergungsarbeit
salvage, recoveries and Einnahme aus Rückgriffen und Erlöse aus Schäden
salvage value Bergungswert
same assured gleicher Versicherungsnehmer
same interest gleiche Ansprüche, unveränderte Ansprüche
same risk unverändertes Risiko
sample Probe, Muster; Exemplar
sample eine Probe nehmen, probieren, prüfen
sample, sale by Kauf nach Muster
sampling Musterstück; Musterkollektion; Auswahl; Bemusterung
sampling smoke detector Rauchprobenkanalmelder
sanction, evidentionary preclusion Beweismittelpräklusion, Beweismittelausschluß
sanctions, criminal gesetzliche Strafen
sanitary Gesundheits-, sanitär
sanitary control Gesundheitskontrolle
sanitary provisions Gesundheitsvorschriften
sanitation Gesundheitspflege; sanitäre Einrichtung
sanitation, sewage Abwässerbeseitigung
satellite insurance Satellitenversicherung
satisfaction Befriedigung; Zufriedenheit, Genugtuung, Gewißheit
satisfaction, accord and „vergleichsweise Erfüllung", „Kulanzleistung"

satisfaction of a claim Befriedigung eines Anspruchs

satisfaction of debt Erfüllung einer Forderung, Zahlung einer Schuld

satisfaction of judgement Erfüllung eines Urteils

satisfy befriedigen, zufriedenstellen, genügen; erfüllen; überzeugen; beheben, beseitigen

SATRA [Shoe and Allied Trades Research Association, UK] Forschungsverein des Schuhhandels und verbundener Gewerbe

Saturday Night Specials [US] Bezeichnung für kleine, leicht zu verbergende Schußwaffen, die häufig bei Straftaten benutzt werden

save error and omission (S.E.A.O.) Freizeichnungsklausel

saved values Wert der geretteten Sachen

savings Ersparnisse, Spargelder, Sparguthaben

savings clock assurance Sparuhrversicherung

savings societies Fürsorgeeinrichtungen

Sc. & T. (science and technology) Wissenschaft und Technik

scale Skala, Gradeinteilung

scale of disability benefits Gliedertaxe

scale of premiums Prämienskala, Prämientarif

scale premium gleitende Prämie

scale, progressive progressive Staffel

scale, progressive disablement progressive Invaliditätstafel

scaled commission Staffelprovision

scarcity Knappheit, Mangel; Seltenheit, Spärlichkeit

scarcity value Seltenheitswert

scene of fire Brandstelle

scene of the accident Unfallort, Unfallstelle, Schadenort

scenery Landschaft; Bühnenausstattung, Szenerie

sched. (schedule) Beschreibung des Versicherungsobjektes, Versicherungsverzeichnis; Plan; Liste, Tabelle, Aufstellung, Verzeichnis

schedule (sched.) Beschreibung des Versicherungsobjektes, Versicherungsverzeichnis; Plan; Liste, Tabelle, Aufstellung, Verzeichnis

schedule, amortization Tilgungsplan

schedule of costs Kostentabelle

schedule of reinsurers Beteiligungsanhang

schedule, signing Unterschriftsblatt

schedule, supplementary [US] zusätzliche Versicherungsverzeichnisse, die der Kfz-Werkstattversicherung beigefügt sind, jeweils eines für Händler und Nichthändler; Zusatzterminplan, Zusatzverzeichnis, Zusatzfahrplan

scheduled festgelegt, vorgesehen; (ein)geplant, planmäßig

scheduled rate Brandtarif für industrielle und gewerbliche Anlagen

scheme Plan, Entwurf; Liste, Aufstellung, Verzeichnis; Programm, Projekt

scheme planen, Pläne machen

scheme, bonus Gewinnplan

scheme, contributory insurance beitragspflichtiges Versicherungssystem

scheme "Green Form" [UK] Beratungshilfe, Prozeßkostenhilfe im Rahmen des staatlichen englischen Rechtshilfeprogramms für Bedürftige; die Einreichung des „Grünen Formulars" ist Voraussetzung des Anspruchs auf Leistungen

scheme, health insurance Krankenkasse

scheme, national insurance [UK] Sozialversicherungswesen, Sozialversicherungssystem

scheme of operations Geschäftsplan, Tätigkeitsplan

scheme, profit Gewinnverteilungsplan

scheme, renewal bonus Schema oder Plan der Verlängerungsprämie/Folgeprämie

scheme, retirement Altersversorgungswerk, betriebliche Pensionskasse

scheme, staff provident Personalvorsorge

scheme, superannuation Altersversorgungswerk

scheme, transfer Übertragungsplan, Transferplan; Übertragungsregelung, Transferregelung

scheme, work experience Praktikumsplan

school, commercial Handelsschule

school, continuation Fortbildungsschule

school, technical Technikum, technische Schule

sci.fa. [scire facias, lat.] gerichtliche Anweisung, eine öffentliche Urkunde anzuerkennen oder Gegengründe anzugeben ("you may cause to know")

science Wissenschaft; Kenntnis

Science and Technology (Sc. & T.) Wissenschaft und Technik

science, legal Rechtswissenschaft(en)

science, medico-actuarial Versicherungsmedizin

science, natural Naturwissenschaften

scienter liability Haftung bei Kenntnis von (Tat-)Umständen

scientific wissenschaftlich

scientific discoverability wissenschaftliche Feststellbarkeit (z. B. eines Produktmangels)

scientific knowledge wissenschaftliche Kenntnisse

scientific research wissenschaftliche Forschung

scientist Wissenschaftler

scope Erfassungsbereich (z. B. eines Gesetzes); Wirkungskreis, Betätigungsfeld; Reichweite; Spielraum; Gebiet, Bereich

scope, geographical geographischer Geltungsbereich

scope, material materieller Geltungsbereich

scope of cover Deckungsumfang, Deckungsbereich

scope of coverage Beschreibung des Deckungsumfanges

scope of insurance Versicherungsausmaß, Deckungsbereich der Versicherung, Versicherungsumfang

scope of law sachlicher Geltungsbereich eines Gesetzes; Anwendungsgebiet eines Gesetzes

scope of legislation Reichweite der Gesetzgebung, Umfang der Gesetze

scope of liability Haftungsumfang

scope of protection Umfang des Schutzes, Reichweite des Deckungsumfangs

scope of statute Geltungsbereich eines Gesetzes, Geltungsbereich einer Satzung

scope, territorial geographischer Deckungsbereich; Geltungsbereich

scorching Versengen

scorching, damage by Sengschaden

scorching, loss by Sengschaden

scores, to settle old eine alte Rechnung begleichen, Abrechnung halten

scrap Schrott, Abfall

scrap, metal Altmetall, Schrott

scrap, utilization of Abfallverwertung

scrap value Schrottwert, Abbruchwert

screen, X-ray Röntgenschirm

screening, health Vorsorgeuntersuchung

screw Schraube

scruple Skrupel, Zweifel, Gewissensnot, Bedenken

scruples, to have Bedenken haben, zweifeln

s.d. (sea-damaged) havariert

SDI (State Disability Insurance) Staatliche Invaliditätsversicherung

sea, accident at Seeunfall, Unfall auf See

sea bed mining Tiefseebergbau

sea, collision at Zusammenstoß auf See; Schiffzusammenstoß

sea, damage by the Seeschaden, Havarie

sea-damaged (SD) havariert

sea, disaster at Seeunfall

sea, distress at Seenot

sea, dumping of waste at Verklappung von Abfällen

sea goods Seegüter

sea transport Seetransport; Seeverkehr

seacoast Meeresküste

seal Siegel; Stempel; Bestätigung, Zusicherung, Versprechen; Garantie, Sicherheit

seal, common Körperschaftssiegel, Gesellschaftssiegel

seal, policies under beurkundete Policen, besiegelte Policen

sealing of contract Vertragsversiegelung

seaquake Seebeben

search Suche, Suchen, Forschen; Untersuchung, Durchsuchung, Überprüfung

search suchen, durchsuchen, untersuchen; forschen nach; prüfen

season, shooting Jagdzeit

seat belt Sicherheitsgurt

seat belts, compulsory wearing of Gurtanlegepflicht

seat, legal Hauptsitz

seaworthiness Seetüchtigkeit

seaworthiness of ship, warranty of Zusicherung der Seetüchtigkeit eines Schiffes

second collision [US] Schadenvertiefung, Schadenerhöhung

second risk cover Zweitrisikodeckung

second surplus reinsurance Rückversicherung des zweiten Exzedenten

secondary nächstfolgend; zweitrangig, zweitklassig, nebensächlich; sekundär; entlehnt, abgeleitet, abhängig; subsidiär

secondary action Nebenklage

secondary failure Folgeausfall

secondary fire Folgebrand

secondary liability subsidiäre Haftung, Zweithaftung, Eventualhaftung

secondhand übernommen, aus zweiter Hand; indirekt; abgelegt, getragen; gebraucht; antiquarisch

secret Geheimnis; Verborgenheit, Heimlichkeit

secret, business Geschäftsgeheimnis, Betriebsgeheimnis

secret, trade Geschäftsgeheimnis; Dienstgeheimnis; Betriebsgeheimnis

secret warranty [US] Kulanz

Secretary of State Außenminister; Minister

section (s., sec.) Abschnitt

section, insurance [Department of Trade, UK] Ministerialabteilung für das Versicherungswesen

sector, liability Haftpflichtbereich

secure sichern, schützen; (sicher) befestigen, festmachen; sicherstellen, in Sicherheit bringen

secure sicher, geschützt; ruhig, sorglos, sorgenfrei

secure a proposal einen Antrag aufnehmen

secured loan Faustpfanddarlehen

securities Wertpapiere, Effekten; Sicherheiten

securities, approved genehmigte Wertpapiere, genehmigte Effekten

securities, deposit of Effektenhinterlegung, Effektendepot

securities, domestic fixed interest festverzinsliche inländische Wertpapiere

securities insurance Wertpapierverwahrungsversicherung

securities, insurance against loss of Wertpapierversicherung

securities, list of Wertschriftenverzeichnis

securities, loan on Lombarddarlehen

securities, realisation of Realisierung der Werte, Verwertung von Sicherheiten

securities, unlisted Freiverkehrswerte, amtlich nicht notierte Werte

securities valuation reserve [US] Kursverlustreserve

security Sicherheit, Sorglosigkeit; Garantie, Bürgschaft, Kaution; Gewißheit; Schutz

security, additional zusätzliche Sicherheit

security authorities, social Sozialversicherer

security benefits, social Sozialversicherungsleistungen, Unterstützungsleistungen des Sozialversicherungsträgers

security, data Datensicherung

security deposit Sicherheitsleistung

security deposited as guarantee als Sicherheit hinterlegter Wert

security device Sicherheitseinrichtung

security, fixed interest festverzinsliches Wertpapier

security, gilt-edged mündelsicherer Wert

security guarantee Kaution

security, income festverzinsliches Wertpapier

security, job Sicherheit des Arbeitsplatzes

security list Beteiligungsliste

security loading Sicherheitszuschlag

security, mortgage Sicherungshypothek

security, municipal Kommunalobligation

security, personal persönliche Sicherheit

security, redeemable Wertpapier mit begrenzter Laufzeit

security, social (UK) Sozialhilfe, Sozialfürsorge, (US) Sozialversicherung

security, to lend against beleihen

security, transferable Wertpapier, Mobiliarwert

security trustee mündelsicherer Wert

sedition Aufwiegelung; Aufruhr, Aufstand

see above siehe oben

seek suchen, begehren; aufsuchen; erstreben, zu erlangen suchen

seepage Durchsickern, Tropfen, Lecken, langsames Rinnen; sickernde Flüssigkeit

seepage claim Anspruch wegen versickerter Stoffe

segregated assets Sondervermögen, ausgesondertes Vermögen

segregated fund Sondervermögen, ausgesondertes Vermögen

seized with befallen von

seizure Beschlagnahme, Konfiskation, Festnahme, Verhaftung; Ergreifung; Inbesitznahme

seizure of goods Warenbeschlagnahme, Warenkonfiszierung

select auswählen

selection Selektion, Auslese, Auswahl

selection against the insurer Gegenauslese, Antiselektion

selection, counter Gegenauslese, Antiselektion

selection, risk Risikoauslese

selective driver plan [US] Schadenfreiheitsrabattsystem; System, nach dem unfallfreie Fahrer niedrigere Prämien zahlen

self-assumed risk auf eigenes Risiko

self-defence Notwehr, Selbstverteidigung

self-employed person Freiberufler, selbständiger Unternehmer

self-extinguishing selbstlöschend, flammwidrig

self-ignition Selbstentzündung

self-incrimination Selbstbelastung

self-inflicted injuries selbstzugefügte Verletzungen

self-insurance Selbstbehalt, Selbstversicherung

self-insurance, compulsory obligatorische Selbstbeteiligung

self-insurance reserve Selbstversicherungsrücklage

self-insured clause Selbstbehaltsklausel

self-insured retention (s.i.r.) selbstversicherter Eigenbehalt, Selbstbehalt

self-insurer Selbstversicherer; Organisation, die sich freiwillig gegen Schäden durch die Zahlung versicherungsmathematisch errechneter Beträge in einen selbst errichteten Fonds absichert

self-renewing clause Selbstverlängerungsklausel, Klausel über eine automatische Verlängerung

self-restoring detector selbsttätig rückstellender Melder

self retained premium Eigenbehaltsprämie

self-retention Selbstbehalt, Eigenbehalt

self-service shop Selbstbedienungsladen

self-service store Selbstbedienungsladen

sell insurance als Versicherer tätig sein

sell, offer to Verkaufsangebot

seller in possession Verkäufer im Besitz

seller's option Verkäuferoption

seller's ownership Eigentum des Verkäufers

selling gängig, gut verkäuflich; verkaufend, Verkaufs-

selling costs Vertriebskosten, Verkaufskosten

selling, difficulties in Absatzschwierigkeiten

selling, door to door Verkauf an der Haustür

selling, doorstep Direktverkauf über Haushaltsreisende, Haustürverkauf

selling price Verkaufspreis

semi-annual (S.A.) halbjährlich

semi-annual premium Halbjahresprämie

semi-finished goods Halberzeugnisse, Halbfabrikate

semi-manufactured goods Halbfabrikate, Halberzeugnisse

semi-solid halbfest

sen. (senior) Senior, der Ältere

send senden, schicken

send back zurücksenden

send on weiterschicken

sender Übersender; Absender

sending of goods Warenversand

senior (sen.) Senior, der Ältere

senior official leitender Angestellter

sense Sinn, Verstand; Vernunft; Gefühl, Empfindung, Bewußtsein; Bedeutung; Ansicht, Meinung

sense empfinden, fühlen, spüren

sense, common Verstand, Denkfähigkeit

sense of justice Rechtsempfinden, Gerechtigkeitsgefühl

sense of responsibility Verantwortungsbewußtsein

sense of urgency Gefühl der Dringlichkeit

senses, damage of the smell and taste Geruchs- und Geschmacksschaden

sensible vernünftig, klug; spürbar, fühlbar

sensitisation Sensibilisierung

sensitive sensibel, reizbar, empfindlich

sensitiveness Empfindlichkeit

sensor, flame Flammenfühler

sentence Rechtsspruch, Richterspruch, Urteil, Strafe; Entscheidung, Meinung; Satzverbindung, Satz

sentence to verurteilen zu

sentimental damage beeinträchtigtes Liebhaberinteresse

sentimental value subjektiver Liebhaberwert

sentimental value damage beeinträchtigtes Liebhaberinteresse

separable trennbar, lösbar, ablösbar, abscheidbar

separate memorandum separates Memorandum, separate Verbalnote, separater Vermerk

separation of insureds „Versichertentrennung"; Klausel in allgemeinen gewerblichen Haftpflichtversicherungsverträgen, durch die der Versicherer sich verpflichtet, die Interessen jedes Versicherten getrennt zu wahren und jeden Anspruch gegen jeden Versicherten getrennt zu regeln

separation of risks Aufgliederung der Risiken

separation, physical räumliche Trennung

seq. [sequenter, lat.] folgende(s)

sequence of causes Aufeinanderfolge von Gründen, Aufeinanderfolge von Ursachen

sequestration Beschlagnahme, Sequestration, Besitzergreifung, Einziehung, Konfiskation; Absonderung, Ausschluß

serial damages Serienschäden

serial manufacture Serienherstellung

serial number Seriennummer

serial personal injury loss Personen-Serienschaden

series of accidents Serie von Unfällen, Schadenserie, Serienschaden

series of losses Serienschäden

series, test Versuchsreihe, Versuchsserie

serious ernst, ernsthaft, ernstlich, ernstgemeint; kritisch, bedenklich

serious bodily injury schwere Körperverletzung

serious fault grobes Verschulden

serious fire Großbrand

seriously disabled person Schwerbehinderter

seriousness Ernst, Ernsthaftigkeit; Wichtigkeit, Bedeutung

seriousness of an injury Schwere der Beschädigung, Schwere der Verletzung

servant Diener, Bediensteter; Angestellter, Arbeitnehmer

servant, civil Beamter

servant, dishonesty of a Untreue oder Unehrlichkeit eines Bediensteten oder Dieners oder Arbeitnehmers

serve a writ eine Klage zustellen

serve papers eine Klageschrift zustellen

service Dienst, Stellung; Bedienung; Hilfe, Unterstützung, Nutzen; Aufgabe, Amt; Gefälligkeit

service, after sales Leistung, die nach dem Verkauf erbracht wird; Kundendienst

service, burial Trauerfeier

service contract Wartungsvertrag

service, contract of Dienstvertrag, Wartungsvertrag

service, customary übliche Dienstleistung, handelsübliche Leistung

service, field Außendienst, Kundendienst

service, fire Löschdienst, Feuerschutzdienst

service, legal Rechtshilfe, besonders im Rahmen des englischen Legal Aid (staatliche Rechtshilfe)

service life Nutzungsdauer

service, maintenance Wartung (von Maschinen)

service (of a writ) gerichtliche Zustellung (eines Befehls)

service of process Zustellung

service pipe Anschlußrohr, Zuleitungsrohr

service, night Nachtdienst

service station Tankstelle; Kfz-Reparaturwerkstatt

service, substituded Ersatzzustellung

services, additional Nebenleistungen

services, ambulance ambulante Dienste, ärztliche Hilfe

services, entire komplette Dienstleistungen; ganze Arbeitskraft (in Arbeitsverträgen), alle Werke (z. B. eines Autors)

services, factoring Verkaufskommissionsleistungen, Factoringleistungen

services, fire-fighting Löschhilfe

services, loss of Leistungsverlust; Verlust des Leistungsvermögens (der Hausfrau, des Arbeitnehmers) nach Personenschaden

services, social Sozialleistungen

servicing Bedienung; Fahrzeuginspektion

servicing by coverholder Zustellung durch den Berechtigten, der eine zeitweilige Deckungszusage machen kann

servicing policies Versicherungspolicen zustellen

servient tenement dienendes oder belastetes Grundstück; Grundstück, dessen Besitzer eine Grunddienstbarkeit an einen anderen Grundstücksbesitzer erteilt

set aside beiseite legen; aufheben, aufgeben, annullieren, für ungültig erklären; verwerfen, abschaffen

set off als Ausgleich nehmen; ausgleichen, aufwiegen, wettmachen; abtrennen; herausstreichen, preisen, ausschmücken; verschönern, hervorheben

set off clause Klausel, welche die Ersatzleistungen an einen Versicherten um den Betrag mindert, der aus anderen Quellen gezahlt wird; Aufrechnungsklausel, Verrechnungsklausel

set on fire anzünden, entzünden, in Brand setzen

set up a reserve in Reserve nehmen

set up the statute of limitations Verjährung einwenden

setback in production Produktionsrückgang

setting-up of a business Eröffnung eines Geschäfts, Geschäftsgründung

settle erledigen, in Ordnung bringen, regeln, ausgleichen, begleichen; regulieren; vereinbaren, abmachen, ausmachen, festsetzen, übereinkommen

settle a claim einen Schaden regulieren

settle old scores eine alte Rechnung begleichen, Abrechnung halten

settled by the contract vertraglich geregelt

settled, claims not (yet) unerledigte Schadenfälle

settled property mit einem dinglichen Recht belastetes Grundstück

settlement Regulierung; Ausgleich; Begleichung; Erledigung, Regelung; Vereinbarung; Beilegung, Schlichtung

settlement, amicable gütliche Erledigung, gütlicher Vergleich, Vergleich

settlement, amount payable on Abfindungswert, Abfindungssumme

settlement, basis of Vergleichsgrundlage, Regulierungsgrundlage

settlement, binding verbindliche Vereinbarung

settlement, claim Schadenregulierung, Schadenabwicklung

settlement, compromise Abfindungsvergleich

settlement costs Regulierungskosten

settlement, deed of Abfindungsvertrag

settlement, equitable gerechte Regelung

settlement, global Gesamtvergleich

settlement, instalment Zahlung der versicherten Summe als Zeitrente

settlement, loss Schadenregulierung, Schadenabwicklung, Schadenerledigung

settlement, lump sum Abfindung, Pauschalentschädigung

settlement, negotiations for a Vergleichsverhandlungen

settlement of a claim, unconditional vorbehaltslose Regulierung eines Schadens

settlement of abandonment Vereinbarung (zu) einer Sachaufgabe, Regulierung nach Abandonment

settlement of indemnity Entschädigung, Schadenzahlung, Schadenersatzleistung

settlement, out-of-court außergerichtlicher Vergleich

settlement position Regulierungsstand

settlement, reasonable angemessener Vergleich

settlement, release and Verzicht und (Schaden-)Regulierung

settlement, structured Vergleich (mit Vereinbarung von Ratenzahlungen)

settlement, voluntary freiwilliger außergerichtlicher Vergleich

settlor's right of revocation Widerrufsrecht des Treugebers

severable (zer)trennbar, (zer)teilbar; (ab)trennbar, lösbar

several and joint liability gesamtschuldnerische Haftung

several debt Einzelschuld, Einzelverpflichtung

several liability Einzelhaftung, Individualhaftung

severalty Bruchteilseigentum

severance Trennung, Teilung; Bruch, Lösung

severe streng, scharf, unnachsichtig, schonungslos, hart; ernst(haft), gesetzt; schwer, stark

severe handicap Schwerbehinderung

severe illness schwere Krankheit

severe inflation clause (SIC) Indexklausel

severity Strenge; Heftigkeit; Härte; Schwierigkeit

severity of liability, increased Haftungsverschärfung

severity of the fire Brandstärke, Brandintensität

sewage Abwässer

sewage cleansing Abwässerreinigung

sewage disposal Abwässerbeseitigung

sewage disposal works Kläranlage

sewage farm Kläranlage, Rieselfeld

sewage plant Kläranlage, Rieselfeld

sewage sanitation Abwässerbeseitigung

sewage system Abwässersystem

sewage treatment plant Abwässerverwertungsanlage

sewage treatment works Abwässeranlagen

sewer Abwasserkanal, Abflußrohr

sewerage Kanalisation, Kanalisationsnetz, Kanalisationssystem

sewerage committee Ausschuß für Abwässerbeseitigung

sewers Kanalisation

SFR (Swiss Franc) Schweizer Franken

S.G. [salutis gratia, lat.] um der Sicherheit willen

SGA (Sale of Goods Act) 1979 Gesetz aus dem Jahre 1979 über den Warenverkauf; regelt den Verkauf von Waren, jedoch nicht von Grundstücken, Patenten usw.

sgd. (signed) unterschrieben

sham Täuschung, Schwindel, Schein-

sham contract Scheinvertrag, fingierter Vertrag

shape Gestalt, Form; Art, Weise; Verfassung, Zustand

shape gestalten, formen, bilden; formulieren; anpassen, einrichten; planen, entwerfen

share Aktie; Gewinnanteil, Geschäftsanteil; Teilhaberschaft, Beteiligung; Teil, Beitrag; Anteil

share verteilen, austeilen; teilen, gemeinsam besitzen; teilhaben

share capital Stammkapital; Gesellschaftsanteil

share, ceded Rückversicherungsquote

share ceded in reinsurance Rückversicherungsquote

share, compensation Genußschein

share, equity Stammaktie

share in profits Tantieme, Bonus, Ertragsanteil

share, insurance company Versicherungsaktie

share, market Marktanteil

share of profits Gewinnanteil, Tantieme

share, ordinary Stammaktie

share, part- Teileigentum
share, preference Vorzugsaktie
share, quota Quote
share, registered Namensaktie
shareholder Aktionär, Aktieninhaber, Anteilseigner; Gesellschafter, Teilhaber
shareholders' funds Eigenkapital
shareholder's liability Haftung der Aktionäre
shareholding Beteiligung
shares, insurance Versicherungsaktien
shares, issue of Ausgabe von Aktien
sharing agreement Teilungsabkommen
sharing, profit Gewinnbeteiligung
sharp scharf; spitz; jäh; hart; stark, deutlich; bitter, herb; schrill, schneidend
sheet dünne Platte; Blechplatte; Blatt, Bogen; Bettuch, Laken
sheet, balance (BS, bs) Bilanz, Rechnungsabschluß
sheet metal Metallblech
shell of building, insurance of Rohbauversicherung
shelter Schutzraum; Zufluchtsort; Obdach, Herberge; Schutz, Zuflucht, Sicherheit
shelter schützen, beschützen, beschirmen; bedecken, überdachen; Schutz gewähren, Zuflucht gewähren
shelve zu den Akten legen, außer Dienst lassen, zurückstellen, weglassen; sich allmählich neigen
shift wechseln, verändern, verschieben, verlegen, verlagern

shifting, age [US] (Lebensversicherung) Altersverschiebung, fiktive Änderung des Alters
shifting of the burden of proof Beweislastumkehr
ship builder Schiffsbauer, Werftunternehmer
ship, foundering of a Untergang eines Schiffes
ship load Schiffsladung
ship repairer's liability Haftpflicht für Schiffsreparaturen
ship under average havariertes Schiff
ship, unseaworthy seeuntüchtiges Schiff
ship, wrecked schiffbrüchiges Schiff
shipbuilding Schiffbau
shipbuilding risks insurance Schiffbauversicherung
shipment Versand; Verladung; Verschiffung
shipment, bulk Massengutladung
shipment, domestic [US] Klassifizierung von Waren, die mit einer Binnentransportversicherungspolice versichert werden können (dieser Begriff bezeichnet Waren, die sich auf dem Transportweg per Landbeförderungsmittel befinden); inländischer Versand, inländische Verschiffung
shipowner's liability Schiffseigentümerhaftung, Reederhaftung
Shipping and Forwarding Agents (S. & F.A.) Schiffsagenten und Spediteure
shipping company Reederei
shipping insurance Transportversicherung

shipping line Schiffahrtslinie

shipping, merchant Handelsflotte, Handelsschiffsverkehr

shipping note (S.N., S/N) Schiffszettel, Verladeschein

ships, dumping of waste from Einbringen von Abfallstoffen durch Schiffe

ship's hull Schiffsrumpf

shipwreck Schiffbruch

shipyard Werft

shock, earthquake Erdstoß

shock lost Größtschaden, Katastrophenschaden

shock, nervous nervöser Schockzustand

shoot Jagd, Jagdgebiet

shooting rights Jagdrecht

shooting season Jagdzeit

shop Laden, Geschäft; Werkstatt; Betrieb, Werk; Gewerbe, Beruf, Fach

shop einkaufen, Einkäufe machen

shop assistant Ladenangestellter, Verkäufer

shop, chemist's Drogerie, Apotheke

shop premises Geschäftsräume, Ladenräume

shop, repair Reparatur-Werkstatt, Werkstatt

shop, self-service Selbstbedienungsladen

shop window Schaufenster

shopkeeper Einzelhändler

shopping, forum Wahl des für den Geschädigten günstigsten Gerichtsstands

shopping, forum [US] Versuch des Klägers, bei mehreren in Betracht kommenden internationalen Gerichtsständen den rechtlich günstigsten zu wählen

shore Küste, Ufer, Strand

shore-end risk Verladerisiko (Land – See – Land)

shoring up abstützen

short amount Minderbetrag

short circuit Kurzschluß

short delivery unvollständige Lieferung

short distance goods traffic Güternahverkehr

short interest beschränktes Interesse

short-lived assets kurzlebige Wirtschaftsgüter

short-period insurance für kürzer als ein Jahr abgeschlossene Versicherung

short-term kurzfristig

short-term benefit kurzfristige Leistung

short-term insurance kurzfristige Versicherung

short-term investment kurzfristige Anlage

short-term partnership Gelegenheitsgesellschaft

short-term rate Prämie für eine kurzfristige Versicherung

short time work Kurzarbeit

short title Kurztitel (insbesondere eines Gesetzes)

short ton amerikanische Tonne (2 000 pounds oder 907,2 kg)

shortage Engpaß; Knappheit, Mangel; Fehlbetrag

shortage of goods Warenknappheit

shortcoming Unzulänglichkeit; Mangel, Fehler, Nachteil; Fehlbetrag, Defizit

shortening of the period of currency Verkürzung der Laufzeit

shortening of the period of insurance Abkürzung der Versicherungsdauer

show Schau, Zurschaustellung; Darbietung, Vorführung, Vorstellung; Ausstellung; Schauspiel

show business Unterhaltungsindustrie, Vergnügungsindustrie

shower, thunder Gewitterregen

shrinkage Schrumpfung; Verminderung, Schwund, Abnahme

shrinkage in value Wertminderung

shunting Rangieren

shutdown Stillegung; Betriebseinstellung

shutdown of plant Anlageabschaltung

shutdown of works Werksschließung

sick krank; übel; unwohl, überdrüssig

sick pay Krankengeld

sickly kränklich, schwächlich; leidend; blaß; ungesund; ekelhaft, widerwärtig

sickness Krankheit; Übelkeit, Erbrechen

sickness and accident insurance Unfall- und Krankenversicherung

sickness arising out of a person's employment Berufskrankheit

sickness benefit Krankengeld

sickness fund Krankenkasse

sickness insurance Krankenversicherung

sickness insurance, supplementary Krankenzusatzversicherung

sickness, radiation Strahlenkrankheit, Strahlenerkrankung

sickness table Morbiditätstafel

side (with) Partei ergreifen

sidecar Beiwagen

sidetrack agreement Nebengleisvereinbarung; Vereinbarung zwischen einer Eisenbahngesellschaft und einem Warenempfänger bezüglich der Benutzung eines Nebengleises

sig.miss. (signature missing) Unterschrift fehlt

sign unterschreiben, unterzeichnen; abzeichnen

sign, authority to Zeichnungsberechtigung, Unterschriftsbefugnis

sign, authorized to zeichnungsberechtigt

sign, power to Zeichnungsvollmacht, Unterschriftsberechtigung

sign, warning Warnzeichen

signature Unterschrift, Namenszug; Signatur, Kennzeichnung

signature clause Beglaubigungsvermerk

signature, counter- Gegenzeichnung

signature, falsification of a Unterschriftsfälschung

signature missing (sig.miss.) Unterschrift fehlt

signature, place of Abschlußort, Zeichnungsort

signboard Firmenschild

signed (sgd) unterschrieben

signed line definitiver Anteil

signed on behalf of the company unterschrieben für die Gesellschaft

significance Wichtigkeit, Bedeutung; Sinn

significance, contemporary gegenwärtige Bedeutung

signing power Unterschriftsvollmacht

signing schedule Unterschriftsblatt

silent risk ruhendes Risiko, Außerbetriebsrisiko

similar ähnlich; gleichartig

simple bonus einfacher Bonus

simple fee Eigentumsrecht (an Grundbesitz)

simple interest einfacher Zins

simple probability einfache Wahrscheinlichkeit

simple risk einfaches Risiko

simplicity Einfachheit; Klarheit, Schlichtheit

simplification, work Arbeitsvereinfachung, Rationalisierung

simultaneous losses gleichzeitig auftretende Schäden

sincerity Aufrichtigkeit

single einzig, allein, einmalig; ledig, unverheiratet, alleinstehend

single fire risk Feuerbereich

single-life annuity Leibrente, Rente auf ein Leben

single life assurance Versicherung auf ein Leben

single payment, insurance by Versicherung gegen einmalige Prämienzahlung

single premium Einmalprämie

single-premium insurance (Lebensversicherung) gegen Zahlung einer einmaligen Prämie

single premium payment Renteneinmaleinlage

single risks Einzelrisiken

sinking fund Tilgungsdarlehen; Guthaben, welches entsteht, wenn die Amortisationsquote verzinslich angesammelt wird

sinking fund, reserve for Tilgungsrücklage

site Lage; Stelle, Örtlichkeit; Sitz; Bauplatz

site plazieren, stationieren; verlagern

site, construction Baustelle

site, demolition Abbruchplatz

site, hazardous waste Sondermülldeponie

site, production Produktionsstätte

site, waste Deponie

situation Lage, Stellung, Platz; Situation, Zustand

situation, no-duty Situation, insbesondere bei Feststellung der Fahrlässigkeit, in der dem Betroffenen keine Sorgfaltspflicht obliegt

size Größe, Maß, Format, Umfang

size of the enterprise Unternehmensgröße, Größe des Unternehmens

size, standard Normalgröße

sketch of the road accident Unfallskizze

ski-breakage insurance Skibruchversicherung

skid mark Bremsspur

skill Geschicklichkeit, Fertigkeit, Gewandtheit; (Fach-)Kenntnis

skill, lack of mangelnde Qualifikation

skill, occupational berufliche Fähigkeit

skill, proper angemessenes Können, fachgerechtes Können

skill, reasonable angemessene Kenntnisse und Fähigkeiten

skilled person sachkundige Partei; Fachmann

skilled worker gelernter Arbeiter, Facharbeiter

S/L.C. (sue and labour clause) (Seeversicherung) Klausel betreffend Schadenabwendung und Schadenminderung

slander Verleumdung; üble Nachrede; Beleidigung

slander verleumden, beleidigen

slander, libel and Verleumdung und üble Nachrede

slate tiles Schieferdachziegel

slaughterhouse Schlachthaus

sleeve, to have something up one's etwas bereit oder auf Lager, „in der Hinterhand" haben; etwas im Schilde führen

sliding scale commission adjustment Berechnung einer Staffelprovision

sliding scale premium Staffelprämie, gleitende Prämie

sliding scale provision Staffelprovision

slight leicht, geringfügig, unwichtig; unbedeutend

slight fault geringfügiges Verschulden, leichtes Verschulden

slight negligence geringfügiges Verschulden, leichte Fahrlässigkeit

slip, acceptance Annahmeschein, schriftliche Annahmeerklärung

slip, amendment Änderungszusage bei Versicherungsverträgen

slip, broker's Formular für Weitergabe von Aufträgen an Börsenhändler

slip, insurance Versicherungsformular, Beteiligungsnote

slip, wages Lohnabrechnungsbescheinigung

slope Abhang, Böschung; Schräge; Neigung, Gefälle

slope sich neigen, schräg sein; schräg abfallen

slow combustion capability Dauerbrandfähigkeit

slow in the uptake schwer von Begriff sein, eine lange Leitung haben

s.m. [Scientiae Magister, lat.] Magister der Naturwissenschaften

small and medium-sized enterprises (SMES) kleine und mittlere Unternehmen

small business Kleinunternehmen; (US) mittelständische Wirtschaft

small claim Bagatellsache

Small Claims Court [UK] Gericht für kleine Fälle mit begrenzten Entschädigungsansprüchen, versuchsweise neu eingeführt in England in den letzten Jahren; in manchen Fällen sind nur Personen und kleine Unternehmen als Kläger zugelassen

small claims procedure [UK] Sonderverfahren vor den County Courts (Grafschaftsgerichten) für kleine Fälle

small fire Kleinbrand

small holding kleine Beteiligung, kleiner Anteilsbesitz, kleiner Kapitalbesitz; kleiner landwirtschaftlicher Pachtbesitz; kleine Mietsache, kleines Anwesen

small package kleines Paket, Päckchen; kleines Frachtstück

smart money [US] Zuschlag zum Schadenersatz

smell Geruch; Geruchssinn

SMES (small and medium-sized enterprises) kleine und mittlere Unternehmen

SMMT [Society of Motor Manufacturers and Traders, UK] Verein der Kraftfahrzeughersteller und -händler

smoke Rauch; Rauchfahne, Qualm; Dampf, Dunst; Rauchen

smoke rauchen; qualmen, rußen; dampfen

smoke and soot, damage by Rauch- und Rußschäden

smoke damage Rauchschaden

smoke detector Rauchmelder

smoke detector, cloud chamber Rauchprobenkammermelder

smoke duct Rauchkanal

smoke ejector Rauchsaugstrahlpumpe

smoke emission Rauchentwicklung

smoke explosion Rauchexplosion

smoke filter Entstaubungsanlage

smoke insurance Rauchversicherung

smoke-proof rauchdicht

smoke-sensitive rauchempfindlich

smoke spreading Rauchausbreitung

smoke vent Rauchabzug, Rauchklappe

smoke (venting) pipe Rauchabzugsrohr

smoldering fire Schwelbrand

smoldering temperature Schweltemperatur

smothering blanket Löschdecke

smothering effect Stickeffekt, Stickwirkung; Raucheffekt

smp (special multi-peril-policy) Bündelpolice

SMTA [Scottish Motor Trade Association, UK] Schottischer Verband des Kraftfahrzeughandels

S.N., S/N (shipping note) Schiffszettel, Verladeschein

snow, melted Schmelzwasser

Soc., soc. (society) Gesellschaft

social insurance Sozialversicherung

social insurance benefits Sozialversicherungsleistungen

social insurer Sozialversicherer

social security (UK) Sozialhilfe, Sozialfürsorge, (US) Sozialversicherung

Social Security Act Sozialversicherungsgesetz

social security authorities Sozialversicherer

social security benefits Sozialversicherungsleistungen, Unterstützungsleistungen des Sozialversicherungsträgers

social services Sozialleistungen

social utility soziale Nützlichkeit

societies, savings Fürsorgeeinrichtungen

societies, welfare Wohlfahrtseinrichtungen

society (Soc., soc.) Gesellschaft

society benefit Unterstützungsverein, Versicherungsverein auf Gegenseitigkeit

society, building Bausparkasse

society, classification Klassifikationsinstitut (für Schiffe)

society, collecting [UK] besondere Form eines Versicherungsvereins auf Gegenseitigkeit

society, consumer's cooperative Konsumverein

society, cooperative Genossenschaft

society, friendly Wohltätigkeitsverein, Unterstützungsverein auf Gegenseitigkeit, Unterstützungskasse, Versicherungsverein auf Gegenseitigkeit; Hilfskasse

society, industrial Industriegesellschaft, Industrieunternehmen

society, mutual Gegenseitigkeitsverein, Gesellschaft auf Gegenseitigkeit

society, mutual benefit Hilfskasse, Versicherungsverein auf Gegenseitigkeit

Society of Motor Manufacturers and Traders [SMMT, UK] Verein der Kraftfahrzeughersteller und -händler

society, provident Unterstützungsverein

society, registered eingetragene Genossenschaft

socio-legal research sozialwissenschaftlich-rechtliche Forschung

sodium Natrium

sodium, free freies Natrium

software Software, Computerprogramme, Programmausrüstung

software tools Computerprogramme, die die Erstellung von Software unterstützen

soil Erde, Acker; Boden; Erdboden

soil conditions Bodenbeschaffenheit

soil, products of the Bodenerzeugnisse, Bodenprodukte

soiled schmutzig

solatium Schmerzensgeld

sold by retail Absatz durch den Einzelhandel

solder-link sprinkler Schmelzlotsprinkler

sole cause alleinige Ursache, einzige Ursache

sole fault Alleinverschulden

sole proprietor Alleininhaber, Alleineigentümer

sole trader Einzelkaufmann

soliciting Werbung

solicitor Anwalt, der nur in unteren Gerichten auftritt und vorwiegend Bürotätigkeit ausübt; Rechtsbeistand; Agent, Werber

solicitor, insurance Versicherungsanwalt

solid extinguishing agent Trockenlöschmittel, festes Löschmittel

solid state fester Zustand

solid waste feste Abfallstoffe

solubility, water Wasserlöslichkeit, Mischbarkeit mit Wasser

soluble löslich, auflösbar

solus agreement Ausschließlichkeitsvertrag, Ausschließlichkeitsabkommen

solution Lösung, Auflösung

solve lösen

solvency Zahlungsbereitschaft, Zahlungsfähigkeit, Solvenz

solvency bond Bankgarantie, Bankbürgschaft

solvency insurance Solvenzversicherung

solvency margin Aktivüberschuß, Umfang der Zahlungsfähigkeit, Liquiditätsmarge

solvency test Prüfung der Zahlungsfähigkeit

solvent zahlungsfähig, solvent, kreditwürdig

solvent, extraction Extraktionslösungsmittel

son Sohn

son-in-law Schwiegersohn

sonic speed Schallgeschwindigkeit

soot Ruß

sorely heftig, äußerst, sehr

sort Sorte, Art; Qualität

sort, medium mittlere Qualität, Mittelsorte

sound condition unbeschädigter Zustand

sound principles gesunde Grundsätze

sound reason stichhaltiger Grund

sound value voller Wert, Verkehrswert

soundness Gesundheit, gesunder Geisteszustand

soundness of mind Zurechnungsfähigkeit

source Quelle, Ursprung; Grundlage

source of fire Brandherd

source of ignition Zündquelle

source of profit Gewinnquelle

source of proof Beweismittel

sources of evidence Beweismittel

sources of law Rechtsquellen

sources of liability Haftungsquellen, Haftungsgrundlagen

south (s.) Süden

sovereign souverän

space, air Luftraum

space, blank freigelassene Stelle

space of time Zeitraum

spacecraft insurance Raumfahrtversicherung

spacious geräumig, weit, umfassend, ausgedehnt

spare part Ersatzteil, Reserveteil

spare time Freizeit

spare time job Freizeitarbeit; Nebenbeschäftigung

spark arrester Funkenfänger

sparks, flying Funkenflug

spasm Krampf; Anfall, Erregung

special benefits Sonderleistungen

special bonus Sonderdividende; Sonderzulage

special charges besondere Kosten

special condition of average limitierte anteilsmäßige Freizeichnung

special feature Besonderheit

special multi-peril-policy (smp) Bündelpolice

special peril besonderes Risiko

special perils Sondergefahren

special perils extensions Einbeziehung von besonderen Risiken

special perils insurance Versicherung von Sonderrisiken

special policy conditions besondere Versicherungsbedingungen

special reserve Sonderreserve mit Rücklageanteil

special risk Spezialrisiko, Sondergefahr, Sonderrisiko

special risk policy kurzfristige Police für ein bestimmtes Risiko

special tariff Spezialtarif

special terms besondere Bedingungen

specialist for internal medicine Internist

specialist knowledge Fachwissen

speciality basis Sonderversicherung; Versicherung von ungewöhnlichen und nichtklassifizierbaren Risiken durch Gesellschaften, die auf solche Deckungsumfänge spezialisiert sind

specialized knowledge Fachkenntnisse

specialized worker Facharbeiter

specie insurance Valorenversicherung

specie, insurance of Valorenversicherung

species Art, Spezies, Gattung

species in transit, insurance of Valorenversicherung

species, non-dangerous ungefährliche Gattung

specific coverage Versicherung von Einzelpositionen, Einzelpositionsversicherung

specific description spezifische Beschreibung

specific goods bestimmte Waren, konkrete Waren

specific goods, purchase of Spezieskauf

specific goods, sale of Spezies(ver)kauf

specific obligation Speziesschuld

specific performance Vertragserfüllung

specific peril bestimmtes Risiko

specific rate (Feuerversicherung) Feuertarif für industrielle und gewerbliche Anlagen

specific restitution Herausgabe (einer beweglichen Sache)

specific vocabulary Fachausdrücke

specification Spezifizierung; genaue Aufzählung; nähere Bestimmung; Einzelaufstellung

specification, product quality Qualitätsanforderungen an Produkte

specified cause of loss benannte Schadenursache; (Kfz-Versicherung) die gegen unmittelbare und zufällige Beschädigung eines Kraftfahrzeugs durch Brand oder Explosion, Sturm, Hagel oder Erdbeben, Überschwemmung, Unfug oder Vandalismus sowie durch das Versinken, den Brand, die Kollision oder Entgleisung eines das Fahrzeug befördernden Verkehrsmittels genommene Versicherung

specified commencement date festgelegter (Versicherungs-)Beginn

specified goods, purchase of Spezieskauf

specified quantity vorgeschriebene Menge, festgelegte Menge

specified supplier genannter Lieferant

specified vehicle näher bezeichnetes Fahrzeug

specified working expenses spezifizierte Betriebskosten

specimen Probestück, Muster, Exemplar

specimen policy Muster einer Police

spectator Zuschauer, Beobachter

speculative risk spekulatives Risiko, Spekulationsrisiko; unversicherbares Risiko, das aus einer Gewinn- sowie einer Schadenmög-

lichkeit besteht, wie Glücksspiel oder Investitionen
speech Rede, Ansprache; Sprache
speed limit Geschwindigkeitsbegrenzung; zulässige Höchstgeschwindigkeit
speed limit, to exceed the die Höchstgeschwindigkeit überschreiten
speed, sonic Schallgeschwindigkeit
speed, supersonic Überschallgeschwindigkeit
speed-up of production Produktionssteigerung
spending, capital Kapitalaufwand
spent conviction getilgte Verurteilung, als nicht mehr existent geltende Verurteilung
sphere Sphäre, Bereich
sphere of activity Wirkungskreis; Tätigkeitsbereich
sphere of business Geschäftsbereich
spike Stift, Spitze, Dorn; Nagel, Bolzen; Eisenspitze
spirits alkoholhaltige Getränke; Spirituosen
split, annuity Leibrente mit einer Anzahl garantierter Rentenraten
split, geographical geographische Aufteilung
spoil verderben, unbrauchbar machen; vernichten, vereiteln
spoilt goods verdorbene Waren
spontaneous combustion Selbstentzündung
spontaneous combustion of coal Selbstentzündung von Kohle
spontaneous fermentation spontane Fermentation; Übergarung

spontaneous heating Selbsterhitzung
spontaneous ignition Selbstentzündung, Selbstzündung
spontaneously ignitable selbstentzündlich
sports ground Sportplatz
spot contract Sofortvereinbarung, Kassageschäft
spot transfer Sofortüberweisung
spot-type detector punktförmiger Melder, Punktmelder
spouse Ehegatte, Gatte, Gattin
spouse support payments [US] Ehegattenunterhalt
spread Ausbreitung, Ausdehnung; Verbreitung; Breite, Weite, Umfang
spread ausbreiten, ausstrecken, entfalten; ausdehnen; verteilen, streuen
spread, fire Brandausbreitung
spread of fire, damages from übergreifende Feuerschäden
spread-over Streuplan; Arbeitsstundenanpassung; Staffelung
spreading fire Lauffeuer
spreading flame Flammenausbreitung
spreading of the risk Risikoverteilung
spreading, risk Risikoverteilung, Risikomischung
spreading, smoke Rauchausbreitung
sprinkler Berieselungsapparat; Rasensprenger; Sprinkler
sprinkler, automatic selbsttätiger Sprinkler
sprinkler, frangible-pellet Schmelzkugelsprinkler

sprinkler, glass-bulb Glasfaßsprinkler

sprinkler installation Sprinkleranlage

sprinkler leakage Wasseraustritt aus Feuerlöschanlagen; Sprinklerleckage

sprinkler nozzle Sprinklerdüse

sprinkler, pendant hängender Sprinkler

sprinkler, solder-link Schmelzlotsprinkler

sprinkler system Sprinkleranlage

sprinkler system, combined dry-pipe and preaction Sprinkleranlage mit kombinierter Trockensteigleitung und Verzögerungsmechanismus

sprinkler system, dry pipe Sprinkleranlage mit Trockensteigleitung, Sprinkler-Trockenanlage

sprinkler system, preaction Sprinkleranlage mit Verzögerungsmechanismus

sprinkler system, wet-pipe Sprinkleranlage mit Naßsteigleitungen, Sprinkler-Naßanlage

sprinkler, upright stehender Sprinkler

sprinklers Sprinkleranlagen

sq. (square) viereckig, quadratisch; Viereck, Quadrat

square (sq.) viereckig, quadratisch; Viereck, Quadrat

square foot Quadratfuß

square inch Quadratzoll

square measure Flächenmaß

S.R.C.C. (strike, riots and civil commotions) Streik, Aufruhr und innere Unruhen

S.S. (standard size) Normalgröße

S.T. (standard time; summer time) Normalzeit; Sommerzeit

stabilisation clause Stabilisierungsklausel

stability Standfestigkeit; Beständigkeit, Haltbarkeit; Unveränderlichkeit; Kippfestigkeit, Stabilität, Dauerhaftigkeit

stability clause Indexklausel, Stabilisierungsklausel

stability, market Marktsicherung

stable value clause Wertsicherungsklausel

staff Mitarbeiter, Personal, Belegschaft, Angestellte; Stab, Stabskräfte

staff besetzen; mit Personal versehen

staff adjuster Schadensachbearbeiter, Schadensachverständiger in der Schadenabteilung einer Versicherungsgesellschaft

staff, agency Außendienst; Verkaufsorganisation

staff, competent sachkundiges Personal, fähiges Personal

staff, field Außendienstmitarbeiter

staff, indoor Innendienst

staff, inside Innendienst

staff knowledge Kenntnis des Personals

staff, nursing Pflegepersonal

staff, office Büropersonal

staff, outdoor Außendienst, (Verkaufs-)Organisation

staff provident fund Personalfürsorgefonds, Vorsorgerückstellung

staff provident scheme Personalvorsorge, Personalfürsorge

staff qualification Personalentwicklung

staff training Personalschulung; Mitarbeiterschulung

stage Bühne, Gerüst; Tribüne, Podium; Stadium, Stufe, Abschnitt, Phase

stairs, fire escape Feuertreppe

stamp Stempel; Gebührenmarke, Briefmarke; Firmenzeichen

stamp prägen, stempeln, frankieren

stamp affixed to a card auf eine Karte geklebte Briefmarke, auf einer Karte angebrachter Stempel

stamp duty Stempelsteuer, Urkundensteuer; Stempelabgabe

stamp, trading Rabattmarke

standard amount covered Regelungsdeckungssumme

standard approval [US] Annahme zu normalen Bedingungen

standard charges Standardkosten, Standardauslagen

standard cover Standarddeckung

standard fire policy Einheitspolice der Feuerversicherung

standard form Einheitsformular, Standardformular

standard form contract conditions allgemeine Geschäftsbedingungen

standard form of contract Einheitsvertrag, Einheitsvordruck für einen Vertrag

standard, industry Industrienorm

standard insurance conditions Allgemeine Versicherungsbedingungen; Einheitsbedingungen der Feuerversicherung

standard, mandatory vorgeschriebener Standard (in bezug auf Waren)

standard measure Normalmaß

standard of care Grad an Sorgfalt

standard of education Ausbildungsstand

standard of living Lebenshaltung, Lebensstandard

standard of measurement Bemessungsstandard; Bemessungsmaßstab, Bemessungseinheit

standard policy conditions Musterbedingungen

standard practice übliches Verfahren

standard-setting Standardsetzung (Festlegung von Sicherheitsstandards)

standard size (S.S.) Normalgröße

standard term contract Vertrag mit Standardbedingungen, Vertrag mit Geschäftsbedingungen

standard time (S.T.) Normalzeit

standard turnover Standardumsatz, Normalumsatz

standardization Standardisierung

standards, harmonised harmonisierte Normen

standards institution Normenstelle

standards, liability Haftungsnormen

standards, motor vehicle safety Sicherheitsstandards für Kraftfahrzeuge

standards, pollution control Umweltschutznormen

standards, quality Qualitätsnormen

standards, radiation Strahlenschutznormen

standards, safety Sicherheitsnormen

standby credit Überziehungskredit; Kontokorrent

standing charges fixe Kosten und Auslagen, Festkosten, feste Kosten

standing charges, insured versicherte feste Unkosten

standing idle außer Betrieb

standing offer langfristiges Angebot

standing order Dauerauftrag

stare decisis [lat.] wörtlich: „sich nach vorhergehenden Urteilen richten"; Grundsatz der bindenden Kraft von Urteilen; Präjudizienrecht

start-up flap Anheizklappe

starting capital Gründungskapital

state Zustand, Stand; Staat

state aid staatliche Unterstützung, staatliche Beihilfe

state bond Landes-Schuldverschreibung

state disability insurance (SDI) Staatliche Invaliditätsversicherung

state insurance staatliche Versicherung, Staatsversicherung

State Insurance Commissioner [US] Versicherungsbeauftragter eines Bundesstaates; seine Behörde hilft bei der Durchsetzung der Versicherungsgesetze des Staates, genehmigt Prämiensätze und prüft Beschwerden von Versicherungskunden (auch Director of Insurance oder Superintendent of Insurance genannt)

state insurance regulations Bestimmungen des Versicherungsaufsichtsamtes

state liability Staatshaftung

state of affairs Stand der Dinge; Sachstand; Sachlage

state of business Geschäftslage, Konjunktur

state of health Gesundheitszustand

state of knowledge Wissensstand

state of the art [US] Stand der Technik

state of the art defence Einrede des Stands der Technik; bei Produkthaftpflichtfällen der Einwand, daß der Stand der Technik zum Zeitpunkt des Inverkehrbringens des Produkts nicht so war, daß ein Mangel hätte erkannt werden können

state of the art evidence Beweismittel über den gegenwärtigen Stand der Technik

state ownership Staatseigentum, staatliches Eigentum

state pension Sozialversicherungsrente

state, physical physischer Zustand

state ratification system [US] staatliches Ratifizierungssystem; System der Ratifizierung von Versicherungsvordrucken, Zusätzen und Prämiensätzen durch die Behörden der einzelnen Bundesstaaten

state, solid fester Zustand

State Unemployment Insurance (SUI) Staatliche Arbeitslosenversicherung

statement Angabe, Aussage, Erklärung, Darlegung; Feststellung

statement, annual financial Jahresabschluß

statement, audited financial geprüfter Jahresabschluß

statement, average Dispache, Seeschadenberechnung

statement, claim Schadenabrechnung

statement, consolidated financial konsolidierter Abschluß

statement, consolidated profit and loss Gewinn- und Verlustrechnung

statement, false unrichtige Angabe

statement, financial Jahresabschluß

statement, lapse Stornobericht

statement, misleading irreführende Aussage, irreführende Angabe

statement of account Kontoauszug

statement of claim Klageschrift

statement of damage Schadenaufstellung

statement of facts Sachverhalt, Darstellung des Tatbestandes

statement of loss Havariezertifikat

statement, opening Eröffnungsplädoyer der Parteien, worin sie dem Gericht verdeutlichen, aus welchem Grund ihnen ein Anspruch zusteht bzw. aus welchem Grund dem Gegner ein Anspruch nicht zusteht

statement, premium Beitragsabrechnung, Prämienabrechnung

statement, profit and loss Gewinn- und Verlustrechnung

statement, profit commission Gewinnanteilberechnung

statement, submission of Rechnungslegung

statement, truth of a Richtigkeit einer Aussage

statements, inconsistent einander widersprechende Aussagen

statements, periodic periodisch abzugebende Erklärungen

station, filling Tankstelle

station, fire Brandwache

station, fire alarm receiving Feuermeldeanlage, Brandmeldeanlage

station, power Elektrizitätswerk

station, service Tankstelle; Kfz-Reparaturwerkstatt

stationer Schreibwarenhändler

stationery Schreibwaren, Bürobedarf

statistical evidence statistischer Nachweis, statistische Erfahrung

statistical table statistische Tabelle

statistical test statistische Untersuchung

statistical unit statistische Einheit

statistics Statistik

statistics, claim experience Statistiken zum Schadenverlauf

statistics, demographic Bevölkerungsstatistik

statistics, loss Schadenstatistik

statistics, market Marktstatistik

statistics, performance Statistik, Statistikverlauf

statistics, risks Risikostatistik

statuary premium refund Beitragsrückerstattung

status Stellung, Lage, Zustand; Rechtsstellung; Rang, Personenstand

status, legal rechtliche Stellung, Rechtsposition

status, personal Familienstand, Personenstand

statute Statut, Satzung; Gesetz

statute citator juristisches Nachschlagwerk

statute, determination under satzungsgemäße Beendigung, gesetzmäßige Beendigung

statute law Gesetzesrecht, kodifiziertes Recht

statute, long-arm- [US] Regelung, nach der über das zuständige Gericht entschieden wird; das Gericht muß danach weder am Wohnsitz des Geschädigten noch am Firmensitz des Schädigers seinen Sitz haben

statute of limitation gesetzliche Verjährungsfrist; Gesetz zur Regelung von Verjährungsfristen

statute of limitations, to plead the sich auf Verjährung berufen; die Einrede der Verjährung erheben

statute of limitations, to set up the Verjährung einwenden

statute of repose gesetzliche Verjährung ab Inverkehrbringen des Produktes, Ausschlußfrist, Erlöschen des Anspruchs

statute, rights under satzungsgemäßes Recht, gesetzmäßiges Recht

statute, scope of Geltungsbereich eines Gesetzes, Geltungsbereich einer Satzung

statute, to pass a ein Gesetz verabschieden

statutes, borrowing „entliehene" Gesetze, Recht eines anderen Staates

statutes, no cancellation Gesetze, die es einem Versicherer untersagen, einen Vertrag zu kündigen, weil ein Schaden eingetreten ist

statutory gesetzlich, auf geschriebenem Recht beruhend, gesetzlich vorgeschrieben; satzungsgemäß

statutory damages gesetzlich festgesetzter Schadenersatz

statutory definition Legaldefinition

statutory duty gesetzliche Pflicht, gesetzliche Verpflichtung

statutory duty, breach of Verletzung einer gesetzlichen Verpflichtung

statutory framework gesetzlicher Rahmen

statutory instruments gesetzliches Instrumentarium

statutory insurance requirements gesetzliche Versicherungserfordernisse

statutory interest gesetzliches Interesse

statutory interpretation Gesetzesauslegung

statutory liability gesetzliche Haftpflicht

statutory notice bei langfristigen Versicherungsverträgen die gesetzliche Mitteilung über das Rücktrittsrecht (innerhalb 10 Tagen) sowie über andere Rechte; gesetzlich vorgeschriebene vorläufige Police, gesetzlich vorgeschriebene Mitteilung

statutory period of limitation gesetzliche Verjährungsfrist

statutory regulation gesetzliche Vorschrift

statutory reserve statuarische Reserve, satzungsmäßige Reserve; gesetzliche Rücklage

statutory rule gesetzliche Regelung

statutory subrogation gesetzlicher Forderungsübergang

steam Dampf; Dunst, Verdunstung; Kraft, Energie

steam boiler Dampfkessel

steam power plant Dampfkraftwerk

steel industry Stahlindustrie

step down Summenausschöpfungstheorie in Exzedentenverträgen: im Falle der Ausschöpfung der Grunddeckung kommt der nachfolgende Exzedentenvertrag zum Zuge

step-ladder Treppenleiter, Stehleiter

step-rate pension plan Pensionsplan mit unterschiedlichen Leistungen für Gehaltsteile unter und über einer bestimmten Grenze

step-rate premium insurance Lebensversicherung mit steigenden oder fallenden Prämien

steps, initiatory einleitende Schritte

sterling [stg., UK] Sterling

stg. [sterling, UK] Sterling

stipulate vereinbaren, abmachen, festlegen, festsetzen

stipulated by contract vertraglich vereinbart

stipulated damages festgelegter Schadenersatz; Vertragsstrafe

stipulated premium Vertragsprämie

stipulation (vertragliche) Abmachung, Übereinkunft, Vereinbarung; Klausel, Bedingung

stipulation, collateral Nebenabrede, Nebenvereinbarung, Zusatzbestimmung

stock Aktie, Aktienkapital, Wertpapier; Grundkapital; Vorrat, Bestand, Lagerbestand; Viehbestand

stock bearer [US] Inhaberaktie

stock broker Börsenmakler

stock, closing Schlußbestand

stock, common Stammaktie

stock company Aktiengesellschaft

stock declaration policy Stichtagsversicherung

stock exchange Börse

stock exchange list Börsenkursblatt

stock-farming Tierzucht, Viehzucht

stock, government Staatsanleihen

stock in trade Bestände, Vorräte, Warenbestände

stock in transit insurance Einheitsversicherung

stock, inscribed auf den Namen lautendes Wertpapier; Namensaktie

stock, insurance [US] Versicherungsaktie

stock insurance company [US] Versicherungsgesellschaft auf Aktien

stock keeping Lagerhaltung

stock, minimun Montanaktie, Kux

stock, mining Montanaktie, Kux

stock, opening Anfangsbestand

stock order limitierter Börsenauftrag, Sperrungsauftrag

stock, preferred Vorzugsaktie

stock, registered Namensaktie

stock, rolling rollendes Material

stockholder Aktionär, Aktieninhaber

stocks Vorräte, Bestände, Warenvorräte

stocks, insurance of Lagerversicherung

stocktaking Inventur, Warenbestandsaufnahme

stolen goods gestohlene Waren, Diebesgut

stone, precious Edelstein

stones, damage by falling Steinschlagschaden

stop loss reinsurance Jahresüberschadenrückversicherung

stop order limitierter Börsenauftrag; Sperrungsauftrag

stop the proceedings ein Verfahren einstellen

storage Lagerung, Speicherung, Einlagerung; Lagerhaltung

storage facilities Lagerungsmöglichkeiten

storage fees Lagergebühren, Lagergeld

store Lager, Bestand, Vorrat; Warenhaus, Lagerhaus

store lagern, einlagern, speichern, aufbewahren

store, chain Filialbetrieb

store, department Warenhaus, Kaufhaus

store-house Lagerhaus, Speicher

store, self-service Selbstbedienungsladen

stored data gespeicherte Daten

storekeeper Lagerhalter, Lagerverwalter

storing business Lagergeschäft

storm Sturm, Gewitter, Unwetter

storm and tempest insurance Sturmversicherung

storm, fire Feuersturm

storm, tempest and hurricane insurance Gewitter- und Sturmschadenversicherung

str. (street) Straße

straight consigned bill of lading Namenskonnossement

straight life annuity [US] lebenslängliche Rente, Leibrente

straight life insurance Todesfallversicherung

strain Anspannung; Anstrengung; Beanspruchung

strain, death Risikosumme zum Zeitpunkt des Todes

strain, expected erwartete Belastung

strain, new business Bilanzverlust des ersten Versicherungsjahres; Negativsaldo aus dem Neugeschäft

stranger Dritter, Unbeteiligter; Fremder, Neuling

stranger, act of Handlung eines unbekannten Dritten; Einrede bei verschuldensunabhängiger Haftung

street (str.) Straße

street accident [US] Verkehrsunfall, häufig: Autounfall, Kfz-Unfall

street cleaning Straßenreinigung

street lighting Straßenbeleuchtung

strengthening of reserves Reserveverstärkung

stretch a point ein Auge zudrücken, eine Ausnahme machen, es nicht zu genau nehmen

strict streng, strikt, genau

strict compliance genaue Einhaltung

strict construction, rule of Regelung der strengen Auslegung

strict liability verschuldensunabhängige Haftung, Gefährdungshaftung

strict liability in torts strenge verschuldensunabhängige Haftung, Gefährdungshaftung

strictly confidential streng vertraulich

strictness Strenge; Genauigkeit; Härte

strictness, construction of strenge Auslegung, wörtliche Auslegung

strike Streik, Ausstand, Arbeitseinstellung, Arbeitsniederlegung

strike streiken

strike a bargain ein Geschäft machen, handelseinig werden

strike, riots and civil commotions (S.R.C.C.) Streik, Aufruhr und innere Unruhen

strike risk Streikrisiko

strikes insurance Streikrisikoversicherung

stroke, apoplectic Schlaganfall

strong stark, kräftig, kraftvoll; energisch; schwer

strong room sicherer Raum; Stahlkammer, Tresor

structural defect Baufehler; Konstruktionsfehler

structural engineering Bautechnik

structural fire precaution bautechnische Brandverhütung

structural wall tragende Wand

structure, moveable bewegliche Konstruktion, transportable Konstruktion

structure, rate Tarifstruktur

structure, risk Risikomerkmal

structured settlement Vergleich (mit Vereinbarung von Ratenzahlungen)

suability Einklagbarkeit, Verklagbarkeit

suability provision [US] Prozeßklausel

sub-assignee, notice by Erklärung durch Unterbeauftragten

subagent Unteragent

subclause Unterabschnitt, Absatz

subcontractor Subunternehmer, Zulieferant

subject Gegenstand, Stoff, Thema; Sachgebiet; Grund, Anlaß, Ursache

subject amount [US] Höchstschaden pro Komplex

subject index Sachregister

subject matter vorliegende Sache, behandelter Gegenstand, Streitgegenstand

subject matter, insured versicherte Sache, versicherter Gegenstand

subject matter jurisdiction sachliche Zuständigkeit

subject matter of the action Streitgegenstand, Gegenstand der Klage

subject matter of the contract Vertragsgegenstand, Gegenstand des Vertrages

subject matter of the insurance Versicherungsgegenstand

subject matter of the treaty Gegenstand des Vertrages

subject premium Basisprämie

subject to approval, tariff genehmigungspflichtiger Tarif

subject to average der Schadenbeteiligung(sklausel) unterworfen

subject to cancellation kündbar

subject to compulsory insurance versicherungspflichtig

subject to reserve, premiums übertragspflichtige Prämien

subjectivity Subjektivität

subjoin beifügen

subjoinder nachträgliche Bemerkung; Anhang, Hinzufügung

subjoined beiliegend, beigefügt, eingeschlossen; in der Anlage

sublet untervermieten, weitervermieten, weiterverpachten; untermieten, in Untermiete nehmen

sublimit Sublimit

submission Vorlegung, Vorlage; Vorbringen; Unterwerfung, Unterordnung

submission of a party Vorbringen einer Partei

submission of accounts Rechnungslegung

submission of claim Anspruchserhebung

submission of information Vorlegen von Informationen, Übermittlung von Informationen

submission of statement Rechnungslegung

submit a claim einen Anspruch vorbringen

submit a proposal for a policy einen Versicherungsantrag stellen

subordinate untergeordnet; nebensächlich, unwichtig, zweitrangig

subordinate company untergeordnete Gesellschaft

subpoena Vorladung unter Strafandrohung

subpurchaser Endabnehmer; Käufer aus zweiter Hand

subrogate against Regreß nehmen

subrogation Anspruchsabtretung, Regreß, Forderungsübergang

subrogation action Regreßprozeß

subrogation, letter of Abtretungserklärung

subrogation, statutory gesetzlicher Forderungsübergang

subrogation, waiver of Regreßverzicht

subsale Weiterverkauf

subsales, chain of Weiterverkaufskette

subscribe a policy eine Versicherung übernehmen

subscribed risk übernommene Gefahr

subscribers' insurance Abonnentenversicherung

subscription Unterschrift, Unterzeichnung; Beitrag, Gebühr, Zeichnungsbetrag

subscription right Bezugsrecht

subsequent nachfolgend, nachträglich, später, anschließend

subsequent condition auflösende Bedingung

subsequent cover Nachhaftungsdeckung

subsequent event Folgeereignis

subsequent impossibility of performance nachträgliche Unmöglichkeit der Erfüllung

subsequent improvement Nachbesserung

subsequent insurance Nachversicherung

subsequent period der nachfolgende Zeitraum

subsequent policy Nachversicherung

subsequent premium zukünftige Prämie, Folgeprämie

subsidence Senkung, Absinken, Sichsenken

subsidiary, affiliated [US] Tochtergesellschaft

subsidiary, balance of Konsolidierungsausgleichsposten

subsidiary clause Subsidiärklausel

subsidiary company Tochtergesellschaft, Filiale

subsidiary insurance unselbständige Versicherung, Subsidiärversicherung

subsidiary, wholly-owned 100%ige Tochtergesellschaft

subsidy Beihilfe, Subvention; Zuschuß; Unterstützung

subsoil of the ocean Meeresuntergrund

substance Substanz, Wesen, wesentlicher Bestandteil; Stoff, Materie; Vermögen, Kapital

substance, carcinogenic karzinogene Materie, krebserzeugende Materie

substance, corrosive Korrosionsmittel; Ätzstoff, Beizstoff

substance, dangerous gefährliche Materie

substance, explosive Explosivstoff

substance, harmful Schadstoff

substance, irritant Reizstoff

substance, mutagenic erbanlageverändernder Stoff

substance, oxidising oxidierender Stoff

substance, question of Sachfrage

substances, inventory of Stoffverzeichnis, Stoffliste

substandard goods Ausschußware; Waren, die der Norm nicht entsprechen

substandard policy Versicherung zu erhöhter Prämie

substandard risk erhöhtes Risiko

substantial change wesentliche Veränderung

substantial damage erheblicher Schaden

substantial evidence hinreichender Beweis

substantial justice materielle Gerechtigkeit

substantial risk erhebliche Gefahr

substantially im wesentlichen

substantiate begründen, beweisen, nachweisen, substantiieren

substantiate a claim einen Anspruch begründen

substantiation Begründung, Erhärtung, Beweis; Nachweis, Substantiierung

substantive law materielles Recht

substitute Ersatzmann, Stellvertreter; Ersatzstoff, Ersatzmittel

substitute einsetzen; ersetzen, an die Stelle setzen, vertreten; austauschen

substitute delivery Ersatzlieferung

substitute goods Ersatzwaren

substitute, temporary vorübergehender Ersatz; Kraftfahrzeug, das vom Versicherten anstelle des versicherten Fahrzeugs verwendet wird

substituted expenses Extrakosten

substituted performance Leistung an Erfüllungsstatt; Ersatzleistung

substituted policy Ersatzpolice

substituted service Ersatzzustellung

substitution by liability insurance Haftungsersetzung durch Versicherungsschutz

substitution of policy Ersatz einer Versicherungspolice

subterranean fire unterirdisches Feuer

subtotal Teilbetrag, Zwischensumme

succeed gelingen, glücken; Erfolg haben

success Erfolg

succession Reihenfolge, Folge; Nachfolge, Rechtsnachfolge

successive causes nacheinander entstandene Ursachen; aufeinanderfolgende Prozesse

successive contracts of sale aufeinanderfolgende Kaufverträge

successive loss nachfolgender Schaden

successor corporation liability Haftung der Nachfolgegesellschaft

successor in title Rechtsnachfolger

successor liability Haftung von Nachfolgegesellschaften für Produktfehler der übernommenen Firma; Rechtsnachfolgerhaftung bei Gesamtrechtsnachfolge

suction foam conductor Vormischer, Zumischer

sudden and accidental plötzlich und unfallartig

sudden and unforeseen plötzlich und unvorhersehbar

sudden death clause Vereinbarung eines außerordentlichen Kündigungsrechts

sue verklagen; einklagen, klagen auf, prozessieren

sue and labour clause (S/L.C.) (Seeversicherung) Klausel betreffend Schadenabwendung und Schadenminderung

sue and labour costs (Seeversicherung) Schadenminderungskosten

sue, capacity to [US] Prozeßfähigkeit; Aktivlegitimation

sue in tort aus unerlaubter Handlung klagen

suffer leiden, erleiden; dulden

suffer a loss einen Schaden erleiden

sufferance Duldung

suffered loss erlittener Schaden

suffering Leiden, Dulden

suffering, pain and Schmerz und Leid

sufficiency Hinlänglichkeit, Angemessenheit; hinreichende Menge; auskömmliches Vermögen

sufficiency of compliance ausreichende Erfüllung, angemessene Erfüllung

sufficient genug, ausreichend, hinreichend

sufficient details ausreichende Einzelheiten

sufficient evidence hinreichender Beweis

suggestio falsi [lat.] Vorbringen von Unwahrheiten

suggestion Anregung; Rat, Vorschlag, Empfehlung

SUI (State Unemployment Insurance) Staatliche Arbeitslosenversicherung

suicide Selbstmörder; Selbstmord, Freitod

suicide, to commit Selbstmord begehen

suit Klage, Prozeß, Rechtsstreit, Verfahren; Anzug

suit against someone, to bring gegen jemanden eine Klage erheben

suit at law [US] Zivilprozeß

suit, conduct of a law Prozeßführung

suit, liability Haftpflichtklage

suit, pending anhängiges Gerichtsverfahren

suit, proximity Hitzeschutzanzug

suitable passend, geeignet; entsprechend

suitor Kläger, Prozeßpartei; Prozeßführer

sulphur Schwefel

sum Summe, Ergebnis, Resultat; Gesamtsumme, Betrag; Gesamtheit; Kern, Wesen

sum summieren, addieren, zusammenzählen

sum allowed on withdrawal Abgangsentschädigung, Abgangsvergütung; Abgangswert

sum, assured versichertes Kapital, Versicherungssumme, versicherte Summe

sum assured, debt on (Lebensversicherung) Kürzung der Versicherungssumme während der Karenzfrist

sum assured on surviving another's life Überlebenskapital bei Versicherung auf verbundene Leben

sum assured, reduced Reduktionswert, Umwandlungswert, prämienfreie Versicherungssumme

sum at risk kapitalisierte Rente

sum, fixed fester Betrag, vereinbarte Geldsumme

sum insured Deckungssumme, Versicherungssumme

sum insured, increase in the Erhöhung der Versicherungssumme

sum insured, legal minimum gesetzliche Mindestdeckungssumme

sum insured, liability Haftpflichtdeckungssumme

sum insured, overall Pauschalversicherungssumme

sum insured under an endowment assurance versicherte Summe einer Lebensversicherung

sum, just angemessener Betrag, gerechter Betrag

sum, lump Pauschalbetrag, Pauschale

sum of liability Haftungssumme, Deckungssumme

sum of money or corresponding benefit Geldsumme oder geldwerte Leistungen

sum payable at death Sterbegeld, Todesfallkapital

sum, penal Vertragsstrafe

sum, recoverable erstattungsfähiger Betrag

sum, supplementary Zuschlag

summary Zusammenfassung, Übersicht, Auszug

summary summarisch, abgekürzt

summary dismissal fristlose Entlassung

summary insurance summarische Versicherung

summary of leading cases Sammlung grundlegender Entscheidungen

summary of operations Einnahme- und Ausgaberechnung,

Ertrags- und Aufwandsrechnung, Gewinn- und Verlustrechnung

summary trial abgekürztes Verfahren; Schnellverfahren; summarisches Verfahren

summer time (S.T.) Sommerzeit

summon laden, vorladen; auffordern

summons gerichtliche Ladung, Vorladung; Aufforderung, Aufruf

summons, default Mahnverfahren

summons, judgement gerichtliche Vorladung

summons to pay Mahnung

sums, discount for large Summenrabatt

sunshine law [US] speziell in Florida zu beobachtender Trend: Anordnung von Schutzmaßnahmen zu Ungunsten des Beklagten werden verweigert

superannuation Pensionierung, Ruhestand; Ruhegehalt

superannuation scheme Altersversorgungswerk

supercommission Superprovision

Superfund Amendments and Reauthorization Act of 1986 [US] Umweltschutzgesetz von 1986

superintendent of agents Bezirksdirektor

Superintendent of Insurance [US] Versicherungsbeauftragter eines Bundesstaates; seine Behörde hilft bei der Durchsetzung der Versicherungsgesetze des Staates, genehmigt Prämiensätze und prüft Beschwerden von Versicherungskunden (auch „Director of Insurance" oder „State Insurance Commissioner" genannt)

superior quality von bester Qualität

supermarket chain Einzelhandelskette

superseded by policy ersetzt durch Police

supersonic bang Überschallknall

supersonic speed Überschallgeschwindigkeit

supervening pneumonia hinzukommende Lungenentzündung

supervision Beaufsichtigung, Überwachung; Inspektion, Kontrolle, Aufsicht

supervision, government Staatsaufsicht

supervision, insurance Versicherungsaufsicht

supervision of manufacture Fertigungskontrolle

supervisor Aufseher, Inspektor, Kontrolleur, Leiter

supervisory authority Aufsichtsbehörde

supervisory board Aufsichtsrat

supervisory charges Aufsichtskosten

supervisory duties, failure to fulfil one's Aufsichtspflichtverletzung

supp., suppl. (supplementary) ergänzend

supplement Ergänzung; Nachtrag; Beilage

supplementary (supp., suppl.) ergänzend

supplementary accident insurance Unfallzusatzversicherung

supplementary account Nachtragsabrechnung

supplementary agreement zusätzliche Vereinbarung

supplementary bonus Zusatzdividende, Zusatzgewinnanteil

supplementary insurance Zusatzversicherung, Nachversicherung

supplementary payment vom Versicherer zu leistende Zahlung über die Versicherungssumme hinaus für ein Gerichtsverfahren oder eine Forderung, wie die Kosten von Kautionsurkunden, Vollstreckungszinsen usw.; Zusatzzahlung

supplementary premium Prämienzuschlag; ergänzende Leistung

supplementary provision Zusatzklausel, Ergänzungsklausel, ergänzende Bestimmung

supplementary schedule [US] zusätzliche Versicherungsverzeichnisse, die der Kfz-Werkstattversicherung beigefügt sind, jeweils eines für Händler und Nichthändler; Zusatzterminplan, Zusatzverzeichnis, Zusatzfahrplan

supplementary sickness insurance Krankenzusatzversicherung

supplementary sum Zuschlag

supplier Versorger, Lieferer, Lieferant, Zulieferer

supplier, derivative liability of the subsidiäre Lieferantenhaftung

supplier, first Erstlieferant

supplier, specified genannter Lieferant

supplier, unspecified nicht genannter Lieferant

supplier, upstream Vorlieferant

suppliers, network of Lieferantenkette

supply Lieferung, Zufuhr, Beschaffung; Belieferung, Versorgung; Vorrat, Bestand; Angebot

supply liefern, beschaffen, bereitstellen; ausstatten, versehen, beliefern, versorgen; ergänzen; ausgleichen, ersetzen

supply and demand Angebot und Nachfrage

supply, drinking water Trinkwasserversorgung

supply, money Geldversorgung

Supply of Goods and Services Act 1982 Gesetz für Warenkauf-, Warenlieferungs- und Dienstleistungsverträge von 1982

supply of raw materials Rohstoffversorgung

supply, water Wasserversorgung

support Unterstützung, Stärkung, Hilfe, Beistand; Stützung; Unterhalt, Lebensunterhalt

support unterstützen, helfen, stärken, beistehen; stützen; rechtfertigen; unterhalten, ernähren

support payments, spouse [US] Ehegattenunterhalt

support, unemployment Arbeitslosenunterstützung

suppressio veri [lat.] Verschweigen der Wahrheit

suppression of a fire Brandeindämmung

suppression of evidence Unterdrückung von Beweismaterial, Beweisunterschlagung

suppressor, flash Funkenüberschlag-Löscheinrichtung

Supreme Court Oberster Gerichtshof

Supreme Court of the U.S. Bundesgerichtshof (USA)

surcharge Zuschlag, Zuschlagsgebühr, Nachporto, Strafporto; Überladung, Überbelastung

surety Sicherheit, Bürgschaft, Garantie, Kaution, Pfand; Bürge, Garant

surety bond Leistungsgarantie; (US) von einem Bürgschaftsunternehmen erstellter Dreiparteienvertrag, der für die Leistung des Auftraggebers einsteht

surety bonds insurance Bürgschaftsversicherung

surety insurance Kautionsversicherung

suretyship Übernahme einer Bürgschaft

suretyship, contract of Bürgschaftsvertrag, Garantievertrag

suretyship, corporate Bürgschaft, bei der eine Gesellschaft als Bürge fungiert

suretyship insurance Personengarantieversicherung; Vertrauensschadenversicherung

suretyship, personal persönliche Bürgschaft

surf risk Brandungsrisiko

surface Oberfläche; Außenseite

surface, burning Brandfläche

surface factor Flächenfaktor

surface material Oberflächenmaterial

surface temperature Oberflächentemperatur

surface treatment Oberflächenbehandlung

surgeon Chirurg

surgeon, veterinary Tierarzt

surgery Chirurgie; chirurgische Behandlung, operativer Eingriff; Operationssaal

surgical fees insurance Operationskostenversicherung

surgical operations chirurgische Eingriffe, Operationen

surname Nachname, Familienname

surplus Überschuß, Mehrbetrag, Mehrertrag, Gewinn

surplus, allocation of Verteilung des Überschusses

surplus, appropriated offene Rücklage

surplus, appropriated earned Reingewinn, der nicht für eine Dividendenausschüttung bestimmt ist

surplus carried forward, unappropriated Gewinnvortrag in Bilanzen

surplus, distribution of Verteilung des Überschusses

surplus, earned Jahresüberschuß; Überschuß eines Abrechnungszeitraumes

surplus earnings Überschuß (eines Abrechnungszeitraumes)

surplus, established erworbener Überschuß, erworbener Zugewinn

surplus, free [US] freie Rücklagen nach Datierung der Gewinnreserven; Reserven für besondere Fälle und Reingewinn

surplus fund Überschußreserve; Liquiditätsüberschuß

surplus, guarantee fund Überdeckung des Sicherungsfonds

surplus in profit and loss account Überschuß der Gewinn- und Verlustrechnung

surplus, pre-tax Überschuß vor Steuern

surplus reinsurance Summenexzedentenrückversicherung

surplus reinsurance treaty Exzedentenrückversicherungsvertrag

surplus relief reinsurance Finanz-Rückversicherung

surplus relief treaty Rückversicherungsvertrag für Finanzgeschäfte

surplus treaty Exzedentenvertrag

surplus, unallocated freie Rücklagen nach Dotierung der Gewinnreserven; Reserven für besondere Fälle und Reingewinn

surplus, unassigned [US] freie Rücklagen nach Dotierung der Gewinnreserven; Reserven für besondere Fälle und Reingewinn

surplus, valuation Gewinn nach Aufstellung und Bewertung der Deckungskapitalien, technischer Gewinn

surrender Aufgabe, Verzicht; Herausgabe, Auslieferung; Aushändigung; Überlassung

surrender übergeben, überlassen; ausliefern, aushändigen

surrender charge Stornoabschlag, Stornoabzug

surrender, enforced Zwangsrückkauf

surrender of policy (Lebens-)Versicherungsrückkauf

surrender of tenancy Aufgabe eines Mietverhältnisses, Aufgabe eines Pachtverhältnisses

surrender provision Rückkaufsregel

surrender, sale of policy by Verkauf einer (Lebens-)Versicherung durch Rückkauf

surrender value Rückkaufswert (einer Versicherung)

surrender value formula Rückkaufsformel

surrenders Rückkäufe

surrenders, reserve for Rückstellung für Rückkäufe

surrounding Umgebung, Umkreis, äußere Umstände

surrounding circumstances Begleitumstände

surveillance Überwachung, Aufsicht, Beaufsichtigung

surveillance, product Produktbeobachtung

survey Gutachten, Prüfung; Begutachtung, Schätzung; Besichtigung; Expertise

survey fees Gutachtergebühren, Kosten für Gutachten, Expertisekosten

survey, market Marktuntersuchung, Marktanalyse

survey of damage Schadenbesichtigung, Schadenuntersuchung

survey report Besichtigungsbericht, Expertise

surveying service, fire Brandschau

surveyor Gutachter, Schätzer, Sachverständiger

surveyor, chartered (C.S.) konzessionierter Schadenbesichtiger

surveyor, insurance Versicherungssachverständiger

surveyors' fees Sachverständigenhonorar, Gutachterhonorar

surveyor's plan Lageplan

surveyor's report Besichtigungsbericht, Brandschaubericht

survival Überleben; Weiterleben, Fortleben

survival annuity Überlebensrente

survival, event of Erlebensfall

survival, on im Erlebensfalle

survival, probability of Erlebenswahrscheinlichkeit, Überlebenswahrscheinlichkeit

survivance, benefit on Erlebensfalleistung

survive weiterleben, überleben; fortbestehen; übrigbleiben

surviving dependant Hinterbliebener

surviving dependants, insurance for benefit of Hinterbliebenenversicherung

survivor's benefits Hinterbliebenenversorgung

survivors' insurance Hinterbliebenenversicherung, Überlebensversicherung

survivorship assurance Überlebensversicherung

suspect Tatverdächtiger, mutmaßlicher Täter

suspect verdächtigen, in Verdacht haben; argwöhnen, befürchten

suspected defect mutmaßlicher Mangel, mutmaßlicher Fehler

susceptibility, loss Schadenanfälligkeit

suspense account schwebendes Konto, offenes Konto, Interimskonto

suspense accounts Interimsposten, Ausgleichsposten, vorläufige Buchung

suspension (zeitweilige) Einstellung, Aussetzung; Aufschub, Verschiebung, Suspension

suspension notice Einstellungsanordnung; behördliche Anordnung, daß eine betriebliche Tätigkeit oder geschäftliche Handlung wegen Verdacht einer Gesetzesübertretung während einer bestimmten Frist einzustellen ist

suspension of cover Unterbrechung der Deckung

suspension of liability Ruhen der Leistungspflicht

suspension of the insurance Ruhen der Versicherung

suspension railway Schwebebahn

suspensive effect Suspensiveffekt, aufschiebende Wirkung

suspicion Argwohn, Mißtrauen; Verdacht, Verdächtigung

suspicion of a defect Verdacht eines Fehlers

suspicious mißtrauisch, argwöhnisch; verdächtig

sustain stärken, stützen, unterstützen; aufrechterhalten; erleiden, zuziehen; aushalten, ertragen

sustain a loss einen Schaden erleiden

sustain fatal injuries sich tödliche Verletzungen zuziehen

sustained loss erlittener Schaden

swap tauschen, vertauschen, austauschen

swear schwören, einen Eid leisten; vereidigen; fluchen

swearing Eidesleistung, Schwören; Fluchen

swearing in witnesses Zeugenbeeidigung

sweat damage Schiffsdunstschaden; Kondenswasserschaden

swelling Schwellung, Geschwulst, Anschwellen

swindle Betrug, Betrügerei, Schwindel

swindle, insurance Versicherungsbetrug

Swiss Franc (SFR) Schweizer Franken

switch, all-pole (elektr.) allpoliger Schalter

switchback Berg- und Talbahn

symbol Symbol, Zeichen, Sinnbild

symbolic symbolisch, symbolhaft, sinnbildlich

symmetrical symmetrisch, ebenmäßig, gleichmäßig

synallagmatic contract synallagmatischer Vertrag, gegenseitiger Vertrag

syndicate Verband, Interessengemeinschaft; Syndikat, Konsortium

syndicate of underwriters Versicherungskonsortium

synthesis Synthese, Verbindung, Verknüpfung

system, administrative costs Verwaltungskostensystem

system, adversary System der Prozeßgegnerschaft, Verhandlungsgrundsatz

system, American [US] amerikanisches System: Führung der Versicherungsgeschäfte seit dem späten 19. Jahrhundert auf der Basis von getrennten Abteilungen

system, average premium Durchschnittsprämiensystem

system, benefit insurance Rentenversicherungen

system, deluge Sprühflutanlage, Sprühwasseranlage

system, distribution Vertriebssystem

system effectiveness Systemwirksamkeit

system, emergency-core-cooling (ECCS) Reaktorkernnotkühlung

system, fire Brandsystem

system, fire alarm Brandmeldeanlage, Feuermeldeanlage

system, fire extinguishing Feuerlöschnetz, Feuerlöschsystem

system, fixed fire-fighting ortsfeste Löschanlage

system, green card System der grünen Karte

system, gross Bruttosystem

system, ground connection Erdungsanlage

system, instant print Sofortdrucksystem

system, judicial Gerichtswesen

system, jury Laienrichtersystem

system, legal Rechtssystem; Rechtsordnung

system, lightning protection Blitzschutzanlage

system, merit pricing System, nach dem die Haftpflichtversicherungsprämie bei unfallfreiem Fahren niedriger wird, von Fahrern mit Unfällen dagegen Aufzahlungen geleistet werden müssen; Bonus-Malus-System

system, net Nettosystem

system of debiting agents with actual premiums collected Istsystem

system, premiums Beitragssystem, Prämiensystem

system, pressure Drucksystem

system, sewage Abwässersystem

system, sprinkler Sprinkleranlage

system, state ratification [US] staatliches Ratifizierungssystem; System der Ratifizierung von Versicherungsvordrucken, Zusätzen und Prämiensätzen durch die Behörden der einzelnen Bundesstaaten

T

t. (ton) Tonne
table, aggregate Aggregattafel
table by age of entry Tafel nach Eintrittsalter
table, disability Invaliditätstafel
table, disability percentage Invaliditätsskala, Gliedertaxe
table, disablement Invaliditätsordnung
table, generation mortality Generationen-Sterbetafel
table, life Sterblichkeitstabelle
table, maximum Maximaltabelle
table, mortality Sterbetafel
table, mortuary [US] Sterblichkeitstabelle
table, multiple decrement Ausscheideordnung
table, occupancy Wertetafel für den Risikofaktor Gebäudenutzung
table of benefits Leistungstafel
table of charges Gebührentabelle
table of contents Inhaltsverzeichnis
table of decrements Dekrementafel, Ausscheidetafel
table of distribution of claims Schadentafel
table of exits Stornoliste
table of limits Maximaltabelle
table of net cost Nettokostenrechnung
table of premiums Beitragstabelle, Prämienskala
table of withdrawals Ausscheideordnung
table, population mortality Bevölkerungs-, Sterbetafel
table, select Selektionstafel, abgestufte Tafel
table, sickness Morbiditätstafel
table, statistical statistische Tabelle
tabular cost [US] Risikoprämie
tabular premium Tarifprämie
tacit agreement stillschweigende Vereinbarung
tacit approval stillschweigende Genehmigung
tacit renewal clause stillschweigende Verlängerung, Verlängerungsklausel
tacit renewal of the contract stillschweigende Vertragserneuerung
tactics Taktik; planvolles Vorgehen
tail coverage [US] Deckung von Ansprüchen wegen Personen- oder Sachschäden, die längere Zeit nach dem Schadenereignis erhoben werden
tail, long Langfristrisiko; Schadennachlaufproblem
tail, tenant in Grundstückseigentümer, dessen Rechte durch Nacherbenbestimmungen beschränkt sind
take a legal action eine Klage erheben
take advantage of s.o. jemanden übervorteilen, jemanden ausnutzen; von jemandem Nutzen ziehen
take care! Vorsicht!
take care aufpassen, vorsichtig sein
take delivery of the goods die Waren abnehmen
take effect wirken; in Kraft treten, wirksam werden
take ill erkranken

take into account in Betracht ziehen, berücksichtigen

take legal proceedings gerichtlich vorgehen, einen Prozeß anstrengen

take notes notieren, sich Notizen machen

take out an insurance sich versichern lassen, Versicherungspolice erwerben, Versicherung abschließen

take over a business einen Bestand übernehmen

take-over bid (TOB) Übernahmeangebot

take over in reinsurance in Rückversicherung nehmen

take place stattfinden

take possession of Besitz nehmen von

take possession of the completed work das Werk abnehmen

take steps Schritte tun, Maßnahmen ergreifen

take up übernehmen, aufnehmen; einlösen

takeover Übernahme

takeover of a firm Übernahme einer Firma

taking evidence Beweisaufnahme, Beweiserhebung

taking possession Besitzergreifung, Besitznahme

taking testimony Zeugeneinvernahme

taking up, date of Aufnahmedatum

talented talentiert, befähigt

talk Gespräch, Besprechung

tangible assets materielle Vermögenswerte; Sachvermögen

tangible property materielles Eigentum, das in Besitz genommen werden kann

tanker, road Tankwagen

tap Hahn, Gashahn, Wasserhahn

tap water Leitungswasser

tar Teer

target Ziel, Soll

target hazard Zielrisiko

target risks Spitzenrisiken

tariff Tarif

tariff agreement Tarifvereinbarung

tariff, billing Kostenersatz

tariff companies Tarifgesellschaften

tariff, differential Staffelprämie

tariff group Tarifgruppe

tariff, insurance Versicherungstarif, Prämientarif

tariff loading tarifentsprechender Zuschlag

tariff, obligatory verbindlicher Tarif

tariff organisation (Feuer-)Tarifverband

tariff, preferential Begünstigungstarif

tariff rate Tarifsatz

tariff, special Spezialtarif

tariff subject to approval genehmigungspflichtiger Tarif

tariffication Tarifierung, Tariffestsetzung

tariffs, regional Regionaltarife

task force Arbeitsgruppe

task, non-delegable nicht delegierbare Aufgabe

task, to perform a eine Aufgabe erledigen

taste, matter of Geschmackssache

tax Besteuerung; Steuer, Gebühr, Taxe, Abgabe; Beitrag

tax besteuern; taxieren, abschätzen, veranschlagen

tax abatement Steuernachlaß, Steuerermäßigung

tax allowable charge steuerlich absetzbarer Betrag

tax, automobile [US] Kraftfahrzeugsteuer

tax burden Steuerlast, Steuerbelastung

tax, capital-gains [UK] Kapitalgewinnsteuer, Kapitalertragsteuer

tax claim Steuerforderung

tax cut Steuersenkung, Steuerermäßigung

tax deduction Steuerabzug

tax, excise sales [US] Umsatzsteuer

tax-exempt steuerfrei

tax, federal excise [US] Prämienexportsteuer

tax fraud Steuerhinterziehung

tax-free steuerfrei

tax, income Einkommensteuer, Einkommensbesteuerung

tax, insurance Versicherungssteuer, Versicherungsgebühr

tax liability Steuerpflicht, Steuerschuld

tax, municipal trade Gewerbesteuer

tax on coupons Kuponsteuer

tax on interest Steuern auf Zinsen

tax, payroll [US] Lohnsummensteuer

tax-privileged reserves steuerbegünstigte Rücklagen

tax rate Steuersatz

tax rebate Steuernachlaß

tax refund Steuerrückerstattung

tax regulations Steuervorschriften

tax return Steuererklärung

tax, turnover Umsatzsteuer

tax, value-added Mehrwertsteuer

tax warranty Steuergarantie

tax withholding Steuereinbehaltung, Steuerabzug; (US) Quellensteuer

taxable steuerpflichtig, besteuerbar, besteuerungsfähig

taxable period Steuerperiode, Veranlagungszeitraum

taxation Besteuerung; Abschätzung, Taxierung

taxation, burden of Steuerlast

taxation, liable to steuerpflichtig

taxation of revenue Steuern auf Einkommen

taxed object Steuergegenstand, Steuerobjekt

taxes due Steuerschuld, fällige Steuern

taxes, imposition of Besteuerung

taxes, profit before Jahresüberschuß vor Steuern

taxes, reserve for Steuerreserve

taxing Besteuerung

T.B., t.b. (trial balance) Probebilanz, Vorbilanz

TE (toxic equivalents) Toxische Äquivalente: Rechnungseinheit, bei der verschiedene Dioxine und Furane auf die Giftigkeit des gefährlichsten Dioxins, des Seveso-Giftes, umgerechnet werden (1 Gramm TE wirkt wie 1 Gramm Seveso-Dioxin)

tear gas Tränengas

tear gas capsule Tränengaskapsel
technical adviser Fachberater, technischer Berater
technical balance technischer Saldo
technical bases technische Grundlagen
technical check technische Prüfung
technical control technische Kontrolle, technische Prüfung
technical data technische Daten
technical expertise technisches Gutachten
technical expression technischer Fachausdruck
technical feasibility technische Machbarkeit
technical improvement technische Verbesserung
technical knowledges Fachkenntnisse
technical loss technischer Verlust
technical meaning technische Bedeutung
technical profit technischer Gewinn
technical progress technischer Fortschritt
technical rate Bedarfsprämie
technical rate of interest Rechnungszinsfuß, rechnungsmäßiger Zinsfuß
technical reserve technische Reserve, technische Rücklage
technical school Technikum, technische Schule
technical term Fachausdruck
technical word technischer Begriff, technischer Fachausdruck

technically advanced hochtechnisiert
technically feasible technisch möglich
technician Techniker, technischer Fachmann
technician, insurance Versicherungsmathematiker
technique, insurance Versicherungstechnik
technological advance technologischer Fortschritt
technological know-how technologisches Wissen, technisches Verständnis
technology, fire protection Brandschutztechnik
technology, high Spitzentechnologie, Hochtechnologie
telecommunication Telekommunikation, Fernmeldetechnik, Fernverbindung
telephone number Telefon-Nummer
television insurance Fernsehversicherung
telex Telex, Fernschreiben; Fernschreiber
telex, by durch Fernschreiben, fernschriftlich
temperature, ambient Umgebungstemperatur
temperature, autoignition Zündpunkt, Zündtemperatur
temperature, ignition Zündpunkt, Zündtemperatur
temperature, operating Ansprechtemperatur, Auslösetemperatur
temperature, predetermined Einstelltemperatur

temperature, rated Einstelltemperatur

temperature, smoldering Schweltemperatur

temperature, surface Oberflächentemperatur

tempest Sturm, Orkan; Gewitter

temporal test of availability Prüfung der Möglichkeit des Kaufs oder Verkaufs innerhalb einer angemessenen Zeit

temporarily occupied zeitweise bewohnt

temporary vorübergehend, vorläufig; provisorisch; zeitweilig, temporär

temporary alterations zeitlich befristete Änderungen, vorübergehende Änderungen

temporary annuity befristete Rente, Zeitrente

temporary assurance zeitlich befristete Versicherung, vorläufige Versicherung

temporary cover vorübergehende Deckung, zeitlich befristete Deckung

temporary disablement temporäre Invalidität, vorübergehende Arbeitsunfähigkeit

temporary insurance zeitlich begrenzte Versicherung, temporäre Versicherung

temporary life assurance Risikolebensversicherung

temporary removal zeitweilige Entfernung

temporary removal, right of Freizügigkeit, Recht auf zeitweise Entfernung

temporary substitute vorübergehender Ersatz; Kraftfahrzeug, das vom Versicherten anstelle des versicherten Fahrzeugs verwendet wird

temporary use vorübergehender Gebrauch

temporary worker Leiharbeiter, Zeitarbeitnehmer

tempting verlockend, verführerisch

tenancy Pachtverhältnis, Mietverhältnis; Pachtdauer, Mietdauer; Pachtbesitz, Mietbesitz

tenancy, business gewerbliches Mietverhältnis, gewerbliches Pachtverhältnis

tenancy contract Mietvertrag, Pachtvertrag

tenancy, surrender of Aufgabe eines Miet- oder Pachtverhältnisses

tenant Mieter, Pächter

tenant for life (Grundstücks-)Nießbraucher auf (eigene oder fremde) Lebenszeit; Nutznießer auf Lebenszeit

tenant in common Miteigentümer

tenant in tail Grundstückseigentümer, dessen Rechte durch Nacherbenbestimmungen beschränkt sind

tenant's liability Mieterhaftpflicht

tenant's liability insurance Mieterhaftpflichtversicherung

tendency Tendenz, Neigung; Richtung

tender Offerte, Angebot; Zahlungsangebot; Lieferangebot; Zeichnungsangebot; Ausschreibung, Kostenvoranschlag

tender anbieten; einreichen; ein Angebot machen, offerieren

tender for sich bewerben um, ein Angebot abgeben

tender of defence Aufforderung des Beklagten an einen Dritten, in den Prozeß einzutreten

tender of documents Vorlage von Dokumenten

tender the premium die Prämie anbieten

tenement, servient dienendes oder belastetes Grundstück; Grundstück, dessen Besitzer eine Grunddienstbarkeit an einen anderen Grundstücksbesitzer erteilt

tenet Grundsatz; Lehre, Doktrin

tension Spannung (auch elektr.); Druck; Dehnung; Spannkraft; Anspannung

tension, low Schwachstrom

tenure Besitz, Grundbesitz; Besitztitel; Besitzanspruch; Besitzdauer; Anstellung, Amt

tenure, freehold Eigenbesitz (von Grundstücken)

tenure, multiple gemeinsamer Besitz

tenure, plural gemeinsamer Besitz

term Ausdruck; Fachbegriff; Terminus, Bedingung; Frist; Dauer, Laufzeit

term benennen, bezeichnen

term addition [US] (Lebensversicherung) einjährige Risikoversicherung aus Dividenden; Todesfallbonus

term assurance abgekürzte Lebensversicherung auf den Todesfall

term day Termin, festgesetzter Tag

term, endowment Versicherungsdauer der gemischten oder Erlebensfallversicherung

term fee Prozeßgebühr

term, forensic juristischer Fachausdruck

term, fresh neue Bedingung, neue Bestimmung

term, fundamental grundlegende Bedingung

term insurance, extended fortgesetzte Lebensversicherung; (automatische) Versicherungsverlängerung

term life assurance Risikolebensversicherung

term, medium mittelfristig

term of a guarantee Garantiefrist, Dauer einer Garantie

term of delivery Lieferfrist

term of insurance Versicherungsdauer, Versicherungsperiode; Versicherungsbedingung

term of life Lebensdauer, Lebenszeit

term of limitation Verjährungsfrist

term of notice Kündigungsfrist

term of preclusion Ausschlußfrist

term of the insurance contract Laufzeit des Versicherungsvertrages

term of validity Gültigkeitsdauer

term rider Risiko-Zusatzversicherung

term, technical Fachausdruck

terminal funding (Lebensversicherung) Bereitstellung des Rentendeckungskapitals jeweils bei Rentenbeginn; Rentendeckungsverfahren

terminal (policy) reserve Deckungsrückstellung am Ende des Versicherungsjahres

terminate kündigen; beendigen, beenden; erlöschen

terminated agency beendetes Auftragsverhältnis

termination Ende, Ablauf; Kündigung; Beendigung

termination, guaranteed [US] Garantiewerte; Rückkaufswerte; Betrag der beitragsfreien Versicherungssummen

termination, mutual agreement of einvernehmliche Vertragsaufhebung

termination, notice of Kündigung

termination of lien Erlöschen eines Pfandrechts, Ablauf eines Pfandrechts

termination of pregnancy Abtreibung

termination of risk Beendigung des Risikos

termination, rate of Stornoquote, Stornosatz, Abgangswahrscheinlichkeit

termination, terms of Kündigungsbedingungen

termination, voluntary freiwillige Beendigung, spontane Beendigung

termination without notice fristlose Kündigung

terminology Terminologie, Fachsprache

terms Bedingungen; Klauseln

terms and conditions, general allgemeine Geschäftsbedingungen

terms and conditions, insurance Versicherungsbedingungen

terms and conditions of a guarantee Gewährleistungsbedingungen

terms and conditions of business Geschäftsbedingungen

terms, collateral Zusatzbedingungen, Nebenbedingungen, Begleitbedingungen

terms, common sale allgemeine Verkaufsbedingungen

terms, contract Vertragsbedingungen

terms, customary übliche Bedingungen

terms, deletion of Streichung von (Vertrags-)Bedingungen

terms delimiting risk das Risiko einschränkende (abgrenzende) Bedingungen

terms, equitable angemessene Bedingungen

terms, glossary of Begriffsglossar, Fachwörterbuch

terms, hire-purchase Teilzahlungsbedingungen

terms, innominate Vertragsbedingungen, deren Auswirkungen im Falle der Nichterfüllung nicht genau definiert sind und von der Schwere der Folgen abhängen können

terms of an agreement Vertragsbestimmungen

terms of delivery Lieferbedingungen

terms of payment (TOP) Zahlungsbedingungen

terms of termination Kündigungsbedingungen

terms of trade (TOT) Handelsbedingungen

terms, onerous lästige Bedingungen

terms, part payment Teilzahlungsbedingungen

terms, sale Verkaufsbedingungen

terms to be agreed noch zu verhandelnde Vertragsbestimmungen, einwilligungsbedürftige Vertragsbestimmungen

terms, trade handelsübliche Vertragsformeln

terms, unequal unterschiedliche Bedingungen

terrible schrecklich, furchtbar, entsetzlich

territorial distribution of risk territoriale Risikoverteilung

territorial exclusion Gebietsausschluß

territorial limit Haftungsbeschränkung pro Land, Gebietseinschränkung

territorial scope geographischer Deckungsbereich; Geltungsbereich

territory Staatsgebiet, Hoheitsgebiet; Territorium

territory covered Versicherungsgebiet (Gebiet, in dem sich ein Vorfall ereignen muß, damit die Versicherung den Schaden deckt), Geltungsbereich

terrorism Terrorismus, Gewaltherrschaft; Terrorisierung, Einschüchterung durch Gewaltmaßnahmen

test Probe, Untersuchung, Prüfung

test erproben, prüfen, probieren, testen

test, aptitude Eignungsprüfung

test, balancing Risiko-Nutzen-Analyse, Kosten-Nutzen-Analyse

test, cigarette Zigarettenprüfung; Prüfung bei beispielsweise Polstermöbeln und Betten auf Brennbarkeit mit einer glimmenden Zigarette

test, consumer expectation Prüfung der Verbrauchererwartungen; Verwendung von Verbrauchererwartungen als Maßstab, z. B. bei gefährlichen Produktmängeln, die ein Verbraucher angemessenerweise nicht hätte erwarten müssen

test, continuous burning Dauerbrennprüfung

test, driving Fahrprüfung

test, flying Flugprüfung

test, goods Warentest

test, ignitability Entzündbarkeitsprüfung

test, injury Schadentest

test, Learned Hand [US] Methode der Prüfung der Fahrlässigkeit in Haftungsfällen; sie basiert auf der Grundlage der Kosten-Nutzen-Analyse und wird in algebraischer Form ausgedrückt: die Haftung hängt davon ab, ob B kleiner ist als L mal P, d. h. ob B < PL (P = Wahrscheinlichkeit, L = Verletzung, B = die Last der notwendigen Vorkehrungen)

test-market versuchsweise auf den Markt bringen

test, match Streichholzprüfung (bei Möbeln)

test, objective objektive Prüfung

test of materiality Erheblichkeitstest

test purchase Probekauf

test, quality Qualitätsprüfung, Güteprüfung

test, reasonable angemessene Prüfung

test, reasonableness Prüfung der Angemessenheit

test series Versuchsreihe, Versuchsserie

test, solvency Prüfung der Zahlungsfähigkeit

test, statistical statistische Untersuchung

test-tube baby Retortenbaby

test, "two-prong" (Produkthaftung) „zweipolige" Prüfung der Mangelhaftigkeit (1.) mit dem Maßstab der angemessenen Kundenerwartungen, (2.) mit dem Maßstab, ob das Risiko der betroffenen Konstruktion größer ist als die dadurch gewonnenen Vorteile

testamentary capacity Testierfähigkeit

testamentary disposition letztwillige Verfügung; Verfügung von Todes wegen

tester, insurance Versicherungsprüfer, Versicherungssachverständiger

testimony Zeugnis; mündliche Zeugenaussage; Beweis

testimony, expert Sachverständigenaussage

testimony, preservation of Beweissicherung

testimony, taking Zeugeneinvernahme

testing Testen, Prüfung; Erprobung; Versuch

testing agency Prüfstelle

testing clause Untersuchungsbestimmung, Testbestimmung

testing, material Materialprüfung

textile industry Textilindustrie

textile product Textilprodukt

textiles Textilwaren, Textilien

Thalidomide Markenname eines Medikaments, deutscher Name: Contergan

theatrical performance Theatervorstellung

theft Diebstahl; Diebesgut, gestohlenes Gut

theft, attempted versuchter Diebstahl

theft by breaking and entering Einbruchdiebstahl

theft, car Autodiebstahl, Kfz-Diebstahl

theft insurance Diebstahlversicherung

theft, ordinary einfacher Diebstahl

theft preventive device Sicherheitsvorrichtung

theft risk Diebstahlrisiko

theory Theorie, Lehre

theory, conflicting widersprüchliche Theorie, kollidierende Theorie

theory, triple trigger Deckungsauslösungstheorie bei „claims made"

therapeutic abortion Schwangerschaftsabbruch aus medizinischer Indikation

therapy Therapie, Behandlung

therein darin, in dieser Hinsicht, diesbezüglich

thereinafter nachstehend

thereinbefore vorstehend

thereon darauf, daran, darüber

thereupon darauf, hierauf, danach; daraufhin, demzufolge, darum

therewith damit

thermal conductance Wärmedurchlässigkeit

thermal conductance, coefficient of Wärmedurchlaßzahl

thermal conduction Wärmeleitung

thermal conductivity Wärmeleitfähigkeit

thermal conductivity, coefficient of Wärmeleitzahl

thermal power station Wärmekraftwerk

thermal resistance Wärmedurchlaßwiderstand, Wärmedämmwert

thermal resistance, total Wärmedurchgangswiderstand

thermal shock resistance Temperaturwechselbeständigkeit (TWB)

thermal transmission Wärmedurchgang

thermal transmittance, coefficient of Wärmedurchgangszahl

thermoelectric effect detector Differentialmelder mit (Mehrfach-)Thermoelementen

thesis Dissertation; Leitsatz, These

thief-proof diebessicher

thin skull case Prinzip, nachdem ein Schädiger das Opfer so nehmen muß, wie es ist; auch wenn also das Opfer eine besonders „dünne Schädeldecke" oder ein schwaches Herz hat, muß der Beklagte für die Folgeschäden aufkommen

thing Sache, Ding; Gegenstand; Wesen, Geschöpf

third parties, intervention of Einwirkung Dritter

third parties, liability to Haftung gegenüber Dritten

Third Parties (Rights Against Insurers) Act 1930 Gesetz über die Rechte Dritter (Rechte gegen die Versicherer) 1930

third party Dritter; in den Prozeß Einbezogener auf der Kläger- oder Beklagtenseite

third party accident insurance Unfall-Haftpflichtversicherung

third party beneficiary begünstigter Dritter, Drittbegünstigter

third party beneficiary contract Vertrag zugunsten Dritter

third party claim Streitverkündung; Anspruch Dritter

third party expenses Unkosten Dritter

third party fault Fremdverschulden

third party fire insurance Feuerhaftungs-Versicherung

third party indemnity Haftpflicht

third party indemnity insurance Haftpflichtversicherung

third party, innocent gutgläubiger Dritter

third party insurance Haftpflichtversicherung

third party insurer Haftpflichtversicherer

third party liability (t.p.l.) Haftung gegenüber einem Dritten

third party liability insurance Haftpflichtversicherung

third party motor insurance Kraftfahrzeug-Haftpflichtversicherung

third party notice Streitverkündung

third party policy Haftpflichtversicherungspolice

third party rights Rechte Dritter

third party risks Haftpflichtrisiken

third party risks, compulsory insurance against Unfallhaftpflichtversicherung

third party's loss Schaden eines Dritten

third party's property fremdes Eigentum

thirty days' notice Kündigung innerhalb von dreißig Tagen, monatliche Kündigung

thorough inquiries gründliche Untersuchungen

threat Drohung, Bedrohung

threat of danger drohende Gefahr

threaten drohen, androhen, bedrohen; drohend ankündigen; bedrohlich aussehen

threatening behaviour drohendes Verhalten

three years average basis Dreijahresdurchschnittsbasis

threshold Schwelle, Eingang; Beginn, Anfang

threshold value Grenzwert

through one's own negligence durch eigenes Verschulden

thunder shower Gewitterregen

thunderbolt Blitz(strahl)

thundery rain Gewitterregen

ticket policy Blockpolice, Couponpolice, Couponversicherungsschein

tiles, slate Schieferdachziegel

timber Baumbestand, Wald; Bauholz, Nutzholz

timber trade Holzhandel

time Zeit; Termin; Zeitpunkt; Frist

time zeitlich abstimmen; den richtigen Zeitpunkt wählen; messen, die Zeit messen

time allowed for acceptance Annahmefrist, Bindefrist

time and materials contract Werklieferungsvertrag

time data Zeitangabe

time deposits Termingelder, Festgelder

time, extension of Fristverlängerung

time insurance Versicherung auf Zeit

time, lapse of Zeitablauf, Fristablauf

time limit Frist

time limit, failure to observe Fristversäumnis

time limit for claims Rügefrist

time limit, observance of Fristeinhaltung

time limit, within the fristgemäß

time, limitation of Verjährungsfrist

time of loss Zeitpunkt des Schadens

time of payment Zahlungstermin, Zahlungsdauer

time of performance Zeitpunkt der Erfüllung oder der Durchführung (eines Auftrags oder Vertrags)

time of pleading Zeitpunkt des Parteienvortrags vor Gericht, des Plädoyers

time of response Ansprechzeit

time on risk Dauer der provisorischen Deckung

time, operation Betriebszeit

time, part- Teilzeit

time policy Zeitversicherungspolice, Zeitpolice, befristete Police

time, relevant relevanter Zeitpunkt, betroffener Zeitpunkt (der Lieferung, des Verkaufs usw.)

time, responsive Ansprechzeit, Auslösezeit

time, space of Zeitraum

time, spare Freizeit

time, waste of Zeitverschwendung

timid ängstlich, furchtsam; schüchtern, zaghaft

timidity Ängstlichkeit; Furchtsamkeit; Schüchternheit

tiny winzig, klein

tip, refuse Schuttabladeplatz

tissue Gewebe, Flor, Netz

title Rechtstitel; Rechtsanspruch; Eigentumsrecht; Titel, Überschrift

title, absolute unbedingtes Eigentum, Volleigentum

title, bad mangelhafter Rechtstitel

title, defect in Rechtsmangel

title, defective fehlerhafter Rechtstitel; mit Mängeln behaftetes Recht

title, deficiency in Rechtsmangel

title, devolution of Eigentumsübergang, Rechtsübergang

title, documents of Besitzurkunden, Eigentümerurkunden

title, good root of rechtmäßiger Eigentumsnachweis bei Grundbesitz

title insurance Versicherung der Eigentumsrechte; Versicherung gegen Rechtsmängel bei Grundstückserwerb

title, legal formelles Eigentumsrecht

title, possessor of Rechtsbesitzer

title, proof of Nachweis des Eigentumsrechts

title, reservation of Eigentumsvorbehalt

title, retention of Eigentumsvorbehalt

title, short Kurztitel (insbesondere eines Gesetzes)

title, successor in Rechtsnachfolger

title to sue Recht, Klage zu erheben

title, transfer of Eigentumsübertragung

title, transferor's Eigentumsrechte des Übertragenden

title, waiver of Rechtsverzicht

title, warranty of Gewährleistung wegen Rechtsmängeln, Rechtsmängelhaftung

titles to real estate grundstücksgleiche Rechte

T.I.V. (total insured value) gesamter Versicherungswert

t.l. (total loss) Totalschaden, Totalverlust, Gesamtschaden

TNC (transnational corporation) multinationale Gesellschaft

TNE (transnational enterprise) multinationales Unternehmen

T.O. (turnover) Umsatz

to the value of im Wert von

TOB (take-over bid) Übernahmeangebot

tobacco Tabak

tolerance Toleranz; Duldsamkeit, Duldung

ton (t.) Tonne

ton, long [lg.tn., UK] britische Tonne (2 240 pounds oder 1 016 kg)

ton, metric (M.T.) metrische Tonne (2 204,6 pounds oder 1 000 kg)

ton, short amerikanische Tonne (2 000 pounds oder 907,2 kg)

tonnage Tonnage, Tragfähigkeit, Ladefähigkeit

tontine Tontine; lotterieähnliche Rentenversicherung auf den Erlebensfall

tool Werkzeug, Instrument, Gerät

tool of trade Instrument des Handels

tools, software Computerprogramme, die die Erstellung von Software unterstützen

TOP (terms of payment) Zahlungsbedingungen

tornado insurance [US] Sturmversicherung

tort unerlaubte, rechtswidrige Handlung; zivilrechtliches Delikt

tort, action in Klage aus unerlaubter Handlung

tort arising from a negligent act fahrlässig begangene unerlaubte Handlung

tort cause of action Anspruch aus unerlaubter Handlung

tort, continuous fortlaufendes Schadenereignis

tort, damages in Schadenersatz wegen unerlaubter Handlung

tort, intentional vorsätzlich unerlaubte Handlung

tort, joint gemeinsam begangene unerlaubte Handlung

tort, liability in Haftung aus unerlaubter Handlung, Haftung aus Delikt

tort of negligence fahrlässige Rechtsverletzung

tort of passing off Ausgeben eigener Ware als die eines anderen; Warenzeichenmißbrauch

tort, rights arising out of Rechte aus unerlaubter Handlung

tort, to commit a eine unerlaubte Handlung begehen

tort, to sue in aus unerlaubter Handlung klagen

tort, unintentional unbeabsichtigte unerlaubte Handlung

tort, waiver of Aufgabe eines deliktsrechtlichen Anspruchs

tortfeasor rechtswidrig Handelnder; Täter; Schadenersatzpflichtiger

tortfeasor, concurrent selbständiger Mittäter

tortfeasor, joint Mittäter, gemeinsamer Täter

tortious act unerlaubte Handlung, deliktische Handlung, Deliktshandlung

tortious liability Verschuldenshaftung, verschuldensabhängige Haftung; Haftung aus unerlaubter Handlung

torts, law of Deliktsrecht, Recht der unerlaubten Handlung

TOT (terms of trade) Handelsbedingungen

total amount Gesamtsumme

total amount of claims Gesamtschadensumme

total amount of insurance in force Versicherungsbestand

total and permanent disability dauernde Vollinvalidität

total capacity Gesamtfassungsvermögen

total claim Gesamtforderung

total contract value Bauvolumen

total damage Gesamtschaden

total disablement vollständige Invalidität, vollständige Arbeitsunfähigkeit; vollständige Unfähigkeit, dem gewohnten Beruf nachzugehen

total incapacity for business vollständige Erwerbsunfähigkeit, Vollinvalidität

total insured value (T.I.V.) gesamter Versicherungswert

total liability Gesamthaftung

total loss (t.l.) Totalschaden, Totalverlust, Gesamtschaden

total loss, arranged vereinbarter Totalverlust; vereinbarte Höchstentschädigung

total loss, constructive (Seeversicherung) angenommener Totalverlust, wirtschaftlicher Totalschaden; konstruktiver Totalverlust

total of deposits held Depotstand

total output Gesamtleistung eines Unternehmens

total retirement income Gesamtversorgung im Rentenfall

total thermal resistance Wärmedurchgangswiderstand

total turnover Gesamtumsatz

total underwriting funds Gesamtrückstellung

touch Verbindung, Kontakt; Berührung; Anfall; Anstrich

touch berühren, befühlen, betasten; in Kontakt kommen

touchiness Empfindlichkeit, Reizbarkeit

tourist weather insurance Reisewetterversicherung

tourists' accident insurance Reiseunfallversicherung

tourists' baggage insurance Reisegepäckversicherung

towing and labour costs cover (Kfz-Vers.) Versicherung der Abschlepp- und Arbeitskosten, die vor Ort bei einem Unfall oder einer Panne anfallen

towing charge Abschleppkosten

town grading Einteilung in Ortsklassen

toxic giftig; Gift-

toxic equivalents (TE) Toxische Äquivalente = Rechnungseinheit, bei der verschiedene Dioxine und Furane auf die Giftigkeit des gefährlichsten Dioxins, des Seveso-Giftes, umgerechnet werden (1 Gramm TE wirkt wie 1 Gramm Seveso-Dioxin)

toxic gas giftiges Gas, Giftgas

Toxic Substances Control Act 1976 [TSCA, US] Gesetz betreffend die Überwachung toxischer chemischer Stoffe von 1976

toxic waste giftige Abfälle, Giftmüll

toxicology Toxikologie, Giftkunde

toy Kinderspielzeug, Spielzeug, Spielwaren

t.p.l. (third party liability) Haftung gegenüber einem Dritten

trade Handel; Handelsverkehr; Handwerk; Gewerbe, gewerbliche Tätigkeit; Branche

trade handeln, Handel treiben

Trade Agreements Act of 1979 [US] Gesetz über internationale Handelsvereinbarungen von 1979

trade association Unternehmensverband; Fachverband; Wirtschaftsvereinigung

Trade Association, European Free (E.F.T.A.) Europäische Freihandelszone

trade barriers Handelshemmnisse; Handelsbarrieren

trade, chain of Absatzkette

trade connections Handelsbeziehungen

trade, custom of the Handelsbrauch

trade description Handelswarenbeschreibung

trade discount Rabatt

trade dispute Arbeitskampf, arbeitsrechtliche Auseinandersetzung, Arbeitsstreitigkeit

trade effluent Abwässer aus Gewerbebetrieben

trade fixtures gewerbliche Einbauten

trade, foreign Außenhandel

trade, free Freihandel

trade, freedom of Gewerbefreiheit

trade, hazardous gefährlicher Handel; mit Risiken verbundener Handel

trade, intermediate Zwischenhandel

trade losses (Seeversicherung) gewöhnlicher Gewichtsabgang und Schwund unterwegs

trade, lumber Holzhandel

trade mark Handelsmarke; Warenzeichen

trade name Firmenname, Handelsname; Warenbezeichnung

trade, ocean-carrying Hochseeschiffahrt

trade, overseas Überseehandel, überseeischer Handel

trade, restraint of Handelseinschränkung, wettbewerbseinschränkendes Verhalten

trade secret Geschäftsgeheimnis; Dienstgeheimnis; Betriebsgeheimnis

trade terms handelsübliche Vertragsformeln

trade, timber Holzhandel

trade, tool of Instrument des Handels

trade ullage üblicher Flüssigkeitsverlust

trade union (T.U.) Gewerkschaft, Arbeitnehmerverband

trade usage Handelsbrauch, Usance

trade value Handelswert, Verkehrswert

traded option handelbare Option

trademark Handelsmarke; Fabrikmarke; Warenzeichen; Schutzmarke

trader Händler; Kaufmann; Gewerbetreibender

trader, sole Einzelkaufmann

trader, wholesale Großhändler

trader's combined policy kombinierte Geschäftsversicherung

tradesman Einzelhändler, Geschäftsmann, Gewerbetreibender

trading Handel; Betriebs-; Geschäfts-

trading account Warenverkaufskonto

trading, alternative alternative Handelstätigkeit

trading company Handelsgesellschaft

trading conditions Geschäftsbedingungen

trading, fair gerechter Handel; lauterer Handel

trading, illicit Schwarzhandel

trading loss kommerzieller Verlust; Betriebsverlust

trading partner Handelspartner
trading partnership Handelsgesellschaft
trading profit kommerzieller Gewinn
trading results Betriebsergebnisse
trading stamp Rabattmarke
traffic Verkehr; Verkehrswesen
traffic accident Autounfall, Kfz-Unfall
traffic accidents victims fund, reserve for Rückstellung für Solidar- und Verkehrsopferhilfe
traffic, air Luftverkehr
traffic, endangering of Verkehrsgefährdung
traffic jam Verkehrsstauung, Verkehrsstockung
traffic lights Verkehrsampel
traffic, passenger Personenverkehr
traffic regulations Straßenverkehrsvorschriften
traffic, road Straßenverkehr
traffic, short distance goods Güternahverkehr
traffic, volume of Verkehrsaufkommen
trailer Anhänger; Bespannfahrzeug; Wohnwagen
trailer interchange insurance Anhängeraustauschversicherung; Haftpflichtversicherung für Transportunternehmen wegen Sachschäden an einem Anhänger, der einem dritten Transportunternehmen gehört und von diesem ausgeliehen wurde
train Zug, Eisenbahn
train accident Eisenbahnunfall, Zugunfall

train, fast Eilzug
trainee Praktikant; Trainee; Auszubildender; Nachwuchskraft
training Schulung; Erziehung; Ausbildung; Übung; Training
training, personnel Ausbildung der Belegschaft, Weiterbildung der Belegschaft
training, staff Personalschulung; Mitarbeiterschulung
training, vocational Berufsausbildung
transact betreiben; durchführen; abwickeln; zustande bringen
transaction Durchführung, Transaktion; Abwicklung, Erledigung
transaction, chain Kettengeschäft; Kettenabschluß
transaction, commercial Geschäftshandlung
transaction, domestic häusliche Transaktion; Inlandsgeschäft
transaction, financial Finanzgeschäft
transaction, instalment credit Teilzahlungskreditgeschäft
transaction, insurance Versicherungsgeschäft
transaction involving life contingencies Lebensversicherungsgeschäft
transaction, land Grundstückstransaktion, Grundstücksgeschäft
transaction, legal Rechtsvorgang, Rechtsgeschäft
transactions, bogus Scheingeschäfte, Schwindelgeschäfte
transcribe abschreiben, transkribieren; übertragen
transcript Abschrift; Kopie

transfer Übertragung, Transfer; Verlegung, Versetzung; Überweisung

transfer übertragen, übergeben; abtreten, zedieren; hinüberbringen; verlegen

transfer, deed of Abtretungsurkunde, Zessionsurkunde

transfer, forward Überweisung zu einem vereinbarten zukünftigen Termin und bei Auslandsgeschäften zu einem vereinbarten Wechselkurs

transfer from reserves Entnahme aus Reserven

transfer, heat Wärmeübergang, Wärmeübertragung

transfer of a debt Abtretung einer Forderung

transfer of assets Vermögensübertragung

transfer of balances Überträge

transfer of business Geschäftsverlegung

transfer of capital Kapitaltransfer

transfer of money Geld-Überweisung

transfer of ownership Eigentumsübertragung

transfer of payments Überträge aus Zahlungen

transfer of portfolio Bestandsübertragung

transfer of reserve Reserveübertragung, Reserveüberweisung

transfer of rights Übertragung von Rechten

transfer of title Eigentumsübertragung

transfer offer Übertragungsangebot

transfer, premium Beitragsübertrag

transfer, rescission of Rückgängigmachung einer Übertragung (von Eigentumsrechten)

transfer, right of Freizügigkeit

transfer scheme Übertragungsplan, Transferplan; Übertragungsregelung, Transferregelung

transfer, spot Sofortüberweisung

transferability Übertragbarkeit

transferable security Wertpapier, Mobiliarwert

transferee Empfänger, Erwerber; Zessionar

transferor Veräußerer, Übertragender; Zedent

transferor's title Eigentumsrechte des Übertragenden

transformation Umformung; Umwandlung; Umgestaltung; Umstellung

transfusion, blood Blutübertragung

tranship umladen; umschiffen

transhipment Umladung; Umschiffung

transit Transit; Durchgang; Durchfahrt; Durchfuhr; Durchgangsverkehr

transit, damage whilst in Transportschaden; Beschädigung auf dem Transport

transit, goods in Durchfuhrgüter; Waren im Transit

transit, in auf dem Transport

transit insurance Transportversicherung; Güterversicherung; Gütertransportversicherung

transit, loss in Transportschaden

transit risk of radioactive material Risiko aus dem Transport von radioaktivem Material

transit, whilst in während des Transports

transition Übergang

transition benefits Übergangsentschädigungen

transitional indemnification Übergangsentschädigung

transitional provision Übergangsbestimmung

transmission, fire Brandübertragung

transmission, heat Wärmedurchgang

transmission, thermal Wärmedurchgang

transnational corporation (TNC) multinationale Gesellschaft

transnational enterprise (TNE) multinationales Unternehmen

transport Beförderung, Transport; Verkehr, Verkehrswesen; Transportmittel; Verkehrsmittel

transport befördern, transportieren; versenden

transport and traffic liability Verkehrshaftpflicht

transport charges Transportkosten

transport industry Transportgewerbe

transport, inland Binnentransport; Binnenverkehr

transport insurance Transportversicherung

transport insurance on valuables Valorenversicherung

transport of goods Warentransport; Warenbeförderung

transport of goods by road Güterverkehr

transport, rail Bahntransport

transport risk Transportgefahr, Transportrisiko

transport rule Beförderungsvorschrift

transport, sea Seetransport; Seeverkehr

transport vehicle, public öffentliches Verkehrsmittel, öffentliches Beförderungsmittel

transportation Transport, Beförderung; Fortschaffen, Versendung; Überführung; Verschiffung; Transportsystem

transportation device Verkehrsmittel

transportation expense coverage [US] zusätzliche Sachschadenversicherung, die im Falle von Autodiebstahl für ein Ersatztransportmittel aufkommt

travel Reisen, Reiseverkehr

travel reisen; fahren; sich bewegen; bereisen, durchwandern

travel, air Flug, Flugreise, Luftreise

travel insurance Reiseversicherung

traveller, commercial Geschäftsreisender

travellers' accident insurance Reiseunfallversicherung

travelling expenses Reisekosten, Reisespesen

treasurer Schatzmeister, Kassierer, Kassenverwalter

treat, invitation to Aufforderung zur Abgabe eines Angebots

Treaties of Rome Römische Verträge

treatise wissenschaftliche Abhandlung; Monographie

treatment Behandlung; Handhabung; Bearbeitung, Verarbeitung; Verfahren; Heilbehandlung

treatment, cost of Behandlungskosten

treatment, costs of therapeutic Heilbehandlungskosten

treatment, hospital Krankenhausbehandlung

treatment, impartial Gleichbehandlung

treatment, inpatient stationäre Behandlung

treatment, medical ärztliche Behandlung, medizinische Behandlung

treatment, outpatient ambulante Behandlung

treatment, surface Oberflächenbehandlung

treaty Vertrag; Verhandlung, Abmachung

treaty, automatic insurance Generalrückversicherungsvertrag, obligatorischer Rückversicherungsvertrag

treaty, commercial Handelsvertrag

treaty duty Vertragspflicht

treaty, excess of loss ratio Vertrag zur Exzedentenrückversicherung der Schadenquote

treaty, excess of loss reinsurance Schadenexzedenten-Rückversicherungsvertrag

treaty extract Vertragsauszug

treaty, facultative reinsurance fakultativer Rückversicherungsvertrag

treaty, impact of a Auswirkungen eines Vertrages

treaty, inception of Vertragsbeginn

treaty, obligatory reinsurance obligatorischer Rückversicherungsvertrag

treaty, pool Poolvertrag

treaty, rearrangement of Vertragsumstellung

treaty, reciprocal Reziprozitätsvertrag

treaty reinsurance Rückversicherung durch Abkommen

treaty, renewal of Erneuerung des Vertrages

treaty, retrocession Retrozessionsvertrag

treaty, subject matter of the Gegenstand des Vertrages

treaty, surplus Exzedentenvertrag

treaty, surplus relief Rückversicherungsvertrag für Finanzgeschäfte

treaty wording Vertragswortlaut

treaty year Vertragsjahr

trend, market Konjunkturentwicklung, Markttendenz, Markttrend

trespass Vergehen, Übertretung; Verletzen fremden Eigentums; Besitzstörung; unbefugtes Eindringen

trespass übertreten; eine Übertretung begehen; Besitz stören; widerrechtlich betreten

trespasser Besitzstörer; Rechtsverletzer; unbefugter Eindringling

trial Gerichtsverhandlung, Verhandlung, Prozeß, Hauptverfahren; Versuch, Probe, Erprobung

trial balance (T.B., t.b.) Probebilanz, Vorbilanz

trial by jury Schwurgerichtsverfahren; Verhandlung vor einem Schwurgericht
trial costs Prozeßkosten
trial date Gerichtstermin
trial in the absence of the defendant Versäumnisverfahren
trial, on auf Probe, zur Probe
trial order Probeauftrag
trial process Versuchsverfahren, Erprobungsverfahren
trial, purchase on Kauf auf Probe
trial, summary abgekürztes Verfahren; Schnellverfahren; summarisches Verfahren
triangle Dreieck
triangle, fire Feuerdreieck
tribunal Gerichtshof, Tribunal; Sondergericht
tribunal, arbitration Schiedsgerichtshof
Tribunal, Industrial Arbeitsgericht
trick and device exclusion (Kfz-Versicherung) Ausschluß für Abhandenkommen von Kraftfahrzeugen durch betrügerisch bewirkte Herausgabe
triennial basis Dreijahresbasis
trifle Kleinigkeit, Lappalie, Bagatelle
trigger deckungsauslösender Sachverhalt
trigger auslösen
trigger, claims made deckungsauslösender Sachverhalt beim Anspruchserhebungsprinzip
triple damages [US] Strafschadenersatz, der vom Gericht in dreifacher Höhe festgesetzt wird
triple trigger theory Deckungsauslösungstheorie bei „claims made"

trivial errors geringfügige Fehler, Bagatellirrtümer
trivial loss Bagatellschaden, geringfügiger Schaden
tropical disease Tropenkrankheit
trouble Sorge, Mühe, Beschwerde, Schwierigkeit, Unannehmlichkeit, Unruhe, Störung, Ärger
trouble beunruhigen, stören, belästigen; sich aufregen, ängstigen, Sorge bereiten
trover rechtswidrige Aneignung fremder beweglicher Sachen
troy weight Feingewicht
trucker Lkw-Fahrer; Lkw-Transportunternehmen, Kraftverkehrsspedition
truckers coverage form [US] Abwandlung der gewerblichen Kraftfahrzeugversicherung für Versicherte, die gewerbliche Waren oder Gegenstände für Dritte befördern
truckers legal liability policy [US] Haftpflichtversicherung für Lastwagenfahrer für Schäden an der in ihrem Besitz befindlichen Fracht
true wahr, echt, wirklich; treu; genau, richtig
true term cost [US] Risiko-Bedarfsprämie
true, to prove sich als wahr erweisen, sich als richtig herausstellen
true value Realwert; Sachwert
trunk Fernleitung, Sammelschiene, Verbindungsleitung; Baumstamm
trust Vertrauen, Zuversicht; Pflicht; Verwahrung; anvertrautes Gut; Pfand; Obhut; Treuhand(verhältnis); Treuhandvermögen; Kartell, Stiftung

trust vertrauen, Vertrauen haben; hoffen, zuversichtlich sein; anvertrauen

trust, breach of Vertrauensbruch; Treuebruch

trust, charitable gemeinnützige Stiftung

trust funds Treuhandgelder

trust, in zu treuen Händen, treuhänderisch; Vertrauen (auf)

trust, insurance [US] Treuhandvereinbarung zur Direktauszahlung im Versicherungsfall

trust of contractual obligation Treuhandverhältnis betreffend Vertragspflichten

trust property Treuhandvermögen

trust receipt Sicherungsübereignung; Depotbescheinigung

trust, to hold on treuhänderisch besitzen

trust, unit [UK] offener Investmentfonds (faßt die erworbenen Effekten zu einer Einheit zusammen und gibt nach Hinterlegung Anteilscheine aus)

trust, violation of Vertrauensbruch

trustee Treuhänder; Verwalter; Pfleger; Sicherungsnehmer; Vermögensverwalter

trustee in bankruptcy Konkursverwalter

trustee investment [UK] mündelsichere Kapitalanlagen

trustee of an estate Nachlaßverwalter

trustee, security mündelsicherer Wert

trusteeship, commercial kommerzielle Vermögensverwaltung

truth Wahrheit; Wahrhaftigkeit, Wirklichkeit; Genauigkeit; Aufrichtigkeit

truth, contrary to the wahrheitswidrig

truth of a statement Richtigkeit einer Aussage

truthworthiness Zuverlässigkeit; Vertrauenswürdigkeit; Glaubwürdigkeit

try Versuch; Probe; Experiment

try versuchen, erproben; verhandeln, verhören; untersuchen

TSCA [Toxic Substances Control Act 1976, US] Gesetz betreffend die Überwachung toxischer chemischer Stoffe von 1976

T.U. (trade union) Gewerkschaft, Arbeitnehmerverband

tuberculosis Tuberkulose

tuberculosis, insurance against Tuberkuloseversicherung

tumble-down baufällig

turn over Waren umsetzen; einen Umsatz haben

turning point Wendepunkt

turnkey schlüsselfertig

turnkey contract Bauvertrag, der die schlüsselfertige Übergabe des Gebäudes vorsieht

turnover (T.O.) Umsatz

turnover, annual Jahresumsatz

turnover basis Umsatz-Grundlage

turnover, decrease in Umsatzrückgang

turnover figures Umsatzzahlen

turnover, gross Bruttoumsatz

turnover, group Konzernumsatz

turnover, standard Standardumsatz, Normalumsatz

turnover tax Umsatzsteuer

turnover, total Gesamtumsatz

twinned nozzles Zwillingsdüsen; Zwillingsmundstücke

twisting Drehen, Winden, Krümmen; Rotation; Verdrehung; Entstellung; Verkaufstrick, um einen Kunden zur Auflösung einer Police und zum Abschluß einer neuen zu überreden

"two-prong" test (Produkthaftung) „zweipolige" Prüfung der Mangelhaftigkeit (1.) mit dem Maßstab der angemessenen Kundenerwartungen, (2.) mit dem Maßstab, ob das Risiko der betroffenen Konstruktionsart größer ist als die dadurch gewonnenen Vorteile

two-tier pension plan Pensionsplan mit unterschiedlichen Leistungen für Gehaltsteile unter und über einer bestimmten Grenze

type-approval Typengenehmigung, Bauartgenehmigung

type-approval of motor vehicles Betriebserlaubnis für Kraftfahrzeuge

type-certificate Typbescheinigung, Typzertifikat

type-examination Typprüfung

type of construction Bauart

type of insurance Versicherungsart

type of loss Schadenart, Schadenform; Verlustart

type of risk Risikoart

typewritten matter maschinengeschriebener Sachverhalt

typhus Typhus, Flecktyphus, Fleckfieber

tyre Rad, Reifen; Autoreifen

U

u. (universal) universal, allgemein; Gesamt-

uberrima fides [lat.] „höchstes Vertrauen"; in Versicherungsverträgen der Grundsatz, daß alle zur Risikoeinschätzung sowie Vertragsbeurteilung notwendigen Fakten offengelegt werden müssen

UCC [Uniform Commercial Code, US] Einheitliches Handelsgesetz

U.I. (Unemployment Insurance) Arbeitslosenversicherung

U.J.D. [Utriusque Juris Doctor, lat.] Doktor des Zivil- und Kirchenrechts

ULCC (ultra large crude carrier) Riesentanker

ulcer Geschwür; Eiter

ULIS (Uniform Law on International Sale of Goods) Einheitliches Gesetz für den internationalen Warenverkauf

ullage Flüssigkeitsverlust

ullage, trade üblicher Flüssigkeitsverlust

ult. [ultimo, lat.] letzter Tag des Monats

ultimate beneficiary Letztbegünstigter

ultimate consumer Endverbraucher

ultimate net loss endgültiger Nettoschaden

ultimate user Endanwender, Endverbraucher

ultimate waste disposal Endlagerung (radioaktiver Abfälle)

ultimo [ult., lat.] letzter Tag des Monats

ultra hazardous activity außergewöhnlich gefährliche Tätigkeit

ultra large crude carrier (ULCC) Riesentanker

ultraviolet detector Ultraviolett-Brandmelder

umbrella Schirm; Anschlußdeckung an Grundpolicen

umbrella cover Globaldeckung

umbrella, insurance Versicherungsschutz

umbrella liability insurance Haftpflichtausfallversicherung

umbrella organization Dachorganisation

umpire Schiedsrichter, Unparteiischer; Schlichter, Obmann eines Schiedsgerichts

UMS (Universal Mercantile System) Allgemeines Verfahren zur Ermittlung von Prämientarifen in der Feuerversicherung

UN (United Nations) Vereinte Nationen

unable to pay zahlungsunfähig

unable to work arbeitsunfähig

unacceptable unannehmbar; unangenehm

unadjusted schwebend, unerledigt

unallocated surplus freie Rücklagen nach Dotierung der Gewinnreserven; Reserven für besondere Fälle und Reingewinn

unaltered unverändert

unambiguous declaration unzweideutige Erklärung, unzweideutige Stellungnahme

unappealable nicht rechtsmittelfähig

unappealable judgement rechtskräftiges Urteil

unappropriated profit Bilanzgewinn; unverteilter Reingewinn

unappropriated surplus carried forward Gewinnvortrag in Bilanzen

unascertained goods Gattungssachen

unascertained goods, purchase of Gattungskauf

unascertained goods, sale of Gattungskauf

unassigned surplus [US] freie Rücklagen nach Dotierung der Gewinnreserven; Reserven für besondere Fälle und Reingewinn

unattended unbegleitet; unbeaufsichtigt, unversorgt, vernachlässigt

unattended vehicle unbeaufsichtigtes Fahrzeug

unauthorized unbefugt; nicht ermächtigt; unberechtigt

unauthorized agent Vertreter ohne Vertretungsmacht

unauthorized mark unbefugtes Zeichen (z. B. Zulassungs- oder Genehmigungszeichen auf Produkten)

unavoidable unvermeidlich, unvermeidbar

unavoidable accident unvermeidbarer Unfall

unavoidable costs Fixkosten, feste Kosten

unavoidably unsafe unvermeidbar unsicher

unavoidably unsafe product zwangsläufig unsicheres Produkt, unvermeidbar unsicheres Produkt

unborn person ungeborene Person, Nasciturus

uncertain event mögliches Ereignis, unbestimmtes Ereignis

uncertainty Unsicherheit, Ungewißheit, Unbestimmtheit; Zweifelhaftigkeit, Unbeständigkeit; Unklarheit

uncertainty, legal Rechtsunsicherheit

unclaimed nicht beansprucht, nicht geltend gemacht; nicht abgeholt, nicht abgenommen

uncollected articles nicht abgeholte Artikel

unconditional ohne Vorbehalt, bedingungslos

unconditional reserve freie Rücklage

unconditional settlement of a claim vorbehaltlose Regulierung eines Schadens

unconscionable unzumutbar; sittenwidrig; unvernünftig; gewissenlos

unconscionable contract sittenwidriger Vertrag

unconscious unbewußt; ohnmächtig, bewußtlos

uncontrolled nuclear incident, risk of Risiko, daß ein Atomreaktor außer Kontrolle gerät

uncover aufdecken, enthüllen, freilegen

uncovered risk ungedecktes Risiko, nicht gedecktes Risiko

undeniable unleugbar, unbestreitbar, unanfechtbar

under-age minderjährig, unmündig, nicht volljährig

under average risk erhöhtes Risiko, anomales Risiko

under control, fire Brand unter Kontrolle

under oath vereidigt sein; unter Eid stehen

under otherwise equal circumstances unter sonst gleichen Umständen

under repair in Reparatur

under reserve unter Vorbehalt

under tension damages Unterspannungsschäden

under the influence of alcohol unter Alkoholeinfluß

under the usual reserve (u.u.r.) unter den üblichen Vorbehalten

underestimate Unterschätzung, Unterbewertung

underestimate unterschätzen, unterbewerten, zu niedrig einschätzen

undergo erfahren, erleben, durchmachen, ausgesetzt sein; aushalten, erdulden; sich unterziehen

undergo an operation sich einer Operation unterziehen

underground installation unterirdische Installation

underground working Untertagebau

underinsurance Unterversicherung

underinsurance clause Unterversicherungsklausel

underinsurance, waiver of Unterversicherungsverzicht

underinsured unterversichert

underlying zugrundeliegend

underlying amounts Grundbeträge; Grund-Deckungssummen

undermentioned unten erwähnt

undernoted item unter ... genannter Punkt

underrate unterbewerten; untertarifieren

underrating Untertarifierung

understanding Verstehen, Verständigung; Einvernehmen; Vereinbarung, Absprache

understate unterbewerten, zu niedrig angeben, untertreiben

undertake übernehmen, sich verpflichten, unternehmen

undertaking Unterfangen, Unternehmen; Vereinbarung, Zusicherung, Verpflichtung; Zusage

undertaking as to quality Zusicherung einer Eigenschaft

undertaking, authorized konzessionierte Unternehmung; zum Geschäftsbetrieb zugelassene Unternehmung

undertaking, insurance Versicherungsunternehmung

undertaking, licensed konzessionierter Betrieb; zum Geschäftsbetrieb zugelassenes Unternehmen

undertaking, reinsurance Rückversicherungsunternehmung

undertaking, risky gewagtes Unternehmen

undertaking to pay Zahlungszusage, Zahlungsversprechen

undertakings, variation in unterschiedliche Zusicherungen

undervalued unterbewertet

underweight Untergewicht

underwrite versichern, eine Versicherung übernehmen; unterzeichnen, unterschreiben

underwriter die mit dem Risikoakzept bei einem Versicherer befaßte Person; Versicherer; Unterzeichner

underwriter, fire Feuerversicherer

underwriter, insurance unterschriftsberechtigter Mitarbeiter eines Versicherers

underwriter, leading führender Versicherer, Erstversicherer

underwriter, life Sachbearbeiter in der Lebensversicherung

underwriters, syndicate of Versicherungskonsortium

underwriting Abschluß, Zeichnung (eines Versicherungsvertrages)

underwriting agent Abschlußagent

underwriting, cash flow- Versicherungs- und Prämienkalkulation unter voller Berücksichtigung der Zinserträge

underwriting expenses Verwaltungskosten; Aufwendungen für den Versicherungsbetrieb; Kosten für die Betriebsabteilung

underwriting funds, total Gesamtrückstellung

underwriting guidelines Zeichnungsrichtlinien

underwriting income versicherungstechnischer Ertrag

underwriting limits Zeichnungskapazitäten, Zeichnungsgrenzen

underwriting, place of Zeichnungsort

underwriting pool Zeichnungsgemeinschaft

underwriting principle Versicherungsprinzip, Risikoübernahmeprinzip

underwriting profit versicherungstechnischer Ertrag

underwriting reserves versicherungstechnische Rückstellungen

underwriting result technisches Ergebnis

underwriting risks versicherungstechnische Risiken

underwriting year Zeichnungsjahr

underwriting year basis, loss reserve estimation on Bestimmung der Schadenreserve-Rückstellung auf Zeichnungsjahr-Basis

undesirability Unerwünschtheit

undesirable risk unerwünschtes Risiko

undisclosed principal verdeckter Auftraggeber; mittelbarer Vertreter; ungenannter Geschäftsherr

undisclosed reserve stille Reserve

undiscoverable defect unfeststellbarer Mangel

undistributed profits, reserve for Gewinnbeteiligungsreserve

undivided interest ungeteilte Beteiligung; ungeteiltes Eigentum

undue unzulässig, unangemessen, noch nicht fällig; übermäßig; ungehörig

undue influence unzulässige Beeinflussung

undue restriction unbillige Einschränkung; unzulässige Beschränkung

unearned premium unverdiente Prämie; Beitragsübertrag, Rückprämie

unearned premium, reserve for Prämienüberhang

unemployable arbeitsunfähig

unemployed person Arbeitsloser

unemployment benefit Arbeitslosengeld

Unemployment Insurance (U.I.) Arbeitslosenversicherung

unemployment insurance tax Arbeitslosenversicherungsbeitrag (des Arbeitgebers)

unemployment support Arbeitslosenunterstützung

unenforceability Nichtdurchsetzbarkeit, Uneinklagbarkeit; Prozeßhindernis

unenforceable policy nichteinklagbare Police

unequal terms unterschiedliche Bedingungen

unexpired premiums Prämienübertrag

unexpired risks, provision for Prämienübertrag

unexpired risks, reserve for Prämienübertrag

unfair business practices unlautere Geschäftsmethoden

Unfair Contract Terms Act 1977 [UK] Gesetz über unlautere Vertragsbedingungen von 1977

unfair discrimination ungerechtfertigte Diskriminierung; Verstoß gegen das Begünstigungsverbot, d. h. der Versicherer hat gleiche Risiken zu gleichen Bedingungen zu zeichnen und insbesondere ungerechtfertigte Rabatte zu vermeiden

unfair dismissal grundlose Entlassung, ungerechtfertigte Entlassung

unfairness Ungerechtigkeit, Unbilligkeit, Unlauterkeit, Unehrlichkeit

unfit person ungeeignete Person

unfitness for work Arbeitsunfähigkeit

unforeseeable use unvorsehbarer Gebrauch

unforeseen, sudden and plötzlich und unvorhersehbar

unfounded unbegründet; grundlos

unfriendly fire Schadenfeuer

unfunded pension scheme (Lebensversicherung) Rentenzahlung aus laufender Rechnung

Uniform Commercial Code [UCC, US] Einheitliches Handelsgesetz

Uniform Law on International Sale of Goods (ULIS) Einheitliches Gesetz für den internationalen Warenverkauf

uniform policy conditions Musterbedingungen

Uniform Product Liability Act (UPLA) Einheitliches Gesetz für Produzentenhaftung

uniform rules einheitliche Regelungen

uniform way auf einheitliche Art und Weise, übereinstimmend, einheitlich

uniformity Gleichförmigkeit; Gleichmäßigkeit; Einheitlichkeit

unilateral einseitig, unilateral, nur auf einer Seite

unilateral contract einseitiger Vertrag

uninstalled equipment nicht installierte Ausrüstung

uninsurable risk unversicherbares Risiko, nicht versicherungsfähiges Risiko

uninsured driver unversicherter Kfz-Führer

uninsured driver endorsement Versicherungsbedingung zur Erfassung des nicht versicherten Fahrers

uninsured motorist protection insurance Kfz-Versicherung gegen Schäden durch nicht versicherte Fahrer

uninsured motorists endorsement Zusatz zur gewerblichen Kfz-Versicherung, der Personenschäden deckt, falls ein unversicherter Kfz-Fahrer haftpflichtig ist

uninsured risk ungedecktes Risiko

unintentional unbeabsichtigt, unabsichtlich

unintentional tort unbeabsichtige unerlaubte Handlung

union Vereinigung, Verbindung, Zusammenschluß; Gewerkschaft

union association Gewerkschaftsverband

union, trade Gewerkschaft, Arbeitnehmerverband

uniqueness Einzigartigkeit, Einmaligkeit

unit Einheit; Stück, Einzelteil; Anlage

unit credit average pension plan Pensionsplan mit jährlich ausfinanzierten Steigerungsbeträgen der Rente in Prozent des jeweiligen Gehalts

unit linked life assurance [UK] fondsgebundene Lebensversicherung

unit-linked policy assurance fondsgebundene Versicherung, Fondsversicherung

unit, monetary Währungseinheit

unit, operational Betriebsstätte

unit, statistical statistische Einheit

unit trust [UK] offener Investmentfonds (faßt die erworbenen Effekten zu einer Einheit zusammen und gibt nach Hinterlegung Anteilscheine aus)

unite vereinigen, verbinden; sich verbinden; sich anschließen

United Nations (UN) Vereinte Nationen

United Nations Organisation (UNO) Organisation der Vereinten Nationen

United States dollar (USD) US-Dollar

unity Einheit, Einheitlichkeit, Einigkeit

universal (u.) universal, allgemein; Gesamt-

universal average Generalfreizeichnung

Universal Mercantile System (UMS) Allgemeines Verfahren zur Ermittlung von Prämientarifen in der Feuerversicherung

universal product code [UPC, US] Artikelnumerierung

unjust enrichment ungerechtfertigte Bereicherung

unknown risks Entwicklungsgefahren; unbekannte Risiken

unlawful rechtswidrig, ungesetzlich, widerrechtlich

unlawful cover ungesetzliche Versicherungsdeckung

unlawful detention ungesetzliche Inhaftierung, gesetzwidrige Inhaftnahme

unlawful interference Besitzstörung, verbotene Eigenmacht

unlawful means rechtswidrige Mittel

unlawful possession of firearms unerlaubter Waffenbesitz

unlawfulness Rechtswidrigkeit, Ungesetzlichkeit

unleaded petrol unverbleites Benzin, bleifreies Benzin

unless otherwise agreed vorbehaltlich anderer Bestimmungen

unlimited unbegrenzt, unbeschränkt

unlimited claim ziffernmäßig unbegrenzte Forderung

unlimited deficit carried forward Verlustvortrag bis zur Tilgung

unlimited liability unbeschränkte Haftung, unbegrenzte Haftung

unlimited policy Generalpolice

unliquidated feststellungsbedürftig, nicht im voraus festgelegt; unbeglichen, offenstehend

unlisted securities Freiverkehrswerte, amtlich nicht notierte Werte

unloaded entladen, abgeladen; gelöscht (Ladung)

unloading risk Entladerisiko, Löschrisiko

unm. (unmarried) unverheiratet

unmarried (unm.) unverheiratet

unnecessary danger unnötige Gefährdung

UNO (United Nations Organisation) Organisation der Vereinten Nationen

unoccupancy Unterbrechung der Gebäudenutzung; Unbewohntsein

unoccupied unbenutzt, unbewohnt, leerstehend; unbeschäftigt

unoccupied buildings unbewohnte Gebäude

unoccupied buildings insurance Versicherung gegen Schäden an unbewohnten Gebäuden

unpaid unbezahlt; unbelohnt; unfrankiert

unpaid amounts ausstehende Einlagen

unpaid annuity nicht abgehobene Rente

unpleasant unangenehm; unerfreulich

unprecedented beispiellos, unerhört, noch nie dagewesen; ohne Präzedenzfall

unprofitable nutzlos, unnütz; nicht einträglich; unrentabel

unprotected glass ungeschütztes Glas

unreasonable length of time unangemessene Zeitdauer

unreasonableness Unbilligkeit, Unangemessenheit, Unverhältnismäßigkeit; Unvernunft

unreasonably dangerous „unangemessen gefährlich"; die Gefährlichkeit von Produkten ist größer als der Verbraucher erwarten kann

unreasonably hazardous unverhältnismäßig gefährlich

unreported claims, reserve for Spätschadenreserve

unroadworthy straßenuntauglich; nicht fahrbereit, verkehrsuntüchtig

unsafe goods gefährliche Waren, gefahrbringende Waren, unsichere Güter

unseaworthiness Seeuntüchtigkeit

unseaworthy ship seeuntüchtiges Schiff

unsettled claims unerledigte Schadenfälle

unship löschen, ausladen

unshipment Löschung, Ausladung

unskilled labour forces ungelernte Arbeitskräfte

unskilled worker ungelernter Arbeiter, Hilfsarbeiter

unsolicited goods unverlangte Ware, unbestellte Ware

unspecified supplier nicht genannter Lieferant

unsufficiency Mangel an Schlüssigkeit

unsuitable ungeeignet, unpassend, unzweckmäßig, unangemessen

unsuitable goods nicht zum Gebrauch geeignete Güter

untaxed steuerfrei, unbesteuert

untenantability Unbewohnbarkeit

untenanted unbewohnt, unvermietet

untraced driver unidentifizierbarer Fahrer, unaufspürbarer Fahrer

untrue untreu, unwahr, unecht, ungenau

untruth Unwahrheit

unused materials nicht verwendetes Material, ungenutztes Material, ungenutzte Werkstoffe

unusual ungewöhnlich; ungewohnt; außergewöhnlich

unvalued policy Police ohne Wertangabe; Pauschalpolice

unwell krank; unwohl

unwritten law ungeschriebenes Recht; Gewohnheitsrecht

up-to date method zeitgemäße Methode

UPC [universal product code, US] Artikelnumerierung

update auf den neuesten Stand bringen; modernisieren, aktualisieren

updating Modernisierung, Aktualisierung; Festschreibung

upholstery Polsterwaren, Polstermöbel; Polstermaterial, Polsterung

upkeep Instandhaltung, Unterhalt

upkeep of roads Instandhaltung von Straßen

UPLA (Uniform Product Liability Act) Einheitliches Gesetz für Produzentenhaftung

upon a special event bei Eintritt eines besonderen Ereignisses

upper limit Höchstgrenze, Obergrenze

upper limit of self-retention Höchstgrenze des Selbstbehalts

upright sprinkler stehender Sprinkler

upstream supplier Vorlieferant

uranium Uran

uranium-fuelled nuclear power plant Uranmeiler, Uranreaktor

urgency Dringlichkeit; Drängen, Druck

urgency measure Dringlichkeitsmaßnahme

urgency, sense of Gefühl der Dringlichkeit

urgent dringlich, eilig, dringend

usable brauchbar, verwendbar

usage Brauch; Gebrauch; Sitte, Gepflogenheit; Verwendung; Behandlung

usage, business Handelsbrauch

usage, commercial Handelsbrauch, Geschäftsbrauch

usage, dangerous gefährlicher Gebrauch

usage, trade Handelsbrauch, Usance

USD (United States dollar) US-Dollar

use Gebrauch, Benutzung, Verwendung; Anwendung

use gebrauchen, benutzen; anwenden, behandeln

use a right von einem Recht Gebrauch machen

use, abnormal bestimmungswidriger Gebrauch

use and occupancy insurance Betriebsunterbrechungsversicherung

use, compensation for Nutzungsentschädigung

use, forseeable vorhersehbarer Gebrauch

use, impairment of Brauchbarkeitsbeeinträchtigung

use, improper nicht vorschriftsmäßiger Gebrauch

use in the course of business Verwendung im Geschäftsverlauf

use, intended bestimmungsgemäßer Gebrauch

use, joint Mitbenutzung, gemeinsame Benutzung

use, loss of Gebrauchsminderung; Nutzungsschaden

use, normal üblicher Gebrauch, normale Verwendung

use of land, non-natural ungewöhnliche Benutzung von Grund und Boden

use, ordinary gewöhnliche Anwendung, regelgerechter Gebrauch; normaler Einsatz

use, public Verwendung im öffentlichen Interesse

use, reduced Gebrauchsminderung

use, temporary vorübergehender Gebrauch

use, unforeseeable unvorhersehbarer Gebrauch

used car Gebrauchtwagen

useful nützlich, brauchbar, von Nutzen

useful life Lebensdauer (von Sachen); Nutzungsdauer

usefulness Nützlichkeit, Brauchbarkeit, Zweckmäßigkeit

useless nutzlos, zwecklos; unnütz; unbrauchbar, vergeblich

user Benutzer, Anwender, Verbraucher

user, commercial gewerblicher Verbraucher

user costs Nutzungskosten

user, end Endverbraucher

user-friendly product benutzerfreundliches Produkt

user, responsibility of Pflicht des Benutzers

user, right of Benutzungsberechtigung, Benutzungsrecht

user, road Verkehrsteilnehmer; Benutzer einer Straße

user, ultimate Endanwender, Endverbraucher

usual authority übliche Vollmacht, übliche Vertretungsmacht

usual commercial practice üblicher Handelsbrauch; Verkehrssitte

usual conditions übliche Bedingungen

usual in trade handelsüblich, geschäftsüblich

usual terms, insurers' übliche Bedingungen des Versicherers, übliche Vertragsbestimmungen des Versicherers

usufruct Nießbrauch, Nutznießung, Nutzungsrecht

usurped power usurpierte Macht, widerrechtlich angeeignete Macht

ut res magis valeat quam pereat [lat.] „möge eine Sache so viel wert sein, daß sie nicht erlischt"; Prinzip, daß zweideutige Formulierungen in einem Vertrag so auszulegen sind, daß der Vertrag seine Gültigkeit behält

utensils, kitchen Küchengeräte

utilities, public Versorgungsunternehmen, Versorgungsbetriebe

utility Nützlichkeit, Nutzen, Brauchbarkeit

utility goods Gebrauchsgüter

utility, life Brauchbarkeitsdauer

utility, social soziale Nützlichkeit

utilization Verwendung, Benutzung, Verwertung, Nutzbarmachung; Ausnutzung

utilization of scrap Abfallverwertung

utmost good faith unbedingte Beachtung von Treu und Glauben; höchste Gutgläubigkeit oder Redlichkeit

u.u.r. (under the usual reserve) unter den üblichen Vorbehalten

V

v. [versus, lat.] gegen

vacancy Leere; freie Stelle; Leerstehen (von Gebäuden), Unbewohntsein

vacancy, casual zufälliges Freiwerden

vaccinate impfen

vaccination Impfung

vaccination, damage by Impfschaden

vaccination, preventive Schutzimpfung

vague unklar, verschwommen; unbestimmt, vage

valid gültig; begründet, berechtigt; rechtsgültig; stichhaltig

valid and effective gültig und wirksam

valid assignment gültige Rechtsübertragung, Abtretung

valid claim in law gültiger Rechtsanspruch

valid contract rechtsgültiger Vertrag

valid in law rechtskräftig, rechtsgültig

valid, legally rechtsgültig

validity Gültigkeit; Geltung; Richtigkeit; Berechtigung

validity, duration of Gültigkeitsdauer

validity, extension of Verlängerung der Gültigkeitsdauer

validity, independent unabhängige Rechtswirksamkeit, unabhängige Rechtsgültigkeit

validity, legal Rechtsgültigkeit

validity of claim Rechtsgültigkeit einer Forderung

validity of law Gültigkeit eines Gesetzes

validity of policy Rechtswirksamkeit einer Police, Rechtsgültigkeit einer Police

validity of the contract Gültigkeit des Vertrages

validity of the insurance Geltungsbereich der Versicherung

validity period Gültigkeitsdauer

validity, prerequisite of the Voraussetzung für die Gültigkeit

validity, term of Gültigkeitsdauer

valuable wertvoll, kostbar, teuer

valuables Wertsachen, Wertgegenstände, Valoren

valuables, insurance of Wertsachenversicherung, Valorenversicherung

valuation Abschätzung, Taxwert, Taxe; Bewertung; Schätzung; versicherungstechnische Bilanz; Aufstellung und Bewertung der Deckungskapitalien

valuation, bonus reserve (Lebensversicherung) Bewertung zukünftiger Gewinnanteile aufgrund einer Wahrscheinlichkeitsrechnung; versicherungstechnische Bilanz

valuation, group Gruppenrechnung

valuation, insurance (Lebensversicherung) Festsetzung des Rückkaufwertes

valuation, net premium method of Nettomethode der Prämienreserveberechnung

valuation of future premiums (Rechnungswesen) Bewertung zukünftiger Versicherungsprämien

valuation of lowest market value Niederstwertprinzip

valuation, official amtliche Schätzung

valuation, proper rechtmäßige, angemessene Bestimmung des Wertes

valuation regulations Bestimmungen über eine Bewertung; Bewertungsrichtlinien

valuation surplus Gewinn nach Aufstellung und Bewertung der Deckungskapitalien, technischer Gewinn

value Wert; Währung, Valuta; Nützlichkeit

value bewerten, den Wert festsetzen, taxieren; schätzen, abschätzen

value, absolute vollständiger Wert, uneingeschränkter Wert, absoluter Wert; absolute Nützlichkeit

value, accepted Anrechnungswert; akzeptierter Wert, der zur Auszahlung gelangen kann

value, actual effektiver Wert, Realwert, Sachwert, Marktwert

value, actual cash Versicherungswert; aktueller Zeitwert

value, actuarial versicherungsmathematischer Wert

value, added Wertschöpfung, Mehrwert, Wertsteigerung

value-added tax (VAT) Mehrwertsteuer

value adjustment Wertberichtigung; Abschreibung

value, agreed vereinbarter Wert; taxierter Versicherungswert

value, amateur Liebhaberwert

value, annuity Rentenbarwert

value, appraised Taxwert, Schätzwert

value, approximate Näherungswert; geschätzter Wert

value, assessed Schätzwert, Einheitswert

value at risk unter Gefahr stehende Sachen, gefährdete Sachen

value, book Buchwert, Bilanzwert

value, capitalized [US] Barwert

value, carrying Buchwert, Bilanzwert

value, cash Barwert, Barwert einer Lebensversicherung; Barablösungswert; Kapitalabfindung

value, cash surrender Rückkaufswert einer Police

value, commercial Handelswert; Marktwert

value, commodity Warenwert, Sachwert

value, commuted kapitalisierte Rente

value, contract Vertragswert

value, contributory Beitragswert

value, current Zeitwert

value, declared erklärter Wert; Wertangabe

value, decline in Wertminderung

value, decrease in Wertminderung, Minderwert

value, earning Ertragswert

value, economic wirtschaftlicher Wert

value, endowment [US] Erlebensfalleistung

value, estimated geschätzter Wert, Schätzungswert

value, face Nennwert

value, fair market (fmv) Marktwert, Verkehrswert

value, full voller Wert

value, gross calorific Brennwert

value in balance sheet Bilanzwert

value in litigation Streitwert

value, increase in Mehrwert, Wertsteigerung, Wertzuwachs

value, initial Anschaffungswert

value, insurable Versicherungswert, versicherbarer Wert

value, insurance festgesetzter Versicherungswert

value, insured versicherter Wert, Versicherungswert

value, investment Anlagewert

value, junk Schrottwert

value, land Bodenwert, Grundwert

value, lasting bleibender Wert

value, loan Beleihungswert

value, marginal Grenzwert

value, market Marktwert, Verkehrswert, Kurswert

value, marketable Marktwert, Verkaufswert

value, mathematical mathematischer Wert

value, maturity Fälligkeitswert

value, mean Mittelwert, Erwartungswert

value, net asset Nettovermögen; Substanzwert

value, net calorific Heizwert

value, nominal Nennbetrag, Nennwert

value, observed Beobachtungswert

value of a building Gebäudewert

value of a pension fund, present Belastung einer Pensionskasse, gegenwärtiger Wert einer Pensionskasse

value of annuity, present kapitalisierte Rente, Rentenbarwert

value of assets Wert von Vermögensgegenständen, Wert der Aktiva

value of benefits, present aktueller Wert von Leistungen

value of deferred annuity, present Rentenanwartschaft, Barwert einer künftigen Rente

value of insurance, increased erhöhter Versicherungswert

value of matter in dispute Streitwert

value of policy Wert einer Versicherungspolice

value of property after loss Grundstückswert nach Schadenfall

value of property before loss Grundstückswert vor Schadenfall

value on income basis Ertragswert

value, paid up (Lebensversicherung) Reduktionswert; Umwandlungswert

value, par Nennwert, Nominalwert, Nennbetrag

value, policy Deckungskapital, Prämienreserve

value, present Barwert einer Lebensversicherung; Zeitwert, Gegenwartswert

value, real Sachwert, Realwert, effektiver Wert

value, redemption Rückkaufswert, Rückzahlungswert, Einlösungswert

value, reduction in Reduktionswert, Umwandlungswert

value, reinstatement Wiederaufbauwert

value, reminder Erinnerungswert

value, replacement Ersatzwert; Wiederbeschaffungswert
value, sales Zeitwert, Verkaufswert
value, salvage Bergungswert
value, scarcity Seltenheitswert
value, scrap Schrottwert, Abbruchwert
value, sentimental subjektiver Liebhaberwert
value, shrinkage in Wertminderung
value, sound voller Wert, Verkehrswert
value, surrender Rückkaufswert (einer Versicherung)
value, threshold Grenzwert
value, total insured gesamter Versicherungswert
value, trade Handelswert, Verkehrswert
value, true Realwert; Sachwert
value, whole enterprise Unternehmenswert
valued policy taxierte Police, Police mit vereinbarter Wertangabe; Versicherung nach Taxe
valuer, qualified zugelassener Schätzer
values, non-forfeiture Garantiewerte; Rückkaufswerte, Betrag der beitragsfreien Versicherungssummen in der Lebensversicherung
values, saved Wert der geretteten Sachen
valuing Schätzung, Bewertung, Taxierung
van Lieferwagen, Lastkraftwagen; Güterwagen
van, refrigerated Kühlwagen
vandalism Vandalismus

vapor Dampf, Dunst, Nebel, Rauch; Luftfeuchtigkeit; Gas, Gemisch
vapor, extinguishing Löschdampf
vapor pressure Dampfdruck
vaporization Verdampfung, Verdunstung
vaporization, latent heat of gebundene Verdampfungswärme
variable variabel, veränderlich, unterschiedlich, wechselnd
variable annuity dynamische Rente, unveränderliche Rente
variable guarantee deposit variable Kaution
variable life insurance [US] fondsgebundene Lebensversicherung
variable premium gleitende Prämie, veränderliche Prämie
variable risk veränderliches Risiko
variance Veränderung; Unterschied, Abweichung; Unstimmigkeit, Uneinigkeit, Streit
variance, immaterial geringfügige Abweichung
variation Veränderung, Schwankung, Abweichung
variation in descriptions unterschiedliche Beschreibungen
variation in undertakings unterschiedliche Zusicherungen
variety Verschiedenheit, Vielfalt, Mannigfaltigkeit, Abwechslung
various verschieden, verschiedenartig
varnish Lack, Firnis, (Möbel-)Politur, Glasur
varnish firnissen, lackieren, glasieren; bemänteln, beschönigen
vary ändern, wechseln, abweichen; variieren; verschieden sein

varying annuity schwankende Rente

VAT (value-added tax) Mehrwertsteuer (MWSt)

VBRA (Vehicle Builders and Repairers Association) Verband der Kraftfahrzeugbauer und -reparaturbetriebe

V.C. (Vice-Chairman) stellvertretender Vorsitzender

VDU (visual display unit) Bildschirmgerät

vegetable Gemüse, Futterpflanze, Pflanze

vegetable products Waren pflanzlichen Ursprungs

vehicle Fahrzeug, Beförderungsmittel, Wagen, Fuhrwerk, Gefährt

vehicle body repair Fahrzeugkarosseriereparatur

Vehicle Builders and Repairers Association (VBRA) Verband der Kraftfahrzeugbauer und -reparaturbetriebe

vehicle, condition of Fahrzeugzustand

vehicle lay up reserve Stilliegereserve in der Kfz-Versicherung

vehicle licence duty Kraftfahrzeugsteuer

vehicle own damage insurance Fahrzeugkaskoversicherung

vehicle registration Kraftfahrzeugzulassung

vehicle registration document Kraftfahrzeugbrief

vehicle, specified näher bezeichnetes Fahrzeug

vehicle, unattended unbeaufsichtigtes Fahrzeug

vehicle weight, gross (GVW) Höchstladegewicht eines Fahrzeugs; wird bei der Feststellung der Größenklasse von gewerblichen Lastwagen für die Prämienfestsetzung eingesetzt; Bruttofahrzeuggewicht

vehicles, land Landfahrzeuge

vehicles, refrigerated Kühlguttransport

vehicular hazard warning Warnblinkanlage

vendee Käufer, Erwerber

vendor Verkäufer, Händler

vendor's endorsement Mitversicherung der Händlerhaftpflicht; broad form: Deckung aller Händler ohne Namensangabe, limited form: Deckung einzelner Händler mit Namensangabe

venom Gift; Schlangengift; Gehässigkeit

vent, smoke Rauchabzug, Rauchklappe

venture Wagnis, Risiko, Abenteuer; Unternehmen, Spekulation

venture wagen, riskieren, aufs Spiel setzen

venture, joint gemeinsames Unternehmen, Gemeinschaftsunternehmen

venture, joint building Baugemeinschaft

venue Standort, Austragungsort; (örtlich) zuständiger Gerichtsort; Gerichtsstand

venue, change of [US] Verweisung einer Rechtsstreitigkeit an ein anderes Gericht

verbal mündlich, in Worte gefaßt; auf mündlichem Wege; im Wortlaut; wörtlich; Wort-

verbal agreement mündliche Vereinbarung

verbal notice mündliche Kündigung; mündliche Mitteilung

verdict Urteil, Urteilsspruch, Entscheidung der Geschworenen; Meinung, Ansicht

verdict, majority Mehrheitsvotum der Geschworenen

verify etwas auf seine Richtigkeit nachprüfen; beweisen, belegen, bestätigen

vermin Schädlinge, Parasiten, Ungeziefer, schädliche Insekten

vermin-killer Ungeziefervertilgungsmittel

versus (v., vs.) gegen

vertical senkrecht, vertikal

vertical fluctuation quantitative Schwankung des Gesamtversicherungsbestandes

vessel Schiff; Fahrzeug; Gefäß, Behälter

vessel, cargo Frachtschiff

vessel, master of Schiffer, Kapitän

vessel, pressure Druckbehälter

vest Unterjacke, Unterhemd; Weste; Gewand

vest übergehen, zustehen; übertragen, einsetzen; verliehen werden; sich bekleiden

vested unabdingbar; unverfallbar

vested revisionary bonus gutgeschriebener Gewinnanteil

vested with power mit Vollmacht versehen

vesting Erwerb eines bedingungslosen unverfallbaren Anspruchs; Eintritt der Unverfallbarkeit

vet untersuchen, prüfen, auswählen; verarzten

veterinary tierärztlich, Veterinär-

veterinary surgeon Tierarzt

vexatious lästig, verdrießlich, ärgerlich, leidig; behelligend, schikanös

VFR (visual flight rules) Sichtflugregeln

viaduct Viadukt, Straßenbrücke, Talüberführung

vibration Erschütterung, Schwingen, Vibrieren; Schwingung

vicarious agent Verrichtungsgehilfe, Erfüllungsgehilfe

vicarious liability stellvertretende Haftpflicht, Ersatzhaftung

Vice-Chairman (V.C.) stellvertretender Vorsitzender

vice, inherent natürlicher, angeborener Fehler, innerer Fehler; Beschaffenheitsschaden; inhärenter Fehler; innerer Mangel

Vice president (V.P.) Vizepräsident

vicinity Nähe, Nachbarschaft, kurze Entfernung; nähere Umgebung

victim Opfer, Leidtragender, Betroffener

victim of an accident Unfallopfer

victimization Schikanierung, Belästigung; Betrug

victimize opfern; quälen, belästigen; betrügen, hereinlegen

victims expenses, payment of Zahlung der Auslagen des Opfers

victims of a disaster Opfer einer Katastrophe

victims of acts of violence Opfer von Gewalttätigkeiten

victual Lebensmittel, Nahrungsmittel, Eßwaren; Proviant

victualler Lebensmittellieferant

view Sehen, Sicht, Ansicht, Anblick; Anschauung

view ansehen, besichtigen, betrachten, in Augenschein nehmen

view point, legal Rechtsstandpunkt

view, point of Standpunkt, Gesichtspunkt

viniculture Weinbau

vinyl chloride monomer Vinylchloridmonomer

violate übertreten; verletzen; vergewaltigen

violate a law gegen ein Gesetz verstoßen, ein Gesetz brechen

violation Verletzung, Verstoß, Übertretung, Zuwiderhandlung

violation of a contract Vertragsverletzung

violation of a law Gesetzesverletzung

violation of privacy Verletzung der Intimsphäre

violation of trust Vertrauensbruch

violence Gewalt, Gewalttätigkeit, Gewaltsamkeit; Heftigkeit

violent heftig, ungestüm; gewaltsam, gewalttätig

violent entry Hausfriedensbruch, gewaltsames Betreten, Eindringen

violent entry upon premises gewaltsames Betreten eines Grundstücks

violent means gewaltsame Mittel; mit Gewalt

virtue of a contract, by kraft Vertrages

virus Virus, Erreger

visibility Sichtweite; Sichtverhältnisse; Sichtbarkeit

vision Sehkraft, Sehvermögen; Blick; Vorstellungsvermögen; Anblick

vision, defective geschädigtes Sehvermögen

visit Besuch

visit besuchen, aufsuchen; besichtigen; heimsuchen

visit to the doctor Konsultation beim Arzt, Arztbesuch

visitor, lawful Besucher mit Erlaubnis; rechtmäßiger Besucher

visual display unit (VDU) Bildschirmgerät

visual flight rules (VFR) Sichtflugregeln

vital lebendig, vital; lebenswichtig, lebensnotwendig; wesentlich

vitiate verderben; beeinträchtigen, verfälschen; verunreinigen; ungültig machen, aufheben (Vertrag)

vitiating factors Ungültigkeitsfaktoren

vitreous gläsern, aus Glas, Glas-; glasartig

vitreous enamel-ware Glasemailwaren

vocabulary Wortschatz, Vokabular, Wörterverzeichnis

vocabulary, specific Fachausdrücke

vocation Beruf, innere Berufung; Begabung, Eignung

vocational adjustment Einarbeitung

vocational aptitude berufliche Eignung

vocational education berufliche Ausbildung

vocational retraining berufliche Umschulung

vocational training Berufsausbildung

vogue Mode; Beliebtheit, Popularität

void ungültig machen, aufheben, auflösen

void nichtig, ungültig; leer

void a policy eine Police aufheben

void ab initio policy von Anfang an nichtige Versicherungspolice

voidability Auflösbarkeit, Aufhebbarkeit; Anfechtbarkeit

voidability due to error Anfechtbarkeit wegen Irrtums

voidable contract anfechtbarer Vertrag, aufhebbarer Vertrag

voidness Nichtigkeit, Ungültigkeit; Leere

vol. (volume) Volumen; Rauminhalt; Umfang

volcanic eruption Vulkanausbruch

volenti non fit injuria [lat.] Regel, daß eine Person nicht Klage erheben kann wegen einer Handlung, der sie zugestimmt hat

voltage limits Spannungsbegrenzungen (elektr.)

voltage, low Niederspannung, Unterspannung (elektr.), Schwachstrom

volume (vol.) Volumen; Rauminhalt; Umfang

volume, measure of Raummaß

volume of business Geschäftsumfang

volume of premiums Prämienvolumen

volume of production Produktionsvolumen

volume of traffic Verkehrsaufkommen

voluntary frei, unabhängig; freiwillig, spontan

voluntary acceptance of risk Handeln auf eigene Gefahr

voluntary act freiwillige Tat; willentliche Handlung

voluntary continued insurance freiwillige Weiterversicherung

voluntary insurance freiwillige Versicherung; Versicherung, für die kein gesetzlicher Zwang besteht

voluntary insurer [US] freiwilliger Versicherer, Privatversicherer

voluntary "nonprofit" insurance freiwillige nichterwerbswirtschaftliche Versicherung

voluntary settlement freiwilliger außergerichtlicher Vergleich

voluntary termination freiwillige Beendigung, spontane Beendigung

vote wählen, stimmen für; abstimmen; beschließen, bewilligen

voucher Zeuge, Bürge; Zeugnis, Urkunde; Bescheinigung, Beleg, Quittung; Schein, Gutschein

voucher, receipt Empfangsbescheinigung

voyage, change of Änderung der Reiseroute

voyage, frustration of Verhinderung einer Reise

voyage insurance Reiseversicherung

voyage out Hinreise

voyage policy Reiseversicherungspolice; Police mit vereinbarter Wertangabe

voyage rate Tarifierung nach der Reiseroute

voyage risk Reiserisiko

V.P. (Vice president) Vizepräsident

V.S. [vide supra, lat.] siehe oben

vs. (versus) gegen

vulnerability Schadenempfindlichkeit; Verwundbarkeit

W

w.a., W.A. (with average) einschließlich Havarie

wage, annual Jahreslohn

wage, continued Lohnfortzahlung

wage earner Lohnempfänger

wage, minimum Mindestlohn

wager Wette; Gegenstand einer Wette; Wetten; Pfand, Bürgschaft

wagering contract Spiel- und Wettvertrag

wages Löhne

wages, annual Jahres-Lohn- und Gehaltssumme

wages basis, insurance on a Versicherung nach Lohnsummen

wages claims Lohnforderungen, Lohnansprüche

wages in kind Naturallohn

wages, loss of Verdienstausfall

wages slip Lohnabrechnungsbescheinigung

waiting period Karenzfrist, Karenzzeit, Wartezeit

waiting period, insurance with Versicherung mit Karenzfrist

waive verzichten, aufgeben

waive a claim auf einen Anspruch verzichten

waive a right auf ein Recht verzichten

waiver Aufgabe, Verzicht; Verzichtserklärung

waiver, acts constituting Handlungen, die einer Verzichtserklärung gleichkommen

waiver clause Verzichtsklausel

waiver of average clause Unterversicherungsklausel, Verzichtsklausel

waiver of information Verzicht auf Information

waiver of premium Prämienbefreiung, Beitragsbefreiung

waiver of recourse Regreßverzicht

waiver of right Rechtsverzicht

waiver of subrogation Regreßverzicht

waiver of title Rechtsverzicht

waiver of tort Aufgabe eines deliktsrechtlichen Anspruchs

waiver of underinsurance Unterversicherungsverzicht

wall Wand, Mauer; Schutzdamm, Wall; Trennwand, Barriere, Schranke

wall, fire break Brandmauer

wall, main tragende Wand

wall, partition Trennwand

wall, structural tragende Wand

walls, dividing Trennwände

want of care mangelnde Sorgfalt, Achtlosigkeit

wanton mutwillig; rücksichtslos, böswillig

wanton act rücksichtslose Handlung; böswillige Handlung

war Krieg

war and warlike events Krieg und kriegsähnliche Ereignisse

war, civil Bürgerkrieg

war, country at kriegführender Staat

war-like events kriegsähnliche Ereignisse

war reserve Kriegsreserve, Kriegsrücklage

war risk Kriegsrisiko

war risk insurance Kriegsrisikoversicherung, Versicherung gegen Kriegsgefahr

war risks agreement Kriegsrisiken-Vereinbarung

war risks clause Kriegsklausel

ware Waren, Artikel, Gegenstände, Erzeugnisse

ware, ceramic Keramik, Keramikgegenstände

ware, glazed ceramic glasierte Keramik(waren)

warehouse Warenlager, Lager, Lagerhaus

warehouse to warehouse clause Lagerhaus-zu-Lagerhaus-Klausel (aus dem frühen 19. Jahrhundert stammende Standardklausel in den Seeversicherungsverträgen von Lloyds; sie bietet Deckung für Sendungen ab dem Zeitpunkt des Verlassens des ursprünglichen Lagerhauses bis zur Ankunft am endgültigen Zielort)

warehouse to warehouse cover Deckung von Lager zu Lager

warehouse warrant Lagerhausgarantie; Lagerschein

warehouseman, liability of Haftung des Lagerhalters

warn, duty to Warnpflicht

warn, failure to unterlassene Warnung; Versäumnis der Warnung (in der Produkthaftung z. B. vor Gefahren, die von einem Produkt ausgehen)

warn, notice to behördliche Anordnung, daß ein Warnhinweis in vorgeschriebener Weise zu veröffentlichen oder an gewissen Waren anzubringen ist; Warnung, Warnanzeige

warned, person to be zu warnende Partei

warning Warnung, Verwarnung

warning, adequacy of Angemessenheit einer Warnung

warning by intermediaries Warnung durch Vermittler, Mahnung durch Vermittler

warning, efficacy of Wirkung einer Warnung

warning, inadequate unangemessene Warnung, unzulängliche Warnung

warning sign Warnzeichen

warning sign, hazard Gefahrenhinweisschild

warning, vehicular hazard Warnblinkanlage

warnings, defences disregarding of Klageeinwände aufgrund Mißachtung von Warnungen

warnings, disregarding of Mißachtung von Warnungen

warrant Vollmacht, Befugnis, Berechtigung; Garantie, Gewähr; Warenschein, Lagerschein

warrant berechtigen, bevollmächtigen; garantieren, gewährleisten

warrant, delivery Liefergarantieschein

warrant, dock Docklagerschein

warrant of arrest Haftbefehl

warrant of attorney [US] Vollmachtsurkunde

warrant of execution Vollstreckungsbefehl

warrant, warehouse Lagerhausgarantie; Lagerschein

warranted zugesichert, gerechtfertigt; garantiert

warranted by law vom geltenden Recht her zulässig

warranted properties zugesicherte Eigenschaften

warranted quality zugesicherte Eigenschaft

warranties, representations and Zusicherungen und Gewährleistungen

warranty Zusicherung, Gewährleistung, Garantie, Bürgschaftsschein; Berechtigung; vertraglich vereinbarte Obliegenheit

warranty, breach of Garantieverletzung, Zusicherungsverletzung

warranty, breach of contractual Zusicherungshaftung, Nichteinhalten einer vertraglichen Zusicherung

warranty claim Gewährleistungsanspruch

warranty clause Gewährleistungsklausel, Garantieklausel

warranty, collateral zusätzliche Garantie, zusätzliche Bürgschaft, zusätzliche Sicherheit

warranty, contractual vertragliche Gewährleistung

warranty, express ausdrückliche Zusicherung einer Eigenschaft

warranty for defects Mängelgewährleistung

warranty for hidden defects Gewährleistung wegen verborgener Sachmängel

warranty, implied vom Gesetz auferlegte Zusicherungshaftung, stillschweigende Zusicherung einer Eigenschaft

warranty insurance Haftungsversicherung, Gewährleistungsversicherung

warranty liability Garantiehaftung

warranty, no limit or (n.l.o.w.) ohne Gewähr

warranty, non- Haftungsausschluß

warranty, non contractual express außervertragliche, ausdrückliche Zusicherung (z. B. Prospekte)

warranty obligations Gewährleistungsverträge

warranty of fitness for a particular purpose Gewährleistung der Eignung für einen bestimmten Zweck

warranty of fitness for a special purpose Zusicherung spezieller Gebrauchstauglichkeit

warranty of merchantability Zusicherung allgemeiner Gebrauchstauglichkeit

warranty of night garaging Gewährleistung des Einstellens in eine Garage über Nacht

warranty of quality Sachmängelhaftung, Gewährleistung für Qualität

warranty of seaworthiness of ship Zusicherung der Seetüchtigkeit eines Schiffes

warranty of title Gewährleistung wegen Rechtsmängeln, Rechtsmängelhaftung

warranty, period of Gewährleistungsfrist

warranty, profit Gewinngarantie

warranty promissory Zusicherung in bezug auf abgemachte Leistungen

warranty, quiet possession Garantie des ungestörten Besitzes

warranty, secret [US] Kulanz

warranty, tax Steuergarantie

Warsaw Convention Warschauer Abkommen, betreffend Güterbeförderung in der Luft

waste Verschwendung, Vergeudung; Verfall, Verlust; Abfall, Materialabfall, Ausschuß

waste verwüsten, verheeren; verschwenden, vergeuden; verzehren

waste öde, wüst, brach; unbebaut, unfruchtbar; unnütz; überflüssig

waste deposits Mülldeponien

waste disposal Abfallbeseitigung, Entsorgung

waste disposal, ultimate Endlagerung (radioaktiver Abfälle)

waste, hazardous gefährliche Abfälle

waste incineration and processing plant Müllverbrennungs- und Müllverwertungsanlage

waste, industrial industrieller Abfall

waste liability Abfallhaftung

waste materials Abfallstoffe

waste, nuclear nuklearer Abfall

waste of time Zeitverschwendung

waste oil Altöl

waste, poisonous Giftmüll

waste, radioactive Atommüll, radioaktiver Abfall

waste site Deponie

waste, solid feste Abfallstoffe

waste, toxic giftige Abfälle, Giftmüll

waste waters Abwässer

wasted expenditure vergebliche Kosten

wasted expenses vergebliche Kosten

wasteful kostspielig, unrentabel; verschwenderisch

wastes at sea, incineration of Verbrennung von Abfällen auf See

wasting Verschwendung, Vergeudung; Abnutzung; Schwund

wasting assets kurzlebige Vermögenswerte, verbrauchbare Vermögenswerte

watch Wachsamkeit; Wache, Wacht; Wachtposten; Uhr, Taschenuhr

watch wachen, Ausschau halten, aufpassen, beobachten; achtgeben

watch, fire Feuerwache, Brandwache

watchman, night Nachtwächter

water contamination Gewässerschaden, Gewässerverschmutzung

water course, artifical künstlicher Wasserlauf

water craft Wasserfahrzeug

water damage Schaden durch Löschwasser; Wasserschaden, Leitungswasserschaden

water damage insurance Leitungswasserversicherung, Wasserleitungsschadenversicherung

water, escape of Auslaufen von Wasser

water, ground Grundwasser

water, heavy schweres Wasser

water pipe damage Leitungswasserschaden

water pollution Gewässerschaden, Wasserverschmutzung

water pollution insurance Gewässerschaden-Versicherung

water right Wassernutzungsrecht

water solubility Wasserlöslichkeit, Mischbarkeit mit Wasser
water supply Wasserversorgung
water-system, municipal kommunale Kanalisation
water, tap Leitungswasser
water works Wasserwerk
waters Gewässer
waters, home Heimatgewässer
waters, inland Binnengewässer
waters, internal Binnengewässer, Eigengewässer
waters, rising Hochwasser, Überschwemmung
waters, waste Abwässer
waterway Wasserweg, Schiffahrtsweg
waterway, inland Binnenwasserstraße
wave, pressure Druckwelle
way of payment Zahlungsweise
way, right of Wegerecht; Vorfahrtsrecht
way, uniform auf einheitliche Art und Weise, übereinstimmend, einheitlich
waybill Passagierliste; Frachtbrief
w.b.s. (without benefit of salvage) ohne Bergungsgewinn
WDV (written-down value) notierter Wert
weak schwach, schwächlich, labil; kränklich
weak current Schwachstrom
weakness, material Materialschwäche
wealthy person wohlhabende Privatperson
weapon Waffe

wear Kleidung; Tragen; Gebrauch; Abnutzung, Verschleiß
wear tragen; abtragen, abnutzen
wear and tear natürliche Abnutzung, Verschleiß, übliche Abnutzung
wear and tear damage Abnutzungsschaden
wearing apparel Kleidung, Kleidungsstücke
wearout failures Verschleißausfälle
weather insurance Schlechtwetterversicherung
weather insurance, tourist Reisewetterversicherung
w.e.f. (with effect from) mit Wirkung vom
weigh wiegen, abwiegen; abwägen
weight Gewicht; Last; Bedeutung
weight guaranteed (w.g.) garantiertes Gewicht
weight, net Nettogewicht
weight, troy Feingewicht
welfare Fürsorge, Beistand, Unterstützung; Sozialhilfe
welfare organisation Wohlfahrtseinrichtung, Fürsorgeamt
welfare societies Wohlfahrtseinrichtungen
well-being Wohlergehen
well-being, physical körperliches Wohlergehen, körperliche Unversehrtheit
well grounded in fact mit Tatsachen belegt
well-known berühmt, namhaft
well-off wohlhabend, gut situiert
well, oil Ölquelle
well-proportioned wohlgebaut; ebenmäßig

well-to-do wohlhabend

Western European Time (W.E.T.) Westeuropäische Zeit

W.E.T. (Western European Time) Westeuropäische Zeit

wet naß, feucht

"wet" marine insurance [US] Meeres- oder Seeversicherung, d. h. Versicherung von Eigentum auf hoher See

wet-pipe sprinkler system Sprinkleranlage mit Naßsteigleitungen, Sprinkler-Naßanlage

wetness, damage caused by Nässeschaden

wetting agent foam Naßschaumlöschmittel

w.g. (weight guaranteed) garantiertes Gewicht

whereas in Anbetracht dessen, daß . . . ; wohingegen, während, wo . . . doch

whilst in transit während des Transports

white heat Weißglut

White Paper on Safety of Goods [UK] Regierungsweißbuch über Produktsicherheit 1984; Regierungsbericht zur Vorbereitung der Einführung neuer Produktsicherheitsbestimmungen, der im Consumer Protection Act (Gesetz über Verbraucherschutz) des Jahres 1987 aufgenommen wurde

whole coverage vollständige Deckung

whole enterprise value Unternehmenswert

whole life annuity lebenslängliche Rente, Leibrente

whole life assurance lebenslängliche Kapitalversicherung, lebenslängliche Todesfallversicherung

whole life assurance with limited premiums lebenslängliche Todesfallversicherung mit abgekürzter Prämienzahlung

whole life limited payment abgekürzte Lebensversicherung

wholesale Großhandel

wholesale business Großhandel, Großhandelsgeschäft

wholesale insurance Gruppenversicherung

wholesale manufacture Massenherstellung, Massenfabrikation

wholesale trader Großhändler

wholesaler Großhändler

wholly ganz, völlig; vollkommen, gänzlich, ausschließlich, durchaus

wholly-owned subsidiary 100 %ige Tochtergesellschaft

whooping-cough Keuchhusten

wick fed burner Dochtbrenner

widespread weit verbreitet; ausgedehnt

widowed verwitwet

widower Witwer

widower's insurance benefit [US] Hinterbliebenenrente für Witwer

widow's annuity Witwenrente

widow's assurance Witwenversicherung

widow's insurance Witwenversicherung

width Breite, Weite

wife's insurance benefit [US] Zusatzrente für die Ehefrau des Hauptbezugsberechtigten

wilful bewußt, vorsätzlich, absichtlich; eigensinnig

wilful act vorsätzliche Handlung

wilful causation vorsätzliche Herbeiführung

wilful deceit arglistige Täuschung

wilful disregard vorsätzliches Abweichen

wilful misconduct vorsätzliches Fehlverhalten, vorsätzliche Verfehlung

wilful misrepresentation absichtliche Falschdarstellung

wilful negligence bewußte Fahrlässigkeit, grobe Fahrlässigkeit

will, revocation by testamentarische Aufhebung

willingness Bereitschaft, Geneigtheit, Bereitwilligkeit

willingness to pay Zahlungsbereitschaft

winding gear, overhead oberirdische Fördereinrichtung

winding up Aufziehen; Abwicklung; Abschluß, Liquidation, Auflösung

winding-up of a company [UK] Liquidation einer Gesellschaft

winding-up of a portfolio Abwicklung eines Bestandes

winding-up profit Besserabwicklung, Besserregulierung

window advertising Schaufensterreklame

window dressing Schaufensterdekoration

window, shop Schaufenster

windstorm insurance Sturmschadenversicherung

wire Draht; Leitungsdraht; Stahldraht; Telegramm

wire verdrahten, schalten; telegraphieren

wire, metal Metalldraht

wire-rope Drahtseil

wisdom of hindsight zu späte Einsicht

with all faults mit allen Mängeln

with all modern conveniences mit allem Komfort

with average (w.a., W.A.) einschließlich Havarie

with dividend mit Dividende

with effect from (w.e.f.) mit Wirkung vom

with impunity straflos, unbestraft

with interest mit Zinsen

with particular average (W.P.A., w.p.a.) einschließlich besonderer Havarie

with profits assurance Versicherung mit Gewinnbeteiligung

with the reservation that ... unter dem Vorbehalt, daß ...

withdraw zurücknehmen, zurückziehen; entziehen, widerrufen

withdraw an action eine Klage zurücknehmen

withdraw from a purchase von einem Kauf zurücktreten; einen Kauf rückgängig machen

withdrawal Zurückziehung, Rücknahme; Rücktritt, Abgang; Widerruf

withdrawal, age at Austrittsalter

withdrawal benefit Rückkaufswert

withdrawal from a contract Rücktritt von einem Vertrag

withdrawal from business Geschäftsaufgabe

withdrawal, loss reserve Schadenreserve-Austritt

withdrawal of authorization to operate Entzug der Bewilligung zum Geschäftsbetrieb, Konzessionsentzug

withdrawal of loss reserve Schadenreserveablösung

withdrawal of portfolio Portefeuille-Rückzug

withdrawal, premium portfolio Prämien-Portefeuille-Abgang

withdrawal profit Stornogewinn

withdrawal, rate of Stornoquote, Stornosatz; Abgangswahrscheinlichkeit

withdrawal, sum allowed on Abgangsentschädigung, Abgangsvergütung; Abgangswert

withdrawals, table of Ausscheideordnung

withholding of delivery Zurückhaltung einer Lieferung

withholding tax Steuereinbehaltung, Steuerabzug; (US) Quellensteuer

within the meaning of the Act im Sinne des Gesetzes

within the prescribed period innerhalb der vorgesehenen Frist; fristgemäß

within the time limit fristgemäß

without anybody's fault ohne jedes Verschulden

without benefit of salvage (w.b.s.) ohne Bergungsgewinn

without dividend ohne Dividende

without fault ohne Verschulden

without guarantee ohne Garantie, ohne Gewähr

without just cause unbegründet; ohne ausreichenden Grund

without obligation ohne Verpflichtung

without prejudice ohne Rechtsnachteil

without profits assurance Versicherung ohne Gewinnbeteiligung

without recourse ohne Obligo, ohne Gewährleistung

without recourse to the ordinary courts unter Ausschluß der ordentlichen Gerichtsbarkeit

without remuneration unentgeltlich

witness Zeuge; Zeugnis, Bestätigung, Beweis

witness, expert sachverständiger Zeuge, Sachverständiger (in einem Gerichtsverfahren)

witnesses, swearing in of Zeugenbeeidigung

wood block Holzstoß, Holzstück

wood coal Braunkohle; Holzkohle

wood industry Holzindustrie

wood manufacture Holzverarbeitung

wooden Holz-, hölzern; stumpf, ausdruckslos

word, key Schlüsselwort, Schlagwort

word, legal Rechtsbegriff, rechtlicher Fachausdruck

word, technical technischer Begriff, technischer Fachausdruck

wording Bedingungswerk, Text; Vertragstext; Wortlaut

wording of the law Gesetzeswortlaut

wording, policy Wortlaut der Versicherungspolice

wording, treaty Vertragswortlaut

words in context Begriffe im Zusammenhang

work Arbeit, Tätigkeit, Beschäftigung; Werk

work arbeiten, sich beschäftigen; funktionieren; wirken

work, accident at Betriebsunfall, Arbeitsunfall

work and labour, contract for Werkvertrag

work, at am Arbeitsplatz, im Dienst, bei der Arbeit

work, brain geistige Arbeit

work, capacity to Arbeitsfähigkeit

work experience scheme Praktikumsplan

work experiences schemes, person under Person im Praktikum

work, fit for arbeitsfähig

work in progress Arbeitsfortschritt

work, maintenance Instandhaltungsarbeiten

work, manual körperliche Arbeit, Handarbeit

work of reinstatements Wiederherstellungsarbeiten

work, office Büroarbeit

work, place of Arbeitsplatz

work-product privilege [US] Teil des Anwaltsgeheimnisses

work, safe system of sicheres Arbeissystem

work, short time Kurzarbeit

work simplification Arbeitsvereinfachung, Rationalisierung

work, unable to arbeitsunfähig

work, unfitness for Arbeitsunfähigkeit

worker, auxiliary Hilfsarbeiter

worker, building Bauarbeiter

worker, casual Gelegenheitsarbeiter

worker, factory Fabrikarbeiter

worker, guest Gastarbeiter

worker, home Heimarbeiter

worker, industrial Industriearbeiter

worker, manual Arbeiter

worker participation Arbeitnehmerbeteiligung

worker, skilled gelernter Arbeiter, Facharbeiter

worker, specialized Facharbeiter

worker, temporary Leiharbeiter, Zeitarbeitnehmer

worker, unskilled ungelernter Arbeiter, Hilfsarbeiter

worker's compensation Berufsunfall- und Krankenversicherung

worker's compensation board Berufsgenossenschaft

worker's compensation claim Anspruch aus einem Arbeitsunfall gegen den Arbeitgeber bzw. den Unfallversicherer

workers, insurance of Arbeiterversicherung

workers, locket out ausgesperrte Arbeiter

working day Arbeitstag

working expenses, specified spezifizierte Betriebskosten

working, incapable of arbeitsunfähig

working life Berufsleben, Arbeitsleben; Nutzungsdauer (einer Maschine)

working regulations Betriebsvorschriften, Betriebsordnung

working, underground Untertagebau

workman Arbeiter, Handwerker

workmanlike handwerklich qualifiziert, fachmännisch

workmanship Arbeitsausführung; Verarbeitungsgüte, Qualitätsarbeit

workmanship, bad mangelhafte Arbeitsausführung; Produktionsfehler

workmanship, defect in Arbeitsfehler, Bearbeitungsfehler

workmanship, goods of inferior schlecht hergestellte Waren; mangelhafte Produkte

workmen's compensation Unfallentschädigung

workmen's compensation and pension insurance Arbeiterrentenversicherung

workmen's compensation insurance [US] Berufsunfallversicherung, Arbeiterunfallversicherung

works, building Bauarbeiten

works, civil engineering Bauarbeiten

works council Betriebsrat

works, demolition Abbrucharbeiten

works equipment Betriebseinrichtung

works, inspector of Bauaufseher

works, iron Eisenhütte, Eisenwerk

works, road Straßenbauarbeiten, Straßenarbeiten

works, sewage treatment Abwässeranlagen

works, shutdown of Werksschließung

works traffic insurance Werkverkehrsversicherung

works, water Wasserwerk

workshop Werkstatt, Fertigungshalle

workshop repairs Wertstattreparaturen

world-wide cover weltweite Deckung

worldwide insurance weltweit gültige Versicherung

world-wide policy Weltpolice

worn verbraucht, abgenutzt

worry Verdruß, Ärger, Unannehmlichkeit, Unruhe

worry sich beunruhigen, ärgern, Sorgen machen; sich quälen; aufregen

worsening Verschlechterung, Verschlimmerung

worth, net Nettowert, Reinvermögen, reiner Wert

worthless wertlos; unwürdig

wound Wunde, Verletzung; Kränkung

wound verwunden, verletzen

W.P.A., w.p.a. (with particular average) einschließlich besonderer Havarie

wrapping Verpackung

wrapping material Verpackungsmaterial

wreck Wrack, Ruine; Untergang, Zerstörung, Vernichtung; Schiffswrack; Schiffbruch

wreck Schiffbruch erleiden, scheitern; verunglücken

wrecked cargo Wrackgut; durch Schiffbruch verlorengegangene Fracht

wrecked ship schiffbrüchiges Schiff

writ Erlaß, gerichtliche Verfügung, behördlicher Erlaß

writ of debt [US] Zahlungsbefehl

writ of execution Vollstreckungsbefehl

writ of inquiry Gerichtsbefehl, die Höhe des Schadenersatzes festzustellen

writ of latitat ehemaliger Prozeßeröffnungsbeschluß, wenn ein Gericht annahm, daß der Angeklagte sich versteckt hielt

writ of quominus [UK] ehemalige Verfügung zur Ausweitung der Zuständigkeit des früheren Zentralfinanzgerichts (Court of Exchequer)

write insurance als Versicherer tätig sein, Versicherung übernehmen

write up eingehend berichten; ausführlich darstellen

writer, direct [US] Versicherungsgesellschaft, die ihre Produkte direkt von der Hauptniederlassung mit Hilfe von Postwerbung, Zeitungs- und Zeitschriftenwerbung, Verkaufsschaltern an publikumsreichen Stellen sowie Angestellten, die die Versicherten besuchen, betreibt

writing company [US] Versicherungsgesellschaft

writing off Amortisation, Tilgung; Abschreibung

written agreement schriftlicher Vertrag, schriftliche Vereinbarung

written business abgeschlossenes Geschäft

written-down value (WDV) notierter Wert

written law kodifiziertes Recht

written line akzeptierter Anteil

written notice schriftliche Kündigung; schriftliche Mitteilung

written premium gezeichnete Prämie

written request, deposition upon [US] schriftliche Anfrage im Vorverfahren

wrong quantity falsche Menge

wrong-way driver Geisterfahrer

wrongdoer Schädiger, Täter, Übeltäter, Missetäter

wrongful ungerecht; unrechtmäßig, widerrechtlich

wrongful act unerlaubte Handlung

wrongful death rechtswidrige Tötung, widerrechtliche Tötung

wrongful disclosure unrechtmäßige Bekanntgabe

wrongful dismissal unrechtmäßige Kündigung; unbegründete Entlassung

wrongful interference unrechtmäßige Beeinträchtigung

wrongful interference with goods unzulässiger Eingriff in Waren

X, Y

X-ray röntgen, durchleuchten
X-ray screen Röntgenschirm
X-rays Röntgenstrahlen
xl (excess of loss) Schadenexzedent

yacht insurance Bootsversicherung
yard (yd) Yard (englische Elle = 0,914 m)
yd (yard) Yard (englische Elle = 0,914 m)
year, accounting Abrechnungsjahr, Buchungsjahr; Geschäftsjahr
year, balance sheet Bilanzjahr
year, contract Vertragsjahr
year, current laufendes Jahr
year, financial Geschäftsjahr, Haushaltsjahr, Finanzjahr, Rechnungsjahr, Bilanzjahr
year, fiscal Bilanzjahr; Geschäftsjahr
year free of premium Prämienfreijahr
year, insurance Versicherungsjahr
year of acceptance Abschlußjahr; Zeichnungsjahr; Eintrittsjahr
year of issue Beginnjahr
year of loss occurence Schadenjahr
year of manufacture Herstellungsjahr; Baujahr
year of occurence Anfalljahr
year of service Dienstjahr
year, preceding Vorjahr
year, treaty Vertragsjahr
year, underwriting Zeichnungsjahr
yearly jährlich, Jahres-
yearly accounts Jahresabschluß
yearly frequency Ereignishäufigkeit pro Jahr
yearly output Jahresertrag, Jahresleistung
yearly receipts Jahreseinnahmen
yearly renewable term (YRT) Rückversicherung auf Risikoprämienbasis
yearly requirement Jahresbedarf
years, life annuity guaranteed in Leibrente mit garantierter Mindestzahlungsdauer
years, lost verlorene Jahre
years of service, reckonable anrechnungsfähige Dienstjahre
years, renewal Folgejahre
yield Ertrag, Rendite, Ausbeute
yield einbringen, hervorbringen, erbringen; ergeben; einräumen
yield, actual effektive Verzinsung; tatsächlicher Ertrag, reine Rendite
yield, gross Bruttoertrag
yield, net Reinertrag, Nettoertrag
yield on capital Kapitalerträge
yield to conditions auf Bedingungen eingehen
yielding character Nachgiebigkeit
youth Jugend; Jugendlicher
youthful offender jugendlicher Täter
YRT (yearly renewable term) Rückversicherung auf Risikoprämienbasis

Z

zebra crossing Zebrastreifen

zone, accumulation assessment Zone zur Erfassung von häufig erscheinenden Daten; (Sachversicherung) Zone zur Erfassung von gleichartigen Schadenformen, etwa Erdbeben

zone, business Geschäftsbezirk

zone, danger Gefahrenbereich, Gefahrenzone

zone, earthquake accumulation assessment Erdbebenkumulerfassungszone

zone, exposure per Gefahrenpotential pro Zone

zone, residential Wohnbezirk

Anhang:
Versicherungsrechtliche Rechtsprechung

Yorke v. Yorkshire Insurance Co. Ltd.

(1918 – 19) All ER Rep. 877

Sachverständigenbeweise sind im Deckungsprozeß ein zulässiges Beweismittel, um zu belegen, welche Sachverhalte für die Durchführung des Vertrags von wesentlicher Bedeutung sind.

Stebbing v. Liverpool and London and Globe Insurance Co. Ltd.

(1916 – 17) All ER Rep. 248

Die Beweislast für die Verletzung vorvertraglicher Obliegenheiten durch Nichtangabe oder Falschangabe von Tatsachen liegt beim Versicherer.

Dawsons Ltd. v. Bonnin

(1922) All ER Rep. 88

Wo der Antrag zur „Grundlage" des Vertrages gemacht wird, ist jede falsche Angabe darin, ob wesentlich oder nicht, ein Grund, daß der Versicherer die Deckung verweigern kann.

Austin v. Zurich General Accident and Liability Insurance Co. Ltd.

(1944) 77 Ll L Rep. 409

Ein fairer und vernünftiger Aufbau von Fragen und Antworten in einem Antragsformular darf erwartet werden.

Julien Praet et Cie SA v. H G Poland Ltd.

(1960) 1 Lloyd's Rep. 420

Der Zweck einer Deckungsbestätigung ist es, Versicherungsdeckung zu gewähren, während der Antrag genau untersucht wird und bis eine Police ausgestellt oder abgelehnt wird.

Keeling v. Pearl Assurance Co. Ltd.

(1923) 129 LT 575

Wenn die Antworten, die der Antragsteller gibt, widersprüchlich oder unzulänglich sind und der Versicherer keine weiteren Erkundigungen einzieht, bevor er eine Police ausstellt, kann eine Haftung aufgrund mangelnder Erfüllung von Obliegenheiten nicht zurückgewiesen werden, weil insoweit anzunehmen ist, daß der Versicherer auf sein Recht zur Deckungsverweigerung verzichtet hat.

Kumar v. Life Insurance Corporation of India

(1974) 1 Lloyd's Rep. 147

Eine Bestimmung in einem Antrag, die vorsieht, daß die Prämie verfällt, wenn der Versicherungsnehmer unwahre Angaben macht, ist gültig.

Spinney's (1948) Ltd. v. Royal Insurance Co. Ltd.

(1980) 1 Lloyd's Rep. 406

Ein Bürgerkrieg ist ein Krieg, der eher inländisch als ausländisch ist. Er bedeutet nicht einfach „innerer Zwist" in einem massiven Ausmaß, sondern geht darüber hinaus.

Bond Air Services Ltd. v. Hill

(1955) 2 All ER 476

Die Beweislast für eine Obliegenheitsverletzung liegt beim Versicherer.

Re Arbitration between Bradley and Essex and Suffolk Accident Indemnity Society Ltd.

(1911) 105 LT 919

Ob eine Klausel in einer Police eine Bedingung oder nur eine Schadenersatzverpflichtung ist, ist eine Frage des Vertragsaufbaus.

Loudon v. British Merchants' Insurance Co. Ltd.

(1961) 1 Lloyd's Rep. 155

Wenn das Gericht bereits in einem vorausgehenden Fall über den Wortlaut einer Versicherungspolice entschieden hat, wird die Lehre des Präzedenzfalles angewandt und die gleiche Auslegung wird auch dann angewendet, wenn die Bedeutung des gleichen Wortlauts in einem späteren Fall zum Ausdruck kommt.

Hamlyn v. Crown Accident Insurance Co. Ltd.

(1893) 68 LT 701

Die Auslegung von Vertragsbedingungen hat die Gesamtheit der Vertragskonstruktion zu berücksichtigen.

Robertson v. French

(1803) 4 East 130

Geschriebene Bedingungen haben eine größere Bedeutung für die Auslegung des Vertrages als gedruckte Bedingungen.

Lewis Emanuel & Son Ltd. v. Hepburn

(1960) 1 Lloyd's Rep. 304

Die Auslegung eines Vertragstextes kann über die grammatikalische Bedeutung eines Wortlauts selbst erfolgen.

Thompson v. Equity Fire Insurance Co.

(1910) 103 LT 153

Die in einer Police verwendeten Begriffe und Ausdrücke sind in ihrer üblichen Bedeutung anzuwenden.

Pocock v. Century Insurance Co. Ltd.

(1960) 2 Lloyd's Rep. 150

Die Bedeutung eines Wortes muß im Hinblick auf den Textzusammenhang festgestellt werden und kann dadurch eingeschränkt oder abgeändert werden.

D and J Koskas v. Standard Marine Insurance Co. Ltd.

(1927) 27 Ll L Rep. 59, CA

Die Tatsache, daß eine Policenklausel sehr klein gedruckt ist, bedeutet nicht, daß sie nicht als Teil des Inhalts gilt und daß sie die Beteiligten nicht verpflichtet.

Castellain v. Preston

(1881 – 5) All ER Rep. 493

Es ist ein Grundsatz der Schadenversicherung, daß die Versicherung nicht zur Bereicherung führen darf, daß also der Versicherte daran zu hindern ist, mehr als einen Entschädigungsbetrag zu erhalten.

Scottish Union and National Insurance Co. v. Davis

(1970) 1 Lloyd's Rep. 1

Der Versicherer erwirbt erst dann Eigentum an der versicherten Sache, wenn er die Entschädigungsleistung erbracht hat.

Dunn v. Ocean Accident and Guarantee Corporation Ltd.

(1933) 47 Ll L Rep. 129

Eine Antragstellerin in der Kraftfahrtversicherung muß Auskunft über den bisherigen Schadenverlauf ihres Mannes geben, wenn sie weiß, daß dieser das zu versichernde Auto fahren wird.

Brewtnall v. Cornhill Insurance Co. Ltd.

(1931) 40 Ll L Rep. 166

Wenn ein Antragsformular den Antragsteller auffordert, den „Kostenpreis" des Fahrzeugs anzugeben und er gibt als Antwort den Gesamtpreis an, den er dem Händler bezahlt hat und den Wert für ein anderes Fahrzeug, das er in Zahlung gegeben hat, besteht keine Falschaussage.

Dent v. Blackmore

(1927) 29 Ll L Rep. 9

Es wurde als wesentliche Tatsache angesehen, daß der Antragsteller die Namen der vorhergehenden Versicherer offenbaren muß.

Trustee of G H Mundy (a Bankrupt) v. Blackmore

(1928) 32 Ll L Rep. 150

Es ist wesentlich, daß der Antragsteller die Tatsache, daß eine andere Versicherungsgesellschaft es abgelehnt hat, eine Police auszustellen, offenbart.

Norman v. Gresham Fire and Accident Insurance Society Ltd.

(1935) 52 Ll L Rep. 292

Es wurde befunden, daß es wesentlich für den Versicherer ist zu wissen, ob der Antragsteller einer Kraftfahrtpolice eine vermögende Person ist, die die Prämien bezahlen kann, aber auch eine Person, deren Policen wegen Nichtbezahlung der Prämien gekündigt werden.

Provincial Insurance Co. Ltd. v. Morgan and Foxon

(1932) 44 Ll L Rep. 275

Aussagen in einem Antragsformular können bloße Risikobeschreibungen sein, ohne den Charakter einer Garantieerklärung zu haben.

Re an Arbitration between Polemis and Furness, Withy & Co.

Court of Appeal (1921) 3 K.B. 560; 90 L.J.K.B. 1353; 126 L.T. 154; 37 T.L.R. 940; 27 Com. Cas 25; 15 Asp. M.L.C. 398; (1921) All. E.R. Rep. 40

Klage von (Schiffs-)Eigentümern gegen die Mieter wegen Zerstörung des (gemieteten) Schiffs.

Read v. J. Lyons & Co.

House of Lords (1947) A.C. 156; (1947) L.J.R. 39; 175 L.T. 413; 62 T.L.R. 646; (1946) 2 All E.R. 471

Klage eines Besuchers wegen Personenschadens.

Reffell v. Surrey County Council

Queen's Bench (1964) 1 W.L.R. 358; 128 J.P. 261; 108 S.J. 119; 62 L.G.R. 186; (1964) 1 All E.R. 743

Klage einer Schülerin gegen die Schulbehörde wegen Personenschadens.

Rickards v. Lothian

Privy Council (1913) A.C. 263; 82 L.J.P.C. 42; 108 L.T. 225; 29 T.L.R. 281; 57 S.J. 281; (1911 – 13) All E.R. Rep. 71

Klage eines Untermieters gegen den Vermieter wegen eines Vermögensschadens verursacht durch Überschwemmung.

Riverstone Meat Co. Pty. Ltd. v. Lancashire Shipping Co. Ltd.

House of Lords (1961) A.C. 807; (1961) 2 W.L.R. 269; 105 S.J. 148; (1961) 1 All E.R. 495; (1961) 1 Lloyd's Rep. 57

Klage eines Ladegutbesitzers gegen den Spediteur (Frachtführer) wegen Warenbeschädigung.

Rogers v. Night Riders

Court of Appeal (1983) R.T.R. 324; (1984) 134 New L.J. 61; (1983) C.A.T. 22

Klage eines Kunden gegen ein Kleintaxi-Unternehmen wegen Personenschadens.

Rose v. Plenty

Court of Appeal (1976) 1 W.L.R. 141; 119 S.J. 592; (1976) 1 All E.R. 97

Klage eines unberechtigten Mitfahrers gegen den Angestellten eines Fahrers.

Rylands v. Fletcher

House of Lords (1968) L.R. 3 H.L. 330; 37 L.J. Ex. 161; 19 L.T. 220; 30 J.P. 70

Klage wegen Überschwemmungsschaden an einer Kohlenmine durch Wasser einer Mühle.

Salsbury v. Woodland

Court of Appeal (1970) 1 Q.B. 324; (1969) 3 W.L.R. 29; 113 S.J. 327; (1969) 3 All E.R. 863

Klage wegen Personenschadens eines Fahrbahnbenutzers gegen einen benachbarten Grundbesitzer.

Smith v. Leech Brain & Co.

Queen's Bench (1962) 2 Q.B. 495; (1962) 2 W.L.R. 148; 106 S.J. 77; (1961) 3 All E.R. 1159

Klage einer Witwe gegen den (ehemaligen) Arbeitgeber ihres Mannes.

Spartan Steel and Alloys Ltd. v. Martin & Co. (Contractors) Ltd.

Court of Appeal (1973) 1 Q.B. 27; (1972) 3 W.L.R. 502; 116 S.J. 648; (1972) 3 All E.R. 557

Klage eines Fabrikanten gegen ein Straßenbauunternehmen wegen Eigentumsschadens und entgangenen Gewinns.

Staveley Iron & Chemical Co. v. Jones

House of Lords (1956) A.C. 627; (1956) 2 W.L.R. 479; 100 S.J. 130; (1956) 1 All E.R. 403; (1956) 1 Lloyd's Rep. 65

Klage eines Angestellten gegen den Arbeitgeber wegen Personenschadens.

Stokes v. Guest, Keen & Nettlefold (Bolts and Nuts) Ltd.

Assizes (1968) 1 W.L.R. 1776; 112 S.J. 821

Klage einer Witwe gegen den Arbeitgeber ihres Mannes.

St. Helen's Smelting Co. v. Tipping

House of Lords (1865) 11 H.L. Cas. 642, 35 L.J. Q.B. 66; 12 L.T. 776; 29 J.P. 579; 11 Jur. (N.S.) 785; 13 W.R. 1083; 11 E.R. 1483

Klage eines Grundbesitzers wegen Eigentumsbeeinträchtigung durch Schmelz(ofen)arbeiten auf dem Nachbargrundstück.

The Oropesa

Court of Appeal (1943) P. 32

Klage eines Angehörigen von Seeleuten gegen die Besitzer eines kollidierenden Schiffs.

Ward v. Hertforshire County Council

Court of Appeal (1970) 1 W.L.R. 356; 114 S.J. 87; 68 L.G.R. 151; (1970) 1 All E.R. 535

Klage eines Schülers gegen die Schule wegen Personenschadens.

Watt v. Hertfordshire County Council

Court of Appeal (1954) 1 W.L.R. 835; 118 J.P. 377; 98 S.J. 372; (1954) 2 All E.R. 368; 52 L.G.R. 383

Klage eines Angestellten gegen den Arbeitgeber wegen Personenschadens.

Watt v. Jamieson

Court of Session, (1954) S.C. 56

Klage wegen Lärm- und Eigentumsbeeinträchtigung durch Gasboiler.

Wells v. Cooper

Court of Appeal (1958) 2 Q.B. 265; (1958) 3 W.L.R. 128; 102 S.J. 508; (1958) 2 All E.R. 527

Klage eines Besuchers gegen den Eigentümer wegen Personenschadens.

Wheat v. E. Lacon & Co.

House of Lords (1966) A.C. 552; (1966) 2 W.L.R. 581; 110 S.J. 149; (1966) 1 All E.R. 582

Klage gegen einen (Brauerei-)Besitzer wegen des Todes eines Besuchers.

Wilson v. Pringle

Court of Appeal (1987) Q.B. 237; (1986) 2 All E.R. 440; (1986) 3 W.L.R. 1; 130 S.J. 468

Klage eines Schülers wegen Personenschadens gegen einen Mitschüler.

Wyngroves Curator Bouis v. Scottish Omnibuses Ltd.

House of Lords, (1966) S.C. (H.L.) 47; 166 S.L.T. 273

Klage eines Fahrgasts gegen einen Busfahrer wegen Personenschadens.

(M'Alister or) Donoghue v. Stevenson (Snail-Case)

House of Lords (1932) A.C. 562; 101 L.J.P.C. 119; 147 L.T. 281; 48 T.L.R. 494; 76 S.J. 396; Com.Cas. 350; (1932) All.E. Rep. 1

Klage des Verwenders (Abnehmers) gegen den Hersteller wegen Personenschadens.

Barna v. Hudes Merchandising Corporation

Court of Appeal (1962) 106 S.J. 194; Crim. L.R. 321

Klage eines Autofahrers gegen einen Autofahrer wegen Vermögensschadens.

Benjamin v. Storr

Common Pleas (1874) L.R. 9 C.P. 400, 43 L.J.C.P. 162; 30 L.T. 362; 22 W.R. 631

Klage eines Anliegers gegen einen Wegbenutzer (Verkehrsteilnehmer) wegen finanzieller Verluste.

Bolam v. Friern Hospital Management

Queen's Bench (1957) 1 W.L.R. 582; 101 S.J. 357; (1957) 2 All E.R. 118

Klage eines Patienten gegen das Krankenhaus wegen Personenschadens.

Bolton v. Stone

House of Lords (1951) A.C. 850; 1 T.L.R. 977; (1951) 1 All E.R. 1078; 50 L.G.R. 32; 95 S.J. 333

Klage eines Fußgängers gegen den Eigentümer eines an die Fahrbahn angrenzenden Grundstücks wegen Personenschadens.

Bridlington Relay Ltd. v. Yorkshire Electrictiy Board

Chancery (1965) Ch- 436; (1965) 2 W.L.R. 349; 109 S.J. 12; (1965) A All E.R. 264

Klage wegen Rundfunk- und TV-Empfangsstörung.

Century Insurance Co. v. Northern Ireland Road Transport Board

House of Lords (1942) A.C. 509; 111 L.J. P.C. 138; 167 L.T. 404; (1942) 1 All E.R. 491

Klage wegen Brandschadens durch Zigaretten und nachfolgender Explosion.

Chatterton v. Gerson

Quenn's Bench (1981) Q.B. 432; (1980) 3 W.L.R. 1003; (1981) 1 All E.R. 257

Klage eines Patienten gegen den Arzt wegen Personenschadens.

Flums v. Merton London Borough Council

House of Lords (1978) A.C. 728; (1977) 2 W.L.R. 1024; 121 S.J. 377; (1977) 2 All E.R. 492

Klage von Hausherren gegen das Bauunternehmen und die Kommunalbehörde wegen Bauschäden.

Glasgow Corporation v. Muir

House of Lords (1943) A.C. 448; 112 L.J.P.C. 1; 169 L.T. 53; 107 J.P. 140; 59 T.L.R. 266; 87 S.J. 182; 41 L.G.R. 173; (1943) 2 All E.R. 44

Klage eines Besuchers wegen Personenschadens.

Gorris v. Scott

Court of Excheques (1874) L.R. 9 Exch. 125; 43 L.J. Ex. 92; 30 L.T. 431; 22 W.R. 575

Klage eines Besitzers gegen einen Spediteur wegen Eigentumsverlust.

Green v. Fibreglass Ltd.

Assizes (1958) 2 Q.B. 245; (1958) 3 W.L.R. 71; 102 S.J. 472; (1958) 2 All E.R. 521

Klage eines Besuchers wegen Personenschadens.

Hedley Byrne & Co. v. Heller & Partners Ltd.

House of Lords (1964) A.C. 465; (1963) 3 W.L.R. 101; 107 S.J. 454; (1963) 2 All E.R. 575; (1963) 1 Lloyd's Rep. 485

Klage gegen einen unaufgeforderten Auskunftserteilenden wegen finanziellen Verlusts.

Home Office v. Dorset Yacht & Co.

House of Lords (1970) A.C. 1004; (1979) 2 W.L.R. 1140; (1970) 2 All E.R. 294; (1970) 1 Lloyd's Rep. 435; 114 S.J. 375

Klage des Eigentümers gegen das Innenministerium wegen Eigentumsschädigung durch der Fürsorge unterstellte Jugendliche.

Hughes v. Lord Advocate

House of Lords (1963) A.C. 837; (1963) 2 W.L.R. 779; 107 S.J. 232; (1963) 1 All E.R. 705; (1963) S.C. (H.L.) 31; (1963) S.L.T. 150

Klage eines Fußgängers gegen Straßenbauarbeiter wegen Personenschadens.

Imperial Chemical Industries v. Shatwell

House of Lords (1965) A.C. 565; (1964) 3 W.L.R. 329; 108 S.J. 578; (1964) 2 All E.R. 990

Klage eines Angestellten gegen den Arbeitgeber wegen Personenschadens.

Joel v. Law Union and Crown Insurance Co.

(1908) 99 LT 712; CA

Es ist nicht die Pflicht des Versicherten, Tatsachen zu offenbaren, die er vernünftigerweise nicht wissen konnte.

Lamb v. Camden London Borough Council

Court of Appeal (1981) Q.B. 625; (1981) 2 All E.R. 408

Klage eines Hauseigentümers gegen eine nachlässige Kommunalbehörde wegen eines Schadens.

Macaura v. Northern Assurance Co. Ltd.

(1925) All ER Rep. 51

Ein Teilhaber hat kein berechtigtes Interesse an der Versicherung des Gesellschaftsvermögens.

Manchester Corporation v. Farnworth

House of Lords (1930) A.C. 171; 99 L.J.K.B. 83; 142 L.T. 145; 94 J.P. 62; 46 T.L.R. 85; 73 S.J. 818; 27 L.G.R. 709; (1929) All E.R. Rep. 90

Klage eines Farmers wegen Zerstörung seines Landes durch Giftwolken aus einem Kraftwerk.

Nimmo v. Alexander Cowan & Sons

House of Lords (1968) A.C. 107; (1967) 3 W.L.R. 1169; 111 S.J. 668; (1967) 3 All E.R. 187; 3 K.I.R. 277; 1967 S.L.T. 277

Klage eines Angestellten gegen den Arbeitgeber wegen Personenschadens.

Ormrod v. Crosbille Motor Services Ltd.

Court of Appeal (1953) 1 W.L.R. 1120; 97 S.J. 570; (1953) 2 All E.R. 753

Klagehäufung wegen Personen- und Vermögensschäden verursacht durch einen Verkehrsunfall.

Overseas Tankship (U.K.) Ltd. v. Morts Dock & Engineering Co. (the Wagon Mound)

Privy Council (1961) A.C. 388; (1961) 2 W.L.R. 126; 105 S.J. 85; (1961) 1 Lloyd's Rep. 1

Klage eines Betroffenen gegen einen Verkehrsteilnehmer wegen Vermögensschädigung.

Phillips v. Britannia Hygienic Laundry Co.

Court of Appeal (1923) 2 K.B. 832; 93 L.J. K.B. 5; 129 L.T. 777; 39 T.L.R. 530; 68 S.J. 102; 21 L.G.R. 709; (1923) All E.R. Rep. 127

Klage eines Verkehrsteilnehmers gegen einen Fahrer wegen Vermögensschadens.

Qualcast (Wolverhampton) Ltd. v. Haynes

House of Lords (1959) A.C. 743; (1959) 2 W.L.R. 510; 103 S.J. 310; (1959) 2 All E.R. 38

Klage eines Angestellten gegen den Arbeitgeber wegen Personenschadens.

March Cabaret Club and Casino Ltd. v. London Assurance

(1975) 1 Lloyd's Rep. 169

Die Verpflichtung, wesentliche Tatsachen zu offenbaren, basiert nicht auf den in den Vertrag einbezogenen Bedingungen, sondern sie entsteht außerhalb des Vertrages.

Mason v. Levy Auto Parts of England Ltd.

Assizes (1967) 2 Q.B. 530; (1967) 2 W.L.R. 1384; 111 S.J. 234; (1967) 2 All E.R. 62; (1967) 1 Lloyd's Rep. 372

Feuerschaden durch Petroleum und andere Chemikalien.

McDermid v. Nash Dredding and Reclamations Co.

House of Lords (1987) A.C. 906; (1987) I.C.R. 917; (1987) 2 All E.R. 878; (1987) 2 Lloyd's Rep. 201

Klage wegen Personenschadens von einem Angestellten gegen den Arbeitgeber.

McGovern v. British Steel Corp.

Court of Appeal (1986) I.C.R. 608

Klage wegen Personenschadens gegen den Arbeitgeber.

McKew v. Holland & Hannen & Cubitts (Scotland) Ltd.

House of Lords (1969) 3 All E.R. 1621; 8 K.I.R. 921; (1970) S.C. (H.L.) 20

Klage eines Angestellten gegen den Arbeitgeber wegen Personenschäden.

McLoughlin v. O'Brian

House of Lords (1983) 1 A.C. 410; (1982) 2 W.L.R. 982; (1982) 2 All E.R. 298; (1982) R.T.R. 209

Klage einer Mutter gegen den Autofahrer wegen Schädigung verursacht durch Schock.

McWilliams v. Sir William Arrol & Co.

House of Lords (1962) 1 W.L.R. 295; 106 S.J. 218; (1962) S.C. (H.L.) 70; (1962) S.L.T. 121; (1962) 1 All E.R. 623

Klage einer Witwe gegen den Arbeitgeber ihres Mannes.

Mersey Docks & Harbour Board v. Coggins & Griffith (Liverpool) Ltd.

House of Lords (1947) A.C. 1; 115 L.J.K.B. 465; 175 L.T. 270; 62 T.L.R. 533; (1946) 2 All E.R. 345

Klage eines Hafenarbeiters gegen einen Kranfahrer wegen Körperverletzung.

Morris v. C.W. Martin & Sons Ltd.

Court of Appeal (1966) 1 Q.B. 716; (1965) 3 W.L.R. 276; 109 S.J. 451; (1965) 2 Lloyd's Rep. 63; (1965) 2 All E.R. 725

Klage eines Wareneigentümers gegen den Besitzer der Waren wegen Abhandenkommens durch Diebstahl.

Murphy v. Caulhane

Court of Appeal (1977) Q.B. 94; (1976) 3 W.L.R. 458; 120 S.J. 506

Klage einer Witwe eines Angreifers gegen Straftäter.

Lucena v. Craufurd

(1806) 2 Bos & PNR 269

In der Sachversicherung entsteht ein versicherbares Interesse für eine Person dann, wenn sie durch den Verlust der Sache geschädigt würde.

London General Omnibus Co. Ltd. v. Holloway

(1911 – 13) All ER Rep. 518

Der Versicherte muß dem Versicherer alle ihm bekannten wesentlichen Tatsachen mitteilen.

Digby v. General Accident, Fire and Life Assurance Corporation Ltd.

(1942) 73 Ll L Rep. 175

Ein „berechtigter Fahrer", der dem Versicherten eine Verletzung zufügt, ist versichert.

Rogerson v. Scottish Automobile and General Insurance Co. Ltd.

(1931) 41 Ll L Rep. 1

Wenn das versicherte Fahrzeug verkauft wird, besteht kein Versicherungsschutz bei Benutzung anderer Fahrzeuge.

Clarke v. National Insurance and Guarantee Corporation Ltd.

(1963) 3 All ER 375

Ein Fahrzeug ist auch dann fahruntauglich, wenn es nur im beladenen Zustand nicht sicher gefahren werden kann.

Wood v. General Accident Fire and Life Assurance Corporation Ltd.

(1948) 82 Ll L Rep. 77

Wenn ein Fahrzeug nur für einen bestimmten Zweck verwendet werden darf, besteht kein Versicherungsschutz, wenn es für fremde Zwecke verwendet wird.

James v. British General Insurance Co. Ltd.

(1927) All ER Rep. 442

Wenn nichts Gegenteiliges vereinbart ist, hat der Haftpflichtversicherer auch im Trunkenheitsfall des Versicherten zu leisten.

The Administratrix of Mary Madge Verelst v. Motor Union Insurance Co. Ltd.

(1925) 21 Ll L Rep. 227

Ob der Versicherte einen Schaden rechtzeitig gemeldet hat, ist eine Frage des Einzelfalles.

Morley v. Moore

(1936) 55 Ll L Rep. 10

Dem aufgrund eines Teilungsabkommens nur zu einem Teil Entschädigten bleibt es unbenommen, den anderen Versicherer auf Restzahlung in Anspruch zu nehmen.

Hardy v. Motor Insurers' Bureau

(1964) 2 All ER 742

Das „Büro der Kfz-Versicherer" ist eintrittspflichtig für einen vorsätzlich verursachten Personenschaden durch einen Nichtversicherten.

Austin v. Drew

(1815) 4 Camp 360

Zur Begründung eines ersatzpflichtigen Feuerschadens ist ein wirklicher Brand erforderlich. Bloße Zerstörung durch Hitze reicht nicht aus.

Re Wright and Pole

(1834) 1 Ad & El 621

Die übliche Feuerversicherung deckt keine durch das Feuer verursachten Folgeschäden.

Drinkwater v. Corporation of London Assurance

(1767) 2 Wils 363

Eine Ausschlußbestimmung in einer Feuerversicherung für Schäden durch widerrechtliche Besitzstörung umfaßt nicht Vandalismusschäden.

Newcastle Fire Insurance Co. v. Macmorran & Co.

(1815) 3 Dow 255

Wenn in der Feuerversicherung eine unrichtige Risikobeschreibung vorliegt und der Versicherte die Richtigkeit der Beschreibung zugesichert hat, ist der Versicherer von der Verpflichtung zur Leistung frei.

Stanley v. Western Insurance Co.

(1868) 17 LT 513

Wenn ein Feuer eine Explosion verursacht und diese wiederum ein zweites Feuer, kann in der Feuerversicherung Versicherungsschutz für das erste Feuer bestehen, das zweite kann durch eine Ausschlußbestimmung ausgeschlossen sein.

Dalby v. India and London Life Assurance Co.

(1854) 15 CB 365

Eine Lebensversicherung ist keine Schadenversicherung.

Reed v. Royal Exchange Assurance Co.

(1795) Peake Add Cas 70

In der Lebensversicherung hat die Ehefrau ein berechtigtes Interesse an der Versicherung des Ehemannes.

Griffiths v. Fleming

(1909) 100 LT 765

In der Lebensversicherung hat der Ehemann ein berechtigtes Interesse an der Versicherung der Ehefrau.

Halford v. Kymer

(1830) 10 B & C 724

Nach dem Gesetz über die Lebensversicherung von 1774 hat ein Vater als solcher kein berechtigtes Interesse an der Lebensversicherung des Sohnes.

Godsall v. Boldero

(1807) 9 East 72

Ein Kreditgeber hat ein berechtigtes Interesse an der Lebensversicherung des Schuldners bis zur Höhe der Darlehenssumme.

Re Etherington and Lancashire and Yorkshire Accident Insurance Co. Ltd.

(1909) 100 LT 568

Ob der Tod des Versicherten „unmittelbar durch Unfall" eingetreten ist, ist eine Frage des Einzelfalles.

Sinclair v. Maritime Passengers' Assurance Co.

(1861) 3 E & E 478

Tod durch Hitzschlag ist nicht als Unfalltod im Sinne der privaten Unfallversicherung anzusehen.

Re an Arbitration between Scarr and General Accident Assurance Corporation

(1905) 92 LT 128

Eine Verletzung durch eine vorsätzliche Handlung des Versicherten ist kein Unfall im Sinne der Bedingungen, auch wenn der Versicherte die Folgen seines Tuns nicht vorhergesehen hat.

Pocock v. Century Insurance Co. Ltd.

(1960) 2 Lloyd's Rep. 150

Der Versicherte ist auch dann arbeitsunfähig, wenn er geringwertige Teile seiner Tätigkeit ausüben könnte.

West Wake Price & Co. v. Ching

(1956) 3 All ER 821

Eine Haftpflichtversicherung, die Fahrlässigkeit deckt, kann nicht in Anspruch genommen werden, wenn Fahrlässigkeit und Betrug vorliegen.

Woolfall and Rimmer Ltd. v. Moyle

(1941) 3 All ER 304

Wenn in der Arbeitgeber-Haftpflichtversicherung eine Bestimmung enthalten ist, nach der „der Versicherte angemessene Sicherheitsvorkehrungen zu treffen hat, um Unfälle zu verhindern", liegt ein Verstoß gegen diese Bestimmung nicht vor, wenn ein vom Arbeitgeber ausgesuchter, sonst zuverlässiger Vorarbeiter fahrlässig handelt.

Mills v. Smith (Sinclair, Third Party)

(1963) 2 All ER 1078

Durch Baumwurzeln verursachte Schäden an einem Haus gelten als unfallartiger Sachschaden.

Oddy v. Phoenix Assurance Co. Ltd.

(1966) 1 Lloyd's Rep. 134

Sturm im Sinne der Bedingungen der Hausratversicherung bezeichnet einen heftigen Wind, der üblicherweise von Regen, Hagel oder Schnee begleitet wird. Er bedeutet dagegen nicht bloß dauernd schlechtes Wetter oder heftigen, andauernden Regen.

Schoolman v. Hall

(1951) 1 Lloyd's Rep. 139

In der Valorenversicherung ist die fehlende Angabe einer Vorstrafe eine vorvertragliche Obliegenheitsverletzung.

Internationales Versicherungswörterbuchsystem

Herausgegeben von Professor Dr. Heinz Leo Müller-Lutz

Das internationale Versicherungswörterbuchsystem, bestehend aus viersprachigen Taschenwörterbüchern – Deutsch, Englisch, Französisch sowie jeweils eine vierte Sprache –, wird von 1200 auf 1500 Versicherungsbegriffe erweitert, entweder durch nach dem gleichen System aufgebaute, in die Hauptausgaben einzulegende Ergänzungshefte oder bei vergriffenen Wörterbüchern durch Neuauflagen, in welche die 300 zusätzlichen Begriffe integriert sind.

22 Taschenbücher 25 Sprachen

Deutsch – Englisch – Französisch wahlweise mit

Arabisch ⊕ Bulgarisch ⊕ Chinesisch ⊕ Dänisch ⊕ Finnisch
Griechisch ⊕ Hebräisch ⊕ Italienisch ⊕ Japanisch ⊕ Kroatisch
Niederländisch ⊕ Norwegisch ⊕ Polnisch ⊕ Portugiesisch
Rumänisch ⊕ Russisch ⊕ Schwedisch ⊕ Slowenisch ⊕ Spanisch
Tschechisch ⊕ Türkisch ⊕ Ungarisch

Weitere Sprachen in Vorbereitung

Taschenbuchquerformat, kartoniert,
Hauptausgaben mit
1200 Begriffen 26,– DM (nichtlateinische Buchstaben 35,– DM)
1500 Begriffen 35,– DM (nichtlateinische Buchstaben 45,– DM)
Zusatzhefte 8,50 DM (nichtlateinische Buchstaben 13,50 DM),
bei Kauf der Hauptausgabe mit 1200 Begriffen kostenlos.

 Verlag Versicherungswirtschaft e.V.

Postfach 64 69   76044 Karlsruhe   Tel. (07 21) 35 09-0   Fax (07 21) 3 18 33